Dieter Grabnitzki, Holger Schwarz

Mathematik
für die Fachhochschulreife
Fachrichtung Gestaltung

1. Auflage

Bestellnummer 40650

Bildungsverlag EINS

Haben Sie Anregungen oder Kritikpunkte zu diesem Produkt?
Dann senden Sie eine E-Mail an 40650_001@bv-1.de
Autoren und Verlag freuen sich auf Ihre Rückmeldung.

www.bildungsverlag1.de

Bildungsverlag EINS GmbH
Sieglarer Straße 2, 53842 Troisdorf

ISBN 978-3-427-**40650**-1

Hinweise zur Arbeit mit diesem Buch

Das Buch wendet sich an Schülerinnen und Schüler im Bereich Gestaltung, die die Fachhochschulreife anstreben.

Es geht nicht darum, Mathematik um ihrer selbst willen zu lernen, sondern vielmehr darum, sie in der Berufs- und Alltagswelt der Schülerinnen und Schüler zur mathematischen Modellierung und Beschreibung ihrer beruflichen Wirklichkeit anzuwenden. Dabei werden die Schülerinnen und Schüler erstaunt sein zu merken, mit wie viel Mathematik sie täglich bereits erfolgreich umgehen, ohne dass es ihnen bewusst ist.

Darüber hinaus wird der Aspekt **„Mathematik ist eine Sprache mit eigenem Wortschatz, eigener Syntax und Grammatikregeln“** akzentuiert. Dieser Ansatz ermöglicht den Schülerinnen und Schülern eine andere Sichtweise und einen neuen Zugang zur Mathematik. Deshalb befindet sich am Ende jedes Kapitels eine Vokabelliste.

In diesem Mathematikkurs soll Verständnis aufgebaut und nicht so sehr auf mathematische Strenge abgehoben werden. Deshalb verzichten wir bewusst auf die Behandlung von Folgen und Reihen und damit auf die exakte Definition des Grenzwertes sowie auf seine Berechnung. Das hat natürlich die Konsequenz, dass bei der Einführung der Differentialrechnung „etwas fehlt“ und mit der Modellvorstellung eines Taschenrechners mit „beliebig vielen Stellen“ operiert wird. Den erzielten Zeitgewinn verwenden wir für qualitatives Differenzieren.

Dennoch wird es nicht möglich sein, in einem zweijährigen Kurs alle Inhalte zu behandeln. Je nach Interessenlage der Schülerinnen und Schüler und den fächerübergreifenden Vereinbarungen in den Bildungsgangkonferenzen sowie den Absprachen zu fächerverbindenden Projekten können **unterschiedliche thematische Schwerpunkte** gesetzt, Inhalte übersprungen und die Abfolge geändert werden.

Um selbstständiges (Nach-)Arbeiten zu ermöglichen, finden Sie die Ergebnisse der Übungen im Internet unter: www.bildungsverlag1.de unter der Bestellnummer 40650.

Kurzer thematischer Überblick:

1 Ereignisse in unserer Welt beschreiben
2 Strukturen in unserer Welt wahrnehmen und beschreiben
3 Zusammenhänge in unserer Welt erkennen und beschreiben
4 Entwicklungsprozesse in unserer Welt erkennen und beschreiben
5 Das Ergebnis von Zuwächsen beschreiben
6 Massenereignisse in unserer Welt beschreiben und visualisieren
7 Den Zufall kalkulieren
8 Analytische Geometrie
9 Die schriftliche Fachabiturprüfung

Vorwort oder „Mathematik kann man lernen“

Dieses Buch ist hauptsächlich für Schülerinnen und Schüler geschrieben, die lernen, nacharbeiten oder üben wollen (müssen?).

Arbeiten Sie bitte in Gruppen und lesen Sie die folgenden Sätze genau durch, einige stammen von berühmten Persönlichkeiten. Sie sollten nicht sofort sauer sein, wenn Sie wenig verstehen, überlegen Sie bei jedem Satz aufs Neue, warum Sie nicht wissen, was das soll!

1. Kommunikation ist der Austausch von Kognitionen, Emotionen und Motivationen.
2. Rusticus exspectat, dum defluat amnis: at ille labitur et labetur in omne volubilis aevum.
3. printf(„%13.2f%13.2|e\n“.x.X).
4. For safety reasons, always unplug the unit before cleaning it.
5. Die Unbedingtheit wird sich zeitlich offenbar in der Erfahrung der Grenzsituation und in der Gefahr des Sichuntreuwerdens.
   (Verstehen Sie diesen Satz?! – So etwas lesen Philosophiestudenten!)
6. Mms aap tca hhß et!
7. 

Diskutieren Sie in Ihrer Gruppe, warum Sie einiges nicht verstehen (MathelehrerInnen vielleicht auch nicht) und dokumentieren Sie Ihre Ergebnisse!

Sie kennen z. B. die Sprache nicht, einige Fremdwörter sind unbekannt, Sie können den Sinn des Gesagten nicht erschließen, Sie fühlen sich „auf den Arm genommen“ oder Sie kennen die Symbole nicht.

Nun haben Sie herausgefunden, wo das Problem liegt, wenn manche Leute sagen: „Mathematik habe ich noch nie verstanden“. Diese haben nämlich schlicht und einfach die „Sprache der Mathematik“ nicht gelernt. Man muss die Vokabeln kennen, man muss wissen, wie man sie zu sinnvollen Sätzen zusammenfügt (*Syntax*) und wie man darstellt, dass man eine andere Zeit als die Gegenwart meint (*Grammatik*). Wer diese Basics nicht gelernt hat, versteht in keiner Sprache etwas.

Wie in jeder anderen Sprache geht es auch in der Mathematik um Vokabeln, Syntax und Grammatikregeln. Wir sind sicher, dass Mathematik Ihre zweite Muttersprache werden kann! Neue Vokabeln werden in der Mathematik genauso eingeführt wie z. B. in Englisch, diesen Vorgang nennt man definieren und das geht so: Man nennt zuerst die neue Vokabel, dann folgt ein zutreffender **Oberbegriff**, der näher **erklärt** wird.

Beispiel für Englisch:

Neue Vokabel = *drummer*;

Erklärung: A drummer is a **person**, who **plays a drum**.

Beispiel für Mathematik:

Erklärung (Definition) für die Vokabel „Quadrat“:
Ein **Quadrat** ist ein **Viereck** mit **gleich langen Seiten und vier rechten Winkeln**. Nur Mut, versuchen Sie es selbst! Formulieren Sie in Ihrer Gruppe eine Definition für die Begriffe Primärfarbe, goldener Schnitt, Farbkreis, Renaissance und Rechteck.

Wenn Sie die „Sprache" Mathematik anwenden, müssen Sie – wie in Deutsch oder Englisch – die **Syntax** beachten.

So heißt es beispielsweise $3 - (-4) = 7$ und **nicht** $3 - - 4 = 7$ oder $5 \cdot (-4) = - 20$ und **nicht** $5 \cdot - 4 = -20$

„Grammatikregeln" gibt es auch in der Mathematik, man bezeichnet sie kurz mit **„Sätze"**. Sie kennen z.B. den **1. binomischen Satz** $(a + b)^2 = a^2 + 2ab + b^2$. Im Gegensatz zu Deutsch oder Englisch müssen in der Mathematik solche Regeln (Sätze) begründet werden, dieses Begründen nennt man **beweisen**. Dass Regeln begründet werden sollen, kennen Sie vielleicht schon aus dem Umgang mit Ihren jüngeren Geschwistern oder Ihrer Tätigkeit als Babysitter. Wie macht man das in der Mathematik? Nun, man versucht, den „neuen Satz" mithilfe „alter Regeln", die bereits als „richtig" bekannt sind, „nachzuprüfen". Wir zeigen das anhand des oben angeführten 1. binomischen Satzes:

$\mathbf{(a + b)^2} = (a + b) \cdot (a + b) \rightarrow$ Quadrieren bedeutet mit sich selbst multiplizieren,
$(a + b) \cdot (a + b) = a^2 + ab + ba + b^2 \rightarrow$ ausmultiplizieren,
$a^2 + ab + ba + b^2 = \mathbf{a^2 + 2ab + b^2} \rightarrow$ zusammenfassen, denn $ab = ba$.

So haben wir mithilfe von drei alten Regeln den neuen Satz bewiesen! Keine Panik! In diesem Kurs wollen wir die Mathematik vorzugsweise anwenden, um unsere Alltags- und Berufswelt zu beschreiben. Dazu müssen wir die Sätze der Mathematik anwenden, aber nicht unbedingt beweisen können. Sie können bei der Durcharbeitung dieses Buches die Beweise der einzelnen Sätze zunächst überlesen. Doch versuchen Sie es trotzdem einmal selbst, so schwer ist das eigentlich nicht. Beweisen Sie den 2. und 3. binomischen Satz:

$\mathbf{(a - b)^2 = a^2 - 2ab + b^2}$
$\mathbf{(a + b) \cdot (a - b) = a^2 - b^2}$.

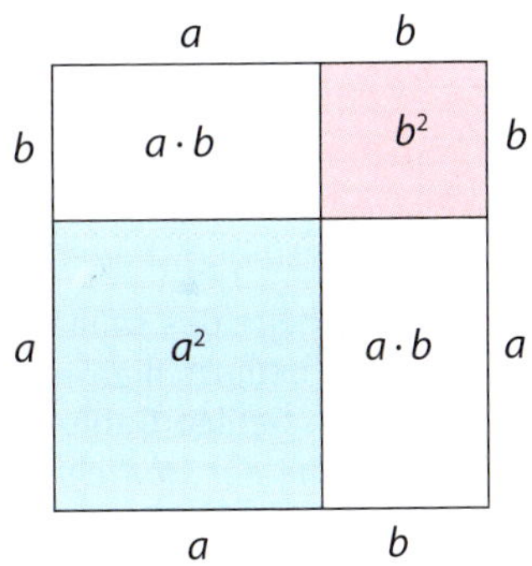

Die beiden berühmten Philosophen Immanuel Kant und René Descartes formulierten den bisher besprochenen Aspekt der Mathematik etwas vornehmer: „Durch die bloße Anschauung ohne Begriff wird der Gegenstand zwar gegeben, aber nicht gedacht. Durch den Begriff ohne gleichlaufende Anschauung wird er gedacht, aber nicht gegeben. In beiden Fällen wird er also nicht erkannt" (Kant). „Das Achsenkreuz als Figur ist der Mittler zwischen den beiden Polen *Anschauung* und *Begriff*, es hat die Fähigkeit, eine Anschauung in einen Begriff und einen Begriff in eine Anschauung zu verwandeln" (Descartes). „Descartes entdeckte, dass es damit gelingt, auch den unvorstellbarsten Zahlenausdruck zur anschaulichen Erscheinung zu verfestigen und umgekehrt, eine Anschauung in einen Zahlenausdruck verrinnen zu lassen." (Beispiele dazu finden Sie im Kapitel 3). „In der 1. Binomischen Formel $(a + b)^2 = a^2 + 2ab + b^2$ vermag kein Mensch eine Gestalt zu erblicken, die das Warum zur Erscheinung bringt. In der nebenstehenden Abbildung aber verwandelt sich die Formel zu einer solchen sich selbst aussprechenden Gestalt. Ein algebraischer Zahlenausdruck kann sich der gestaltenden Einbildungskraft als Anschauung darbieten, wenn er sich der Linie bedient und zur Figur wird (Kückelhaus)."[1]

Descartes und Hugo Kückelhaus erweitern den Zweiklang *Mathematik – Sprache* zum Dreiklang *Mathematik – Sprache – Gestaltung*.

---

[1] *Quelle: Hugo Kückelhaus: Urzahl und Gebärde, Grundzüge eines kommenden Massbewusstseins [sic]; Klett und Balmer Verlag Zug/Schweiz, 6. Aufl., 2001, S. 105f.*

Wir wissen, dass einige von Ihnen weniger Erfolg in Mathematik hatten und dass große Lücken vorhanden sind, so dass also viel wiederholt werden muss. Doch keine Angst, wir „pauken“ jetzt nicht zu Beginn vier bis sechs Wochen all das, was Sie vergessen oder niemals gelernt haben. Wiederholt wird nur dann, wenn der Stoff wirklich benötigt wird.

Durch den Start mit der **Aussagenlogik** in Kapitel 1 fangen fast alle mit dem gleichen Wissen, nämlich bei „Null“ an. Sie lernen z.B. Texte zu analysieren und merken gar nicht, dass Sie Mathematik betreiben!

Am Ende eines Kapitels finden Sie eine Liste der jeweils neuen „Vokabeln“.

Versuchen wir nun noch eine Frage zu klären, die Sie sich und Ihrer Mathematiklehrerin bzw. Ihrem Mathematiklehrer sicher auch schon oft gestellt haben, nämlich: Wozu brauche ich Mathematik eigentlich?

Nun, viele Probleme der uns umgebenden Welt lassen sich durch mathematische Modelle beschreiben und lösen. D.h. man kann sie in die Sprache der Mathematik übersetzen und dann durch eine „Rechnung“ lösen.

- Beim Verständnis von Formulierungen in Werbeverträgen, Gesetzestexten und Verordnungen (z.B. in Ihrer Versetzungs- oder Prüfungsordnung) hilft die **Aussagenlogik**,
- Strukturen, z.B. Gemeinsamkeiten und Unterschiede können Sie mithilfe der **Mengenlehre** darstellen,
- Beziehungen, Zusammenhänge und Abhängigkeiten beschreiben Sie mit **Relationen und Funktionen**,
- Entwicklungen und Veränderungen analysieren Sie mit der **Differentialrechnung**,
- die (gegenseitige) Lage von Geraden, Flächen und Körpern im Raum beschreiben Sie mit der **analytischen Geometrie**,
- zufällige Ereignisse lassen sich mithilfe der **Wahrscheinlichkeitsrechnung** erfassen,
- Massenereignisse bearbeiten Sie mit der **deskriptiven Statistik**,
- wenn Sie die Frage: „Ist das Zufall oder könnte etwas anderes dahinter stecken?“ klären wollen, benutzen Sie die **beurteilenden Statistik**,
- wenn es darum geht, das Ergebnis von Wachstum zu erfassen, komplizierte Flächen oder Volumina zu berechnen, dann benutzen Sie die **Integralrechnung**.

Pythagoras hatte das schon sehr früh erkannt und sagte treffend: *„Alles ist Zahl“*. Seit Beginn der Neuzeit benutzt man mit großem Erfolg mathematische Modelle, um die Alltagswelt zu beschreiben. **Galileo Galilei** formulierte deshalb etwas ausführlicher: *„Das Buch der Natur ist in der Sprache der Mathematik geschrieben.“*

Kurz gesagt: **Mathematik kann man verstehen und sie ist nützlich.**

Aufgaben

1. Erklären Sie mit eigenen Worten, inwiefern die sprachwissenschaftlichen Begriffe „Vokabel", „Syntax" und „Grammatik" auf die Mathematik anwendbar sind.
2. Erläutern Sie den Unterschied zwischen mathematischen und grammatikalischen Regeln.
3. Definieren Sie den Begriff „Satz"
   a) im sprachlichen Sinn
   b) im mathematischen Sinn.
4. Fassen Sie die Kernaussagen des Texts zusammen.
5. In diesem Vorworttext sind einige Aufgaben formuliert. Markieren Sie die entsprechenden Textpassagen und lösen Sie die Aufgaben.

Inhaltsverzeichnis

1 Ereignisse in unserer Welt beschreiben

2 Strukturen in unserer Welt wahrnehmen und beschreiben

7 Den Zufall kalkulieren

8 Analytische Geometrie

1 Ereignisse in unserer Welt beschreiben

In diesem Kapitel werden Sie lernen, Texte zu analysieren, zu verstehen und auch „richtig“ zu verfassen. Sie benötigen diese Kenntnisse im Beruf, wenn Sie komplizierte Gesetze und Verordnungen anwenden müssen, im Deutschunterricht, wenn Sie schlüssig argumentieren wollen oder aber bei problematischen Kundengesprächen in einer Werbeagentur.

Aus einer Einladung zu einer Teamkonferenz in einer Werbeagentur:

TOP 1: „Begrüßung und Genehmigung des Protokolls“.

Aus dem Bericht im Lokalteil einer Tageszeitung:

„... sowohl der Bürgermeister und auch der Dezernent brachten ein Bild mit. Nach der Eröffnungsrede wurden beide aufgehängt.“

Mit Kenntnissen in der Aussagenlogik werden Ihnen solche Stilblüten nicht passieren.

Weiterhin werden Sie erarbeiten, dass unsere Umgangssprache manchmal zu arm ist, um bestimmte Sachverhalte eindeutig festzulegen. Deshalb werden Sie die „Sprache der Mathematik“ kennen lernen und anwenden.

Aufgabe

Analysieren Sie die obigen Stilblüten, erklären Sie, was „falsch gelaufen“ ist. Formulieren Sie korrekt.

1.1 Begriffe der Aussagenlogik

Zwei Begriffe sind miteinander verknüpft, **Aussagen** und **Logik**. Die Bedeutung von Aussagen werden wir im Folgenden **definieren**, Logik kommt aus dem Griechischen und wird in diesem Kurs im Sinne von **„folgerichtig“** benutzt.

Hinweis

Das griechische Wort **„logos“** hat viele andere Bedeutungen und ist Thema philosophischer Vorlesungen und schlauer Bücher. Sprechen Sie Ihren Deutsch- oder Religionslehrer darauf an. Goethe: Faust bzw. → Bibel: Johannesevangelium. Informieren Sie sich auch im Internet!

Warum sollte man zu Anfang eines Mathematikkurses klarstellen, was man unter **folgerichtig** versteht? Wir verdeutlichen das mit Hilfe von zwei Beispielen. In beiden gehen wir von zwei **richtigen** Sätzen a) sowie b) aus und ziehen die Schlussfolgerung c).

Beispielsatz 1:

a_1) Die Winkelsumme in einem Viereck beträgt 360°. b_1) Ein Rechteck ist ein Viereck.
c_1) Also beträgt die Winkelsumme in einem Rechteck 360°.
Diese Folgerung c_1) ist offensichtlich **richtig**!

Beispielsatz 2:

a_2) Alle Rauten sind Vierecke. b_2) Alle Quadrate sind Vierecke. c_2) Folglich sind alle Rauten Quadrate.
Diese Folgerung ist offensichtlich **falsch**.

Deshalb muss ein **logisches System** entwickelt werden, welches es erlaubt, aus **richtigen Voraussetzungen richtige Schlüsse** zu ziehen.

Dieses System hat Vokabeln (das sind z.B. die Symbole $\wedge$, $\vee$, $\rightarrow$, $\leftrightarrow$), syntaktische Regeln (wie werden diese Symbole „richtig" miteinander verbunden) und semantische Regeln, welche die Bedeutung solcher Verbindungen bestimmen. Wir benutzen also **eine Sprache innerhalb der Sprache der Mathematik**, und das Angenehme dabei ist, dass man anfangs mit wenig Vokabeln und Regeln auskommt.

Weiterhin ist dieses System geeignet, auch komplizierte Texte aus Ihrer zukünftigen Berufswelt (Gesetze, Verordnungen, Werbe-, Werks- oder Arbeitsverträge bzw. Bewilligungsbescheide von Behörden usw.) zu lesen, zu verstehen und richtig anzuwenden.

Die nächsten drei Sätze führen zum Begriff **Aussage**.

Satz 1: Blau ist eine Primärfarbe.
Satz 2: Ist blau eine Primärfarbe?
Satz 3: Benutze für den Hintergrund die Farbe blau!

Nur **Satz 1** gilt als **Aussage**, denn man kann entscheiden, ob er **wahr** oder **falsch** ist.

Definition **Aussagen** sind solche Sätze, bei denen man eindeutig entscheiden kann, ob sie **wahr** oder **falsch** sind.

Hinweis Es kommt nicht darauf an, dass Sie persönlich sofort entscheiden können, ob der Satz wahr oder falsch ist. Man kann beispielsweise Experten befragen, ein Lexikon zu Rate ziehen oder sich im Internet informieren.

Beispiele:

Diskutieren und entscheiden Sie in Gruppen, ob die folgenden **Sätze** Aussagen sind oder nicht! Begründen Sie Ihre Entscheidung vor der Klasse!

S_1: Früher war alles anders.

S_2: Den Kindergarten besuchen solche Kinder, die noch nicht zur Schule gehen.

S_3: Kunstgeschichte ist schwer.

S_4: Das Studium für Industriedesign dauert in der Regel drei Semester.

S_5: Wenn Du so weiter machst, dann wird das schlimm enden!

S_6: Im Winter sind die Tage kürzer als im Sommer.

S_7: Im Winter scheint die Sonne kürzere Zeit als im Sommer.

S_8: Mit 50 Jahren ist man in Deutschland nicht mehr schulpflichtig.

S_9: Sarah, gehst Du mit mir ins Kino?

S_{10}: Greta, Du solltest besser aufpassen!

$\rightarrow$ *Nicht pfuschen, erst selber den Kopf anstrengen, dann weiterlesen!*

Sie sollten zu folgenden Ergebnissen gekommen sein:

S_1 ist keine Aussage $\rightarrow$ wann war „früher" (vor 10 Sekunden, vor 100 Jahren ...), in welchem Zusammenhang meint man „alles" bzw. „anders" (alle Tage hatten auch früher 24 Stunden, nicht alle jetzt Lebenden waren schon geboren ...).

S_2 ist eine Aussage, diese ist wahr.

S_3 ist keine Aussage, es gibt keine Waage, mit der man Kunstgeschichte wiegen kann.

S_4 ist eine Aussage, aus der Studienordnung erfährt man, dass sie falsch ist.

S_5 ist keine Aussage, „so weiter machen" sagt nichts aus, „schlimm enden" ist unbestimmt,

→ wenn jemand „weiter **atmet**", endet es nicht „schlimm", wenn jedoch jemand weiterhin jede Flüssigkeitsaufnahme verweigert, wird das mit dem Tod enden.

S_6 st eine falsche Aussage, ein Tag hat immer 24 Stunden, sowohl im Sommer wie auch im Winter.

Anmerkung zu S_6: Wenn man mit „Tag" jedoch die Zeit meint, in der im Gegensatz zur Nacht **Tageslicht** herrscht, ist es eine wahre Aussage, → unsere Sprache ist leider manchmal mehrdeutig! Bemühen Sie sich, immer exakt zu formulieren!

S_7 ist eine wahre Aussage.

S_8 ist eine Aussage, sie ist laut Schulgesetz wahr.

S_9 und S_{10} sind keine Aussagen, Fragen bzw. Aufforderungen können weder wahr noch falsch sein.

Nachdem Sie wissen, welche Sätze Aussagen sind, sollen Sie zwischen wahren und falschen Aussagen unterscheiden.

Übungen

Entscheiden Sie, ob die folgenden Sätze Aussagen sind oder nicht, begründen Sie Ihre Entscheidung!

a) Friedrich Schiller war ein Zeitgenosse von Marc Chagall.
b) Psychologie ist besser als Kunstgeschichte.
c) Mittels Holographie kann man dreidimensionale Abbildungen erreichen.
d) Weißes Licht kann man in andere Farben zerlegen.
e) Es gibt die vier Blutgruppen A, B, AB und Null.
f) Kinderlosigkeit ist manchmal vererbbar.
g) Bald ist diese Übung vorbei!
h) Computer machen dumm.
i) Gute Mädchen kommen in den Himmel, böse kommen überall hin.
j) Drei mal null ist null.
k) Die Sterne lügen nicht.

Aufgabe 1

Entscheiden Sie, ob die folgenden Aussagen **wahr** oder **falsch** sind.

Diskutieren Sie unbedingt die Bedeutung von „immer, nie, manchmal, höchstens, mindestens".

A_1: Der Februar hat immer 29 Tage.
A_2: Der Februar hat manchmal 29 Tage.
A_3: Der Februar hat niemals 29 Tage.
A_4: Der Februar hat höchstens 29 Tage.
A_5: Der Februar hat mindestens 29 Tage.
A_6: Es gibt Monate mit 31 Tagen.
A_7: Kein Monat hat weniger als 30 Tage.
A_8: Alle Monate haben mindestens 28 Tage.
A_9: Drei plus null ist null.
A_{10}: Mit drei „Fünfen" wird man in dieser Schulform versetzt.
A_{11}: Der goldene Schnitt ist eine besondere Schneidetechnik bei Friseuren.
A_{12}: Es gibt die additive und die multiplikative Farbmischung.

Beachten Sie, dass die Einteilung in **wahre** Aussagen bzw. **falsche** Aussagen nur für diesen Mathematikkurs gilt, in anderen Fachgebieten oder im täglichen Leben gibt es oft Zwischenstufen, die ausgewertet und sinnvoll interpretiert werden können.

Die folgenden Beispiele verdeutlichen diesen Sachverhalt. Zwei Menschen können sich „lieben", „mögen", „gleichgültig sein", „hassen" oder sogar „bekriegen". Der Kaffee kann „kochend heiß" sein, „lau warm sein", „eiskalt sein". Ein Fotograph unterscheidet zwischen „dunkel", „dämmrig", „taghell" oder „extrem hell" beim Anfertigen eines Fotos.

Beispiel

Mathematiker formulieren gern „kurz und knapp". Sie erkennen das an der folgenden Schreibweise:
Die Aussage ***A***: „Ein Blatt der Größe DIN A4 ist kleiner als eins der Größe DIN A3" ist wahr.
Die Aussage ***B***: $3 + 6 = 10$ ist falsch.

Merksatz **Kurzschreibweise**

Man sagt auch: Der **Wahrheitswert** von Aussage ***A*** ist wahr, der Wahrheitswert der Aussage ***B*** ist falsch, das schreibt man abgekürzt so: „$\boldsymbol{W(A) = w}$" bzw. „$\boldsymbol{W(B) = f}$".

Wendet man diese Kurzschreibweise auf die obigen Aussagen A_1 bis A_{10} an, so ergibt sich: $W(A_1) = f$, $W(A_2) = w$, $W(A_3) = f$, $W(A_4) = w$, $W(A_5) = f$, $W(A_6) = w$, $W(A_7) = f$, $W(A_8) = w$, $W(A_9) = f$, $W(A_{10}) = f$, $W(A_{11}) = f$, $W(A_{12}) = f$. Vergleichen Sie mit Ihren Ergebnissen.

Als Nächstes stellen wir einen Bezug zu der Ihnen bekannten Mathematik her.

Wir benutzen die Aussage A: $8 + 6 = 14$ und ersetzen die Zahl „8" durch den Platzhalter „x". Dadurch entsteht die **Aussageform** $x + 6 = 14$, und Ihre Aufgabe bestand in früheren Schuljahren darin, aus dieser Aussageform eine wahre Aussage zu machen.

Hinweis Obwohl jetzt das Lösen von Gleichungen wie $x + 6 = 14$ nicht das Thema ist, sollten Sie bei Unsicherheiten aktiv werden. Suchen Sie ein altes Mathematikbuch heraus oder sprechen Sie Ihren Mathelehrer an! Weiter hinten folgen Übungsaufgaben.

Aufgabe 2 Erarbeiten Sie, welche Begriffe überhaupt sinnvoll sind, um die folgenden *Aussageformen* in *Aussagen* zu verwandeln:

AF_1: Oma und x sind Geschwister. → x muss ein **Mensch** sein.

AF_2: $12 + 23 + z = 0$.

AF_3: Brot, x und Wurst sind die Bestandteile eines Frühstücks.

AF_4: x, y, z sind gerade $t > 14$.

Überlegen Sie, ob Sie Ihre gefundenen Begriffe präzisieren müssen, um zu *wahren* Aussagen zu gelangen.

Übungen

1. Geben Sie den Wahrheitswert der folgenden Aussagen an.
   a) Manche Menschen sind größer als andere.
   b) Hamburg ist die Hauptstadt von Nordfriesland.
   c) $12 + 13 + 14 + 15 + 16 + 17 + 18 + 19 + 20 + 21 = 165$
   d) $12 \cdot 12 - 144 + 24 \cdot 26 - 625 - 1 = 0$
   e) Das Jahr 2004 hatte mehr Tage als das Jahr 2000.
   f) Morgen ist heute schon gestern.

2. Verwandeln Sie die Aussageformen in wahre Aussagen.
   a) x ist die Hauptstadt von Deutschland.
   b) Mathematik, x, v, h, t sind z unseres Stundenplans.
   c) Alle Menschen zwischen sieben und x sind in Deutschland y.
   d) Lesen, v und g zählt man bei uns zu den x-techniken.
   e) Oswald Mathias X schuf 1984 das „Haus im Haus“ für das Deutsche Architektur-Museum in Y.
3. Verwandeln Sie in wahre Aussagen.
   a) $x + 5 = 8$
   b) x ist kleiner als 55.
   c) x ist der Bruder von Schwester Inge.
   d) $5 + x - 4 = 3 + 5$
   e) r hat mehr als ein Bild gemalt.
   f) $37 \cdot x + 3 \cdot x - 5 = 10 \cdot x + 33 + x - 3 \cdot (3 + x) + 3 \cdot x$
   Hinweis: $3 \cdot x$ bedeutet „3 mal x“ und wird später mit $3x$ bezeichnet.
4. Definieren Sie die Vokabel „Aussageform“.

1.2 Die Verneinung (Negation)

Eine Aussage ist entweder wahr oder sie ist falsch. Verneint man eine wahre Aussage, so kann der neue Wahrheitswert nur *falsch* sein, verneint man eine falsche Aussage, so ist der sich ergebende Wahrheitswert *wahr*. Das Symbol für die Verneinung ist „¬“, so dass sich folgende Schreibweise ergibt:

Aussage A	Negation $\neg A$
$W(A_1) = w$	$W(\neg A_1) = f$
$W(A_2) = f$	$W(\neg A_2) = w$

Tab. 1.1: Negation

Einige Beispiele sollen das verdeutlichen:

Beispiel

A_1: Raymund Loewy war ein bedeutender Industriedesigner. $W(A_1) = w$.
$\neg A_1$: Raymund Loewy war kein bedeutender Industriedesigner. $W(\neg A_1) = f$.

Annahme: Michael ist 24 Jahre alt, Volker ist 22 Jahre alt.

A_2: Michael ist genau so alt wie Volker. $W(A_2) = f$
$\neg A_2$: Michael ist nicht genau so alt wie Volker. $W(\neg A_2) = w$
A_3: Eis schwimmt nicht auf dem Wasser. $W(A_3) = f$.
$\neg A_3$: Eis schwimmt auf dem Wasser. $W(\neg A_3) = w$.

Begründen Sie, warum „Michael ist jünger als Volker“ den Sachverhalt für $\neg A_2$ nur **unvollständig** abbildet. **Reflexion 1**

Merksatz *Doppelte Verneinung:* $\neg(\neg \boldsymbol{A}) = \boldsymbol{A}$.

Diesen Satz haben wir gerade in A_3 benutzt. Umständlich formuliert lautet $\neg A_3$: Es stimmt nicht, dass Eis nicht auf dem Wasser schwimmt. Ähnliches kennen Sie von früher: „Minus mal Minus gleich Plus“.

Das Symbol für die Negation „$\neg$“ wird in der Literatur unterschiedlich dargestellt, gelegentlich überstreicht man die Aussage $\neg A = \overline{A}$. Bei Recherchen im Internet mittels Suchmaschinen kann man auch das Minuszeichen benutzen.

Hinweis In der Umgangssprache wird die doppelte Verneinung manchmal „falsch“ benutzt. → Pink Floyd: „We ***don't*** need ***no*** education, we ***don't*** need ***no*** thought control ...“ In Süddeutschland hört man „Ich hab ***nie nicht*** gelogen“ anstelle von „Ich habe ***bestimmt nicht*** gelogen“.

Auch bei der „normalen“ Negation muss man aufpassen, sonst macht man Fehler. Wenn die Begriffe *„alle“*, *„keiner“*, *„immer“*, *„nie“*, „mindestens“, „höchstens“ auftreten, wird es gefährlich!

Merksatz Die Negation $\neg \boldsymbol{A}$ muss **alle** Möglichkeiten erfassen, für die ***A* nicht gilt**.

Beispiele

A_1: *Keiner* hat den Stoff verstanden.

$\neg A_1$: Es gibt mindestens einen, der den Stoff verstanden hat. (Ungültig: *Alle* haben verstanden!)

A_2: *Alle* wollen nach Hause.

$\neg A_2$: Es ist jemand da, der nicht nach Hause will. (Ungültig: *Keiner* will nach Hause.)

A_3: Lola hat *rote* Haare.

$\neg A_3$: Lola hat *keine roten* Haare. (Ungültig: Irgendeine andere Farbe als rot, z. B. blond, nennen, so würde man viele zusätzliche Möglichkeiten, z. B. schwarz, braun, grau auslassen!)

A_4: Lola *rennt.*

$\neg A_4$: Lola *rennt nicht.* (Sie könnte nämlich langsam gehen, stehen, mit dem Rad fahren usw.)

A_5: Tom darf *höchstens* 10,00 EUR ausgeben.

$\neg A_5$: Tom darf *mehr* als 10,00 EUR ausgeben.

Andere Formulierungen sind manchmal günstiger:

A_6: Karin kommt immer zu spät.

$\neg A_6$: Es stimmt nicht, dass Karin immer zu spät kommt.

A_7: Die Todesstrafe wirkt abschreckend.

$\neg A_7$: Die Ansicht, dass die Todesstrafe abschrecke, ist falsch.

Bearbeiten Sie nochmals in der Gruppe die Begriffe „immer, niemals alle, keiner, höchstens, mindestens“. Diskutieren Sie unsere Vorschläge in der folgenden Tabelle.

Reflexion 2 Begründen Sie, warum „Tom kann mindestens 10,00 EUR ausgeben“ falsch ist für $\neg A_5$!

A	$\neg A$	unzulässig
Immer	Nicht immer = mindestens einmal nicht	niemals
Nie, niemals	Mindestens einmal	immer
Mindestens n-mal	Weniger als n-mal	höchstens n-mal
Höchstens n-mal	Häufiger als n-mal	mindestens n-mal
Niemand	Mindestens einer	alle
Alle	Nicht alle = mindestens einer nicht	keiner

Tab. 1.2: Exakte Verneinung

Merksatz

Ein einziges Gegenbeispiel genügt, um eine Aussage mit **„alle"**, **„keiner"**, **„immer"** usw. zu falsifizieren! Mit Beispielen lässt sich „alle", „immer" usw. **nicht beweisen**, denn irgendwann könnte ein Gegenbeispiel auftreten!

Reflexion 3

Journalisten beherrschen normalerweise die deutsche Sprache, doch manchmal treten auch sie ins sogenannte Fettnäpfchen:

a) Am 23.03.2007 konnte man im Kölner Stadtanzeiger lesen: *„Disziplinarmaßnahmen können gegen Richter zwar verhängt werden, wenn sie nicht betrunken im Dienst erscheinen oder Akten verschwinden lassen, aber nicht, wenn Richter umstrittene Urteile sprechen"*.

b) Der Spiegel (Nr. 22/2008) zitiert die Saarbrücker Zeitung (Rubrik „kinderleicht erklärt"): *„In dem Vertrag soll stehen, was Länder dagegen tun sollen, damit sich die Erde nicht weiter erwärmt."*

Analysieren Sie die Aussagen a) und b), beschreiben Sie die Fehler und formulieren Sie richtig!

1.3 Verknüpfung von Aussagen

Sie wissen aus dem Deutschunterricht, dass man zwei oder mehrere Satzteile oder Sätze miteinander verknüpfen kann, dazu dienen die *Bindewörter* (Konjunktionen). Solche Junktoren sind auch für Aussagen definiert. Es muss nun geklärt werden, wie solche Verknüpfungen zu interpretieren sind und wie die Wahrheitswerte definiert sind.

Hinweis

Auf eins weisen wir schon jetzt hin: Die Verknüpfung von Aussagen erfolgt nach Regeln, die sich auf den **Wahrheitswert** und nicht auf den sachlichen Inhalt beziehen. Verknüpft man beispielsweise solche Aussagen (aussagenlogisch korrekt), die in keinem Sachzusammenhang stehen, so wird das Ergebnis zwar **wahr**, aber im **täglichen Leben sinnlos** sein.

Vorher zeigen wir, wie man am besten vorgeht, um alle möglichen Verknüpfungen zweier oder mehrerer Teilaussagen zu erhalten.

1.3.1 Entscheidungsbaum und Wahrheitstafeln

Die Aussagen A_1 und A_2 sollen miteinander verknüpft werden. Da noch keine Verknüpfungen (Junktoren) für die Aussagenlogik definiert sind, verwenden wir das Symbol „$\circ$", es bedeutet „ist verknüpft mit".

Wie viele Möglichkeiten für $W(A_1 \circ A_2)$ gibt es?

Wir gehen systematisch vor und veranschaulichen das Vorgehen mit Hilfe eines **Entscheidungsbaums**. Diesen benötigen wir auch später im Kapitel 6 zum Thema „Wahrscheinlichkeitsrechnung".

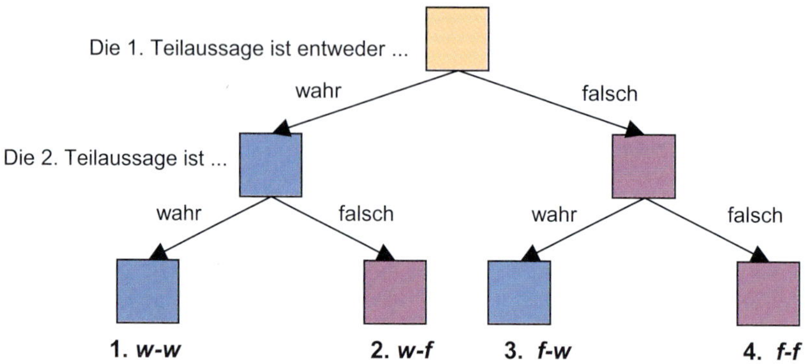

Abb. 1.1: Entscheidungsbaum

Bei zwei Aussagen, die verknüpft werden, sind vier Möglichkeiten zu beachten. Es sind folgende **Pfade** (Weg der Pfeile) denkbar: 1. *w-w*, 2. *w-f*, 3. *f-w*, 4. *f-f*.

Kommt eine dritte Aussage A_3 hinzu, müssen die schon vorhandenen vier Verknüpfungsmöglichkeiten mit zwei multipliziert werden, denn $W(A_3)$ kann wiederum entweder wahr oder aber falsch sein. Jede weitere Teilaussage A_{weiter} führt zu einer Multiplikation mit zwei. Man erhält somit 2^n Möglichkeiten für die Verknüpfung von n-Aussagen.

Merksatz Bei der Verknüpfung von n-Aussagen erhält man 2^n Möglichkeiten der Wahrheitszusammenstellungen.

(Sie wissen doch, was 2^n bedeutet? Wenn nicht, müssen Sie in alten Mathebüchern nachschauen! Sie sollten auch z.B. 2^{11} mit dem Taschenrechner **ausrechnen** können! $\rightarrow 2^{11} = 2\,048$)

In einer **Wahrheitstafel** stellt man die Möglichkeiten der Verknüpfung sehr konzentriert, aber nicht ganz so anschaulich dar. Eine Wahrheitstafel für zwei Aussagen hat folgendes Aussehen:

$W(A_1)$	$W(A_2)$	$W(A_1 \circ A_2)$	Pfadnr. im Entscheidungsbaum
w	*w*	?	1
w	*f*	?	2
f	*w*	?	3
f	*f*	?	4

Tab. 1.3: Wahrheitstafel → Verknüpfung für zwei Aussagen

Da die Verknüpfung noch allgemein mit „$\circ$" symbolisiert wurde, kann noch kein Wahrheitswert für die Ergebnisspalte $W(A_1 \circ A_2)$ bestimmt werden, deshalb das Fragezeichen in Spalte 3 der Tabelle 1.3.

Die einzelnen Pfade des Entscheidungsbaums findet man jetzt in den Zeilen 1 bis 4 der Wahrheitstafel.

Bei der Verknüpfung von drei Aussagen erhält man bei gleichem Vorgehen:

$W(A_1)$	$W(A_2)$	$W(A_3)$	$W(A_1 \circ A_2 \circ A_3)$
w	*w*	*w*	?
w	*w*	*f*	?
w	*f*	*w*	?
w	*f*	*f*	?
f	*w*	*w*	?
f	*w*	*f*	?
f	*f*	*w*	?
f	*f*	*f*	?

Tab. 1.4: Wahrheitstafel für eine Verknüpfung von drei Aussagen

Aufgabe

Zeichnen Sie den Entscheidungsbaum für 3 Teilaussagen und benennen Sie die Pfade. Versuchen Sie auch, diese Zeichnung mit dem Computer zu gestalten. Überprüfen Sie dann die Tabelle 1.4.

In den folgenden Abschnitten wird das allgemeine Symbol „∘" durch „echte" Symbole für die einzelnen Verknüpfungsarten ersetzt.

1.3.2 Die Und-Verknüpfung (Konjunktion)

Gabriele hat einen Job bei der Messe (Gestaltung eines Stands) und deponiert ihr Werkzeug in der Werkzeugkiste, die mit zwei Vorhängeschlössern gesichert ist. An das Werkzeug kommt man dann und nur dann heran, wenn beide Schlösser, nämlich Schloss 1 **und** Schloss 2, entfernt sind. Wäre ein drittes Schloss vorhanden, müsste auch dieses weggenommen werden.

Definition

Eine **Und**-Verknüpfung (**Konjunktion**) ist **dann** und nur dann **wahr**, wenn **alle** Teilaussagen **wahr** sind.

Für die Konjunktion werden in der Literatur unterschiedliche Symbole benutzt. Diese sind auch durch die zur Zeit verfügbaren Zeichensätze (Schreibmaschine, Setzmaschine in der Druckerei, Stand der Computertechnik, Soft- und Hardware) bedingt.

Üblich sind ein auf den Kopf gestelltes v, nämlich „∧"[1], das Multiplikationszeichen „·", bei Recherchen im Internet das „+"-Zeichen oder „AND" bei den Programmierern.
Wir verwenden in diesem Kurs das Zeichen „∧".

[1] *Dieses Zeichen ist ein „auf den Kopf gestelltes v", von **v**el, lateinisch oder.*

Die Wahrheitstafel der Konjunktion mit zwei Teilaussagen hat folgendes Aussehen:

$W(A_1)$	$W(A_2)$	$W(A_1 \wedge A_2)$
w	*w*	*w*
w	*f*	*f*
f	*w*	*f*
f	*f*	*f*

Tab. 1.5: Wahrheitstafel für die Und-Verknüpfung, Konjunktion

Reflexion 1 Wenn Sie den Wahrheitswert einer Und-Verknüpfung ermitteln wollen und feststellen, dass schon die erste Teilaussage falsch ist, brauchen Sie nicht weiter zu lesen, denn ...

→ Ergänzen und begründen Sie den Satz!

Übungen

1. Geben Sie den Wahrheitswert der Konjunktionen an:
   a) Hamburg liegt an der Elbe und Köln am Rhein.
   b) London ist die Hauptstadt von England und Potsdam liegt an der Nordsee.
   c) Alle Frauen sind blond und alle Männer haben blaue Augen.
   d) $5 < 3$ und $234 \cdot 765 = 55\,640$
   e) Kinderlosigkeit ist vererbbar und der höchste Berg von Japan ist höher als der höchste Berg der Schweiz.
   f) Es gibt Tage, an denen es regnet und es gibt Schüler, die lieben Mathematik.
   g) Die Florentinerin Lisa del Giocondo wurde von Leonardo da Vinci gemalt und das Bild hängt heute im Louvre.
   h) Rot ist keine Mischfarbe und beim Würfel gibt es 10 Diagonalen.

2. Die folgenden 5 Aussagen sind wahr ($W(A_1 ... A_5) = w$):
   A_1: R. Loewy entwarf den Moskwitsch.
   A_2: Gerd liebt Fußball.
   A_3: Ein Schachbrett hat 64 Felder.
   A_4: Hilde jobbt bei einem Restaurator.
   A_5: Nina arbeitet bei einem Töpfer.

   Folgende Aussagen sind falsch ($W(A_6 ... A_8) = f$):
   A_6: Günter möchte nicht mit Anja ausgehen.
   A_7: Simon hat seine Uhr verloren.
   A_8: Praktikanten brauchen nicht zu arbeiten.

   Formulieren Sie (schreiben Sie die Sätze wirklich auf Papier!) und geben Sie den Wahrheitswert an:

   a) $\neg A_1 \wedge A_8$ b) $A_4 \wedge \neg A_6$ c) $A_2 \wedge \neg A_5$
   d) $A_5 \wedge A_8$ e) $\neg A_7 \wedge \neg A_3$ f) $A_3 \wedge \neg A_6$

3. Im Regal eines Supermarkts fanden wir zwei Sorten von Ölsardinen. Aufschrift der ersten Dose: „Ohne Haut und ohne Gräten“. Auf der zweiten kann man lesen: „Ohne Haut und Gräten“. Enthalten die Dosen das Gleiche?

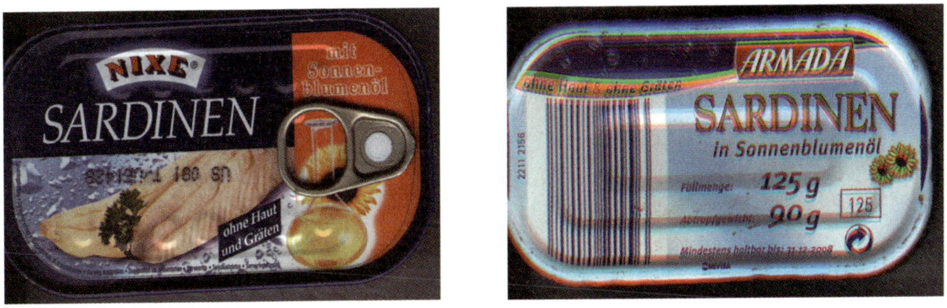

Abb. 1.2: Was enthalten die Dosen?

1.3.3 Die „Oder"-Verknüpfung (Disjunktion)

Gabriele macht Feierabend und verstaut ihr Werkzeug in der Kiste. Unbefugte können das Werkzeug nicht auspacken, wenn Gabriele das *erste* Schloss **oder** das *zweite* Schloss angebracht hat. Sicher sind die Sachen auch dann, wenn *beide* Schlösser vorhanden sind!

Definition

Eine **Oder**-Verknüpfung (**Disjunktion**) ist dann **wahr**, wenn **mindestens eine** Aussage **wahr** ist. Bei zwei Aussagen bedeutet das: Entweder die **erste** oder die **zweite** oder aber **beide** Teilaussagen müssen **wahr** sein, damit die Verknüpfung **wahr** ist. Man spricht auch vom **„inklusiven** Oder".

Als Symbol für die Disjunktion wird meistens der Buchstabe „v" benutzt, v ist der erste Buchstabe des lateinischen Wortes ***„vel"***, übersetzt: „oder".

Hinweis

In der Umgangssprache wird der Begriff „oder" auch anders benutzt: „Kannst du dich noch an Inge erinnern? Ich glaube, die hat vor drei Wochen den Hans oder den Horst geheiratet!" In unserem Kulturkreis kann man entweder mit dem einen **oder** mit dem anderen verheiratet sein, **nicht aber mit beiden gleichzeitig**!

Wenn man in der Aussagenlogik diese Verknüpfung ausdrücken möchte, darf man nicht die Disjunktion benutzen, sondern das „exklusive Oder", das in diesem Kurs nicht als „Grundverknüpfung" behandelt wird. Wir zeigen später, dass man mithilfe von Konjunktion, Disjunktion und Negation eine exklusive Oder-Verknüpfung erzeugen kann.

Merkhilfe für das „exklusive Oder": **Entweder** das eine **oder** aber das andere, jedoch **niemals beides** gleichzeitig!

Finden Sie weitere Beispiele der Umgangssprache und überlegen Sie, ob entweder eine Disjunktion oder aber ein „exklusives Oder" vorliegt (befreundet sein mit, verwandt mit ...). Als Symbol für das exklusive Oder benutzt man häufig das „$\oplus$".

Falls wir in diesem Kurs das exklusive Oder meinen, formulieren wir **„entweder ... oder aber"**. Leider nehmen andere Menschen das nicht so genau, dann kann es zu unterschiedlichen Meinungen über die Auslegung eines Satzes kommen, davon leben z. B. viele Juristen! Diese formulieren oft: „A und/oder B" und meinen dann das inklusive Oder (Disjunktion).

Die Wahrheitstafel für die Oder-Verknüpfung (Disjunktion) hat folgendes Aussehen:

$W(A_1)$	$W(A_2)$	$W(A_1 \vee A_2)$
w	*w*	*w*
w	*f*	*w*
f	*w*	*w*
f	*f*	*f*

Tab. 1.6: Wahrheitstafel für die Oder-Verknüpfung (Disjunktion)

Merksatz Eine **Oder**-Verknüpfung ist dann und nur dann **falsch**, wenn **alle** Teilaussagen **falsch** sind. Dagegen ist eine **Und**-Verknüpfung nur dann **wahr**, wenn **alle** Teilaussagen **wahr** sind.

Übungen

1. Geben Sie den Wahrheitswert der folgenden Aussagen an:
   A_1: Es gibt Männer mit Glatze oder $3 \cdot 0 = 3$.
   A_2: Zum Fußballspielen benötigt man elf Schiedsrichter oder $1 + 1 = 2$.
   A_3: Personen über achtzehn Jahre heißen Kinder oder Eltern sind kinderlos.
   A_4: Eine Disjunktion ist immer wahr oder eine Konjunktion ist immer falsch.
   A_5: Berlin ist eine Stadt oder Katzen fressen am liebsten Heu.
2. Die folgenden Aussagen sind wahr:
   A_6: Kerstin will Industriedesignerin werden.
   A_7: Sven will nicht studieren.
   A_8: Thomas arbeitet im Fotoatelier.
   Die nächsten Aussagen sind falsch:
   A_9 : Bettina ist älter als 18 Jahre.
   A_{10}: Gerda will studieren.
   Formulieren Sie und geben Sie den Wahrheitswert an.
   B_1: $A_6 \vee A_{10}$ B_3: $A_7 \vee A_6$
   B_2: $A_8 \vee A_9$ B_4: $A_9 \vee A_{10}$

Hinweis In der nächsten Übung sollen sowohl „und“ als auch „oder“ sowie die „Verneinung“ kombiniert werden. Beim normalen Rechnen müssen Sie beachten, dass die „Punktrechnung“ vor der „Strichrechnung“ zu erfolgen hat, Klammern müssen zuerst berechnet werden, Vorzeichen gelten nur für den folgenden Ausdruck!

Beispiel: $3 \cdot 4 - (-5) \cdot (3 + 5) + 4 - 23 \cdot 27 + 621 = 56$. → Überprüfen Sie das Ergebnis im Kopf und mit dem Taschenrechner.

Satz Es gilt folgende Regel: Für die logischen Verknüpfungen gelten folgende **Prioritätsregeln** (das Zeichen „≈“ bedeutet hier „ist vergleichbar mit“):

„Und“ ≈ Punktrechnung, „Oder“ ≈ Strichrechnung, „Negation“ ≈ Vorzeichen, Klammern müssen als Erstes bearbeitet werden.

Man sagt auch, die Konjunktion habe die höchste Priorität, dann folgen Disjunktion und Negation. Klammern stehen immer an erster Stelle der Bearbeitung und werden von „innen nach außen" aufgelöst.

Erweiterte Übungen

3. C_1: Anton tanzt gern. $W(C_1) = w$
   C_2: Berta spielt mit Autos. $W(C_2) = f$
   C_3: Cindy singt gern. $W(C_3) = w$
   C_4: Dora möchte Klarinette spielen. $W(C_4) = w$
   Formulieren Sie und geben Sie den Wahrheitswert an.
   D_1: $\neg C_1 \vee C_4$ D_2: $C_2 \wedge C_1 \vee C_3$
   D_3: $\neg(C_1 \vee C_4)$ D_4: $C_1 \vee \neg C_4$
   D_5: $\neg(\neg C_1 \vee C_4 \wedge C_2)$ D_6: $C_2 \wedge (C_4 \vee \neg C_3)$
4. Die Und- und Oder-Verknüpfung wird Ihnen in Ihrem späteren Berufsleben häufig bei Gesetzestexten begegnen. Auch Ihre Versetzung wird in solchen Aussageverknüpfungen geregelt.
   Auszug aus einer Prüfungsordnung: „Die Prüfung ist bestanden, wenn in allen Fächern mindestens ausreichende Leistungen erzielt werden oder wenn die Leistungen nur in einem Fach „mangelhaft" sind und durch eine mindestens befriedigende Leistung in einem anderen Fach ausgeglichen werden und in keinem Fach eine ungenügende Leistung zu verzeichnen ist."
   Nennen Sie für Ihre Fächersituation je drei Notenkonstellationen, mit denen Sie diese Prüfung bestehen würden bzw. bei denen Sie durchgefallen wären.
5. Suchen Sie in Presseerzeugnissen, BAföG-Vorschriften oder -Gesetzen Textbeispiele, in denen die Begriffe „und" bzw. „oder" benutzt wurden, finden Sie eventuell Beispiele, die im Sinne der Aussagenlogik missverständlich oder sogar „falsch" sind!

Sie haben Schwierigkeiten?!
Dann werden wir zwei Beispiele ausführlich behandeln. Wir gehen von drei Aussagen X_1, X_2, X_3 aus, die miteinander verknüpft werden sollen. Der jeweilige Wahrheitswert von X_i ist bekannt, der Wahrheitswert der Verknüpfung Y_j ist zu ermitteln.

X_1: Nach Abschluss der FOS12 hat man die Fachhochschulberechtigung. $W(X_1) = w$

X_2: Tom hat seinen Abschluss nicht erreicht. $W(X_2) = f$

X_3: Lena ist ein Matheass. $W(X_3) = w$

Beispiel 1

Gesucht ist der Wahrheitswert von

$Y_1 = X_1 \wedge (X_2 \vee X_3)$

Wir beachten die Prioritätsregeln und bearbeiten zuerst die Klammer. $W(X_2) = f$, $W(X_3) = w$, $W(X_2 \vee X_3) = w$, da auch $W(X_1) = w$ gilt, ist die Gesamtverknüpfung wahr, $\boldsymbol{W}(Y_1) = \boldsymbol{w}$.

Folgende Formulierung ist denkbar: „Wahr ist die folgende Behauptung: Nach Abschluss der FOS12 hat man die FH-Berechtigung und zusätzlich gilt: Tom hat seinen Abschluss nicht geschafft oder Lena ist ein Matheass." Es ist gar nicht so einfach, die Klammer (...) in der „Normalsprache" auszudrücken. Oft ist es besser, den Sachverhalt in mehreren Sätzen wiederzugeben.

Beispiel 2

$Y_2 = X_1 \wedge X_2 \vee X_3$

Laut Prioritätsregel ist als erstes $W(X_1 \wedge X_2)$ zu ermitteln, $w \wedge f = f$. Die folgende Oder-Verknüpfung mit X_3 führt nun zu einer wahren Gesamtverknüpfung; denn $W(X_3) = \boldsymbol{w}$. $\boldsymbol{W(Y_2) = w}$.

Text: Es stimmt, dass man nach Abschluss der FOS12 die FH-Berechtigung hat und Tom den Abschluss nicht erreicht hat oder es gilt: Lena ist ein Matheass.
Sie sehen, unsere Sprache ist zu arm, um die eindeutigen Symbole der Aussagenlogik „einfach ausdrücken“ zu können.

Sie haben nun zwei Möglichkeiten, einen Sachverhalt exakt darzustellen:

a) Sie benutzen die Umgangssprache und müssen manchmal „drumherum reden“ und sich des Öfteren korrigieren, oder aber
b) Sie sprechen die Sprache der Mathematik. Sie müssen einige Symbole und Definitionen lernen. Die mathematischen Formulierungen sind anfangs „sehr abstrakt“, aber dann versteht man Sie in der ganzen Welt. Die Ausrede „ich meinte aber doch ...“ gilt nicht mehr!

Zur weiteren Festigung soll der Gebrauch von Negation, Disjunktion und Konjunktion geübt werden. Wir lösen uns ganz von Texten und betrachten nur noch die Wahrheitswerte. Um die Ergebnisse konzentriert darstellen zu können, bieten sich Wahrheitstafeln an. Wir beschränken uns auf zwei Aussagen, die miteinander verknüpft werden, denn eine Erweiterung auf drei oder mehr vergrößert zwar erheblich den Schreibaufwand, bringt aber keine neuen Erkenntnisse.

Beispiel

Wir wollen als Beispiel „$\neg A_1 \vee A_2$“ untersuchen.
Benötigt wird eine Wahrheitstafel für zwei Variable, alle Zellen der Tabelle sind durch Zeilen- und Spaltennummern gekennzeichnet.

Nr.	1	2	3	4
0	$W(A_1)$	$W(A_2)$	$W(\neg A_1)$	$W(\neg A_1 \vee A_2)$
1	*w*	*w*	*f*	*w*
2	*w*	*f*	*f*	*f*
3	*f*	*w*	*w*	*w*
4	*f*	*f*	*w*	*w*

Tab. 1.7: Nicht A_1 oder A_2

Die Spalten 1 und 2 wurden wie gewohnt hingeschrieben, es ergeben sich wie bekannt die Zeilen 1 ... 4.

Da in der gesuchten Verknüpfung $\neg A_1$ vorkommt, haben wir die Spalte 3 hinzugefügt. Um Fehler zu vermeiden, sollte man alle Teilschritte in der Tabelle erfassen (nicht zu viel im Kopf erledigen!). Jetzt muss Spalte 2 mit Spalte 3 verknüpft werden, gefordert ist die Oder-Verknüpfung. Diese ist nur dann falsch, wenn beide Teilaussagen falsch sind. Dieser Sachverhalt trifft auf Zeile 2 zu! Diese Verknüpfung taucht später noch mal mit einem anderen Namen auf.

Beispiel

Im folgenden Beispiel zeigen wir, dass die exklusive Oder-Verknüpfung $\oplus$ keine „selbständige“ Verknüpfung ist, sondern aus **und**, **oder**, **nicht** „zusammengebastelt“ werden kann.

$W(A)$	$W(\neg A)$	$W(B)$	$W(\neg B)$	$W(\neg A \wedge B)$	$W(A \wedge \neg B)$	$W(\neg A \wedge B) \vee W(A \wedge \neg B)$
1	2	3	4	5	6	„5“ $\vee$ „6“
w	*f*	*w*	*f*	*f*	*f*	*f*
w	*f*	*f*	*w*	*f*	*w*	*w*
f	*w*	*w*	*f*	*w*	*f*	*w*
f	*w*	*f*	*w*	*f*	*f*	*f*

Tab. 1.8: „Entweder ... oder aber“, exklusives Oder $\oplus$

Also gilt: $A \oplus B = \neg A \wedge B \vee A \wedge \neg B$

Begründen Sie, warum die Hilfsspalten 2, 4, 5, 6 in der Tabelle 1.8 hingeschrieben wurden! **Reflexion 1**

Übungen

6. In der folgenden Tabelle 1.9 sind sieben Wahrheitstafeln zusammengefasst. Zeichnen Sie die Tabelle ab, ergänzen Sie die fehlenden Spalten *W*(*A*), *W*(*B*) und füllen Sie die gesuchten Spalten 1 bis 7 aus.

$W(\neg A \wedge B)$	$W(\neg A \wedge \neg B)$	$W(A \wedge \neg B)$	$W(\neg A \vee A)$	$W(B \wedge \neg B)$	$(W(\neg B \vee \neg A)$	$W(A \wedge A)$
1	2	3	4	5	6	7

Tab. 1.9: Übung „Wahrheitstafeln für Verknüpfungen mit und, oder, nicht.

1.3.4 „Wenn – dann“-Verknüpfungen

Es gibt unterschiedliche „Wenn-dann“-Verknüpfungen, diese spielen für Mathematiker eine bedeutende Rolle, beispielsweise in der Beweistechnik. Leider ist es aber so, dass die Bezeichnungen für „Wenn-dann“-Verknüpfungen“ in den Fachbüchern nicht einheitlich erfolgen. So wird der Begriff „Implikation“ sowohl in Mathematikbüchern als auch in Lexika unterschiedlich definiert, sie haben also auch unterschiedliche Wahrheitstafeln. Der Begriff **„Subjunktion“**, eine andere „Wenn-dann“-Verknüpfung, hat eine Wahrheitstafel, die unserem Sprachgefühl (Normalsprache) oft widerspricht. Wir stellen Ihnen zwar alle „Wenn-dann“-Verknüpfungen vor, für weitere Übungen (Textinterpretationen) beschränken wir uns aber auf die **„Bisubjunktion“**.

Wenn in der Umgangssprache *„wenn – dann“* formuliert wird, dann ist nicht immer zu erkennen, welche der folgenden Verknüpfung gemeint ist. Genau deshalb haben die Mathematiker die Symbole $\neg$, $\wedge$, $\vee$, ... erfunden, diese haben immer die gleiche Bedeutung.

1.3.4.1 Die Subjunktion

Die Subjunktion ist eigentlich keine „Grundverknüpfung“, sie kann aus Negation und Disjunktion erzeugt werden. Als Symbol für die Subjunktion benutzt man einen „einfachen“ Pfeil „$\rightarrow$“.

Eine Subjunktion ist nur dann **falsch**, wenn aus einer **wahren** Voraussetzung etwas **Falsches** folgt. **Definition**

Daraus ergibt sich die folgende Wahrheitstafel:

$W(A)$	$W(B)$	$W(A \rightarrow B)$
w	*w*	*w*
w	*f*	*f*
f	*w*	*w*
f	*f*	*w*

Tab. 1.10: Subjunktion

Beispiel: *A*: Es regnet. *B*: Die Straße ist nass.

Wenn es regnet, dann ist die Straße nass. Stimmt!

Wenn es regnet, dann ist die Straße nicht nass. Unsinn!

Wenn es nicht regnet, dann ist die Straße nass. Stimmt, z. B. Hochwasser, Rohrbruch.

Wenn es nicht regnet, dann ist die Straße nicht nass. Stimmt, das ist der Normalfall.

Beachten Sie die letzten beiden Zeilen. Falls die Voraussetzung falsch ist, kommt es nicht mehr auf das „dann“ an, das Ergebnis ist immer wahr, deshalb ist die Schlussfolgerung wertlos.

Merksatz Aus einer falschen Voraussetzung kann man nichts Vernünftiges schließen. (Z. B.: Wenn ich ein Bus wäre, dann hätte ich auch Räder.)

1.3.4.2 Die Bisubjunktion

Definition Eine Bisubjunktion ist immer dann wahr, wenn beide Teilaussagen den gleichen Wahrheitswert haben.

Als Symbol benutzt man einen Pfeil in beide Richtungen „$\leftrightarrow$“. Der dazugehörige Text lautet: „*A* genau dann, wenn *B* und umgekehrt“. Die zugehörige Wahrheitstafel hat somit das folgende Aussehen:

W(*A*)	*W*(*B*)	*W*(*A* $\leftrightarrow$ *B*)
w	*w*	*w*
w	*f*	*f*
f	*w*	*f*
f	*f*	*w*

Tab. 1.11: Bisubjunktion

Diese „Wenn-dann“-Beziehung (Bisubjunktion) entspricht weitgehend unserem „normalen“ Sprachempfinden und wird meistens in Verordnungen und Gesetzestexten benutzt.

Übungen Bearbeiten Sie die folgenden Texte.

1. Fiktives „Gesetz über Ausstellungsräume für Künstler – GAK, 2011/2012) ...“

   § 18
   (6) Voraussetzung der Betriebskostenzuschüsse nach den Absätzen 2 bis 4 ist, dass die Einrichtung gemäß § 13 gefördert wurde oder der örtliche Träger der öffentlichen Kunstförderung die Einrichtung als bedarfsentsprechend anerkannt hat und entsprechende Landesmittel zur Verfügung stehen.

   Entscheiden Sie, wann Zuschüsse gezahlt werden.

   → 1. Hinweis: Formen Sie in Gedanken um in „wenn folgende Voraussetzungen ..., dann ... gibt es einen Zuschuss“.

   → 2. Hinweis: Sie müssen die Struktur „wenn $\boldsymbol{A} \vee \boldsymbol{B} \wedge \boldsymbol{C}$, dann gibt's Geld“ erkennen. Wollte der Gesetzgeber diesen Sachverhalt wirklich? Angenommen, *A* ist erfüllt und es stehen keine Mittel bereit ($\neg C$). Muss dann gezahlt werden? Formulieren Sie richtig!

   → 3. Hinweis: Mathematiker haben es leichter, die sagen gleich $(A \vee B) \wedge C$.

2. § 17
   (4) ... Bezieht ein Elternteil Einkünfte aus einem Beschäftigungsverhältnis oder aufgrund der Ausübung eines Mandats und steht ihm aufgrund dessen für den Fall des Ausscheidens eine lebenslängliche Versorgung oder an deren Stelle eine Abfindung zu oder ist er in der gesetzlichen Rentenversicherung nachzuversichern, dann ist dem nach diesem Absatz ermittelten Einkommen ein Betrag von 10 v. H. der Einkünfte hinzuzurechnen.
   Entscheiden Sie: Wann werden die Einkünfte um 10 % angehoben?

3. § 12 Erwerb und Zuerkennung der Fachhochschulreife
(4) Die Prüfung ist (dann) bestanden, wenn nicht mehr als eine Prüfungsteilleistung „mangelhaft“ ist und keine Prüfungsteilleistung mit „ungenügend“ abgeschlossen wird, und wenn in allen Fächern mindestens ausreichende Leistungen erzielt werden oder wenn die Leistungen nur in einem Fach mangelhaft sind und durch eine mindestens befriedigende Leistung in einem anderen Fach ausgeglichen werden. Eine Prüfungsteilleistung ist das Ergebnis der schriftlichen und mündlichen Prüfung oder – bei fehlender mündlicher Prüfung – nur der schriftlichen Prüfung in einem Prüfungsfach. Weiterhin gilt: „... eine mündliche Prüfung muss dann erfolgen, wenn Vornote und Ergebnis der schriftlichen Prüfung um mehr als eine Note abweichen.“
Entscheiden Sie, ob die folgenden 4 Kandidaten die Prüfung bestanden haben.
VN: Vornote; SP: schriftliche Prüfung; MP: mündliche Prüfung; EN: Endnote.

Anna	Ma	De	En	EW	Pol	Bio	GS	Ps
VN	4	3	4	1	2	5	2	1
SP	5	3	5					
MP	–	–	–					
EN	4	3	4	1	2	5	2	1

Bernd	Ma	De	En	EW	Pol	Bio	GS	Ps
VN	4	3	4	1	2	2	3	1
SP	4	5	3					
MP	–	5	2		2			
EN	4	4	3	1	2	2	3	1

Cecil	Ma	De	En	EW	Pol	Bio	GS	Ps
VN	2	3	4	1	2	5	2	3
SP	2	2	4					
MP	–	1	–					
EN	2	2	4	1	2	5	2	3

Tab. 12: Noten nach der schriftl. Prüfung

4. Tom hat in Mathematik die Vornote „5“ und in der Prüfungsarbeit eine „6“ geschrieben. In Biologie hat er eine „2“. Kann Tom den Abschluss erreichen? Geben Sie an, ob und wie er das erreichen kann.

1.3.4.3 Die Implikation

Beschränkt man sich bei der Subjunktion auf die Verknüpfungen, die **wahr** sind, erhält man die Implikation mit dem Symbol „$\Rightarrow$“. $A \Rightarrow B$ bedeutet: „aus A folgt B“ (vermeiden Sie „wenn A, dann B“).

Beispiele:

Wenn A ohne Rest durch 10 zu teilen ist, dann folgt daraus, dass man A auch ohne Rest durch 2 teilen kann.

Aus „Herr Meier hat einen BMW“ folgt: „Herr Meier hat ein Auto“.

Ebenso gilt: „Wenn Herr Meier kein Auto hat, dann hat er auch keinen BMW“.

Folgender Sachverhalt ist später wichtig:

Wir unterscheiden zwischen **notwendigen Bedingungen** und **hinreichenden Bedingungen**.

$A \Rightarrow B$ heißt: Immer, wenn A erfüllt ist, dann ist auch B gegeben. A ist also **hinreichend** für B.

Wenn eine natürliche Zahl (beispielsweise 50) ohne Rest durch 10 geteilt werden kann (A), dann ist auch sichergestellt, dass sie durch 2 geteilt werden kann (B).

B ist in diesem Fall **notwendig** für A. Falls nicht durch 2 geteilt werden kann, dann kann auch niemals durch 10 geteilt werden. Die Teilbarkeit durch 2 ist zwar notwendig, reicht aber allein für die Teilbarkeit durch 10 nicht aus. Die Zahl müsste zusätzlich durch 5 teilbar sein.

Im Abschnitt Mengen und Teilmengen werden wir diesen Aspekt nochmals aufgreifen und verdeutlichen.

Übungen

1. Formulieren Sie notwendige sowie hinreichende Bedingungen für die Erreichung ihres Schulabschlusses, den Kauf eines Motorrollers, für das aktive Wahlrecht in ihrer Kommune, aus der Mathematik.
2. Welche Bedingung ist angesprochen (notwendig oder hinreichend?): „Wenn eine Figur ein Rechteck sein soll, dann müssen gegenüberliegende Seiten parallel sein".

1.3.4.4 Die Äquivalenz

Eine **„notwendig und hinreichende"** Bedingung kann aufgefasst werden als eine **Bisubjunktion**, die **immer wahr** ist. Deshalb hat man das Symbol „$\Leftrightarrow$" gewählt (Doppelpfeil in beide Richtungen). Man spricht auch von der logischen Äquivalenz.

Beispiel

Wenn eine Zahl ohne Rest durch 10 teilbar sein soll, dann muss hinten eine „0" stehen.

„n ist durch 2 teilbar **und** n ist durch 5 teilbar" ist notwendig und hinreichend (bzw. äquivalent) für „n ist durch 10 teilbar".

$A \Leftrightarrow B$ bedeutet auch: Man kann A und B austauschen, sie bedeuten das gleiche. Somit ergibt sich folgender Satz:

Satz Wenn die Wahrheitswerte von unterschiedliche Aussagenverknüpfungen in allen Zeilen der Wahrheitstafel gleich sind, dann bedeuten diese Verknüpfungen das gleiche!

Äquivalenzumformungen kennen Sie schon von früher. Die haben Sie immer dann angewandt, wenn Sie Gleichungen umgestellt und nach x gelöst haben!

Beispiel:

$$\begin{aligned} & 8x - 12 = 4x + 20 \quad |-4x \\ \Leftrightarrow\ & 4x - 12 = 20 \quad |+12 \\ \Leftrightarrow\ & 4x = 32 \quad |:4 \\ \Leftrightarrow\ & \underline{x = 8} \end{aligned}$$

Übungen Beweisen Sie mit Hilfe von Wahrheitstafeln:

1. $(A \rightarrow B) \Leftrightarrow \neg A \vee B$
2. $[(A \rightarrow B) \wedge (B \rightarrow A)] \Leftrightarrow A \leftrightarrow B$

   Formulieren Sie notwendige, hinreichende und „notwendige und hinreichende" Bedingungen für die Versetzung von FOS11 nach FOS12.
3. Dianas schwächste Zensur im Zeugnis war eine „2" in Mathematik. War diese Leistung notwendig für ihre Versetzung?

4. Lösen Sie die folgenden Gleichungen nach x auf:

a) $3x - 8 = 5x + 4$ b) $(6x + 4)(3x - 7) = (2x + 1)(9x - 6)$ c) $\frac{x+4}{x+1} = \frac{x+1}{x-2}$

d) $0{,}2x + 3 + 0{,}8x - 1 = -2x + 0{,}3(1 - 10x)$ e) $4x = 5x$

1.3.5 Die Gesetze von de Morgan

Sicher haben Sie schon den Spruch gehört: „Das kann man aber auch ***anders*** sagen". Jetzt werden Sie lernen, wie Aussagenverknüpfungen umformuliert werden können, ohne dass man den Sinn (Wahrheitswert) verändert. Der Entwickler dieser Gesetzmäßigkeiten war Herr *de Morgan*, in der Elektro- und der Computertechnik spielen diese eine große Rolle. Falls es in Ihrem Bekanntenkreis Elektrotechniker oder Computerfreaks gibt, lassen Sie sich die Wichtigkeit erklären!

Wir beschäftigen uns nochmals mit der Werkzeugskiste mit den zwei Vorhängeschlössern.

A: Um die Kiste öffnen zu können, dürfen weder Schloss S_1 **noch** Schloss S_2 vorhanden sein (nicht S_1 und nicht S_2).

Wir **verneinen**:

$\neg A$: Man kann die Kiste **nicht** öffnen, wenn Schloss S_1 **oder** Schloss S_2 **oder** beide angebracht sind.

Formal gilt:

Öffnen: $A = \neg S_1 \wedge \neg S_2$ *(Öffnen: **Beide** Schlösser müssen **weg**!)*

Negation: $\neg A = S_1 \vee S_2$ *(Öffnen geht **nicht**, wenn mindestens **ein** Schloss da ist.)*

Wir verneinen nochmals:

Man kann die Kiste **doch** („nicht nicht" – doppelte Verneinung) öffnen, wenn **nicht** gilt, dass S_1 oder S_2 angebracht sind (nicht verwirren lassen, ganz langsam lesen und die Werkzeugskiste vor Augen haben!).

Formal: $\neg\neg A = A = \neg(S_1 \vee S_2)$. Wir haben für A (Öffnen) zwei unterschiedliche Verknüpfungen erhalten! Es gilt also der Satz:

$\neg S_1 \wedge \neg S_2 = \neg(S_1 \vee S_2)$. **Satz**

De Morgan hat entsprechende Zusammenhänge systematisch untersucht und formulierte die beiden Gesetze:

Gesetze von de Morgan: **Satz**

1. $\neg(A \wedge B) = \neg A \vee \neg B$;
2. $\neg(A \vee B) = \neg A \wedge \neg B$.

Merkregel (Kochrezept) für de Morgan, sehr salopp ausgedrückt: „Zur Negation der Gesamtaussage: negiere jeden Einzelausdruck, ersetze $\vee$ durch $\wedge$ bzw. ersetze $\wedge$ durch $\vee$!" **Merksatz**

Sie erinnern sich: Wenn die Wahrheitstafeln von Verknüpfungen übereinstimmen, bedeuten sie das Gleiche (es sind *äquivalente* Verknüpfungen)! **Hinweis**

Deshalb bilden die Computerprogrammierer die Subjunktion $A \rightarrow B$ durch $\neg A \vee B$ ab (diesen Sachverhalt sollten Sie schon früher nachprüfen, d. h. **beweisen**!).

Aufgabe Überprüfen Sie die folgenden Äquivalenzen, indem Sie a) die Gesetze von de Morgan anwenden und b) die Wahrheitstafeln aufstellen und zeilenweise vergleichen.

1. $\neg A \vee B = \neg(A \wedge \neg B)$
2. $A \wedge \neg B = \neg(\neg A \vee B)$
3. $A \wedge B = \neg(\neg A \vee \neg B)$
4. $A \vee B = \neg(\neg A \wedge \neg B)$

Diese Gesetze helfen beispielsweise auch, Subjunktionen („Wenn … dann …“) richtig zu verneinen.

Beispiel:

Negieren Sie die Aussage: „Wenn Greta Durst hat, dann trinkt sie.“

A: Greta hat Durst. $\neg A$: Greta hat keinen Durst.

B: Greta trinkt. $\neg B$: Greta trinkt nicht.

$A \rightarrow B = \neg A \vee B$

Negation: $\neg(\neg A \vee B) = A \wedge \neg B$

Text: Greta hat Durst und sie trinkt nicht.

Übungen

1. Negieren Sie (mithilfe der Gesetze von de Morgan):
   a) $\neg A \vee \neg B$
   b) $\neg B \rightarrow A$
   c) $\neg A \wedge \neg B$
   d) Angela trinkt keinen Alkohol und sie arbeitet am Wochenende im Krankenhaus.
   e) Es stimmt nicht, dass Sebastian faul ist oder seine Schularbeiten nicht erledigt.
   f) Der Januar hat 31 Tage oder der März hat „M“ als ersten Buchstaben.
2. Formen Sie mithilfe der Gesetze von de Morgan um:
   a) $\neg(\neg A \vee B)$
   b) $\neg(A \wedge \neg B)$
   c) $\neg\neg(\neg R \wedge L)$
   d) Es ist falsch, dass Paul das Praktikum abgebrochen hat oder die Schule schwänzt.
   e) Es stimmt nicht, dass die allgemeine Schulpflicht mit 14 Jahren endet oder mit 16 die Volljährigkeit beginnt.
3. Verwenden Sie die Identität $A \rightarrow B = \neg A \vee B$ und formulieren Sie den folgenden Satz um. Wenn man kein „Grün“ hat, dann muss man „Blau“ mit „Gelb“ mischen.

1.4 Zum Weiterarbeiten

Vielleicht erinnern Sie sich noch, wie man Klammern ausmultipliziert! Es gilt:

$a(b + c) = ab + ac \rightarrow$ vielleicht kennen Sie sogar den Begriff „Distributivgesetz“!

Ähnliche Gesetzmäßigkeiten gelten auch in der Aussagenlogik. Sie können die beiden folgenden Sätze mithilfe der Wahrheitstafel **beweisen**! Der erste Satz hat große Ähnlichkeit zur obigen Klammerregel!

Es gilt: **Satz**

1. $A \wedge (B \vee C) = A \wedge B \vee A \wedge C$
2. $A \vee (B \wedge C) = (A \vee B) \wedge (A \vee C)$

Beweisen Sie die beiden Sätze mithilfe von Wahrheitstafeln. **Aufgabe**

Da Sie drei Variable verknüpfen müssen, hat Ihre Wahrheitstafel acht Zeilen! Denken Sie an „Punktrechnung vor Strichrechnung", hier „$\wedge$" vor „$\vee$"!

1.5 Anwendung auf geometrische Grundfiguren

1.5.1 Dreiecke

Der Lehrplan für die FOS sieht nicht vor, dass wir mit Ihnen die Grundlagen der Geometrie ausführlich besprechen oder wiederholen. Es wird vorausgesetzt, dass Sie dies „schon alles können". Wir „verstecken" diese Wiederholung sowohl in der Aussagenlogik als auch später in der Mengenlehre.

Die folgenden Aussagen D_{1-11} sind **alle wahr**. Veranschaulichen Sie die Aussagen durch entsprechende Zeichnungen. **Aufgabe 1**

D_1: Die Winkelsumme im Dreieck beträgt in der Ebene immer 180°.

D_2: Dreiecke mit einem Winkel $\gamma = 90°$ heißen rechtwinklig.

D_3: Die Ecken eines Dreiecks werden mit Großbuchstaben (A, B, C) bezeichnet, die gegenüberliegenden Seiten mit den entsprechenden Kleinbuchstaben.

D_4: Dreiecke mit zwei gleich langen Seiten heißen gleichschenklig.

D_5: Dreiecke mit drei gleich langen Seiten heißen gleichseitig.

D_6: Die Summe zweier Dreiecksseiten ist immer größer als die dritte Seite.

D_7: Bei einem gleichschenkligen Dreieck sind mindestens 2 Winkel gleich groß.

D_8: Die Summe der Kathetenquadrate ist gleich dem Hypotenusenquadrat (Satz des Pythagoras).

D_9: Ähnliche Dreiecke haben die gleichen Winkel.

D_{10}: Zum Zeichnen eines Dreiecks benötigt man drei voneinander unabhängige Größen.

D_{11}: $A = \dfrac{g \cdot h}{2}$

Entscheiden Sie, ob die folgenden Aussagen bzw. Aussagenverknüpfungen wahr oder falsch sind. Begründen Sie Ihre Entscheidung, besonders dann, wenn Sie sich für „falsch" entschieden haben. **Aufgabe 2**

A_1: Bernd, Anna und Inga zeichnen ein Dreieck. Die Winkel der Dreiecke stimmen überein. Behauptung: Alle drei Dreiecke sind deckungsgleich.

A_2: Wenn ein Dreieck rechtwinklig ist, dann sind die restlichen Winkel kleiner als 90°.

A_3: Bei einem rechtwinklig-gleichschenkligen Dreieck ist mindestens ein Winkel kleiner als 45°.

A_4: Es gibt ein Dreieck mit den Seiten $a = 2$ cm, $b = 4$ cm und $c = 6$ cm.

A_5: Wenn ein Dreieck gleichseitig ist, dann ist es auch gleichschenklig.

A_6: Gleichschenkligkeit ist eine notwendige Bedingung für Gleichseitigkeit.

A_7: Es gibt ein Dreieck mit den Seiten $a = 3$ m, $b = 4$ m, $c = 5$ m.

A_8: Das Dreieck aus A_7 ist rechtwinklig.

A_9: Die Schenkel des rechten Winkels heißen Katheten und die Hypothenuse liegt dem rechten Winkel gegenüber.

A_{10}: Es gibt Dreiecke, die rechtwinklig und gleichschenklig sind.

A_{11}: Der Flächeninhalt eines Dreiecks ergibt sich aus der Multiplikation einer beliebigen Grundseite mit der zugehörigen Höhe, geteilt durch zwei.

A_{12}: Multipliziert man die beiden Katheten, so erhält man den Flächeninhalt.

A_{13}: Spiegelt man ein Dreieck an einer Seite, so ist die neue Figur ein konvexes Viereck oder ein konkaves Viereck.

A_{14}: Jedes Dreieck im Innern eines Halbkreises ist dann rechtwinklig, wenn der Durchmesser eine Seite bildet und der dritte Eckpunkt auf dem Halbkreis liegt (Thaleskreis).

A_{15}: Schraubt man aus drei Stäben ein Dreieck so zusammen, dass die einzelnen Eckverbindungen verdrehbar sind, dann ist das Dreieck trotzdem stabil (d. h.: die Form des Dreiecks ist nicht veränderbar).

1.5.2 Vierecke

Die folgenden Aussagen V_{1-10} über Vierecke sind **alle wahr**.

V_1: Das Quadrat hat vier rechte Winkel und vier gleich lange Seiten.

V_2: Ein Rechteck hat vier rechte Winkel.

V_3: Wenn bei einem Viereck gegenüberliegende Seiten gleich lang sind, dann heißt es Raute oder Rechteck.

V_4: Jedes Viereck hat zwei Diagonalen, mindestens eine liegt innerhalb des Vierecks.

V_5: Vierecke mit senkrecht aufeinander stehenden Diagonalen heißen Drachen.

V_6: Der Flächeninhalt eines Rechtecks ergibt sich aus dem Produkt von Länge und Breite.

V_7: Es gibt Vierecke, bei denen eine Diagonale außerhalb liegt.

V_8: Die Winkelsumme im Viereck beträgt 360°.

V_9: Zum Zeichen eines allgemeinen Vierecks braucht man fünf unabhängige Größen (Längen oder Winkel).

V_{10}: Bei einem Parallelogramm sind gegenüberliegende Seiten gleich lang.

Aufgabe 1 Entscheiden Sie, ob die folgenden Aussagen wahr oder falsch sind. **Begründen** Sie Ihre Meinung besonders dann, wenn Sie zu „**falsch**" gekommen sind.

B_1: Baut man ein Viereck aus vier Leisten (Eckverbindungen verdrehbar), so ist dieses stabil.

B_2: Alle Quadrate sind auch Rechtecke.

B_3: Jedes Viereck hat zwei innenliegende Diagonalen.

B_4: Zeichnet man in ein Viereck eine Diagonale ein, so erhält man immer zwei Dreiecke.

B_5: Rauten sind spezielle Parallelogramme.

B_6: Parallelogramme sind spezielle Rauten.

B_7: Piet Mondrian schuf Bilder, bei denen Rechtecke und Dreiecke vorherrschen.

B_8: Vier rechte Winkel sind eine notwendige Bedingung für ein Quadrat.

B_9: Vier rechte Winkel sind eine hinreichende Bedingung für ein Rechteck.

B_{10}: Vier gleich lange Seiten sind hinreichend für ein Quadrat.

1.6 Zusammenstellung der neuen Vokabeln

Zusammenstellung

Äquivalenz	falsch	Wahr
Aussage	Folgerung	Wahrheitstafel
Aussageform	hinreichend	Wahrheitswert
	Implikation	
	Junktor	
Bisubjunktion	Negation	„wenn ..., dann ..." (Subjunktion)
Definition	notwendig	
	„Oder" (Disjunktion)	
Gesetze von de Morgan	„Und" (Konjunktion)	

2 Strukturen in unserer Welt wahrnehmen und beschreiben

In diesem Kapitel werden Sie lernen, wie man Ordnung in ein Chaos bringt. Es geht also um die durchaus hilfreiche Fähigkeit, eine unübersichtliche Situation mit einer Struktur zu versehen, um sie leichter betrachten, handhaben oder verstehen zu können. Unordnung mag zwar vielfach als sehr kreativ angesehen werden, aber mit guter Gestaltung hat das wenig zu tun. „Die Ordnung ist eine Grundbedingung für gut gestaltete Formen. Ohne Ordnung bleibt ein Gebilde gestaltlos, allein vom Zufall abhängig.“[1]. Darüber hinaus haben Sie sicher schon häufig erlebt, dass Übersichtlichkeit das Leben sehr erleichtert. Es lassen sich leicht zahlreiche Beispiel finden:

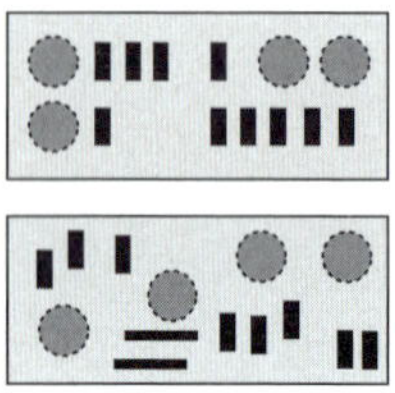

Abb. 2.1: Skizzen zur Anordnung von Schaltern und Drehknöpfen auf einer Radiofront

- Ihre Unterrichtsmitschriften heften Sie in Ihrem Ordner nicht einfach wahllos hintereinander ab, sondern sortieren Sie sinnvollerweise nach Fächern.
- Für eine Klausurvorbereitung ist es hilfreich, den gesamten Stoff in kleine Häppchen, die thematisch eng zusammenhängen, zu zerlegen.
- In Medienmärkten werden CDs nicht beliebig in einem großen Regal angeordnet, sondern nach Rubriken strukturiert (z. B. POP/Rock, Jazz/Blues, Klassik, Kinderwelt ...). Wenn die Kunden in einem Chaos suchen müssten, wäre der Verkaufserfolg wohl sehr gering.
- „Beim Betrachten unserer Umwelt sortieren wir aus der Fülle der optischen Erscheinungen unbewusst die gestalthaften, ganzheitlichen Ordnungen heraus. Die Wahrnehmung muss Seheindrücke ordnen und zusammenfassen, um sie aufnehmen zu können. Die Gestalterin bzw. der Gestalter sollte diese gestalthaften Zusammenhänge kennen; sie/er muss wissen und berücksichtigen, dass die Wahrnehmung geordnete und sinnvolle Formzusammenhänge bevorzugt.“[2]

Darüber hinaus werden Sie erkennen lernen, welches Einteilungsprinzip hinter einer bestehenden Ordnung steckt.

2.1 Mengen und ihre Darstellungen

2.1.1 Mengen und ihre Elemente

Aufgabe 1 **Flächen als Gestaltungselemente**

Eine Fläche ist eine Erscheinung in der Ebene[3], sie wird durch ihre Begrenzung wahrnehmbar (vgl. Wassiliy Kandinsky: *Punkt und Linie zu Fläche*). Gestaltungselemente zur Gliederung oder Komposition von Flächen sind geometrische Grundformen. Einige Beispiele finden Sie nachfolgend abgebildet.

---

1 *Fritz Wilkening: Wohnraumgestaltung, Handwerk und Technik, Hamburg 8. Aufl. 1992, S. 32*

2 *Beate Schwarz: Gestaltungslehre, Handwerk und Technik, 5. Aufl., S. 99*

3 *Es gibt natürlich auch Flächen, die nicht in einer (kartesischen) Ebene liegen, z. B. die Mantelfläche eines Zylinders oder eine Kugeloberfläche.*

Entwickeln Sie ein Einteilungsprinzip, um die 15 abgebildeten Figuren zu Gruppen zusammenzufassen. Arbeiten Sie dabei in Gruppen.

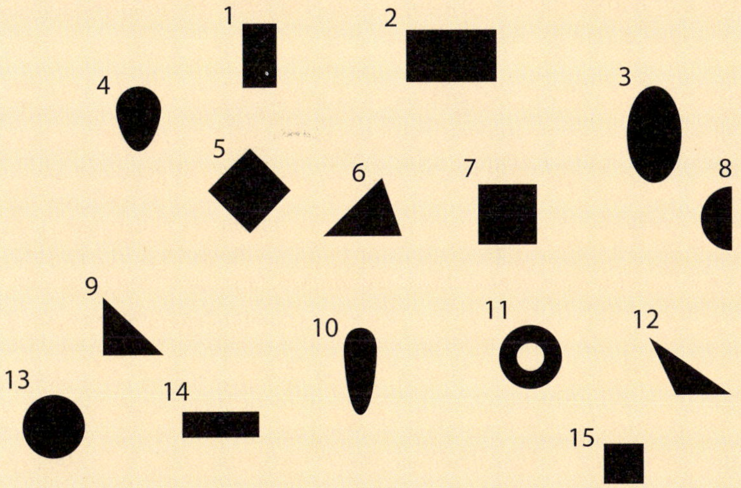

Abb. 2.2

Bei der Bearbeitung dieser Aufgabe haben Sie bereits mathematische Strukturen benutzt:

Sie haben einzelne Figuren (Objekte) zu einer Gruppe zusammengefasst. Diese Zusammenfassung erfüllt die folgenden Kriterien:

- Sie können von jeder Figur eindeutig sagen, ob sie zu dieser Gruppe oder einer anderen gehört (aufgrund der von Ihnen festgelegten Gesichtspunkte für die Gruppenzuordnung: z.B. Ausdruck bzw. Wirkung der Fläche, geometrische Form, Beschaffenheit der Begrenzungslinien etc.).
- Die einzelnen Figuren lassen sich eindeutig voneinander unterscheiden.

Eine solche Zusammenfassung bezeichnet man in der Mathematik als Menge. Diese Art einer Zusammenfassung, die sich für das Beispiel relativ einfach überschauen lässt, soll nun verallgemeinernd in der Sprache der Mathematik formuliert werden.

Ein wichtiger Bestandteil der mathematischen Fachsprache sind **Definitionen**. Sie erfolgen nach dem gleichen Prinzip, das Sie schon aus dem Englischunterricht bei der einsprachigen Erklärung von Vokabeln oder aus dem Deutschunterricht bei Begriffsdefinitionen kennen. Sie haben das schon einmal im Vorwort probiert. Erinnern Sie sich noch? Zum Beispiel:

Beispiel

- A band is a group of people playing popular music.
- Drug is an illegal substance that some people smoke, inject, etc. to give them pleasant or exciting feelings.
- Eine Katze ist ein kleines Tier mit weichem Fell, das oft als Haustier gehalten wird und Mäuse oder Vögel fangen kann.

Noch zwei Beispiel aus der Kunst und Gestaltung:

- Der goldene Schnitt ist ein Teilungsverhältnis, das als ästhetisch besonders ansprechend gilt. Es wurde häufig in der Antike und der Renaissance benutzt.
- Die Petersburger Hängung[1] ist eine Aufhängung von Gemälden, die bis zur Decke reichen kann und bei der die Rahmen der Werke dicht nebeneinander hängen. Der Begriff geht auf die Präsentation der Bilder in der *Petersburger Eremitage* zurück.

---

[1] *Schloss Moyland am Niederrhein präsentiert seine Joseph-Beuys-Sammlung in Petersburger Hängung.*

Man nennt also zuerst den zu definierenden Begriff. Dann folgt ein zutreffender Oberbegriff, der näher erklärt wird.

Nach diesem Prinzip soll nun der Begriff Menge definiert werden. Mit den Vorüberlegungen des Eingangsbeispiels erhalten wir dann folgende Definition:

Definition Eine Menge[1] ist eine Zusammenfassung von beliebigen Elementen, bei der man von jedem Element genau angeben kann, ob es zur Menge gehört oder nicht. Die einzelnen Elemente müssen dabei genau voneinander unterscheidbar sein.

Um diese Definition zu veranschaulichen, stellen wir uns vor, wir hätten die Zahlen von 1 bis 10 auf einen Tisch gekippt. Die liegen nun irgendwie da rum und wir möchten jetzt alle **geraden** Zahlen zusammenfassen. Hat diese Zusammenfassung die Qualität, eine Menge zu sein? Dazu müsste sie zwei Kriterien erfüllen: Kann man von jeder Zahl sagen, ob sie dazugehört oder nicht und lassen sich alle Zahlen voneinander unterscheiden? Checken wir das Erste: Der auf dem Tisch liegenden 2 können wir sagen: „Ja, ganz klar, du gehörst dazu", der 7 müssten wir sagen: „Nein, du gehörst leider nicht dazu". Zu unserer Zusammenfassung gehören also die 2, 4, 6, 8 und die 10. Sie lassen sich alle einfach voneinander unterscheiden. Damit ist auch das zweite Kriterium erfüllt, unsere Zusammenfassung ist also tatsächlich eine *Menge*.

Mengen werden gewöhnlich mit großen Buchstaben bezeichnet (A, B, M ...), ihre Elemente mit kleinen Buchstaben (a, b, c ...).

Hinweis $a \in M$ (lies: a Element M) bedeutet, dass a Element der Menge M ist.

$a \notin M$ (lies: a nicht Element M) bedeutet, dass a nicht zur Menge M gehört.

Den Vorgang der Zusammenfassung stellt man durch sogenannte Mengenklammern, die die Elemente umschließen, dar. Die Elemente werden durch Komma oder Semikolon getrennt, z. B. $M = \{a; b; c\}$.

Definition Wenn eine Menge keine Elemente enthält, nennt man sie **leere Menge**.
Man bezeichnet sie mit den Symbolen $\emptyset$ oder $\{\}$.

Eine weitere Anwendung der Mengenlehre finden Sie beim Spiel „odd man out". Hier werden mehrere Begriffe, Zahlen, Objekte ... genannt, die – bis auf einen – alle eine gemeinsame Eigenschaft haben. Es geht darum, diese Eigenschaft zu erkennen und denjenigen auszusortieren, der nicht in diese Menge passt. Dieses Spiel kann man benutzen, um beispielsweise Vokabeln zu lernen, z. B.: {North; West; South; Easter}. Die gemeinsame Eigenschaft der Elemente ist: *Himmelsrichtung*. Easter gehört deshalb nicht zur Menge.

Aufgabe 2 Finden Sie bitte in den folgenden Beispielen die *gemeinsame Eigenschaft* der Elemente und den *odd* man.

A = {shower; bath; hall; toilet}

B = {canal; canoe; river; lake}

[1] *Der Begründer der Mengenlehre, Georg Cantor (1845–1918), definierte den Begriff Menge so: Eine Menge ist eine Zusammenfassung bestimmter, wohlunterschiedener Objekte unserer Anschauung oder unseres Denkens – welche Elemente genannt werden – zu einem Ganzen.*

C = {land; sun; moon; stars}

D = {canister; box; spoon; bottle}

E = {Ettore Sottsass, Pablo Picasso, Dieter Rams, Philippe Starck}

F = {blau, grün, rot, gelb}

G = {Biedermeier, Empire, Bauhaus, Klassizismus}

In etwas anspruchsvollerer Form wird dieses Verfahren bei der Konstruktion der diversen IQ-Tests benutzt, z. B.: {4; 49; 81; 102; 121; 144}. Die gemeinsame Eigenschaft der Elemente ist: *Quadratzahl*. Deshalb gehört 102 nicht zur Menge.

Aufgabe 3

M = {1; 2; 3; 5; 8; 13; 21; 34; 55; 87; ...}
Welche Zahl gehört nicht zur Menge?

Aufgabe 4

Welche Zeile gehört nicht dazu?

19
8 11
6 5 4
3 3 7 6
1 2 1 9 6

Übungen

1. Entscheiden Sie, ob folgende Zusammenfassungen Mengen im Sinne der Definition sind.
   a) Die Menge der zum Außendienst gehörenden Angestellten in der Verkaufsabteilung.
   b) Die Werbeabteilung legt eine Menge Entwürfe vor.
   c) Die Menge Staub im Aktenraum für die alten Werbeverträge.
   d) Die Menge mit den Elementen 5, 7, 9 und 11.
   e) Die Mitglieder einer Familie.
   f) Die Menge mit dem Element 0.
   g) Die Menge der Praktikanten in der Werbeagentur.
   h) Die Menge Lärm, die von spielenden Kindern verursacht wird.
   i) Die Menge der Objekte: @, ☯, ✂, 🕯, ⚒,
   j) Die Menge der Buchstaben, die das Wort *Design* bilden.
   k) 

l) 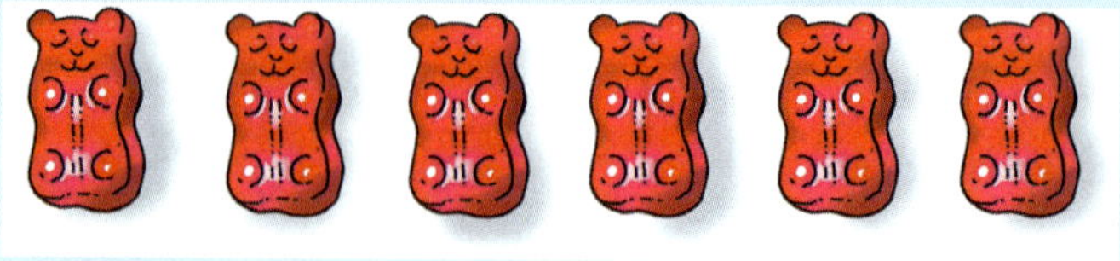

m) 

2. a) $M = \{4; 11; 18; 25; 32; 39; ...\}$. Welche der folgenden Zahlen ist Element von M?
   52; 60; 66; 81; 89; 92

   b) $M = \{1; 8; 27; 64; 125; ...\}$. Welche der folgenden Zahlen ist Element von M?
   210; 216; 302; 343; 410

3. Erläutern Sie den Unterschied zwischen: 1 und $\{1\}$ und zwischen: 0, $\{0\}$, $\{\emptyset\}$ und $\emptyset$.

2.1.2 Darstellungen von Mengen

Die Parallelklassen 12T, 12G und 12S der Fachoberschule des *Stefan Lochner Berufskollegs* sind Mengen. In welcher Form wird in der täglichen Schulpraxis über diese Klassen (Mengen) gesprochen?

- In der Verwaltung und bei der Erfassung der Anwesenheit wird mit Listen gearbeitet, in der die Namen der Schülerinnen und Schüler aufgeführt sind, die zu der jeweiligen Klasse gehören.
- In den Konferenzen und Gesprächen der Lehrerinnen und Lehrer untereinander reden sie von der Technikerklasse, der Gestalterklasse oder den Sozialpädagogen.

Verallgemeinernd lassen sich daraus Möglichkeiten entwickeln, wie man Mengen angeben kann.

(1) Aufzählende Darstellung:

Die Elemente werden aufgelistet und die Menge mithilfe von Mengenklammern angegeben. Die Reihenfolge der Elemente ist beliebig. Jedes Element wird nur **einmal** aufgelistet.

z.B. die Menge der Buchstaben des Worts *Praktikantin*: $M = \{a; r; P; k; i; n; t\}$.

(2) Beschreibende Darstellung:

Die Menge wird angegeben durch die Beschreibung der gemeinsamen Eigenschaft(en), die ihre Elemente haben. Diese Beschreibung wird gewöhnlich durch eine Aussageform $A(x)$ formuliert, z.B. x ist Designer bei *„Apple“*. Nur die Einsetzungen für x, die die Aussageform $A(x)$ in eine wahre Aussage überführen, gehören zur Menge.

$M = \{x \mid A(x)\}$ x ist hier ein Platzhalter (Variable) für die einzelnen Elemente der Menge.

Diese Darstellungsform wird häufig benutzt. Man kann die Bestandteile einzeln in die Alltagssprache übersetzen:

$M =$	M ist
$\{m$	die Menge aller m,
$\vert$	für die gilt:
$m > 0 \wedge m$ ist eine gerade Zahl$\}$	m ist größer als 0 und m ist eine gerade Zahl.

Hinter dem Strich | werden die Eigenschaften angegeben, die die Elemente der Menge charakterisieren. Es ist belanglos, welche Variable in der Mengenklammer verwendet wird. Sie können statt m auch jedes andere Symbol verwenden, z. B. n oder x.

Beispiel

$M = \{n \mid n$ ist Schülerin der Klasse 11$\}$.

$M = \{x \mid x$ ist eine Quadratzahl und kleiner als 50$\}$.

$M = \{m \mid m > 0 \wedge m$ ist eine Primzahl$\}$.

(3) Grafische Darstellung:

Die Elemente werden beliebig auf einer Fläche aufgeführt und dann mit einem Kreis oder einem kreisähnlichen Gebilde umrahmt. Ein solches Mengenbild heißt **Venn-Diagramm**[1].

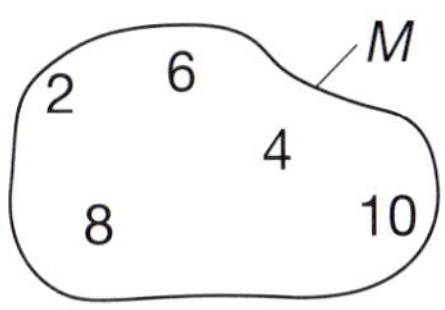

Abb. 2.3: Venn-Diagramm

Eine Menge kann man beliebig in einer dieser Darstellungen angeben, denn eine Menge ist eindeutig durch ihre Elemente definiert. Auf die Art der Verpackung kommt es also nicht an, nur auf den Inhalt. Deshalb ist es auch unwesentlich, in welcher Reihenfolge die Elemente aufgezählt werden. Wie das Praxisbeispiel am Anfang des Kapitels zeigt, ist für bestimmte Anwendungen eine Darstellung besser geeignet als die anderen. Im Gespräch zwischen den Lehrerinnen und Lehrern würde die Bezeichnung der Klasse durch Aufzählung nicht sinnvoll sein. Hier ist die Angabe der Klasse durch Nennung der gemeinsamen Eigenschaft, z. B. *die Gestalter*, praktischer.

Übungen

1. Geben Sie in aufzählender Darstellung die Menge der Buchstaben an, die das Wort *Industriedesign* bilden.

2. Schreiben Sie folgende Mengen in aufzählender Form und zeichnen Sie ein Venn-Diagramm:
   a) $A = \{x \mid x$ ist Teiler von 36$\}$
   b) $B = \{x \mid x$ ist eine Quadratzahl $\wedge\, x < 100\}$
   c) $C = \{x \mid x$ ist aus der Viererreihe[2] $\wedge\, 20 < x \leq 48\}$
   d) $D = \{x \mid x = 10\}$
   e) $E = \{x \mid x \neq x\}$
   f) $F = \{x \mid 2x + 8 = 10\}$

[1] *John Venn, englischer Logiker (1834–1923)*

[2] *Zur Viererreihe gehören die Zahlen, die ohne Rest durch 4 teilbar sind.*

3. Geben Sie folgende Mengen mithilfe von Aussageformen in beschreibender Darstellung an:
   a) $G = \{6; 9; 12; 15; 18; 21; 24\}$
   b) $H = \{2; 4; 6; 8; 10; ...\}$
   c) $I = \{1; 2; 3; 4; 6; 8; 12; 24\}$
   d) $J = \{25; 36; 49; 64; 81; 100\}$

4. Geben Sie folgende Mengen in aufzählender Darstellung an:
   a) $K = \{x | x \text{ ist eine Primzahl} \wedge 5 < x < 25\}$
   b) $L = \{x | x \text{ ist Teiler von } 48\}$
   c) $M = \{x | x \text{ ist ein Vokal}\}$
   d) $N = \{z | z : 5 \text{ lässt den Rest } 1\}$
   e) $O = \{y | y^2 = 9\}$

2.2 Beziehungen zwischen Mengen

2.2.1 Teilmengen (Einteilungen)

In Kapitel 2.1.1 haben Sie festgestellt, dass Fachoberschulklassen Mengen im mathematischen Sinn sind. Wie Sie aus Ihrer Schulpraxis wissen, haben diese Gruppen eine vielschichtige innere Struktur (Freundschaften, Ablehnungen, Alter ...). Betrachten wir z.B. eine Gestalterklasse 12 mit Schülerinnen und Schülern, die zuvor eine einschlägige Berufsausbildung abgeschlossen haben. Darin befinden sich die Teilgruppen (= Teilmengen) der Tischler, der Goldschmiede, der Floristen, der Maler, der Fachkräfte für visuelle Kommunikation usw.

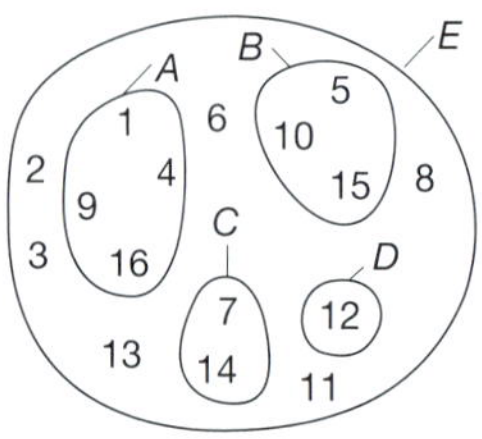

Abb. 2.4: Teilmenge

In der Menge $E = \{1; 2; 3; 4; 5; 6; 7; 8; 9; 10; 11; 12; 13; 14; 15; 16\}$ befinden sich als Teilmengen z.B. die Menge der Quadratzahlen $A = \{1; 4; 9; 16\}$, die Menge der durch fünf teilbaren Zahlen $B = \{5; 10; 15\}$, die Menge der durch sieben teilbaren Zahlen $C = \{7; 14\}$ sowie die Menge der durch 12 teilbaren Zahlen $D = \{12\}$ (vgl. Abb 2.4). Darüber hinaus ließen sich noch viele weitere Teilmengen von E finden.

Definition Die Menge A ist **Teilmenge** der Menge B genau dann, wenn alle Elemente der Menge A auch Elemente von B sind.

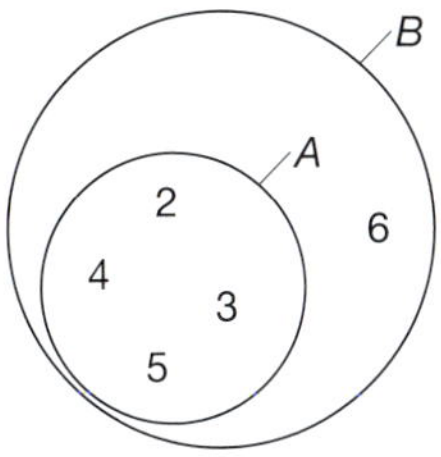

Nach dieser Definition von Teilmenge gibt es zwei Sonderfälle:
1. *Sonderfall:* **Jede Menge ist Teilmenge von sich selbst**: $A \subseteq A$. Bitte überprüfen Sie das mithilfe der Definition. Man bezeichnet das als **unechte Teilmenge.**

Abb. 2.5: Echte Teilmenge

Definition

Eine Menge A ist **echte Teilmenge** einer Menge B ($A \subset B$), wenn es in B noch mindestens ein Element gibt, das nicht in A schon enthalten ist.

2. *Sonderfall:* **Die leere Menge ist Teilmenge jeder Menge.** Das scheint zunächst etwas seltsam. Versuchen wir es mit folgender Überlegung: Die leere Menge enthält keine Elemente, sie besteht also aus „nichts". Fügt man „nichts" zu einer Menge hinzu, dann ändert sich an dieser Menge auch nichts. Wir können also jeder Menge die leere Menge als Teilmenge hinzufügen, ohne dass sich für die betreffende Menge etwas ändert.[1]

Im vorangegangenen Kapitel haben Sie gesehen, dass man mit der Festlegung von Mengen etwas Ordnung in ein Chaos bringen kann. Manchmal sind die so gewonnenen Zusammenfassungen aber immer noch sehr umfangreich und dadurch unübersichtlich. Hier gelingt es, durch Teilmengen eine weiter verfeinerte Einteilung zu finden. Teilmengen ermöglichen es also, immer kleinere Ordnungsstrukturen zu schaffen. Der weiter oben erwähnte Medienmarkt könnte seine Abteilung der Klassik-CDs noch übersichtlicher gestalten, wenn er diese Rubrik weiter unterteilte, z. B. durch die Schaffung der Teilrubriken (Teilmengen) *Klavierkonzerte, Symphonien, Opernarien, moderne E-Musik etc.*

Teilmengen sind Einteilungshilfen. Mit ihnen gelingt es, komplexe Begriffe durch verfeinerte Einteilung zu erläutern oder den Unterrichtsstoff für die Prüfungsvorbereitung zusammenzufassen. Häufig verwendet man dazu nicht das Venn-Diagramm, sondern Darstellungen, wie sie die beiden folgenden Beispiele zeigen.

Beispiel

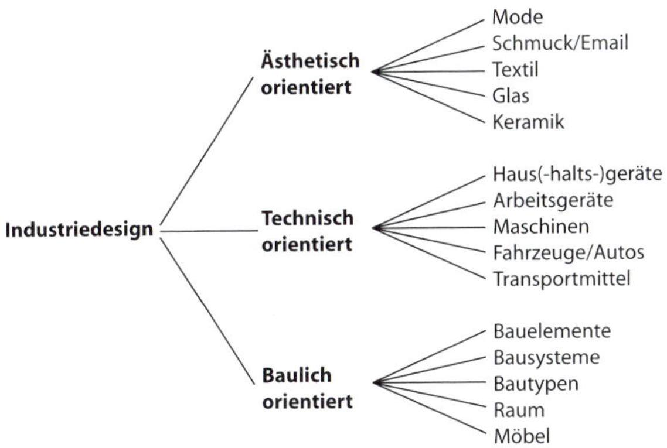

Abb. 2.6: Die drei Tätigkeitsfelder im Industrie-Design

---

[1] *Durch diese Festlegung werden einige Formeln, z. B. die Berechnung der Anzahl aller möglichen Teilmengen, die eine Menge haben kann, einfacher.*

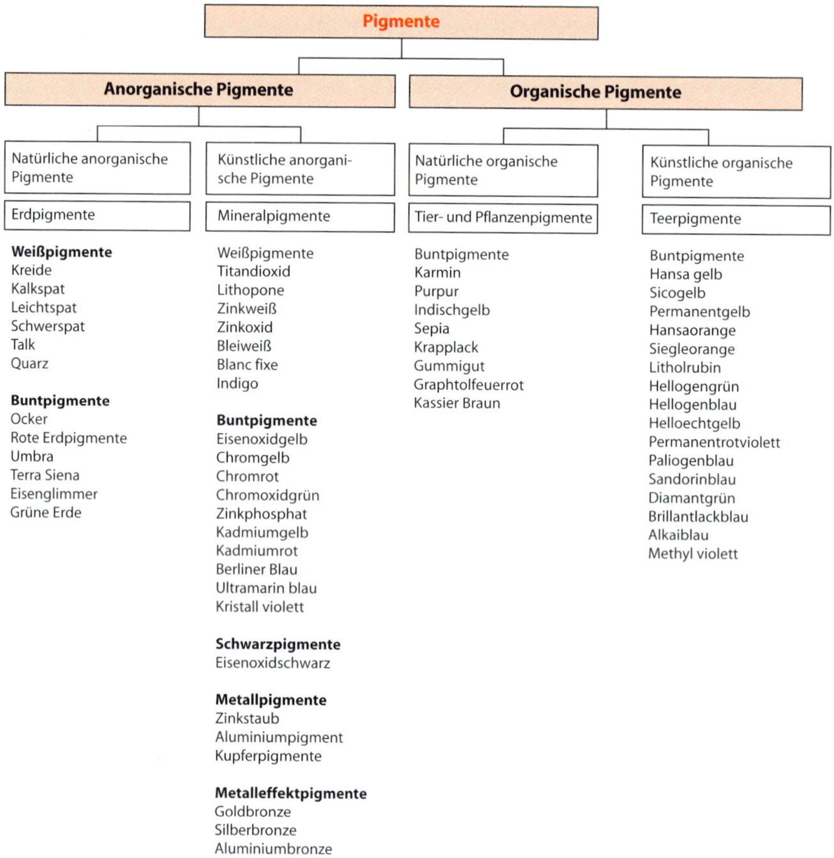

Abb. 2.7

Übungen

1. Übertragen Sie die Darstellung der Tätigkeitsfelder im Industriedesign aus dem Beispiel in ein Venn-Diagramm.
2. Nennen Sie drei Beispiele für Teilmengen in der Personalstruktur Ihrer Praktikumsstelle.
3. Stellen Sie die Teilmengenstruktur der Teilnehmerinnen und Teilnehmer an einer Teamkonferenz Ihrer Praktikumsstelle in einem Mengenbild dar.
4. Geben Sie eine echte Teilmenge A der Menge $B = \{2; 4; 6; 8; 10; 12\}$ an und zeichnen Sie ein Venn-Diagramm.
5. Entwickeln Sie eine verfeinerte Einteilung zum Begriff „Dreieck" und wählen Sie eine geeignete grafische Darstellung.
6. Lena arbeitet ehrenamtlich in der Leihbücherei einer Kirchengemeinde. Die Bibliotheksleitung hat sich als neue Aufgabe gestellt, Kinder wieder ans Lesen heranzuführen. Dazu werden erhebliche Mittel bereitgestellt, neue Bücher für diese Zielgruppe zu beschaffen. Die bisherige Rubrik *Kinder- und Jugendliteratur* wird so stark vergrößert, dass das Bücherangebot unübersichtlich wird. Lena wird gebeten, diesen Bereich neu zu gestalten. Erledigen Sie Lenas Aufgabe.

7. Geben Sie jeweils drei echte Teilmengen an:
   a) $A = \{1; 2; 3; ...\}$ b) $B = \{4; 8; 12; 16; ...\}$ c) $C = \{6; 12; 18; ...\}$

8. Geben Sie zur Menge $A = \{4; 6; 8; 10; 12\}$ zwei Teilmengen B und C an, sodass gilt: $B \subset A$ und $C \subset B$. Zeichnen Sie dazu ein Mengendiagramm.

9. a) Überprüfen Sie mithilfe der Definition den Wahrheitswert folgender Aussage: $A \subseteq B \wedge B \subseteq C \Rightarrow A \subseteq C$:
   b) Zeichnen Sie das zugehörige Mengendiagramm.

10. Setzen Sie das zutreffende Zeichen $\in$, $\subset$, $\subseteq$, $\not\supset$ der $\notin$ zwischen die folgenden Ausdrücke:
    a) A ... A b) $\emptyset$ ... $\{0\}$ c) $\emptyset$ ... $\{\emptyset\}$ d) 2 ... $\{2; \{3; 4\}; 0\}$

11. Veranschaulichen Sie folgende Beziehungen durch Mengendiagramme:
    a) $A \subset C \wedge B \subset C \wedge B \subset A$ b) $A \subset C \wedge B \subset C \wedge B \not\supset A$

2.2.2 Gleichmächtigkeit und Gleichheit von Mengen

Im Beispiel des letzten Kapitels haben Sie bemerkt, dass Mengen unterschiedlich „groß“ sein können. Die „Größe“ einer Menge bestimmt sich schlicht und einfach über die Anzahl ihrer Elemente. In der Mathematik benutzt man statt „Größe“ den Begriff **Mächtigkeit**, man spricht also nicht von der „Größe“ einer Menge, sondern von ihrer Mächtigkeit.

Die Mächtigkeit einer Menge A wird durch eine Zahl, die **Kardinalzahl $n(A)$**, angegeben[1].

Beispiel 1

$A = \{2; 3; 7; 9; 11; 13; 18\}$ $n(A) = 7$.
Die Menge A hat 7 Elemente, sie hat also die Mächtigkeit 7.

$B = \{?;$ ☊; ⍝; ⚐; ❄; ♋; ⌘; #$\}$ $n(B) = 8$.
Die Menge B hat 8 Elemente, sie hat also die Mächtigkeit 8.

Zwei endliche Mengen A und B sind **gleichmächtig** (oder **äquivalent**) genau dann, wenn sie die gleiche Anzahl von Elementen enthalten. **Definition**

In Symbolen: $A \sim B \Leftrightarrow n(A) = n(B)$.

Beispiel 2

$A = \{x \mid x \text{ ist eine Quadratzahl} \wedge x < 100\}$ $B = \{7; 14; 21; ...; 63\}$; $A \sim B$, denn $n(A) = n(B)$. Das sollten Sie sicherheitshalber nachzählen!

Zwei endliche Mengen sind **gleich,** wenn sie dieselben Elemente enthalten. **Definition**

In Symbolen: $A = B$.

Wenn zwei Mengen gleich sind, dann folgt daraus, dass sie auch gleichmächtig sind.

[1] ***Kardinalszahlen*** *benutzt man zum Abzählen.* ***Ordinatszahlen*** *legen eine Reihenfolge fest: 1., 2., 3., ...*

Beispiel 3

$A = \{x | 0 < x < 13 \wedge x \text{ ist eine gerade Zahl}\}$ $B = \{2; 4; 6; 8; 10; 12\}$; es ist $A = B$ (prüfen Sie das bitte nach!).

> In einer fremden Welt mit seltsamen Wesen gibt es zwei Hotels mit jeweils unendlich vielen Zimmern. Die Zimmer sind durchnummeriert: 1; 2; 3; 4; ... In dieser Welt findet gerade eine große Design-Messe statt, sodass in beiden Hotels alle Betten belegt sind. Plötzlich muss ein Hotel komplett evakuiert werden. Die Gäste müssten in das zweite Haus umgebucht werden. Da ist jedoch kein Zimmer mehr frei. Einer Praktikantin kommt zum Glück die rettende Idee. Sie sagt ihrem Hotelmanager: „Legen Sie Frau Humm von Zimmer 1 nach Zimmer 2, die Nachbarin aus Zimmer 2 in Zimmer 4, deren Nachbarn aus Zimmer 3 in Zimmer 6. Herrn Krummel aus Zimmer 4 in Zimmer 8, seinen Nachbarn aus Zimmer 5 in Zimmer 10 usw. Dann sind die Zimmer 1; 3; 5; ... frei. Dort können wir dann alle Gäste aus dem anderen Hotel unterbringen."

Bei **unendlichen Mengen** passieren offensichtlich merkwürdige Dinge.

Übungen

1. Bestimmen Sie die Kardinalzahl der folgenden Mengen:
   a) $A = \{2; 4; 6; ...; 10\}$
   b) $B = \{x | 2x^2 + 8 = 16\}$
   c) $C = \{x | 2x + 3 = 4\}$
   d) $D = \{x | 0 < x < 40 \wedge x \text{ ist eine Quadratzahl}\}$
   e) $E = \{x | y = x^2 \wedge 9 \leq y < 100\}$
   f) $F = \{x | x \text{ ist eine Sekundärfarbe}\}$

2. Welche Mengen sind gleich, welche sind gleichmächtig?
   $A = \{3; 7; 11; ...; 47\}$ $B = \{a; c; e; g; ...; w\}$ $C = \{3; -3\}$
   $D = \{a; 5\}$ $E = \{x | x^2 - 12 = -3\}$
   $F = \{x | 3 < x < 11 \wedge x \text{ ist eine Primzahl}\}$
   $G = \{x | x \text{ ist eine Primärfarbe}\}$

2.3 Von den natürlichen zu den reellen Zahlen

2.3.1 Die natürlichen Zahlen

Bei Kindern entstehen die Zahlen aus dem elementaren Zählen von Gegenständen.

In der Mathematik geht man bei der Definition der natürlichen Zahlen einen ähnlichen Weg.[1] Hier entstehen sie aus dem Zählen von Elementen einer Menge. Dabei müssen wir die unendlichen Mengen ausnehmen, denn da gibt es viel zu viel zu zählen. (Das würde uns nämlich zum Problem führen: Was für eine Zahl soll denn unendlich sein? Jede Zahl hat einen Nachfolger, wir würden also niemals fertig.) Wenn wir diese Mengen ausschließen, können wir festlegen, was wir unter einer **natürlichen Zahl** verstehen wollen:

---

[1] *Der deutsche Mathematiker und Philosoph Gottlob Frege (1848–1925) hat diesen Ansatz zur Definition von Zahlen in die Mathematik eingebracht.*

Definition

Die Anzahl der Elemente einer nicht leeren, endlichen Menge nennt man **natürliche Zahl.**[1]

Nach diesen Definitionen gehört die Null nicht zur Menge der natürlichen Zahlen. Die DIN 5473 legt jedoch fest, dass Null eine natürliche Zahl ist. Deshalb werden wir in diesem Kurs die Null zu den natürlichen Zahlen nehmen:

Alle natürlichen Zahlen zusammen bilden die Menge der natürlichen Zahlen:
$\mathbb{N} = \{0; 1; 2; 3; 4; ...\}$. $\mathbb{N}$ ist eine unendliche Menge.

Die natürlichen Zahlen lassen sich auf dem sogenannten Zahlenstrahl aufreihen.

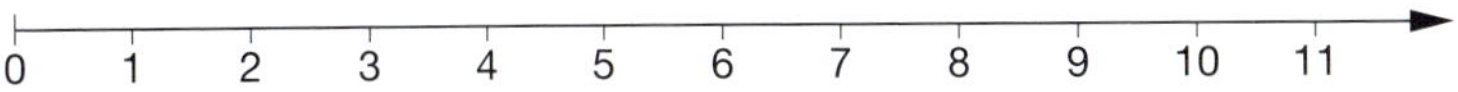

Abb. 2.8: Zahlenstrahl

Jede natürliche Zahl erhält dabei eine ganz bestimmte Position auf dem Strahl. Im Gegensatz zu manchen Arbeitszimmern, Schreibtischen oder Klassenräumen herrscht hier also Ordnung. Deshalb sagt man auch: Die natürlichen Zahlen sind angeordnet (und zwar nach der Größe). Eine größere Zahl steht auf dem Zahlenstrahl immer rechts von einer kleineren Zahl.

Welche weiteren Rechenoperationen führen im Ergebnis wieder auf eine natürliche Zahl?
Bei welchen Rechenoperationen wird die Menge der natürlichen Zahlen verlassen?
Konstruieren Sie eine einfache Gleichung (Aussageform), die mithilfe der natürlichen Zahlen nicht zu lösen ist.

Mithilfe der natürlichen Zahlen lassen sich Mengen einfacher beschreiben:

Die Menge	$B = \{x \mid x \text{ ist aus der Dreierreihe}\}$
lässt sich nun kürzer darstellen:	$B = \{x \mid x = 3(n+1) \wedge n \in \mathbb{N}\}$
Die Menge	$A = \{y \mid y \text{ ist eine positive gerade Zahl}\}$
lässt nun prägnanter darstellen:	$A = \{y \mid y = 2(n+1) \wedge n \in \mathbb{N}\}$

Übungen

1. Schreiben Sie folgende Mengen in aufzählender Form:
   a) $A = \{x \mid x = 4n - 3 \wedge n \in \mathbb{N} \wedge n < 6\}$
   b) $B = \{t \mid t = 6n - 5 \wedge n \in \mathbb{N} \wedge n < 5\}$
   c) $C = \{x \mid x = 2n - 1 \wedge n \in \mathbb{N} \wedge n < 6\}$
   d) $D = \{r \mid r = n + 1 \wedge n \in \mathbb{N} \wedge n < 5\}$
   e) $E = \{y \mid y = n^2 \wedge 1 < n < 11 \wedge n \in \mathbb{N}\}$
   f) $F = \left\{z \mid z = \frac{n^2}{n+1} \wedge n \in \mathbb{N}\right\}$

2. Stellen Sie folgende Mengen mithilfe von Aussageformen in beschreibender Form dar:
   a) $A = \left\{1; \frac{1}{2}; \frac{1}{3}; \frac{1}{4}; \frac{1}{5}\right\}$
   b) $B = \{0; 2; 4; 6; 8; 10; ...\}$
   c) $C = \{3; 5; 7; 9; 11; ...\}$
   d) $D = \{1; 3; 5; 7; ...\}$

---

[1] *Eine axiomatische Kennzeichnung der natürlichen Zahlen hat der Italiener* Guiseppe Peano *(1858–1932) ausgeführt. Peanoaxiome: (1) 1 ist eine natürliche Zahl. (2) Jede Zahl $a \in \mathbb{N}$ hat genau einen Nachfolger $a' \in \mathbb{N}$. (3) Es gibt keine natürliche Zahl mit dem Nachfolger 1. (4) Natürliche Zahlen mit gleichen Nachfolgern sind gleich. (5) Eine Menge von natürlichen Zahlen enthält alle natürlichen Zahlen, wenn sie 1 enthält und wenn mit einer natürlichen Zahl a auch ihr Nachfolger a' zur Menge gehört.*

[2] *Insbesondere in der Informatik ist es sinnvoll, die Null zu den natürlichen Zahlen zu rechnen, denn dort beginnt man das Zählen häufig bei 0. Eine 5 zeigt dann z. B. an, dass man fünf Schritte weiter gegangen ist (Vergleichen Sie mit dem Zahlenstrahl). Deshalb legt die DIN 5473 fest, dass $0 \in \mathbb{N}$ ist.*

2.3.2 Die ganzen Zahlen

In Aufgabe 1 des letzten Kapitels haben Sie herausgefunden, dass Gleichungen vom Typ $7 + x = 5$ (I) mithilfe der natürlichen Zahlen nicht lösbar sind. Eine solche Lücke macht Mathematiker sehr nervös und sie beruhigen sich erst wieder, wenn es ihnen gelungen ist, sie zu schließen. In diesem Fall gelang das durch die Entdeckung der **negativen Zahlen**. Gleichung (I) lässt sich dann mit $x = -2$ lösen.

Aber auch für Nichtmathematiker in der „normalen" Welt haben diese negativen Zahlen große Bedeutung. Wir benutzen sie häufig, ohne uns dessen bewusst zu sein, weil wir das Minuszeichen vor einer Zahl durch vielfältige Begriffsbildungen zu umgehen versuchen. Banken drucken – mit Vorliebe gegen Monatsende – den Kontostand mit einem dezenten „S" (= Soll) hinter dem Betrag aus, was bedeuten soll, dass das Konto mal wieder überzogen ist. Weitere Begriffe zur Umgehung des Minuszeichens sind: Mangel, zu wenig, Unterversorgung usw. Bei Temperaturen sind wir dagegen mutiger und sprechen von *minus 10 Grad* ($-10\,°C$).

Die negativen Zahlen werden mit den natürlichen Zahlen zur Menge der **ganzen Zahlen** zusammengefasst und mit $\mathbb{Z}$ bezeichnet:

Definition $\mathbb{Z} = \{\ldots -3; -2; -1; 0; 1; 2; 3; \ldots\}$

Abb. 2.9: Zahlengerade

Auch die ganzen Zahlen sind angeordnet. Entsprechend erweitert sich der Zahlenstrahl zu einer Zahlengeraden.

Aufgrund ihrer Position auf der Zahlengeraden lässt sich eindeutig feststellen, welche von zwei Zahlen die größere ist.

Eine ganze Zahl besteht aus der eigentlichen Ziffer und ihrem Vorzeichen + oder −. Per Übereinkunft lässt man ein positives Vorzeichen wegfallen, man schreibt also 5 statt +5.

Bei der Addition und Subtraktion ganzer Zahlen können Vorzeichen und Rechenzeichen aufeinandertreffen. Dazu vereinbaren wir folgende Regelung:

$+(-a) = -a$ und $-(-a) = a$

$+(+a) = a$ und $-(+a) = -a$.

Für die Multiplikation von ganzen Zahlen gelten folgende Vorzeichenregeln:

$(+a) \cdot (+b) = +ab \qquad (+a) \cdot (-b) = -ab$

$(-a) \cdot (-b) = +ab \qquad (-a) \cdot (+b) = -ab$

„Minus mal minus gibt plus; plus mal minus gibt minus."

Aufgabe Bei welchen Rechenoperationen ist das Ergebnis auf jeden Fall wieder eine ganze Zahl? Welche Rechenoperationen lassen sich in der Menge der ganzen Zahlen **nicht** vollständig ausführen? Suchen Sie wieder eine einfache Gleichung, die man in der Menge der ganzen Zahlen nicht lösen kann.

Übungen

1. Sie haben für Ihr Team am Morgen Eis gekauft und möchten es im Eisfach bis zum Mittagessen lagern. Eine Kollegin meint, dass das Eisfach des Kühlschranks mit −10 °C nicht die richtige Temperatur für Speiseeis hat, es müssten 8 °C weniger sein. Bei welcher Temperatur sollte man also Speiseeis lagern?

2. Erläutern Sie, was mit der euphemistischen[1] Formulierung „Negativwachstum“ gemeint ist.

3. Fügen Sie zwischen die folgenden Zahlen das „Größer“- bzw. das „Kleiner“-Zeichen ein:
   2?3   8?0   −4?4   0?−2   −5?−7   −10?−5   −3?1

4. Ordnen Sie mithilfe des „Größer“-Zeichens folgende Zahlen aus der Menge $\mathbb{Z}$ der Größe nach:
   −28, 12, 16, 0, 7, −8, −20, 2, −2.

5. Es sei a eine beliebige ganze Zahl. Ist dann $-a$ immer eine negative Zahl?

6. Stellen Sie die Zahlenmengen $\mathbb{N}$ und $\mathbb{Z}$ in einem gemeinsamen Mengenbild dar.

7. Schreiben Sie folgende Mengen in aufzählender Form:
   a) $A = \{x \mid x < 5 \wedge x \in \mathbb{ZZ}\}$
   b) $B = \{x \mid -5 < x \leq 6 \wedge x \in \mathbb{Z}\}$
   c) $C = \{x \mid x \geq -4 \wedge x \in \mathbb{Z}\}$
   d) $D = \{z \mid z = 2x \wedge x \in \mathbb{Z} \wedge -4 \leq x \leq 6\}$

8. Führen Sie folgende Rechnungen aus:
   a) $x = -5 + 8 - 2$
   b) $y = 8 - (-10) + 2$
   c) $z = 4a + 6b - (-3a)$
   d) $3x + 2y - (4x - 2y) =$
   e) $3 \cdot (-3) =$
   f) $-4 \cdot 3 =$
   g) $-8 \cdot (-4) =$

9. Welche der folgenden Gleichungen sind in der Menge $\mathbb{Z}$ lösbar?
   a) $3x^2 = 27$ b) $3x + 5 = 7$ c) $4x - 8 = 16$ d) $3x^2 - 3 = 6$

2.3.3 Die rationalen Zahlen

Aus dem Schreiben an eine Versicherungsgesellschaft:

„Nach Ansicht des Sachverständigen dürfte der Verlust zwischen 250 000 und einer Viertel Million liegen.“

Es lohnt sich schon, etwas über die rationalen Zahlen zu lernen, und sei es nur, um sich solche Peinlichkeiten zu ersparen.

Betrachten wir ein weiteres „Praxisbeispiel“:

Beispiel

Zu der von Ihnen geplanten Abschiedsfeier nach Ihrem erfolgreich abgeleisteten Praktikum kommen Ihre 24 Kolleginnen und Kollegen. Sie haben dafür zwei Erdbeertorten zubereitet. Damit jeder ein Stück erhält, müssen Sie die beiden Torten in bestimmter Weise aufschneiden. Dazu benötigen Sie natürlich in erster Linie ein scharfes Messer und ein gutes Augenmaß.

Der zugrunde liegende Rechenvorgang wäre 2 : 24. Das lässt sich in der Menge der ganzen Zahlen nicht mehr berechnen. Sie werden das Tortenproblem dennoch mit dem besagten Messer und

---

[1] *euphemistisch (gr., lat.) = beschönigend*

gutem Augenmaß lösen können. Mathematiker jedoch sind sehr unzufrieden mit Lösungen, die sie nicht nachrechnen können. Dass man 2 : 24 mit den bisher verfügbaren Zahlen nicht berechnen kann, machte sie wieder sehr nervös. Denn neben dieser Erdbeertortenproblematik gab es auch zahlreiche Gleichungen, z. B. $3x = 2$, also $x = 2 : 3$, die mit diesen Zahlen nicht lösbar waren. Um wieder ruhig schlafen zu können, erweiterten sie die Menge der ganzen Zahlen mit neuen Zahlen. Sie nannten sie Brüche und schrieben sie in der Form $\frac{p}{q}$.

Hinweis

Der **Bruch** (oder Quotient) $\frac{p}{q}$ besteht aus dem **Zähler** p, dem **Nenner** q und dem Bruchstrich –. Der Bruchstrich symbolisiert schlicht und einfach die Rechenoperation „geteilt durch". Zum Beispiel: $2 : 3 = \frac{2}{3}$; $2 : 24 = \frac{2}{24}$.

Diese Brüche bilden die Menge der **rationalen Zahlen**, sie wird mit $\mathbb{Q}$ bezeichnet.

Im Gegensatz zu den natürlichen und den ganzen Zahlen können sich rationale Zahlen in verschiedenen Darstellungen präsentieren, z. B.: $\frac{2}{3} = \frac{4}{6} = \frac{6}{9} = \frac{8}{12} = \frac{10}{15} = \ldots$

Der Übergang zwischen den Erscheinungsbildern wird durch den Rechenvorgang des Kürzens bzw. des Erweiterns erreicht.

erweitern →

$$\frac{1}{2} = \frac{2}{4} = \frac{6}{12} = \frac{12}{24}$$

← kürzen

Abb. 2.10

Erweitern:
Zähler und Nenner werden mit der gleichen Zahl multipliziert, z. B. $\frac{3 \cdot 5}{4 \cdot 5} = \frac{15}{20}$.

Kürzen:
Zähler und Nenner werden durch die gleiche Zahl dividiert, z. B. $\frac{24 : 6}{18 : 6} = \frac{4}{3}$.

Die natürlichen und die ganzen Zahlen sind besondere Brüche, sie haben den Nenner 1, z. B. $2 = \frac{2}{1}$ oder $-4 = \frac{-4}{1}$. Die natürlichen und die ganzen Zahlen sind also in der Menge der rationalen Zahlen enthalten: $\mathbb{N} \subset \mathbb{Z} \subset \mathbb{Q}$.

Eine weitere Darstellungsart für rationale Zahlen ist die Dezimalschreibweise,
z. B. $0{,}5 = \frac{1}{2}$; $0{,}2 = \frac{2}{10} = \frac{1}{5}$; $0{,}12 = \frac{12}{100} = \frac{3}{25}$; $0{,}125 = \frac{125}{1000} = \frac{1}{8}$; $0{,}0625 = \frac{625}{10000} = \frac{1}{16}$; $0{,}\overline{3} = \frac{1}{3}$; $0{,}\overline{1428571} = \frac{1}{7}$; $0{,}\overline{076823} = \frac{1}{13}$.

Insbesondere die beiden letzten Beispiele zeigen, dass die Dezimalschreibweise nicht immer sinnvoll ist. **Sie sollten möglichst auf die Dezimaldarstellung verzichten**.

Umwandlung der beiden Darstellungsarten

Bruchdarstellung in Dezimalschreibweise:

Diese Übersetzung ist sehr einfach, wenn Sie bedenken, dass der Bruchstrich die Rechenoperation „geteilt durch" bezeichnet. Also:

$\frac{3}{4} = 3 : 4 = 0{,}75$ $\frac{13}{8} = 13 : 8 = 1{,}625$

Dezimalschreibweise in Bruchdarstellung:

Hier benutzen Sie das Stellen-Wert-System des Dezimalsystems: Die erste Stelle hinter dem Komma sind die Zehntel, die zweite die Hundertstel, die dritte die Tausendstel usw. Also:

$0{,}8 = \frac{8}{10} = \frac{4}{5}$ $0{,}62 = \frac{62}{100} = \frac{31}{50}$ $0{,}375 = \frac{375}{1\,000} = \frac{75}{200} = \frac{15}{40} = \frac{3}{8}$ $1{,}75 = \frac{175}{100} = 1\frac{75}{100} = 1\frac{3}{4}$

Bei periodischen Dezimalzahlen ist die Umwandlung etwas schwieriger. Man benutzt einen kleinen Trick. Versuchen wir es mit der Dezimalzahl 0,111111...:

x bezeichne die gesuchte Bruchdarstellung:

$x = 0{,}111111...$	Diese Gleichung multiplizieren wir mit 10.
$10x = 1{,}111111...$	Nun subtrahieren wir beide Gleichungen.
$-9x = -1 \quad \|:(-9)$	Jetzt lässt sich x einfach berechnen.
$x = \frac{1}{9}$	

Bei einer Periodenlänge von 1 multipliziert man also mit 10. Bei einer Periodenlänge von 2 mit 100, bei einer von 3 mit 1 000 usw.

$$\begin{aligned} x &= 0{,}2727272727... \\ 100x &= 27{,}2727272727... \\ \hline -99x &= -27 \quad |:(-99) \\ x &= \frac{27}{99} = \frac{3}{11} \end{aligned}$$

Rechengesetze

In der Menge der rationalen Zahlen gelten die gleichen Rechenregeln wie in $\mathbb{N}$ und $\mathbb{Z}$. Weil rationale Zahlen etwas anders aussehen als ganze und natürliche Zahlen, müssen die Rechenregeln auch etwas anders formuliert werden.

Addition und Subtraktion:

Zwei Brüche werden addiert (subtrahiert), indem man sie ggf. durch Erweitern auf den Hauptnenner bringt und anschließend die Zähler addiert (subtrahiert):

z. B. $\frac{3}{6} + \frac{3}{4} = \frac{6}{12} + \frac{9}{12} = \frac{15}{12}$.

Multiplikation:

Zwei Brüche werden multipliziert, indem man Zähler mit Zähler und Nenner mit Nenner multipliziert: z. B.

$\frac{2}{3} \cdot \frac{4}{5} = \frac{2 \cdot 4}{3 \cdot 5} = \frac{8}{15}$.

Division:

Man dividiert durch einen Bruch, indem man mit seinem Kehrwert multipliziert:

z. B. $\frac{3}{4} : \frac{5}{7} = \frac{3}{4} \cdot \frac{7}{5} = \frac{3 \cdot 7}{4 \cdot 5} = \frac{35}{20}$

Die Vorzeichenregel bei der Division ist die gleiche wie beim Multiplizieren: Zwei Minuszeichen „heben sich auf"; trifft ein Minus- und ein Pluszeichen zusammen, setzt sich das Minuszeichen durch.

Hinweis Bisher war es bei der Division immer so, dass das Ergebnis kleiner war, als die ursprüngliche Zahl, z.B. $12 : 4 = 3$. Bei den Brüchen kann das aber schon einmal anders sein, z.B. $3 : \frac{1}{2} = 3 \cdot \frac{2}{1} = 6$.

Teilt man durch eine Zahl, die kleiner als 1 ist, dann ist das Ergebnis immer größer als die ursprüngliche Zahl.

Wie lässt sich das verstehen? Nun, der Rechenvorgang $3 : \frac{1}{2}$ liefert die Antwort auf die Frage: „Wie oft passt $\frac{1}{2}$ in 3 rein?" Oder etwas anschaulicher: „Wie oft passt eine halbe Erdbeertorte in drei Kuchenformen rein?" Das geht natürlich 6-mal.

Veranschaulichen Sie sich auf diese Weise noch die Rechnungen $3 : \frac{1}{3}$ und $\frac{1}{2} : \frac{1}{4}$ (Tipp: halbe Kuchenform und ein viertel Stück Erdbeertorte).

Sie sehen, die Bruchrechnung ist gar nicht so schrecklich, wie Sie immer dachten.

Hinweis Bei Rechnungen erweist sich die Benutzung von Brüchen der Dezimalschreibweise überlegen. Z.B. $\frac{1}{4} \cdot \frac{1}{4} = \frac{1}{16}$. Diese Rechnung lässt sich noch „im Kopf" ausführen. Die gleiche Rechnung in Dezimalschreibweise lautet: $0{,}25 \cdot 0{,}25 = 0{,}0625$. Können Sie das auch noch so einfach berechnen wie in der Bruchdarstellung?

Zur Beruhigung der Mathematiker stellt sich heraus, dass in der Menge der rationalen Zahlen die Addition, Subtraktion, Multiplikation und Division vollständig ausführbar sind (d.h., die Ergebnisse sind jeweils wieder rationale Zahlen).

Beim Rechnen mit der Zahl 0 muss man allerdings zwei Besonderheiten beachten:

(1) bei der Multiplikation:

Was sich bei einer Multiplikation mit 0 ergibt, vermittelt uns seit geraumer Zeit die bekannte Kölner Rockband „Bläck Fööss" mit dem Refrain „drei mal Null is Null is Null ...".

Das gilt übrigens für alle Zahlen, die mit 0 multipliziert werden:

$$0 \cdot x = 0 \qquad \text{für alle } x \in \mathbb{Q}.$$

Die Multiplikation mit 0 macht also alles zu 0[1]**.**

(2) bei der Division:

Die Division ergibt sich als Umkehrung aus der Multiplikation. Der Ausdruck

$$2 : \frac{1}{4}$$

ist definiert als die Antwort auf die Frage: „$\frac{1}{4}$ mal wie viel ergibt 3?" oder anders formuliert:

[1] *Diese Eigenschaft lässt sich sehr schön nutzen, um bei bestimmten Gleichungen ganz leicht die Lösungsmenge zu bestimmen. Das werden Sie später noch genauer untersuchen.*

„Wie oft passt $\frac{1}{4}$ in 2 hinein?“. Die Antwort ist einfach und lautet: 8-mal. Also: $\mathbf{2 : \frac{1}{4} = 8}$.

Problematisch wird es, wenn wir durch 0 dividieren möchten. Der Ausdruck

$$1 : 0$$

sucht die Antwort auf die Frage: *„0 mal wie viel ist 1?“* Nun haben wir aber gerade festgestellt, dass eine Multiplikation mit 0 alles zu null macht, also niemals 1 ergeben kann. Auch auf die Alternativformulierung „Wie oft passt die 0 in die 1 hinein?“ lässt sich keine befriedigende Antwort finden. Was eine Division durch 0 sein soll, lässt sich nicht festlegen (definieren). In korrekten mathematischen Ausdrücken darf deshalb nie durch 0 dividiert werden.

Die Division durch 0 ist verboten!

Definition

Zur Darstellung der Menge $\mathbb{Q}$ der rationalen Zahlen verwendet man sinnvollerweise die beschreibende Form der Mengendarstellung:

$$\mathbb{Q} = \{x \mid x = \frac{p}{q} \wedge p, q \in \mathbb{Z} \wedge q \neq 0\}$$

Die rationalen Zahlen sind, ebenso wie die natürlichen und ganzen Zahlen (der Größe nach) angeordnet. Das heißt, von zwei beliebigen rationalen Zahlen lässt sich eindeutig sagen, welche die größere von beiden ist. Deshalb können sie ebenfalls auf der Zahlengerade abgebildet werden.

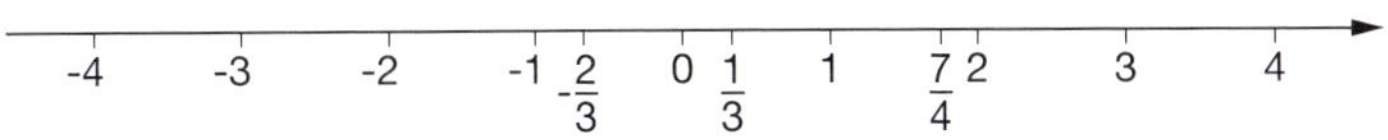

Abb. 2.11: Zahlengerade

Im Gegensatz zu $\mathbb{N}$ und $\mathbb{Z}$ gehört aber nun die ganze Gerade – also auch die Zwischenwerte – dazu. Die ganze? Nein! Es gibt verschwindend kleine Lücken, denen wir im nächsten Kapitel auf die Spur kommen werden.

Übungen

1. Welche der folgenden rationalen Zahlen sind gleich?

   $\frac{2}{3}; \frac{16}{24}; \frac{3}{4}; \frac{-8}{-12}; \frac{6}{8}; \frac{3}{2}; \frac{36}{48}; \frac{15}{10}$

2. Stellen Sie folgende Dezimalzahlen als Brüche dar:

   0,5; 0,75; 0,125; 0,8; 0,2; 0,24; 1,25; – 2,4; – 0,6; 0,3333...; 0,4444....; 0,2222....; 0,02020202....

3. Zum Abschluss Ihres Praktikums laden Sie Ihre Kolleginnen zu einer kleinen Feier zu sich ein. Für diesen Anlass möchten Sie etwas Besonderes servieren und planen, da es gerade Juni ist, eine Mondscheinbowle zu machen. Dazu finden Sie folgendes Rezept:

Mondscheinbowle

Zutaten:
1/2 Cola
2/5 Bitter Lemon
1/25 Zitronensaft
3/50 Lemon Squash
pro 3/4 Liter 1/2 Wassermelone

Eisgekühlte Cola mit Bitter Lemon, Zitronensaft und Lemon Squash mischen. Mit dem Kartoffelausstecher aus dem Melonenfleisch kleine Kugeln herauslösen. Eiswürfel, Melonenkugeln und das kalte Getränk in Gläser füllen. Sie überschlagen, dass Sie 5 Liter Mondscheinbowle benötigen. Schreiben Sie Ihren Einkaufszettel.

4. Sie gehen mit Ihrem Freund, Ihrer Freundin und deren Freund zum Essen in eine Pizzeria. Dort bestellen Sie eine Pizza Gigante für vier Personen zu 23,40 EUR. Die beiden Jungs sind gute Esser. Sie nehmen sich jeder $\frac{1}{3}$ der Pizza.

   Ihre Freundin macht gerade mal wieder eine Diät und möchte sich vom Rest weniger als die Hälfte nehmen und bittet Sie, für sie nur ein Drittel vom Rest abzuschneiden. Da Sie normalerweise getrennt zahlen, berechnen Sie den Betrag, den jeder anteilig bezahlen muss.

5. Wie viele Weinbrand-Pralinen dürfen Sie essen, wenn Sie anschließend noch Auto fahren wollen? Überlegen Sie, welche Informationen Sie zur Lösung dieser Aufgabe noch benötigen und wo Sie sich diese beschaffen können.

6. a) Kürzen Sie folgende Brüche so weit wie möglich:

   $$\frac{8}{12}; \frac{27}{15}; \frac{48}{12}; \frac{3}{36}; \frac{65}{52}; \frac{156}{84}; \frac{3ax}{6xy}; \frac{14acx}{7ac}; \frac{12b^2}{24ab}; \frac{21(x+y)}{7x}$$

   b) Bringen Sie folgende Brüche auf den Nenner 12:

   $$\frac{2}{3}; \frac{14}{6}; \frac{7}{6}; \frac{3}{2}; \frac{2a}{3}; \frac{7x}{4}.$$

7. Bestimmen Sie auf der Zahlengeraden (Einheit = 6 cm) die Bildpunkte folgender Brüche:

   $$\pm\frac{1}{3}; \pm\frac{1}{2}; \pm\frac{3}{4}; \pm\frac{5}{6}; \pm\frac{2}{5}; \pm\frac{5}{4}; \pm\frac{1}{6}; \pm\frac{5}{3}.$$

8. Berechnen Sie folgende Brüche ohne Zuhilfenahme des Taschenrechners:

   a) $\frac{1}{6} + \frac{3}{4} - \frac{4}{3}$ b) $\frac{7}{9} - \frac{5}{8} + \frac{7}{12}$ c) $\frac{4a}{5x} - \frac{3a}{4x}$

   d) $\frac{x}{y} + \frac{y}{x}$ e) $\frac{a}{x} + \frac{a-b}{x+y}$ f) $\frac{a+b}{x+y} - \frac{b}{y}$

9. Berechnen Sie folgende Brüche ohne Zuhilfenahme des Taschenrechners:

a) $\frac{5}{23} \cdot (-4)$ b) $\left(\frac{3}{-7}\right) \cdot \left(-\frac{14}{5}\right)$ c) $\left(\frac{-11}{16}\right) \cdot \left(-\frac{12}{55}\right)$

d) $-\frac{4}{5} : \frac{2}{15}$ e) $-\frac{2}{3} : \left(\frac{-8}{9}\right)$ f) $2 \cdot a + b : \frac{a+b}{2a}$

g) $\frac{\frac{2}{3}}{-\frac{1}{2}}$ h) $\left(-\frac{4}{5y} + \frac{-3}{5x}\right) \cdot \frac{10xy}{3}$ i) $\left(\frac{a}{x} - \frac{b}{x}\right) \cdot \frac{-xy}{c}$

10. Ordnen Sie folgende rationale Zahlen mithilfe des „<"-Zeichens:

$0{,}67;\ \frac{2}{3};\ \frac{-3}{2};\ \frac{1}{2};\ \frac{7}{-5};\ -\frac{11}{6};\ 1;\ \frac{5}{8};\ -2;\ -\frac{3}{8};\ 1{,}2;\ -2{,}01$

11. Welche Zahlen dürfen beim folgenden Ausdruck für x und y **nicht** eingesetzt werden?

a) $\frac{2x}{x-1} + \frac{3}{y+4} - \frac{4}{xy}$ b) $\frac{2x}{2x+1} + \frac{3y}{4y-4} - \frac{4}{3xy}$

2.3.4 Die irrationalen Zahlen

Pythagoras[1], der große Zahlentheoretiker des klassischen Altertums, war der Ansicht, das Universum werde von Zahlen beherrscht („Alles ist Zahl"). Er meinte dabei ganze Zahlen und Verhältnisse von ganzen Zahlen, also Brüche. Die Vorstellung, dass es Zahlen geben sollte, die weder ganze Zahlen noch Brüche sind, war ihm derart zuwider, dass er ihre Existenz schlichtweg bestritt. Erst mehrere Jahrhunderte später konnte Euklid[2] die Existenz dieser sogenannten irrationalen Zahlen nachweisen und damit Lücken auf der Zahlengeraden entdecken. Es gelang ihm zu beweisen, dass die Quadratwurzel aus zwei sich nicht als Bruch darstellen lässt. Sie ist eine Dezimalzahl mit unendlich vielen, nicht periodischen Nachkommastellen: 1,41421…. Diese Zahl lässt sich nur durch ihr Symbol $\sqrt{2}$ genau darstellen. Jeder Versuch, sie als Dezimalzahl anzugeben, ergibt immer nur eine Näherung des wahren Werts: 1,414213562373…. Die Gleichung $x^2 = 2$ ist also in der Menge der rationalen Zahlen nicht lösbar. Es gibt keine rationale Zahl, die mit sich selbst multipliziert die Zahl 2 ergibt. Die Zahlengerade der rationalen Zahlen hat also bei $\sqrt{2}$ eine winzig kleine Lücke. Es gibt auf der Zahlengeraden unendlich viele weiterer solcher Lücken.

Den Beweis dafür, dass $\sqrt{2} \notin \mathbb{Q}$, finden Sie unter BuchPlusWeb.

Aufgabe

Begründen Sie: Die Länge der Diagonalen eines Quadrats mit 1 m^2 Flächeninhalt ist nicht genau messbar.

Ein weiteres Exemplar dieser irrationalen Zahlen kennen Sie schon aus dem Geometrieunterricht: die Kreiszahl π. Auch sie lässt sich nur durch ihr Symbol π genau darstellen. Die Angabe als Dezimalzahl ist immer nur eine Näherung: 3,14159265358…. Mithilfe einer Zusammenschaltung von hochleistungsfähigen Computern sind inzwischen 51 Milliarden Nachkommastellen von π berechnet worden.

---

1 *Pythagoras, griechischer Philosoph (um 570 bis ca. 500 v. Chr.)*
2 *Euklid, griechischer Mathematiker (um 365 bis ca. 300 v. Chr.)*

Definition Die Menge aller irrationalen Zahlen wird mit $\mathbb{I}$ bezeichnet.

Eine irrationale Zahl lässt sich nicht durch Ziffern darstellen. Man benötigt dazu spezielle Symbole: z. B. π, $\sqrt{2}$, $\sqrt{5}$.

Übungen Entscheiden Sie, zu welcher Menge $\mathbb{I}$ bzw. $\mathbb{Q}$ die folgenden Zahlen gehören?

a) 0,1111111... b) $\sqrt{3}$ c) $\sqrt{0{,}4}$

d) $\sqrt{16}$ e) $\sqrt{0{,}016}$ f) 2,7182818285...

g) $\sqrt{0{,}04}$ h) 0,142857142857... i) $n(\{\sqrt{3};\, \pi;\, \sqrt{13}\})$

2.3.4.1 Die DIN-Formate

Aufgabe 1 Warum kann es grundsätzlich nicht gelingen, die Fläche eines Blatts im DIN-Format so mit Quadraten zu gliedern, dass auch an den Rändern, wie in Abb. 2.12, ganze Quadrate entstehen? Gleichgültig, wie klein die Quadrate gewählt werden.

Abb. 2.12: Bei DIN-Formaten ist diese Flächenteilung nicht möglich.

Aus dem Unterricht in Gestaltungstechnik kennen Sie bereits das „Konstruktionsprinzip" der DIN-A-Formate. Falten Sie ein Blatt im DIN-Format in der Mitte seiner längeren Seite, dann entsteht wieder ein DIN-Format (vgl. Abb. 2.13). Damit haben wir genügend Informationen, um das Seitenverhältnis der DIN-Formate zu berechnen.

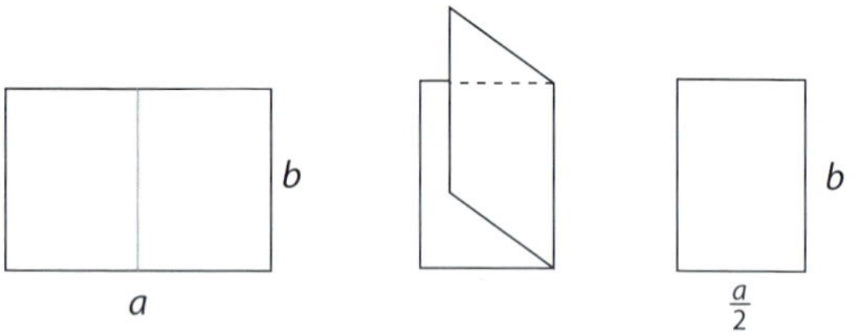

Abb. 2.13: DIN-Formate

Aus Abb. 2.13 entnehmen wir: Für beide Blätter ist das Längenverhältnis von kleiner zu großer Seite gleich. Das liefert uns folgende Formel:

$$b : a = \frac{a}{2} : b$$

Nun ersetzen wir die Divisonszeichen durch Bruchstriche und erhalten:

$$\frac{b}{a} = \frac{\frac{a}{2}}{b}$$

Den Doppelbruch auf der rechten Seite lösen wir auf (man dividiert durch einen Bruch, indem man mit seinem Kehrwert multipliziert):

$$\frac{b}{a} = \frac{a}{2b} \quad | \cdot b : a$$

Nun bringen wir alle Variablen auf die linke Gleichungsseite und erhalten:

$$\frac{b^2}{a^2} = \frac{1}{2} \quad \Big| \sqrt{}$$
$$\frac{b}{a} = \frac{1}{\sqrt{2}}$$

Ersetzten wir nun den Bruchstrich wieder durch das Divisionszeichen, dann haben wir unser Ziel erreicht:

$$b : a = 1 : \sqrt{2}$$

Das Seitenverhältnis bei den DIN-Formaten beträgt $1 : \sqrt{2}$

Es handelt sich um ein irrationales Zahlenverhältnis. Deshalb kann es grundsätzlich nicht gelingen, eine DIN-Format-Fläche so mit Quadraten zu gliedern, dass an den Rändern ganze Quadrate entstehen. Dann wäre das Seitenverhältnis der Fläche nämlich eine rationale Zahl, also ein Bruch. In Abb. 2.12 wäre es 11 : 15 also $\frac{11}{15}$.

Aufgabe 2 Ein Blatt im Format DIN A0 hat einen Flächeninhalt von 1 m². Berechnen Sie bitte die Seitenlängen der Blattformate DIN A0, DIN A1, DIN A2, DIN A3 und DIN A4 in mm.

2.3.4.2 Der Goldene Schnitt

Aus der Gestaltungslehre kennen Sie bereits den Goldenen Schnitt als Teilungsverhältnis von Strecken oder von Flächenproportionen. In der Antike und der Renaissance wurde er in der Architektur und der Kunst häufig verwendet[1]. Ihm wird ein besonderer ästhetischer Reiz zugeschrieben. Deshalb wird er auch in der Neuzeit noch verwendet, z. B. vom Maler Piet Mondrian sowie vom Architekten und Designer Le Corbusier. Das Zahlenverhältnis des Goldenen Schnitts lässt sich auch an vielen Beispielen in der Natur finden. Eine bekannte Darstellung ist der *Homo Vitruvius* von Leonardo da Vinci (Sie finden ihn auf Ihrer Versichertenkarte).

Der Goldene Schnitt lässt sich mit Zirkel und Lineal konstruierten (vgl. Abb. 2.14). Beim Goldenen Schnitt verhält sich die kleinere Teilstrecke (Minor) zur größeren (Major) wie die größere Teilstrecke zur Gesamtstrecke:

$$\boldsymbol{m : M = M : (m + M)}$$

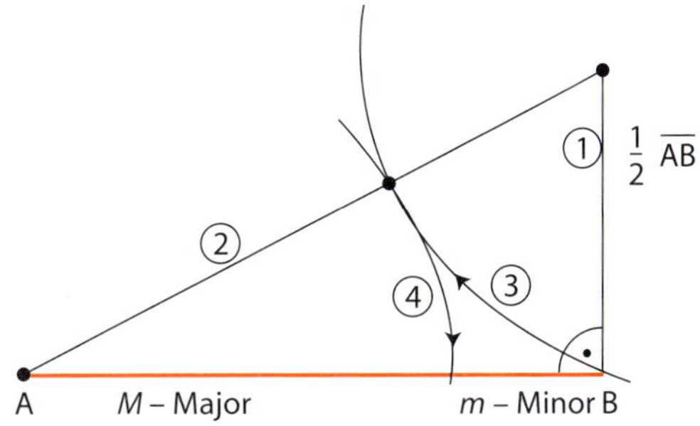

Abb. 2.14: Konstruktion des Goldenen Schnitts

Zur Berechnung des Zahlenverhältnisses benutzen wir die Konstruktionszeichnung. Mithilfe des Satzes des Pythagoras ist das kein Problem. (Sie erinnern sich noch an den Pythagoras? Kurz: Im rechtwinkligen Dreieck gilt: $a^2 + b^2 = c^2$)

[1] *Der Terminus **Goldener Schnitt** ist jedoch erst seit dem 19. Jahrhundert gebräuchlich. Der Franziskanermönch Luca Pacioli (1445–1514) erweckte in der Renaissance durch sein Werk **De Divina Proportione** das Interesse am Goldenen Schnitt in der Malerei neu. Er sagte auch: „Ohne Mathematik gibt es keine Kunst."*

Formulieren wir zunächst unser Ziel: Verhältnis von Major zur Gesamtstrecke = ?
oder etwas kürzer: ***M* : *a* = ?**

Die Anwendung des Satzes des Pythagoras auf das rechtwinklige Dreieck in Abb. 2.15 ergibt:

$$\left(M + \frac{a}{2}\right)^2 = a^2 + \left(\frac{a}{2}\right)^2$$

$$= a^2 + \frac{a^2}{4}$$

$$\left(M + \frac{a}{2}\right)^2 = \frac{5a^2}{4} \quad |\sqrt{\ }$$

$$M + \frac{a}{2} = \frac{a\sqrt{5}}{2} \quad |-\frac{a}{2}$$

$$M = \frac{a\sqrt{5}}{2} - \frac{a}{2}$$

$$M = \frac{a\sqrt{5} - a}{2}$$ *a* ausklammern führt zu:

$$M = a\left(\frac{\sqrt{5} - 1}{2}\right) \quad |:a$$

$$\frac{M}{a} = \frac{\sqrt{5} - 1}{2} \approx 0{,}618033988749894842...$$

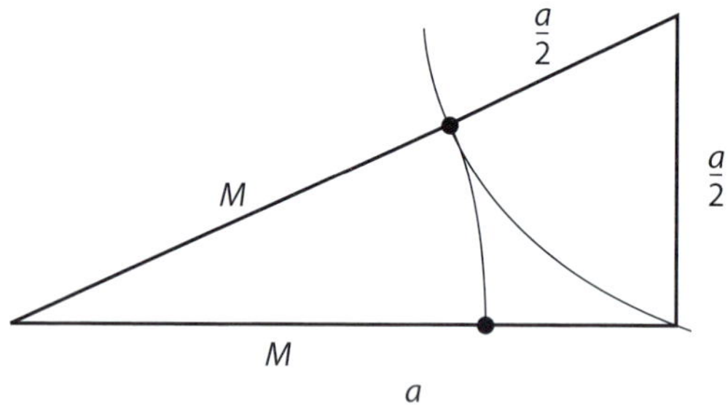

Abb. 2.15: Konstruktion des Goldenen Schnitts

Den Bruchstrich ersetzen wir wieder durch das Divisionszeichen und haben unser Ziel erreicht:
***M* : *a* ≈ 0,618**

Merksatz Beim Goldenen Schnitt ist das Teilungsverhältnis eine irrationale Zahl.
Die größere Teilstrecke (Major) beträgt ca. 0,618 der Gesamtstrecke: $M \approx 0{,}618 \cdot a$

In der Literatur wird das Teilungsverhältnis häufig genau umgekehrt formuliert, also $a : M = ?$ Dazu müssen wir von unserem Ergebnis $M : a$ nur noch den Kehrwert bilden. Das sollte kein Problem sein. Für eine kleine Schönheitskorrektur im Endergebnis benötigen wir zusätzlich noch die 3. Binomische Formel. Die haben Sie schon im Vorwort wiederholt.

Der Kehrwert unseres Ergebnisses lautet:

$$\frac{a}{M} = \frac{2}{\sqrt{5} - 1}$$

$$\frac{a}{M} = \frac{2 \cdot (\sqrt{5} + 1)}{(\sqrt{5} - 1)(\sqrt{5} + 1)}$$

$$\frac{a}{M} = \frac{2(\sqrt{5} + 1)}{\sqrt{5}^2 - 1^2}$$

$$\frac{a}{M} = \frac{2(\sqrt{5} + 1)}{5 - 1}$$

$$\frac{a}{M} = \frac{2(\sqrt{5} + 1)}{4}$$

$$\frac{a}{M} = \frac{\sqrt{5} + 1}{2} \approx 1{,}6180339887498948482...$$

Das war wirklich nicht schwer. Nun zum „Schönheitsfehler“, der Wurzel im Nenner. Durch Erweitern des Bruchs mit $\sqrt{5} + 1$ sollte sich die Wurzel im Nenner aufheben; da ist sie, die 3. Binomische Formel: $(a - b)(a + b) = a^2 - b^2$.

***a* : *M* ≈ 1,618**

Die Gesamtstrecke ist 1,618-fach länger als der Major: *a* ≈ 1,618 · *M*.

Die irrationale Zahl $\frac{\sqrt{5} + 1}{2}$ wird in der Literatur häufig mit dem griechischen Buchstaben Φ (lies: Phi) abgekürzt.

Das Teilungsverhältnis des Goldenen Schnitts beträgt ca. 1,618. **Merksatz**

$$\Phi = \frac{a}{M} = \frac{M}{m} = \frac{\sqrt{5}+1}{2} \approx 1{,}618$$

Φ ist nicht irgendeine irrationale Zahl. Sie hat viele spannende Eigenschaften. Ist Ihnen aufgefallen, dass sich der Kehrwert von Φ durch Subtraktion von 1 ergibt? Viele weitere Geschichten zu dieser besonderen Zahl finden Sie im Internet. Schauen Sie einmal nach, es lohnt sich, besonders für Gestalter.

„Φ zeigt in einer wundervollen Zahlgestalt ihr Spiel in der Eins."[1]

$$\Phi = 1 + \cfrac{1}{1+\cfrac{1}{1+\cfrac{1}{1+\cfrac{1}{1+\cfrac{1}{1+\cfrac{1}{1+\ldots}}}}}} \qquad \Phi = \sqrt{1+\sqrt{1+\sqrt{1+\sqrt{1+\sqrt{1+\sqrt{1+\ldots}}}}}}$$

Der Goldene Schnitt steht in Zusammenhang mit den **Fibonacci-Zahlen**. Das ist eine Zahlenreihe, bei der sich die Folgezahl aus der Summe der beiden Vorangegangenen ergibt.

1, 2, 3, 5, 8, 13, 21, 34, 55, 89, 144, 233, 377, 610, ...

Bildet man den Quotienten aus zwei aufeinander folgenden Fibonacci-Zahlen, dann nähert sich dieser Wert dem Zahlenverhältnis des Goldenen Schnitts.

$\frac{2}{1} = 2$	$\frac{8}{5} = 1{,}6$	$\frac{34}{21} = 1{,}6190$	$\frac{144}{89} = 1{,}6179$
$\frac{3}{2} = 1{,}5$	$\frac{13}{8} = 1{,}625$	$\frac{55}{34} = 1{,}6176$	$\frac{233}{144} = 1{,}6181$
$\frac{5}{3} = 1{,}6667$	$\frac{21}{13} = 1{,}6154$	$\frac{89}{55} = 1{,}6182$	$\frac{377}{233} = 1{,}6180$

Beispiel

Die Möbelfront eines kleinen Utensilienschränkchens soll im Goldenen Schnitt proportioniert werden. Das Schränkchen soll drei Schubkästen haben. Die Höhe dieses Kleinmöbels beträgt 32 cm.

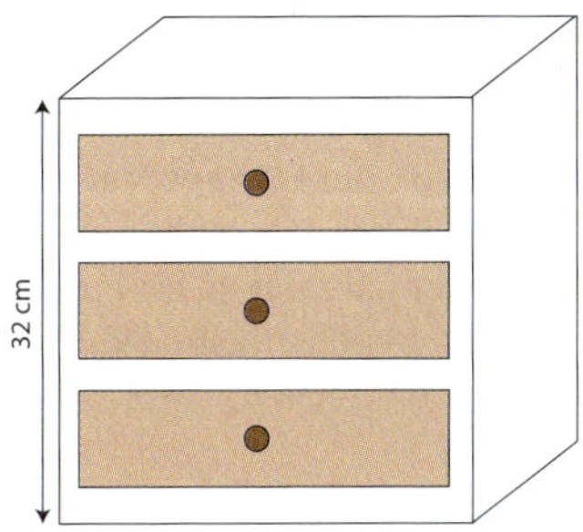

Breite des Schränkchens:

Aus der Skizze entnehmen Sie, dass die Breite der Major M, die Höhe der Minor m sein muss.

1. Möglichkeit: Sie benutzen das Verhältnis
$M : m = 1{,}618$, also
$M = 1{,}618 \cdot m$
$M = 1{,}618 \cdot 32\text{ cm} = \mathbf{51{,}8\text{ cm}}$

2. Möglichkeit: Sie benutzen einen Quotienten der Fibonacci-Zahlen:
$M : m = 13 : 8$
$\frac{M}{m} = \frac{13}{8}$
$M = \frac{13}{8} m = \frac{13}{8} 32\text{ cm} = \mathbf{52\text{ cm}}$

[1] *Hugo Kückelhaus, in: Urzahl und Gebärde, Grundzüge eines kommenden Massbewusstseins [sic], a. a. O., S. 120*

Höhe der Schubkastenfronten:

Hier hilft eine Folge von Fibonacci-Zahlen: z. B. 3 : 5 : 8

Die Gesamthöhe müssen wir also im Verhältnis 3 : 5 : 8 aufteilen. Das sind insgesamt $3 + 5 + 8 = 16$ Teile. Der kleinste Schubkasten erhält davon 3 Teile, der größte 8 Teile. Um die einzelnen Höhen in cm auszurechnen benötigen wir nur den Dreisatz:

$$32 \text{ cm} \mathrel{\hat{=}} 16 \text{ Teile}$$
$$x \text{ cm} \mathrel{\hat{=}} 3 \text{ Teile}$$

$$x = \frac{32 \text{ cm} \cdot 3}{16} = 6 \text{ cm}$$

In gleicher Weise berechnen Sie die beiden anderen Schubkastenhöhen zu: 10 cm bzw. 16 cm

Am Anfang des Kapitels haben Sie gelesen, dass Pythagoras bzw. der Geheimbund der Pythagoreer die Grundüberzeugung vertrat, alles sei Zahl. Sie waren der Ansicht, dass zwei beliebige Größen immer in einem ganzzahligen Verhältnis zueinander stehen. Ausgerechnet in ihrem Ordenssymbol, dem Pentagramm (vgl. Abb. 2.16), konnte einer Legende zufolge Hippasos von Metapont nachweisen, dass das Verhältnis einer Diagonalen zur Seitenkante keine rationale Zahl ist. Er entdeckte dabei das Zahlenverhältnis Φ des Goldenen Schnitts. Damit erschütterte Hippasos das Weltbild der Pythagoreer und stürzte die damalige Mathematik in eine schwere Krise. Er soll deshalb von seinen Ordensbrüdern ins Meer geworfen und von den Göttern bestraft worden sein.

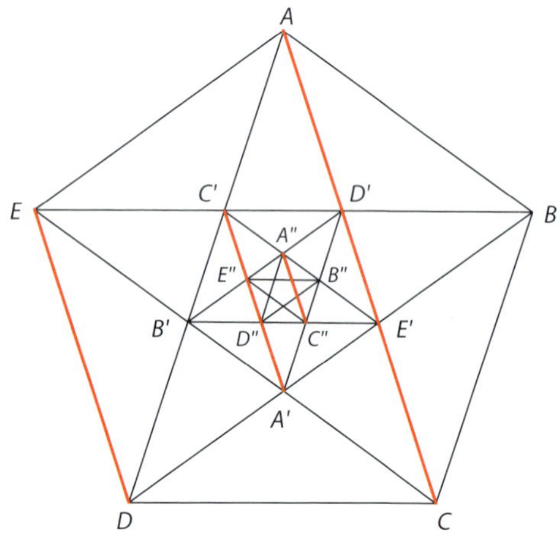

Abb. 2.16: Pentagon, Pentagramm[1]

Im „Logo" der Pythagoreer erkennen Sie ein Wechselspiel aus Pentagon und Pentagramm. Das äußere Fünfeck enthält einen fünfzackigen Stern, der in seiner Mitte wieder ein Fünfeck bildet, das ebenfalls einen fünfzackigen Stern beinhaltet, der ein Fünfeck bildet, das ... Analysieren Sie die Linien dieser Figur und ihre Teilungen – Sie werden immer wieder den Goldenen Schnitt entdecken.

Praktische Übung

Sie benötigen einen Streifen aus transparentem Material von ca. 45 cm Länge und 4 cm Breite. Binden Sie diesen Streifen zu einem Knoten. Zur Fläche plattgedrückt ergibt diese Schlingung ein Fünfeck mit Diagonalen. In der Transparenz sind sie als fünfzackiger Stern sichtbar (vgl. nachstehende Abb.). „Wenn wir den Weg der Schlinge aus der Fläche durch den Raum in die Fläche zum Punkt begleiten, so haben wir den Werdegang des Fünfecks erlebt und selbst geschaffen."[2]

---

[1] *Pentagon, gr.: Fünfeck. Pentagramm, gr.: Fünfzackiger Stern (wird auch als Drudenfuß bezeichnet)*

[2] *H. Kückelhaus in: Urzahl und Gebärde, a. a. O., S. 123*

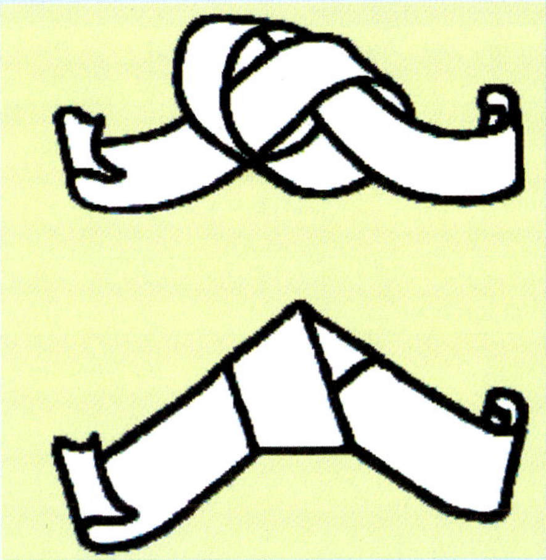

Abb. 2.17

Abb. 2.18

In Ihrer Praktikumsstelle werden Sie beauftragt, eine neue Kollektion von Kleinmöbeln zu entwerfen. Sie haben bereits eine Entwurfsskizze angefertigt. Die Höhe h_1 des Korpus war mit 650 mm vorgegeben. Bei den restlichen Maßen möchten Sie sich am Goldenen Schnitt orientieren.

a) Bestimmen Sie die restlichen Maße b und h_2.

b) Gliedern Sie die Korpusfläche mit Schubkästen und Tür(en). Benutzen Sie dazu ebenfalls das Maßverhältnis des Goldenen Schnitts.

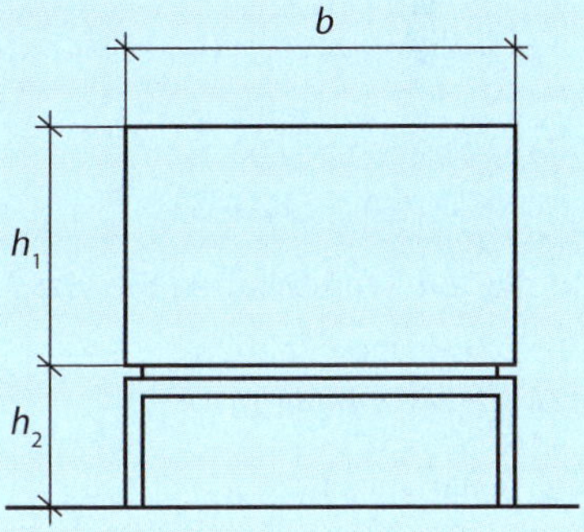

2.3.5 Die reellen Zahlen

2.3.5.1 Intervalle

Die rationalen Zahlen und die irrationalen Zahlen zusammengenommen ergeben die Menge der reellen Zahlen $\mathbb{R}$. Die reellen Zahlen lassen sich auch auf der Zahlengeraden abbilden. Durch die Einbeziehung der irrationalen Zahlen sind nun alle Lücken, die die Zahlengerade bei den rationalen Zahlen noch hatte, gefüllt.

Schneidet man Teilstücke aus der Zahlengeraden heraus, erhält man Teilmengen von $\mathbb{R}$, die man **Intervalle** nennt und mit eckigen Klammern [ ] darstellt. Anfang und Ende heißen Intervallgrenzen. Sie werden zwischen die eckigen Klammern geschrieben und durch ein Semikolon getrennt: $[a; e]$.

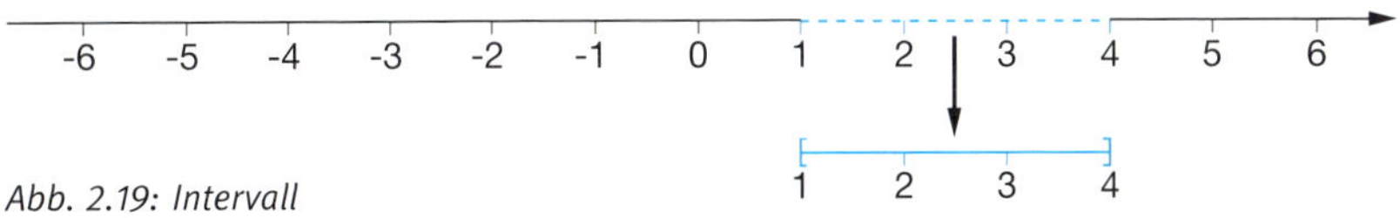

Abb. 2.19: Intervall

Abhängig davon, ob Anfang und Ende des Teilstücks mit herausgeschnitten wurden oder noch auf der Zahlengerade geblieben sind, unterscheidet man vier Fälle für Intervalle.

Intervall	Bezeichnung	Intervallgrenzen	Mengendarstellung
[1; 4]	geschlossenes Intervall	1 und 4 gehören mit zum Intervall	$\{x \mid 1 \leq x \leq 4\}$
]1; 4[	offenes Intervall	1 und 4 gehören nicht zum Intervall	$\{x \mid 1 < x < 4\}$
]1; 4]	links offenes Intervall	1 gehört nicht zum Intervall; 4 gehört zum Intervall	$\{x \mid 1 < x \leq 4\}$
[1; 4[	rechts offenes Intervall	1 gehört zum Intervall; 4 gehört nicht zum Intervall	$\{x \mid 1 \leq x < 4\}$

Tab. 2.1

Zusammenfassend lassen sich die Zahlenmengen $\mathbb{N}$, $\mathbb{Z}$, $\mathbb{Q}$, $\mathbb{I}$ und $\mathbb{R}$ in einem Venn-Diagramm darstellen (vgl. Abb. 2.20).

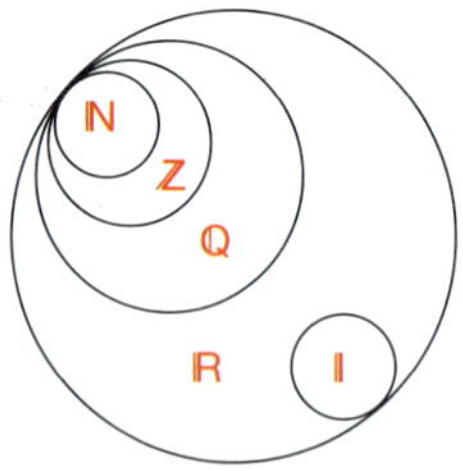

Abb. 2.20:
$\mathbb{N} \subset \mathbb{Z} \subset \mathbb{Q} \subset \mathbb{R}$
$\mathbb{I} \subset \mathbb{R}$

Zusammenfassung

In diesem Kapitel haben Sie vier Zahlenmengen kennengelernt:

Die natürlichen Zahlen: $\mathbb{N} = \{0; 1; 2; 3; 4; ...\}$

Die ganzen Zahlen: $\mathbb{Z} = \{...; -3; -2; -1; 0; 1; 2; 3; ...\}$

Die rationalen Zahlen: $\mathbb{Q} = \left\{x \mid x = \frac{p}{q} \wedge p, q \in \mathbb{Z} \wedge q \neq 0\right\}$

Die irrationalen Zahlen: $\mathbb{I} = \{x \mid x$ ist ein Dezimalzahl mit unendlich vielen, nicht periodischen Nachkommastellen$\}$

Die reellen Zahlen: $\mathbb{R} = \{x \mid x \in \mathbb{Q}$ oder $x \in \mathbb{I}\}$

Die Zahlenmengen $\mathbb{N}$, $\mathbb{Z}$, $\mathbb{Q}$ und $\mathbb{I}$ sind in $\mathbb{R}$ enthalten. Sie sind also allesamt Teilmengen von $\mathbb{R}$ (vgl. Abb. 2.20).

Die Techniker, insbesondere die Elektrotechniker, benötigen noch eine weitere Zahlenmenge, die sogenannten komplexen Zahlen (die heißen nicht nur so, die sind es auch!).

Wir werden sie in diesem Mathematikkurs nicht benutzen.

Übungen Stellen Sie als Intervall dar: a) keins bis höchstens 10; b) mindestens 10, aber höchstens 100; c) genau 10; d) mehr als 10, aber weniger als 100; e) mindestens 5, aber nicht mehr als 80.

2.3.5.2 Der Betrag einer reellen Zahl

Eine reelle Zahl besteht aus zwei Komponenten: Dem Vorzeichen und dem eigentlichen Zahlenwert, er wird Betrag genannt und mit dem Symbol $|\ |$ bezeichnet. Der Betrag einer reellen Zahl ergibt sich, wenn das Vorzeichen auf $+$ gewandelt wird.

Beispiel

$|-5| = 5$ $|7{,}84| = 7{,}84$ $|\sqrt{2}| = \sqrt{2}$ $|-\sqrt{2}| = \sqrt{2}$

$|5| = 5$ $|-3| = 3$ $|0| = 0$ $|-\sqrt{3}| = \sqrt{3}$

Etwas schwieriger wird es, wenn wir den Betrag einer Variablen x bestimmen wollen.

$|x| = x$ gilt leider nicht für alle reellen Zahlen. Zum Beispiel:

$x = 5$: $|x| = x$ $x = -5$: $|x| = x$

$|5| = 5$ wahr $|-5| = -5$ falsch (I)

Die Vermutung $|x| = x$ ist also nur richtig, falls $x \geq 0$ ist. Für $x < 0$ ist sie falsch. Wir müssen bei der Betragsbestimmung von Variablen also zwei Fälle unterscheiden:

(1) $x \geq 0$ und
(2) $x < 0$

und für jeden Fall getrennt erklären, wie der Betrag zu bestimmen ist. Die Überlegungen in (I) legen folgende Übereinkunft nahe:

(1) für $x \geq 0$: $|x| = x$
(2) für $x < 0$: $|x| = -x$

Daraus formulieren wir die Definition:

Definition

Für jede Zahl $x \in \mathbb{R}$ ist:

$$|x| = \begin{cases} x, \text{ falls } x \geq 0 \\ -x, \text{ falls } x < 0 \end{cases}$$

Diese Definition ist zugegebenermaßen noch etwas schwer verdaulich. Versuchen wir sie uns an unserem Beispiel in (I) zu veranschaulichen:

Beispiel

$x = 5$: da $5 > 0$, ist die obere Zeile der Definition zuständig,
also $|x| = x$
$|5| = 5$;

$x = -5$: da $-5 < 0$, ist die untere Zeile der Definition zuständig,
also $|x| = -x$
$|-5| = -(-5) = 5$.

Bemerkung: Für den Betrag einer reellen Zahl gilt immer $|x| \geq 0$, der Betrag ist also immer positiv oder gleich 0.

Der Betrag gibt die Größe einer Zahl an, ohne dabei auf das Vorzeichen zu achten.

Übungen

1. Schreiben Sie folgende Menge in aufzählender Form:
   $A = \{x \mid |x| \leq 5 \wedge x \in \mathbb{Z}\}$.
2. Ist die Aussage $|-x| = x$ allgemein gültig in $\mathbb{R}$?
3. a) Erläutern Sie, warum folgende Aussage wahr ist: $|x - y| = |y - x|$.
   b) Beweisen Sie die Aussage mithilfe der Definition des Betrags.
4. Welche Rechenoperationen können in der Menge $\mathbb{N}$, $\mathbb{Z}$, $\mathbb{Q}$ und $\mathbb{R}$ vollständig durchgeführt werden? (D.h., das Ergebnis dieser Rechenoperation muss wieder Element der Menge sein.) Solche Mengen nennt man abgeschlossen bezüglich der betreffenden Rechenoperation.

	Addition	Subtraktion	Multiplikation	Division (außer durch 0)
$\mathbb{N}$				
$\mathbb{Z}$				
$\mathbb{Q}$				
$\mathbb{R}$				

5. Fügen Sie zwischen die folgenden Zahlen eines der Zeichen $>$; $<$ oder $=$ ein:
$\frac{23}{100}$? 0,23; 0,33 ? $\frac{1}{3}$; $\frac{2}{5}$? 0,4; $\frac{2}{3}$? 0,67; π ? 3,14; $\frac{1}{7}$? 0,142857142857143; 0,25 ? $\frac{1}{4}$

6. Veranschaulichen Sie die folgende Aussage durch einige Zahlenbeispiele: wenn $a < 0$, dann ist $-a > 0$.

7. Ist die Aussage $-a < a$ allgemein gültig in $\mathbb{R}$?

8. a) Stellen Sie folgende Intervalle als Mengen dar:
   [1; 10]]−0,8; 2,5]]−4; 10[[−8,23; 9,47[[0; 0,98]]−23; −20,5[
   b) Stellen Sie folgende Mengen als Intervalle dar:
   $\{x \mid -8 < x < 10\}$ $\{y \mid 5 \leq y \leq 8\}$ $\{z \mid -13{,}2 < z \leq 10\}$ $\{x \mid -8{,}7 \leq x < 8\}$
   $\{v \mid -7 \leq v \leq -7\}$ $\{w \mid -2{,}3 \leq w \leq 0\}$ $\{r \mid |r| < 3\}$

9. Aus welchen Intervallen können die Einsetzungen für die Variable x entnommen werden, damit folgende Aussageformen wahre Aussagen werden?
   a) $-1 < x < 4$ b) $5 \leq x \leq 7$ c) $4{,}9 < x < 7{,}1$
   d) $|x| \leq 2$ e) $|x| \leq \frac{7}{4}$ f) $-\frac{5}{2} < x \leq \frac{7}{8}$

2.4 Verknüpfungen von Mengen

Mengenverknüpfungen[1] ermöglichen es, Strukturen in unserer Welt zu veranschaulichen. Z. B. Zusammenfassungen, Einteilungen, Kategorien, Ausschlüsse, das Herausstellen von Gemeinsamkeiten und Unterschieden etc.

2.4.1 Die Schnittmenge (Gemeinsamkeiten und Unterschiede)

Beim Verfassen von Werbetexten ist der Sprachmodus der Zielgruppe von Bedeutung. Über schichtspezifische Unterschiede im Sprechverhalten (Soziolekt) gibt es zwei Modelle: Das **Defizitmodell** von Basil Bernstein und das **Differenzmodell** von Eva Neuland. Das Defizitmodell besagt, dass der restringierte Sprachcode von Arbeiterkindern gegenüber dem elaborierten Code der Mittelschichtkinder Mängel aufweist, ihnen also Ausdrucksmöglichkeiten fehlen. Beim Differenzmodell nimmt man an, dass der Sprachcode der Arbeiterkinder nicht weniger umfangreich ist als der Code der Mittelschichtkinder, sondern in Wortschatz, Bedeutung und Satzmuster unterschiedlich ist. Das bedeutet, dass Arbeiterkinder über einen Wortschatz ver-

[1] *Verknüpfungen haben Sie bereits bei den Aussagen kennengelernt. Vergleichbare Verknüpfungen gibt es zwischen Mengen.*

fügen, den Mittelschichtkinder nicht haben – und umgekehrt. Der Bereich des gemeinsamen Wortschatzes beträgt ca. 50 %.

Die beiden unterschiedlichen Modelle zum Sprechverhalten lassen sich durch Mengenbilder sehr gut veranschaulichen (vgl. Abb. 2.21):

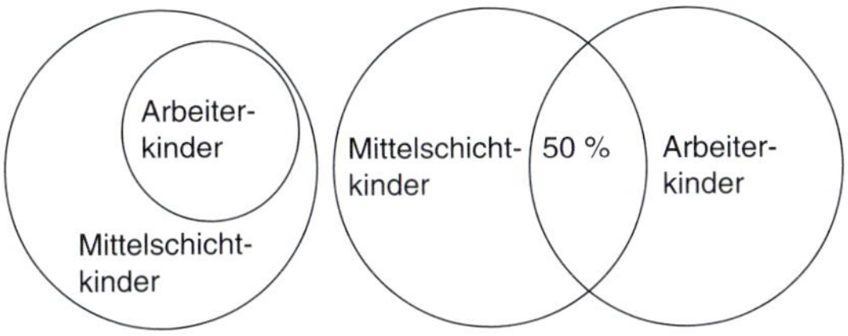

Abb. 2.21: Defizitmodell und Differenzmodell

Das Defizitmodell lässt sich mengentheoretisch durch Teilmengen visualisieren, das Differenzmodell durch Schnittmengen.

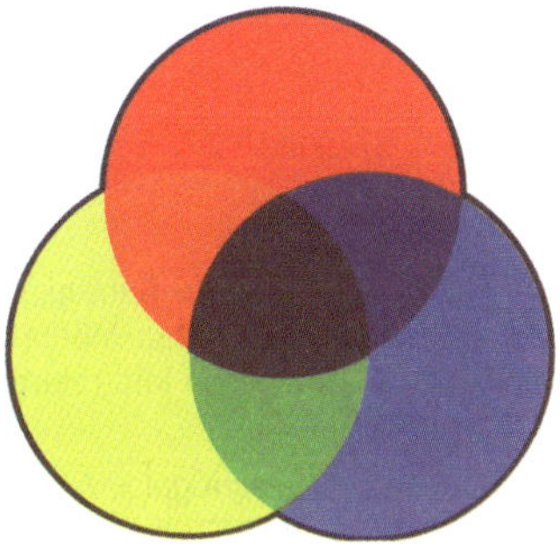

Abb. 2.22: Subtraktive Farbenmischung

Eine Situationsdarstellung von drei Merkmalen mithilfe eines Venn-Diagramms kennen Sie bereits aus der Gestaltungslehre: Die Darstellung der **subtraktiven Farbenmischung**.

Aufgabe

Für Ihren Phasenbericht haben Sie die Rollenstruktur Ihrer Praktikumsstelle analysiert und u. a. die Rolle der Übergeordneten, der Untergeordneten und der Kollegin aufgelistet. Ein Mensch kann mehrere Rollen haben. Geben Sie für sich selbst und weitere fünf Personen Ihres Unternehmens die ihnen jeweils zugeteilten Rollen an. Visualisieren Sie diese Situation mithilfe eines Venn-Diagramms.

Definition

Die **Schnittmenge** $A \cap B$ zweier Mengen A und B ist die Menge, die alle Elemente beinhaltet, die in A und in B enthalten sind.

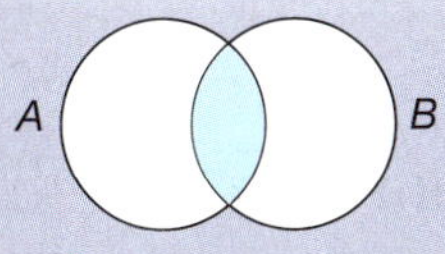

Abb. 2.23: Schnittmenge von A und B

Die Schnittmenge umfasst die allen Einzelmengen gemeinsamen Elemente. Es besteht also eine große Ähnlichkeit zur UND-Verknüpfung (Konjunktion). Der Begriff Schnittmenge ergibt sich direkt aus der Grafik. Das Symbol für die Schnittmenge hat Ähnlichkeit mit dem der Konjunktion, es ist nur etwas „runder", es sieht aus wie ein auf den Kopf gestelltes großes U: $\rightarrow \cap$

$A \cap B$ bedeutet also „die Menge A *geschnitten* mit B" und meint alle Elemente, die sowohl in A als auch in B enthalten sind.

Eine andere Schreibweise der Definition lautet:

$A \cap B = \{x | x \in A \wedge x \in B\}$ (… x ist Element von A **und** x ist Element von B).

Beispiele

1. $A = \{2; 3; 6; 7; 8; 9; 10\}$
   $B = \{1; 2; 4; 5; 9; 11\}$
   $A \cap B = \{2; 9\}$
   Im Venn-Diagramm sieht das so aus:

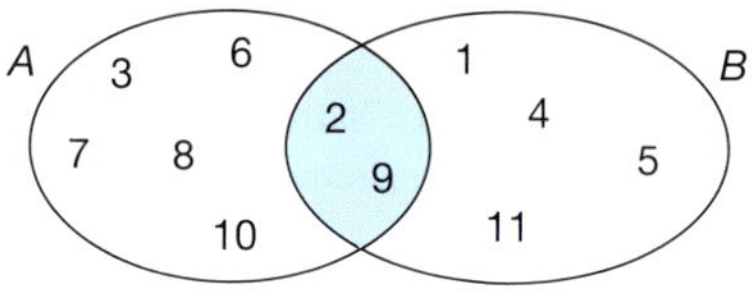

Abb. 2.24: Venn-Diagramm

2. $A = \{x | x = 2n; n < 4; n \in \mathbb{N}\}$ $B = \{x | x = n; n < 6; n \in \mathbb{N}\}$
   Gesucht ist $A \cap B$.

   Als erstes sind die Mengen A und B zu „übersetzen". Bezüglich A gilt: Für n sind die natürlichen Zahlen 1; 2; 3 zugelassen. Um x zu bestimmen, sollen 0; 1; 2; 3; 4 nacheinander mit „2" multipliziert werden.

   $A = \{2 \cdot 0; 2 \cdot 1; 2 \cdot 2; 2 \cdot 3\} = \{0; 2; 4; 6\}$

   B ist einfacher zu ermitteln: Für n sind die natürlichen Zahlen 0 bis 5 zu wählen, $x = n$.

   $B = \{0; 1; 2; 3; 4; 5\}$

   Gemeinsam sind die beiden Zahlen „0", „2" und „4", also gilt:
   $A \cap B = \{0; 2; 4\}$

   Zeichnen Sie das zugehörige Venn-Diagramm.

3. In einer Teambesprechung über ein neues Werbekonzept werden neben den üblichen Getränken frische Möhren und Müsliriegel angeboten. Später erzählen *sechs* Teilnehmer, sie hätten Möhren gegessen, *sieben* berichten, die Müsliriegel hätten ihnen gut geschmeckt. Es sind *n*eun Mitarbeiter in diesem Team. Der Sachverhalt soll mittels Venn-Diagramm dargestellt werden.

   Vorüberlegung: **6** Möhrenesser plus **7** Müsliliebhaber = **13** *Nennungen*, es sind aber nur **9** *Mitarbeiter* im Team. Es wurden $13 - 9 = 4$ doppelt gezählt, das sind die Mitarbeiter, die sowohl Möhren als auch Müsliriegel gegessen haben. Diese bilden die Schnittmenge.

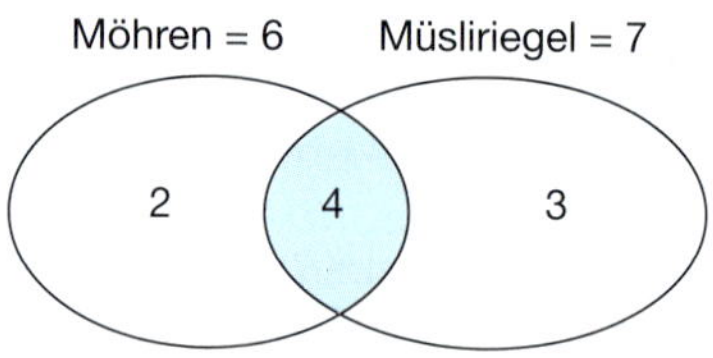

Abb. 2.25: Venn-Diagramm[1]

   Man kann weiterhin ablesen: 2 Teammitglieder haben **nur Möhren** gegessen, 3 Teilnehmer aßen **nur Müsliriegel**. Beachten Sie die Bedeutung des Worts **„nur"**!

   Hinweis: Etwas später besprechen wir „Restmengen", Sie können jetzt vorblättern und lesen!

4. $U = \{1; 3; 5; 7\}$ $G = \{2; 4; 6; 8\}$
   $U \cap G = \{\} = \emptyset$ (leere Menge)

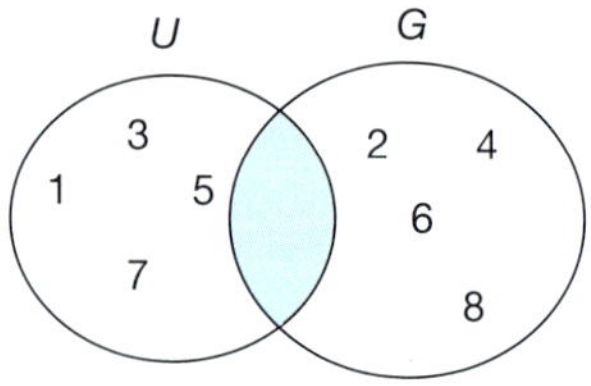

Abb. 2.26: Leere Schnittmenge

[1] *Achtung, die Zahlen 2, 4, 3 sind nicht die Elemente, sondern die Anzahl der Elemente.*

Übungen

1. A: Die Menge aller natürlichen Zahlen < 101, die ohne Rest durch 5 teilbar sind (man sagt auch: die 5 als *Teiler* haben).
   B: Die Menge aller natürlichen Zahlen < 49, die 2 als Teiler haben.
   Bilden Sie die Schnittmenge und formulieren Sie das Ergebnis mithilfe des Begriffs „Teiler". Zeichnen Sie ein Venn-Diagramm.

2. A: Die Menge aller Mädchen in Ihrer Klasse, die gepierct sind.
   B: Die Menge aller Mädchen in Ihrer Klasse, die ein Tattoo tragen.
   Beschreiben Sie die Schnittmenge.

3. $R = \{f \mid f = n + 3;\ n > 1 \wedge n < 6;\ n \in \mathbb{N}\}$ $S\ \{t \mid t = 10 - n;\ n < 5;\ n \in \mathbb{N}\}$
   Bilden Sie $R \cap S$, geben Sie die Lösung in zwei unterschiedlichen Darstellungsweisen an.

4. Zwei Mütter und zwei Töchter gehen spazieren. Es sind drei Personen. Zeichnen Sie ein Venn-Diagramm.

5. Ein Zeitschriftenvertreter besucht in einer Woche 200 Haushalte und bietet seine Produkte „Alles Neue" und „Besonders wichtig" an. Er kann 30 „Alles ..." und 20 „Besonders ..." verkaufen, von 158 Haushalten wurde er sofort weggeschickt!
   Zeichnen Sie ein Venn-Diagramm nach nebenstehendem Muster, tragen Sie alle Zahlen ein und geben Sie an, wie viele Haushalte nur „Besonders ..." bestellt haben.

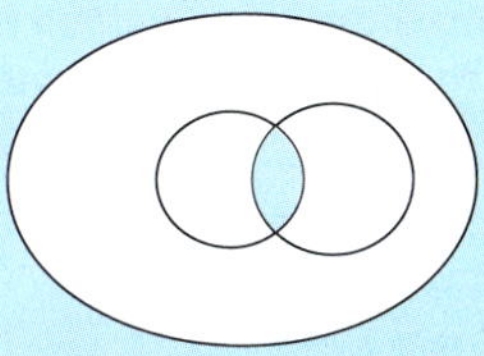

Abb. 2.27: Lösungshinweis zu Übung 5

6. Im Jugendheim fand eine Befragung über die Lieblingsmusik statt. Es ergab sich folgendes Ergebnis:

Musikrichtung	Anzahl
Soul	7
Hip-Hop	14
Pop	7
Soul und Hip-Hop	5
Soul und Pop	3
Hip-Hop und Pop	4
Alle drei Richtungen	2

Tab. 2.2

   Zeichnen Sie ein Venn-Diagramm.
   Lösungshinweis: Beim Eintragen der Zahlen **müssen** Sie mit „allen drei Musikrichtungen" beginnen, sonst zählen Sie einige Personen doppelt.
   Ermitteln Sie, wie viele
   – nur Soul, nur Hip-Hop, nur Pop hören,
   – befragt wurden.

7. Mit Homebanking kann man Bankgebühren sparen. Deshalb benutzen inzwischen 56 % der Bevölkerung das Internet für ihre Bankgeschäfte. 52 % der Leute überweisen noch nach herkömmlicher Art, 3 % haben gar kein Konto.
   Zeichnen Sie ein Venn-Diagramm und tragen Sie alle Zahlen ein.
   Schreiben Sie genau auf, was die einzelnen Teilmengen bedeuten.

8. Bei der Neueröffnung eines Kunstmuseums erhalten die ersten 40 Besucher Drucke von Werken aus dem Impressionismus, dem Expressionismus oder der Pop-Art geschenkt.
   Am Ende dieser PR-Aktion wird folgende Bilanz gezogen: Vier Besucher nahmen Exemplare aus allen drei Kunstrichtungen. Sieben nahmen nur Pop-Art, 10 wählten Pop-Art und Ex-

pressionismus, 12 Impressionismus und Expressionismus, 22 suchten Werke des Expressionismus aus und sieben entschieden sich für Pop-Art und Impressionismus. Sie stellen fest, dass die vorliegende Bilanz in ihrer Aussage unvollständig ist. Rekonstruieren Sie die fehlenden Angaben:

a) Visualisieren Sie diese Bilanz mithilfe eines Mengendiagramms.

b) Wie viele Besucher haben **nur** Werke des Impressionismus, wie viele haben **nur** Expressionismus ausgewählt?

c) Wie viele Besucher haben sich für Pop-Art entschieden, wie viele für Impressionismus?

d) Wie viele Besucher haben keinen Nachdruck eines impressionistischen Werks gewählt?

2.4.2 Die Vereinigungsmenge (Zusammenfassungen)

Das *Paul Klee* Berufskolleg hat in seinem Schulprogramm besondere Förderkonzepte verankert. Für die Klasse 11 der FOS Gestaltung sind Förderkurse in Mathematik und Englisch vorgesehen. Alle Schülerinnen und Schüler, bei denen Lerndefizite in Mathematik oder Englisch zu beobachten sind, werden in einer Fördergruppe zusammengefasst. Abb. 2.28 veranschaulicht die Struktur dieser Gruppe.

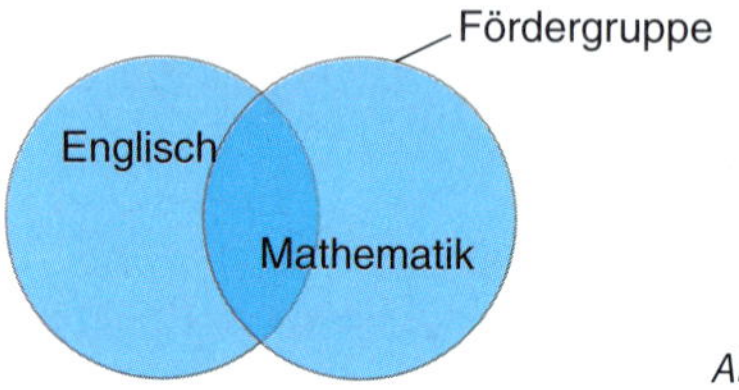

Abb. 2.28

Aufgabe

In der Umgangssprache werden bei solchen Zusammenfassungen häufig die Begriffe *und* sowie *oder* falsch verwendet. Z. B. in der Form: „In der Fördergruppe fassen wir alle Schüler mit Englisch- und Matheschwächen zusammen."

a) Schraffieren Sie in Abb. 2.28 den Bereich, der durch diese Aussage beschrieben wird.

b) Schraffieren Sie den Bereich, der die Schüler mit Englischschwächen darstellt.

c) Kennzeichnen Sie den Bereich, der die Schüler, die *nur* Englischschwächen haben, repräsentiert.

Mengentheoretisch werden solche Zusammenfassungen durch die Vereinigungsmenge beschrieben.

Die Vereinigungsmenge ist mit der **ODER-Verknüpfung** zu vergleichen. Als Symbol wird meistens $\cup$ gewählt, eine „runde" Version von $\vee$, das man bei der ODER-Verknüpfung benutzt.

Definition

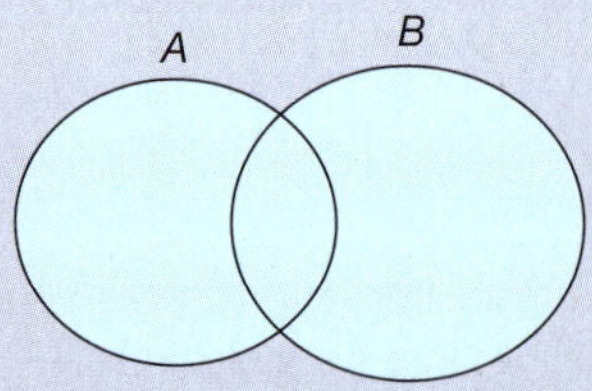

Abb. 2.29: Vereinigungsmenge

Die **Vereinigungsmenge** $A \cup B$ zweier Mengen A und B ist die Menge, die alle Elemente beinhaltet, die in A oder in B (oder in beiden) enthalten sind.

$A \cup B = \{x | x \in A \vee x \in B\}$

$A \cup B$ bedeutet also „die Menge A vereinigt mit B" (A zusammengefasst mit B).

Beispiel

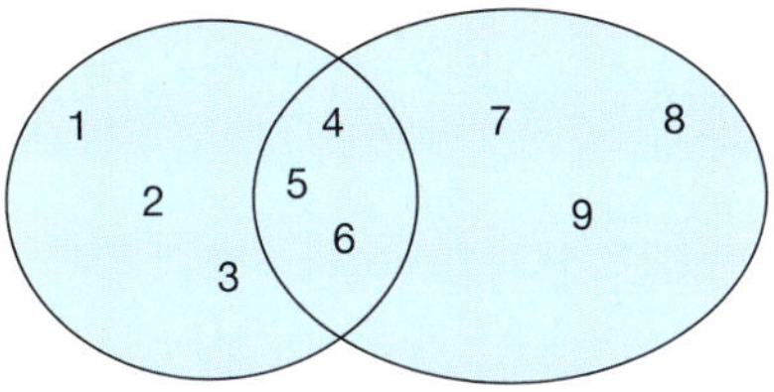

Abb. 2.30: Beispiel 1 (Vereinigungsmenge)

$A = \{1; 2; 3; 4; 5; 6\}$
$B = \{4; 5; 6; 7; 8; 9\}$
$A \cup B = \{1; 2; 3; 4; 5; 6; 7; 8; 9\}$

Übungen

1. $F = \{f \mid f = 3n;\ n < 4,\ n \in \mathbb{N}\}$ $R = \{4; 5; 6; 7; 8; 10\}$, gesucht: $F \cup R$.

2. $H = \{x \mid x$ ist eine natürlichen Zahl, die 3 als Teiler hat und kleiner als 30 ist$\}$
   $K = \{y \mid y$ ist eine ungerade natürliche Zahl, die kleiner als 30 ist$\}$
   Ermitteln Sie a) die Vereinigungsmenge, b) die Schnittmenge.

2.4.3 Die Restmenge oder die Differenzmenge (Ausschlüsse)

Seit einiger Zeit läuft erfolgreich das Modell *Führerschein ab 17*, bei dem bereits 17-Jährige den Führerschein machen können. Auto fahren dürfen sie bis zum 18. Lebensjahr allerdings nur in Begleitung von Erwachsenen mit ausreichender Fahrpraxis.

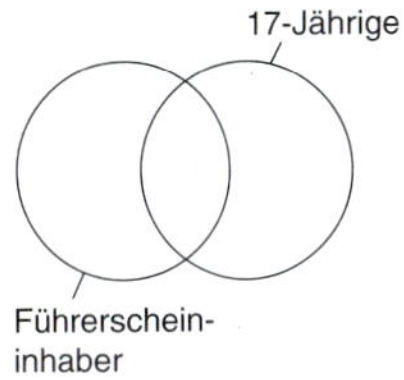

Abb. 2.31: Führerschein ab 17

Aufgabe

a) Schraffieren Sie in Abb. 2.31 den Bereich, der den Personenkreis darstellt, der ohne Begleitung Auto fahren darf.
b) Kennzeichnen Sie auch den Bereich, der die Teilnehmer am Modell *Führerschein ab 17* symbolisiert.

Selbstständig Auto fahren dürfen alle Führerscheininhaber **außer** den 17-Jährigen. Solche Ausschlüsse lassen sich mengentheoretisch durch die **Restmenge** beschreiben und durch ihr Mengenbild veranschaulichen.

Die Restmenge A ohne B ($A \setminus B$) ist in der nebenstehenden Grafik farbig dargestellt und führt direkt zu der entsprechenden Definition:

Definition

$A \setminus B = \{x \mid x \in A \wedge x \notin B\}$
$B \setminus A = \{x \mid x \in B \wedge x \notin A\}$
In der Umgangssprache sagt man auch: „*nur*" A bzw. „*nur*" B.

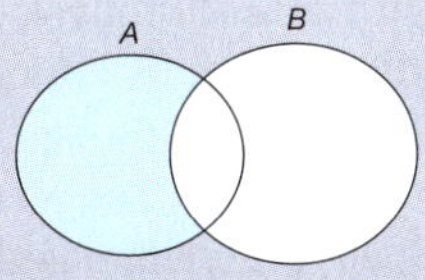

Abb. 2.32: Venn-Diagramm für A ohne B (A\B)

Beispiele

1. A: Die Menge aller Bauklötze, die blau angestrichen sind.
   B: Die Menge aller Bauklötze, die dreieckig sind.
   $A \setminus B$: Blau angestrichene Bauklötze, die nicht dreieckig sind.
   $B \setminus A$: Dreieckige Bauklötze, die nicht blau angestrichen sind.
2. $M_1 = \{x \mid x < 11; x \in \mathbb{N}\}$, $M_2 = \{z \mid z = 2n + 1; n < 6, n \in \mathbb{N}\}$
   „Übersetzung“: $M_1 = \{1; 2; 3; 4; 5; 6; 7; 8; 9; 10\}$ $M_2 = \{1; 3; 5; 7; 9\}$, also:
   $M_1 \setminus M_2 = \{2; 4; 6; 8; 10\}$, $M_2 \setminus M_1 = \{\}$.

Übungen

1. $A = \{x \mid x$ ist eine natürliche Zahl, die 10 als Teiler hat und kleiner als 101 ist$\}$
   $H = \{y \mid y$ ist eine natürliche Zahl, die 2 als Teiler hat und kleiner als 31 ist$\}$
   Ermitteln Sie: a) $A \cap H$ b) $A \cap H$ c) $A \setminus H$ d) $H \setminus A$
   e) $A \setminus \{20; 30; 50\}$ f) $H \setminus \{x \mid x < 19 \wedge x \in \mathbb{N}\}$.
2. Benennen Sie die eingefärbten Restmengen:

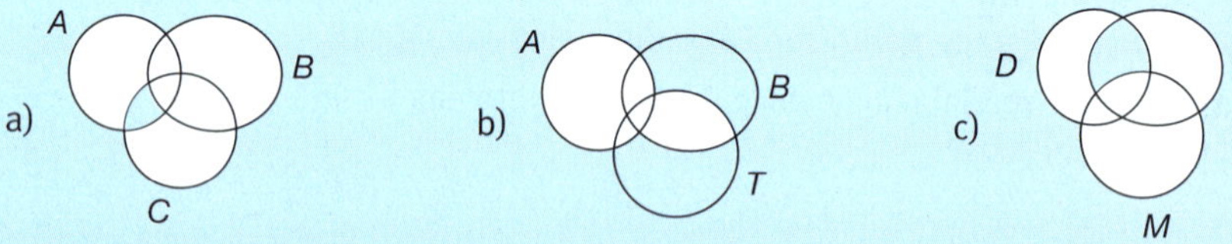

Abb. 2.33–2.35: Restmengen

3. Ein Auto hat 2 Vorderräder, 2 Hinterräder, 2 linke Räder und 2 rechte Räder. Das sind zusammen 8 Räder oder ...?
   Zeichnen Sie ein Venn-Diagramm, tragen Sie alle Zahlen ein.
4. Das linke Vorderrad aus Aufgabe 3 wurde wegen eines Reifenwechsels abmontiert. Formulieren Sie die neue Aufgabe nun selbst. Lösen Sie diese mittels Venn-Diagramm.
5. Von 27 Schülerinnen einer Klasse hören 18 gern Disko-Musik. Drei von diesen 18 lieben auch klassische Musik. Außer diesen 18 gibt es welche, die nur klassische Musik mögen, und andere, die jede Art von Musik ablehnen. 7 Schülerinnen lieben klassische Musik. Ermitteln Sie, wie viele
   a) keine Musik mögen,
   b) nur klassische Musik mögen.
6. Zwei Mengen A und B haben eine nicht leere Schnittmenge $A \cap B$. Es sind die Mächtigkeiten von A, B sowie von $A \cap B$ bekannt.
   Entwickeln Sie eine Formel, mit der Sie die Mächtigkeit von $A \cup B$ berechnen können.
   Lösungshinweis: Zeichnen Sie ein Venn-Diagramm, tragen Sie die gegebenen Größen richtig ein, dann werden Sie es schaffen!
7. Auf einer Tagung soll die Organisationsstruktur Ihrer Firma neu erarbeitet werden.
   Im Verlauf der Diskussionen ergaben sich folgende Thesen: Jede Führungskraft hat Koordinationsaufgaben im Betrieb. Es gibt aber auch einige Koordinationsaufgaben, die nicht durch eine Führungskraft wahrgenommen werden. Jede Abteilung wird von einer Führungskraft geleitet. Es ist jedoch nicht jede Führungskraft mit einer Abteilungsleitung betraut.
   Zu diesem Zeitpunkt gerät die Diskussion ins Stocken. Die Moderatorin der Konferenz bemerkt, dass einige Teilnehmer den Überblick verloren und die Thesen nicht verstanden haben. Sie weiß, dass solche Situationen durch eine Visualisierung des Gesagten behoben werden können.
   Erarbeiten Sie eine Visualisierung für die Konferenzsituation.

2.5 Die Paarmenge – das kartesische Produkt von Mengen

2.5.1 Begriff der Paarmenge

Aufgabe

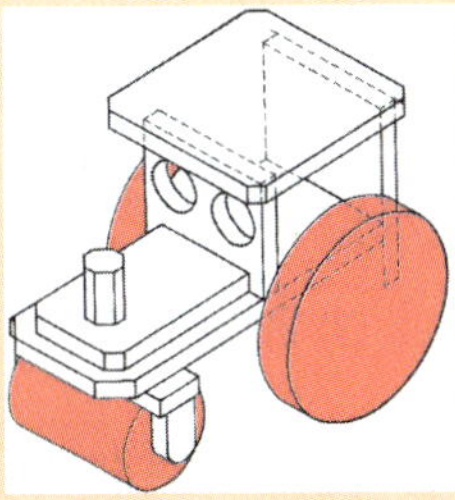

Simone macht ihr Praktikum in einer Tischlerei. Gemeinsam mit den Auszubildenden darf sie an der praktischen Prüfung teilnehmen. Dort müssen in einer Arbeitsprobe Spielzeugdampfwalzen hergestellt werden. Die Hinterräder sollen die Auszubildenden farbig lackieren, die Walzen werden als Fertigprodukt eingebaut. Die fertigen Dampfwalzen werden von der Innung werbewirksam einem Kindergarten geschenkt. Die Kindergartenleiterin fragt den Obermeister, ob es möglich wäre, verschiedenartige Dampfwalzen herzustellen. Der Obermeister antwortet: „Das ist kein Problem. Die Innung stellt für die Prüfung vier verschiedene Lackfarben zur Verfügung: rot (*ro*), gelb (*g*), silbermetallic (*s*) und blau (*bl*) und fertige Walzen aus Holz (*h*), Stahl (*s*) und Kunststoff (*k*)." Ein Auszubildender sagt: „Damit hätten wir dann ja sieben verschiedene Dampfwalzen."

Simone erklärt ihm und der Kindergartenleiterin, dass es sogar weit mehr als sieben Möglichkeiten gibt. Die beiden bitten sie, ihnen die genaue Anzahl zu sagen und alle Möglichkeiten aufzuschreiben.

Wie viele Möglichkeiten gäbe es, falls die Walzen aus vier Werkstoffen gefertigt würden und die Innung sechs Farben bereitstellte?

Zur Lösung dieser Aufgaben haben Sie, möglicherweise unbewusst, bereits einige mathematische Strukturen benutzt, die nun genauer analysiert werden sollen:

(1) Bei der Zusammenstellung möglicher Dampfwalzenvarianten haben Sie Paare aus den Farben und den Walzenmaterialien gebildet (z. B. $(h; s)$ oder $(g; s)$). Damit es keine Verwechslung zwischen s = silbermetallic und s = Stahl gibt, musste bei den Paaren auf die Reihenfolge der Nennungen geachtet werden, also zuerst die Farbe, dann das Walzenmaterial. Deshalb werden solche Paare in der Mathematik **geordnete Paare** genannt.

(2) Die verschiedenen Farben (F) und die Materialarten (M) bilden jeweils eine Menge: $F = \{r; g; s; b\}$ und $M = \{s; h; k\}$.

(3) Alle Zusammenstellungen, also geordnete Paare, die Sie gefunden haben, bilden zusammengenommen ebenfalls eine Menge, die so genannte **Paarmenge** $F \times M = \{(r; s); (r; h); (r; k); \ldots (b; s); (b; h); (b; k)\}$ (lies: F Kreuz M).

(4) Die Anzahl der möglichen Dampfwalzenvarianten, also die Anzahl der Elemente der Paarmenge, lässt sich berechnen, indem Sie die Anzahl der Farben mit der Anzahl der Materialarten multiplizieren (malnehmen).

In die Sprache der Mathematik übertragen führen diese Überlegungen zu:

Aus (1) und (2) ergibt sich:

Definition Ein **geordnetes Paar** $\boldsymbol{(x; y)}$ ist ein Paar, das aus den Elementen zweier nichtleerer Mengen A und B gebildet wird und bei dem es auf die Reihenfolge der Elemente ankommt. Das erste Element wird aus der Menge A und das zweite Element aus der Menge B genommen ($x \in A$ und $y \in B$). x und y heißen **Komponenten** des geordneten Paars. Sie werden durch Kommas oder Semikolons getrennt.

Zwei geordnete Paare sind genau dann gleich, wenn sie in beiden Komponenten übereinstimmen, z. B. $(2; 9) = (2; 9)$,

aber: $(2; 9) \neq (2; 7)$ $(2; 9) \neq (9; 2)$.

Aus (3) ergibt sich:

Definition Die **Paarmenge (kartesisches Produkt)** $A \times B$ zweier Mengen A und B ist die Menge aller geordneten Paare $(x; y)$, die aus den Elementen der Mengen A und B gebildet werden können.

Diese Definition kann man in Symbolen wesentlich kürzer schreiben:

$\boldsymbol{A \times B = \{(x; y) | x \in A \wedge y \in B\}}$.

Beispiel

Aus den Mengen $A = \{1; 2; 3\}$ und $B = \{2; 3\}$ erhalten wir die Paarmenge $A \times B = \{(1; 2);(1; 3);(2; 2);(2; 3);(3; 2);(3; 3)\}$.

Da es auf die Reihenfolge der Komponenten in den geordneten Paaren ankommt, gilt:

$A \times B \neq B \times A$.

Reflexion Gilt diese Formel auch, wenn $A = B$?

Aus (4) ergibt sich:

Die Anzahl der Elemente (= Mächtigkeit) einer Paarmenge $(n(A \times B))$ lässt sich bei endlichen Mengen durch folgende Formel berechnen:

$n(A \times B) = n(A) \cdot n(B)$ **(I)**.

Das heißt, wie viele Elemente, $n(A \times B)$, die Paarmenge $A \times B$ hat, finde ich heraus, indem ich die Anzahl der Elemente, $(n(A))$ der Menge A mit der Anzahl der Elemente, $(n(B))$, der Menge B multipliziere.

Übungen

1. Schreiben Sie die Ergebnisse der Einstiegsaufgabe als Paarmenge $F \times M$ auf.

2. Bestimmen Sie die Paarmengen $A \times B$ und berechnen Sie jeweils $n(A \times B)$.
   a) $A = \{1; 2; 3; 4\}$ $B = \{1; 2; 3\}$
   b) $A = \{0; 2\}$ $B = \{-4; -2; 0; 2\}$
   c) $A = \{1\}$ $B = \{4; 5\}$
   d) $A = \{x | -2 \leq x \leq 1 \wedge x \in \mathbb{Z}\}$ $B = \{x | 5 \leq x < 8 \wedge x \in \mathbb{N}\}$

3. Bestimmen Sie die Paarmenge $A \times A = A^2$.
   $A = \{2; 4; 6\}$

4. a) Bestimmen Sie die Paarmengen $A \times B$ und $B \times A$.
   $A = \{4; 9\}$ $\qquad$ $B = \{-11; 12; 3\}$
   b) Bestimmen Sie $n(A \times B)$ und $n(B \times A)$. Begründen Sie, warum sich in beiden Fällen der gleiche Wert ergibt.

5. a) Nehmen Sie an, der Schornstein der Dampfwalzen aus der Einstigsaufgabe könnte als Sechseckprisma (p), als Würfel (w) oder als Kugel (k) gestaltet werden. Wie viele verschiedene Dampfwalzenarten gäbe es dann?
   b) Erweitern Sie die Formel (I) für die Paarmenge $A \times B \times C$.

6. Bilden Sie die Paarmenge $A \times A \times A = A^3$ und geben Sie ihre Mächtigkeit an.
   $A = \{1; 3; 5\}$

2.5.2 Darstellung von Paarmengen im Koordinatensystem

Die Darstellung einer Paarmenge in aufzählender Form, d. h. durch Auflistung ihrer geordneten Paare, ist insbesondere bei größeren Mengen unübersichtlich. Bei der Lösung der Übungen im Kapitel 2.5.1 haben Sie wahrscheinlich die geordneten Paare systematisch aufgeschrieben, um keines zu vergessen. Daraus lässt sich eine andere Darstellungsform für Paarmengen entwickeln.

Das „systematische Aufschreiben" der Übung 2a könnte nach folgendem Schema geschehen.

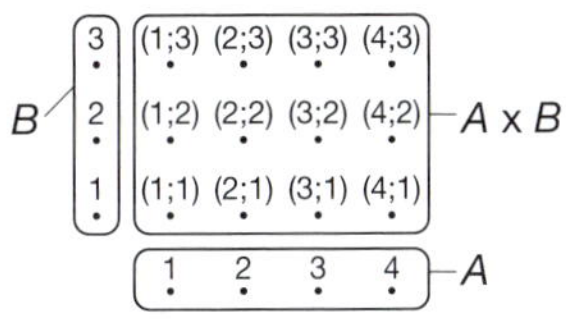

Abb. 2.36

Wenn diesem Schema noch einige Orientierungslinien hinzugefügt werden, erhält man ein Diagramm, das in der Mathematik für vielfältige Darstellungen benutzt wird, das **Koordinatensystem**[1].

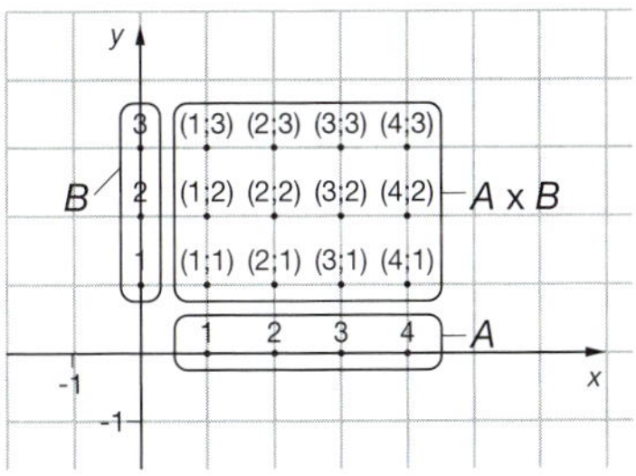

Abb. 2.37

Definition

Die horizontale Zahlenachse ist die ***x*-Achse** oder **Abszisse**, die senkrechte Zahlenachse die ***y*-Achse** oder **Ordinate**. Das Ganze wird **Koordinatensystem** genannt. Der Schnittpunkt der beiden Achsen heißt **Ursprung**.

Die beiden Koordinatenachsen gliedern die Ebene in vier Felder, die **Quadranten**, die man mit I, II, III und IV bezeichnet. Sie werden gegen den Uhrzeigersinn gezählt.

[1] *Das Koordinatensystem wurde vom französischen Philosophen René Descartes (1596–1650) in die Mathematik eingeführt.*

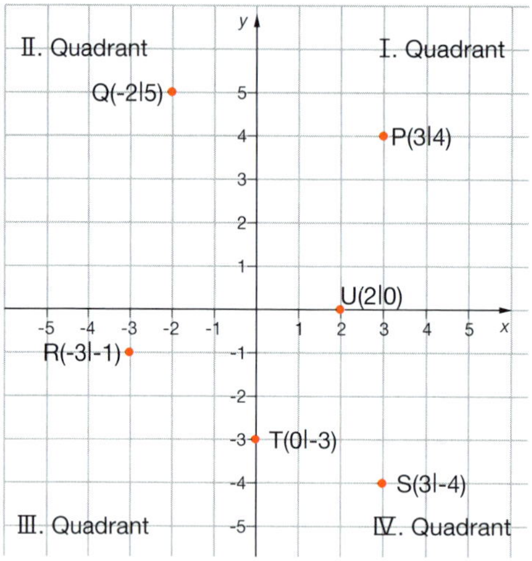

Abb. 2.38

Jedem Zahlenpaar $(x; y)$ lässt sich in der Koordinatenebene eindeutig der Punkt mit den Koordinaten $(x|y)$ zuordnen.

Beispiel 1

Aus den Mengen $X = \{1; 2; 3; 4\}$ und $Y = \{2; 3\}$ erhalten wir die Paarmenge $X \times Y = \{(1; 2); (1; 3); (2; 2); (2; 3); (3; 2); (3; 3); (4; 2); (4; 3)\}$.

Beispiel 2

Aus den Mengen $X = \{x | 1 \leq x \leq 4\}$ und $Y = \{y | 2 \leq y \leq 3\}$ erhalten wir die Paarmenge $X \times Y = \{(x; y) | 1 \leq x \leq 4 \wedge 2 \leq y \leq 3\}$.

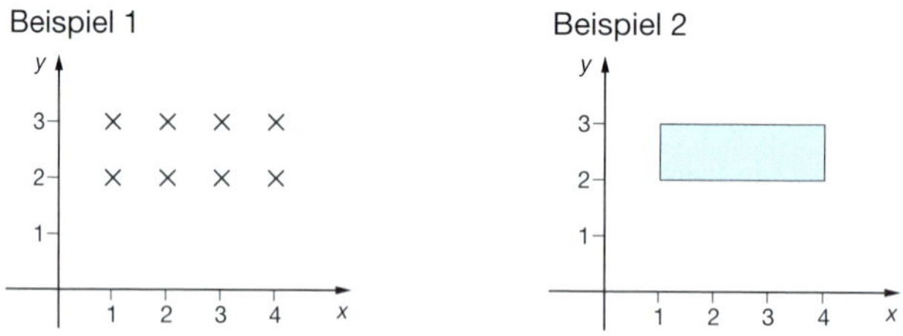

Abb. 2.39

Aus der Darstellung der beiden Beispiele erkennen wir, dass eine Paarmenge im Koordinatensystem immer aussieht wie ein Rechteck.

Übungen

1. Stellen Sie das kartesische Produkt $A \times B$ in einem Koordinatensystem dar.
   a) $A = \{x | x < 5 \wedge x \in \mathbb{N}\}$ $B = \{1; 2; 3\}$
   b) $A = \{x | -5 < x < -1 \wedge x \in \mathbb{Z}\}$ $B = \{-1{,}5; -2{,}5; -3\}$
   c) $A = \{x | 2 < x < 7 \wedge x \in \mathbb{N}\}$ $B = \{x | -3 \leq x < 0 \wedge x \in \mathbb{Z}\}$
2. Stellen Sie das kartesische Produkt $A \times B$ und $B \times A$ in einem Koordinatensystem dar.
   a) $A = \{1; 2; 3; 4\}$ $B = \{5; 6\}$
   b) $A = \{x | 1 \leq x \leq 4\}$ $B = \{y | 5 \leq y \leq 6\}$
   c) $A = [3; 5]$ $B = [-3; -1]$

2.6 Zum Weiterarbeiten

2.6.1 Unerwartete Probleme in der Mengenlehre

Eine Kosmetikerin schminkt alle Frauen, die sich nicht selbst schminken.

Diese an und für sich einfache Feststellung führt verblüffenderweise zu einem gravierenden logischen Problem, das die Grundfesten der Mathematik Anfang des letzten Jahrhunderts erschütterte.[1]

Frage: Schminkt eine Kosmetikerin sich selbst?

Mehr darüber erfahren Sie in BuchPlusWeb.

2.6.2 Die vollständige Induktion

Das Beweisverfahren der vollständigen Induktion finden Sie in BuchPlusWeb.

2.7 Referatsthemen, Facharbeiten, fächerverbindende Projekte, vermischte Übungen

1. Erarbeiten Sie ein Referat oder eine Facharbeit zu einem der folgenden Themen:
   a) Die Zusammenhänge zwischen der Aussagenlogik und der Mengenlehre.
   b) Das Beweisverfahren der vollständigen Induktion.
   c) Die Probleme in der „naiven Mengenlehre", ausgelöst durch die Russel'sche Antinomie.
   d) Georg Cantor, eine Biografie.
   e) Die Geschichte der Zahlen und die Entdeckung der Null.
   f) Verschiedene Zahlensysteme (Dualzahlen, Hexadezimalzahlen, römische Zahlen).
   g) Der Goldene Schnitt in Kunst, Architektur und Biologie.
   h) Mathematik und Zahlensymbolik der Pythagoreer.
   i) Das Pentagramm.
2. Betrachten Sie bitte folgende Paarmenge: $A \times B = \{(2; 1); (2; 6); (4; 1); (4; 6); (6; 1); (6; 6)\}$.
   Bestimmen Sie die folgenden Mengen und schreiben Sie sie in aufzählender Form auf:
   A, B, $A \cup B$, $A \cap B$, $A \setminus B$, $B \setminus A$, $P(A) \cap P(B)$.
3. Zeigen Sie durch entsprechende Mengendiagramme, dass folgende Behauptungen wahr sind:
   a) $A \cap (B \cup C) = (A \cap B) \cup (A \cap C)$
   b) $A \setminus (B \cap C) = (A \setminus B) \cup (A \setminus C)$
4. Veranschaulichen Sie die folgenden Mengen auf der Zahlengeraden:
   a) $[2; 4] \cap]-3; 3[$ b) $\left[-2; \frac{3}{8}\right[\cap [0{,}2; 4]$ c) $[-2; 3[\cup [1; 4]$

[1] *Der Mathematiker Kurt Gödel (1906–1978) veröffentlichte 1931 seine alles ins Wanken bringenden Entdeckungen, dass es grundsätzlich immer Fragen geben wird, die – gleichgültig wie groß das mathematische Axiomensystem gemacht wird – nicht beantwortet werden können.*

2.8 Zusammenstellung der neuen Vokabeln

Zusammenstellung

angeordnet	Kardinalzahl	Quadrant
äquivalent	kartesisches Produkt	Quotient
Äquivalenz	Komponenten	rationale Zahlen
Betrag einer Zahl	Koordinaten	Rechenoperation
Diagramm	Koordinatensystem	reelle Zahlen
Differenzmenge	Mächtigkeit einer Menge	Restmenge
Element	Menge	Schnittmenge
ganze Zahlen	Mengenbild	Teilmenge
geordnetes Paar	Mengenbeziehungen	Ursprung
gleichmächtig	Mengendiagramm	Venn-Diagramm
Intervall	natürliche Zahlen	Vereinigungsmenge
irrationale Zahlen	Paarmenge	Zahlengerade

3 Zusammenhänge in unserer Welt erkennen und beschreiben

In diesem Kapitel werden Sie lernen, Beziehungen oder Zusammenhänge zwischen zwei Beteiligten zu analysieren und darzustellen. Es geht darum, Dinge, Begriffe, Größen ... , die „irgendwie zusammengehören", und die Art ihrer Beziehung zueinander systematisch mithilfe mathematischer Methoden zu beschreiben und zu verdeutlichen.

Zwei Aspekte spielen dabei eine Rolle:

1. Zusammenhänge unserer Lebenswirklichkeit werden mit mathematischen Mitteln beschrieben und **visualisiert**.
2. Mathematische Gesetzmäßigkeiten werden benutzt, um Erscheinungen unserer Erlebniswelt so zu **modellieren**, dass z. B. Aussagen über zurückliegende oder aber künftige Ereignisse gemacht werden können.

3.1 Relationen

Aufgabe 1

Für Ihr Lerntagebuch in Kunstgeschichte fertigen Sie eine zusammenfassende Darstellung von Künstlern und Epochen an. Sie ordnen dabei die Künstler: *August Macke, Leonardo da Vinci, Rubens, Michelangelo, Auguste Renoir, Salvador Dali* und *Stefan Lochner* den Epochen: *Mittelalter, Renaissance, Barock, Impressionismus, Expressionismus* und *Surrealismus* zu.

Aufgabe 2 In einem Neubaugebiet gibt es drei Bäckereien. In einer Umfrage zum Einkaufsverhalten werden Familien befragt, wo sie ihre Frühstücksbrötchen kaufen. Sie haben folgende Fragebögen zurückerhalten:

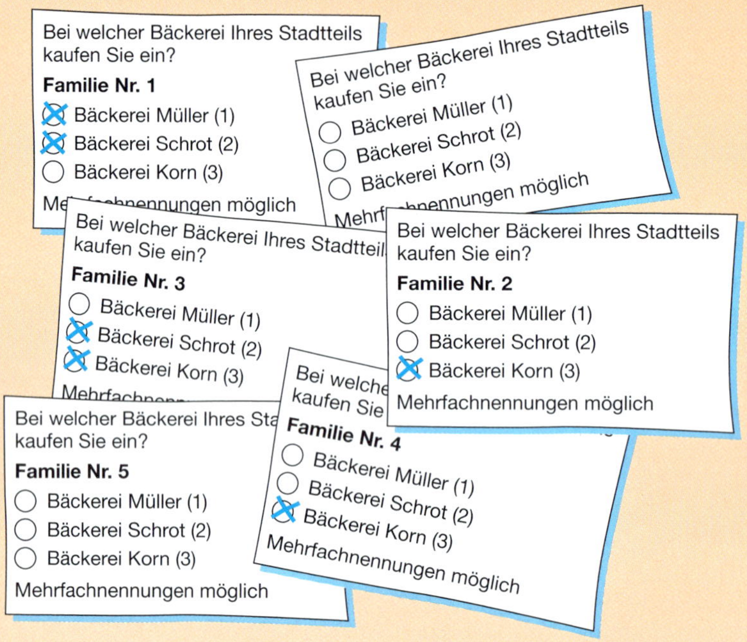

Abb. 3.1: Fragebögen

Stellen Sie dieses Umfrageergebnis übersichtlich dar.

Sie werden inzwischen nicht mehr erstaunt sein, festzustellen, dass auch hinter diesen und zahlreichen ähnlich gelagerten Beispielen eine mathematische Struktur steckt. Alle diese Fälle sollten sich also mit der Sprache der Mathematik beschreiben lassen.

Versuchen wir die Mathematik in Aufgabe 1 und 2 aufzudecken: In Aufgabe 1 gibt es die beiden Gruppen *Künstler* und *Epochen*. Es handelt sich dabei um **Mengen** im mathematischen Sinn. Zwischen den „Elementen“ dieser beiden Mengen haben Sie eine Beziehung hergestellt. Es sollen nämlich der Künstler und seine Epoche zu Paaren zusammenfinden {(Lochner; Mittelalter); (da Vinci; Renaissance); (Rubens; Barock); (Michelangelo; Renaissance); (Renoir; Impressionismus); (Macke; Expressionismus); (Dali; Surrealismus)}. Hierin erkennen Sie die **geordneten Paare** der Mathematik wieder.

In Aufgabe 2 besteht eine Beziehung zwischen den Elementen der Mengen *Familien* $= \{F_1; F_2; F_3; F_4; F_5\}$ und *Bäckereien* $= \{B_1; B_2; B_3\}$, nämlich das Einkaufsverhalten.

Statt diese Beziehungen als Menge von geordneten Paaren aufzulisten, kann man sie auch grafisch darstellen. Damit werden wir uns im nächsten Kapitel befassen.

In all diesen Beispielen ging es um Beziehungen zwischen zwei Objekten. Um auch in der Mathematiksprache über solche Zweierbeziehungen reden zu können, müssen wir dieses Phänomen in unseren Wortschatz aufnehmen. Wir benutzen dazu die Vokabel Relation[1] und erklären sie durch folgende Definition:

[1] *Relation (lat.); Beziehung, Verhältnis*

Definition

Eine **Relation** ist eine Zuordnung zwischen den Elementen zweier Mengen A und B, die durch eine Zuordnungsvorschrift[1] geregelt ist.

Veranschaulichen wir uns diese Definition anhand von Aufgabe 1. Bei der *Zuordnung* geht es darum, den Künstler in die richtige Epoche der Kunstgeschichte einzuordnen. Die *Menge A* sind die Künstler, die *Menge B* enthält die Epochen der Kunstgeschichte. Die *Zuordnungsvorschrift* lautet: „... *vertritt die Epoche* ...“.

Bei einer Zuordnungsvorschrift wird für die ersten drei Pünktchen ein Element der Menge A eingesetzt, für die zweiten Pünktchen ein Element der Menge B. Die Paare, die die Vorschrift erfüllen, gehören zur Relation.

Stefan Lochner *vertritt die Epoche* Mittelalter.

Dieses Paar gehört zur Relation, denn es erfüllt die Zuordnungsvorschrift.

Leonardo da Vinci *vertritt die Epoche* Impressionismus.

Dieses Paar gehört **nicht** zur Relation, denn es erfüllt die Zuordnungsvorschrift nicht.

In Aufgabe 1 und 2 haben Sie feststellen können, dass bei einer Relation die einzelnen Zweierbeziehungen durch geordnete Paare aufgelistet werden. Eine solche Liste bildet selbst auch eine Menge. **Eine Relation ist also eine Menge von geordneten Paaren. Man bezeichnet sie häufig mit *R*.** In dieser Menge sind alle Zweierbeziehungen der Relation enthalten.

Hinweis

Eine Relation zwischen den Mengen A und B ist immer in der Paarmenge $A \times B$ aller geordneten Paare, die aus den Mengen A und B gebildet werden können, enthalten:

$$R \subseteq A \times B.$$

Beispiel

Die Relation mit der Zuordnungsvorschrift ... *ist größer als* ... zwischen den Mengen $A = \{1; 3; 8\}$ und $B = \{2; 7\}$ ist in der Paarmenge $A \times B$ enthalten. Die zur Relation gehörenden geordneten Paare (Zweierbeziehungen) sind farbig gedruckt:

$$A \times B = \{(1; 2); (1; 7); (3; 2); (3; 7); (8; 2); (8; 7)\}$$

Durch Einsetzen eines geordneten Paars in die Zuordnungsvorschrift können Sie testen, ob es zur Relation gehört:

z. B. (3; 2) Einsetzung in die Zuordnungsvorschrift ... *ist größer als* ...:

3 *ist größer als* 2 — Dieses Paar gehört zur Relation, denn es erfüllt die Vorschrift.

(1; 7) Einsetzung in die Zuordnungsvorschrift ... *ist größer als* ...:

1 *ist größer als* 7 — Dieses Paar gehört nicht zur Relation, denn es erfüllt die Vorschrift nicht.

Sie haben sicher längst bemerkt, dass es sich bei den Zuordnungsvorschriften um **Aussageformen** handelt (vgl. Kap. 1.1). Wird durch Einsetzen eines geordneten Paars daraus eine wahre Aussage, gehört es zur Relation, sonst nicht.

---

[1] *In der Literatur findet man statt Zuordnungsvorschrift häufig auch den Begriff Relationsvorschrift. Wir werden im Folgenden jedoch beim Begriff Zuordnungsvorschrift bleiben.*

Hinweis Zur vollständigen Beschreibung einer Relation benötigt man folgende Angaben:
- Die Mengen, zwischen denen die Relation bestehen soll, und
- die Zuordnungsvorschrift oder die Menge der geordneten Paare, die zur Relation gehören.

Übungen

1. Formulieren Sie die Zuordnungsvorschriften der Relation in Aufgabe 2.
2. Formulieren Sie die Zuordnungsvorschrift der Relation $R = \{(1; 2); (2; 4); (6; 12); (8; 16); (10; 20)\}$.
3. Bilden Sie die Paarmenge $A \times B$ für $A = \{2; 6; 18\}$ und $B = \{2; 3; 5\}$. Markieren Sie farbig die Zahlenpaare, die zur Relation mit der Zuordnungsvorschrift: ... *ist Vielfaches von* ... gehören.
4. Bilden Sie die Paarmenge $A \times A$ für $A = \{2; 6; 18\}$. Markieren Sie farbig die Zahlenpaare, die zur Relation mit der Zuordnungsvorschrift: ... *ist größer als* ... gehören. Markieren Sie in einer anderen Farbe die Zahlenpaare, die zur Relation mit der Zuordnungsvorschrift ... *ist genauso groß wie* ... gehören.
5. Die Relation mit der Zuordnungsvorschrift ... *ist Teiler von* ... soll auf der Menge $A = \{2; 6; 8; 24\}$ bestehen. Geben Sie die Menge der geordneten Paare an, die zur Relation gehören.
6. Die Relation mit der Zuordnungsvorschrift ... *ist um 5 größer als* ... soll zwischen den Mengen $A = \{4; 19; 21; 45\}$ und $B = \{-3; -1; 6; 14; 16; 41\}$ bestehen. Geben Sie die Menge der geordneten Paare an, die zur Relation gehören.
7. Bilden Sie die Relation mit der Zuordnungsvorschrift ... *in combination with* ... *is a phrasal verb* zwischen den Mengen A = {to eat; to cry; to break} und B = {out; up; off}. Falls Sie nicht mehr genau wissen, was ein *phrasal verb* ist, schlagen Sie das bitte in Ihrer Englischgrammatik nach. Geben Sie von jedem Paar auch die deutsche Übersetzung an.
8. Bilden Sie die Relation mit der Zuordnungsvorschrift ... *can be combined with* ... zwischen den Mengen: A = {He is leaving for Paris; I will start work; Jane is going to quit the team} und B = {at the moment; tomorrow; now; next Sunday}.
9. Bilden Sie die Relation mit der Zuordnungsvorschrift ... *ist gleich* ... zwischen $A = \left\{\frac{3}{8}; \frac{7}{6}; \frac{2}{3}; \frac{1}{2}; \frac{3}{4}\right\}$ und $B = \left\{\frac{9}{12}; \frac{14}{129}; 0{,}75; \frac{6}{9}; 0{,}375\right\}$.
10. Bilden Sie die Relation mit der Zuordnungsvorschrift ... *ist Teilmenge von* ... auf der Menge $A = \{\emptyset; \mathbb{R}; \mathbb{I}; \mathbb{Z}; \mathbb{Q}; \mathbb{N}\}$.
11. Bilden Sie die Relation mit der Zuordnungsvorschrift ... *ergibt durch 4 geteilt den gleichen Rest wie* ... zwischen den Mengen $A = \{15; 16; 25; 34\}$ und $B = \{64; 73; 87; 113; 206\}$.

3.1.1 Relationen in Diagrammen

Das Aufzählen der geordneten Paare einer Relation kann sehr unübersichtlich werden. Das haben Sie an den bisherigen Beispielen sicher schon bemerkt. In diesem Kapitel möchten wir mit Ihnen Möglichkeiten entwickeln, Relationen anschaulicher darzustellen. Als Gestalterin bzw. Gestalter wissen Sie bereits, dass es häufig gelingt, Dinge durch eine kleine Abbildung besser zu veranschaulichen als durch viele Erklärungen. Fassen wir zusammen, was wir in einer solchen Abbildung darstellen müssen:

- Da sind zunächst einmal die zwei Mengen, zwischen denen die Relation besteht.
- Die einzelnen Beziehungen, die zwischen den Elementen der Mengen bestehen.

Wie man Mengen bildlich veranschaulicht, wissen Sie schon aus Kapitel 2, nämlich mit einem Venn-Diagramm. Die einzelnen Beziehungen kann man durch Pfeile veranschaulichen, die von einem Beziehungspartner zum anderen gehen. Abb. 3.2 zeigt ein solches Bild für die Relation in Aufgabe 2.

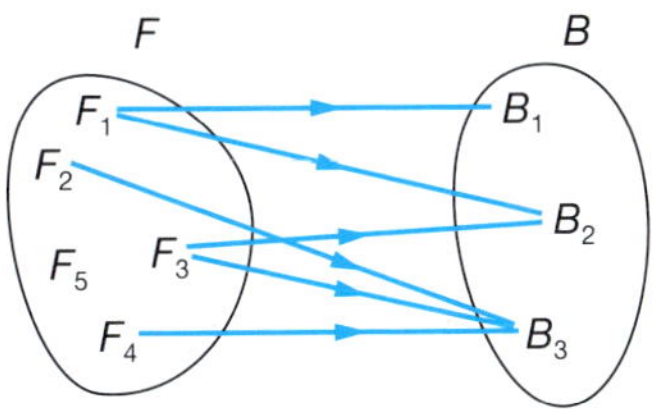

Abb. 3.2: ... kauft ein bei ...

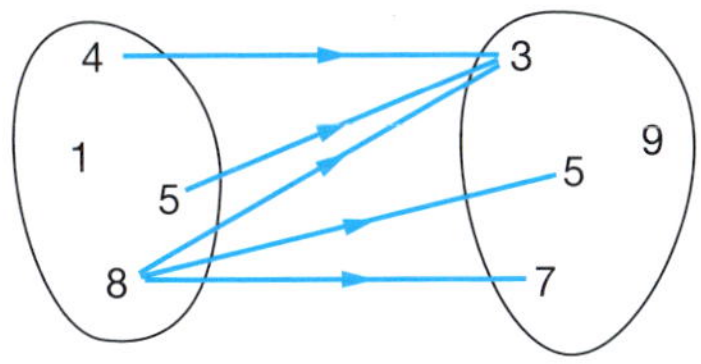

Abb. 3.3: ... ist größer als ...

Diese Bilder nennt man **Pfeildiagramme**.

Es ist wichtig, dass Sie die Pfeilspitzen in solchen Bildern auch wirklich zeichnen und dass sie in die richtige Richtung zeigen. Die Richtung ergibt sich aus der Zuordnungsvorschrift.

Würden in Abb. 3.3 die Pfeile von rechts nach links verlaufen, müsste die Zuordnungsvorschrift *... ist **kleiner** als ...* lauten (so etwas nennt man dann **Umkehrrelation**).

Übungen

1. a) Welche Zuordnungsvorschrift hat die in der Abbildung dargestellte Relation?
   b) Wie müsste die Zuordnungsvorschrift lauten, wenn die Pfeilspitzen von rechts nach links zeigten?

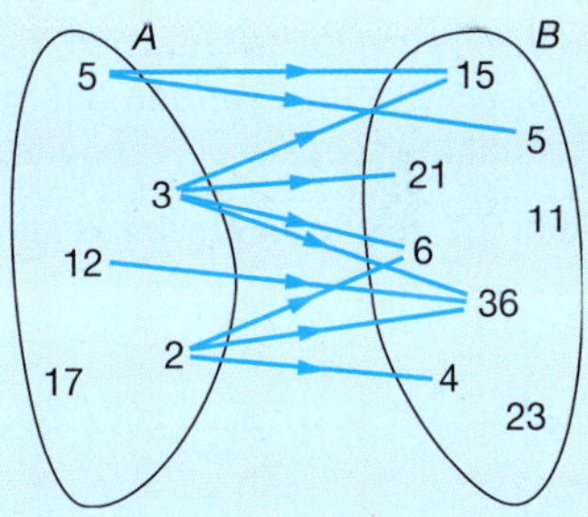

Abb. 3.4

2. In Ihrem Kühlschrank befinden sich noch folgende Zutaten: Eier, Butter, Salz, Zucker, Mehl, Milch. Sie listen auf, was Sie daraus zubereiten könnten: Spiegeleier, Waffeln, Pfannkuchen, Rührei.
   Stellen Sie die Relation R: ... *benötigt man zur Zubereitung von* ... grafisch dar!

3. Die Menge der Teiler von 12 ist $T_{12} = \{1; 2; 3; 4; 6; 12\}$. Bilden Sie auf dieser Menge die folgenden Relationen. Stellen Sie die Relationen als Menge geordneter Paare und als Pfeildiagramm dar!
   a) Die Gleichheitsrelation $=$
   b) Die Kleiner-als-Relation $<$
   c) Die Kleiner-oder-gleich-Relation $\leq$
   d) Die Teilerrelation $\div$ (... ist Teiler von ...)

4. a) Bestimmen Sie zum abgebildeten Pfeildiagramm die Zuordnungsvorschrift und schreiben Sie die Relation als Menge geordneter Paare!
   b) Wie müsste die Zuordnungsvorschrift lauten, wenn die Pfeilspitzen von rechts nach links zeigten?

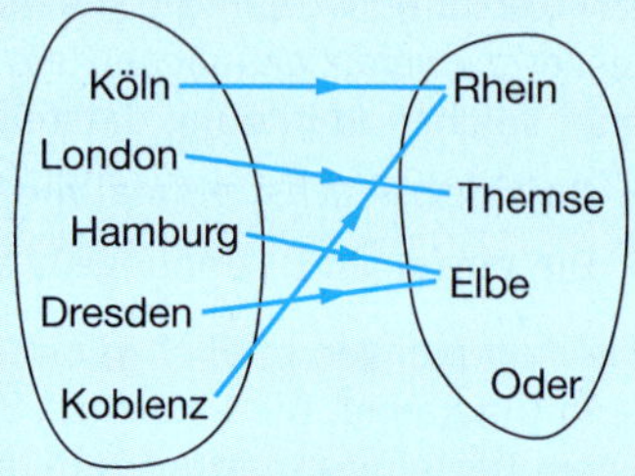

Abb. 3.5

5. Beim folgenden Pfeildiagramm fehlen die Zuordnungspfeile. Vervollständigen Sie den Graphen durch Eintragen der Pfeile! Welche Lösungen gibt es? Welche Information benötigen Sie, um eine eindeutige Lösung zu finden?

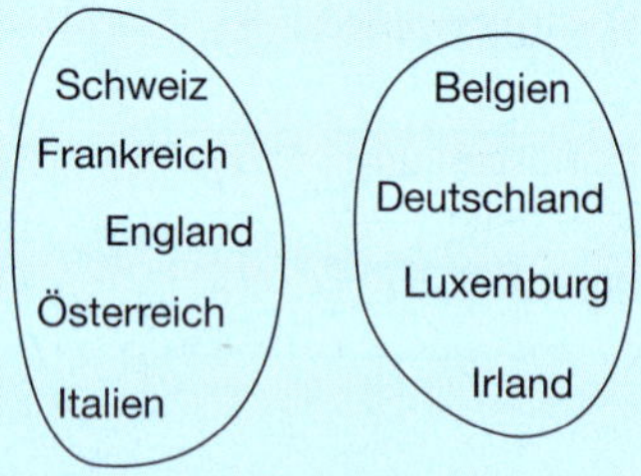

Abb. 3.6

3.1.2 Relationen im Koordinatensystem

Die Veranschaulichung einer Relation mithilfe eines Pfeildiagramms ist nur für kleine Mengen geeignet. Bei großen Mengen wird es sehr schnell unübersichtlich und Relationen zwischen unendlichen Mengen lassen sich mit ihm überhaupt nicht darstellen.

Glücklicherweise kennen Sie bereits eine weitere Möglichkeit, eine Menge geordneter Paare grafisch zu veranschaulichen, nämlich durch ihre Darstellung in einem Koordinatensystem (vgl. Kap. 2.5.2). Dazu werden alle geordneten Paare, die zur Relation gehören, als Punkte in ein Koordinatensystem eingetragen.

Abb. 3.7 zeigt das für die Relation aus Abb 3.3: ... *ist größer als* ...

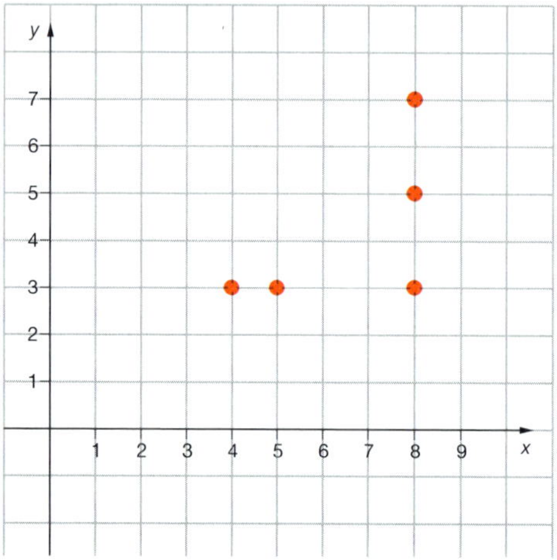

Abb. 3.7: ... ist größer als ...

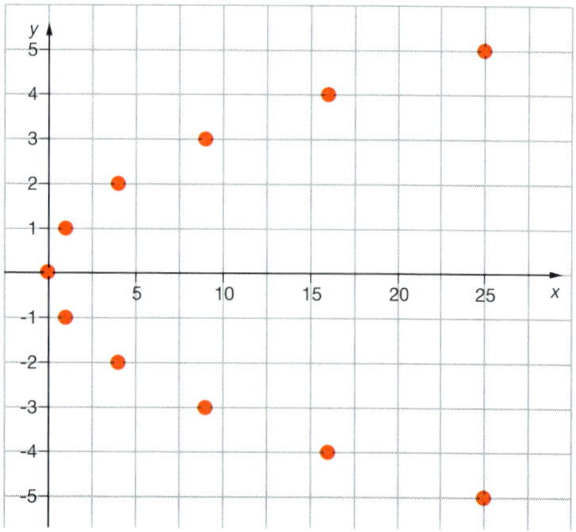

Abb. 3.8: ... ist Quadratzahl von ...

Beispiel

Die Relation mit der Zuordnungsvorschrift ... *ist Quadratzahl von* ... soll zwischen den Mengen $A = \{x | 0 \leq x \leq 25 \wedge x \in \mathbb{N}\}$ und $B = \{y | -5 \leq y \leq 5 \wedge y \in \mathbb{Z}\}$ bestehen. Die Menge der geordneten Paare, die zu dieser Relation gehören, ist: $R = \{(0; 0); (1; 1); (1; -1); (4; 2); (4; -2); (9; 3); (9; -3); (16; 4); (16; -4); (25; 5); (25; -5)\}$.

Zur grafischen Darstellung dieser Relation müssen Sie diese Paare nur noch als Punkte in ein Koordinatensystem eintragen (vgl. Abb. 3.8).

Definition

Die Darstellung einer Relation mit einem Pfeildiagramm oder im Koordinatensystem heißt **Graph der Relation**.

Die Darstellung von Relationen im Koordinatensystem eignet sich auch für Zusammenhänge außerhalb der reinen Zahlenmathematik.

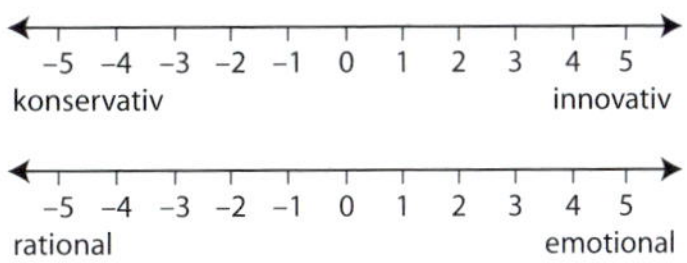

Abb. 3.9: Schätzskalen

Aus der Gestaltungstechnik kennen Sie vielleicht schon den Unterschied zwischen **Artdesign** und **Funktionsdesign**. Das Artdesign geht von der ästhetischen Vorstellung des Designers aus, wobei der Aspekt der Funktionalität des Produkts in den Hintergrund rückt (z. B. Philippe STARCK). Das Funktionsdesign stellt dagegen die Brauchbarkeit des Objekts in den Vordergrund und hat damit gleichsam eine klientenorientierte Ausrichtung. In dieser Designrichtung werden zur Bewertung eines Entwurfs Verbraucher mithilfe von Schätzskalen nach ihrem Eindruck von dem Produkt befragt (vgl. Abb. 3.9). Auf diesen Skalen kreuzen sie an, ob es eher konservativ oder innovativ, eher rational oder emotional wirkt. Jede Positionierung eines Produkts in dieser zweidimensionalen Wirkungsebene ist eine Relation zwischen den Werten auf den beiden Skalen. D. h. jede Positionierung ist durch Wertepaare (innovativ – konservativ; emotional – rational) bestimmt. Bildet man aus den Schätzskalen ein Koordinatensystem, dann lassen sich die „Graphen" der betreffenden Produkteinschätzung darstellen (vgl. Abb. 2).

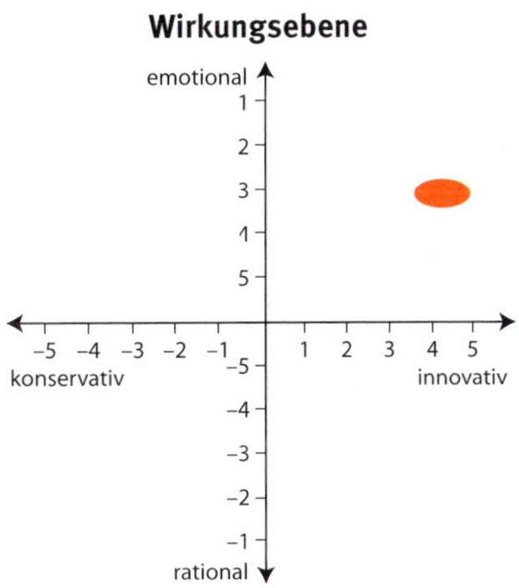

Abb. 3.10

Aufgabe 1

a) Beschreiben Sie, welche Wirkung die befragten Verbraucher dem Produkt in Abb. 3.10 zugeordnet haben.

b) Zeichnen Sie den „Graphen" der folgenden Produkteinschätzung: „sehr konservativ und sehr emotional".

c) Arbeiten Sie in Gruppen, um die vier abgebildeten Produkte bezüglich dieser beiden Wirkdimensionen zu bewerten. Positionieren Sie Ihr Gruppenergebnis als „Graph" in einem Koordinatensystem.

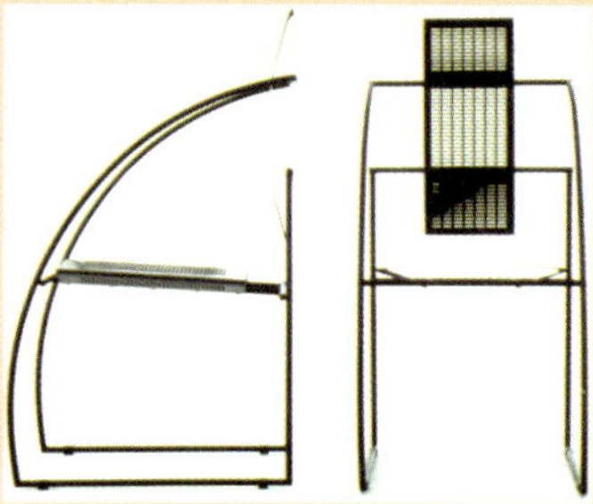

Abb. 3.11: Quinta, Mario Botta

Abb. 3.12: „Wassily"-Stuhl, Marcel Breuer

Abb. 3.13: Tischlampe, Wilhelm Wagenfeld

Bei Designprodukten besteht ein enger Zusammenhang zwischen dem Image des Produkts und dem erzielbaren Verkaufspreis. Wenn das Image des Produkts groß genug ist, spielt die Funktionalität, also die Gebrauchsfähigkeit bei der Bereitschaft, einen hohen Preis zu bezahlen, nur noch eine untergeordnete Rolle. Der Zusammenhang zwischen Image und erzielbarem Preis lässt sich wieder gut durch einen Relationsgraphen in einem Koordinatensystem darstellen (vgl. Abb. 3.15).

Abb. 3.14: „Rot-Blau-Stuhl", Gerrit Rietveld

Aufgabe 2

a) Beurteilen Sie die Verkaufschancen des in Abb. 3.15 positionierten Produkts.

b) Arbeiten Sie in Gruppen, um die abgebildeten Produkte in der Relation Image – Preis einzuschätzen. Tragen Sie Ihr Gruppenergebnis in ein Koordinatensystem ein.

c) Zeichnen Sie einen Relationsgraphen, der den Zusammenhang von Image und Preis für diejenigen Produktangebote darstellt, die auf dem Markt eine reelle Verkaufschance haben.

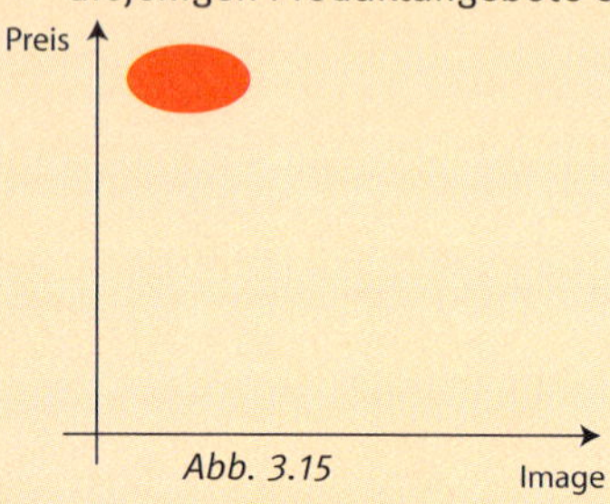

Abb. 3.15

Abb. 3.16: „Max und Moritz", Wilhelm Wagenfeld

Abb. 3.17: Zig-Zag-Stuhl, Gerrit Rietveld

Abb. 3.19: Zitronenpresse, Philippe Starck

Übungen

1. Zeichnen Sie das Pfeildiagramm der Relation mit der Zuordnungsvorschrift ... *ist Oberbegriff von* ... zwischen den Mengen $A = \{\text{food; plant; medicine}\}$ und $B = \{\text{lettuce; aspirin; sage; asparagus; eggplant; noodle}\}$.

2. Zeichnen Sie das Pfeildiagramm der Relation mit der Zuordnungsvorschrift ... *enthält die Lautung* ... zwischen den Mengen $A = \{\text{horses; cars; with; think; thanks}\}$ und $B = \{z;\ s;\ \theta;\ \delta\}$!

   Falls Sie sich mit der Lautschrift noch nicht so gut auskennen, können Sie hier Ihr Englischbuch zu Rate ziehen.

3. Zeichnen Sie den Graphen der Relation mit der Zuordnungsvorschrift ... *ist das Negative von* ... auf der Menge $A = \{x \mid -5 \leq x \leq 6 \wedge x \in \mathbb{Z}\}$!

4. Zeichnen Sie den Graphen der Relation auf der Menge $A = \{x \mid 2 \leq x \leq 6 \wedge x \in \mathbb{Z}\}$ mit der Zuordnungsvorschrift
   a) ... *ist gleich* ...
   b) ... *ist größer als oder gleich* ...

5. Zeichnen Sie den Graphen der Relation mit der Zuordnungsvorschrift ... *plus* ... *ergibt 2* auf der Menge $A = \{x \mid -5 \leq x \leq 5 \wedge x \leq \mathbb{Z}\}$!

6. Zeichnen Sie den Graphen der Relation mit der Zuordnungsvorschrift ... *ergibt verdoppelt* ... auf den Mengen $A = \{x \mid -5 \leq x \leq 5 \wedge x \in \mathbb{Z}\}$ und $B = \{y \mid -10 \leq y \leq 10 \wedge y \in \mathbb{Z}\}$!

7. a) Geben Sie die Mengen an, zwischen denen die Relation mit dem abgebildeten Graphen wirkt.
   b) Formulieren Sie die Zuordnungsvorschrift für diese Relation.

8. Lesen Sie bitte den folgenden Artikel aus einem Fachbuch für Gestalter[1]. Formulieren Sie zum Inhalt dieses Artikels eine Relation und zeichnen Sie deren Graphen.

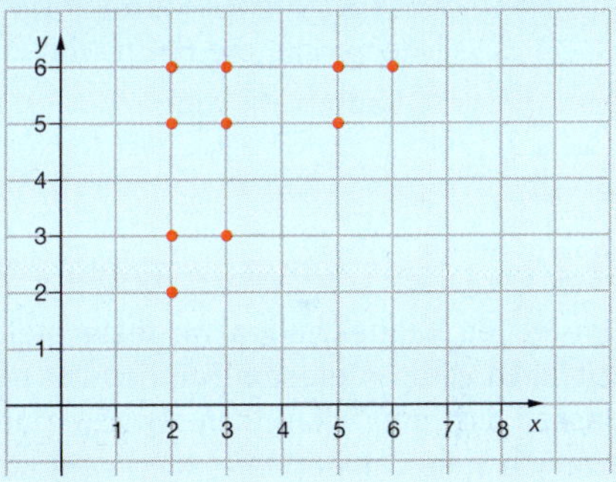

Abb. 3.20

Formbereiche	Überwiegende Formelemente und Gestaltungsmittel
Struktur 	Linien, Punkte
Zeichen 	Linien, Flächen, Körper
Muster 	Punkte, Linien, zusammengesetzte Flächen
Ornament 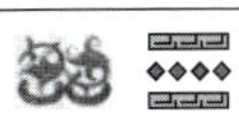	Linien, Flächen
Markierung 	Linien, Flächen

Um die Fülle der Formenwelt zu gliedern und zu ordnen, zerlegt man die Gesamtform in einzelne **Formelelemente.** Formelelemente sind *Punkte, Flächen, Linien* und *Körper.*

Tab. 3.1

[1] *Quelle: G. Springer et al.: Fachzeichnen Farbtechnik und Raumgestaltung, Stam-Verlag, Troisdorf 1983, S. 5*

3.1.3 Zuordnungsvorschriften mit Variablen

Bei Relationen zwischen reinen Zahlenmengen ist es häufig einfacher und kürzer, ihre Zuordnungsvorschriften mit Variablen und mathematischen Symbolen, statt mit Pünktchen und ausgeschriebenem Text zu formulieren.

Die ersten *drei Pünktchen* werden dabei durch die Variable (Platzhalter) x, die zweiten *drei Pünktchen* durch die Variable y ersetzt. Der Text dazwischen wird in mathematische Symbole übersetzt.

Beispiel 1

Die Zuordnungsvorschrift: ... ist größer oder genauso groß wie ...
lautet in der neuen Schreibweise: $x \geq y$
Sie sehen, dass sich der Schreibaufwand durch diese Methode erheblich verringert hat.

Beispiel 2

Die Zuordnungsvorschrift: ... plus 5 ergibt ...
lautet in der neuen Schreibweise: $x + 5 = y$

Übungen

1. Übersetzen Sie die folgenden Zuordnungsvorschriften:
   a) ... ist um 5 größer als ...
   b) ... ist um 5 kleiner als ...
   c) ... ist größer als das Doppelte von ...
   d) ... ist kleiner als die Hälfte von ...
   e) ... ist Quadratzahl von ...

3.1.4 Relationen zwischen unendlichen Mengen

Im letzten Kapitel haben wir festgestellt, dass ein Pfeildiagramm für große Mengen unübersichtlich wird. In diesem Fall benutzt man besser die Darstellung im Koordinatensystem. Wie lassen sich nun Relationen zwischen unendlichen Mengen darstellen? Das ergibt ja auch unendlich viele Zahlenpaare, die in ein Koordinatensystem eingetragen werden müssen.

Um diese Aufgabe mit einem „vertretbaren Zeitaufwand" lösen zu können und nicht unendlich viele Kreuzchen malen zu müssen, benutzt man einen wahrnehmungspsychologischen Trick, den Sie aus der Gestaltungstechnik sicher bereits kennen. Man zeichnet nur einige der unendlich vielen Zahlenpaare, jedoch ausreichend viele, sodass beim Betrachter der Eindruck entstehen kann, dass sich der Graph in der gezeichneten Weise unendlich fortsetzt.

Bevor man mit der eigentlichen Zeichnung beginnt, ist es hilfreich, einige Zahlenpaare, die zur Relation gehören, in einer sogenannten **Wertetabelle** aufzulisten. Diese Wertepaare überträgt man dann in ein Koordinatensystem. Damit lässt sich ein erster Überblick verschaffen, wie der Graph aussehen muss.

Beispiel 1

Wertetabelle für die Relation $2x = y$ auf der Menge der ganzen Zahlen (also $R \subset \mathbb{Z} \times \mathbb{Z}$):

x	...	−3	−2	−1	0	1	2	3	...
y	...	−6	−4	−2	0	2	4	6	...

Tab. 3.2

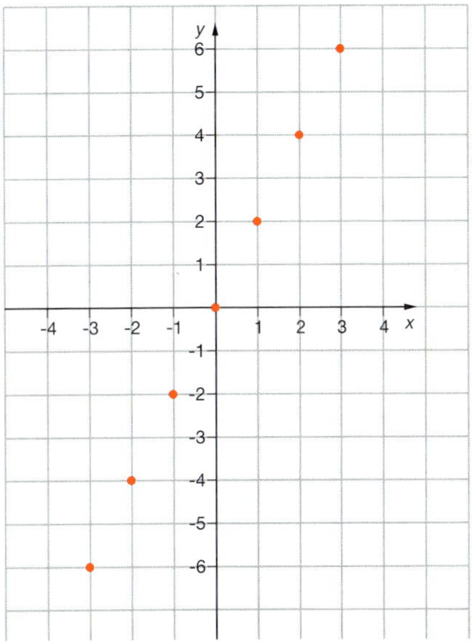

Abb. 3.21: Graph der Relation 2x = y für den Fall: $R \subset \mathbb{Z} \times \mathbb{Z}$

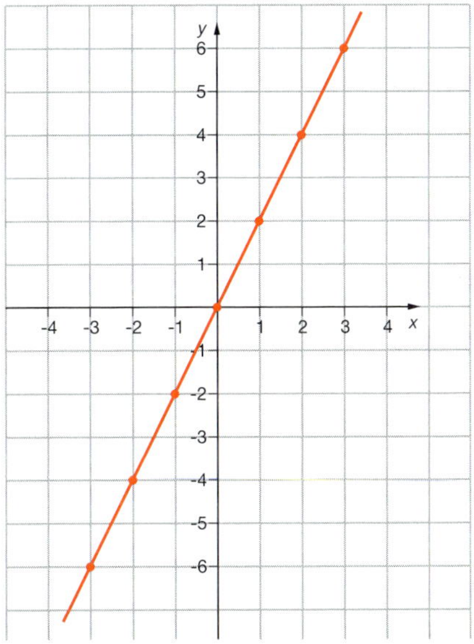

Abb. 3.22: Graph der Relation 2x = y für den Fall: $R \subset \mathbb{R} \times \mathbb{R}$

Falls die Relation $2x = y$ auf der Menge der reellen Zahlen bestehen soll (also $R \subset \mathbb{R} \times \mathbb{R}$), dann gehören nicht nur die Paare mit den glatten Zahlen dazu, sondern auch alle Paare, die dazwischenliegen. Der Graph besteht dann aus unendlich vielen Punkten, die unendlich nahe nebeneinander liegen. Er sieht dadurch wie eine Gerade aus (vgl. Abb. 3.22).

Übungen

1. Zeichnen Sie die Graphen der Relationen auf der Menge der ganzen Zahlen mit den Zuordnungsvorschriften:

   a) $x = y$ b) $x \leq y$

   c) $x - 3 = y$ d) $y = 0{,}5x + 3$

2. Zeichnen Sie den Graphen der Relation auf der Menge $A = \{x \mid -2 \leq x \leq 3 \wedge x \in \mathbb{Z}\}$ mit der Zuordnungsvorschrift: $2x + 1 = y$.

3. Zeichnen Sie den Graphen der Relation $R \subset \mathbb{R} \times \mathbb{R}$ mit der Zuordnungsvorschrift: $3x - 2 = y$.

3.1.5 Spezielle Relationen

In der Mathematik und bei der Beschreibung zahlreicher Vorgänge in unserem täglichen Leben hat eine spezielle Art von Relationen große Bedeutung. Der Spezialfall besteht darin, dass **jedem** *x*-Wert nur **genau ein** *y*-Wert zugeordnet wird. Solche Relationen nennt man **Funktionen**. Abb. 3.25 zeigt den Graphen einer Funktion. Der Graph in Abb. 3.23 ist „nur" eine Relation, da einige *x*-Werte mehrere Partner haben. Abb. 3.24 zeigt ebenfalls nur einen Relationsgraphen, weil hier einige *x*-Werte „partnerlos" bleiben.

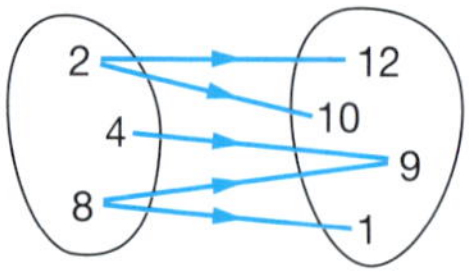

Abb. 3.23

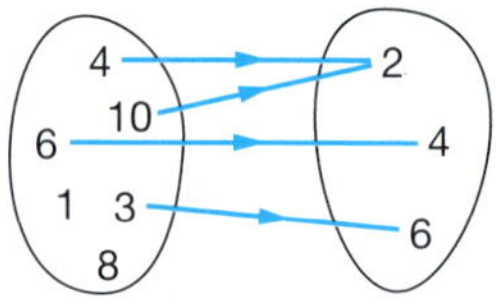

Abb. 3.24

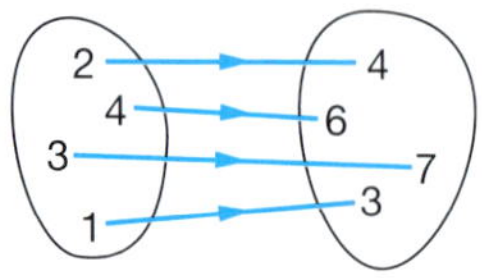

Abb. 3.25

Aufgabe 1 Zwischen der Menge der Primärfarben und der Menge der Sekundärfarben werden die beiden folgenden Zuordnungen festgelegt. Entscheiden Sie, bei welcher Zuordnung es sich um eine Funktion handelt.

a) ... wird benötigt zum Ermischen von ...

b) ... ist Komplementärfarbe von ...

In früheren Jahren musste zwischen Kunde und Lieferant ein Farbmuster ausgetauscht werden, damit der richtige Farbton geliefert wurde. Die Einführung des *RAL-Farbsystems*[1] hat diese umständliche und missverständliche Methode überflüssig gemacht. In diesem System werden den 210 Farben der Farbreihe RAL-Classic vierstellige Codenummern zugeordnet. Der Kunde bestellt seither beim Lieferanten nur noch eine RAL-Nummer und erhält genau den richtigen Farbton. Das kann natürlich nur funktionieren, wenn es sich dabei um eine funktionale Zuordnung handelt. D.h. jedem Farbton der Farbreihe muss genau eine Nummer zugeordnet sein, und kein Farbton darf zwei verschiedene Nummern haben.

Abb. 3.26: Farbfächer

Es lassen sich zahlreiche weitere Fälle aus der täglichen Praxis finden, bei denen ein *funktionaler Zusammenhang* besteht:

Beispiel 1

Die Körpergröße eines Kindes. Hier sind (Zeit; Größe) die Wertepaare. Zu jedem Zeitpunkt hat das Kind immer nur eine Größe;

Punktezahl in einer Mathearbeit und erteilte Note. Für eine bestimmte Punktezahl kann man nicht zwei verschiedene Noten bekommen, und jeder Punktezahl wird eine Note zugeordnet.

Die Aufteilung von Schülern auf die Klassen der Fachoberschule. Hier wird jeder Schüler (x) einer Klasse (y) zugeordnet. Kein Schüler bleibt unberücksichtigt. Es wird auch kein Schüler in zwei verschiedene Klassen geschickt.

Ein Gruppenraum im Kindergarten soll neu angestrichen werden. Der Innenarchitekt erklärt der Malermeisterin: Die Nordwand soll *weiß*, die Ostwand *grau*, die Südwand *gelb* und die Westwand *grün* gestrichen werden. Das wird natürlich funktionieren, ohne dass einem der Beteiligten auffällt, dass hier gerade eine funktionale Zuordnung getroffen wurde. Jede Wand (x) erhält eine neue Farbe (y) und keine Wand wird mit zwei verschiedenen Farben gestrichen.

---

[1] *RAL; ursprünglich: Reichsausschuss für Lieferbedingungen, gegründet 1924. Die Farbtabelle bestand damals aus nur 40 Farben. Heutige Bezeichnung: Deutsches Institut für Gütesicherung und Kennzeichnung e.V. Neben RAL-Classic gibt es inzwischen weitere RAL-Farbreihen.*

Aufgabe 2

Geben Sie aus Ihrem Praxisbereich drei weitere Beispiele an, die einen funktionalen Zusammenhang beschreiben.

Nun haben wir quasi nebenbei eine neue Vokabel in unsere Mathematiksprache aufgenommen. Formulieren Sie bitte eine Definition für die Vokabel *Funktion*. (In Kapitel 2.1.1 haben Sie schon gelernt, wie man so etwas macht. Wissen Sie es noch?)

Definition

Eine **Funktion** ist eine Relation, bei der jedem Element x aus der Menge A genau ein Element y aus der Menge B zugeordnet wird.
$x \mapsto y$ bzw. $x \mapsto f(x)$ heißt **Zuordnungsvorschrift**[1].

Hinweis

Nach dieser Definition ist jede Funktion auch eine Relation. Die Umkehrung gilt jedoch nicht, d. h., nicht jede Relation ist auch gleichzeitig eine Funktion (denn bei Relationen können die x durchaus mehrere Partner haben). Die möglicherweise noch etwas ungewohnte Formulierung „genau ein“ in der Definition bedeutet nämlich, dass jedes x höchstens ein y als „Partner“ zugeteilt bekommt. Es darf aber auch kein x bei der Partnerverteilung „leer“ ausgehen. Die y dürfen dagegen durchaus mehrere Partner haben! Dafür können Sie aber auch schon mal leer ausgehen.

Der Partner y, den ein x zugeteilt bekommt, heißt **Funktionswert** von x. Man bezeichnet ihn deshalb häufig auch mit $\boldsymbol{f(x)}$ (lies: f von x).

$f(3)$ (lies: f von 3) bedeutet, dass es sich hier um den Funktionswert handelt, der zum x-Wert 3 gehört. Entsprechend ist $f(-4)$ der Funktionswert für den x-Wert -4.

Definition

Die Menge, aus denen die x-Werte entnommen werden, heißt **Definitionsmenge** der Funktion. Die Menge, die die Funktionswerte y enthält, heißt **Wertemenge**. Man bezeichnet sie abkürzend mit D bzw. W.

In Beispiel 1 wurden die Funktionen durch die eindeutige Formulierung von Zuordnungsvorschriften festgelegt, eine Gleichung konnte dafür nicht angegeben werden.

Wie bei den Relationen kann die Zuordnungsvorschrift in vielen Fällen jedoch auch durch eine Gleichung beschrieben werden. Man nennt sie **Funktionsgleichung**. Dann verwendet man statt der Zuordnungsvorschrift die Funktionsgleichung: Z. B. statt $x \mapsto 2x + 3$ benutzt man: $y = 2x + 3$

Zu einem gegebenen x-Wert rechnet man mithilfe der Funktionsgleichung den zugehörigen Funktionswert y aus, indem man für den Platzhalter x den fraglichen Zahlenwert einsetzt. Z. B.:

Funktionsgleichung: $y = 2 \cdot x + 3$

$x = 4$; zugehöriger Funktionswert $y = 2 \cdot 4 + 3 = 11$; also $f(4) = 11$

$x = -3$; zugehöriger Funktionswert $y = 2 \cdot (-3) + 3 = -6 + 3 = -3$; also $f(3) = -3$

$x = 0$; zugehöriger Funktionswert $y = 2 \cdot 0 + 3 = 0 + 3 = 3$; also $f(0) = 3$

Auch bei Funktionen fasst man die Wertepaare $(x; y)$ in einer **Wertetabelle** zusammen, um damit den Funktionsgraphen zu zeichnen:

x	−3	−2	−1	0	1	2	3	4
$y = 2x + 3$	−3	−1	1	3	5	7	9	11

Tab. 3.3: Wertetabelle

[1] *In der Literatur findet man dafür auch die Begriffe:* ***Abbildungsvorschrift*** *und* ***Funktionsvorschrift.***

Bitte rechnen Sie die einzelnen Funktionswerte nach!

Zur Anfertigung einer Wertetabelle rechnet man zu gegebenen x-Werten (-3; -2; -1; ...; 4) die zugehörigen y-Werte aus. Deshalb bezeichnet man x als **unabhängige Variable** und y als **abhängige Variable**.

Um den Funktionsgraphen zu zeichnen, überträgt man die einzelnen Paare aus der Wertetabelle wie gewohnt in ein Koordinatensystem.

Bei der Anfertigung einer Wertetabelle haben Sie zu einem x-Wert den zugehörigen Funktionswert (y-Wert) berechnet. Es geht dabei um die Fragestellung: *x bekannt, y gesucht*!

Manchmal trifft man aber auch auf die umgekehrte Fragestellung, also *y bekannt und x gesucht*! D. h., zu einem vorgegebenen Funktionswert y wird der zugehörige x-Wert gesucht. Das Problem lässt sich natürlich wieder mit der Funktionsgleichung lösen, denn die regelt das „Zusammenleben" von x und y.

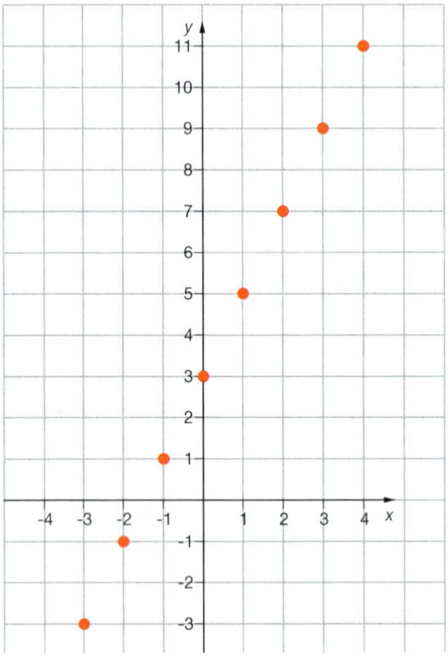

Abb. 3.27: Graph der Funktion $y = 2x + 3$ für $D = \mathbb{Z}$.

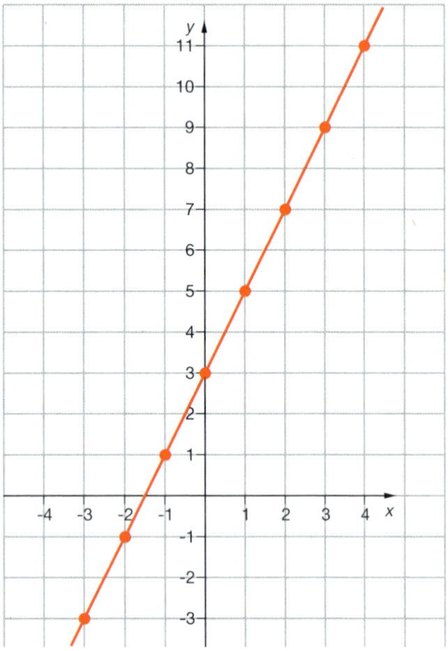

Abb. 3.28: Graph der Funktion $y = 2x + 3$ für $D = \mathbb{R}$.

Beispiel

Bei der Funktion mit der Funktionsgleichung $y = 2x + 3$ suchen wir zum Funktionswert $y = 15$ den zugehörigen x-Wert. Wie im umgekehrten Fall setzten wir den bekannten Wert (*15*) in der Gleichung für seinen Platzhalter (y) ein. Also:

$15 = 2x + 3.$

Der gesuchte Wert (x) lässt sich in diesem Fall leider noch nicht direkt ausrechnen. Wir müssen dazu die Gleichung nach x auflösen. Sie erinnern sich noch, wie man das macht? Versuchen wir es gemeinsam Schritt für Schritt! Ziel der Umformungen ist es, x alleine auf einer Gleichungsseite zu haben.

$15 = 2x + 3$	$\mid -3$	(auf beiden Gleichungsseiten 3 abziehen)
$15 - 3 = 2x + 3 - 3$		ausgerechnet ergibt das:
$12 = 2x$	$\mid : 2$	(beide Gleichungsseiten durch 2 dividieren)

$$\frac{12}{2} = \frac{2x}{2}$$ ausgerechnet ergibt sich:

$$6 = x$$ Der zum Funktionswert $y = 15$ gehörige x-Wert ist also 6. Oder etwas kürzer formuliert: $\boldsymbol{f(6) = 15}$

Sie wissen nun, wie man zu einem vorgegebenen x-Wert den zugehörigen Funktionswert (y) berechnet. Außerdem können Sie auch schon das umgekehrte Problem, nämlich zu einem Funktionswert y das zugehörige x zu bestimmen, lösen. Beide Fälle wollen wir uns an einem anderen Beispiel noch einmal grafisch veranschaulichen:

Betrachten wir dazu die Funktion mit der Funktionsgleichung $y = 2x - 1$. Abb. 3.29 und Abb. 3.30 zeigen den Graphen dieser Funktion.

Welcher Funktionswert *y* gehört zum *x*-Wert 3?

Dazu bewegen wir uns von der Stelle 3 auf der x-Achse ausgehend senkrecht in Richtung des Graphen. Vom Treffpunkt mit dem Graphen bewegen wir uns waagerecht in Richtung der y-Achse. Am Treffpunkt mit der y-Achse lesen wir den zugehörigen Funktionswert $y = 5$ ab (vgl. Abb. 3.29).

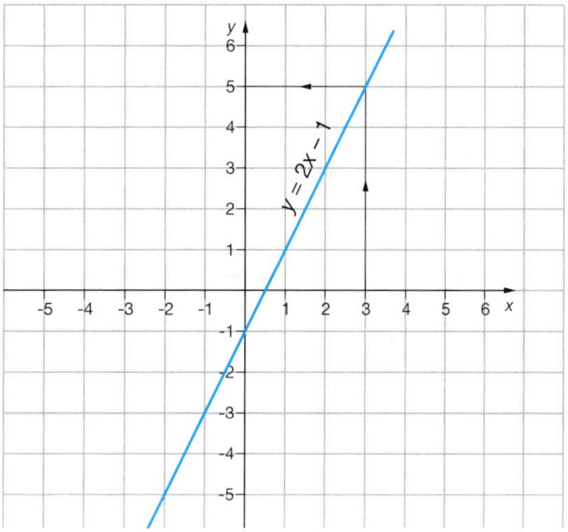

Abb. 3.29

Rechnung: x-Wert 3 für den Platzhalter x in die Funktionsgleichung einsetzen:
$y = 2 \cdot 3 - 1 = 6 - 1 = 5$

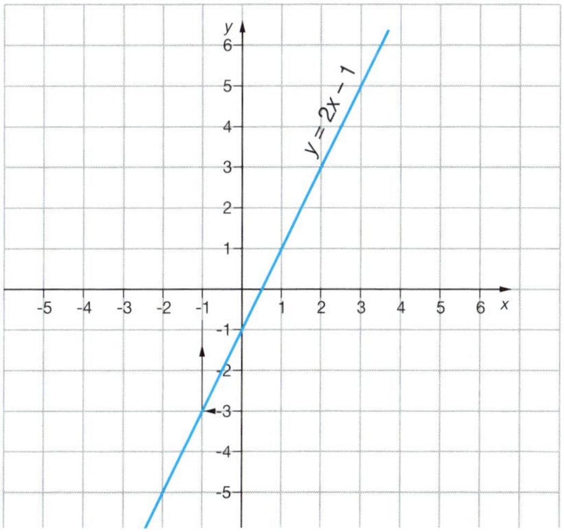

Abb. 3.30

Welcher *x*-Wert gehört zum Funktionswert *y* = −3?

Dazu bewegen wir uns von -3 auf der y-Achse ausgehend waagerecht in Richtung des Graphen. Vom Treffpunkt mit dem Graphen bewegen wir uns senkrecht in Richtung der x-Achse. Am Treffpunkt mit der x-Achse lesen wir den zugehörigen x-Wert -1 ab (vgl. Abb. 3.30).

Rechnung: y-Wert -3 für den Platzhalter y in die Funktionsgleichung einsetzen:
$-3 = 2 \cdot x - 1 \Leftrightarrow -2 = 2 \cdot x \Leftrightarrow -1 = x$

Aufgabe 3 Lesen Sie aus dem Funktionsgraph (Abb. 3.29 oder 3.30) die fehlenden Werte ab. Überprüfen Sie Ihr Ergebnis durch eine Rechnung.

x	1	?	−2	?	−1	0	?
y	?	3	?	−2	?	?	0

Tab. 3.4

Welche Fragestellung ergibt sich, wenn beide Werte, also *x* und *y*, bekannt sind?

In diesem Fall gilt es zu prüfen, ob *x* und *y* „zusammengehören", also das Zahlenpaar $(x; y)$ zur Funktion gehört oder nicht. Oder anders formuliert: „Liegt" der Punkt $P(x|y)$ auf dem Funktionsgraphen?

Bereits bei den Relationen haben Sie gelernt, wie man testen kann, ob ein geordnetes Paar zur Relation gehört. Genauso testen wir, ob ein Zahlenpaar $(x; y)$ zu einer Funktion gehört bzw. ob der Punkt $P(x|y)$ auf dem Funktionsgraph liegt. Man sagt dann, *P* ist ein **Punkt des Graphen** dieser Funktion. Diesen Test nennt man **Punktprobe**.

Beispiel

Wir betrachten die Funktion mit der Funktionsgleichung $y = -4x + 5$. Zu testen ist, ob die Punkte $P(3|-7)$ und $Q(-2|10)$ auf dem Funktionsgraphen liegen. Wenn das der Fall ist, müssen die beiden Zahlenpaare $(3; -7)$ und $(-2; 10)$ die Zuordnungsvorschrift erfüllen, wenn man sie in die Funktionsgleichung einsetzt.

Punktprobe für $P(3|-7)$:

$-7 = -4 \cdot 3 + 5$ (Einsetzen von $y = -7$ und $x = 3$)

$-7 = -12 + 5$

$-7 = -7$ (Die Einsetzung erfüllt die Gleichung, *P* liegt also auf dem Graphen.)

Punktprobe für $Q(-2|10)$:

$10 = -4 \cdot (-2) + 5$ (Einsetzen von $y = 10$ und $x = -2$)

$10 = 8 + 5$

$10 \neq 13$ (Die Einsetzung erfüllt die Gleichung **nicht**, *Q* liegt also **nicht** auf dem Graphen.)

Abb. 3.31 veranschaulicht diese Situation. Sie sehen den Graphen der Funktion $y = -4x + 5$. Der Punkt $P(3|-7)$ liegt auf dem Graphen, der Punkt $Q(-2|10)$ liegt daneben.

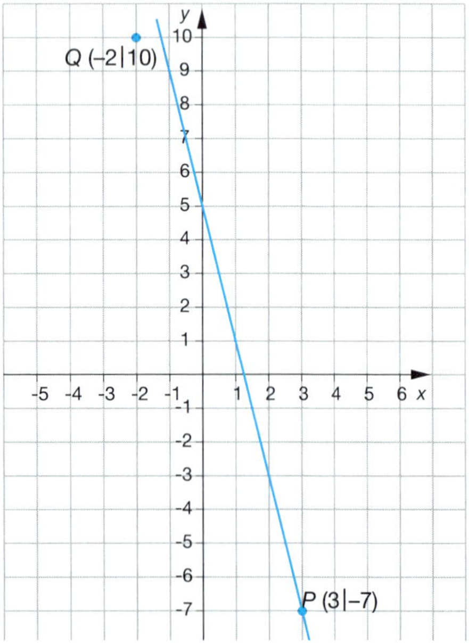

Abb. 3.31
Graph der Funktion $y = -4x + 5$

Aufgabe 4

Testen Sie durch Ablesen in Abb. 3.31, ob folgende Punkte auf dem Funktionsgraphen liegen: $R(2|-3)$; $S(-1|8)$; $T(0{,}5|3)$; $U(0|5)$ und $V(1|0)$.

Überprüfen Sie Ihre Ergebnisse durch eine Punktprobe.

Von den Punkten $A(1{,}5|\square)$ und $B(\square|-3)$ ist jeweils nur noch eine Koordinate bekannt. Man weiß aber, dass sie auf dem Graphen der Funktion aus Abb. 3.31 liegen sollen. Lesen Sie in der Abbildung die fehlenden Koordinaten ab.

Mit welcher der bisher diskutierten Fragestellungen ist eine rechnerische Überprüfung Ihrer Ergebnisse möglich?

Abschließend vereinbaren wir noch die folgende Sprechweise im Zusammenhang mit Funktionen:

- Wenn wir einen x-Wert meinen, also einen Ort auf der x-Achse, dann reden wir von **Stelle**.
- Wenn wir einen y-Wert meinen, also einen Ort auf der y-Achse, dann reden wir von Funktionswert oder kürzer von **Wert**.

In einem vollständigen Satz benutzen wir diese beiden neuen Vokabeln so (vgl. Abb. 3.32):

„Die Funktion f hat an der **Stelle** 3 den **Wert** 2.“

Der gleiche Satz lässt sich mithilfe mathematischer Symbole wesentlich kürzer fassen:

$f(3) = 2$

(Ausgesprochen: f von 3 gleich 2)

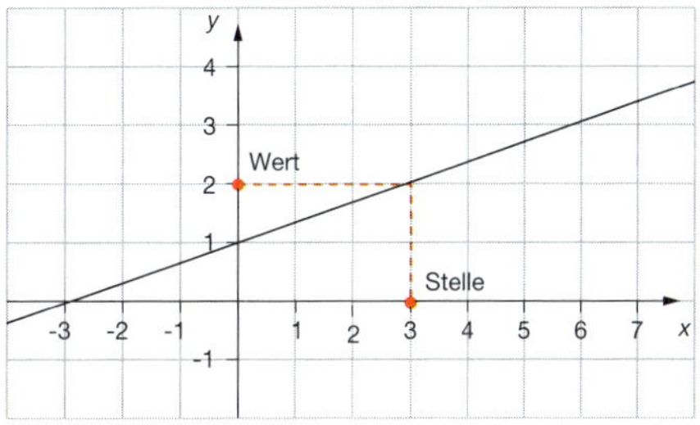

Abb. 3.32

Merksatz

Stelle = x-Wert, ein Ort auf der x-Achse
Wert = y-Wert, ein Ort auf der y-Achse

Übungen

1. Welche der abgebildeten Graphen sind Funktionsgraphen?

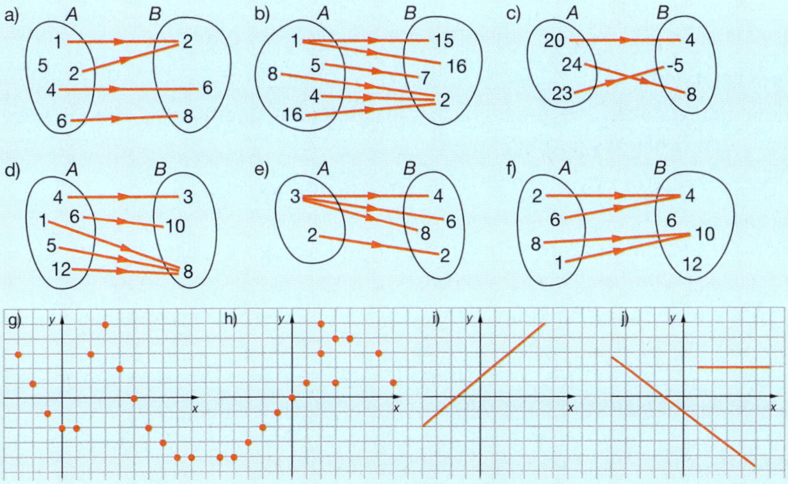

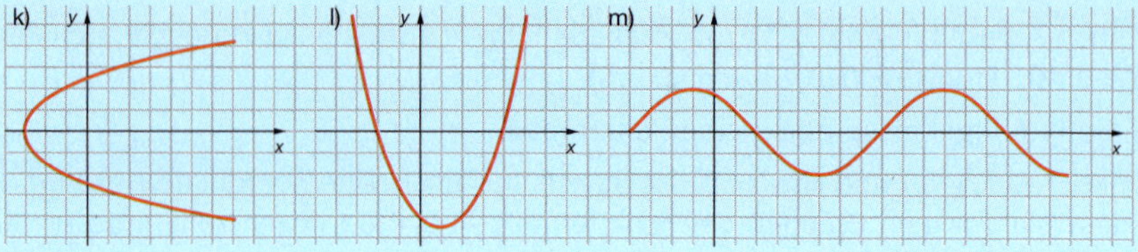

2. a) Zeichnen Sie den Graphen der Funktion mit der Funktionsgleichung
   $y = 3x - 1$ für $D = \mathbb{Z}$.
   b) Zeichnen Sie den Graph der Funktion mit der Funktionsgleichung
   $y = -2x + 3$ für $D = \mathbb{R}$.
   c) Berechnen Sie für die Funktion aus Aufgabe b) an den folgenden Stellen die zugehörigen Funktionswerte: $x = \frac{1}{2}$; $x = \frac{2}{2}$; $x = -\frac{3}{4}$.
   An welchen *Stellen* nimmt die Funktion die folgenden Funktionswerte an:
   $y = 10$; $y = -8$; $y = \frac{3}{2}$; $y = \frac{2}{3}$?

3. Formulieren Sie drei Zuordnungsvorschriften für eine Funktion. Zeichnen Sie die Graphen und überprüfen Sie daran, ob es sich wirklich um eine Funktion handelt.

4. Formulieren Sie die nachfolgenden Sätze mithilfe mathematischer Symbole:
   a) Die Funktion f hat an der Stelle 5 den Wert 3.
   b) Die Funktion f ordnet der Zahl 3,5 den Funktionswert 7 zu.
   c) Wie groß ist der Funktionswert an der Stelle 3?
   d) Alle Funktionswerte der Funktion f sind positiv.
   e) Der Funktionswert an der Stelle 3 ist größer als der Funktionswert an der Stelle −4.
   f) Die Funktionswerte an der Stelle 3 und an der Stelle 8 sind gleich.

5. Formulieren Sie folgende Aussagen in vollständigen Sätzen:
   a) $f3) = -4$ b) $f(0) = 4$ c) $f(4) < f(3)$ d) $f(1) = ?$

6. Betrachten Sie die Funktion mit der Funktionsgleichung $y = 4x - 2$.
   a) Liegen folgende Punkte auf dem Funktionsgraphen: $P(-3|-14)$; $Q(2|6)$; $R(0|-1)$; $S\left(\frac{1}{2}\middle|\frac{1}{4}\right)$; $T(10|37)$; $U(-5|-22)$? Beantworten Sie die Frage bitte durch eine Grafik und durch Punktproben.
   b) Bestimmen Sie grafisch und rechnerisch die fehlenden Koordinaten, damit folgende Punkte auf dem Funktionsgraphen liegen:
   $P(3|\ )$; $Q(-1|\ )$; $R\left(\frac{3}{4}\middle|\ \right)$; $S(22|\ )$; $T(\ |-10)$; $U(\ |0)$; $V(\ |13)$.

7. Im Folgenden geht es um die Funktionen mit den Funktionsgleichungen:
   (1) $f(x) = -4x + 4$ und (2) $f(x) = 2x - 6$.
   a) Berechnen Sie jeweils die Funktionswerte:
   $f(1)$; $f(0)$; $f(-2)$; $f\left(-\frac{1}{2}\right)$; $f\left(-\frac{2}{3}\right)$; $f\left(4\frac{1}{2}\right)$; $f(a)$.
   b) Auf welchem der beiden Funktionsgraphen liegen folgende Punkte:
   $P(0|-6)$; $Q(2|-4)$; $R(1|-4)$; $S\left(\frac{1}{2}\middle|-5\right)$; $T\left(\frac{4}{3}\middle|-\frac{4}{3}\right)$; $U\left(\frac{5}{3}\middle|-\frac{8}{3}\right)$?

8. Machen Sie für die angegebenen Punkte die Punktproben.

a) $y = \frac{x^2 + 3}{2}$ $\quad P\left(0 \middle| \frac{3}{2}\right);\ Q(1|2);\ R\left(\frac{1}{2} \middle| \frac{15}{8}\right);\ S(-3|6);\ T(5|13)$

b) $y = \frac{x^2}{2} - 4x$ $\quad P\left(3 \middle| \frac{15}{2}\right);\ Q\left(-1 \middle| \frac{9}{2}\right);\ R(0|0);\ S(2|-6);\ T(-2|9)$

3.2 Funktionen

3.2.1 Erfahrungsfunktionen

In der täglichen Praxis werden Funktionen (d.h. Zusammenhänge zwischen zwei Größen) oft durch die Zuordnung verbaler Prädikate beschrieben, ohne die eigentliche Funktionsgleichung zu kennen. Als Gestalter wissen Sie jedoch, dass Informationen visuell schneller und nachhaltiger zu vermitteln sind. In solchen Fällen ist es sinnvoll, den betreffenden Zusammenhang durch einen Graphen zu veranschaulichen.

Beispiel 1

Als Designerin bzw. Designer werden Sie das Zusammenwirken der einzelnen Elemente „Farbe, Form, Material und Oberfläche" in einem Designobjekt gestalten. Dabei müssen Sie entscheiden, in welcher Vielfalt Sie die einzelnen Gestaltungselemente einsetzen wollen, um ein ästhetisch ansprechendes Objekt zu entwerfen. Sie müssen Ihr Objekt einordnen zwischen Komplexität und Ordnung. Zwischen der Komplexität eines Entwurfs und seiner ästhetischen Wirkung besteht ein Zusammenhang, der in Abb. 3.33 durch Zuordnung von Prädikaten erläutert wird.

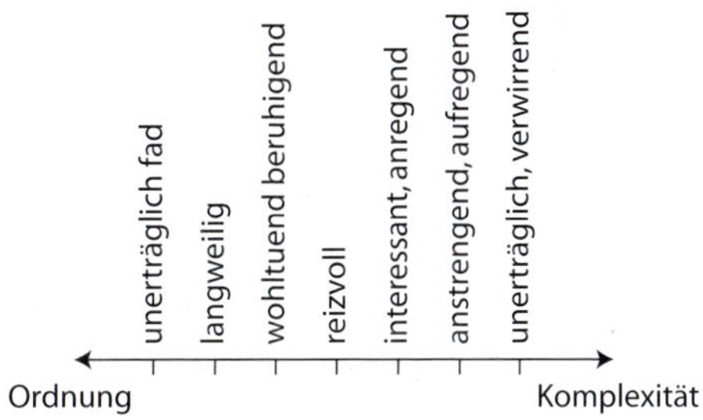

Abb. 3.33: Komplexität und Ordnung sowie mögliche Wirkungen. Quelle: Martin Bruckner et al.: Design, Klett Verlag, Stuttgart 1. Aufl. 1993, S. 21

Aufgabe 1

Visualisieren Sie den in Abb. 3.33 erläuterten Zusammenhang zwischen den Größen „Komplexität" und „ästhetischer Wirkung" eines Entwurfs mithilfe eines Koordinatensystems (vgl. Abb. 3.34).

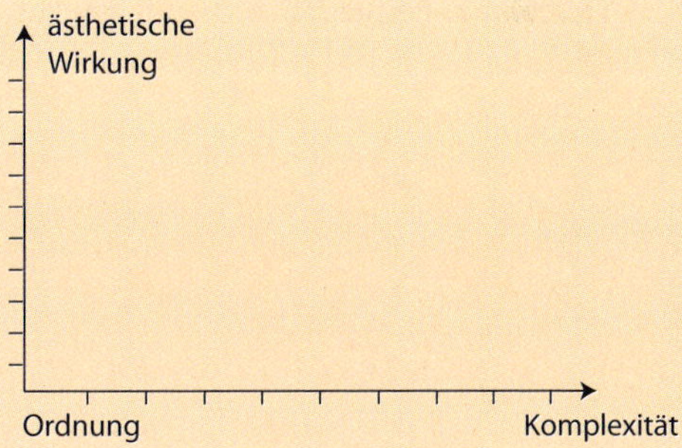

Abb. 3.34

Häufiger kommt es jedoch vor, dass Zusammenhänge zwischen zwei Größen (also Funktionen) nur durch Messungen oder Datenerhebungen erfasst werden. Die Daten werden in Tabellen angegeben. Die eigentliche Funktionsgleichung kennt man dabei nicht. Deshalb spricht man hier von **empirischen Funktionen** oder von **Erfahrungsfunktionen**. Auch in diesem Fall ist es sinnvoll, die tabellarisch aufgeführten Informationen zu visualisieren, indem man den Funktionsgraphen zeichnet.

Beispiel 2

Aus den Quartalsberichten eines Industrieunternehmens ergeben sich für die Jahre 2002 bis 2005 die nachfolgend aufgeführten Zahlen für die Umsätze und Werbeetats (jeweils in Mio. EUR).

Quartal	I/02	II/02	III/02	IV/02	I/03	II/03	III/03	IV/03	I/04	II/04	III/04	IV/04	I/05	II/05	III/05	IV/05
Werbeetat	0,25	0,3	0,2	0,53	0,6	0,68	0,65	0,45	0,55	0,32	0,35	0,4	0,5	0,7	0,72	0,62
Umsatz	4	4,2	3,9	5	5,1	5,3	5,2	4,7	5,1	4,3	4,3	4,6	4,8	5,4	5,3	5,2

Tab. 3.5

Aufgabe 2
a) Erläutern Sie, welche Zusammenhänge in der Tabelle dargestellt sind.
b) Visualisieren Sie die Daten.

Nun haben Sie drei Erscheinungsformen von Funktionen kennengelernt. Erinnern Sie sich noch?

Funktionen lassen sich darstellen durch:
- **ihre Wertetabelle und ihren Graphen,**
- **die Formulierung einer Zuordnungsvorschrift oder**
- **die Angabe der Funktionsgleichung.**

Übungen

1. Mit dem persönlichen Body-Mass-Index *BMI* (Körpermassenindex) lässt sich feststellen, ob Sie Ihr Idealgewicht haben oder davon nach unten bzw. oben abweichen.

   Die Berechnungsformel lautet: $\text{BMI} = \dfrac{\text{Körpermasse in kg}}{(\text{Körpergröße in m})^2}$.

   Für das Marketingkonzept einer Apotheke haben Sie zur schnelleren Übersicht einige Werte für den Body-Mass-Index in der folgenden Tabelle zusammengestellt und die einzelnen Bereiche farbig unterlegt:

   ⇒ Untergewicht: < 20;
   ⇒ Normales Körpergewicht: $20-25$;
   ⇒ Übergewicht: > 25;
   ⇒ Moderate Fettsucht: > 30;
   ⇒ Morbide Fettsucht: > 35.

	Körpergröße in Metern										
Gewicht	**1,50**	**1,55**	**1,60**	**1,65**	**1,70**	**1,75**	**1,80**	**1,85**	**1,90**	**1,95**	**2,00**
30 kg	13,3	12,5	11,7	11,0	10,4	9,8	9,3	8,8	8,3	7,9	7,5
35 kg	15,6	14,6	13,7	12,9	12,1	11,4	10,8	10,2	9,7	9,2	8,8
40 kg	17,8	16,6	15,6	14,7	13,8	13,1	12,3	11,7	11,1	10,5	10,1
45 kg	20,0	18,7	17,6	16,5	15,6	14,7	13,9	13,1	12,5	11,8	11,3
50 kg	22,2	20,8	19,5	18,4	17,3	16,3	15,4	14,6	13,9	13,1	12,5
55 kg	24,4	22,9	21,5	20,2	19,0	18,0	17,0	16,1	15,2	14,5	13,8
60 kg	26,7	25,0	23,4	22,0	20,8	19,6	18,5	17,5	16,6	15,8	15,0
65 kg	28,9	27,1	25,4	23,9	22,5	21,2	20,1	19,0	18,0	17,1	16,3
70 kg	31,1	29,1	27,3	25,7	24,2	22,9	21,6	20,5	19,4	18,4	17,5
75 kg	33,3	31,2	29,3	27,5	26,0	24,5	23,1	21,9	20,8	19,7	18,8
80 kg	35,6	33,3	31,3	29,4	27,7	26,1	24,7	23,4	22,2	21,0	20,0
85 kg	37,8	35,4	33,2	31,2	29,4	27,8	26,2	24,8	23,5	22,4	21,3
90 kg	40,0	37,5	35,2	33,1	31,1	29,4	27,8	26,3	24,9	23,7	22,5
95 kg	42,2	39,5	37,1	34,9	32,9	31,0	29,3	27,8	26,3	25,0	23,8
100 kg	44,4	41,6	39,1	36,7	34,6	32,7	30,9	29,2	27,7	26,3	25,0
105 kg	46,7	43,7	41,0	38,6	36,3	34,3	32,4	30,7	29,1	27,6	26,3
110 kg	48,9	45,8	43,0	40,4	37,1	35,9	34,0	32,1	30,5	28,9	27,5
115 kg	51,1	47,9	44,9	42,2	39,8	37,6	35,5	33,6	31,9	30,2	28,8
120 kg	53,3	49,9	46,9	44,1	41,5	39,2	37,0	35,1	33,2	31,6	30,0

Tab. 3.6: Body-Mass-Index

   a) Lesen Sie aus dieser Tabelle Ihren eigenen BMI ab.
   b) Zur weiteren Veranschaulichung zeichnen Sie für eine 60 kg und eine 75 kg schwere Person den Graphen für den Zusammenhang zwischen Körpergröße und BMI in ein Koordinatensystem. (Überlegen Sie, welches die abhängige Größe ist, um zu entscheiden auf welcher Achse Sie die Körpergröße bzw. den BMI abtragen.)
   c) Lesen Sie aus Ihren Graphen den BMI für eine 1,68 m große und 60 kg schwere Person ab.
   d) Ein 2,10 m großer Kunde der Apotheke mit einem Körpergewicht von 98 kg fragt Sie nach seinem persönlichen BMI, weil er seine Daten nicht auf Ihrer Tabelle findet. Können Sie ihm helfen?

3.2.2 Lineare Funktionen

3.2.2.1 Einführung und Begriffe

Anja macht ihr Praktikum in einem Hotel im Bereich Eventmanagement. Zurzeit hilft sie bei der Organisation und Gestaltung von Stehempfängen. Sie soll u. a. genügend *Prosecco* bereit stellen. Sie fragt die erfahrene Kollegin Inga: „Wie viele Flaschen muss ich denn für Empfänge in unserem Blauen Salon aus dem Keller holen?“ Inga antwortet: „Schau auf die Liste mit den angekündigten Gästen, rechne für jeden 0,4 Flaschen und tu vorsichtshalber noch 6 dazu!“ Anja rechnet: Wenn 20 Gäste kommen, brauche ich $20 \cdot 0{,}4 + 6$ Flaschen, das sind $8 + 6 = 14$, für 40 Gäste benötige ich $40 \cdot 0{,}4 + 6 = 22$ Flaschen ... sie beschließt, eine Tabelle aufzustellen.

Gäste	10	15	20	30	40
Proseccoflaschen	10	12	14	18	22

Tab. 3.7: Anzahl von Proseccoflaschen, abhängig von der Gästezahl

Anja stutzt: Seltsam, ich darf **nicht** mit dem Dreisatz rechnen, bei 20 Gästen brauche ich 14 Flaschen, bei doppelt so vielen Gästen aber **nicht** die doppelte Anzahl! Das zeichne ich vorsichtshalber mal auf, dann kann ich auch einfacher die richtige Menge für „krumme Zahlen“ ablesen und holen!

Sie überlegt: Von der Gästeanzahl muss ich ausgehen, deshalb trage ich diese auf der x-Achse ab, die Zahl der Proseccoflaschen ist von der Gästezahl abhängig, also muss die Flaschenanzahl in y-Richtung aufgetragen werden.

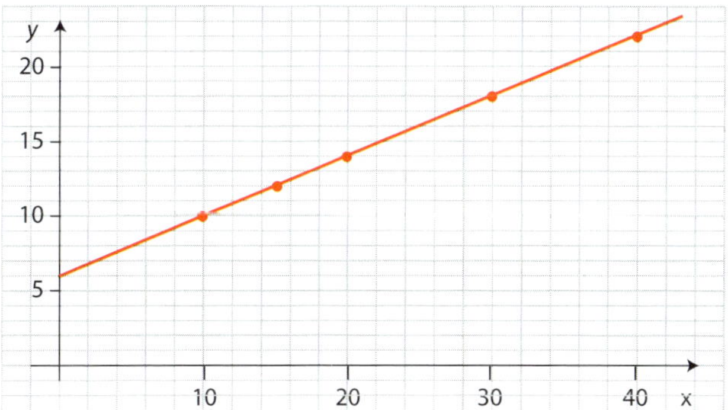

Abb. 3.35: Anzahl der benötigten Proseccoflaschen in Abhängigkeit von der Gästezahl

Weiterhin fällt auf: Alle errechneten Punkte liegen durchgehend auf einer geraden Linie, diese können alle mit dem **Lineal** verbunden werden, ohne dass man es umlegen muss. → Dargestellt wird der Graph einer **linearen** Funktion. (Sie erinnern sich: Von einer Funktion spricht man dann, wenn zu jedem x-Wert nur **ein** y-Wert gehört!)

Daraus folgt: Wenn man **zwei** Punkte kennt, kann man den Graphen einer linearen Funktion mit dem Lineal zeichnen. (Man muss die Punkte verbinden und die Linie nach beiden Seiten verlängern. Die Zeichnung wird genauer, wenn die zwei Punkte weit auseinander liegen, unbedingt ausprobieren!)

Sie können auch sagen: Immer dann, wenn der Funktionsgraph eine **gerade Linie** ist, handelt es sich um eine **lineare Funktion** (und umgekehrt). Doch wie sieht man es der Funktionsgleichung an, ob es sich um eine lineare Funktion handelt? Schauen Sie noch einmal zurück, wie hat Anja die Anzahl der Proseccoflaschen berechnet?

Anzahl der Flaschen = 0,4 (Flaschen pro Gast) mal Anzahl der Gäste plus 6 Flaschen:

$y = 0{,}4 \cdot x + 6$

3.2.2.2 Funktionsgleichung einer linearen Funktion

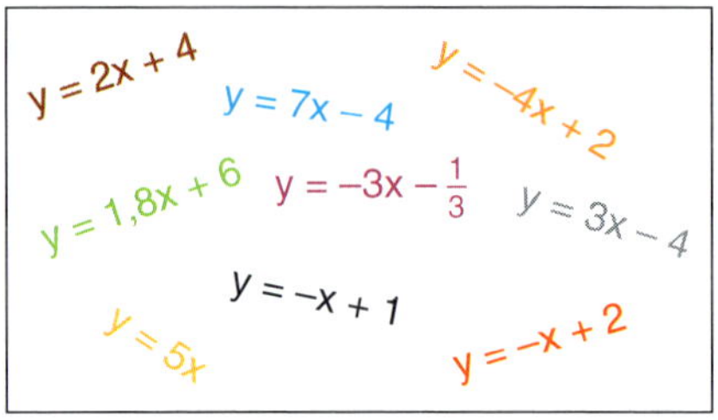

Abb. 3.36

Die Abbildung zeigt eine Sammlung von Gleichungen linearer Funktionen. Mühelos werden Sie noch viele weitere Beispiele finden können. Um die Frage des letzten Kapitels: „Wie sieht man es der Funktionsgleichung an, ob es sich um eine lineare Funktion handelt?" zu klären, versuchen wir nun, alle diese Beispiele zu einer Gleichung zusammen zu fassen. Wir suchen also gleichsam einen Oberbegriff für alle „Spezialgleichungen". Das machen Sie genauso, wie in der deutschen Sprache. Der Oberbegriff von *Hund, Katze, Papagei, Meerschweinchen* ist *Haustier*. In der Sprache der Mathematik geht man ähnlich vor. Man sucht die gemeinsame Eigenschaft der einzelnen Begriffe und ersetzt den Teil, in dem sie sich unterscheiden durch eine Variable:

Gemeinsame Eigenschaft
der „Spezialgleichungen": $y = \square \cdot x + \square$
Unterschied: Der Faktor vor dem x und der 2. Summand.

Da die Variablen x und y schon vergeben sind, wählen wir m und b. Nun können wir alle Funktionsgleichungen zu einem Oberbegriff zusammenfassen:

Definition Eine **lineare Funktion** ist eine Funktion mit der Funktionsgleichung $\boldsymbol{y = mx + b}$.

Hinweis Ganz allgemein gilt: $y = m \cdot x + b$, dabei sind x, y die Funktionsvariablen, m und b sind (innerhalb einer Aufgabe) konstant und bestimmen den Verlauf des Graphen, der aber immer eine gerade Linie ist!

Nur für $b = 0$ können Sie auch mit dem Dreisatz rechnen. In diesem Fall redet man von einer proportionalen Zuordnung oder von Proportionalitäten. Ansonsten müssen Sie ausschließlich die Funktionsgleichung benutzen (vgl. Eingangsbeispiel im vorangegangenen Kapitel).

Aufgabe Geben Sie für jede Funktionsgleichung aus der Abbildung die Werte der Variablen m und b an.

3.2.2.3 Eigenschaften der linearen Funktionen

Im Folgenden werden Sie nicht über die Anschauung, sondern über das Rechnen die Gesetzmäßigkeiten bei linearen Funktionen erschließen.

Aufgabe 1 Untersuchen Sie bitte folgende Funktionen:

$$y = \tfrac{1}{2}x \quad y = \tfrac{1}{2}x + 2 \quad y = \tfrac{1}{2}x - 2 \quad y = \tfrac{1}{2}x + 3 \quad y = \tfrac{1}{2}x - 3$$

Zeichnen Sie die Graphen in ein Koordinatensystem, wählen Sie auf beiden Achsen den gleichen Maßstab (1 cm = „1"). Tipp: Fertigen Sie für jede Funktion eine kleine Wertetabelle an (Sie erinnern sich, zwei Punkte reichen aus, wählen Sie einen dritten zur Kontrolle! (Z. B. $x = -4$; $x = 0$; $x = 4$) Gehen Sie systematisch vor, rechnen Sie zuerst nur die y-Werte der 1. Funktion aus. Tragen Sie die Punkte in das Koordinatensystem ein und verbinden Sie diese (die drei Punkte müssen auf einer Geraden liegen!). Wenn Sie zuerst alle Punkte ausrechneten und einzeichneten, wüssten Sie zum Schluss nicht mehr, welche miteinander zu verbinden sind!

Klären Sie bitte mithilfe Ihrer Zeichnung folgende Fragen:

1. Was haben alle Graphen gemeinsam?
2. Worin unterscheiden sich die Graphen?
3. Die Variable b wird **y-Achsenabschnitt** genannt. Erläutern Sie diese Begriffsbildung.
4. Welchen Einfluss hat b auf den Graphen der Ausgangsfunktion $y = \frac{1}{2}x$?
5. Auf welchem Graph liegt der Punkt $P\left(-\frac{1}{2} \middle| \frac{11}{4}\right)$?

Pfuschen Sie nicht, decken Sie unsere Ergebnisse ab und vergleichen Sie hinterher!

x	−4	0	4
$y = \frac{1}{2}x$	−2	0	2
$y = \frac{1}{2}x + 2$	0	2	4
$y = \frac{1}{2}x - 2$	−4	−2	0
$y = \frac{1}{2}x + 3$	1	3	5
$y = \frac{1}{2}x - 3$	−5	−3	−1

Tab. 3.8: Wertetabelle

In der Wertetabelle hatten Sie auch $x = 0$ eingesetzt, suchen Sie die zugehörigen Punkte in Ihrer Zeichnung! Schauen Sie sich die Funktionsgleichung genau an, dort sind diese Zahlen auch zu finden!

Ihr Ergebnis sollte lauten:

Für $y = mx + b$ schneidet der Graph die y-Achse bei b. Die Variable b bewirkt eine Parallelverschiebung des Graphen längs der y-Achse.

- **$b > 0$ bedeutet eine Verschiebung nach oben,**
- **$b < 0$ bedeutet eine Verschiebung nach unten.**

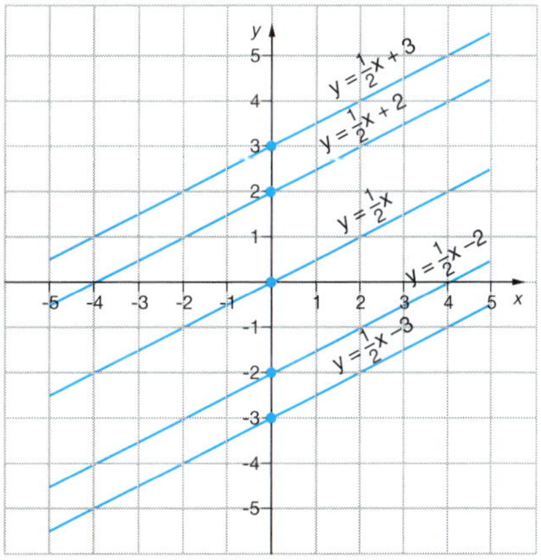

Abb. 3.37
Parallele Funktionsgraphen

$y = mx + b \rightarrow$ Der Graph schneidet die y-Achse im Punkt $P(0|b)$. b ist der **y-Achsenabschnitt.** **Merksatz**

Als nächstes sollen Sie die Bedeutung von $\boldsymbol{m}$ erarbeiten. Untersuchen Sie dazu die Funktionen: **Aufgabe 2**

$y = x - 2 \quad y = -x - 2 \quad y = 2x - 2 \quad y = -2x - 2 \quad y = \frac{1}{2}x - 2 \quad y = -\frac{1}{2}x - 2 \quad y = -2$

Zeichnen Sie die Graphen in ein Koordinatensystem. Beginnen Sie wieder mit einer Wertetabelle, rechnen Sie vorsichtshalber drei Punkte aus ($x = -2$; $x = 0$; $x = 2$). Tipp: Die Werte für $x = 0$ können Sie direkt hinschreiben.

Klären Sie bitte mithilfe Ihrer Zeichnung folgende Fragen:

1. Was haben alle Graphen gemeinsam?
2. Worin unterscheiden sich die Graphen?
3. Die Variable m wird **Steigung** genannt. Erläutern Sie diese Begriffsbildung.
4. Welchen Einfluss hat die Variable m auf den Graphen?

x	-2	0	2
$y = x - 2$	-4	-2	0
$y = -x - 2$	0	-2	-4
$y = 2x - 2$	-6	-2	2
$y = -2x - 2$	2	-2	-6
$y = \frac{1}{2}x - 2$	-3	-2	-1
$y = -\frac{1}{2}x - 2$	-1	-2	-3
$y = -2$	-2	-2	-2

Tab. 3.9: Wertetabelle

Ihr Ergebnis sollte lauten:

In der Funktionsgleichung $y = mx + b$ beschreibt die Variable m die **Steigung** des Graphen.

- **$m > 0$ der Graph steigt,**
- **$m < 0$ der Graph fällt,**
- **$m = 0$ der Graph verläuft parallel zur x-Achse,**
- **je größer $|m|$ ist, desto steiler verläuft der Graph.**

Die Steigung eines Funktionsgraphen analysieren wir im Folgenden etwas genauer. Betrachten Sie dazu den Graphen der Funktion $y = 1x - 2$: Der Schnittpunkt mit der y-Achse ist Ihnen schon geläufig, es ist der Punkt $P_1(0|-2)$, nämlich „die Zahl ohne x“ in der Funktionsgleichung (vgl. Abb. 3.39).

Nun gehen wir in Gedanken **einen** Schritt nach rechts (von $x = 0$ bis $x = 1$) und schauen, um wie viele Schritte der Graph **angestiegen** ist. Wir landen im Punkt $P_2(1|-1)$, der Graph ist also von $y_1 = -2$ auf $y_2 = -1$ geklettert!

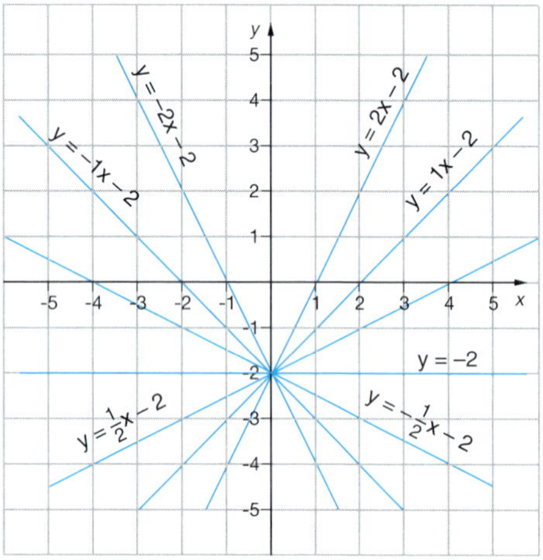

Abb. 3.38: Funktionsgraphen mit verschiedener Steigung

Merksatz

Der Anstieg errechnet sich demnach aus der Differenz der y-Werte,
$\Delta y = y_2 - y_1 = (-1) - (-2) = 1$

(sprich: Delta y ist ..., Δ ist das griechische D und steht als Abkürzung für Differenz.)

Fortsetzung der Überlegung: Starten Sie im Punkt $P_3(2|0)$ und gehen Sie um zwei Einheiten nach rechts! Untersuchen Sie, welche y-Koordinate sich für $P_4(4|y_4)$ ergibt und um wie viele Einheiten der Graph gestiegen ist!

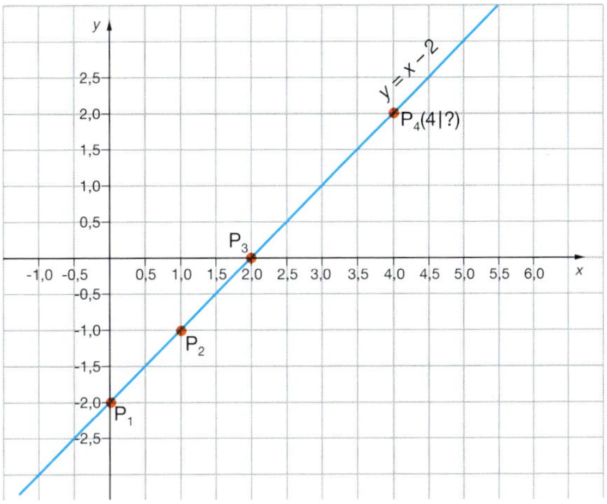

Abb. 3.39:
Graph von y = x − 2

Aufgabe 3

Wählen Sie weitere Punkte und notieren Sie Ihre Ergebnisse.
Verfahren Sie ebenso mit den Graphen der anderen Funktionen.
Wie müsste der Merksatz ergänzt bzw. verändert werden, wenn man in x-Richtung nicht nur eine Einheit, sondern mehrere Einheiten nach rechts geht?

3.2.2.4 Die Steigung

Dieses Verkehrszeichen sagt: **„10 % Steigung"**. Diskutieren Sie in der Gruppe, was das bedeutet.

Abb. 3.40:
10 % Steigung

Sinngemäß muss Ihr Ergebnis für 10 % Steigung lauten:
„Prozent heißt ‚je Hundert', also steigt die Straße um 10 m an, wenn man 100 m waagerecht weitergeht. Ginge man 1 m weiter in waagerechter Richtung, würde die Straße um 0,1 m ansteigen, ginge man 50 m waagerecht stiege die Straße um 5 m an, bei 20 m waagerecht betrüge der Anstieg 2 m ...". Wie kommt man darauf?

Wir haben diesen Sachverhalt in Abb. 3.41 skizziert.

Gehen Sie in Gedanken von $P_1(x_1|y_1)$ nach $P_2(x_2|y_2)$. In waagerechter (x-)Richtung sind wir um $\Delta x = x_2 - x_1$ Einheiten nach rechts gegangen, der Höhenanstieg beträgt dann $\Delta y = y_2 - y_1$, es ergibt sich das dunkelgrün gezeichnete **Steigungsdreieck**, wie es auch das Straßenverkehrsschild symbolisiert.

Man hätte auch die Punkte P_3 und P_4 wählen können, dann erhält man das hellgrüne Steigungsdreieck.

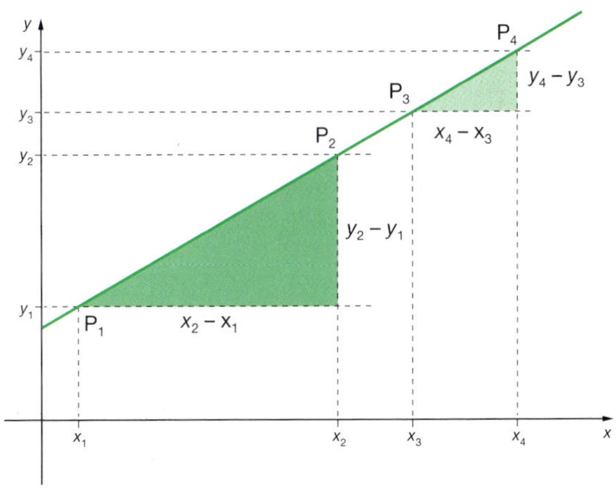

Abb. 3.41: Steigungsdreiecke

Probieren Sie es aus, skizzieren Sie die Straße. Wählen Sie auf der *x*- und *y*-Achse den Maßstab 1 cm $\simeq$ 10 m. Zeichnen Sie den „Graphen der Straße" durch die Punkte $P(0|20)$ und $Q(100|30)$, also 100 m waagerecht und 10 m hoch. Zeichnen Sie ein: 50 nach rechts 5 hoch, 20 nach rechts 2 hoch usw. Lesen Sie weitere Werte ab.

Man kann das Steigungsdreieck beliebig groß zeichnen und an beliebiger Stelle. Das Verhältnis Δy zu Δx, also $\frac{\Delta y}{\Delta x}$, ist immer konstant. Bei der Straße z. B. $10\,\% = \frac{10}{100} = \frac{0{,}1}{1} = \frac{5}{50} = \frac{2}{20} = 0{,}1$.

Definition Die **Steigung** einer Geraden ist der **Quotient** aus Höhenanstieg $\boldsymbol{\Delta y}$ und dem Längenzuwachs $\boldsymbol{\Delta x}$ in waagerechter Richtung: $\boldsymbol{m = \frac{\Delta y}{\Delta x}}$.

Der Graph einer linearen Funktion hat **überall** die **gleiche** Steigung, Geraden mit der gleichen Steigung verlaufen parallel (oder sie überdecken sich $\rightarrow$ wann?).

Bei $y = m \cdot x + b$ ist $\boldsymbol{m}$ der Quotient aus Δy und Δx.

Steigung einer Geraden:

$$\boldsymbol{m = \frac{y_2 - y_1}{x_2 - x_1} = \frac{\Delta y}{\Delta x}}$$

Der Zähler des Bruchs ist ein Maß für den Höhenanstieg, der Nenner steht für „Schritte nach rechts". Beispiel: $m = 3 = \frac{3}{1} \rightarrow$ eins nach rechts, dann drei nach oben.

Diskutieren Sie, was „negative Steigung" anschaulich bedeutet! Gehen Sie beispielsweise von $m = -2$ aus!

Sinngemäß müssen Sie formulieren: $m = -2 = \frac{-2}{1} \rightarrow$ „Wenn man einen Schritt nach rechts geht, **fällt** der Graph um zwei Schritte." Statt *negativer Steigung* kann man auch *Gefälle* sagen. Jetzt sind Sie in der Lage, den Graphen einer linearen Funktion **direkt** zu zeichnen, eine Wertetabelle ist nicht mehr nötig!

Beispiel

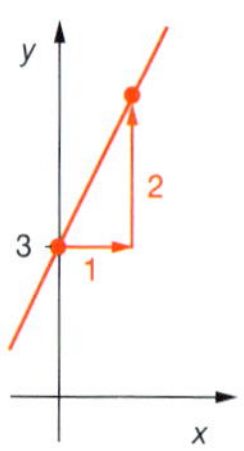

a) $y = 2x + 3$

$\rightarrow$ Der Graph schneidet die *y*-Achse in $P_1(0|3)$, diesen Punkt zeichnen wir in das Koordinatensystem (Sie erinnern sich doch an die Bedeutung von ***b***?!).

Von P_1 aus gehen wir eine Einheit nach **rechts** (Δx) und zwei Einheiten nach **oben** (Δy). Wir erhalten P_2. Nun verbinden wir P_1 mit P_2 (Lineal!) und verlängern die Gerade nach beiden Seiten.

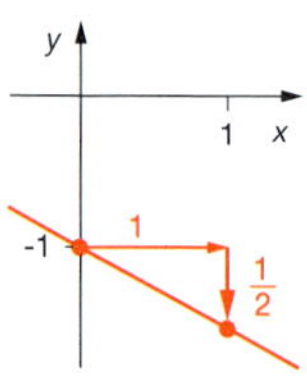

b) $y = -0{,}5x - 1$

$\rightarrow$ Der Graph schneidet die *y*-Achse in $P_3(0|-1)$. Von dort gehen wir eine Einheit nach **rechts** und eine **halbe** Einheit nach **unten**, besser: zwei Einheiten nach rechts und eine Einheit nach unten $\left(-0{,}5 = \frac{-1}{2}\right)$. Man erhält P_4. Verbinden …

Falls Sie mit dem Begriff Steigung noch etwas Schwierigkeiten haben, dann veranschaulichen Sie sich den Zusammenhang nochmals an den Graphen und Wertetabellen der Funktionen $y = 2x - 1$ und $y = \frac{1}{2}x + 1$ (vgl. Abb. 3.42).

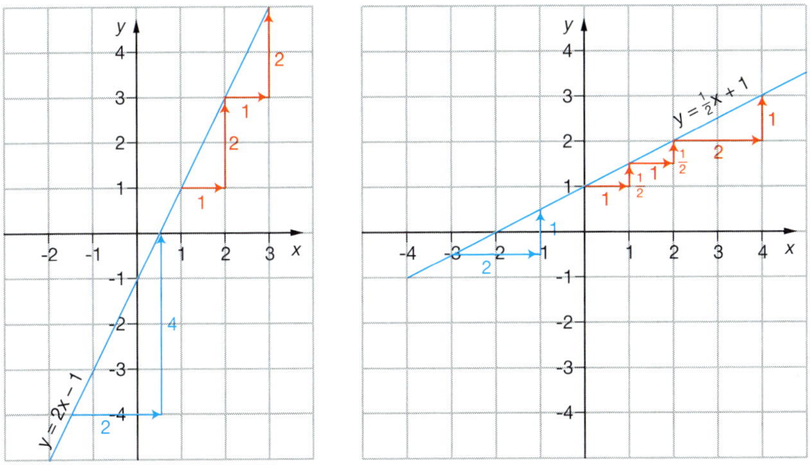

Abb. 3.42

x	−2	−1	0	1	2	3
y = 2x − 1	−5	−3	−1	1	3	5

x	−2	−1	0	1	2	3
$y = \frac{1}{2}x - 1$	0	$\frac{1}{2}$	1	$1\frac{1}{2}$	2	$2\frac{1}{2}$

Zeichnen Sie die Graphen der folgenden linearen Funktionen: **Übungen**

1. $y = -2x + 2$
2. $y = \frac{1}{2}x - \frac{3}{4}$
3. $y = \frac{3}{4}x - 3$
4. $y = 3x - 6$
5. $y = -x + 6$
6. $y = 0{,}2x - 1$
7. Bestimmen Sie zu folgenden Graphen jeweils die Funktionsgleichungen:

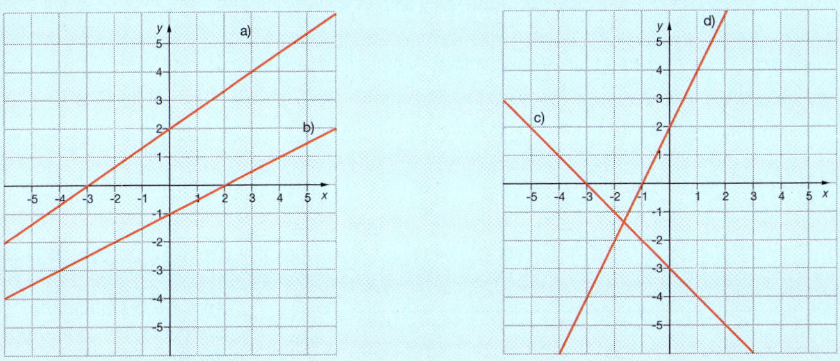

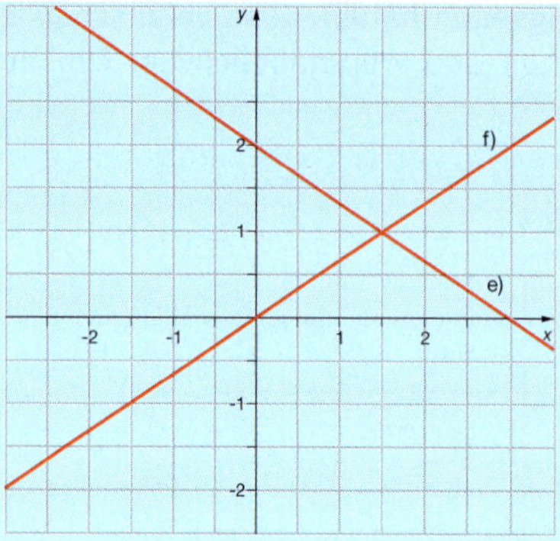

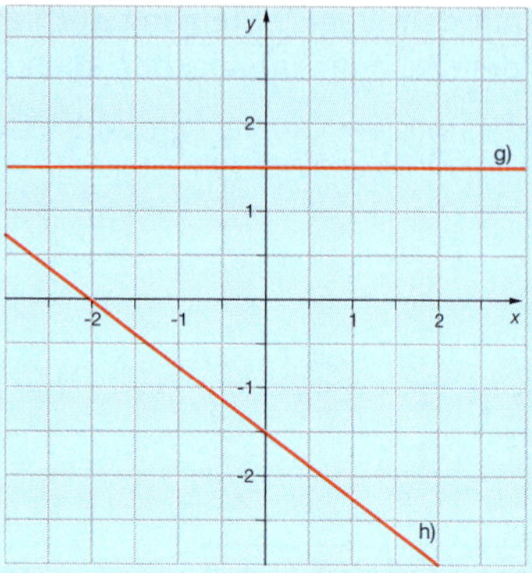

Bei der „reinen Mathematik" ist es üblich, für beide Koordinaten den gleichen Maßstab zu wählen. In der Praxis (Kontextaufgaben) ist das oft nicht möglich, besonders dann, wenn auf der x-Achse eine andere Größe dargestellt wird wie auf der y-Achse. Wir verdeutlichen das an einem Beispiel.

Beispiel

Lisa möchte sich ein Handy kaufen und vergleicht die Tarife unterschiedlicher Anbieter. Lisa hat in Mathematik gut aufgepasst, deshalb fertigt sie eine Graphik an, damit sie die monatlichen Kosten in Abhängigkeit von der Gesprächsdauer ablesen kann. Außerdem überlegt sie, wie man die Kosten berechnen kann.

Tarif A lautet: Monatliche Grundgebühr: 5,00 EUR, Verbrauchskosten: 25 Ct pro Minute.

Vorüberlegungen: Die Graphik soll die Kosten pro Monat in Abhängigkeit von der Gesprächsdauer in Minuten anzeigen.

Wichtig: Lisa entscheidet, wie lange sie telefoniert, deshalb ordnet sie die Dauer der x-Achse zu (unabhängige Variable), die Kosten ergeben sich aus der Dauer und kommen auf die y-Achse!

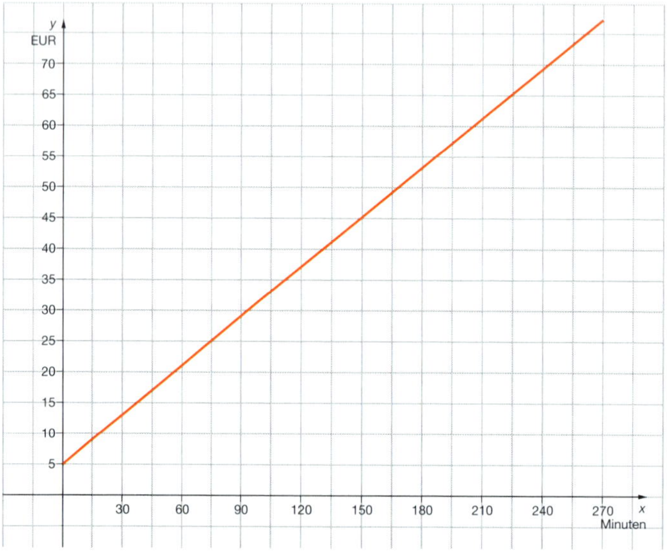

Abb. 3.43: Monatliche Handy-Kosten, abhängig von der Gesprächsdauer

Fehlermöglichkeit: Die Grundgebühr wird in Euro genannt, die Kosten pro Minute aber in Cent! 25 Ct. = 0,25 EUR! Damit „vernünftige“ Zahlen an den Achsen stehen, muss die monatliche Gesprächsdauer abgeschätzt werden: Lisa meint „höchstens 10 Minuten pro Tag reichen“. 30 Tage bei 10 Minuten pro Tag ergibt 300 Minuten im Monat. Diese Zahl sollte am Ende der x-Achse stehen. Der Tarif ergibt bei 300 Minuten 80 EUR. Eine übersichtliche und informative Zeichnung ist nun relativ einfach anzufertigen. (1 Minute $\rightarrow$ nach rechts, kostet 0,25 EUR $\rightarrow$ nach oben!)

Für die Berechnungen übersetzt Lisa die Situation in die Sprache der Mathematik. Dazu sucht sie ein **mathematisches Modell**, das den Handytarif darstellen kann. Lisa kennt bisher die Modelle *Dreisatz* und *lineare Funktion*. Sie überlegt: „Der Tarif hat eine Grundgebühr, damit scheidet der Dreisatz aus. Ich muss den Tarif also mit einer linearen Funktion **modellieren**.“

Die Funktionsgleichung hat die Form: $y = m \cdot x + b$

Aus der Tarifbeschreibung muss Lisa die Werte für m und b entnehmen. Dabei helfen folgende Überlegungen: b ist der y-Achsenabschnitt, also der Wert, der am Anfang, bei $x = 0$, schon vorhanden ist. Das kann nur die Grundgebühr von 5,00 EUR sein. m ist die Steigung, da verändert sich immer irgendwas. In der Tarifbeschreibung hatte sie schon das „Erkennungswort“ *pro* markiert. m kann also nur die Verbrauchsgebühr von 0,25 EUR *pro* Minute sein. Nun müssen noch die beiden Funktionsvariablen benannt werden: Die vertelefonierte Zeit ist „zuerst da“, daraus ergibt sich dann der zu zahlende Betrag. Also Zeit = x und Kosten = y. (Achtung x und y sind Variablen oder Unbekannte. Hier dürfen Sie bei Ihren Übersetzungen **niemals eine feste Zahl** stehen haben, denn dann ist ja nichts mehr *unbekannt*.) Lisas Übersetzung liefert also:

m = 0,25 EUR/min

b = 5,00 EUR

x: vertelefonierte Zeit

y: zu zahlender Rechnungsbetrag

Funktionsgleichung: $y = 0{,}25x + 5$

Reflexion

Was bedeutet die Zahl 0,25 in der Funktionsgleichung?

Warum kostet eine doppelt so lange Gesprächsdauer nicht doppelt so viel?

Wenn man vor dem Rechnen festlegt, dass man in Minuten und Euro rechnen will, darf man innerhalb der Rechnung die Einheiten weglassen.

Bei Modellierungen kommt eine Besonderheit hinzu. Bei einer „normalen“ linearen Funktion können für x beliebige Zahlen eingesetzt werden, für y können sich beliebige Zahlen ergeben. Das gilt hier nicht! Negative x- und y-Werte sind in diesem Beispiel nicht möglich, mathematisch ausgedrückt: Definitionsmenge und Wertemenge sind eingeschränkt! Was würden negative y-Werte hier bedeuten?

Übungen Stellen Sie die Funktionsgleichung auf und zeichnen Sie in einem vernünftigen Maßstab. Lesen Sie Zwischenwerte ab.

8. Im Moderatorenkoffer sind noch 250 Klebekarten in Wolkenform. Täglich werden 5 davon verbraucht. Lesen Sie ab, wie lange es dauert, bis noch 75 Karten vorhanden sind.

9. Sven sammelt Autonummern, die ??? – SV??? lauten. Er hat schon 80 Nummern (mit Typ, Farbe, ...) dokumentiert, pro Woche kommen 6 dazu. Er will noch 1 Jahr weitermachen. Lesen Sie ab, wie viele Sven dann dokumentiert hat.

10. In einer Schreinerei, die auf kreativen Möbelbau ausgerichtet ist, wird viel Bleichmittel für bestimmte Oberflächeneffekte verwendet. Zurzeit sind noch 140 Liter vorhanden, pro Tag werden 12 Liter verbraucht. Bei einem Bestand von 60 Litern wird nachbestellt. Wie viele Tage hat der Zuständige noch Zeit?

11. Simon will ein Praktikum in den USA machen, er paukt ordentlich Vokabeln. Er schätzt seinen Wortschatz auf 900 Wörter, er will täglich 6 neue Vokabeln dazu lernen. Er fliegt in dreizehn Wochen. Ermitteln Sie, wie viele Wörter Simon dann kennt.

3.2.2.5 Berechnung der Funktionsgleichung

Als nächstes wollen wir erarbeiten, wie man die Funktionsgleichung einer Geraden aus unterschiedlichen Bedingungen berechnen kann.

Das Fundament für alle folgenden Berechnung ist die Ihnen bekannte Gleichung einer linearen Funktion, nämlich

$\boldsymbol{y = m \cdot x + b}$

Wir führen anfangs immer den gleichen Rechengang vor, erst wenn Sie sicher sind, sollten Sie vielleicht die Methode wechseln!

Fall a: Steigung *m und ein Punkt* $P_1\,(x_1|y_1)$ *sind bekannt.*

Beispiel

Der Graph einer linearen Funktion hat die Steigung 0,5 und verläuft durch den Punkt $P_1\,(-3|2)$. Die Funktionsgleichung ist zu bestimmen, damit weitere Punkte berechnet werden können.

Rechengang:

Zuerst setzt man für *m* die gegebene Steigung ein, dann ersetzt man die Variablen *x* und *y* durch die Koordinaten des gegebenen Punkts x_1 und y_1. Nun kann das fehlende *b* berechnet werden.

Ausgangsgleichung:	$y = m \cdot x + b$
Steigung *m* einsetzen:	$y = 0{,}5 \cdot x + b$
$P_1\,(-3\|2)$ liegt auf der Geraden, also gilt: $x = -3$, $y = 2$;	$2 = 0{,}5 \cdot (-3) + b$
nach *b* auflösen:	$\underline{3{,}5 = b}$

Lösung: $\boldsymbol{y = 0{,}5 \cdot x + 3{,}5}$

Fall b: Zwei Punkte $P_1(x_1|y_1)$ und $P_2(x_2|y_2)$ sind bekannt.

Wir benutzen in einem ersten Schritt die Definition der Steigung, berechnen m und machen dann so weiter, wie eben in **Fall a** erarbeitet wurde.

Beispiel

Der Graph einer linearen Funktion verläuft durch die Punkte $P_1(-3|-1)$ und $P_2(4|6)$. Die Funktionsgleichung ist zu berechnen, der Graph ist zur Kontrolle zu zeichnen!

Ausgangsgleichungen: $m = \frac{y_2 - y_1}{x_2 - x_1}$ $\quad y = m \cdot x + b$

Koordinaten einsetzen: $m = \frac{6 - (-1)}{4 - (-3)} = \frac{7}{7} = 1$

Nun kommt nichts Neues mehr, denn wir kennen die Steigung und können die Koordinaten entweder von P_1 oder von P_2 einsetzen; denn beide sollen ja auf der Geraden liegen!

Steigung einsetzen: $y = 1 \cdot x + b$

Koordinaten von P_1 einsetzen: $-1 = 1 \cdot (-3) + b$

Nach b auflösen: $\underline{b = 2}$

Kontrollrechnung, P_2 einsetzen: $6 = 1 \cdot 4 + b$

Nach b auflösen: $\underline{b = 2}$

Lösung: $\mathbf{y = 1 \cdot x + 2}$

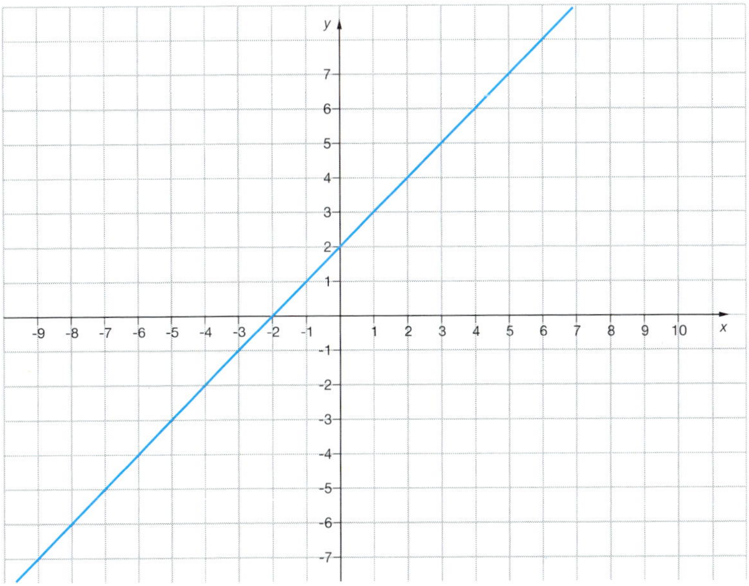

Abb. 3.44: Graph von $y = 1 \cdot x + 2$

Wir kontrollieren: Der Graph geht durch $P_1(-3|-1)$ und $P_2(4|6)$, das stimmt! $b = 2 \rightarrow P_3(0|2)$ stimmt auch, $m = 1 \rightarrow$ „Eins nach rechts und eins nach oben“ stimmt auch!

Übungen

1. Berechnen Sie die Funktionsgleichung, fertigen Sie eine maßstäbliche Skizze an:

   a) $m_1 = 2{,}5 \quad P_1(-5|4)$ b) $m_2 = \frac{8}{3} \quad P_2(3|8)$

   c) $m_3 = -\frac{3}{2} \quad P_3(0|6)$ d) $P_4(4|1) \quad P_5(-5|-4)$.

2. a) In der Disco „Don Dancer“ muss Tom bei einem Getränk 11,50 EUR zahlen, bei fünf Getränken zahlt Heinz 25,50 EUR. Berechnen Sie den Eintrittspreis und die Kosten für ein Getränk.

   b) Eine Gruppe von 5 Leuten besuchte diese Disko. Insgesamt hatten sie 14 Getränke. Berechnen Sie die Ausgaben der Gruppe.

3. Linda macht ihr Praktikum in einer Tischlerei. Im Lackierraum wird ein großer Auftrag erledigt. Die Spritzanlage verbraucht 8 l/Std. Es stehen noch 50 l Lackvorrat bereit.

   a) Wählen Sie ein geeignetes mathematisches Modell, um diesen Sachverhalt zu beschreiben und geben Sie eine Berechnungsgleichung an.

   b) Visualisieren Sie den Sachverhalt durch eine geeignete Skizze.

   c) Wie viel l Lack wurden nach zwei Stunden verbraucht?

   d) Wie viel l Lack sind nach 1,5 Stunden noch vorhanden?

   e) Geben Sie die Definitions- und die Wertemenge Ihres Modells an.

4. In Europa misst man die Temperatur in °C (Grad Celsius), in den USA in °F (Grad Fahrenheit). Zwischen beiden besteht eine lineare Beziehung.
   100 °C entsprechen 212 °F, 0 °C entspricht 32 °F.

   a) Zeichnen Sie ein maßstäbliches Schaubild, das es erlaubt, aus der in Amerika üblichen Angabe auf die Temperaturangabe in Deutschland zu schließen.
   Bereich: $0\,°F \leq x \leq 250\,°F$.

   b) Lesen Sie ab: 90 °F (Sommertemperatur in Florida) = ... °C

   c) Stellen Sie die Funktionsgleichung auf, die diesen Zusammenhang beschreibt.

   d) Berechnen Sie: 90 °F = ... °C.

5. Von einem gewissen **Dopingmittel** weiß man, dass der Abbau linear mit $2{,}35\,\frac{mg}{l}/h$ geschieht. Zwei Stunden nach Einnahme werden bei einem „Sportler“ noch $4{,}60\,\frac{mg}{l}$ des Dopingmittels nachgewiesen.

   a) Bestimmen Sie die Funktionsgleichung.

   b) Zeichnen Sie den Graphen (Konzentration in Abhängigkeit von der Zeit).

   c) Bestimmen Sie sowohl rechnerisch als auch mithilfe des Graphen die Konzentration nach 3 h 15 min.

   d) Eine Konzentration unter $1\,\frac{mg}{l}$ ist mit einer bestimmten Untersuchungsmethode nicht mehr nachzuweisen. Wie viele Stunden und Minuten vor dem Wettkampf müsste dieser „Sportler“ das Dopingmittel mindestens einnehmen, um bei einem Test zwei Stunden nach dem Wettkampf eine Konzentration unter $1\,\frac{mg}{l}$ aufzuweisen?[1]

---

[1] *Quelle: TU München, Sportwissenschaft, Grundlagen der Mathematik, Übungen v. 15.05.2002*

3.2.2.6 Berechnung der Nullstelle

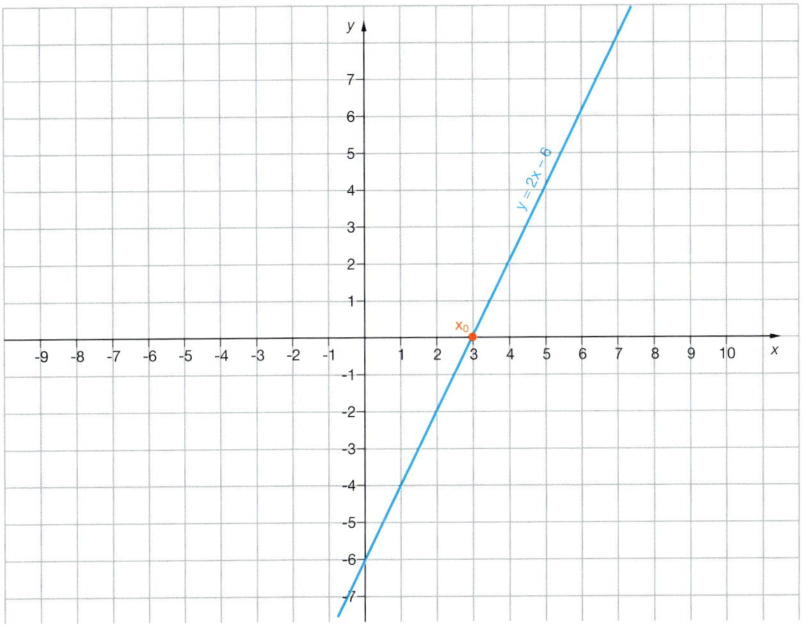

Abb. 3.45: Nullstelle

Sie wissen, dass der Graph von $\boldsymbol{y = m \cdot x + b}$ die y-Achse in $P(0|\boldsymbol{b})$ schneidet. Der Schnitt mit der x-Achse ($\boldsymbol{y = 0}$) hat in der Mathematik eine besondere Bedeutung, viele Anwendungsaufgaben führen zu diesem Problem. In der Literatur benutzt man sehr oft den Begriff **Nullstelle**.

In der **Nullstelle** schneidet der Graph einer linearen Funktion die x-Achse. Der **Schnittpunkt mit der x-Achse** hat die Koordinaten $P_0(x_0|0)$. **Definition**

Berechnung der Nullstelle:

Einen Berechnungsansatz findet man leicht durch eine Wortanalyse. Der Begriff *Nullstelle* ist ein Kompositum. Er ist zusammengesetzt aus *Null* und *Stelle*. Die Vokabel *Stelle* bedeutet: x-Wert. Wir suchen also ein spezielles x, eine Nullstelle liegt folglich auf der x-Achse (vgl. Abb. 3.45). Der zweite Wortteil nämlich *Null* beschreibt das Besondere an diesem x: Der zugehörige Funktionswert y muss Null sein. Damit haben wir einen Berechnungsansatz gefunden:

Ansatz: $\boldsymbol{y = 0}$

Für die Funktion $y = 2x - 6$ aus Abb. 3.45 sieht das so aus:

$$0 = 2x - 6 \quad |+6$$
$$6 = 2x \quad |:2$$
$$3 = x_0$$

Vergleichen Sie das Ergebnis mit der grafischen Lösung aus Abb. 3.45.

Nun haben Sie sehr viel über lineare Funktionen gelernt. Greifen wir an dieser Stelle nochmals die eingangs (im Vorwort) diskutierte Frage auf: „Wofür brauche ich Mathe eigentlich?“

Häufig benutzen Sie die Mathematik im Alltag, ohne es bewusst zu merken. Wenn Sie beispielsweise Ihr Zimmer neu anstreichen möchten, sollten Sie wissen wie viel Farbe Sie kaufen müssen. Dazu bestimmen Sie einfach die Wand- und Deckenflächen, gehen in den nächsten Baumarkt und kaufen einen Eimer Farbe, der für diese Fläche ausreicht. Zimmer anstreichen – fertig!

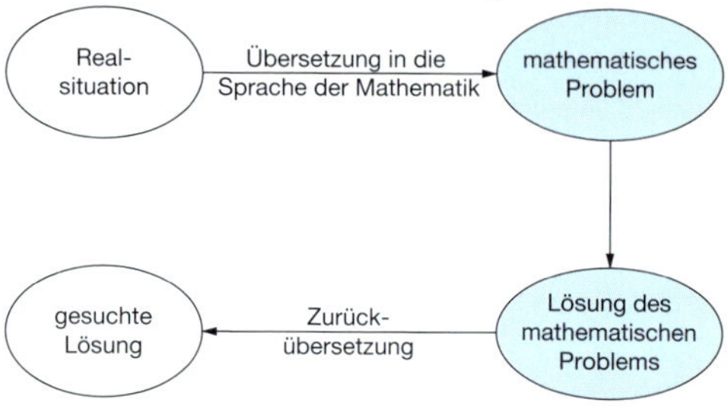

Abb. 3.46: Mathematische Modellierung

Was haben Sie hier eigentlich gemacht? Sie haben die Realsituation: *Ich will mein Zimmer anstreichen, wie viel Farbe brauche ich dazu?* in die Sprache der Mathematik übersetzt (das nennt man **modellieren**). Nun haben Sie die mathematische Frage: *Wie groß ist der Flächeninhalt von Wänden und Decke?* erhalten. Die beantworten Sie mit den Mitteln der Flächenberechnung und erhalten als mathematisches Ergebnis z. B. 50 m^2. Im besagten Baumarkt suchen Sie sich einen Eimer Farbe aus, der für mindestens 50 m^2 reicht.

Das Problem lösen Sie aber höchstwahrscheinlich einfach so, ohne darüber nachzudenken, dass Sie Mathematik benutzt haben. Das geht vielen Leuten in vielen Situationen so. Dennoch stellen sie immer wieder die Frage: „Wozu braucht man Mathe eigentlich?“[1]

Dabei ist die Antwort ganz einfach: Mathematik hilft uns, Probleme im Alltag zu lösen. Darin ist sie wirklich gut und sehr erfolgreich. Das folgende Beispiel zeigt eine Modellierung in der ernährungswissenschaftlichen Forschung.

Beispiel

Modellierung

„Frisches Obst und Gemüse sind wichtige Bestandteile einer vollwertigen Ernährung. Sie enthalten viele lebenswichtige Vitamine, Mineralstoffe und Spurenelemente. Eine professionelle Vorratshaltung von frischen Lebensmitteln durch Kühllagerung hat für den privaten Haushalt große Bedeutung. Eine Testreihe der Bundesforschungsanstalt ergab, dass der Gehalt an Vitamin C im Kopfsalat und Spargel während der Lagerung im konventionellen Gemüsefach stärker abnahm als im BioFresh-Fach. Der deutlich schnellere Abbau im konventionellen Gemüsefach lässt sich durch die beschleunigten Stoffwechselvorgänge sowie den physiologischen Stress beim Verwelken erklären.“[2]

Die Ernährungswissenschaftler der Forschungsanstalt haben den Veränderungsprozess des Vitamin C Gehalts durch **lineare Funktionen** mathematisch modelliert (vgl. Abb. 3.47). Für die Lagerung im

- BioFresh-Fach durch: $y = -1{,}8613x + 102{,}5$
- im konventionellen Fach durch: $y = -3{,}5383x + 100{,}62$

[1] *Fabian Jenks, ein Stammesältester der Ute-Indianer, formulierte es so: „Mathematik gehört zu unserer Lebensweise, nur nicht so wie beim weißen Mann – mit Zeittafeln, mit Addieren oder Subtrahieren. Wir benutzen das bei unserer Perlenstickerei, bei der Pferde- und Viehzucht, wenn wir einen Zaun setzten oder ein Zelt aufstellen …“ (aus: Spektrum der Wissenschaft; Spezial 2/2006)*

[2] *Quelle: Ernährung im Fokus a. a. O.*

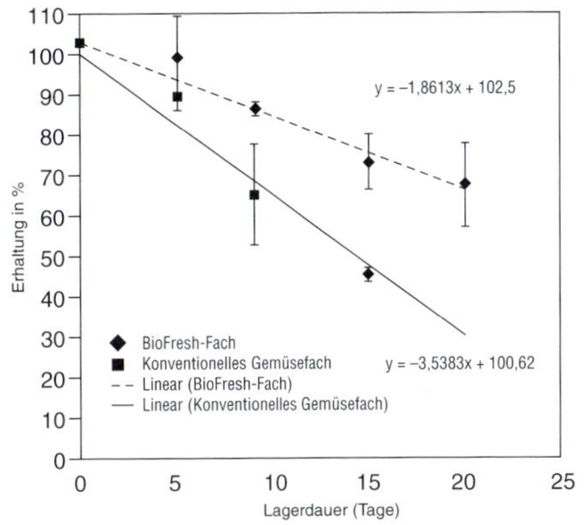

Abb. 3.47: Veränderung des Vitamin-C-Gehalts in Kopfsalat während der Lagerung im konventionellen Gemüsefach und im BioFresh-Fach. (Quelle: Ernährung im Fokus, 11/03 Seite 328)

Abb. 3.48: (Quelle: www.Liebherr.de)

Aufgabe 1

a) Wie kann man an den Funktionsgleichungen im Beispiel erkennen, dass der Vitamingehalt abnimmt?

b) Wie kann man an den Funktionsgleichungen erkennen, dass der Vitamingehalt bei der Lagerung im konventionellen Kühlfach schneller abnimmt als im BioFresh-Fach?

c) Wie lange dauert es jeweils bis der Vitamingehalt auf die Hälfte abgenommen hat?

Bei der **Modellierung** geht es immer um die Übersetzung einer Realsituation in die Sprache der Mathematik. Dabei wird versucht, ein Modell zu finden, dass die Realsituation so genau wie möglich beschreibt. Wie bei Übersetzungen in Fremdsprachen gelingt es auch bei der mathematischen Modellierung bisweilen nicht, den Sachverhalt „wörtlich" zu übersetzen. Dann kann das gefundene Modell die Realsituation nicht in allen Punkten genau wiedergeben.

Aufgabe 2

Betrachten Sie bitte nochmals die Modellierung des Vitamin-C-Abbaus. Wo macht das Modell einen „Übersetzungsfehler"?

3.2.2.7 Der Schnitt zweier Graphen

Wir untersuchen, wie man den Schnittpunkt zweier Geraden bestimmen kann. Später können wir das Ergebnis so erweitern, dass ein allgemeines Verfahren zur Berechnung von Schnittpunkten **beliebiger** Graphen entsteht.

Schauen Sie sich beide Geraden in Abb. 3.42 genau an, Sie sollten die Funktionsgleichungen ohne zu rechnen ablesen können! ($y = 2x - 2$ und $y_2 = -x + 4$)

Für jeden beliebigen x-Wert haben die beiden Graphen unterschiedliche y-Werte, bis auf **eine Ausnahme**, in diesem Beispiel bei $\boldsymbol{x = 2}$, dort haben beide Graphen die **gleiche Ordinate**, nämlich $y_1 = y_2 = 2$. Der Schnittpunkt hat hier die Koordinaten $S(2|2)$.

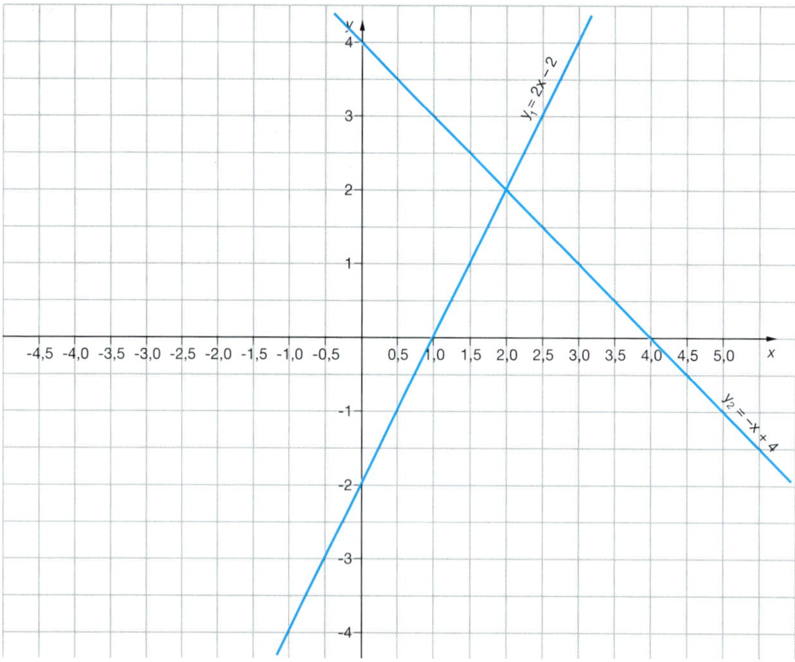

Abb. 3.42: Zwei Geraden schneiden sich.

Satz Verallgemeinert heißt das: Zwei Geraden mit unterschiedlicher Steigung schneiden sich im Schnittpunkt $S(x_S|y_S)$.

Dort und nur dort gilt: $x_1 = x_2 = x_S$ und $y_1 = y_2 = y_S$

Nun wollen wir den Schnittpunkt berechnen und uns auf ein Verfahren beziehen, das Sie in diesem Kurs bereits kennengelernt haben.

Damit Sie das Vorgehen besser verfolgen können, wählen wir das obige Beispiel. Gesucht ist also der Schnittpunkt der beiden Geraden

$$\mathbf{y_1 = 2x - 2 \text{ und } y_2 = -x + 4}$$

Wir bilden eine neue Hilfsfunktion

$$\mathbf{y_h = y_1 - y_2.}$$

x	−1	0	1	2	3	4	5
$y_1 = 2x - 2$	−4	−2	0	2	4	6	8
$y_2 = -x + 4$	5	4	3	2	1	0	−1
$y_h = y_1 - y_2$	−9	−6	−3	0	3	6	9

Tab. 3.10

Damit Ihnen das ganz klar wird, erstellen wir eine Wertetabelle, rechnen Sie diese unbedingt nach (*trau keinem*!).

Sie sehen, dass im Schnittpunkt die y-Werte gleich sind, beachten Sie jedoch y_h!

Satz Die Hilfsfunktion $y_h = y_1 - y_2$ hat bei x_S natürlich eine Nullstelle, denn die Differenz von zwei gleichen Zahlen ist immer Null!

Nullstellen können Sie schon berechnen!

Nun wissen Sie auch, wie man den Schnittpunkt zweier beliebiger Graphen berechnen kann: Man bildet die Differenz der beiden Funktionsgleichungen und berechnet die Nullstelle(n) der sich ergebenden Hilfsfunktion. Im Abschnitt „Differenzialrechnung" werden Sie sich damit beschäftigen.

> Wir fassen zusammen: Sucht man den Schnittpunkt zweier Geraden, deren Funktionsgleichungen $y_1(x)$ und $y_2(x)$ bekannt sind, so bildet man die Hilfsfunktion $y_h(x) = y_1(x) - y_2(x)$. Dann berechnet man die Nullstelle der Hilfsfunktion. Den gefundenen x-Wert setzt man entweder in y_1 oder in y_2 ein.

Anwendung auf das obige Beispiel:

Ausgangsgleichungen:	$y_1 = 2x - 2 \qquad y_2 = -x + 4$
Hilfsfunktion $y_h = y_1 - y_2$:	$y_h = 2x - 2 - (-x + 4)$
Klammer auflösen:	$y_h = 2x - 2 + x - 4$
Zusammenfassen:	$y_h = 3x - 6$
Nullstelle ausrechnen:	$0 = 3x - 6 \quad \vert +6 \quad \vert :3$
x-Wert des Schnittpunkts:	$\underline{x_S = 2}$
In y_1 einsetzen:	$y_S = 2 \cdot 2 - 2 = 2$
Koordinaten des Schnittpunktes:	$\underline{\boldsymbol{S(2 \vert 2)}}$

Einige von Ihnen werden sich bestimmt erinnern, dass sie solche Aufgaben früher „anders" gerechnet haben, manche kennen noch den Lösungsansatz „Gleichsetzungsverfahren".

Es spricht überhaupt nichts dagegen, dass Sie das Verfahren benutzen, falls Sie es beherrschen.

Wir bevorzugen die Methode „Hilfsfunktion → Nullstelle". Weil das Problem „Nullstelle" mittels Programm/Computer universell von den Mathematikern gelöst wurde, man kann **jede Nullstelle beliebig genau berechnen**, selbst wenn kein geschlossenes Lösungsverfahren existiert. Sie lernen eins dieser Verfahren in Kapitel 4.6.1 kennen.

Übungen

Lösungshinweis:
Bei allen Textaufgaben sollten Sie eine Skizze im Koordinatensystem anfertigen!

1. Berechnen Sie jeweils die Nullstelle der folgenden Funktionen:

   a) $y = 3x - 3$ b) $y = \frac{2}{3}x - 2$ c) $y = -\frac{1}{2}x + \frac{2}{3}$ d) $y = \frac{3}{4}x - \frac{1}{2}$

2. Berechnen Sie jeweils den Schnittpunkt:

   a) $y = 2x - 5$, $y = 3x - 7$
   b) $y = 4x - 1$, $y = -2x + 2$
   c) $y = -\frac{1}{2}x + 1$, $y = \frac{2}{3}x - \frac{3}{4}$
   d) $y = -3x - \frac{1}{3}$, $y = -2x$

3. Gegeben sind die vier Punkte $P_1(1|-4)$; $P_2(2|-3)$; $P_3(4|3)$; $P_4(-1|4)$.
   Zeichnen Sie die vier Punkte in ein Koordinatensystem ein. Verbinden Sie jeweils die zwei Punkte, deren Verbindungslinie eine negative Steigung haben. Berechnen Sie die Funktionsgleichungen dieser Geraden und ermitteln Sie die Nullstellen. Berechnen Sie weiterhin den Schnittpunkt von g_1: $\overline{P_1P_3}$ und g_2: $\overline{P_2P_4}$.

4. Der Telefondienst A bietet an: Monatliche Grundgebühr 13,00 EUR, jede Einheit kostet 8 Ct. Anbieter B wirbt mit 10,00 EUR Grundgebühr pro Monat, jede Einheit soll 10 Ct. kosten. Stellen Sie den Sachverhalt qualitativ (ohne Zahlen) dar, berechnen Sie für jeden Anbieter die Funktionsgleichung (monatliche Kosten in Abhängigkeit von den Gesprächseinheiten). Berechnen Sie die Anzahl von Gesprächseinheiten, die bei beiden Anbietern zum gleichen Rechnungsbetrag führt. Berechnen Sie diese Kosten.

5. Die elektrischen Energiekosten setzen sich aus Grundgebühr und einem verbrauchsabhängigen Anteil zusammen. Zwei Tarife stehen zur Auswahl: Tarif I: 25,00 EUR monatliche Grundgebühr und 0,14 EUR pro kWh, Tarif II: 14,50 EUR Grundgebühr und 28 Ct. pro kWh. Ermitteln Sie, ab welchem Energieverbrauch Tarif I der günstigere ist.

6. Eine Leiter hat unten einen Abstand von 130 cm von der Wand, sie erreicht eine Höhe von 4,80 m. Eine bestimmte Sprosse ist genau 1,00 m von der Wand entfernt. Berechnen Sie die Höhe dieser Sprosse.
(Lösungshinweis: Boden $\rightarrow$ x-Achse; Wand $\rightarrow$ y-Achse!)

7. In A-Stadt leben 120 000 Menschen, monatlich ziehen 500 weg. In B-Stadt wohnen zurzeit 98 000 Menschen, jährlich kommen 3 000 dazu. Berechnen Sie die Zeit in Monaten, die bis zum Gleichstand vergeht.

8. $P_1(-4|-5)$ $P_2(8|2)$. Berechnen Sie die Funktionsgleichung, die Nullstelle, $P_3(1|y_3)$ und $P_4(x_4|8)$!

9. Der Graph einer linearen Funktion schneidet die x-Achse in $P_0(x0|0)$ und die y-Achse in $P_y(0|y_Y)$. Bestimmen Sie die Funktionsgleichung.

10. Irene möchte einen Handyvertrag abschließen und kann zwischen zwei Vertragsversionen wählen.
Tarif A: Monatliche Grundgebühr 6,50 EUR, jede Gesprächsminute kostet 24 Ct.
Tarif B: Monatliche Grundgebühr: 11,50 EUR, pro Gesprächsminute werden 19 Ct. berechnet.

Berechnen Sie, bei welcher Gesprächsdauer beide Tarife zum gleichen monatlichen Rechnungsbetrag führen. Irene meint, dass sie pro Tag 5 Minuten das Handy benutzt. Welchen Tarif sollte sie wählen?

11. Achim erzählt: Ich habe einen tollen Handyvertrag. Wenn ich im Monat 10 Minuten telefoniere, muss ich nur 12,50 EUR bezahlen, bei 20 Minuten nur 20,20 EUR. Benjamin erwidert: Mein Vertrag ist noch cooler! Wenn ich im Monat 20 Minuten telefoniere, zahle ich lediglich 10,50 EUR, und bei 35 Minuten fallen nur 17,50 EUR an! Klären Sie den Sachverhalt auf. Berechnen Sie jeweils die Grundgebühr und den Minutenpreis. Bei welcher Gesprächsdauer zahlen beide das gleiche, wie viel ist das? Wer hat den günstigeren Tarif, falls man von einer monatlichen Gesprächsdauer von 3 Stunden ausgeht?

12. Sonja möchte mit dem Fahrrad ihre Freundin besuchen, die 20 km entfernt wohnt. Sonja fährt mit einer Durchschnittsgeschwindigkeit von 15 km/h, sie startet morgens um 9:00 Uhr. 15 Minuten später bemerkt Sonjas Bruder Sven, dass Sonja wichtige Dinge vergessen hat und fährt mit seinem Mofa hinterher. Sven fährt mit 25 km/h. Berechnen Sie, wie lange Sven benötigt, um Sonja einzuholen. Welche Strecke ist Sonja schon gefahren?

13. Ein Wasserbehälter A fasst 12 000 l und ist zu 80 % gefüllt. Stündlich werden 800 l entnommen. Ein zweiter Behälter B ist mit 1 200 l gefüllt, stündlich kommen 1 500 l hinzu. Berechnen Sie a) die Zeitdauer für Inhaltsgleichheit, b) den Inhalt bei Gleichstand.

14. Lisa wohnt in Adorf und Gert in Bedorf, die Dörfer sind 17 km voneinander entfernt. Lisa und Gert wollen sich treffen, sie starten zur gleichen Zeit und fahren sich entgegen. Lisa fährt mit dem Mofa 18 km/h, Gert schafft mit dem Fahrrad 16 km/h. Berechnen Sie Zeit und Ort des Zusammentreffens.

15. In Aland und Beland hat man unterschiedliche Thermometer. Beide Skalen sind linear geteilt, jedoch beträgt die Schmelztemperatur des Eises in Aland −40 °A, in Beland sind es 10 °B. Die Siedetemperatur des Wassers beträgt in Aland 120 °A, in Beland 90 °B.

    Stellen Sie eine Gleichung auf, die es ermöglicht, von T_A nach T_B umzurechnen.

    Formulieren Sie diese Aufgabe so um, dass die Zahlen für Deutschland/USA passen. In den USA werden $\vartheta = 75\,°F$ gemessen, berechnen Sie die Temperatur in °C.

16. Simone möchte im Internet surfen und begutachtet die Tarife A und B.

    Tarif A: Grundgebühr: 5,00 EUR pro Monat, die ersten 60 Minuten frei, dann 10 Ct./10 Min.

    Tarif B: Grundgebühr 10,00 EUR pro Monat, die ersten 90 Minuten frei, dann 10 Ct./20 Min.

    Berechnen Sie die Surfdauer für den gleichen monatlichen Rechnungsbetrag bei A, B sowie diesen Betrag.

    (Lösungshinweis: Sie sollten **unbedingt eine Skizze** anfertigen! Überlegen Sie genau, welche Graphen sich schneiden!)

3.2.3 Lineare Gleichungssysteme[1]

Sylvia (y) und Axel (x) sind zusammen 35 Jahre alt. Wie alt ist dann jeder Einzelne?

So „geht das natürlich nicht“; denn viele Zahlenpaare $(x_i|y)$ führen zum Ergebnis, beispielsweise:

x	13	15	17	19	21	23	25	27	29
y	22	20	18	16	14	12	10	8	6

Tab. 3.16: $x + y = 35$

Immer gilt: $\boldsymbol{x + y = 35}$

Es **fehlt** noch eine Information, falls genau **ein** Zahlenpaar als Lösung gesucht wird.

---

[1] *Von **Systemen** spricht man dann, wenn mehrere Dinge (hier: Gleichungen) zusammenwirken.*

Die 2. Information lautet: Axel ist 3 Jahre älter als Sylvia. Für die **zweite** Forderung gibt es auch viele mögliche Zahlenpaare, z. B.:

x	14	16	18	20	22	24	26	28
y	11	13	15	17	19	21	23	25

Tab. 3.17: $x - y = 3$

Immer gilt: $\boldsymbol{x - y = 3}$

(Hinweis für spätere Textaufgaben: „x ist älter als ...“ → Altersunterschied → Differenz → $x - y = ...$)

Sehr geholfen hat die 2. Tabelle auch nicht, es ist auf Anhieb kein Zahlenpaar zu entdecken, das in **beiden** Tabellen vorhanden ist, jedoch sollen **beide** Forderungen erfüllt sein!

Natürlich hätten wir bei einer geschickteren Wahl der x-Werte Glück haben können, doch das ist keine Lösung für alle Fälle!

Wir fassen beide Gleichungen zu einem **System** zusammen und formen sie um:

(I): $x + y = 35 \rightarrow \boldsymbol{y = -x + 35}$
(II): $x - y = \;\; 3 \rightarrow \boldsymbol{y = x - 3}$

In dieser Form sind uns (I) und (II) schon bekannt, und wenn beide Gleichungen gleichzeitig gelten sollen, dann muss der **Schnittpunkt zweier Geraden** bestimmt werden.

Vorgehen: (I) minus (II) → Hilfsfunktion → auf Null setzen (vergl. Kap. 3.2.2.7)!

$y_H = 0 = -x + 35 - (x - 3)$

$2x = 38 \quad x = 19 \quad \rightarrow$ einsetzen: $\quad y = 19 - 3$

$y = 16$

Axel ist 19 Jahre alt, Sylvia ist 16.

Wir machen vorsichtshalber die Probe und setzen x und y in **beide** Gleichungen ein! (I): $19 + 16 = 35$, stimmt! (II): $19 - 16 = 3$, stimmt auch!

So können Sie immer vorgehen, wenn **zwei** Gleichungen für **zwei** Unbekannte gegeben sind.

Reflexion Die Übertragung auf das Problem „Schnitt zweier Geraden“ verdeutlicht auch, dass das System „zwei Gleichungen mit zwei Variablen“ nicht immer lösbar ist. Denn es kann vorkommen, dass die Geraden sich nicht schneiden! Überlegen Sie und diskutieren Sie in Ihrer Klasse, wann das aus Sicht der Mathematik (Eigenschaft der Geraden) und der Praxis (Textaufgaben) vorkommt.

Es kann auch vorkommen, dass unendlich viele Lösungen existieren (wann?)!

Wir kommen später auf die Frage „Wann ist ein Gleichungssystem nicht (eindeutig) lösbar“ zurück.

Ein weiteres Verfahren zur Lösung von linearen Gleichungssystemen ist universell ausgelegt und funktioniert auch, wenn mehr als zwei Variablen/Gleichungen gegeben sind. Man spricht auch von Systemen höheren Grades. Der **Grad** gibt an, wie viele Gleichungen zu einem System verknüpft sind. Das Lösungsverfahren wurde von C. F. Gauß (1777–1855) entwickelt.

Gauß zeigte, wie man systematisch und schrittweise den Grad[1] des Gleichungssystems erniedrigt: Aus z. B. fünf Gleichungen mit fünf Variablen werden vier Gleichungen mit vier Variablen, ..., aus drei Gleichungen mit drei Variablen werden zwei Gleichungen mit zwei Variablen, aus zwei Gleichungen mit zwei Variablen wird eine Gleichung mit einer Variablen, und die können

[1] *Bei einem System von n Gleichungen mit n Variablen spricht man vom Gleichungssystem n-ten Grades.*

wir lösen. Dann geht alles rückwärts, die erste Lösung wird eingesetzt, so findet man die zweite Variable usw.

Wir entwickeln den **„gaußschen Algorithmus“** schrittweise anhand von Beispielen mit einfachen Zahlen, danach rechnen wir „allgemein“, d.h. „mit Buchstaben“.

Gegeben ist folgendes Gleichungssystem:

(I):	$\mathbf{2x + 4y = 10}$	Die erste Gleichung ist nach „x, y, $=$“ geordnet. Wenn das nicht zutrifft, sollten Sie das Ordnen als erstes erledigen!
(II):	$\mathbf{-2x + 3y = 4}$	Auch (II) ist geordnet, x steht über x, y über y.

Unser Bestreben ist es, aus zwei Gleichungen mit zwei Variablen eine Gleichung mit einer Variablen zu erzeugen. Schauen Sie sich die Vorzahlen von x genau an, sie haben den **gleichen Betrag**, aber **unterschiedliche Vorzeichen**, und darauf kommt es an! → Addieren wir jetzt die beiden Gleichungen, so fällt das x weg!

(I):	$2x + 4y = 10$	
(II):	$-2x + 3y = 4$	addieren (I): + (II):
(I) + (II) = (III):	$7y = 14$	:7
(IIIa):	$y = k2$	Ergebnis in (I): oder (II): einsetzen!
(Ia):	$2x + 4 \cdot 2 = 10$	-8 | :2
(Ib):	$x = k1$	

Das Zahlenpaar $(x; y) = (1; 2)$ erfüllt das Gleichungssystem! (Probe!)

Was macht man, wenn die Vorzahlen von x bzw. y nicht „passen“? Klar, dann werden sie passend gemacht! Ein Beispiel zeigt den Rechengang.

I:	$3x + 2y = 13$	die Vorzahlen von x haben zwar unterschiedliches Vorzeichen, aber $3 \neq 6$.
II:	$-6x + 5y = -8$	→ Gleichung (I): mit 2 multiplizieren
Ia:	$6x + 4y = 26$	Addieren!
II:	$-6x + 5y = -8$	-4 | :3
III:	$9y = 18$	
	$y = 2$	
einsetzen: Ia:	$3x + 4 = 13$	
	$x = 3$	

Lösung: $\mathbb{L} = \{(3; 4)\}$

Sie ahnen bestimmt, wie es weitergeht! Falls die Vorzeichen nicht unterschiedlich sind, dann multipliziert man eine Gleichung einfach mit -1.

Im nächsten Beispiel zeigen wir alle „Tricks“!

(I):	$4x + 6y = 52$	Vorzahlen für x: 4 und 5. Noch „passt gar nichts“! → (I): $\cdot\ (-5)$, → (II): $\cdot\ 4$!
(II):	$5x + 4y = 44$	
(Ia):	$-20x - 30y = -260$	Addieren!
(IIa):	$20x + 16y = 176$	:(−14)
(III):	$-14y = -84$	
	$y = 6$	
einsetzen: (Ib):	$4x + 6 \cdot 6 = 52$	
	$4x = 16$	
	$x = 4$	

Lösung: $\mathbb{L} = \{(4; 6)\}$ (Probe: (I): $4 \cdot 4 + 6 \cdot 6 = 52$ (II): $5 \cdot 4 + 4 \cdot 6 = 44$, stimmt!)

Merksatz **Lösungsgang**

1. Sorge für unterschiedliche Vorzeichen bei den beiden x-Koeffizienten[1],
2. multipliziere die erste Gleichung mit dem x-Koeffizienten der zweiten Gleichung,
3. multipliziere die zweite Gleichung mit dem x-Koeffizienten der ersten Gleichung,
4. addiere beide neuen Gleichungen, man erhält eine Gleichung mit der Variablen y.
5. Löse nach y auf und setze das Ergebnis in die erste oder in die zweite Gleichung ein, um x zu bestimmen.
6. Probe: Die Werte von x und y sind in **beide** Gleichungen einzusetzen!

Dieses Verfahren läuft automatisch ab, man muss nicht viel überlegen, deshalb haben viele Schülerjahrgänge so oder in ähnlicher Art ihren Computer programmieren müssen.

Solche Verfahren („ohne zu Denken") sind oft ein Gräuel für manche Mathelehrer. Diese formulieren Aufgaben dann so, dass „geschicktes Hinsehen" viel Arbeit sparen kann. So ist es manchmal einfacher, **zuerst** y „herauszurechnen", weil die Koeffizienten dort „passender" sind. Dieses Verfahren des „geschickten Hinsehens" beherrscht man allerdings erst nach einiger Übung. **Wenn Sie einen Taschenrechner benutzen dürfen, spricht nichts dagegen, dass Sie systematisch den obigen Lösungsgang nachvollziehen.**

Allgemeine Lösung

Jetzt wird es ernst, anstelle von „echten" Zahlen rechnen wir mit den Koeffizienten a, b, d, e sowie den Ergebnissen c und f, Mathematiker sprechen von der „allgemeinen Lösung".

(I): $ax + by = c$ | Wir achten auf die Zahlen vor x in (I): und (II): → Gleiches

(II): $dx + ey = f$ | Vorzeichen, unterschiedliche Beträge! → (I): $\cdot\,(-d)$, (II): $\cdot\, a$

Rechenweg:

$$
\begin{array}{rrl}
\text{(I):} & ax + by = c & |\cdot(-d) \\
\text{(II):} & dx + ey = f & |\cdot a \\
\hline
\text{(Ia):} & -adx - bdy = -dc & |\rightarrow \text{(Ia):} + \text{(IIa):} \\
\text{(IIa):} & adx + aey = af & |\, y \text{ ausklammern!} \\
\hline
\text{(III):} & aey - bdy = af - dc & |:(ae - bd) \\
\text{(IIIa):} & y \cdot (ae - bd) = af - dc & \\
 & y = \dfrac{af - dc}{ae - bd} &
\end{array}
$$

Bevor wir die Gleichung nach x auflösen, soll das Ergebnis für y genauer analysiert werden! Anfangs haben Sie darüber diskutiert, welche Bedingungen gelten müssen, falls **kein** Schnittpunkt der zwei Geraden existiert!

Es gilt:

$$y = \frac{af - dc}{ae - bd} = \frac{\text{Zähler}}{\text{Nenner}} = \frac{Z}{N}$$

Können Sie sich erinnern, welche Zahlen man für den Nenner N einsetzen bzw. nicht einsetzen darf? Richtig, der Nenner darf nicht verschwinden, die Rechnung ist nur definiert für $N \neq \mathbf{0}$.

---

[1] *Koeffizient: aus dem Lateinischen, sinngemäß: die zugeordnete Zahl, hier die Zahlen vor x, y.*

Falls $ae = bd$ gilt, hat der Nenner aber den Wert null, somit hat das Gleichungssystem *keine* (eindeutige) Lösung!

Etwas später gehen wir darauf ausführlich ein.

Jetzt muss noch die Variable x ausgerechnet werden. In einer tatsächlichen Rechnung mit Zahlen macht man das nicht allgemein; denn es ergibt sich ein umfangreicher „Buchstabensalat“! Man setzt die gefundene Zahl für y in eine der gegebenen Gleichungen (I) oder (II) ein!

Wir teilen das Ergebnis der allgemeinen Rechnung mit, so dass Sie Gesetzmäßigkeiten erkennen können.

$$x = \frac{ce - bf}{ae - bd} \qquad y = \frac{af - dc}{ae - bd}; \qquad \boldsymbol{ae \neq bd}$$

Vergleichen Sie die beiden Nenner, $N_1 = N_2 = ae - bd$, sie sind gleich!

Wir schreiben beide Gleichungen in einer etwas anderen Form auf, Sie werden erkennen, dass man sich die Buchstabenfolge des Nenners **nicht merken** muss, sondern **ablesen** kann!

x	y	Ergebnis
a	b	c
d	e	f

Tab. 3.11: Nenner des Lösungsbruchs

Es sind im farbig unterlegten Teil der Tabelle zwei Diagonalen zu bilden: Von links oben nach rechts unten (→ Hauptdiagonale, in dieser Richtung lesen wir in unserem Kulturkreis) und von links unten nach rechts oben (Nebendiagonale).

Nenner = Produkt der Hauptdiagonalen minus Produkt der Nebendiagonalen, also
$a \cdot e - b \cdot d$.

Wir ersetzen die x-Spalte durch die Ergebnisspalte:

x durch Ergebnis ersetzt	y	
c	b	
f	e	

Tab. 3.12: Zähler von x

Bilden Sie wieder die Differenz der Produkte von Haupt- und Nebendiagonale!

Sie erhalten den Zähler, mit dem Sie die Variable x ausrechnen können!

Ersetzen Sie nun die **y-Spalte durch die Ergebnisspalte**, ahnen Sie das Ergebnis?

Richtig, es ergibt sich der Zähler, der zum y-Bruch gehört!

In den Fachbüchern spricht man vom **Determinanten**-Verfahren, darauf gehen wir in diesem Kurs nicht ausführlich ein! Sie dürfen dieses „über Kreuz multiplizieren“ aber anwenden; denn Sie können **begründen**, wie dieses Verfahren für ein Gleichungssystem mit **zwei** Variablen entstanden ist.

Abschließend untersuchen wir, wann ein Gleichungssystem (mit zwei Variablen) lösbar ist.

Im Einführungsbeispiel haben Sie erfahren, dass ein System zweiten Grades als Schnitt zweier Graden aufgefasst werden kann. Die Koordinaten des Schnittpunkts ergeben die Lösung.

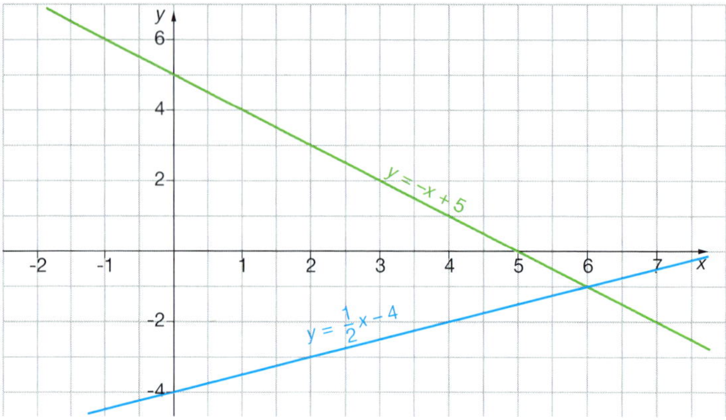

Abb. 3.50: Schnitt zweier Graphen Sp(6 | −1)

Zwei Geraden schneiden sich immer dann, wenn sie unterschiedliche Steigung haben. Rechnerisch bedeutet das:

$y_1 = m_1 x + b_1 \quad y_2 = m_2 x + b_2;$ $\quad \mathbf{m_1 \neq m_2}$

Wir formen in die Determinantenschreibweise um:

x	y	Ergebnis
$-m_1$	1	b_1
$-m_2$	1	b_2

Tab. 3.13

Nenner $= -m_1 \cdot 1 - (-m_2) \cdot 1 = m_2 - m_1 \neq 0$, da $m_1 \neq m_2$

Satz Ein Gleichungssystem ist eindeutig lösbar, wenn die Nennerdeterminante (Produkt der Hauptdiagonalen minus Produkt der Nebendiagonalen) ungleich null ist.

Umgekehrt gilt dann auch:

Zwei Geraden schneiden sich nie, falls sie die gleiche Steigung haben und die y-Achse in unterschiedlichen Punkten durchlaufen.

$y_{\mathrm{I}} = 1x + 2$

$y_{\mathrm{II}} = 1x - 1$

$\rightarrow \mathbf{m_I = m_{II}}$

$b_{\mathrm{I}} \neq b_{\mathrm{II}}$

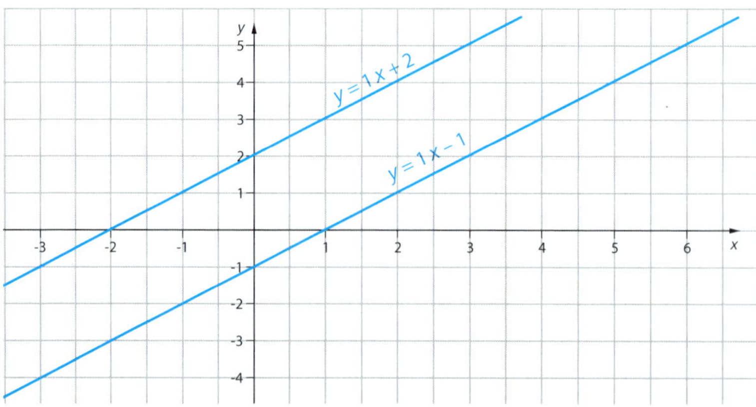

Abb. 3.51: Parallele Geraden schneiden sich nicht.

Rechnerisch bedeutet das:

$y_1 = mx + b_1 \qquad y_2 = mx + b_2, \qquad b_1 \neq b_2.$

Wir formen wieder in die Determinantenschreibweise um:

x	*y*	Ergebnis
$-m_1$	1	b_1
$-m$	1	b_2

Tab. 3.14

Als Nenner ergibt sich $-m \cdot 1 - (-m) \cdot 1 = 0$, durch Null darf man nicht dividieren!

Als **Zähler** für ***x*** erhält man $b_1 \cdot 1 - b_2 \cdot 1 \neq \mathbf{0}$,
als **Zähler** für ***y*** ergibt sich $-m \cdot b_2 - (-m \cdot b_1) = m(b_1 - b_2) \neq \mathbf{0}$.

Ein Gleichungssystem ist **nicht** lösbar, wenn die Zählerdeterminante ungleich null und die Nennerdeterminante gleich null ist. **Satz**

Wir zeigen Ihnen ein einfaches Beispiel, das diesen Sachverhalt **rechnerisch** verdeutlicht:

(I): $x + y = 2$

(II): $x + y = 8$

(I) und (II) widersprechen sich, denn wenn die Summe zweier Zahlen „2" sein soll (I), kann sie nicht gleichzeitig „8" sein, wie in (II) gefordert!

Den Widerspruch erkennen Sie auch, falls Sie beispielsweise (II) − (I) rechnen, dann erhalten Sie „$0 = 6$", und das ist falsch!

Wenn Sie beide Gleichungen nach *y* auflösen, sehen Sie, dass die entsprechenden Graphen sich nicht schneiden!

Es kann auch geschehen, dass mit der Determinantenmethode **sowohl im Zähler als auch im Nenner eine Null erscheint. Dann ist das Gleichungssystem nicht eindeutig lösbar**, es existieren unendlich viele Lösungen.

Denken Sie an das Einführungsbeispiel zurück, anfangs war nur eine Gleichung für zwei Variable bekannt, und es waren **viele Wertepaare** möglich. Schauen Sie sich das folgende System genau an, es ist **nicht** eindeutig lösbar. Finden Sie heraus, warum das so ist! Falls Sie den Sachverhalt rechnerisch nicht durchschauen, lösen Sie beide Gleichungen nach *y* auf und zeichnen Sie!

(I): $3x - 4y = 12$

(II): $36x - 48y = 144$

Haben Sie den Schwindel erkannt? Die zweite Gleichung sagt nichts Neues, wir haben (I) mit 12 multipliziert! Beim Zeichnen erhalten Sie zwei Geraden, die aufeinanderliegen, somit ergeben sich unendlich viele „Schnittpunkte".

Wenn Sie dieses System „normal" knacken wollen (z. B. (II) − 12 · (I)), so erhalten Sie „$0 = 0$", das ist zwar wahr, hilft aber nicht weiter, eine eindeutige Lösung zu finden. Sie wissen jetzt, warum das so ist!

Ein Gleichungssystem ist **nicht eindeutig lösbar**, wenn die Zählerdeterminante und die Nennerdeterminante gleich null ist. **Satz**

Wir fassen zusammen:

Das lineare Gleichungssystem

(I): $ax + by = c$

(II): $dx + ey = f$

kann umgeformt werden in

$$\boldsymbol{y_I = m_I x + n_I} \quad \text{und}$$
$$\boldsymbol{y_{II} = m_{II} x + n_{II}}$$

Fall 1:

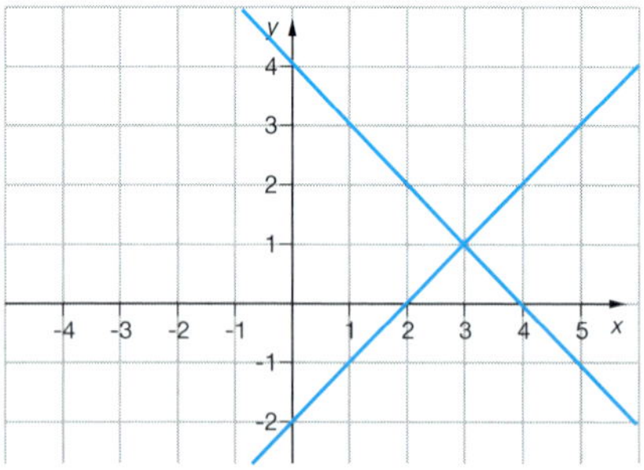

Abb. 3.52: *Zwei Geraden schneiden sich*

Die Geraden schneiden sich.

Dann ist $m_I \neq m_{II}$.

In der Schreibweise

(I): $ax + by = c$

(II): $dx + ey = f$ ist $\boldsymbol{ae - bd \neq 0}$

Das System ist eindeutig lösbar!

Fall 2:

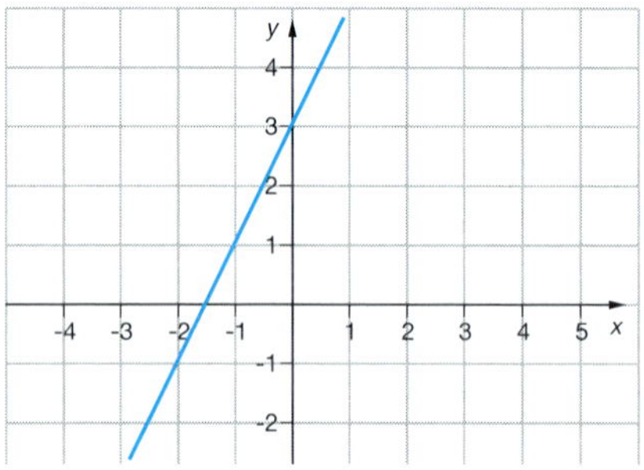

Abb. 3.53: *Zwei Geraden überdecken sich*

$y_I = y_{II}$

Es ist praktisch nur eine Gleichung für zwei Variablen gegeben.

Im System

(I): $ax + by = c$ erhält man (II) dadurch, dass (I) mit einer Konstanten multipliziert wird. Löst man das System mithilfe der Determinanten, so werden Zähler und Nenner zu Null.

Das System ist nicht eindeutig lösbar.

Fall 3:

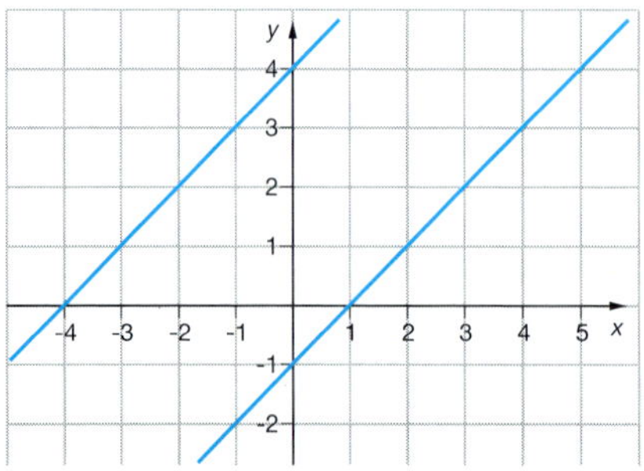

Abb. 3.54: *Zwei Geraden laufen parallel*

Das System enthält einen Widerspruch!

$\boldsymbol{ax + by = c}$

$\boldsymbol{ax + by = d} \quad \boldsymbol{c \neq d}$

Rechnet man mit Determinanten, so ist der Nenner null, die Zähler unterscheiden sich von null!

Das System hat keine Lösung.

Bei den folgenden Übungen sollten Sie alle Verfahren anwenden. So finden Sie Ihren eigenen Lösungsstil und lernen auch das berühmte „geschickt hinsehen“!

Übungen

Lösen Sie die folgenden Gleichungssysteme:

1. $2x + 3y = 5$
   $4x - 2y = 2$
2. $3x - 5y = -16$
   $4x + 2y = 22$
3. $x - y = 2$
   $3x - 3y = 6$
4. $12x + y = 0$
   $2x + 4y = 0$
5. $x + 2 - y = 2$
   $2 - y + x = 2$
6. $0{,}25x + 0{,}1y = 2$
   $2x - 3y = -22$
7. $3x - 2y = 8$
   $2x + 5y = -1$
8. $3x + 2y = 7$
   $6x - 5y = -4$
9. $-2x + 4y = 4$
   $4x - 3y = -8$

Bei den sogenannten **Kontextaufgaben** jedoch müssen Sie das Gleichungssystem erst selbst entwickeln, das ist die eigentliche Denkarbeit. Danach folgt das routinemäßige „Ausrechnen“.

Gewöhnen Sie sich an, systematisch vorzugehen; denn dann steigt die Wahrscheinlichkeit, dass Sie Erfolg haben (im Kapitel 7 lernen Sie, mit Wahrscheinlichkeiten zu rechnen!).

Wir zeigen das systematische Vorgehen an einigen Beispielen:

Beispiel 1

Lisa macht ihr Praktikum in einer Schreinerei, die für einen Kindergarten arbeitet. Sie erzählt: „Wir bauen einen neuen, großen Sandkasten!“ Auf die Frage, **wie** groß der Kasten denn nun sei, antwortet sie: „Er hat Rechteckform, der Umfang beträgt 16 m, und er ist 2 m länger als er breit ist.“

1. Es handelt sich um ein geometrisches Problem, also machen wir eine Skizze. Da wir die Maße nicht kennen, kann die Skizze nicht maßstäblich sein, aber wir geben die allgemeinen Maße an, die für die Figur wichtig sind. Hier ist es ein **Rechteck** mit der Länge *a* und der Breite *b*.

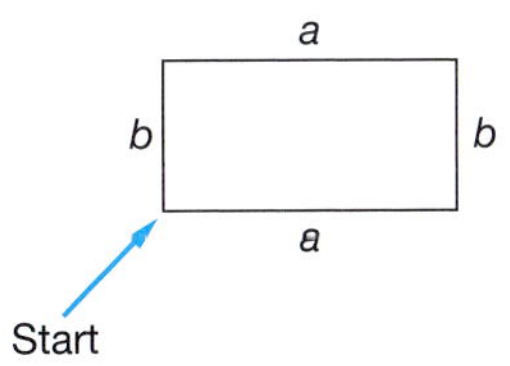

Abb. 3.55: Skizze Sandkasten

2. Der Umfang soll 16 m betragen. Das ist genau die Länge, die sich ergibt, wenn man beginnend vom „Start“ einmal um das Rechteck geht.

   Es ergibt sich: $a + b + a + b = 2a + 2b = 16$ m. Als Gleichung (I):

   $$\text{(I)}: \; 2a + 2b = 16$$

3. „Das Rechteck ist 2 m länger als es breit ist“ muss zu einer Gleichung umgeformt werden.

   Im Text steht, dass die Länge *a* um 2 m länger ist als die Breite *b*. Also gilt: $\boldsymbol{a > b}$. Diese Ungleichung macht man zu einer Gleichung, indem man zum **kürzeren** Stück die **fehlenden 2 m addiert**!

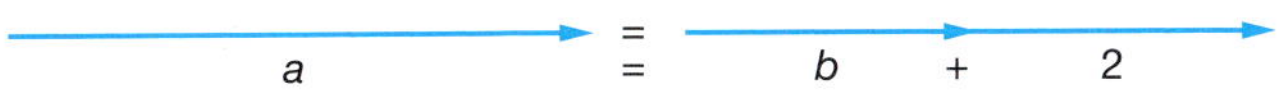

Abb. 3.49

Also: $\boldsymbol{a = b + 2} \rightarrow$ **Ordnen**: links die Variablen, rechts das Ergebnis!

$$\text{(II)}: \; a - b = 2$$

Damit ist die Denkarbeit erledigt, der Rest ist Routine und erledigt sich fast von selbst!

$$\begin{array}{rrcll} \text{I:} & 2a + 2b &=& 16 & \\ \text{II:} & a - b &=& 2 & |\cdot(-2) \\ \hline \text{I:} & 2a + 2b &=& 16 & \\ \text{IIa:} & -2a + 2b &=& -4 & \\ \hline & 4b &=& 12 & \text{I und IIa addieren} \\ & \mathbf{b} &=& \mathbf{3} & \\ & a - 3 &=& 2 & \rightarrow \text{einsetzen in II:} \\ & \mathbf{a} &=& \mathbf{5} & \end{array}$$

Die Maße des Sandkastens sind: Länge a = 5 m und die Breite b = 3 m.

Beispiel 2

Anna und Berti sind noch klein, aber Anna kann schon rechnen! Sie erzählt: „Berti und ich sind zusammen 10 Jahre alt. Vor zwei Jahren war ich doppelt so alt wie Berti! Rate mal, wie alt wir in 3 Jahren sind!"

1. Als erstes müssen die Variablen **exakt** bezeichnet werden! Es reicht nicht aus, dass man „Anna = A" hinschreibt, ist nun das Alter heute oder in 3 Jahren gemeint, vielleicht Annas Körpergröße oder die Haarfarbe?

   Also → Alter von Anna heute: A
   Alter von Berti heute: B
   Alter von Anna vor 2 Jahren: $(A - 2)$
   Alter von Berti vor 2 Jahren: $(B - 2)$,
   und in 3 Jahren, von heute aus gerechnet: $(A + 3)$ und $(B + 3)$!

2. Anna und Berta sind heute zusammen 10 Jahre alt.

   (I): $A + B = 10$

3. „Vor zwei Jahren war Anna doppelt so alt wie Berti" muss in eine Gleichung gebracht werden.

   Im Text steht, dass damals Anna doppelt so alt wie Berti war. Also ist $\mathbf{(A - 2)} > \mathbf{(B - 2)}$ (Anna war *älter* als Berti). Mit der Angabe *Anna war doppelt so alt wie Berti* lässt sich diese Ungleichung in eine Gleichung verwandeln.

   Man muss also den kleineren Wert, das ist Bertis damaliges Alter, mit 2 multiplizieren, damit auf beiden Seiten des Gleichheitszeichens das gleiche Alter steht.

   (II): $(A - 2) = 2 \cdot (B - 2)$ | Das Hinschreiben der Klammer ist wichtig, auch die **−2** muss mit 2 multipliziert werden.

   Ausmultiplizieren, ordnen:

   (IIa): $A - 2 = 2B - 4$
   (IIb): $A - 2B = -2$

   Nun berechnen wir „wie gehabt" A, B und addieren zum Schluss jeweils 3; denn das Alter von Anna und Berti in 3 Jahren sollte ermittelt werden.

$$\begin{array}{rrcll} \text{(I):} & A + B &=& 10 & |\cdot 2 \\ \text{(IIb):} & A - 2B &=& -2 & \\ \hline \text{(Ia):} & 2A + 2B &=& 20 & \\ \text{(IIb):} & A - 2B &=& -2 & |\ \text{addieren} \\ \hline & 3A &=& 18 & \\ & A &=& 6 & \text{einsetzen: } 6 + B = 10 \rightarrow \\ & B &=& 4 & \end{array}$$

In drei Jahren ist Anna 9 und Berti ist dann 7 Jahre alt.

Beispiel 3

Branca ist knapp bei Kasse. Reicht es noch für eine Pizza? In der Geldbörse sind nur noch 7 Münzen, es sind 20-Ct-Stücke und 1-EUR-Münzen. Der Wert beträgt 3,80 EUR. Wie viele Münzen von jeder Sorte sind es?

1. Schon im Kindergarten lernen wir, dass zwischen Wert und Anzahl von Münzen ein Unterschied besteht. Als Variable kann man nur die Anzahl wählen; denn der Wert steht auf jeder Münze!

   Festlegung der Variablen: x = Anzahl der 20-ct-Münzen, y = Anzahl der 1-EUR-Münzen.

2. Aussage über die **Anzahl**:

   (I): $x + y = 7$

3. Aussage über den **Wert** aller Münzen:

   Jeder weiß, wie man Geld zählt, d. h. den Wert von mehreren Münzen oder Scheinen ermittelt (auf jeder Münze steht, was **eine** „kostet"). Man zählt die Anzahl und multipliziert mit dem Wert pro Stück.

   Fehler treten erst dann auf, wenn der Sachverhalt mathematisch exakt aufgeschrieben werden soll. Man muss sich entscheiden, ob der Geldwert in **Euro** oder in **Cent** ausgedrückt werden soll, „Mischmasch" führt zu Fehlern!

   Aussage über den Wert:

   (II) $0{,}2x + 1y = 3{,}80$ | in EUR, 20 ct = 0,2 EUR;

   Rechengang:

(I)	$1x + 1y = 7$	→ Aussageform über die Anzahl
(II)	$0{,}2x + 1y = 3{,}80$	$\mid \cdot(-1)$ → Aussageform über den Wert
(IIa)	$-0{,}2x - 1y = -3{,}80$	| (I) + (IIa)
(III)	$0{,}8x = 3{,}20$	einsetzen in (I): $4 + y = 7 \rightarrow y = 3$
	$x = 4$	

Es sind 4 Münzen je 20 ct und 3 je 1 EUR.

Reflexion

Warum wird Gleichung II mit (−1) multipliziert?

Warum reicht es nicht, als Lösung $x = 4$ und $y = 3$ anzugeben?

Übungen

10. In Milenas Kasse sind Münzen im Wert von 17,00 EUR. Es handelt sich um 1-EUR- und 2-EUR-Münzen. Wäre die Anzahl je Wert vertauscht, so hätte Milena nur 16,00 EUR in der Kasse.
11. Andrea und Bella zeichnen Figuren für den Märchenwald. Andrea zeichnet natürlich Andreanis, diese haben 5 Beine und 3 Arme. Bella entwirft die Bellanas, jedes dieser Wesen hat 3 Beine und 7 Arme. Der Märchenwaldaufseher verrät: „Wenn alles fertig ist, muss ich abends überprüfen, ob alle Andreanis und Bellanas im Bett liegen. Das ist ganz einfach, es müssen nämlich 105 Beine und 141 Arme zu zählen sein." Beide Arten haben je einen Kopf, wie viele Mützen müssen für den Winter gestrickt werden?
12. Ein Glas mit Deckel kostet 1,10 EUR. Das Glas ist 1,00 EUR teurer als der Deckel. Berechnen Sie die Einzelpreise. (Hinweis: Im Kopf rechnen das ca. 90 % aller Schüler falsch, Sie auch?)
13. Sebastian arbeitet während seines Praktikums in einer Schreinerei. Es muss das Bleichmittel Wasserstoffperoxid verwendet werden. Er soll 3 Liter H_2O_2/6 % durch Mischen von H_2O_2/4 % und H_2O_2/10 % herstellen. Berechnen Sie die erforderlichen Mengen.

14. Fesum kauft 50 Früchte für seine Party, Birnen für 50 Cent das Stück und Bananen für 0,40 EUR pro Frucht. Er bezahlt 22,00 EUR. Wie setzt sich der Früchtekorb zusammen?
15. Begründen Sie, warum es nicht ausreicht, zur Lösung eines Problems mit zwei Unbekannten nur eine Bedingungsgleichung für die beiden Unbekannten zu haben.

Drei Gleichungen mit drei Variablen

Jetzt sollen Sie lernen, mit relativ wenig Aufwand Gleichungssysteme mit drei Variablen zu lösen. Wenn man das Determinantenverfahren nicht kennt und man zur Lösung kein Computerprogramm benutzen darf, muss nun das „geschickte Hinsehen" eingeübt werden, der „Zahlenfriedhof" wird sonst zu groß, Flüchtigkeitsfehler häufen sich!

- Man analysiert die Koeffizienten von x, y, z und entscheidet, in welcher Spalte mit wenig Rechenaufwand die Beträge der Koeffizienten den gleichen Wert annehmen können. Hat man eine Variable gewählt, muss man sich **zweimal** auf diese konzentrieren, sodass nach zweimaliger Addition und Gebrauch **aller drei** Gleichungen diese Variable weggefallen ist.
- Nun hat man zwei Gleichungen mit zwei Variablen, der Lösungsweg dafür ist schon bekannt.

Beispiel 1

(I): $2x + 3y + 4z = 1$
(II): $5x - 2y - 2z = 5$
(III): $3x + 7y + 4z = 6$

Schauen Sie konzentriert auf die Vorzahlen von z → „4", „−2", „4", das ist wie ein Wink mit dem Zaunpfahl!

Gleichung (II) wird mit 2 multipliziert:

(IIa): $10x - 4y - 4z = 10$ | Diese wird mit (I) kombiniert.
(I): $2x + 3y + 4z = 1$ | (IIa) + (I)
(IV): $12x - 1y = 11$ | z ist das erste Mal weg!

Jetzt heißt es konsequent sein, es muss **nochmals** die Variable ***z*** eliminiert werden, sonst werden Sie niemals fertig! Da die Gleichungen (I) und (II) schon benutzt wurden, **muss** nun Gleichung (**III**) ins Spiel kommen!

(IIa): $10x - 4y - 4z = 10$
(III): $3x + 7y + 4z = 6$
(V): $13x + 3y = 16$ | (IV) und (V) → 2 Gleichungen, zwei Variablen!

Wir führen dieses Beispiel nicht weiter, betrachten Sie die vollständige Lösung des Systems als Übung! → $\mathbb{L} = \{(1; 1; -1)\}$.

Beispiel 2

(I): $3x - 2y + z = 1$ | ·2
(II): $4x + 2y + 3z = 3$ | ·2
(III): $5x + 4y - 6z = -6$ → y eliminieren!

(Ia): $6x - 4y + 2z = 2$
(IIa): $8x + 4y + 6z = 6$
(Ia): $6x - 4y + 2z = 2$
(III): $5x + 4y - 6z = -6$ → addieren
(IV): $11x - 4z = -4$

(IIa): $8x + 4y + 6z = 6$
(Ia): $6x - 4y + 2z = 2$ → addieren!
(V): $14x + 8z = 8$

(IV) und (V) bilden wieder ein System „2 Gleichungen mit 2 Variablen".
Lösen Sie es zur Übung, Sie werden (0, 0, 1) erhalten!

Übungen

16. (I): $3x + 2y + 5z = 8$ (II): $6x + y + z = 7$ (III): $-3x + 2y + 5z = 2$

17. (I): $5x + 5y + 5z = 30$ (II): $-x + y - z = -2$ (III): $2x + y + 5z = 19$

18. (I): $x + y + z = 12$ (II): $x - y + z = -8$ (III): $x + 2y + 2z = 25$

19. Im Logik-Spielkasten sind Dreiecke, Vierecke und Sechsecke, es sind zusammen 15 Figuren. Addiert man die Anzahl der Dreiecke und die Zahl der Sechsecke, so ist die Summe um eins größer als die Anzahl der Vierecke. Man zählt insgesamt 61 Ecken. Berechnen Sie, wie viele von jeder Figur vorhanden sind.

„Mechanisches" Lösen von „drei Gleichungen, drei Variable"

Löst man ein „3/3"-Gleichungssystem allgemein („mit Buchstaben") und achtet man auf Symmetrien sowohl im Zähler als auch im Nenner der allgemeinen Lösung, kommt man zu einem Verfahren, das auch wieder „ohne zu überlegen" abläuft. Wir zeigen Ihnen **nicht**, wie man zu diesem Schema kommt, es wird lediglich einmal der Rechengang anhand eines Beispiels vorgeführt. Falls Sie Interesse auf „mehr Hintergrund" zeigen, finden Sie in der Fachliteratur und im Internet genügend Informationen (Sarrus'sche Regel)! Denken Sie daran, **das folgende Verfahren gilt nur für drei Variable**!

Berechnen Sie das folgende 3/3-Gleichungssystem!

x	y	z	Ergebnis
1	1	1	6
2	1	3	13
1	2	1	8

Tab. 3.15

Berechnung des Nenners N:

x	y	z	x	y
1	1	1	1	1
2	1	3	2	1
1	2	1	1	2

→ Die ersten 2 Spalten noch mal hinschreiben

Tab. 3.16

Summe der Produkte der Hauptdiagonalen: $1 \cdot 1 \cdot 1 + 1 \cdot 3 \cdot 1 + 1 \cdot 2 \cdot 2 = 8$

Summe der Produkte der Nebendiagonalen: $1 \cdot 1 \cdot 1 + 2 \cdot 3 \cdot 1 + 1 \cdot 2 \cdot 1 = 9$

Nenner N = Summe der Produkte auf den Hauptdiagonalen minus Summe der Produkte auf den Nebendiagonalen $= 8 - 9 = -1$

Berechnung des Zählers von $x \rightarrow Zx$:

Erg.	y	z	Erg.	y
6	1	1	6	1
13	1	3	13	1
8	2	1	8	2

Tab. 3.17

Summe der Produkte der Hauptdiagonalen: $6 \cdot 1 \cdot 1 + 1 \cdot 3 \cdot 8 + 1 \cdot 13 \cdot 2 = 56$

Summe der Produkte der Nebendiagonalen: $8 \cdot 1 \cdot 1 + 2 \cdot 3 \cdot 6 + 1 \cdot 13 \cdot 1 = 57$

Zähler von x: $\rightarrow Zx = 56 - 57 = -1$

$$x = \frac{Zx}{N} = \frac{(-1)}{(-1)} = 1$$

Analysieren Sie den Rechengang, beschreiben Sie ihn genau, machen Sie genauso weiter! Lösen Sie das Gleichungssystem auch nach einem anderen Verfahren, damit Sie die Richtigkeit überprüfen können. $\rightarrow \mathbb{L} = \{(1;\ 2;\ 3)\}$

Natürlich kann man die Rechnung auf ***n*** Gleichungen mit n Variablen, $n > 3$, ausdehnen. Nach Gauß geht das systematisch wie folgt: $n - 1$ Mal muss durch Multiplikation und Addition die **gleiche** Variable **eliminiert** werden, sodass ein System mit $\boldsymbol{n-1}$ Variablen entsteht! So macht man weiter, bis **eine** Gleichung mit **einer** Variablen übrig bleibt, **ein mühsames und fehlerträchtiges Unterfangen**!

Dafür gibt es Computer!

Übungen

20. Für den Fall, dass Sie ein echtes Matheass sind oder gerade nichts Besseres zu tun haben, folgt nun die Übungsaufgabe Nr. 20, sie ist natürlich „getrimmt", sodass der Aufwand nicht zu groß wird:

    (I): $\mathbf{2}a + \mathbf{2}b - \mathbf{1}c + \mathbf{0}d = \mathbf{5}$

    (II): $\mathbf{-1}a + \mathbf{1}b + \mathbf{1}c + \mathbf{1}d = \mathbf{5}$

    (III): $\mathbf{1}a + \mathbf{1}b + \mathbf{1}c + \mathbf{1}d = \mathbf{3}$

    (IV): $\mathbf{1}a - \mathbf{2}b - \mathbf{1}c - \mathbf{1}d = \mathbf{-5}$

    Falls Sie zuerst **„*d*"** eliminieren, sparen Sie Schreibarbeit (warum?).

21. Die folgende Textaufgabe ist auch auf „wenig Arbeit" getrimmt, probieren Sie es!

    Vier Brüder A, B, C, D sind zusammen 58 Jahre alt. D ist doppelt so alt wie A. C ist 4 Jahre älter als B, B ist 8 Jahre jünger als D. Berechnen Sie das Alter der Brüder.

22. Peter, Ina, Anna, Kai und Egon sammeln Blätter für den Zeichenunterricht: Peter sammelt 5 Blätter. Ina sammelt ein Blatt weniger als Egon. Kai sammelt so viele Blätter wie Peter und Ina zusammen. Egon sammelt 3 Blätter mehr als Peter. Anna und Peter sammeln zusammen so viele Blätter wie Egon.

    a) Wie viele Blätter sammelt Ina?

    b) Wie viele Blätter sammelt Kai mehr als Egon?

    c) Wie viele Blätter sammeln alle 5 Kinder?

    Quelle: Grundschulwettbewerb 1998/99, 2. Runde

3.2.4 Quadratische Funktionen

3.2.4.1 Einführung und Begriffe

Quadratische Abhängigkeiten sind Ihnen seit langem bekannt, denken Sie beispielsweise an den Flächeninhalt eines Quadrats.

Aufgabe 1

Lisa, Tina und Kirsten machen ihr Praktikum in einer Werbeagentur, die auf Verpackungsdesign spezialisiert ist. Sie sollen zur Übung eine quadratische Faltschachtel entwerfen und das Faltungsschema (**Cutter-diagramm**) skizzieren. Ihre Ausbilderin erklärt dazu: „Faltschachteln sind Behälter aus Karton oder Pappe, die so gestanzt, gefalzt oder geschnitten sind, dass daraus alle gewünschten Formen gefaltet werden können. Zur Kennzeichnung, ob geschnitten, gefalzt oder geklebt wird, benutzt man folgende Symbolik: Falzkante: – – – – – –, Schnittkante: ————. Klebeflächen werden schraffiert." Sich nunmehr selbst überlassen, skizzieren die drei einige Entwürfe. Plötzlich fragt Lisa:

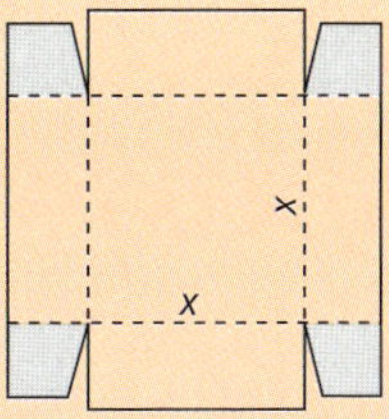

Abb. 3.56

a) Wie ändert sich die Grundfläche der Faltschachtel, wenn wir ihre Kantenlänge verdoppeln, wird sie dann auch doppelt so groß?

b) Wie ändert sich die Fläche, wenn man die Seiten verdreifacht?

c) Können wir diesen Zusammenhang mithilfe einer Formel beschreiben? In Mathe hatten wir doch gerade lineare Funktionen. Lässt sich das Problem damit modellieren?

d) Wie könnte die Gleichung einer Funktion lauten, die der Seitenlänge x der Faltschachtel die jeweilige Grundfläche y zuordnet?

e) Wie sieht der Graph dieser Funktion aus, wenn wir Kantenlängen zwischen 0 und 6 cm wählen?

Beantworten Sie Lisas Fragen. Legen Sie dazu eine Tabelle an, in der für die Kantenlängen 1 cm, 2 cm, 3 cm, 4 cm, 5 cm und 6 cm jeweils die Größe der Grundfläche aufgelistet wird.

Die einfachste Form der quadratischen Funktion im x-y-Achsensystem heißt $\boldsymbol{y = x^2}$, genauer $\boldsymbol{y = 1 \cdot x^2}$, der Graph dieser Funktion heißt **Normalparabel** und wird in der folgenden Graphik dargestellt. Um den Graphen leichter skizzieren zu können, kann man eine entsprechende Schablone kaufen. Als Gestalterinnen und Gestalter wird es Ihnen aber leicht gelingen, selbst eine anzufertigen. Legen Sie eine Wertetabelle der Funktion $\boldsymbol{y = x^2}$ an, übertragen Sie die Werte auf Millimeterpapier und zeichnen Sie den Graphen. Kleben Sie alles auf Pappe und schneiden Sie sorgfältig aus.

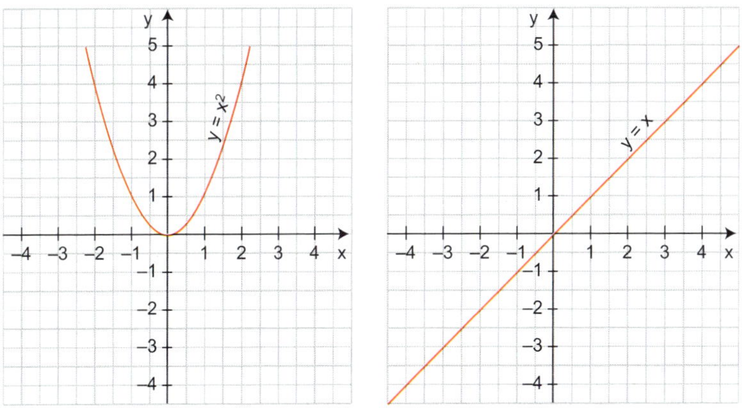

Abb. 3.57: Normalparabel $y = x^2$ und lineare Funktion $y = x$

Aufgabe 2 Vergleichen Sie die Normalparabel mit dem Graphen der linearen Funktion $y = x$. Beurteilen Sie Form, Achsenschnittpunkte, durchlaufene Quadranten, Symmetrie und Wertemenge. Stellen Sie die Unterschiede und Gemeinsamkeiten heraus.

Diskutieren Sie in Ihrer Gruppe, wie Sie Ihre Ergebnisse strukturiert und übersichtlich darstellen können. (Tipp: Sie sollen zwei Objekte hinsichtlich fünf Merkmalen vergleichen.)

Satz Die Normalparabel hat genau eine Nullstelle in $P_0(0|0)$.

Definition Der „tiefste“ Punkt der Normalparabel heißt Scheitelpunkt oder einfach Scheitel $S(0|0)$.

Sie haben nun eine neue Form, die Parabel, kennengelernt. Sie können die Parabel als Gestaltungsmittel benutzen. Die mathematische Fakultät der TU-München verfügt über eine Rutsche in Parabelform. Auf der können die Studenten aus dem dritten Stockwerk blitzschnell ins Erdgeschoss gelangen. In der Architektur findet man die Parabelform häufig als Konstruktions- oder Gestaltungselement (vgl. Abb. 3.58). Im Verlauf dieses Kurses werden Sie weitere Beispiele finden.

Abb. 3.58: Sydney Harbour-Bridge

Abb. 3.59: Parabelrutsche

Aus dem Fachunterricht kennen Sie sicher bereits die Gestaltungsprinzipien **Reihung** und **Variation**. „Die Reihung zeigt das größte Maß an Ordnung. Sie ist das typische Kennzeichen des Ornaments. Die einzelnen Formen werden linear, flächig oder mit plastischer Wirkung dargestellt. Die Wiederholung von Formen ist typisch für das dekorative Gestalten. Eine Variation (Abwandlung) der Reihung ist möglich, wenn beim regelmäßigen Ordnungsprinzip z. B. Form- oder Größenänderungen vorgenommen werden.“[1]

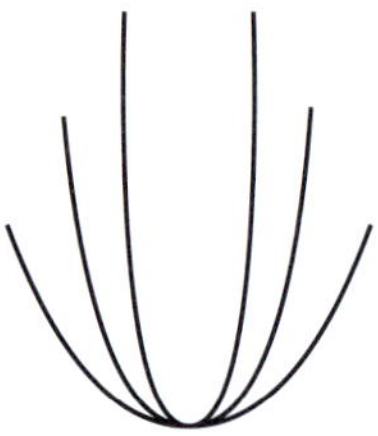

Abb. 3.60: Formänderung

Abb. 3.61: Reihung

[1] *Quelle: Ruth Bleckwenn, Beate Schwarze: Gestaltungslehre, Handwerk und Technik, Hamburg, 5. Aufl., S. 135 ff.*

Im Folgenden werden Sie zunächst die Formveränderungen der Normalparabel und anschließend Reihungen dieser Form mathematisch beschreiben.

3.2.4.2 Formveränderung der Normalparabel

Zur Formveränderung der Normalparabel ergänzen Sie Ihre Funktionsgleichung durch den sogenannten **Formfaktor** a und erhalten damit Funktionen vom Typ:

$$y = ax^2,$$

wobei der Formfaktor eine beliebige reelle Zahl außer 0 sein kann; $a \in \mathbb{R}\backslash\{0\}$.

Reflexion

Warum darf der Formfaktor a nicht 0 sein?

Aufgabe 1

Untersuchen Sie, welchen Einfluss der Formfaktor a auf das Aussehen der Normalparabel hat und dokumentieren Sie Ihre Ergebnisse. Skizzieren Sie dazu die Graphen der folgenden Funktionen in ein gemeinsames Koordinatensystem:

$$y = x^2 \quad y = 2x^2 \quad y = \frac{1}{2}x^2 \quad y = -x^2 \quad y = -2x^2 \quad y = -\frac{1}{2}x^2$$

Tipp: Benutzen Sie eine Wertetabelle.

x	−2	−1,5	−1	−0,5	0	0,5	1	1,5	2
y									

Tab. 3.18

Aus Ihrer Skizze der Aufgabe 1 lesen Sie ab:

Bei einem Formfaktor größer als 1, ist die Parabel „schlanker“ als die Normalparabel. Ist der Formfaktor kleiner als 1, ist die Parabel „breiter“ als die Normalparabel.

Wenn der Formfaktor **negativ** ist, dann ist die Parabel nach **unten geöffnet**.

Merksatz

$a > 0 \rightarrow$ Die Parabel ist nach oben geöffnet.

$a < 0 \rightarrow$ Die Parabel ist nach unten geöffnet.

$|a| > 1 \rightarrow$ Der Graph ist schlanker als die Normalparabel, er ist gestreckt.

$|a| < 1 \rightarrow$ Der Graph ist breiter als die Normalparabel, er ist gestaucht.

$|a| = 1 \rightarrow$ Es handelt sich um die Normalparabel.

Beispiel

Für Ihren Praktikumsbericht im Fach Produktdesign analysieren Sie den Entwurf eines Sektglases. Sie stellen fest, dass es Parabelform hat, was sich in der Projektion der Vorderansicht sehr gut ersehen lässt. Sie möchten die Funktionsgleichung der Parabel bestimmen. Dazu entnehmen Sie dem Modell folgende Maße: Höhe des Glases ohne Stiel: 10,5 cm; Öffnungsbreite: 5 cm.

Sie fertigen eine Skizze mit einem geeigneten Koordinatensystem an und tragen diese Maße ein.

Sie wählen den Berechnungsansatz:

$$y = ax^2$$

Nun müssen Sie nur noch den Formfaktor a bestimmen. Sie wissen, dass in einer Höhe von 10,5 cm die Öffnungsbreite 5 cm beträgt. In Mathematik übersetzt bedeutet das: An der Stelle $x = 2{,}5$ muss die Funktion den Wert $y = 10{,}5$ annehmen. Diese Erkenntnis setzten Sie in die Funktionsgleichung ein und erhalten:

$$10{,}5 = a(2{,}5)^2$$
$$10{,}5 = 6{,}25a \quad |: 6{,}25$$
$$a = 1{,}68$$

Die gesuchte Funktionsgleichung lautet also:

$\mathbf{y = 1{,}68x^2}$

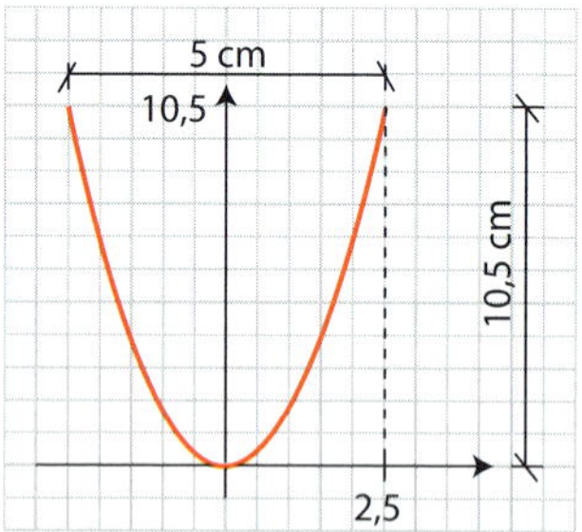

Abb. 3.62

Reflexion Warum benötigt man nur die Höhe ohne Stiel und nicht die Gesamthöhe?

Warum muss man den y-Wert an der Stelle $x = 2{,}5$ und nicht bei $x = 5$ betrachten?

Sie können nun anhand der Form einer quadratischen Parabel beurteilen, ob es sich um eine Normalparabel handelt oder ob diese durch den Formfaktor a gestreckt ($|a| > 1$) oder gestaucht ($|a| < 1$) wurde. Zum Zeichnen des Graphen benötigt man eine Wertetafel, die Schablone der Normalparabel ist dann leider nicht zu benutzen ... oder haben Sie eine Idee?

Zum Weiterarbeiten:

Immer dann, wenn gewisse Dinge zu groß oder zu klein sind, um mit dem „normalen Auge“ betrachtet und beurteilt zu werden, ändert man den Maßstab der Abbildung. Eine Straßenkarte im Maßstab 1 : 1 ist sinnlos, ebenso ist die Abbildung einer Körperzelle oder eines Bakteriums im Maßstab 1 : 1 nicht zu gebrauchen.

Durch Maßstabveränderungen auf der y-Achse lässt sich die Formänderung rückgängig machen, sodass das gewohnte Bild der Normalparabel wieder erscheint.

Aufgabe 2 Erstellen Sie eine Wertetabelle für $\boldsymbol{f(x) = ax^2}$ und wählen Sie nacheinander $a = 0{,}2$; $a = 0{,}4$; $a = 0{,}6$ ... und setzen jeweils nur $\boldsymbol{x = 1}$ ein! Welche y-Werte erhalten Sie?

Richtig, Sie bekommen immer das jeweilige $\boldsymbol{a}$ heraus! Wir zeigen Ihnen nun unterschiedliche Graphen von $f(x) = ax^2$, lesen Sie das zugehörige $\boldsymbol{a}$ ab!

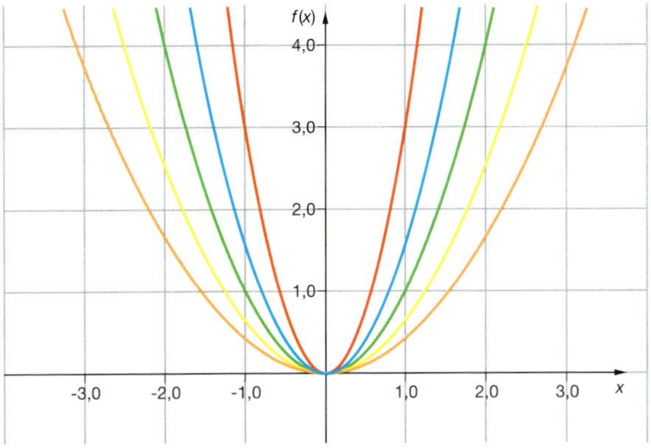

Abb. 3.63: Parabelschar mit dem Parameter „a"![1]
$f(x) = ax^2$, → an der Stelle $x = 1$ ist der Funktionswert $= a$, kürzer: $f(1) = a$

Lesen Sie bitte nochmals den Text zur Einführung dieses Abschnitts und verbinden Sie das **„*a*"** von $f(x) = ax^2$ mit „Maßstab auf der *y*-Achse".

Wir behaupten: „Man wähle als Maßstab auf der *x*-Achse: **1 cm = „1"**, als Maßstab auf der *y*-Achse: **1 cm = *a***, dann hat der Graph die Form der Normalparabel".

Allerdings benötigt nun jeder Graph sein „persönliches" Koordinatensystem, falls unterschiedliche „*a*" auftreten.

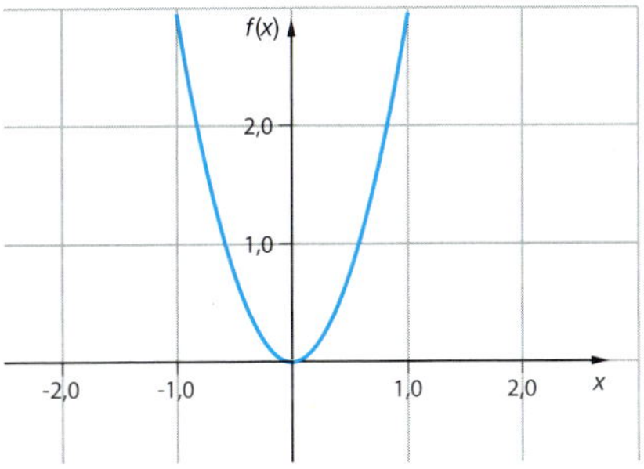

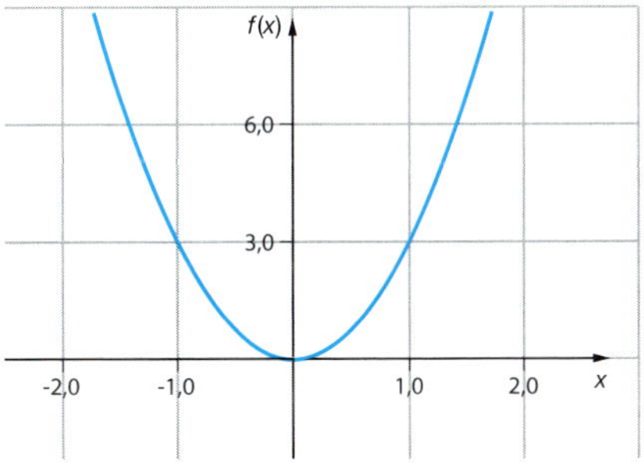

Abb. 3.68: $f(x) = 3x^2$ mit unterschiedlichen Maßstäben auf der y-Achse.
x-Maßstab für beide: 1 Kästchen = 1, y-Maßstab: linke Figur: 1 K. = 1, rechte Figur: 1 K. = 3!

Übungen

1. Geben Sie eine Funktionsgleichung an, sodass:
   a) die Parabel nach oben geöffnet und schlanker als die Normalparabel ist.
   b) die Parabel nach oben geöffnet und breiter als die Normalparabel ist.
   c) die Parabel nach unten geöffnet und sehr breit ist.
   d) die Parabel nach unten geöffnet und sehr schlank ist.

[1] *Parameter: Eine Größe, die innerhalb einer Aufgabe konstant gehalten wird, aber sonst unterschiedliche Werte annimmt!*

2. Beschreiben Sie Form und Öffnungsrichtung der durch die folgenden Funktionsgleichungen bestimmten Parabeln.

   a) $f(x) = -2x^2$ b) $f(x) = \frac{2}{3}x^2$ c) $f(x) = -\frac{1}{2}x^2$ d) $f(x) = \frac{3}{2}x^2$

3. Eine Gruppe junger Künstler wurde aufgefordert, einen Entwurf für ein „Kunstwerk am Bau", dem Neubau der Mathematikfakultät der TU München, einzureichen. Von den acht eingereichten Modellen erhielt das Künstlerteam BRUNNER und RITZ den Zuschlag für seine parabelförmige Rutsche. Die beiden Parabeläste schwingen sich aus 13 m Höhe in die Fußgängerebene.

   Zur Anfertigung einer Architekturzeichnung benötigen Sie die Funktionsgleichung der Parabel in der Projektion auf die Wand (Aufriss). Um die Bestimmung der Gleichung möglichst einfach zu machen, legen Sie den Ursprung des Koordinatensystems in den Scheitelpunkt der Parabelrutsche (dort befindet sich auch der Ausstieg). Die x-Achse legen Sie entlang der Magistralen[1], die y-Achse dazu senkrecht in die Höhe. Damit reduziert sich die Funktionsgleichung auf die Form: $y = a \cdot x^2$.

   Die Einstiegspunkte in die Rutsche liegen in 13 m Höhe. Sie sind 20 m auseinander.

   Bestimmen Sie nun die gesuchte Funktionsgleichung. (Tipp: Fertigen Sie eine maßstäbliche Skizze an und tragen Sie dort die angegebenen Maße ein.)

3.2.4.3 Verschiebung der Normalparabel

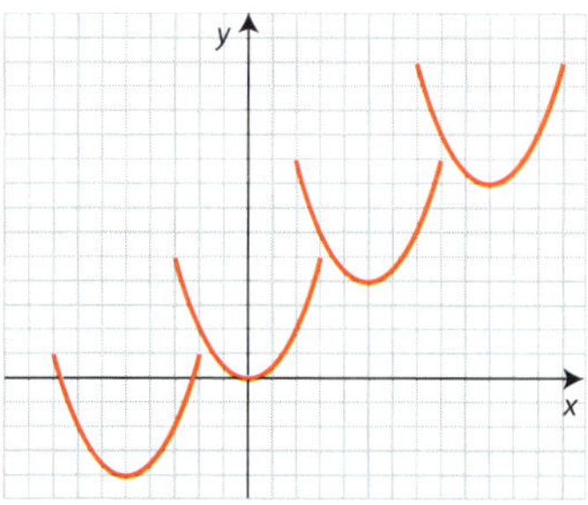

Abb. 3.65: Verschobene Normalparabeln

In der nebenstehenden Abbildung bleibt die Form der Normalparabel erhalten, die Lage der einzelnen Scheitelpunkte ändert sich und ist nun nicht mehr im Koordinatenursprung.

In diesem Kapitel werden Sie lernen, wie die Funktionsgleichungen der verschobenen Parabeln zu bestimmen sind. Außerdem lernen Sie jede beliebige Parabel-Funktionsgleichung so umzuformen, dass Sie den Scheitelpunkt ablesen und ohne weiteren Aufwand die Nullstellen berechnen können.

Beginnen wir mit der Bestimmung der Funktionsgleichung einer verschobenen Normalparabel:

[1] *Magistrale (lat.): Hauptverkehrslinie*

Es ist Ihnen bekannt, dass durch Veränderung des Standpunkts bestimmte Dinge „anders“ aussehen.

Fotoaufnahmen bei verschiedenen Beleuchtungssituationen. Wenn Sie von einem hohen Turm sehen, sind unten die Menschen ganz klein, schauen Sie aus einem fahrenden Zug, rast draußen die Landschaft vorbei, kommt die minderjährige Tochter um 23.30 Uhr nach Hause, meint sie, es sei „noch zu früh“, der strenge Papa dagegen „viel zu spät“.

Wir ändern jetzt den „mathematischen Standpunkt“.

Eine Normalparabel ist um 4 Einheiten nach rechts und um 6 Einheiten nach oben verschoben. Im Scheitelpunkt $S(4|6)$ wird ein neues Koordinatensystem gezeichnet. Da $x|y$ schon vergeben sind, wählen wir $\boldsymbol{u}$ und $\boldsymbol{v}$.

Im neuen System können wir die Funktionsgleichung sofort hinschreiben, es gilt $\boldsymbol{v = u^2}$. Der Standortwechsel hat sich also gelohnt, wir haben eine einfache Funktionsgleichung erhalten! Leider sind wir nicht fertig, denn eigentlich wollen wir ja im $x|y$-System bleiben. Schauen wir etwas genauer hin: Dort, wo $u = 0$ gilt, ist $x = 4$, bei $u = 2$ ist $x = 6$; denn das neue System wurde ja um 4 nach rechts verschoben.
Allgemein gilt: $x = u + 4 \rightarrow \boldsymbol{u = x - 4}$.

Betrachten Sie die Ordinaten! Sie erhalten:
$\boldsymbol{v = y - 6}$.

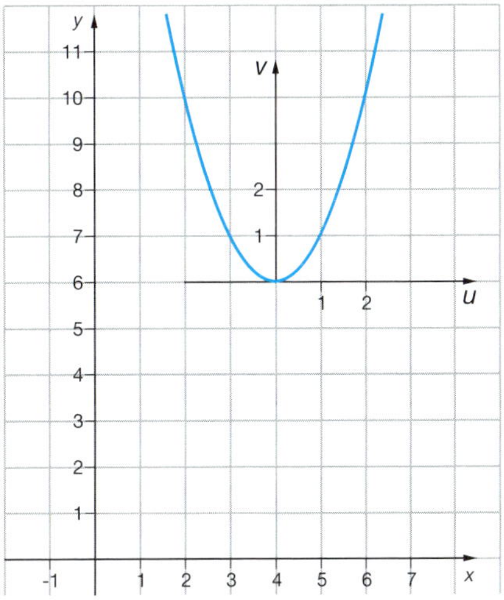

Abb. 3.66: Ein neues Achsensystem $u|v$

Wir setzen ein und erhalten: $\boldsymbol{v = u^2 \rightarrow y - 6 = (x - 4)^2}$. Das ist die **Scheitelpunktform** der Normalparabel, die um **4** Einheiten nach rechts und um **6** Einheiten nach oben verschoben wurde. Die Koordinaten des Scheitelpunkts können Sie in der Funktionsgleichung einfach ablesen $S(4|6)$.

Definition

Die Darstellung einer quadratischen Funktion in der Form

$$\boldsymbol{y - y_S = (x - x_S)^2}$$

heißt **Scheitelpunktform** der Parabel mit dem Scheitel $S(x_S|y_S)$.

Man kann natürlich die Klammer ausmultiplizieren, erhält dann:

$$\boldsymbol{y = x^2 - 8x + 22}$$

und nennt das **Summenschreibweise**.
Doch nun erkennt man die Lage des Scheitels nicht mehr! Leider wird diese Summenschreibweise häufiger verwendet als die Scheitelpunktform. Deshalb nennt man sie manchmal auch **Normalform**.

Sie haben sicher bereits bemerkt, dass man zur Umwandlung von der Scheitelpunktform in die Summenschreibweise die **binomischen Formeln** benötigt:

Merksatz

$(a + b)^2 = a^2 + 2ab + b^2$ 1. binomische Formel
$(a - b)^2 = a^2 - 2ab + b^2$ 2. binomische Formel

Definition Die Darstellung der Funktionsgleichung in der Form $y = x^2 + bx + c$ heißt **Summenschreibweise**.

Aufgabe 1

1. Der Scheitel einer Normalparabel $S(2|3)$ ist bekannt. Geben Sie die Funktionsgleichung in Scheitelpunktform an.
2. Eine Normalparabel ist um 1 Einheit nach links und um 2 Einheiten nach unten verschoben. Zeichnen Sie den Graphen und geben Sie die Funktionsgleichung in beiden Formen an.
3. Der Scheitel einer Normalparabel hat die Koordinaten $S(-3|-4)$. Zeichnen Sie den Graphen und bestimmen Sie die Funktionsgleichung in beiden Darstellungen.
4. Eine Parabel ist durch die Funktionsgleichung $y = (x + 5)^2 - 8$ bestimmt. Geben Sie den Scheitel dieser Parabel an.
5. Eine Parabel ist durch die Funktionsgleichung $y = (x^2 + 2x + 1) + 2$ bestimmt. Ermitteln Sie den Scheitel.

Beispiel:

Ein Ornament aus der Grundform der Normalparabel wird durch folgende Funktionsgleichung beschrieben. Es soll skizziert werden.

$$y - 2k = (x - 3k)^2;\ k \in \mathbb{N}$$

Zunächst fällt auf, dass neben den beiden Funktionsvariablen x und y noch eine weitere Variable k auftritt. Man nennt sie **Parameter**. Sie dient dazu, ähnliche Funktionsgleichungen gleichsam unter einem Oberbegriff zusammenzufassen. Setzt man für k nacheinander beliebige natürliche Zahlen ein, erhält man unendlich viele Funktionsgleichungen. Man nennt so etwas **Funktionenschar**. Ihre Graphen bilden ein unendlich fortlaufendes Ornament.

Um dieses Ornament zu skizzieren, zeichnen Sie z. B. die Graphen der ersten vier Funktionen aus der Schar. Dazu setzen Sie für den (Schar-)Parameter k nacheinander die Werte 0, 1, 2 und 3 ein.

$k = 0$:	$y - 2 \cdot 0 = (x - 3 \cdot 0)^2$;	$y = x^2$	$S(0\|0)$
$k = 1$:	$y - 2 \cdot 1 = (x - 3 \cdot 1)^2$;	$y - 2 = (x - 3)^2$	$S(3\|2)$
$k = 2$:	$y - 2 \cdot 2 = (x - 3 \cdot 2)^2$;	$y - 4 = (x - 6)^2$	$S(6\|4)$
$k = 3$:	$y - 2 \cdot 3 = (x - 3 \cdot 3)^2$;	$y - 6 = (x - 9)^2$	$S(9\|6)$

Damit lassen sich die Graphen leicht zeichnen und Sie erhalten folgende Skizze des Ornaments:

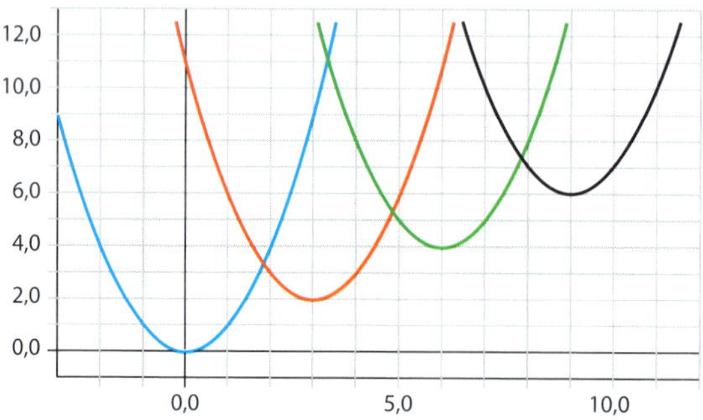

Abb. 3.67

Sie haben nun an der Normalparabel Formänderungen und Verschiebungen (Reihung) vorgenommen. Beide Prozesse zusammengenommen führen zum Gestaltungsprinzip Reihung mit Variation oder in der mathematischen Darstellung zur allgemeinen Funktionsgleichung einer quadratischen Funktion.

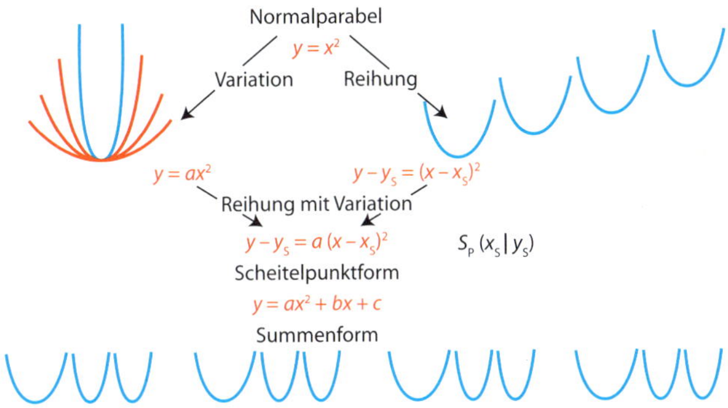

Abb. 3.68

Definition

Die Darstellung einer quadratischen Funktion in der Form

$$\boldsymbol{y - y_S = a(x - x_S)^2}$$

heißt **allgemeine Scheitelpunktform**. Die Darstellung

$$y = ax^2 + bx + c$$

heißt **allgemeine Summenschreibweise.** $a, b, c \in \mathbb{R} \wedge a \neq 0$

Liegt eine quadratische Funktion in der Scheitelpunktform vor, können Sie sowohl den Scheitelpunkt ablesen, als auch die Form des Graphen beschreiben. Darüber hinaus gelingt es sehr leicht, die Nullstellen zu bestimmen und den Graphen zu skizzieren.

Aufgabe 2

Der Haltebogen der Kölnarena (heutiger Name: Lanxessarena) weist eine Parabelform auf. Er hat eine Spannweite von 180 m. Seine Scheitelhöhe beträgt 76 m. Bestimmen Sie die Funktionsgleichung des Haltebogens in einem Koordinatensystem, dessen Ursprung genau unter dem Bogenscheitel liegt. Die x-Achse verbindet horizontal die beiden Bogenarme. Die y-Achse verläuft senkrecht in die Höhe und durch den Scheitelpunkt.

a) Fertigen Sie eine maßstäbliche Skizze des Haltebogens in diesem Koordinatensystem an.

b) Bestimmen Sie den Scheitelpunkt der Parabel.

c) Geben Sie die Funktionsgleichung an.

d) Welche Höhe erreicht der Haltebogen, wenn man von einem Fußpunkt aus 10 m nach innen geht?

Hinweis So zeichnen Sie eine verschobene und gestreckte bzw. gestauchte Parabel ohne eine Wertetabelle berechnen zu müssen (vgl. Abb. 3.69).

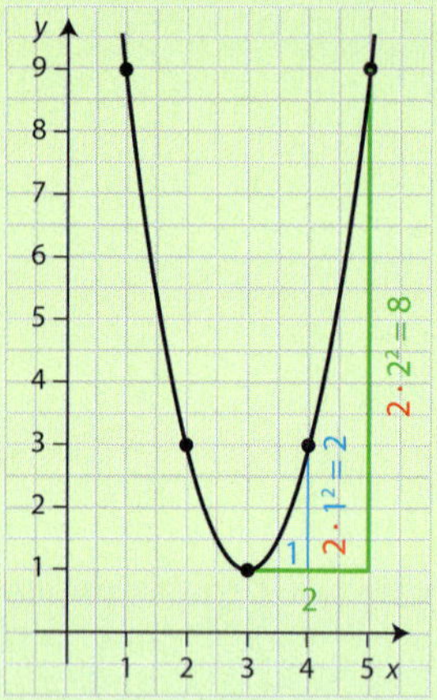

Abb. 3.69: $y - 1 = 2(x - 3)^2$
gestreckte Parabel

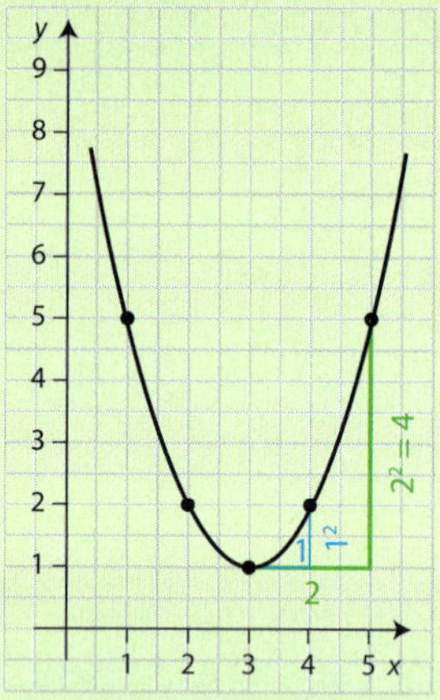

$y - 1 = (x - 3)^2$
Normalparabel

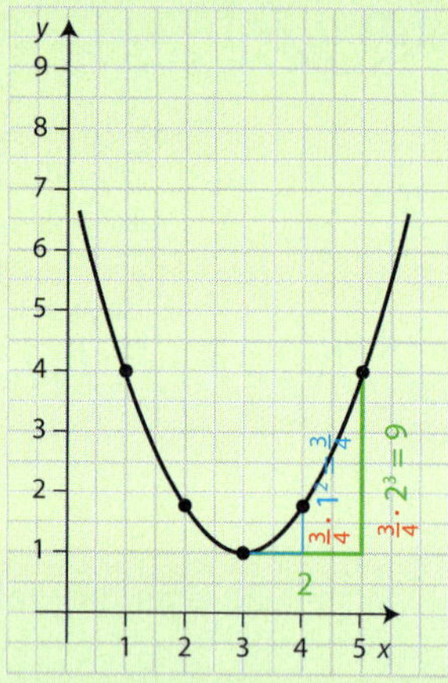

$y - 1 = \frac{3}{4}(x - 3)^2$
gestauchte Parabel

1. Scheitelpunkt ins Koordinatensystem eintragen.
2. Vom Scheitelpunkt 1 Einheit nach rechts in Richtung der x-Achse gehen. Für die verschobene Normalparabel dann 1 Einheit nach oben in y-Richtung, denn $1^2 = 1$ ($y = x^2$). Für die gestreckte Parabel 2 Einheiten in y-Richtung nach oben, denn $2 \cdot 1^2 = 2$ ($y = 2x^2$). Für die gestauchte Parabel entsprechend $\frac{3}{4}$ Einheiten nach oben, denn $\frac{3}{4} \cdot 1^2 = \frac{3}{4}\left(y = \frac{3}{4}x^2\right)$. Den jeweiligen Punkt ins Koordinatensystem eintragen.
3. Vom Scheitelpunkt 2 Einheiten nach rechts. Dann geht es für die Normalparabel $2^2 = 4$ Einheiten nach oben, für die gestreckte $2 \cdot 2^2 = 8$ Einheiten nach oben und für die gestauchte $\frac{3}{4} \cdot 2^2 = 3$ Einheiten nach oben. Den jeweiligen Punkt in das Koordinatensystem eintragen.
4. Das Ganze machen Sie auch links vom Scheitelpunkt.
5. Nun haben Sie für die jeweilige Parabel 5 Punkte. Damit sollte es Ihnen als Gestalterin oder als Gestalter gelingen, die Parabel zu zeichnen.

Übungen

1. Die Scheitel von verschobenen Normalparabeln sind gegeben. Bestimmen Sie die Funktionsgleichung in beiden Darstellungsformen
   a) $S(2|-0,5)$ b) $S\left(\frac{1}{2}\middle|\frac{3}{4}\right)$ c) $S(-4|12)$ d) $S(0|-5)$ e) $S(-5|0)$
2. Geben Sie die Funktionsgleichungen der Graphen aus Abb. 3.65 an.
3. Der Scheitel einer nach unten geöffneten quadratischen Parabel hat die Koordinaten $S(-1|1)$. $|a| = 0,5$. Gesucht ist die Funktionsgleichung in der Summenschreibweise.
4. Eine Normalparabel wird um 6 Einheiten nach rechts und um 3 Einheiten nach unten verschoben. Anschließend wird sie um den Faktor 4 gestreckt. Geben Sie die Funktionsgleichung in beiden Schreibweisen an und skizzieren Sie den Funktionsgraphen.
5. Skizzieren Sie die durch folgende Funktionsgleichungen beschriebenen Ornamente:
   a) $y - 1 = 2(x - 2)^2$ $y - 4 = -(x - 4,5)^2$ $y - 1 = 2(x - 7)^2$ $y - 4 = -(x - 9,5)^2$
   b) $y - 2 = (-1)^k \cdot (x - 2k)^2$

3.2.4.4 Berechnung der Nullstellen

Schon von den linearen Funktionen wissen Sie, dass die **Nullstellen** von besonderer Bedeutung sein können.

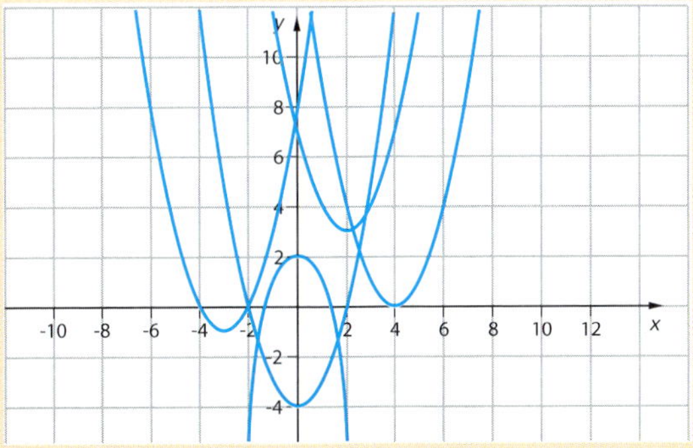

Aufgabe 1

Analysieren Sie die verschobenen Parabeln in Abb. 3.70 und machen Sie wahre Aussagen in der Form: „Wenn der Scheitel einer nach oben geöffneten Parabel ... liegt, dann existieren ... Nullstellen".

Abb. 3.70: Verschobene Normalparabeln

Ihre Überlegungen führen zu folgendem Satz:

Satz

Eine quadratische Funktion kann keine, eine oder zwei Nullstellen haben.

Beispiel 1

Die Nullstellen der durch folgende Funktionsgleichung gegebenen Funktion sollen bestimmt werden.

$$y + 4 = (x - 3)^2$$

Versuchen wir zunächst eine **graphische Lösung**.

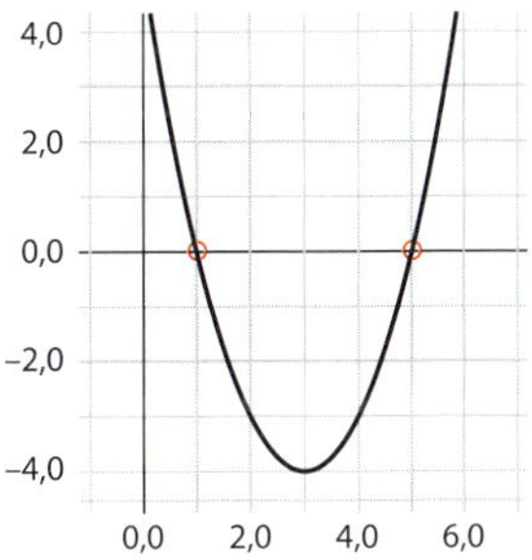

Abb. 3.71

Aus der Funktionsgleichung lesen Sie den Scheitelpunkt zu $S(3|-4)$ ab. Es handelt sich um eine Normalparabel, die um 3 Einheiten nach rechts und um 4 Einheiten nach unten verschoben ist. Mithilfe der Schablone ist sie schnell gezeichnet. Aus der Graphik bestimmen Sie die Nullstellen zu: $x_{01} = 1$ und $x_{02} = 5$.

Damit haben Sie einen gewissen Überblick der Situation geschaffen.

Für ein genaues Ergebnis führen wir nun die **rechnerische Bestimmung** der Nullstellen aus:

Auch bei den quadratischen Funktionen lautet der Ansatz zur Nullstellenberechnung wieder:

$$\mathbf{y = 0}$$

Damit wird aus der Funktionsgleichung:

$4 = (x - 3)^2 \quad |\sqrt{\ }$

$2 = |x - 3|$

Nun müssen Sie zwei Fälle unterscheiden. Wenn der Term $x - 3 \geq 0$ ist, können Sie die Betragsstriche einfach weglassen. Wenn der Ausdruck negativ ist, müssen wir ihn durch Multiplikation mit -1 zunächst positiv machen, um die Betragsstriche weglassen zu können.

1. Fall: $x - 3 \geq 0$:

$2 = x - 3 \quad |+3$

$\mathbf{5 = x_{01}}$

2. Fall: $x - 3 < 0$:

$2 = -(x - 3)$

$2 = -x + 3 \quad |-3$

$-1 = -x \quad |\cdot(-1)$

$\mathbf{1 = x_{02}}$

In welcher Reihenfolge Sie die Nullstellen auflisten, ist unerheblich.

Reflexion Warum stehen nach dem Wurzelziehen auf der rechten Gleichungsseite Betragsstriche?

Beispiel 2

Die Nullstellen der durch folgende Funktionsgleichung gegebenen Funktion sollen bestimmt werden.

$$y + 3 = 3(x + 2)^2$$

Ansatz: $y = 0$

$$3 = 3(x + 2)^2 \quad |:3$$

$$1 = (x + 2)^2 \quad |\sqrt{\ }$$

1. Fall: $x + 2 \geq 0$:

$1 = x + 2 \quad |-2$

$\mathbf{-1 = x_{01}}$

2. Fall: $x + 2 < 0$:

$1 = -(x + 2)$

$1 = -x - 2 \quad |+2$

$3 = -x \quad |\cdot(-1)$

$\mathbf{-3 = x_{02}}$

Aufgabe 2 **Parabelkirche**

Die Heilig Kreuz Kirche in Gelsenkirchen ist ein Beispiel der Sakralarchitektur des Expressionismus. Sie entstand zwischen 1927 und 1929 nach Entwürfen des Architekten Josef Franke[1]. Franke verwendete bei der Formgebung als wesentliches Gestaltungselement die Parabel. Das Mittelschiff besteht aus einer 19 m hohen und 17 m breiten Parabeltonne (vgl. Abb.).

Abb. 6.72: Parabelkirche

a) Zur Konstruktion des Tonnengewölbes müssen Schablonen angefertigt werden. Dazu benötigt man die Funktionsgleichung der Parabel.
Legen Sie ein Koordinatensystem mit der *x*-Achse in die Mittelachse des Hauptschiffs. Die *y*-Achse dazu senkrecht, sodass sie durch den Scheitel der Parabel verläuft. Geben Sie die Funktionsgleichung in Scheitelpunkt- und Normalform an.

b) Die Wandöffnung zum Altar hat ebenfalls Parabelform. Gemessen im Koordinatensystem aus Teilaufgabe a) wurde dazu die Normalparabel um 1,5 m nach rechts und um 16 m nach oben verschoben. Außerdem wurde sie um den Faktor $\frac{4}{9}$ gestaucht.
Geben Sie die Funktionsgleichung dieser Parabel an.
Wie breit ist der Durchgang am Boden?

Übungen

1. Bestimmen Sie graphisch und durch Rechnung die Nullstellen folgender Funktionen
   a) $y + 9 = (x + 2)^2$ b) $y + 3 = (x + 1)^2$ c) $y = (x - 3)^2$ d) $y - 4 = (x - 2)^2$
   e) $y = -(x - 2)^2 + 1$ f) $f(x) = (x + 3)^2 - 4$ g) $f(x) = (x - 4)^2$ h) $y = 4(x + 5)^2 - 4$
2. Die Normalparabel wird um 3 Einheiten nach rechts und um 25 Einheiten nach unten verschoben.
   a) Geben Sie den Scheitelpunkt an.
   b) Geben Sie die Funktionsgleichung in beiden Darstellungsformen an.
   c) Berechnen Sie die Nullstellen.

[1] *Josef Franke; *12. 3. 1876 in Wattenscheid, †16. 1. 1944 in Gelsenkirchen*

3. Die Normalparabel wird um 6 Einheiten nach links und um 4 Einheiten nach unten verschoben und anschließend um den Faktor 4 gestreckt.
   a) Geben Sie den Scheitelpunkt an.
   b) Geben Sie die Funktionsgleichung an.
   c) Bestimmen Sie die Nullstellen.
   d) Geben Sie die Funktionsgleichung auch in Summenschreibweise an.
   e) Zeichnen Sie den Graphen.
   f) Berechnen Sie $f(1)$; $f(-3)$ und $f(0)$.
   g) An welchen Stellen nimmt der Funktionsgraph den Wert 32 an?
   h) Geben Sie die Bereiche an, in denen die Funktionswerte positiv sind.

3.2.4.5 Berechnung der Scheitelpunktform

Meist sind quadratische Funktionen in der Summenschreibweise gegeben. Wenn Sie den Scheitelpunkt bestimmen oder die Nullstellen einfach berechnen wollen, benötigen Sie die Darstellung in der Scheitelpunktform.

In den vorangegangenen Kapiteln haben Sie bemerkt, dass eine Umwandlung der Scheitelpunktform in die Summenschreibweise mithilfe der Binomischen Formeln sehr leicht gelingt. Nun wollen wir den umgekehrten Weg wagen, die Umwandlung der Summenform in die Scheitelpunktform. Also:

gegeben: $\boldsymbol{y = x^2 + bx + c}$ → gesucht: $\boldsymbol{y - y_S = (x - x_S)^2}$

Beispiel 1

- Gegeben: $y = x^2 - 4x - 2$ gesucht: $S(x_S|y_S)$ von $y - y_S = (x - x_S)^2$
  1. „-2" auf die andere Seite: $y + 2 = x^2 - 4x$
     → Wie kann man $\boldsymbol{x^2 - 4x}$ umformen in $(x - x_S)^2$? → Binomische Formel:
     $(x - x_S)^2 = x^2 - \boldsymbol{2x_S x} + x_S{}^2$
  2. Vergleich der Koeffizienten (Vorzahlen) von x:
     → $4 = 2x_S$, also $x_S = 2$
  3. Wir rechnen zurück: $(x - 2)^2 = x^2 - 4x + 2^2$, diese „2" ist „zu viel", deshalb subtrahieren wir sie sofort wieder.
  4. Korrektur: → **quadratische Ergänzung**:
     $x^2 - 4x = (x^2 - 4x + 2^2) - 2^2 = (x - 2)^2 - 4$
  5. Einsetzen: $y + 2 = (x - 2)^2 - 4 \quad |+ 4$
  6. Ergebnis: $y + 6 = (x - 2)^2 \rightarrow \boldsymbol{y - (-6) = (x - 2)^2 \quad S(2|-6)}$

  Nochmal?

- Gegeben: $\boldsymbol{y = x^2 + 6x - 5}$. Gesucht: Scheitelpunktform und Scheitel $S(x_S|y_S)$.
  1. -5 auf die linke Seite, Koeffizient von x umformen:
     → $y + 5 = x^2 + 2 \cdot 3x$
  2. In Binom umformen, quadratische Ergänzung: $y + 5 = (x^2 + 2 \cdot 3x + 3^2) - 3^2$
     $y + 5 = (x + 3)^2 - 9$
  3. -9 auf die andere Seite und auf die Form $y - y_S = (x - x_S)^2$ bringen:
     $y + 14 = (x + 3)^2$
     $\boldsymbol{y - (-14) = (x - (-3))^2 \quad S(-3|-14)}$

Ohne Kommentar:

– Gegeben: $y = x^2 + 1x + 1$.

Gesucht: Scheitelpunktsform und Koordinaten des Scheitels.

$y - 1 = x^2 + x \rightarrow y - 1 = x^2 + 2 \cdot 0{,}5x + 0{,}5^2 - 0{,}5^2 \rightarrow$
$y - 1 = (x + 0{,}5)^2 - 0{,}25 \rightarrow y - 0{,}75 = (x - (-0{,}5))^2$;
$S(-0{,}5\,|\,0{,}75)$

Wenn der Formfaktor $a \neq 1$ ist, wird die Umwandlung nicht wirklich schwerer. Wir müssen nur einen weiteren Schritt in den Umwandlungsprozess einfügen.

Beispiel 2

Beschreiben Sie den Graphen von $y = \mathbf{2}x^2 - 6x + \mathbf{4}$. Geben Sie bitte die Form, die Öffnungsrichtung und den Scheitel an.

Zunächst bringen wir, wie gewohnt, die **4** auf die andere Seite und erhalten

$y - 4 = 2x^2 - 6x$.	Die „**2**" vor dem x^2 stört, **wir klammern aus**!
$y - 4 = 2\,[x^2 - 3x]$.	Nun kümmern wir uns um die eckige Klammer und wählen dort die Binomschreibweise.
$y - 4 = 2\,[(x - 1{,}5)^2 - 2{,}25]$	In der eckigen Klammer muss die quadratische Ergänzung $(-2{,}25)$ notiert werden. **Ausmultiplizieren**:
$y - 4 = 2\,(x - 1{,}5)^2 - 4{,}5 \quad \vert + 4{,}5$	Ordnen
$y + 0{,}5 = 2\,(x - 1{,}5)^2$	Besser: $\mathbf{y - (-0{,}5) = 2\,(x - 1{,}5)^2}$
	Nach **oben** geöffnet, **enger** als die Normalparabel, $\mathbf{S(1{,}5\,\vert\,-0{,}5)}$.

Das nächste Beispiel rechnen wir unkommentiert, rechnen Sie Schritt für Schritt mit und begründen Sie Zeile für Zeile das Vorgehen.

$y = -0{,}5x^2 + x - 3$
$y + 3 = -\,0{,}5x^2 + x$
$y + 3 = -\,0{,}5\,[x^2 - 2x]$
$y + 3 = -\,0{,}5\,[(x - 1)^2 - 1]$
$y + 3 = -\,0{,}5\,(x - 1)^2 + 0{,}5$
$y + 2{,}5 = -\,0{,}5\,(x - 1)^2$
$y - (-2{,}5) = -\,0{,}5\,(x - 1)^2$ — nach **unten** geöffnet, **weiter** als die Normalparabel $\mathbf{S(1\,|\,-2{,}5)}$.

Zum Weiterarbeiten

Berechnung der Funktionsgleichung aus drei Punkten

Beispiel 3

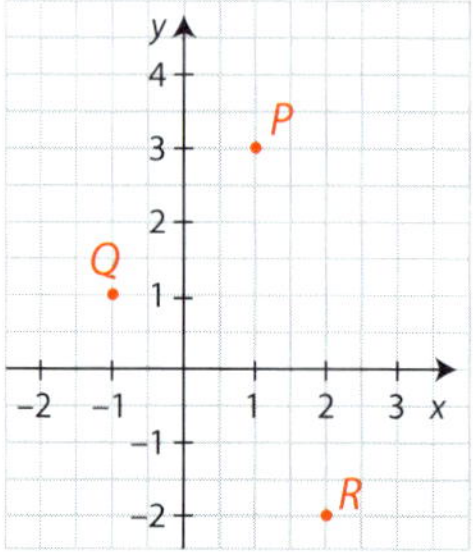

Abb. 3.73

Die drei Punkte $P(1\,|\,3)$, $Q(-1\,|\,1)$ und $R(2\,|\,-2)$ sollen durch eine Parabel verbunden werden. Gesucht ist die Funktionsgleichung dieser Parabel.

Zunächst verschaffen wir uns einen Überblick, indem wir die drei Punkte in ein Koordinatensystem eintragen. Sie erkennen bereits, dass die Parabel nach unten geöffnet sein muss.

Es ist die Gleichung einer quadratischen Funktion gesucht. Also machen wir den Ansatz:

$$f(x) = ax^2 + bx + c$$

Nun müssen wir nur noch die drei Unbekannten a, b und c bestimmen. Sie wissen bereits, dass man dafür drei Gleichungen benötigt (→ Kap. 3.2.3). Es sind drei Punkte gegeben. Wenn man die jeweils in die Funktionsgleichung aus unserem Ansatz einsetzt, sollten sich die drei benötigten Gleichungen ergeben.

$$\begin{array}{llllll} P(1|3): & 3 = a \cdot 1^2 & + b \cdot 1 & + c \\ Q(-1|1): & 1 = a \cdot (-1)^2 & + b \cdot (-1) & + c \\ R(2|-2): & -2 = a \cdot 2^2 & + b \cdot 2 & + c \end{array}$$

Ausgerechnet und sortiert ergibt sich das Gleichungssystem:

$$\begin{array}{lrcl} \text{I} & 3 &=& a + b + c \\ \text{II} & 1 &=& a - b + c \\ \text{III} & -2 &=& 4a + 2b + c \end{array}$$

$$\begin{array}{lrcl} \text{I}' = \text{I} + \text{II} & 4 &=& 2a + 2c \\ \text{II}' = 2 \cdot \text{II} + \text{III} & 0 &=& 6a + 3c \end{array}$$

$$\begin{array}{lrcl} -3 \cdot \text{I}' + \text{II}' & -12 &=& -3c \quad |:(-3) \\ & \mathbf{4} &=& \mathbf{c} \end{array}$$

einsetzen z.B. in II′ $\quad 0 = 6a + 12$

$$\mathbf{-2 = a}$$

a und c einsetzen in I $\quad 3 = -2 + b + 4$

$$\mathbf{1 = b}$$

Die gesuchte Funktionsgleichung lautet also:

$$f(x) = -2x^2 + x + 4$$

Übungen

1. Verwandeln Sie die quadratischen Funktionen in die Scheitelpunktschreibweise und geben Sie den Scheitel an.
   a) $y = x^2 - 8x - 1$ b) $x = x^2 - y + 5$ c) $1 - x + x^2 = y + 2$
   d) $y = x^2 + 2$ e) $y = x^2 - \frac{1}{2}x + \frac{1}{4}$

2. Verwandeln Sie die quadratischen Funktionen in die Scheitelpunktschreibweise und geben Sie den Scheitel an.
   a) $y - 2 = x^2 - x + 1$ b) $y = 1 - x - x^2$ c) $y = -0{,}2x^2 - x + 0{,}2$
   d) $x - y = 1 - x^2 + 2x$ e) $y = x - x^2$ f) $x - y = (x - 1)^2$
   g) $0{,}5y = 2x^2 - x + 1$

3. Beschreiben Sie die Form und Öffnung des Graphen, geben Sie den Scheitelpunkt an und skizzieren Sie den Graphen. Bestimmen Sie auch die Nullstellen.
   a) $y = (x - 1)(x - 4)$ b) $y = 2(x - 2)(x + 1)$

4. Bestimmen Sie die Funktionsgleichung der Parabel, die durch die drei angegebenen Punkte verläuft.
   a) $P(1|-5)\quad Q(-1|3)\quad R(-2|-3)$ b) $P(0|5)\quad Q(1|3)\quad R\left(\frac{1}{2}\middle|4\frac{3}{4}\right)$

3.2.4.6 Quadratische Gleichungen

In der Klasse 10 haben Sie sich bereits mit quadratischen Gleichungen beschäftigt, einige von Ihnen denken sofort an „quadratische Ergänzung", andere an die *„p-q-Formel"*, und manche glauben immer noch, „das ist aber schwierig!", dabei haben Sie in diesem Kurs bereits alle notwendigen Teilaufgaben erledigt!

Die allgemeine quadratische Gleichung hat die Form

$\mathbf{0 = ax^2 + bx + c}$, dabei sind a, b, c als Konstanten gegeben, x ist gesucht.

Sie kennen diese Gleichung schon. So haben Sie erfolgreich die Nullstellen quadratischer Funktionen berechnet. Quadratische Gleichungen zu lösen ist also nur ein anderer Aspekt des gleichen Problems.

Bei der Nullstellenberechnung haben Sie die Lösung durch die quadratische Ergänzung gefunden. Dieses Verfahren können Sie natürlich auch zur Lösung quadratischer Gleichungen verwenden.

Beispiel

$\mathbf{0 = x^2 - 4x - 5}$

$5 = x^2 - 4x$

$5 = (x^2 - 4x + 2^2) - 2^2$ quadratische Ergänzung einfügen

$5 = (x - 2)^2 - 4$

$9 = (x - 2)^2$

$9 = (x - 2)^2$ |Auf beiden Seiten die Wurzel ziehen:

$3 = |(x - 2)|$

1. Fall: $x - 2 \geq 0$

$3 = x - 2$

$\mathbf{x_{01}} = 5$ x_{01}: lies „x-null-eins", d. h. die erste Lösung

2. Fall: $x - 2 < 0$

$3 = -(x - 2)$

$-3 = x - 2$

$\mathbf{x_{02}} = -1$

Es gibt zwei Lösungen. Die Lösungsmenge ist: $\mathbb{L}$ = **{−1; 5}**

Zweites Beispiel, ohne Kommentar: → Bitte jeden Rechenschritt in Gedanken nachvollziehen und begründen!

$\mathbf{0 = 2x^2} + 8x - \mathbf{24}$ $|+ 24$

$24 = 2x^2 + 8x$ $|: 2$

$12 = x^2 + 4x + 2^2 - 2^2$

$12 = (x + 2)^2 - 4$ $|+ 4$

$16 = (x + 2)^2$

$4 = |(x + 2)|$

1. Fall: $(x + 2) \geq 0$

$4 = x + 2$

$\mathbf{x_{01} = 2}$

2. Fall: $(x + 2) < 0$

$4 = -(x + 2)$ $|\cdot (-1)$

$-4 = x + 2$

$\mathbf{x_{02} = -6}$

Lösungsmenge: $\mathbb{L}$ = **{−6; 2}**

Drittes Beispiel

Lösen Sie die quadratische Gleichung $\mathbf{0{,}5x^2} + 4\mathbf{x} + \mathbf{12} = \mathbf{0}$.

Kommentieren Sie jeden Rechenschritt!

$x^2 + 8x + 24 = 0$

$x^2 + 8x + 4^2 - 4^2 = -24$

$(x + 4)^2 - 16 = -24$

$(x + 4)^2 = -8$ $|\sqrt{\ }$

$|(x + 4)| = \sqrt{-8}$ Es gibt **keine** Lösung!

→ Veranschaulichen Sie diesen Sachverhalt durch die Untersuchung von $y = 0{,}5x^2 + 4x + 12$ (wo liegt der Scheitel, wohin ist die Parabel geöffnet, kann es Nullstellen geben?).

Es spricht nichts dagegen quadratische Gleichungen mithilfe der quadratischen Ergänzung zu lösen. Nachfolgend werden wir eine Lösungsformel herleiten, die Sie sicher bereits unter dem Namen *p-q*-Formel kennen. Sie können dann selbst entscheiden, welches Verfahren Sie zur Lösung quadratischer Gleichungen verwenden wollen.

Ausgangsgleichung:

$$ax^2 + bx + c = 0 \quad |:a$$
$$x^2 + \left(\frac{b}{a}\right)x + \left(\frac{c}{a}\right) = 0$$

Die Brüche müssen weg, sie sind umständlich zu schreiben, deshalb nennen wir $\frac{b}{a} = p, \frac{c}{a} = q$. Nun heißt die Gleichung:

$$x^2 + px + q = 0 \quad |-q\text{, wie gewohnt}$$
$$x^2 + px = -q \quad |\text{Binom erzeugen, wie immer!}$$
$$x^2 + px + \left(\frac{p}{2}\right)^2 - \left(\frac{p}{2}\right)^2 = -q$$
$$\left(x + \left(\frac{p}{2}\right)\right)^2 - \left(\frac{p}{2}\right)^2 = -q \quad \left|+\left(\frac{p}{2}\right)^2\right.$$
$$\left(x + \frac{p}{2}\right)^2 = \left(\frac{p}{2}\right)^2 - q \quad |\text{Wurzel ziehen}$$
$$\left|x + \frac{p}{2}\right| = \sqrt{\left(\frac{p}{2}\right)^2 - q}$$

1. Fall: $x + \frac{p}{2} \geq 0$

$$x + \frac{p}{2} = \sqrt{\left(\frac{p}{2}\right)^2 - q} \quad \left|-\frac{p}{2}\right.$$
$$x_1 = -\frac{p}{2} + \sqrt{\left(\frac{p}{2}\right)^2 - q}$$

2. Fall: $\left(x + \frac{p}{2}\right) < 0$

$$-\left(x + \frac{p}{2}\right) = \sqrt{\left(\frac{p}{2}\right)^2 - q} \quad |\cdot(-1)$$
$$x + \frac{p}{2} = -\sqrt{\left(\frac{p}{2}\right)^2 - q} \quad \left|-\frac{p}{2}\right.$$
$$x_2 = -\frac{p}{2} - \sqrt{\left(\frac{p}{2}\right)^2 - q}$$

Kurzschreibweise der **p-q-Formel**:

$$\mathbf{x_{1;2} = -\frac{p}{2} \pm \sqrt{\left(\frac{p}{2}\right)^2 - q}}$$

Achtung, die p-q-Formel ist nur anwendbar, wenn die quadratische Gleichung in der Normalform $0 = x^2 + px + q$ vorliegt. (D.h., vor dem x^2 muss eine 1 stehen). **Merksatz**

Der Ausdruck unter der Wurzel, $\left(\frac{p}{2}\right)^2 - q$, wird **Diskriminante *D*** genannt.

Wir haben bereits festgestellt, dass quadratische Gleichungen nur ein anderer Aspekt des Problems *Nullstellen quadratischer Funktionen* sind (algebraischer bzw. funktionaler Aspekt des gleichen Problems). Deshalb kann man über die Anzahl der möglichen Lösungen quadratischer Gleichungen eine analoge Aussage treffen wie zu der Anzahl möglicher Nullstellen quadratischer Funktionen.

Eine quadratische Gleichung kann keine, eine oder zwei Lösungen haben. **Merksatz**

Wie viele Lösungen eine gegebene quadratische Gleichung hat, erkennen Sie an der Diskriminante:

$D < 0$	Es gibt keine Lösung.
$D = 0$	Es gibt genau eine Lösung.
$D > 0$	Es gibt zwei Lösungen.

Beispiel

Lösen Sie die quadratische Gleichung $\mathbf{0{,}2x^2 - x - 4 = 0}$ mit der p-q-Formel.

Vor dem x^2 muss eine „1" stehen, deshalb durch 0,2 teilen!

$x^2 - 5x - 20 = 0 \rightarrow p = -5;\ q = -20;$

$x_1 = 2{,}5 + \sqrt{6{,}25 + 20}$

$x_1 = 2{,}5 + \sqrt{26{,}25} \approx \mathbf{7{,}62}$

$x_2 = 2{,}5 - \sqrt{26{,}25} \approx \mathbf{-2{,}62}$

$\mathbb{L} = \{2{,}5 - \sqrt{26{,}25};\ 2{,}5 + \sqrt{26{,}25}\}$

1. Sonderfall: $x^2 + px = 0 \rightarrow q = 0$

Natürlich können Sie die p-q-Formel benutzen und $q = 0$ einsetzen, es geht aber noch einfacher!

Klammern Sie x aus! Sie erhalten:

$\mathbf{0 = x(x + p)}$ → Ein Produkt ist aber nur dann gleich **„0"**, wenn mindestens ein Faktor „0" ist (vgl. 2.3.3). Also gilt:

$\mathbf{x_1 = 0}$ oder $x_2 + p = 0$ → $\mathbf{x_2 = -p}$

2. Sonderfall: $x^2 + q = 0 \quad \rightarrow p = 0$

Auch in diesem Fall ist die Lösung schneller zu erzielen, ohne die p-q-Formel anzuwenden:

$x^2 - 9 = 0 \quad |+9$

$x^2 = 9 \quad |\sqrt{}$

$|x| = 3$

$\mathbf{x_1} = -3 \qquad \mathbf{x_2} = 3$

Zwischen den Lösungen und den Koeffizienten der quadratischen Gleichung besteht ein Zusammenhang:

Satz von Vieta Hat die quadratische Gleichung $0 = x^2 + px + q$ die Lösungen $x_1; x_2$ so gilt:

$x_1 + x_2 = -p \qquad x_1 \cdot x_2 = q$

Natürlich können auch praktische Anwendungen zu quadratischen Gleichungen führen, wir rechnen beispielhaft eine „Textaufgabe".

Beispiel

Mitten auf dem Schulhof befindet sich ein kreisförmiges Blumenbeet, der Radius beträgt genau 2 m. Die SV beantragt, das Beet zu vergrößern, die Schulkonferenz und der Kostenträger stimmen zu und beschließen, die Fläche zu verdoppeln, die Kreisform des Beets soll erhalten bleiben, ebenso der Beetmittelpunkt. Um welchen Betrag muss der Radius verlängert werden?

Es handelt sich um ein geometrisches Problem, deshalb sollte man eine Planungsskizze anfertigen.

Kreisformel: $A = r^2\pi$
Einsetzen: $A_{ALT} = 2^2 \cdot 3{,}14\ m^2 = 12{,}56\ m^2 \rightarrow$
$A_{NEU} = 2A_{ALT} = 25{,}12\ m^2$

Wir rechnen weiterhin in Meter, lassen aber innerhalb der Rechnung die Einheit weg (Techniker und Physiker protestieren jetzt!).

$$(2 + x)^2 \cdot 3{,}14 = 25{,}12 \quad |: 3{,}14$$

$$(2 + x)^2 = 8 \quad |\text{Wurzel ziehen}$$
$$|(x + 2)| = 2{,}83 \quad |\text{Fallunterscheidung}$$

1. Fall: $x + 2 \geq 0$
$x + 2 = 2{,}83$
$x_1 = 0{,}83$

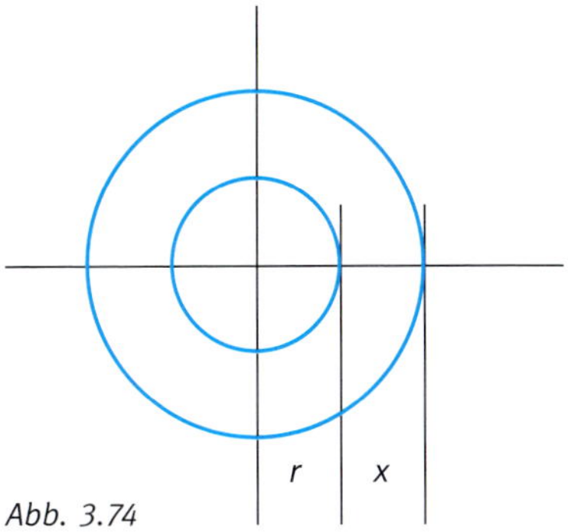

Abb. 3.74

2. Fall: $(x + 2) < 0$
$-(x + 2) = 2{,}83$
$x + 2 = -2{,}83$
$x_2 = -4{,}83$ $\rightarrow$ Diese Lösung fällt aus technischen Gründen weg; denn negative Längen sind sinnlos (oder, falls Sie Richtungen berücksichtigen wollen: Gehen Sie auf den rechten Rand des alten Kreises und nun 4,83 m nach **links**, dann ist der Radius des neuen Kreises auch um 0,83 m größer).

Der Radius des neuen Beets misst also 2,83 m.

Übungen

1. Lösen Sie die folgenden quadratischen Gleichungen.
   a) $-24 - x = 6x^2 + 23x + 12$
   b) $0 = 0{,}1x^2 + 0{,}4x + 0{,}4$
   c) $\frac{1}{4}x^2 + 2x - \frac{2}{5} = 0$
   d) $x^2 + 2x + 25 = 0$
   e) $x^2 - 2x + 2 = -4x^2 + 2x - 6$
   f) $x^2 - 12x = 0$
2. $x^2 - 4x - t = 0$. Bestimmen Sie t so, dass genau eine Lösung x_1 existiert. Berechnen Sie x_1.
3. Ein Rechteck misst 6 m × 4 m. Länge und Breite sind um den gleichen Betrag so zu verlängern, dass die Fläche verdoppelt wird.
4. Ein Konferenzraum hat eine Grundfläche von 52 m². Der Raum ist um 1,50 m länger als breit. Bestimmen Sie die Maße.
5. Gabi hat ein Rechteck gezeichnet. Der Umfang beträgt 40 cm, der Flächeninhalt beträgt 96 cm². Berechnen Sie die Maße.
6. Die Graphen der Parabeln $y_I = x^2 - 2x + 1$ und $y_{II} = -x^2 + 5$ schneiden sich in P_{s_1} und P_{s_2}. Berechnen Sie die Koordinaten der Schnittpunkte.
7. Bestimmen Sie die Schnittpunkte von
   $y_I = 0{,}5x - \frac{41}{16}$ und $y_{II} + 3 = (x - 1)^2$.
8. $y = x^2 + px + 25$. Bestimmen Sie den Parameter p so, dass genau eine Nullstelle existiert, geben Sie diese an.
9. Quadriert man drei aufeinander folgende natürliche Zahlen, so beträgt die Summe der Quadrate 149. Berechnen Sie die drei Zahlen.

3.2.5 Potenzfunktionen

Bisher haben Sie lineare und quadratische Funktionen betrachtet. Diese haben in ihrer einfachsten Form das Aussehen:

$$y = a_1x \quad \text{bzw.} \quad y = a_2x^2$$

Sie ahnen bereits, dass sich die Reihe beliebig fortsetzen lässt:

$$y = a_3x^3; \quad y = a_4x^4; \; y = a_5x^5 \; ...$$

Damit man diese Gleichungen nicht immer alle aufschreiben muss, fasst man sie unter einem Oberbegriff zusammen. Das funktioniert genauso wie im Sprachunterricht. Man sucht die gemeinsame Eigenschaft der einzelnen Begriffe und ersetzt den Teil, in dem sie sich unterscheiden, durch eine Variable:

Gemeinsame Eigenschaft: $y = a_{\square}x^{\square}$

Unterschied: Der jeweilige Exponent (Hochzahl) und der Faktor vor dem x.

Da die Variable x schon vergeben ist, wählen wir die Variable n. Damit können wir nun alle Funktionsgleichungen unter einem Oberbegriff zusammenfassen:

$$y = a_nx^n$$

Definition Eine Funktion mit der Funktionsgleichung $y = a_nx^n$; $n \in \mathbb{N}$; $a_n \in \mathbb{R}$ heißt **Potenzfunktion**. Als Definitionsmenge wählt man gewöhnlich $\mathbb{D} = \mathbb{R}$.

Der Exponent n heißt **Grad** der Potenzfunktion. a_n heißt **Formfaktor**.

In den Funktionsgleichungen der einzelnen Potenzfunktionen sind den Variablen x und a Zahlen hinzugefügt. Beim x steht die Zahl oben rechts. Man bezeichnet sie als **Exponent** (Hochzahl; z.B. x^3). Mit ihr wird entsprechend den Regeln der Potenzrechnung gerechnet. Bei der Variablen a steht die Zahl unten rechts. Man nennt sie **Index** (z.B. a_3). Mit dieser Zahl wird nicht gerechnet, sie ist nur ein Name, um die vielen a's voneinander zu unterscheiden. Wenn in einer Klasse mehrere Schülerinnen Lisa heißen, wäre eine Möglichkeit sie nicht zu verwechseln, sie Lisa-1, Lisa-2, Lisa-3 + zu nennen. Das ist zur Unterscheidung von Personen zwar nicht besonders kreativ, aber bei Variablen sehr schön einfach.

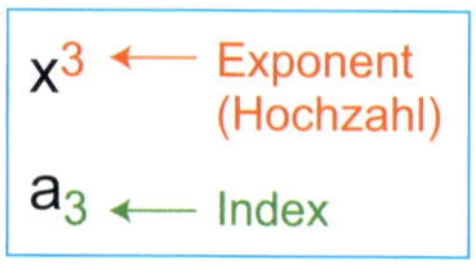

Abb. 3.75

Aufgabe 1 Untersuchen Sie bitte die Graphen der Potenzfunktionen mit dem Formfaktor $a_n = 1$. Zeichnen Sie dazu die Graphen von $y = x^n$ für $n = 2$, $n = 3$; $n = 4$; $n = 5$ und $n = 6$ in **ein gemeinsames** Koordinatensystem. Berechnen Sie hierzu die folgende Wertetabelle:

x	−2	−1,5	−1	−0,5	0	0,5	1	1,5	2
$y = x^2$									
$y = x^3$									
$y = x^4$									
$y = x^5$									
$y = x^6$									

Tab 3.19

Erarbeiten Sie bitte mithilfe Ihrer Zeichnung folgende Fragen in Gruppen:

1. Welche gemeinsamen Punkte haben die Graphen?
2. Welchen Einfluss hat der Grad der Potenzfunktion auf den Verlauf des Graphen?
3. Welchen Einfluss hat der Grad der Potenzfunktion auf die Symmetrie des Graphen?
4. Welche Wertemengen haben die einzelnen Funktionen?

   Arbeiten Sie wieder in Gruppen, um zu untersuchen, welchen Einfluss der Faktor a_3 auf die Graphen der Potenzfunktionen $y = a_3x^3$ hat. Warum wird er wohl Formfaktor genannt?

   Zeichnen Sie dazu bitte folgende Potenzfunktionen in **ein** Koordinatensystem $y = x^3$; $y = -x^3$; $y = 2x^3$; $y = -2x^3$; $y = \frac{1}{2}x^3$; $y = -\frac{1}{2}x^3$.

   Untersuchen Sie auf gleiche Weise, welchen Einfluss der Faktor a_4 auf die Graphen der Potenzfunktionen $y = a_4x^4$ hat.

Ihre Ergebnisse können Sie wie folgt zusammenfassen:

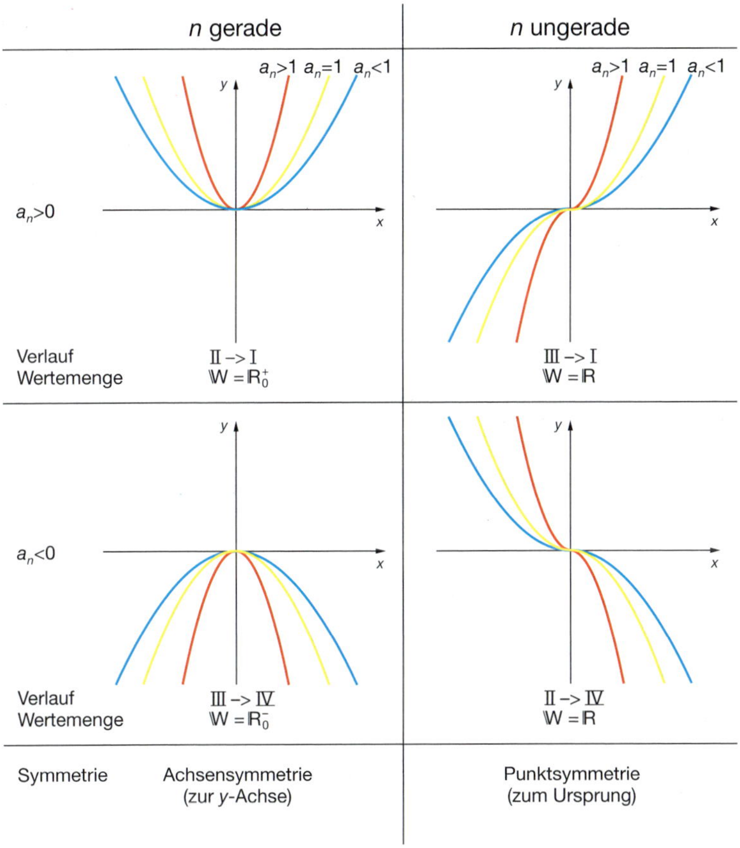

Abb. 3.75

Zum Weiterarbeiten

Symmetrie

An den Graphen der Potenzfunktionen in Aufgabe 1 haben Sie deren Symmetrie leicht erkannt. Wie lässt sich aber die Symmetrie beurteilen, wenn nur die Funktionsgleichung bekannt, der Graph also noch nicht gezeichnet ist?

Dazu vergleichen wir den Funktionswert an der Stelle $x = 2$ mit dem Funktionswert für $x = -2$. Bei Achsensymmetrie sollten beide Funktionswerte gleich sein, bei Punktsymmetrie sollten sie den gleichen Betrag haben, sich aber durch das Vorzeichen unterscheiden (vgl. Abb. 3.76).

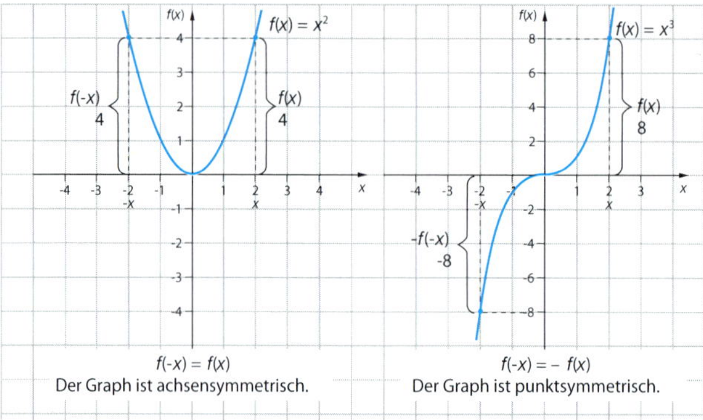

Abb. 3.76: Achsensymmetrie und Punktsymmetrie

Für die Potenzfunktionen aus Aufgabe 1 ergibt sich:

n	2	3	4	5	6
$f-2)$	$(-2)^2 = 4$	$(-2)^3 = -8$	$(-2)^4 = 16$	$(-2)^5 = -32$	$(-2)^6 = 64$
$f2)$	$2^2 = 4$	$2^3 = 8$	$2^4 = 16$	$2^5 = 32$	$2^6 = 64$

Tab. 3.20

Am Beispiel $x = 2$ konnten wir unsere Symmetrieüberlegungen aus Aufgabe 1 bestätigen. Für eine allgemeine Untersuchung vergleichen wir die Funktionswerte an einer beliebigen Stelle x und $-x$ (vgl. Abb. 3.76):

n	2	3	4	5	6
$f(-x)$	$(-x)^2 = x^2$	$(-x)^3 = -x^3$	$(-x)^4 = x^4$	$(-x)^5 = -x^5$	$(-x)^6 = x^6$
$f(x)$	x^2	x^3	x^4	x^5	x^6

Tab. 3.21

Für gerade Exponenten von x sind die Funktionswerte gleich, d.h. $f(-x) = f(x)$ (Achsensymmetrie). Für ungerade Exponenten von x haben die Funktionswerte den gleichen Betrag, aber entgegengesetzte Vorzeichen, d.h. $f(-x) = -f(x)$ (Punktsymmetrie).

Um aus einer Funktionsgleichung „ablesen“ zu können, welche Symmetrie ein Funktionsgraph hat, hilft uns die folgende Definition:

Definition Der Graph einer Funktion f ist achsensymmetrisch, wenn für alle $x \in \mathbb{D}$ gilt:

$$f(-x) = f(x)$$

Der Graph einer Funktion f ist punktsymmetrisch, wenn für alle $x \in \mathbb{D}$ gilt:

$$f(-x) = -f(x)$$

Potenzfunktionen mit negativem Exponeneten

Bisher haben wir nur Potenzfunktionen $y = x^n$ mit positiven Exponenten ($n \in \mathbb{N}$) betrachtet. Es spricht aber nichts dagegen, für die Exponenten auch negative Zahlen zuzulassen, also

$n \in \mathbb{Z}$ zu wählen, z.B. $n = -1$. Die Funktionsgleichung lautet dann: $y = x^{-1}$ oder anders ausgedrückt (da $x^{-1} = \frac{1}{x}$):

$$\mathbf{y = \frac{1}{x}}$$

Um uns ein Bild vom Graphen dieser Funktion zu machen, fertigen wir eine Wertetabelle an:

x	−5	−2	−1	−0,5	−0,2	−0,1	0,1	0,2	0,5	1	2	5
$y = \frac{1}{x}$	−0,2	−0,5	−1	−2	−5	−10	10	5	2	1	0,5	0,2

Tab. 3.22

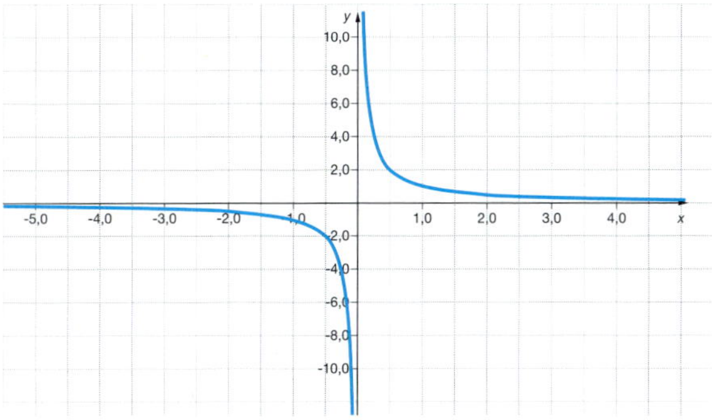

Abb. 3.77:
Graph der Funktion $x \mapsto \frac{1}{x}$

Am Graphen erkennen Sie folgende Eigenschaften:
- Der Funktionsgraph besteht aus zwei Ästen
- Symmetrie: Er ist punktsymmetrisch.
- Verlauf: Für $x \to \pm\infty$ nähert er sich der x-Achse, für $x \to 0$ nähert er sich der positiven bzw. negativen y-Achse.
- An der Stelle $x = 0$ ist die Funktion nicht definiert. $x = 0$ ist eine **Polstelle**.

Übungen

1. Betrachten Sie die Graphen der Potenzfunktionen aus Aufgabe 1 im 1. Quadranten. Für x-Werte zwischen 0 und 1 liegt der Graph einer Potenzfunktion höheren Grades unterhalb des Graphen einer Potenzfunktion niederen Grades. Für $x > 1$ ist das genau umgekehrt. Begründen Sie dieses Phänomen.

2. Bei welcher Potenzfunktion $f(x) = x^n$ gehört der Punkt P zum Graphen? Geben Sie den Grad dieser Potenzfunktion an.

   a) $P(-3|-27)$ b) $P(0{,}5|0{,}25)$ c) $P(-2|16)$
   d) $P(0{,}1|0{,}0001)$ e) $P(-1|1)$ f) $P(-2|8)$

3. Bestimmen Sie die Symmetrie und den Verlauf der Graphen folgender Potenzfunktionen und geben Sie jeweils die Wertemenge und den Grad an.

   a) $y = 4x^3$ b) $y = -160x^2$ c) $y = 1\,500x$
   d) $y = \sqrt{2}x^6$ e) $y = 5$ f) $y = -25x^5$

3.2.6 Ganzrationale Funktionen

Aufgabe 1 In Ihrer Praktikumsstelle stellen Sie mit Ihrer Gruppe Modelle von Geschenkkartons her, um sich deren Proportionen und ästhetische Wirkung zu veranschaulichen. Dazu stehen Ihnen vorkonfektionierte farbige Pappbögen, die 30 cm breit und 50 cm lang sind, und das Cutterdiagramm (vgl. Abb. 3.78) zur Verfügung. Geschickt fertigen Sie zahlreiche Kartonmodelle an.

Überrascht stellen Sie fest, dass sie alle ein unterschiedliches Fassungsvermögen (Volumen) haben. Sie versuchen, der Sache auf den Grund zu gehen und berechnen die Volumina[1] der Kartons, die sich ergeben, wenn man verschieden große Quadrate an den Ecken umklappt und verklebt.

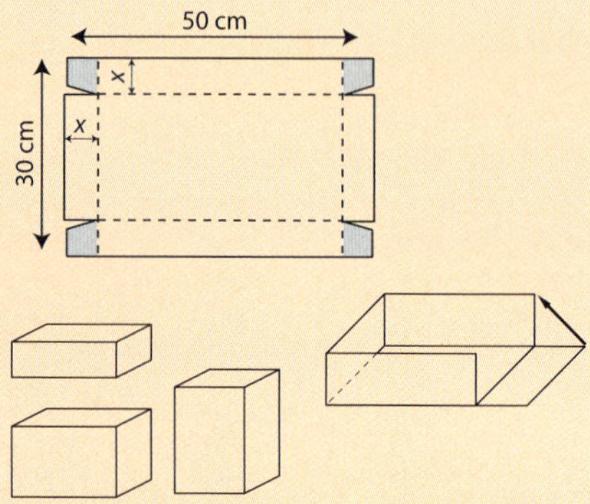

Abb. 3.78

a) Ergänzen Sie bitte die Werte in der folgenden Tabelle.

x in cm	3	4	5	6	7	8	9	10
V in cm³								

Tab. 3.30

b) Wie groß darf x sein, damit überhaupt noch ein Karton gefaltet werden kann?

c) In a) haben Sie den Zusammenhang zwischen der Seitenlänge der eingeschnittenen Quadrate und dem Volumen des gefalteten Kartons für einige Werte zusammengestellt. Versuchen Sie nun, diesen Zusammenhang allgemein durch eine Funktionsgleichung zu beschreiben (x = Seitenlänge der eingeschnittenen Quadrate; y = Volumen des gefalteten Kartons).

Mithilfe der Formel zur Berechnung eines Volumens $V = l \cdot b \cdot h$ haben Sie mit unseren Variablenbezeichnungen (vgl. Abb. 3.78) die Gleichung:

$$y = (50 - 2x) \cdot (30 - 2x) \cdot x$$

erhalten. Wenn Sie nun noch die Klammern ausrechnen, finden Sie in der Funktionsgleichung ein paar „alte Bekannte" wieder:

$$\mathbf{y = 4x^3 - 160x^2 + 1\,500x}$$

Die „alten Bekannten" sind die Potenzfunktionen $y = 4x^3$, $y = -160x^2$ und $y = 1\,500x$.

Offensichtlich kann man aus Potenzfunktionen weitere, komplexere Funktionen zusammenstellen.

d) Berechnen Sie nun mithilfe der gefundenen Funktionsgleichung für einige weitere x-Werte die zugehörigen Kartonvolumina.

x in cm	0	1	2	11	12	13	14	15
V in cm³								

Tab. 3.23

e) Zeichnen Sie den Funktionsgraphen im Bereich $0 \leq x \leq 15$.

[1] *Das Volumen eines Kartons berechnet man aus Länge mal Breite mal Höhe.*

Aus der Gestaltungstechnik kennen Sie das Prinzip, aus einfachen Grundformen komplexe Formen zu schaffen. In der Mathematik benutzt man dieses „Gestaltungsprinzip“ ebenfalls. Als Grundformen verwendet man die Potenzfunktionen und gewinnt aus ihnen komplexere Funktionen. Die nennt man dann **ganzrationale Funktionen**.

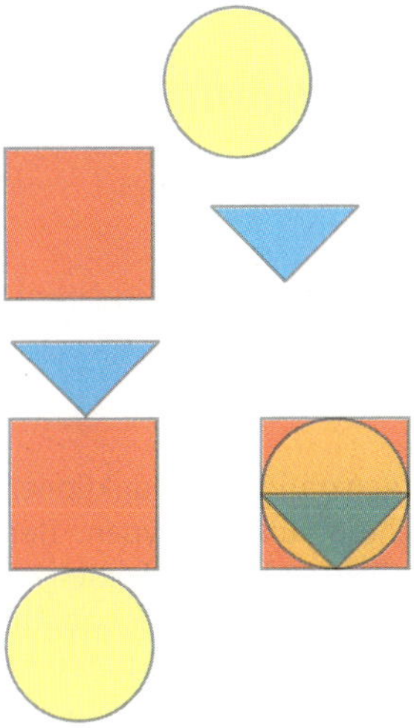

$y = 3x^2$
$y = -2x^3$
$y = 4$
$y = -6x$

$y = -2x^3 + 3x^2 - 6x + 4$

Die folgende Tabelle zeigt, welche Funktionen man aus den einzelnen Potenzfunktionen konstruieren kann.

Grad	Potenzfunktion	Zusammensetzung von Potenzfunktionen zu ganzrationalen Funktionen
0	$f(x) = a_0$	$f(x) = a_0$
1	$f(x) = a_1x$	$f(x) = a_1x + a_0$
2	$f(x) = a_2x^2$	$f(x) = a_2x^2 + a_1x + a_0$
3	$f(x) = a_3x^3$	$f(x) = a_3x^3 + a_2x^2 + a_1x + a_0$
4	$f(x) = a_4x^4$	$f(x) = a_4x^4 + a_3x^3 + a_2x^2 + a_1x + a_0$
5	$f(x) = a_5x^5$	$f(x) = a_5x^5 + a_4x^4 + a_3x^3 + a_2x^2 + a_1x + a_0$
...	...	...
n	$f(x) = a_nx^n$	$f(x) = a_nx^n + ... + a_2x^2 + a_1x + a_0$

Tab. 3.24

Definition

Eine Funktion f mit

$f(x) = a_nx^n + ... + a_2x^2 + a_1x + a_0$; $a_0; a_1; a_2; a_3; ... a_n \in \mathbb{R}; a_n \neq 0; n \in \mathbb{N}$

heißt **ganzrationale Funktion**. Als Definitionsmenge wird gewöhnlich $\mathbb{D} = \mathbb{R}$ gewählt.

Der größte Exponent n heißt **Grad** der Funktion.

Die Zahlen $a_0; a_1; a_2; a_3; ... a_n$ heißen **Koeffizienten**.

Der Funktionsterm $a_nx^n + ... + a_2x^2 + a_1x + a_0$ wird **Polynom** genannt.

An den folgenden Beispielen können Sie sich die etwas formale Schreibweise der Definition veranschaulichen.

Beispiel 1

$f(x) = 24x^5 + 4x^4 - 16x^3 - 24x^2 + 5x + 1$

Der höchste Exponent ist 5, folglich hat diese Funktion den Grad $n = 5$.

Die Funktionsgleichung müsste nach der Definition also folgende Form haben:

$$f(x) = a_5x^5 + a_4x^4 + a_3x^3 + a_2x^2 + a_1x + a_0$$

Die einzelnen Koeffizienten a_5; a_4; a_3; a_2 ; a_1; a_0 haben die Werte:

$a_5 = 24$; $a_4 = 4$; $a_3 = -16$; $a_2 = -24$; $a_1 = 5$ und $a_0 = 1$.

Beispiel 2

$f(x) = -4x^6 + 5x^4 - 8x^2 + 5x$

$n = 6$; also hat die Funktionsgleichung nach der Definition die Form:

$$f(x) = a_6x^6 + a_5x^5 + a_4x^4 + a_3x^3 + a_2x^2 + a_1x + a_0$$

Die einzelnen Koeffizienten haben hier die Werte:

$a_6 = -4$; $a_5 = 0$; $a_4 = 5$; $a_3 = 0$; $a_2 = -8$; $a_1 = 5$ und $a_0 = 0$

An den Beispielen erkennen Sie, dass die Funktionsgleichungen ganzrationaler Funktionen etwas komplizierter aussehen können als bei den bisher untersuchten Funktionstypen. Den Graphen einer ganzrationalen Funktion über die Berechnung einer Wertetabelle zeichnen zu wollen, kann deshalb ein nahezu unmögliches Unterfangen sein. Bei den linearen, quadratischen oder Potenzfunktionen haben Sie bereits Tricks kennengelernt, um deren Graphen zu zeichnen, ohne eine Wertetabelle berechnen zu müssen. Sie haben dazu aus der Funktionsgleichung bestimmte Eigenschaften abgelesen, die die Skizzierung des Graphen ermöglichte: Steigung, Schnittpunkt mit der *y*-Achse, Scheitelpunkt, Symmetrie und Verlauf des Graphen.

Bei den ganzrationalen Funktionen werden wir ähnlich vorgehen. Sie werden im Verlauf des weiteren Kurses lernen, aus der Funktionsgleichung bestimmte Eigenschaften der Funktion abzulesen, um dann ihren Graphen einfach skizzieren zu können. Folgende Eigenschaften werden Sie untersuchen: Schnittpunkt mit der *y*-Achse, Symmetrie, Verlauf des Graphen (woher/wohin), Nullstellen, Steigung, Hoch- und Tiefpunkte, Wendepunkte.

Das ist zwar kein schwerer, aber ein längerer Kursabschnitt. Er wird etwa bis zum Halbjahreswechsel dauern. Damit Sie unterwegs den Überblick nicht verlieren und immer wissen, wozu Sie das eigentlich alles machen, sollten Sie sich die folgende Zielvereinbarung über den Rest des Kurshalbjahrs in Ihr Heft schreiben und deutlich markieren.

Ziel **Aus der Funktionsgleichung Eigenschaften ermitteln können, die es ermöglichen, den Graphen ohne Berechnung einer Wertetabelle zu skizzieren.**

Auf geht's, beginnen wir mit dem Schnittpunkt mit der *y*-Achse. Wir bezeichnen ihn abkürzend mit S_y.

Schnittpunkt mit der *y*-Achse:

Vom Schnittpunkt mit der *y*-Achse kennen Sie bereits die *x*-Koordinate. Da er irgendwo auf der *y*-Achse liegt, ist $x = 0$. Sie müssen also nur noch den zugehörigen *y*-Wert berechnen. Dazu setzen Sie üblicherweise in die Funktionsgleichung für *x* den Wert 0 ein. Bei der allgemeinen Funktionsgleichung einer ganzrationalen Funktion sieht das so aus:

$f(x) = a_nx^n + ... + a_2x^2 + a_1x + a_0$ setzten Sie nun $x = 0$ ein, erhalten Sie:

$f(0) = a_n0^n + ... + a_20^2 + a_10 + a_0 = 0 + ... + 0 + 0 + a_0 = a_0$

Der zu $x = 0$ gehörende *y*-Wert ist also a_0. Da wir mit der allgemeinen Funktionsgleichung gerechnet haben, gilt das bei allen ganzrationalen Funktionen.

Der Schnittpunkt des Funktionsgraphen einer ganzrationalen Funktion mit der y-Achse hat die Koordinaten $S_y(0|a_0)$. **Satz**

Mit dieser Erkenntnis können wir uns also künftig die Berechnung von S_y sparen. Sie können ihn direkt aus der Funktionsgleichung ablesen. Der y-Wert des Schnittpunkts ist der Summand a_0 (also die „Zahl ohne x“). In Beispiel 1 ist der Schnittpunkt $S_y(0|1)$ in Beispiel 2 ist es $S_y(0|0)$.

Übungen

1. Untersuchen Sie, ob f eine ganzrationale Funktion ist, d. h., wurde die angegebene Funktionsgleichung tatsächlich aus den verfügbaren „Grundformen“ der Potenzfunktionen zusammengesetzt. Geben Sie ggf. den Grad der Funktion und den Wert der Koeffizienten a_0; a_1; a_2; ... a_n an.

   a) $f(x) = 4x^4 - 3x^3 + 2x + 2$
   b) $f(x) = 4x$
   c) $f(x) = 2^x$
   d) $f(x) = \frac{x^3 - 4x}{8}$
   e) $f(x) = \sqrt{3} \cdot x^4$
   f) $f(x) = \frac{1}{x}$
   g) $f(x) = \sqrt{x}$
   h) $f(x) = (x + 3)^2$
   i) $f(x) = (x + \sqrt{2})(x - \sqrt{2})$
   j) $f(x) = 16x^3 - 2x^2 + 5x^2 - 4$

2. Stellen Sie folgende Funktionsgleichungen durch Polynome dar.
   Geben Sie jeweils den Grad und den Schnittpunkt mit der y-Achse an.

   a) $f(x) = (x - 2)^2 - 4x^3$
   b) $f(x) = 4(x + 5)^3 + (x - 2)(x + 2)$
   c) $f(x) = 2x^3 - (x - 1)^2$
   d) $f(x) = (x - 4)(x + 1)^2$
   e) $f(x) = (x^2 - 4)(x^3 - x^2 + 4)$
   f) $f(x) = \frac{x - 5}{8}(x - 2) + \frac{3}{4}x^2$

3. Lisa bereitet sich auf die Führerscheinprüfung vor. Sie hat gelernt, dass sich der Anhalteweg eines bremsenden Autos aus dem Reaktionsweg und dem Bremsweg zusammensetzt. Sie kennt folgende Faustregeln, um aus der gefahrenen Geschwindigkeit v den Bremsweg b und den Reaktionsweg r zu berechnen:
   $b = \frac{1}{2}\left(\frac{v}{10}\right)^2$; $r = \frac{v}{10} \cdot 3$

   a) Stellen Sie in einer Wertetabelle für folgende gefahrene Geschwindigkeiten $v = 0$, 10, 20, 30, 50 km/h die jeweiligen Anhaltewege s zusammen.
   b) Bestimmen Sie die Funktionsgleichung, mit der für jede gefahrene Geschwindigkeit der Anhalteweg berechnet werden kann.
   c) Berechnen Sie damit noch einige Werte (v; s) und zeichnen Sie den Graphen dieser Funktion.
   d) Begründen Sie, was schlimmer ist: zu schnell zu fahren oder zu langsam zu reagieren.

3.2.6.1 Symmetrie

Ganzrationale Funktionen lassen sich aus Potenzfunktionen zusammensetzen. Wenn wir nun die Symmetrie der Graphen ganzrationaler Funktionen untersuchen wollen, liegt es nahe, auf unser Wissen über die Symmetrie von Potenzfunktionen zurückzugreifen.

Potenzfunktionen mit geraden Exponenten sind achsensymmetrisch. Wenn eine ganzrationale Funktion nur aus Potenzfunktionen mit geradem Exponenten zusammengesetzt ist, ist zu vermuten, dass sie dann auch achsensymmetrisch ist. Eine analoge Vermutung lässt sich für die Punktsymmetrie anstellen.

Daraus formulieren wir folgenden

Satz Der Graph einer ganzrationalen Funktion f mit $f(x) = a_n x^n + ... + a_2 x^2 + a_1 x + a_0$ ist genau dann achsensymmetrisch, wenn die Funktionsgleichung nur x-Potenzen mit geraden Exponenten enthält.

Er ist genau dann punktsymmetrisch, wenn die Funktionsgleichung nur x-Potenzen mit ungeraden Exponenten enthält.

***Achtung:* a_0 ist wegen $a_0 = a_0 \cdot x^0$ ein Glied mit geradem Exponenten.**

Beispiel

Abb. 3.80 zeigt den Graphen der Funktion $f(x) = x^4 - 4x^2 + 2$. Nach dem Satz ist er achsensymmetrisch.

Abb. 3.81 zeigt den Graphen der Funktion $f(x) = x^3 - 3x$. Nach dem Satz ist er punktsymmetrisch.

Abb. 3.82 zeigt den Graphen der Funktion $f(x) = x^3 - 3x + 2$. Nach dem Satz ist er weder achsen- noch punktsymmetrisch. (Das heißt allerdings nicht, dass dieser Graph keine Symmetrie hat. Er könnte zu einer anderen Achse als der y-Achse oder zu einem anderem Punkt als dem Nullpunkt symmetrisch sein. Dieser Graph ist zum Punkt $P(0|2)$ punktsymmetrisch. Diese Punktsymmetrie lässt sich aber nicht direkt aus der Funktionsgleichung ablesen.)

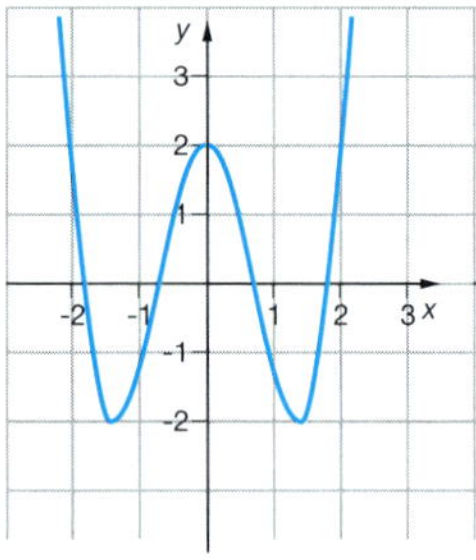

Abb. 3.80

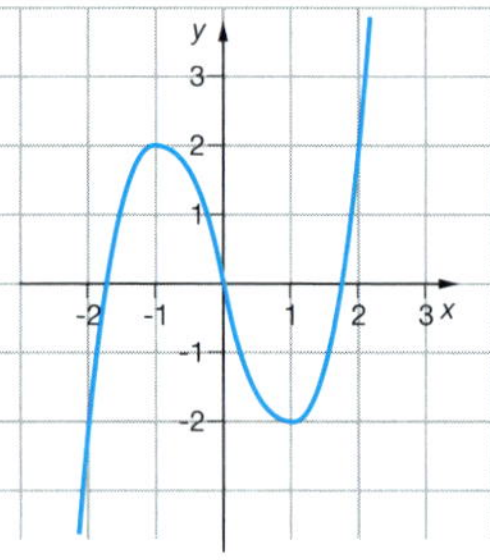

Abb. 3.81

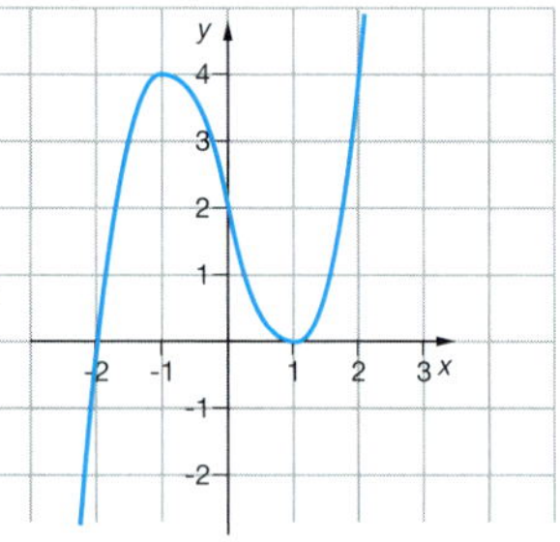

Abb. 3.82

Übungen

1. Welche Graphen der folgenden ganzrationalen Funktionen sind achsen- bzw. punktsymmetrisch?

a) $y = x^4 - 6x^2 + 5$

b) $y = x^3 + 3x + 1$

c) $y = (x - 2)(x + 2)$

d) $y = x^6 - 6x^2 + \sqrt{3}$

e) $y = (x - 2)^3 (x - 1)$

f) $y = x^4 - \sqrt{5} \cdot x^2$

g) $y = (2x^4 + 2x^2 + 5)x$

h) $y = (x^2 - 2x + 3)(x + 1)(x - 1)$

i) $y = 1 - 3x^2 + x^6$

j) $y = (x - 2)(x + 2)x$

2. Bestimmen Sie die Variable c so, dass der Graph der Funktion symmetrisch ist. Geben Sie an, ob dann Punkt- oder Achsensymmetrie vorliegt.

a) $f(x) = x^3 + 4x + c$

b) $f(x) = (x - c)(x + 4)$

c) $f(x) = x^5 + x^c$

d) $f(x) = x^3 (x^2 - cx)$

e) $f(x) = c + x^3$

f) $f(x) = 4x^3 + x^2 + cx^2 + 5x$

3.2.6.2 Verlauf des Graphen

Bei der Frage nach dem Verlauf des Graphen geht es darum herauszufinden, in welchem Quadranten des Koordinatensystems seine Herkunft und in welchem Quadranten sein Ziel liegt. (Dabei „lesen“ wir, wie üblich, von links nach rechts). Wir interessieren uns also nur für den „Anfang“ und das „Ende“ des Graphen. Durch welche weiteren Quadranten sein Weg zwischendrin führt, lassen wir – bei dieser Betrachtung – außer Acht.

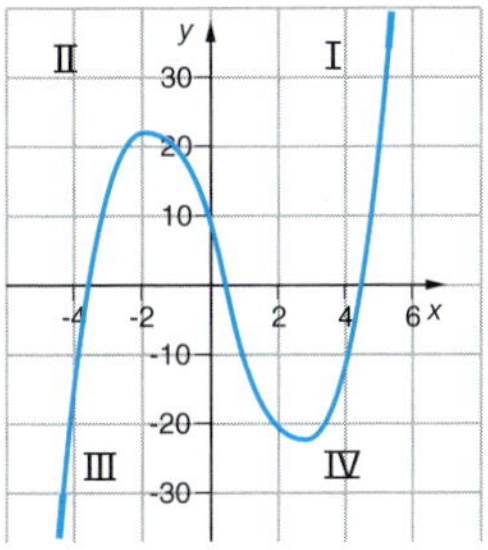

Abb. 3.83
$f(x) = x^3 - 2x^2 - 15x + 10$
Verlauf von III nach I

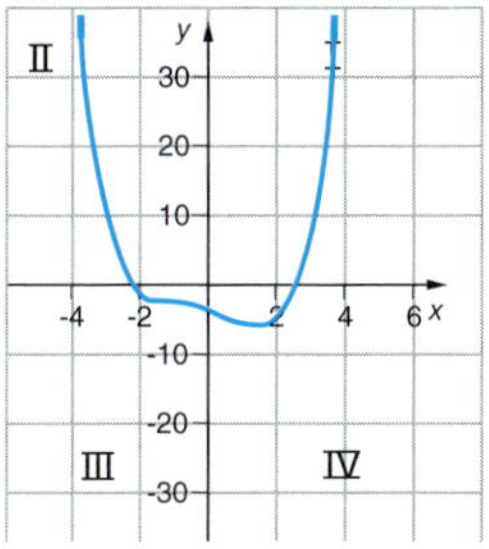

Abb. 3.84
$f(x) = \frac{1}{4}x^4 - x^2 - x - 3$
Verlauf von II nach I

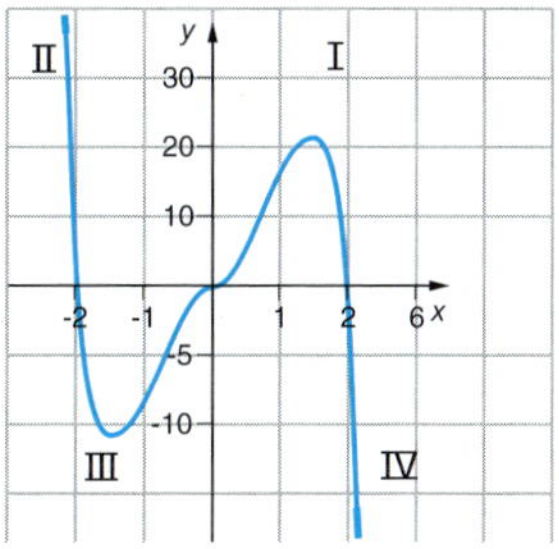

Abb. 3.85
$f(x) = -x^5 + 4x^3$
Verlauf von II nach IV

Im letzten Kapitel haben Sie gelernt, wie Sie an der Funktionsgleichung erkennen können, welche Symmetrie der Graph hat. Wir werden nun versuchen herauszufinden, wie man an der Funktionsgleichung auch ablesen kann, welchen Verlauf der Graph hat.

In Abb. 3.86 können Sie sehen, dass der Graph der Funktion $f(x) = x^4 - 2x^2 + 2x + 12$ am „Anfang“ und am „Ende“ ähnlich verläuft wie der Graph der Potenzfunktion $f(x) = x^4$. Der Verlauf des Graphen dieser ganzrationalen Funktion wird offensichtlich nur durch den Summanden x^4 (also den mit der höchsten x-Potenz) bestimmt. Die anderen Summanden sind für diese Betrachtung bedeutungslos.

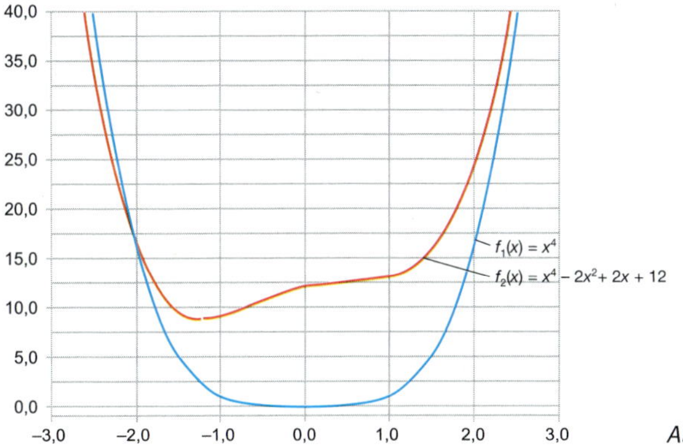

Abb. 3.86

Verallgemeinernd formulieren wir:

Merksatz

Der Verlauf einer ganzrationalen Funktion wird durch den Summanden mit der höchsten x-Potenz bestimmt.

D. h., um die Frage nach dem Verlauf einer ganzrationalen Funktion zu klären, müssen Sie nur wissen, wie die zugehörige Potenzfunktion (vgl. Abb. 3.75) verläuft. Das haben Sie bereits in Kapitel 3.2.6 gelernt. In der folgenden Tabelle finden Sie es nochmals zusammengestellt.

	n gerade	*n* ungerade
$a_n > 0$	Verlauf von II nach I	Verlauf von III nach I
$a_n < 0$	Verlauf von III nach IV	Verlauf von II nach IV

Tab. 3.25

Um den Verlauf des Graphen zu klären, müssen Sie aus der Funktionsgleichung also nur zwei Dinge ablesen:

1. Ist der Grad n gerade oder ungerade?
2. Ist der Koeffizient a_n der höchsten x-Potenz positiv oder negativ?

Für die Funktionen in Abb. 3.86 ist $n = 4$, also gerade und $a_n = 1$, also positiv. In der Tabelle lesen Sie ab, dass dann die Graphen vom II. in den I. Quadranten verlaufen.

Sie haben gesehen, dass man bei der Bestimmung der Eigenschaften *Symmetrie*, *Verlauf* und dem *Schnittpunkt mit der y-Achse* nichts berechnen muss. Man kann sie einfach durch „gezieltes Hinschauen" aus der Funktionsgleichung ablesen. Die nebenstehende Abb. zeigt noch einmal die Stellen, an die Sie schauen müssen, um die entsprechende Eigenschaft abzulesen.

$y = a_n x^{ⓝ} + \ldots + a_2 x^{②} + a_1 x + a_{⓪}$

Verlauf des Graphen → Tab. 3.25

Schnittpunkt mit der y-Achse: $S_y\,(0\,|\,a_0)$

Symmetrie: alle Exponenten gerade → Achsensymmetrie

alle Exponenten ungerade → Punktsymmetrie

Übungen

1. Geben Sie den Verlauf der Graphen folgender Funktionen an.

   a) $f(x) = 2x^5 - 6x^3$
   b) $f(x) = -4x^4 + 3$
   c) $f(x) = 2x - 5$
   d) $f(x) = -\,2x^2$
   e) $f(x) = 4x^4 - 3x^2 + 4x - 5$
   f) $f(x) = -\,6x + 3$
   g) $f(x) = 4x^4 + 3x^3 - 6x^5$
   h) $f(x) = -8x^5 + 2$

2. Geben Sie den Verlauf, die Symmetrie und den Schnittpunkt mit der y-Achse der Graphen folgender Funktionen an.

   a) $f(x) = \sqrt{3}x^2 - \sqrt{5}x^4 - 2$
   b) $f(x) = x\left(x + \frac{1}{2}\right)\left(8 - \frac{1}{2}x\right)$
   c) $f(x) = 5x^6 - 4x^4 + 5$
   d) $f(x) = x^5 + x^3 - 2x$
   e) $f(x) = 5$
   f) $f(x) = (x^2 - 25)(x^2 + 6x + 9)$
   g) $f(x) = x^5 + 4x^4 + 4x^3$
   h) $f(x) = (4x^2 - 4)(x^3 + 8x^2 + 16x)(x^3 + 27)$
   i) $f(x) = -3$

3. Begründen Sie: Der Graph einer ganzrationalen Funktion mit ungeradem Grad schneidet die x-Achse mindestens einmal. Gilt das auch, wenn der Grad gerade ist?

3.2.6.3 Nullstellen ganzrationaler Funktionen

Nullstellen haben Sie bereits bei linearen und quadratischen Funktionen berechnet. Wie viele Nullstellen eine ganzrationale Funktion haben kann, regelt folgender Satz.

Satz

Eine ganzrationale Funktion vom Grad n kann höchstens n Nullstellen haben.

Es kann also durchaus vorkommen, dass eine Funktion n-ten Grades weniger als n Nullstellen hat. Abbildung 3.87 veranschaulicht dieses Phänomen für $n = 3$.

In der Abbildung sind die Graphen von vier ganzrationalen Funktionen dritten Grades dargestellt. Nur der Graph von f_1 hat die maximale Anzahl von drei Nullstellen. f_2 und f_3 haben nur zwei Nullstellen und f_4 hat nur eine Nullstelle.

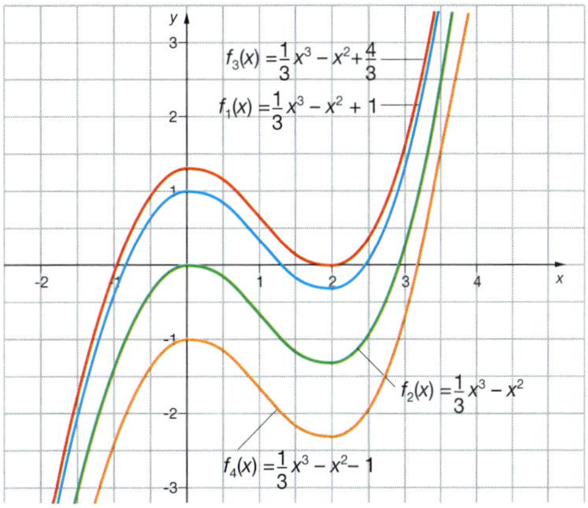

Abb. 3.87

Übungen

1. Bei welchen Funktionen kann es vorkommen, dass sie keine Nullstellen haben?
2. Die abgebildeten Graphen gehören jeweils zu einer ganzrationalen Funktion. Welchen Grad muss die Funktion mindestens haben?

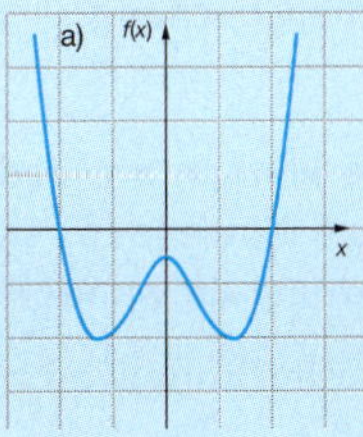

Abb. 3.88

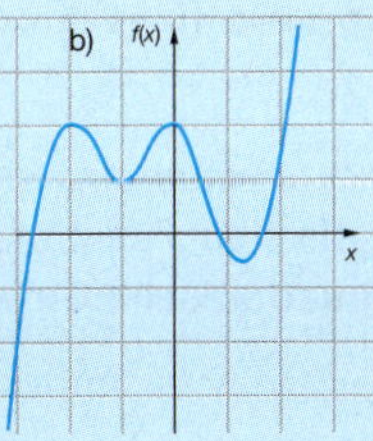

Abb. 3.89

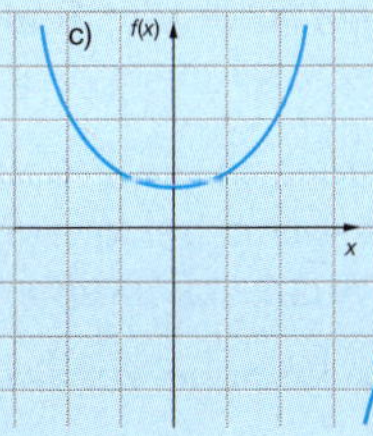

Abb. 3.90

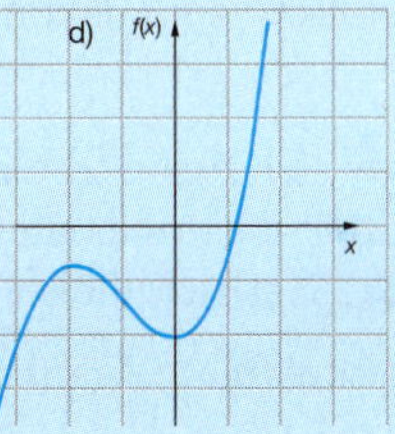

Abb. 3.91

Berechnungsverfahren

(1) Faktorisieren

In einer Nullstelle ist der Funktionswert der betreffenden Funktion null. Diese Überlegung liefert den Ansatz zur Berechnung von Nullstellen. Man muss einfach die Funktionsgleichung null setzen:

Ansatz: $f(x) = 0$

Betrachten wir dazu zwei Beispiele:

$f_1(x) = (x + 4)(x - 2)(x + 1)$ und $f_2(x) = x^3 + 6x^2 + 9x$

Im ersten Beispiel ist die Funktionsgleichung als Produkt dargestellt, im zweiten als Summe.

Der Ansatz zur Nullstellensuche macht daraus die Gleichungen:

$0 = (x + 4)(x - 2)(x + 1)$ und $0 = x^3 + 6x^2 + 9x$

Die erste Gleichung können Sie ganz einfach lösen, wenn Sie sich daran erinnern, dass Sie im Kapitel 2.3.3 folgenden Satz gelernt haben:

Ein Produkt ist genau dann null, wenn mindestens ein Faktor null ist.

Sie brauchen also nur jeden einzelnen Faktor der Funktionsgleichung null zu setzen. Das ist schnell gemacht: $(x + 4)$ wird null für die Einsetzung $x = -4$; $(x - 2)$ wird null für die Einsetzung $x = 2$ und $(x + 1)$ für $x = -1$. Damit haben Sie die Nullstellen von f_1 schon gefunden: $x_{0\,1} = -4$; $x_{0\,2} = 2$; $x_{0\,3} = -1$.

Liegt die Funktionsgleichung als Summe vor, ist die Nullstellenbestimmung leider nicht ganz so einfach, denn die zweite Gleichung lässt sich nicht direkt nach x auflösen. Manchmal gelingt es jedoch, durch Ausklammern aus der Summe ein Produkt zu machen. Man nennt das **faktorisieren**. Versuchen wir das für das zweite Beispiel:

Durch Ausklammern von x erhalten Sie

$0 = x(x^2 + 6x + 9)$

Mithilfe der ersten binomischen Formel können Sie weiter faktorisieren zu:

$0 = x(x + 3)^2$

$0 = x(x + 3)(x + 3)$

Nun können Sie die Nullstellen wieder einfach „ablesen“: $x = 0$ und zweimal $x = -3$.

Leider lassen sich nicht alle Summen so einfach in ein Produkt umwandeln. Wie dann zu verfahren ist, um die Nullstellen zu berechnen, werden wir uns nun überlegen.

(2) Substitution

Die Nullstellensuche bei der Funktion $f(x) = x^4 - 13x^2 + 36$ führt auf die Gleichung:

$$0 = x^4 - 13x^2 + 36$$

Diese Summe lässt sich nicht so einfach in ein Produkt umwandeln. Sie können hier jedoch Ihre Kenntnisse über die Nullstellensuche bei quadratischen Funktionen anwenden. Durch einen kleinen Trick lässt sich dieser Ausdruck in eine quadratische Gleichung umwandeln.

Wir ersetzen (substituieren) x^2 durch die neue Variable z $(x^2 = z)$. In der Gleichung wird dann x^2 zu z und x^4 $(= x^2 \cdot x^2)$ zu z^2:

$$0 = z^2 - 13z + 36$$

Hierin erkennen Sie eine einfache quadratische Gleichung, die Sie z.B. mit der p-q-Formel lösen können:

$$z_{1;2} = \frac{13}{2} \pm \sqrt{\left(\frac{13}{2}\right)^2 - 36}$$

$$= \frac{13}{2} \pm \sqrt{\frac{169}{4} - \frac{144}{4}}$$

$$= \frac{13}{2} \pm \sqrt{\frac{25}{4}}$$

$$= \frac{13}{2} \pm \frac{5}{2}$$

$$z_1 = 9;\ z_2 = 4$$

Nun müssen Sie nur noch die Substitution $x^2 = z$ rückgängig machen, denn wir suchen ja Lösungen für x und nicht für z.

$x^2 = z_1 = 9$ und $x^2 = z_2 = 4$

$x^2 = 9$ $\quad$ $x^2 = 4$

$|x| = 3$ $\quad$ $|x| = 2$

$x_1 = 3 \; x_2 = -3$ $\quad$ $x_3 = 2 \; x_4 = -2$

In diesem Fall haben Sie vier Nullstellen gefunden.

Merksatz

Das Substitutionsverfahren ist bei Gleichungen der Form $0 = a_4x^4 + a_2x^2 + a_0$ anwendbar.

Funktioniert weder das Faktorisieren noch die Substitution, dann wird die Nullstellenbestimmung etwas schwieriger.

(3) Polynomdivision

Etwas absolut Neues ist die Polynomdivision für Sie nicht. Sie funktioniert genauso wie das „Schriftliche Dividieren“. Im folgenden Informationsblock haben wir für Sie beides nebeneinander dargestellt.

$$
\begin{array}{l}
85204 : 68 = 1253 \\
-68 \leftarrow 1 \cdot 68 \\
\quad 172 \\
-136 \leftarrow 2 \cdot 68 \\
\quad 360 \\
-340 \leftarrow 5 \cdot 68 \\
\quad 204 \\
-204 \leftarrow 3 \cdot 68 \\
\quad 0
\end{array}
$$

Man überprüft, wie oft die 68 in die führenden Ziffern 85 hineinpasst. Nach Subtraktion des Ergebnisses (1 · 68) überprüft man, wie oft die 68 in die 172 hineinpasst usw.

Probe: $85\,204 = 68 \cdot 1\,253$

$$
\begin{array}{l}
(x^3 - 2x^2 - 5x + 6) : (x - 3) = x^2 + x - 2 \\
-(x^3 - 3x^2) \leftarrow x^2 \cdot (x - 3) \\
\quad x^2 - 5x \\
\quad -(x^2 - 3x) \leftarrow x \cdot (x - 3) \\
\quad\quad -2x + 6 \\
\quad\quad -(-2x + 6) \leftarrow -2 \cdot (x - 3) \\
\quad\quad\quad 0
\end{array}
$$

Bei der Polynomdivision geht man ähnlich vor. Man betrachtet immer nur die führenden Summanden. Im ersten Schritt überprüft man: Womit muss x multipliziert werden, damit man x^3 erhält? Dann subtrahiert man das Ergebnis $(x^3 - 3x^2)$ usw.

1. Schritt: $x^3 = x^2 \cdot x$, notiere als Ergebnis x^2
2. Schritt: $x^2 = x \cdot x$, notiere als Ergebnis $+x$
3. Schritt: $-2x = -2 \cdot x$, notiere als Ergebnis -2

Probe: $x^3 - 2x^2 - 5x + 6 = (x - 3) \cdot (x^2 + x - 2)$

Wie können wir die Polynomdivision zur Nullstellensuche nutzen? Z. B. bei der Funktion:
$f(x) = x^3 - 2x^2 - 5x + 6$

Wenn Sie im Informationsblock die „Probe“ betrachten, sehen Sie, dass durch die Polynomdivision die Summe $x^3 - 2x^2 - 5x + 6$ in das Produkt $(x - 3) \cdot (x^2 + x - 2)$ umgewandelt wurde.

Zur Nullstellensuche haben wir den Ansatz $0 = x^3 - 2x^2 - 5x + 6$
vereinfacht in: $0 = (x - 3) \cdot (x^2 + x - 2)$

Wie man bei einem Produkt die Nullstellen findet, wissen Sie schon. Sie müssen nur jeden einzelnen Faktor null setzen. Beim ersten Faktor $(x - 3)$ können Sie direkt „ablesen“, dass er für $x = 3$ null wird. Damit ist bereits eine Nullstelle gefunden: $x_0 = 3$.

Mit dem zweiten Faktor $(x^2 + x - 2)$ ist die Sache etwas schwieriger. Hier können wir die Lösung nicht direkt ablesen. Wir müssen etwas rechnen.

$(x^2 + x - 2)$ soll null werden, also machen wir eine kleine Nebenrechnung:

$0 = x^2 + x - 2$ Das lässt sich mit der p-q-Formel erledigen.

$$x_{1;2} = -\frac{1}{2} \pm \sqrt{\left(\frac{1}{2}\right)^2 + 2}$$
$$= -\frac{1}{2} \pm \sqrt{\frac{1}{4} + \frac{8}{4}}$$
$$= -\frac{1}{2} \pm \frac{3}{2}$$
$$x_1 = -2 \quad x_2 = 1$$

Zusammen mit dem Ergebnis des ersten Faktors haben Sie also drei Nullstellen gefunden: $x_{01} = -2$; $x_{02} = 1$ und $x_{03} = 3$.

Richtig schwer war das ja nun nicht. Die Sache hat jedoch einen Haken. Haben Sie bemerkt, wo der liegt?

Wieso wurde das Polynom $x^3 - 2x^2 - 5x + 6$ durch $(x - 3)$ geteilt? Klar, weil die Division dann so schön ohne Rest „aufgeht". Aber wie kommt man darauf, dass das mit $(x - 3)$ funktioniert? Wir hätten ja auch durch irgendeinen beliebigen anderen Faktor teilen können.

Genau hier liegt das Problem. Die erste Nullstelle muss man durch „gezieltes Raten" herausfinden. Häufig gelingt es, eine Nullstelle unter den ganzzahligen Teilern des absoluten Glieds a_0 des Polynoms zu finden. In unserem Beispiel ist $a_0 = 6$. Die ganzzahligen Teiler von 6 sind: -6; -3; -2; -1; 1; 2; 3; 6. Vergleichen Sie diese Liste einmal mit den im Beispiel gefundenen Nullstellen.

Hat man eine Nullstelle x_0 geraten, dann bildet man daraus den Faktor $(x - x_0)$. Also immer x minus geratene Nullstelle. Dann führt man mit diesem Faktor die Polynomdivision aus. Sie **muss** aufgehen. Wenn nicht, war die geratene Zahl in Wirklichkeit gar keine Nullstelle oder wir haben uns bei der Polynomdivision verrechnet.

Das folgende Beispiel stellt das komplette Verfahren dar:

Beispiel

Bestimmen Sie die Nullstellen der Funktion $f(x) = x^3 + 3x^2 - 6x - 8$.

An der Funktionsgleichung haben Sie sicher erkannt, dass weder das Faktorisieren (1) noch die Substitution (2) funktionieren. Wir müssen zur Lösung also die Polynomdivision benutzen.

1. Ansatz: $0 = x^3 + 3x^2 - 6x - 8$

2. Erste Nullstelle raten: Teiler von -8 sind: -8; -4; -2; -1; 1; 2; 4; 8
probiere $x_0 = 1$: $f(1) = 1^3 + 3 \cdot 1^2 - 6 - 8 = -10 \neq 0$
d. h. 1 ist keine Nullstelle
probiere $x_0 = 2$: $f(2) = 2^3 + 3 \cdot 2^2 - 6 \cdot 2 - 8 = 0$
d. h. 2 ist eine Nullstelle

3. Polynomdivision durch $(x - x_0)$:

$$\begin{array}{l}
(x^3 + 3x^2 - 6x - 8) : (x - 2) = x^2 + 5x + 4 \\
\underline{-(x^3 - 2x^2)} \\
\quad 5x^2 - 6x \\
\quad \underline{-(5x^2 - 10x)} \\
\qquad 4x - 8 \\
\qquad \underline{-(4x - 8)} \\
\qquad\qquad 0
\end{array}$$

$$x^3 + 3x^2 - 6x - 8 = (x - 2) \cdot (x^2 + 5x + 4)$$

4. Weitere Nullstellen im zweiten Faktor suchen:

$$0 = x^2 + 5x + 4$$

$$x_{2;3} = -\frac{5}{4} \pm \sqrt{\left(\frac{5}{2}\right)^2 - 4}$$

$$= -\frac{5}{2} \pm \sqrt{\frac{25}{4} - \frac{16}{4}}$$

$$= -\frac{5}{2} \pm \sqrt{\frac{9}{4}}$$

$$= -\frac{5}{2} \pm \frac{3}{2}$$

$$x_2 = -4; \quad x_3 = -1$$

5. Nullstellen notieren: $x_{0\,1} = 2;\ x_{0\,2} = -4;\ x_{0\,3} = -1$

(Achtung, in dieser Liste die erste, geratene Nullstelle nicht vergessen.)

Mit welcher Nullstelle Sie die Polynomdivision beginnen, ist unerheblich. Am Ende erhalten Sie immer die gleiche Liste. (Probieren Sie es bitte einmal aus.) Leider gelingt es nicht in jedem Fall, die erste Nullstelle zu raten. Wie dann zu verfahren ist, lernen Sie im Kapitel 4.6.1.

Falls Ihnen die Polynomdivision zu schwierig oder umständlich erscheint, um Nullstellen zu berechnen, gibt es für Sie eine andere Möglichkeit: das **Horner-Schema**. Viele halten es für einfacher.

(4) Horner-Schema

Auf die Herleitung dieses Schemas werden wir in diesem Kurs verzichten. Wir benutzen es zur Nullstellenbestimmung und erläutern es am gleichen Beispiel wie bei der Polynomdivision:

$$f(x) = x^3 + 3x^2 - 6x - 8$$
$$0 = x^3 + 3x^2 - 6x - 8$$

Auch beim Horner-Schema muss die erste Nullstelle „gezielt" geraten werden. Das machen Sie genauso wie bei der Polynomdivision und erhalten z. B. $x_0 = 2$

Nun stellen Sie das Horner-Schema für die Funktion $f(x) = 1x^3 + 3x^2 - 6x - 8$ auf.

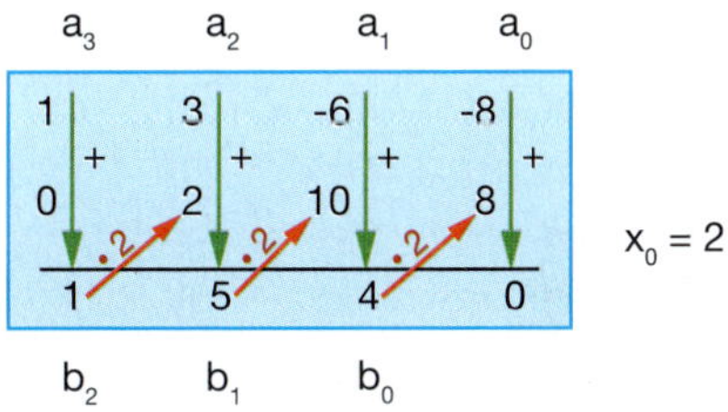

Abb. 3.92

Die erste Zeile enthält die Koeffizienten a_3, a_2, a_1, a_0 (Achtung, Nullen müssen auch hingeschrieben werden).

Das Horner-Schema wird dann Schritt für Schritt den roten und grünen Pfeilen folgend aufgebaut. In der 1. Spalte der 2. Zeile steht immer eine 0.

Die Zahlen in den Spalten werden addiert (grüne Pfeile) und ergeben die Zahlen der 3. Zeile. Die Zahlen der 3. Zeile werden mit x_0 (= 2) multipliziert und ergeben die nächste Zahl in der 2. Zeile (rote Pfeile).

Die 3. Zeile enthält die Koeffizienten b_2, b_1, b_0 des „Ergebnispolynoms" $1x^2 + 5x + 4$. In der letzten Spalte der 3. Zeile muss sich immer 0 ergeben, sonst haben Sie sich irgendwo verrechnet.

Wie bei der Polynomdivision haben Sie nun die Funktionsgleichung zerlegt in:

$$f(x) = x^3 + 3x^2 - 6x - 8 = (x - 2) \cdot (1x^2 + 5x + 4)$$

Die weiteren Nullstellen finden Sie nun mithilfe der p-q-Formel.

Sie haben bei den Beispielen und in den Übungen gesehen, dass man durchaus als Nullstelle mehrfach die gleiche Zahl erhalten kann. Man spricht dann von einer **mehrfachen Nullstelle**. Je nachdem, wie oft eine Nullstelle vorkommt, zeigt der Funktionsgraph in ihrer Umgebung ein anderes Verhalten (vgl. Abb. 3.87: f_3 hat bei -1 eine einfache und bei 2 eine doppelte Nullstelle).

Satz Hat eine Funktion eine einfache, dreifache, ... Nullstelle, so schneidet ihr Graph dort die x-Achse.

Hat eine Funktion eine doppelte, vierfache, ... Nullstelle, so berührt ihr Graph dort die x-Achse, schneidet sie aber nicht.

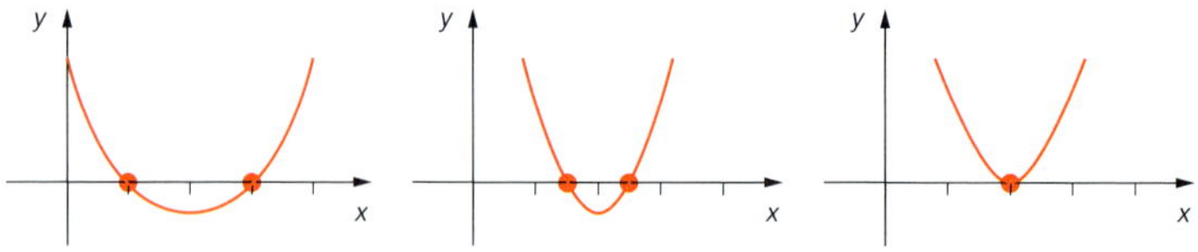

Abb. 3.93: Aus zwei einfachen Nullstellen wird eine doppelte Nullstelle.

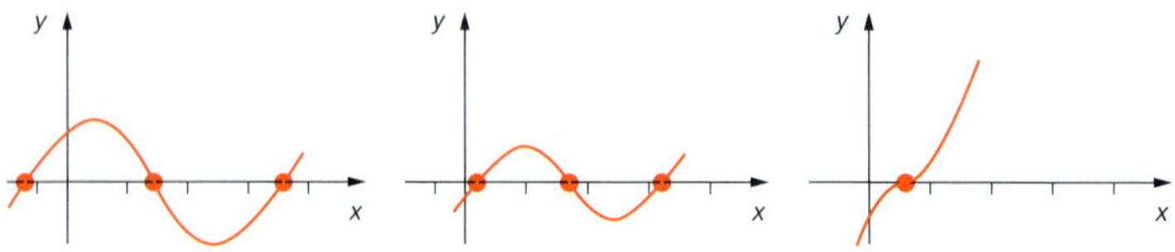

Abb. 3.94: Aus drei einfachen Nullstellen wird eine dreifache Nullstelle.

Übungen

3. Bestimmen Sie die Nullstellen folgender Funktionen:

a) $f(x) = (x - 4)(x - 2)(x + 1)$

b) $f(x) = (x - 4)(-x + 2)$

c) $f(x) = x(x + 5)^2$

d) $f(x) = 3\,(x - 4)^3(x + 2)$

e) $f(x) = (2x - 4)(x + 3)x^3$

f) $f(x) = x^3 - 2x$

g) $f(x) = x^4 + 2x^3 + x^2$

h) $f(x) = x^2 - 6x + 9$

i) $f(x) = (x^2 - 25)(\frac{1}{2}x + 4)$

j) $f(x) = x^6 - x^4$

k) $f(x) = 3x\,(\frac{2}{3}x - 2)(-2x + 3)$

l) $f(x) = 3\,(x^2 + 4)(x^2 - 4x + 4)$

4. Bestimmen Sie die Nullstellen folgender Funktionen:

a) $f(x) = x^4 - 6x^2 + 5$

b) $f(x) = 4x^4 + 6x - \frac{7}{4}$

c) $f(x) = x^6 - 8x^4 + 16x^2$

d) $f(x) = 3x^4 - 30x^2 + 27$

5. Bestimmen Sie die Nullstellen folgender Funktionen:

a) $f(x) = 2x^3 + 4x^2 - 2x - 4$

b) $f(x) = x^3 - 12x + 16$

c) $f(x) = x^4 - 2x^3 - 3x^2 + 4x + 4$

d) $f(x) = 2x^3 - 10x^2 - 4x + 20$

e) $f(x) = x^4 - \frac{11}{4}x^2 - \frac{9}{4}x - \frac{1}{2}$

f) $f(x) = -\,3x^3 + 3x^2 - 3x + 3$

g) $f(x) = 4x^3 + 8x^2 - 4x - 8$

h) $f(x) = x^4 + 3x^3 + 5x^2 + 9x + 6$

6. Bestimmen Sie die Nullstellen folgender Funktionen und geben Sie an, ob der Graph die x-Achse dort schneidet oder berührt.

a) $y = -3x^4 + 15x^2 - 12$

b) $y = x^4 - x^3 - 2x^2$

c) $y = -2x^3 + 2x^2 + 16x - 24$

d) $y = (x^2 - 6x + 9)(x - 4)$

e) $y = x^6 - 3x^4 - 4x^2$

f) $y = x^4 - 25x^2 - 60x - 36$

7. An welchen Stellen haben die folgenden Funktionen den Wert $y = 2$?
   $y = x^3 - x + 2 \quad y = x^3 - 2x^2 - 4x + 10$

8. Machen Sie eine begründete Aussage darüber, welche Funktionsgleichung zu welchem der vier abgebildeten Graphen gehört.
   $y = -x^3 + 7x + 6 \qquad y = x^3 + x^2 - 4x - 4$
   $y = x^4 - 8x^2 + 16 \qquad y = x^4 - 4x^3 - 8x^2 + 4x + 8$

a)
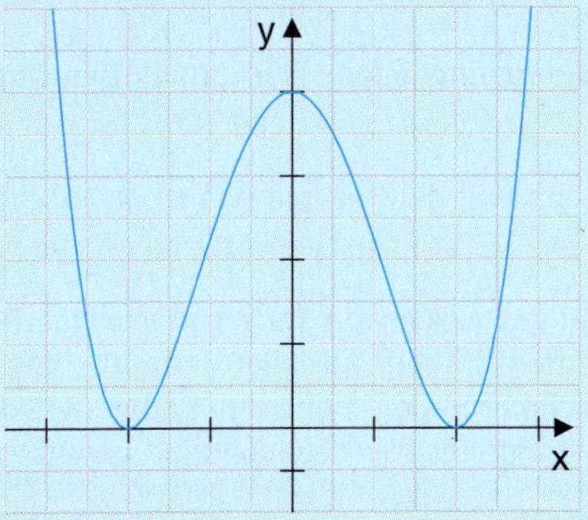

Abb. 3.95

b)
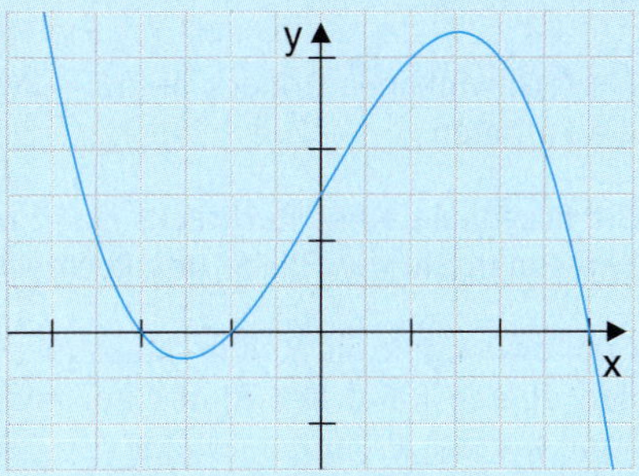

Abb. 3.96

c)
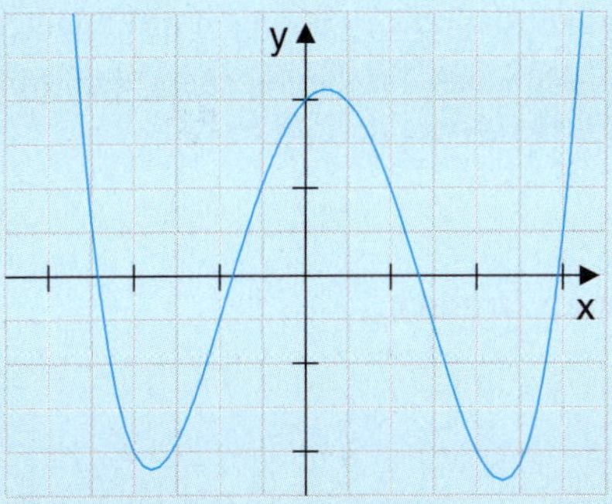

Abb. 3.97

d)
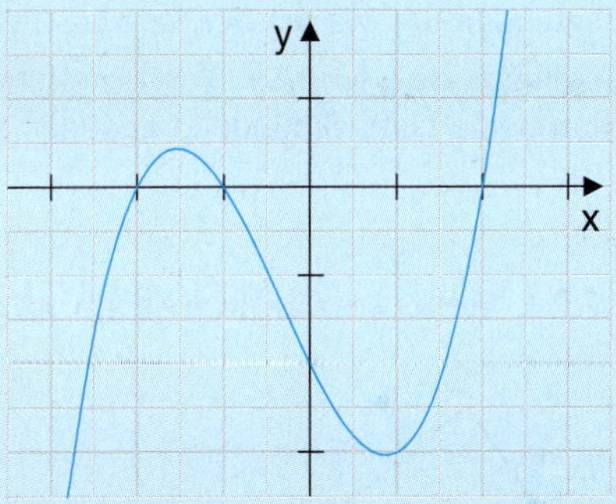

Abb. 3.98

3.2.7 Winkelfunktionen, auch trigonometrische[1] Funktionen genannt

3.2.7.1 Bezeichnungen und Gesetzmäßigkeiten im rechtwinkligen Dreieck

Das nebenstehende Dreieck ABC hat bei B den rechten Winkel und bei A den Winkel α. Die dem rechten Winkel gegenüberliegende Seite $\overline{AC}$ nennt man **Hypotenuse *H***, die Schenkel des rechten Winkels heißen **Katheten**. Bezüglich α ist $\overline{BC}$ die **Gegenkathete *GK***, $\overline{AB}$ ist die **Ankathete *AK***.

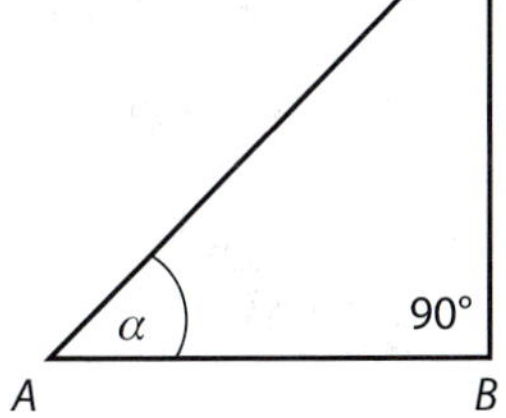

Abb. 3.99: Bezeichnungen im rechtwinkligen Dreieck

---

[1] *Trigonometrie* → *aus dem Griechischen* – *trigonon* („Dreieck“) und *métron* („Maß“) –, die Lehre von der Dreiecksberechnung. Einige Autoren sprechen anstelle von Winkelfunktionen auch von den **goniometrischen** Funktionen.

Im Geometrieunterricht lernten Sie außerdem:

$\sin\alpha = \frac{GK}{H}$ $\cos\alpha = \frac{AK}{H}$ $\tan\alpha = \frac{GK}{AK}$

Diese Beziehungen helfen, rechtwinklige Dreiecke zu berechnen, falls **ein Winkel und eine Seite bekannt** sind. Außerdem benötigt man einen Taschenrechner mit **sin-, cos**- sowie **tan**-Tasten.

Übungen zur Wiederholung

1. Ein rechtwinkliges Dreieck mit $\alpha = 30°$ hat die Hypotenuse $H = 24{,}50$ m. Berechnen Sie die Katheten.

2. Die Diagonale eines Rechtecks ist 12 m lang. Sie teilt den rechten Winkel in $20°-70°$ auf. Berechnen Sie die Fläche des Rechtecks.

3. Gabi bewundert ein Bild im Museum. Sie steht genau 4 m von der Wand entfernt. Peilt sie den oberen Rand des Bildes an, misst man den Erhebungswinkel $\alpha = 40°$, der untere Rand hat den Erhebungswinkel $\beta = 30°$. Berechnen Sie die Höhe des Bildes. Wie breit ist das Bild, falls es im Querformat aufgehängt ist und der „Goldene Schnitt" benutzt wurde?

Reflexion

1. Begründen Sie, warum der Satz des Pythagoras für die obigen Übungen nicht geeignet ist.
2. **Gegeben: $\sin\alpha = 0{,}55$**. Wie ermitteln Sie mithilfe des Taschenrechners den Winkel α? Hinweis: Je nach TR-Modell benötigen Sie die Taste [INV] oder [SIN^{-1}].

3.2.7.2 Gesetzmäßigkeiten im allgemeinen Dreieck

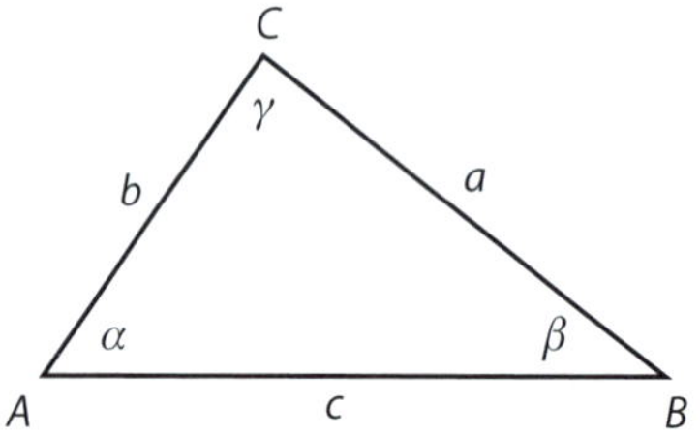

Abb. 3.100

Wir gehen vom Dreieck *ABC* aus, bei *A* sei der Winkel α, die gegenüberliegende Seite heißt *a*, der Winkel bei *B* heißt β, die Seite gegenüber ist *b*, analog gilt *C*, *c*, γ.

Es gilt der allgemeine **Sinussatz:**

Satz

$$\frac{a}{\sin\alpha} = \frac{b}{\sin\beta} = \frac{c}{\sin\gamma}$$

Außerdem gibt es den **Kosinussatz**:

Satz $c^2 = a^2 + b^2 - 2ab \cdot \cos\gamma$, $b^2 = a^2 + c^2 - 2ac \cdot \cos\beta$

Aufgabe

1. Formulieren Sie den Kosinussatz für $a^2 = ...$
2. Untersuchen Sie, welcher Satz sich ergibt, falls beim Kosinussatz der „eingeschlossene" Winkel den Wert von 90° hat.
3. Ein Dreieck habe den Winkel $\alpha = 30°$ und die Länge $c = 6$ cm. Die Seite a ist 5 cm lang.
   a) Zeichnen Sie das Dreieck.
   b) Berechnen Sie die fehlende Seite und die Winkel mit dem Sinussatz und mit dem Kosinussatz. Begründen Sie, warum es bei Verwendung des Kosinussatzes und beim Zeichnen **zwei Lösungen** gibt! → Hinweis: Abb. 3.105 und der zugehörige Text zeigen, dass auch über den Sinussatz zwei Lösungen existieren, man muss nur selbst an Symmetrie denken.

3.2.7.2 Steigung – Steigungswinkel – Tangens

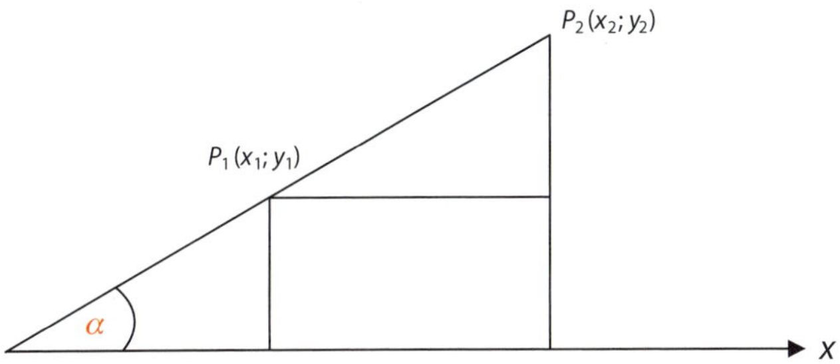

Abb. 3.101: Steigungsdreieck

Sie wissen, dass die Funktionsgleichung einer Geraden durch den Koordinatenursprung lautet: $y = m \cdot x$, dabei ist m der Steigungsfaktor und errechnet sich aus „Höhenzuwachs geteilt durch Längenzuwachs in waagerechter Richtung" in beliebigen Steigungsdreiecken.

$$m = \frac{y_1}{x_1} = \frac{y_2}{x_2} = \frac{(y_2 - y_1)}{(x_2 - x_1)}$$

Bringt man den Winkel α mit diesen Bezeichnungen ins Spiel, so findet man sofort folgenden Zusammenhang:

Höhenzuwachs ↔ GK, Längenzuwachs in waagerechter Richtung ↔ AK.

α heißt auch **Steigungswinkel** und es gilt:

$$m = \tan\alpha = \frac{GK}{AK} = \frac{\Delta y}{\Delta x}.$$

Im Folgenden sollen Sie die Gesetzmäßigkeiten dieser Beziehung ausführlich untersuchen.

Aufgabe

Ein Hang hat 100 % Steigung. a) Antworten Sie spontan: Wie groß ist der Steigungswinkel? b) Kopf einschalten, nochmals antworten!

3.2.7.3 Winkelfunktionen im Einheitskreis

Nun veranschaulichen wir Tangens, Sinus und Kosinus im **Einheitskreis**, das ist ein Kreis mit dem **Radius $r = 1$**.

Die „**1**" ist eine ganz besondere Zahl; denn wenn wir eine beliebige Größe durch „1" dividieren, ändert sich der Zahlenwert der Größe nicht.

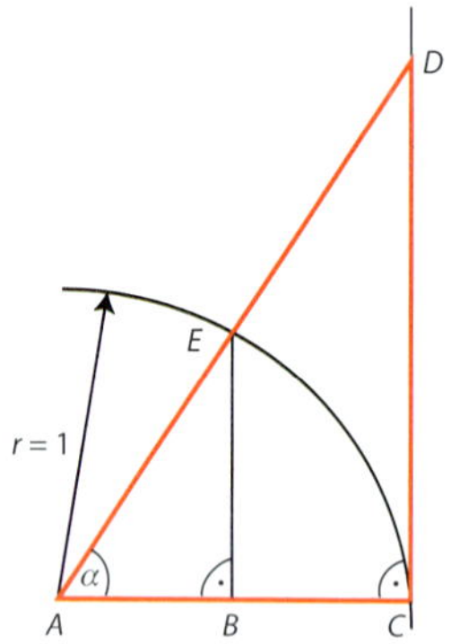

Abb. 3.102: Rechtwinklige Dreiecke mit Steigungswinkel α im Einheitskreis

Wir betrachten zuerst das Dreieck ACD. Die Strecke $\overline{AC}$ ist bezüglich α die Ankathete und hat die Länge „1", denn $\overline{AC}$ ist der Radius des Einheitskreises.

Die Strecke $\overline{AD}$ hat den Steigungswinkel α, die Steigung $m = \tan\alpha$ errechnet sich aus „Gegenkathete durch Ankathete", hier: $\overline{CD} / \overline{AC} \cdot \overline{AC}$ hat aber die Länge $\overline{AC} = 1$, somit ist die Länge $\overline{CD}$ ein Maß für **$\tan\alpha$**. Ohne Taschenrechner/Formelsammlung können Sie für $0° \leq \alpha \leq \approx 80°$ den Zahlenwert für den Tangens ermitteln (Hinweis: Wenn der Winkel α noch größer wird, reicht die Höhe Ihres Blattes nicht aus!).

Aufgabe 1 Zeichnen Sie ein rechtwinkliges Dreieck ACD wie in Abb. 3.102 mit $\alpha = 60°$ und der Ankathete $\overline{AC} = 1$. → Maßstab: 10 cm = 1.

Messen Sie die Länge der Gegenkathete und bestimmen Sie $\tan\alpha$. Vergleichen Sie mit der Angabe Ihres Taschenrechners.

Konzentrieren Sie sich nun auf das Dreieck ABE. Die Seite $\overline{AE}$ ist die Hypotenuse mit der Länge $r = 1$, $\overline{BE}$ ist bezüglich α die Gegenkathete.

$$\sin\alpha = \frac{\text{Gegenkathete}}{\text{Hypotenuse}} = \frac{\overline{BE}}{1} = \overline{BE}$$

Die Länge der Strecke $\overline{BE}$ ist also ein Maß für $\sin\alpha$.

Aufgabe 2 Ergänzen Sie Ihre Zeichnung aus Aufgabe 1 und lesen Sie die Länge von $\overline{BE}$ ab. Ermitteln Sie den Wert von $\sin 60°$ und vergleichen Sie mit den Angaben Ihres Taschenrechners.

Betrachten Sie nochmals das Dreieck ABE in der Abbildung 3.102. Bezüglich α ist die Seite $\overline{AB}$ die Ankathete.

Aufgabe 3 Begründen Sie, warum die Seite $\overline{AB}$ ein Maß für $\cos\alpha$ ist. Bestimmen Sie den Zahlenwert, der sich für $\cos 60°$ aus Ihrer Zeichnung ergibt. Überprüfen Sie mithilfe des Taschenrechners.

Wir haben dem Winkel α bestimmte Längen eindeutig zugeordnet, deshalb spricht man von den Winkelfunktionen.

3.2.7.4 Abhängigkeiten zwischen den Winkelfunktionen

Wir haben die Abbildung 3.102 so ergänzt, dass $\sin\alpha$, $\cos\alpha$, $\tan\alpha$ direkt zu erkennen sind, außerdem haben wir den Winkel β bezeichnet.

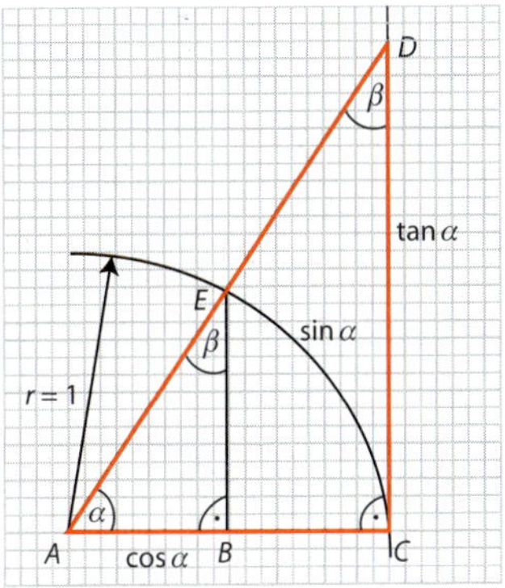

Abb. 3.103: Sinus, Cosinus und Tangens im Einheitskreis

Wir setzen den Satz des Pythagoras, Kenntnis über die Winkelsumme im Dreieck sowie die Definitionen für Sinus, Kosinus und Tangens voraus und formulieren fünf Sätze, die Sie in der folgenden Aufgabe beweisen sollen.

Aufgabe

Beweisen Sie die folgenden **Sätze** (für rechtwinklige Dreiecke):

1. $(\sin\alpha)^2 + (\cos\alpha)^2 = 1$
2. $\tan\alpha = \dfrac{\sin\alpha}{\cos\alpha}$
3. $\beta = 90° - \alpha$
4. $\sin\beta = \cos\alpha \rightarrow \sin(90° - \alpha) = \cos\alpha$
5. $\cos\beta = \sin\alpha \rightarrow \sin\alpha = \cos(90° - \alpha)$

3.2.7.5 Grafische Bestimmung von Sinus, Kosinus und Tangens für $0° \leq \alpha \leq 90°$

Sie wissen jetzt, wie man prinzipiell die Werte für die Winkelfunktionen zeichnerisch ermittelt. Einen tabellarischen Überblick sollen Sie sich im Rahmen der nächsten Übung verschaffen.

Aufgabe

1. Zeichnen Sie in einem geeigneten Maßstab einen Einheitskreis und ermitteln Sie für unterschiedliche Winkel die Werte für $\sin\alpha$, $\cos\alpha$, $\tan\alpha$. Überprüfen Sie Ihre Werte aus der Zeichnung mithilfe des Taschenrechners. Benutzen Sie folgende Schemata (Tab. 3.26; Abb. 3.104), ergänzen Sie auch den Text in Spalte 1.
2. Begründen Sie, warum $\sin 45° = \cos 45° = \frac{1}{2}\sqrt{2}$ gilt.
3. Begründen Sie, warum $\cos 30° = \sin 60°$ gilt.

α	0°	15°	30°	45°	60°	75°	90°
sin/cm abgelesen[1]							
sin/aus Zeichnung berechnet							
sin/Taschen-rechner							
cos/cm							
tan/							–
							–
							–

Tab. 3.26: Zeichnerische Bestimmung der Winkelfunktionen

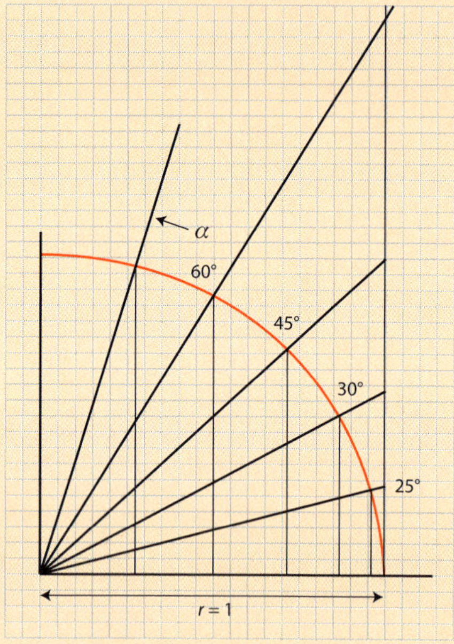

Abb. 3.104: Zeichnerische Bestimmung der Winkelfunktionen
Maßstab: 20 Kästchen = 10 cm = 1

4. Zeichnen Sie die Graphen der Funktionen
   a) $y = f(\alpha) = \sin\alpha$ b) $y = f(\alpha) = \cos\alpha$
   c) $y = f(\alpha) = \tan\alpha$
   Benutzen Sie die Werte aus Tabelle 3.26.

3.2.7.6 Winkelfunktionen sind periodische Funktionen

Periodische Ereignisse sind dadurch gekennzeichnet, dass nach einer bestimmten, festen Zeit immer wieder das Gleiche geschieht.

Beispiele: Alle 24 Stunden beginnt ein neuer Tag, um 20:00 Uhr beginnt die Tagesschau, alle 45 Minuten läutet die Pausenklingel, jeden 2. Tag kommt Hans zu spät ...

Wir zeigen Ihnen anhand der Sinusfunktion, warum diese periodisch ist, wir arbeiten weiterhin ohne Taschenrechner und benutzen den Einheitskreis. Neu ist nur, dass der Winkel α auch größer als 90° werden soll. Analysieren Sie die folgende Grafik Abb. 3.105.

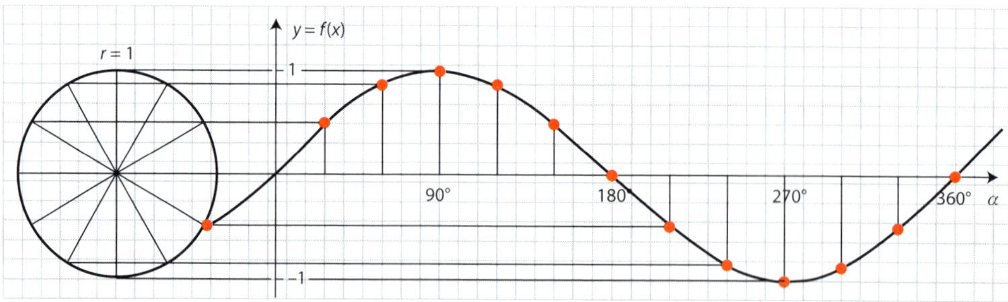

Abb. 3.105: Die Sinusfunktion ist periodisch

[1] *Die abgelesene Strecke ist zwar ein Maß für den Sinus, Sie müssen aber noch den **Maßstab** berücksichtigen, → Beispiel: Maßstab: 5 cm = „1", abgelesen: $\sin\alpha/\text{cm} = 3 \rightarrow \sin\alpha = 3\ \text{cm}/5\ \text{cm} = 0{,}5 \rightarrow \alpha = 30°$*

Die Sinusfunktion startet bei $(0°|0)$, steigt bis $(90°|1)$, fällt bis $(180°|0)$ und ist in diesem Bereich achsensymmetrisch zu $\alpha = 90° \rightarrow \sin(90° - \alpha) = \sin(90° + \alpha)$. Für Winkel $180° < \alpha < 360°$ ist der Sinus negativ, bei $\alpha = 360°$ ergibt sich $(360°|0)$.

Vergrößert man α über 360° hinaus, ergibt sich nichts Neues, denn $\sin(360° + \alpha) = \sin\alpha$, wie die Grafik zeigt. Da man beliebig oft den Kreis umrunden kann, gilt allgemein:

$\sin\alpha = \sin(\alpha + n \cdot 360°)$ mit $n \in \mathbb{N}$. Alle 360° wiederholen sich die gleichen Funktionswerte, die Sinusfunktion ist periodisch.

Man kann den Graphen auch nach links erweitern $\rightarrow$ man lässt α „rechts herum" kreisen und hat anfangs negative Winkel.

Die Sinusfunktion ist punktsymmetrisch.

Aufgabe

Überprüfen Sie die Punktsymmetrie der Sinusfunktion mithilfe des Taschenrechners für $\alpha = \pm 30°; \pm 60°; \pm 150°; \pm 550°$.

Übungen

1. Zeichnen Sie den Graphen der Kosinusfunktion, konstruieren Sie den Graphen wie in Abb. 3.105 gezeigt. Sie müssen jedoch die Länge der **Ankathete** als Funktionswert nehmen. Alternativ: $\rightarrow \cos\alpha = \sin(90° - \alpha)$, wie in Kapitel 3.2.7.4 bewiesen.
   Welche Symmetrie stellen Sie fest?
2. Begründen Sie folgendes Kochrezept: Man nehme eine Sinuslinie und zeichne die neue *y*-Achse dort, wo für Sinus $\alpha = 90°$ gilt. Man erhält den Graphen der Kosinusfunktion.

3.2.7.7 Andere Maße für den Winkel α

Später werden Sie lernen, wie man Flächen unter gekrümmten Graphen berechnen kann, beispielsweise die Fläche unter der Kosinuskurve im Bereich $0 \le \alpha \le 90°$. Sie wissen jedoch, dass man Flächen in Quadratmeter angibt, also irgendwie „Länge mal Breite" eine Rolle spielt. Bis jetzt haben wir aber auf der waagerechten Achse (Abszisse) den Winkel α in „Grad" (auf dem Taschenrechner steht **deg**) eingegeben, und der Maßstab für α war beliebig. Wir beziehen uns auf den Einheitskreis und definieren:

Definition

Wir messen einen Winkel nicht direkt in Grad, sondern geben die **zugehörige Bogenlänge** im Einheitskreis an.

Der Vollkreis hat 360°, der Umfang eines Kreises errechnet sich aus $U = 2r \cdot \pi$, und da $r = 1$ gilt, erhält man den Wert $\mathbf{2\pi \approx 6{,}28}$ **für** $\boldsymbol{\alpha = 360°}$. Mithilfe eines einfachen Dreisatzes kann man jeden Winkel in das zugehörige Bogenmaß umrechnen:

$$\begin{aligned} 360° &\rightarrow 2\pi \\ \alpha° &\rightarrow x \end{aligned}$$

$$x = \frac{2\pi \cdot \alpha°}{360°}$$

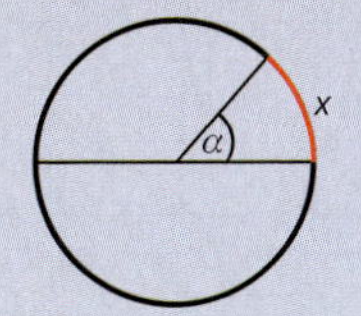

Abb. 3.106

Hinweis

Sie wollen mit dem Taschenrechner z. B. den Sinus ermitteln und der Winkel ist in Bogenmaß gegeben, so muss auf dem TR **„rad"** eingestellt sein! Beispiel: $\alpha = 1$ (rad) $\rightarrow \sin\alpha = 0{,}841...$

Mathematiker rechnen ungern mit Dezimalzahlen als Bogenlänge, wenn möglich benutzen sie Vielfache oder Bruchteile von π, beispielsweise $\pi/3$, $\pi/2$, $2\pi/3$, 2π, 3π, ...

Aufgabe Geben Sie das Bogenmaß als **Bruchteil von π** an für $\alpha = 30°, 45°, 60°, 90°$.

Falls Sie nun eine Sinuslinie zeichnen wollen und den Winkel in Bogenmaß angeben, so ist die Form eindeutig festgelegt, falls Sie für **Ordinate und Abszisse den gleichen Maßstab** wählen.

Schreibweise: $\mathbf{y = f(x) = \sin(x)} \rightarrow x$ ist in Bogenlänge gemessen.

Hinweis Techniker kennen noch ein anderes Maß für die x-Achse: Sie bestimmen die Zeit für einen vollen Umlauf und sprechen von der Periodendauer T. Somit gilt: $360° \leftrightarrow 2\pi \leftrightarrow T$.

Dann gilt: $y = f(t) = \sin\left(\frac{2\pi}{T} \cdot (t - t_0)\right)$

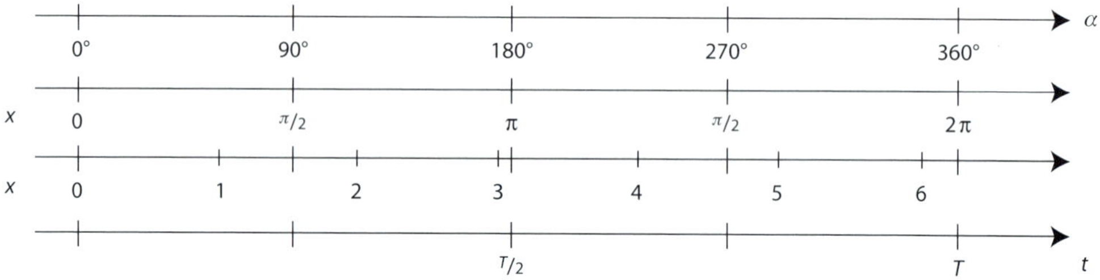

Abb. 3.107: Gleichwertige Bezeichnungen auf der Abszisse

Hinweis Verzichten Sie darauf, die Achsen genau im Maßstab 1:1 zu zeichnen, sonst brauchen Sie andauernd den Taschenrechner. Einen brauchbaren Kompromiss erhalten Sie mit 1 cm $\leftrightarrow 30° \leftrightarrow \frac{\pi}{6}$; 1,5 cm $\leftrightarrow 45° \leftrightarrow \frac{\pi}{4}$; 2 cm $\leftrightarrow 60° \leftrightarrow \frac{\pi}{3}$; 3 cm $\leftrightarrow 90° \leftrightarrow \frac{\pi}{2}$; ... 6 cm $\leftrightarrow 360° \leftrightarrow 2\pi$. Der Fehler liegt unter 5 % (nachrechnen!).

Übungen

1. Berechnen Sie den Winkel in Bogenmaß (als Dezimalzahl) für $-90° \leq \alpha \leq 90°$ mit $\Delta\alpha = 15°$
2. Bestimmen Sie $\sin\alpha$ und ergänzen Sie alle leeren Felder (Winkel umrechnen).

α	35°			570°			−45°		
in rad		1,25			7,5			−1	
in rad	–	–	$\frac{\pi}{5}$	–	–	$\frac{2\pi}{9}$		–	$-\frac{3\pi}{4}$
$\sin\alpha$									

3.2.7.8 Die allgemeine Sinusfunktion

Sie wissen z. B. von der quadratischen Parabel, dass man diese stauchen, strecken und/oder verschieben kann.

So etwas kann man auch mit den Graphen der Winkelfunktionen machen.

Wir beschränken uns in diesem Kurs auf die Sinusfunktion, Sie wissen jedoch aus dem Abschnitt 3.2.7.6, wie man durch „umrechnen“ oder durch Verschieben der y-Achse zur Kosinusfunktion gelangen könnte.

Die allgemeine Form lautet: $y = f(x) = a \cdot \sin(bx - x_0) + c$

Dabei ist $\boldsymbol{a}$ der Stauch-/Streckfaktor (Radius des neuen Kreises, falls man die Aufgabe grafisch löst), $\boldsymbol{b}$ verkürzt oder verlängert die Periodendauer, $\boldsymbol{x_0}$ bewirkt eine Verschiebung des Graphen in x-Richtung, $\boldsymbol{c}$ ist die Verschiebung des Graphen in y-Richtung. Die maximale Auslenkung $|\boldsymbol{a}|$ nennt man **Amplitude**, falls von Schwingungen geredet wird.

Im Folgenden zeigen wir Ihnen die Auswirkungen von a, b, x_0, c. Um die Übersicht nicht zu verlieren, variieren wir nacheinander nur **einen** Parameter.

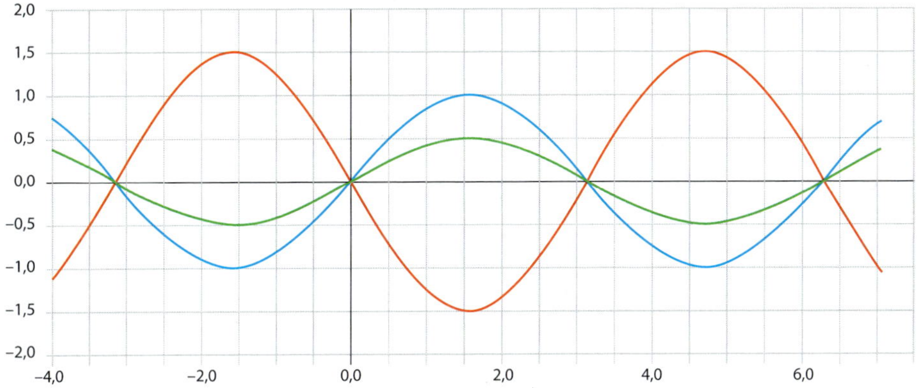

Abb. 3.108: $y = f(x) = \boldsymbol{a} \cdot \sin(x)$ *mit* $a = \{-1{,}5;\ 0{,}5;\ 1\}$

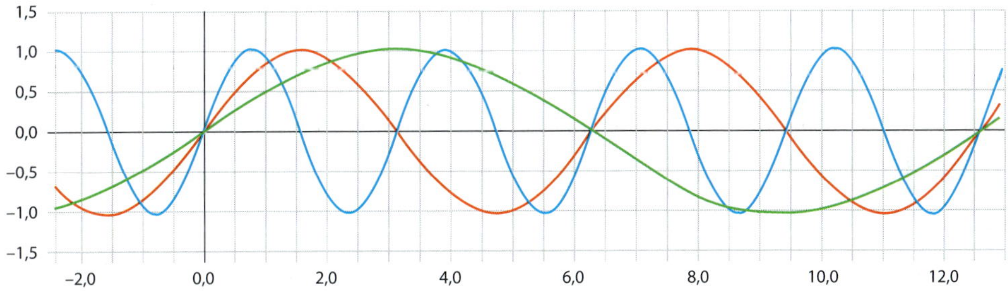

Abb. 3.109: $y = f(x) = \sin(\boldsymbol{b}x)$ *mit* $b = \{0{,}5;\ 1;\ 2\}$

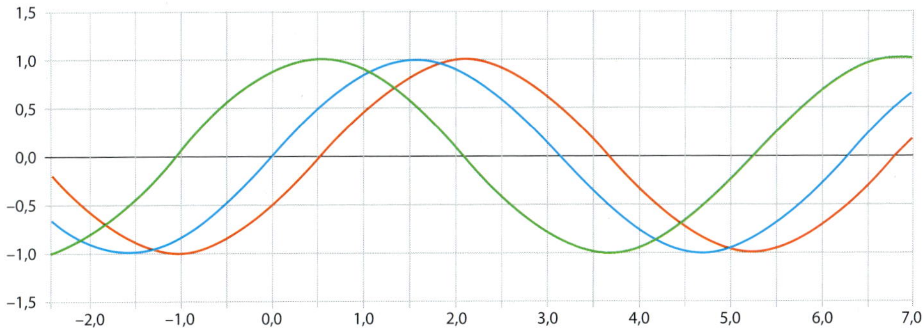

Abb. 3.110: $y = f(x) = \sin(x - \boldsymbol{x_0})$ *mit* $x_0 = \left\{-\frac{1}{3}\pi;\ 0;\ \frac{1}{3}\pi\right\}$

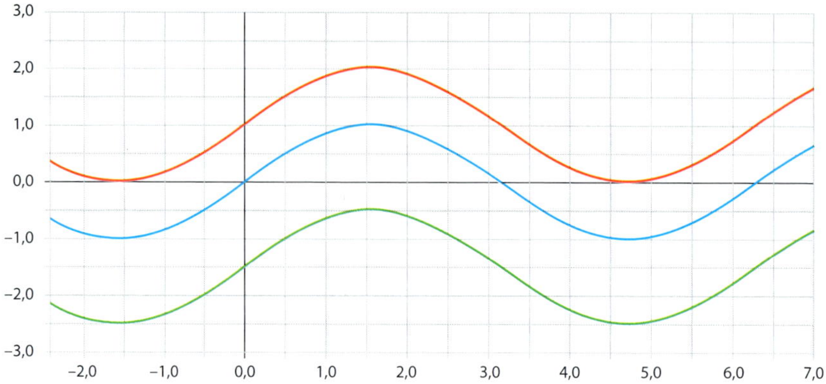

Abb. 3.111: $y = f(x) = \sin(x) + \boldsymbol{c}$ mit $c = \{-1{,}5;\ 0;\ 1\}$

Aufgabe Ordnen Sie in den Abbildungen 3.108 bis 3.111 die einzelnen Parameter den Graphen zu.

Übungen

1. Zeichnen Sie den Graphen der Funktion $y = f(\alpha) = -2\sin(\alpha - 30°) + 0{,}5$.
   Wir führen den Rechengang schrittweise für den Winkel $\boldsymbol{\alpha} = \mathbf{60}°$ vor.

α	$60°$
$\alpha - 30°$	$30°$
$\sin(30°)$	$0{,}5$
$-2\sin(30°)$	-1
$-2\sin(30°) + 0{,}5$	$-0{,}5$

   Legen Sie eine Wertetafel für $0°\ \alpha \leq 360°$ mit $\Delta\alpha = 30°$ an.

2. Zeichnen Sie den Graphen von $y = f(\alpha) = 3\cos(\alpha + 60°) - 2$ im Bereich $-90° \leq \alpha \leq 270°$
3. Analysieren Sie die beiden Graphen in Abb. 3.112. Um welche Funktionen handelt es sich?
4. Berechnen Sie eine Nullstelle von $y = f(x) = \sin(x) + \cos(x) \rightarrow$ Pythagoras!!!! Zeichnen Sie den Graphen (Wertetafel).

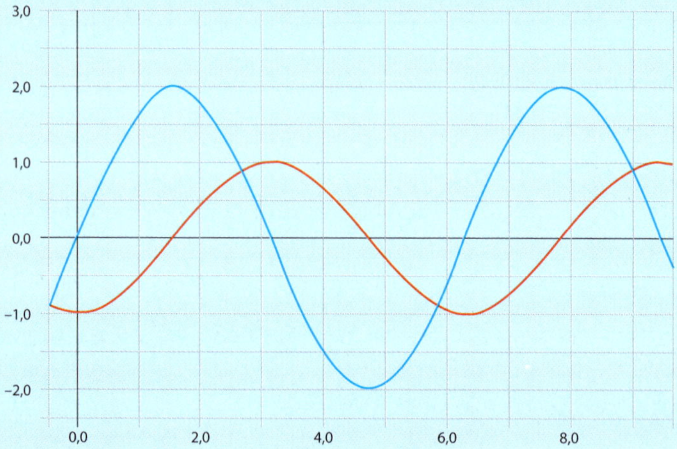

Abb. 3.112: Graphen von trigonometrischen Funktionen

5. Zeichnen Sie den Graphen von $y = f(x) = 2\sin\left(2x - \frac{\pi}{6}\right) + 1$ im Bereich $-\frac{\pi}{6} \leq x \leq \frac{3\pi}{2}$

6. Es gilt: $\sin 60° = \frac{1}{2} \cdot \sqrt{3}$. Beweisen Sie diese Identität. Lösungshinweis: Zeichnen Sie ein gleichseitiges Dreieck und zeichnen Sie eine Höhe ein. → Es entstehen 2 rechtwinklige Dreiecke mit 30°, 60° → Pythagoras → Sinus.
7. Skizzieren Sie a) $y = \sin(x)$, b) $y = 2\sin(x)$, c) $y = \sin(2x)$ im gleichen Koordinatensystem.

Reflexion

Als es noch keine Taschenrechner gab, benutzte man für die trigonometrischen Funktionen **Tabellen**. Um Papier und Platz zu sparen, beschränkte man sich auf $\mathbf{0° \leq \alpha \leq 90°}$, für größere oder negative Winkel musste man Symmetrieeigenschaften kennen und anwenden. Bei den Schülern und Studenten „beliebte" Tabellenwerke enthielten zusätzlich die folgende Hilfe (Abb. 3.113):

Erklären Sie die Bedeutung der Vorzeichen in den vier Quadranten, deuten Sie „*A*" bzw. „*P*".

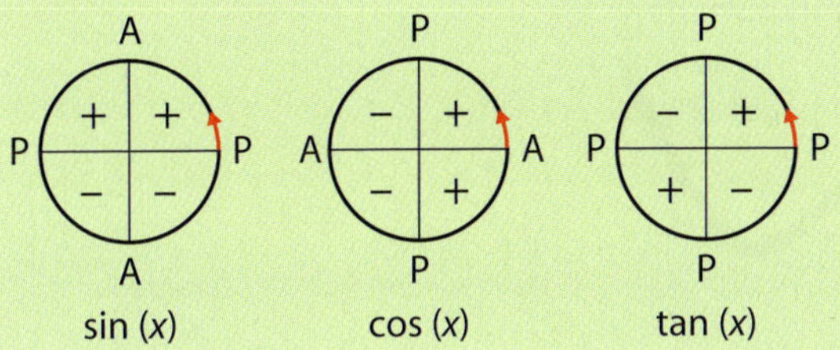

Abb. 3.113:
Hilfe in Tabellen für Winkelfunktionen

Erweiterte Übungen

1. Nadine hat einen Kalender aus ihrem Urlaubsland mitgebracht, dort sind die Uhrzeiten für Sonnenauf- und -untergang verzeichnet.

   Die folgende Tabelle zeigt die „astronomische Sonnenscheindauer" (Abstand zwischen Aufgang und Untergang) für den 20. Tag jedes Monats.

Datum	20. 1.	20. 2.	20. 3.	20. 4.	20. 5.	20. 6.	20. 7.	20. 8.	20. 9.	20. 10.	20. 11.	20. 12.
Dauer/Std.	10,3	11,5	13,4	15,5	17,2	18,0	17,7	16,5	14,6	12,5	10,9	10,0

Tab. 3.27

   a) Zeichnen Sie den Graphen der Funktion $y = f(t)$, gehen Sie von 30 Tagen pro Monat bzw. 360 Tagen/Jahr aus.

   b) Näherungsweise ergibt sich eine allgemeine Sinuskurve. Bestimmen Sie deren Funktionsgleichung.

   $y = f(t) = a \cdot \sin\left(\frac{2\pi}{360}(t - t_0)\right) + y_0$, $y \rightarrow$ astronomische Sonnenscheindauer, $t \rightarrow$ Tag

   Hinweis: Bestimmen Sie zuerst, um welchen Betrag die Kurve nach oben verschoben wurde → y_0, Mittelwert von y_{Min} und y_{Max} → ablesen: wo (an welchem Tag) schneidet der Graph die Parallele zur t-Achse ($y = y_0$)? → $\mathbf{t_0}$.

   Bestimmen Sie die maximale Auslenkung $\boldsymbol{a}$.

   c) Berechnen Sie die astronomische Sonnenscheindauer am 200. Tag des Jahres.

2. Sie wissen, dass man mit Grafikprogrammen Figuren auf dem Bildschirm zeichnen, diese verschieben und auch **verdrehen** kann. Bei diesen Operationen hat der Rechner sehr, sehr viel zu tun. Damit Sie eine Ahnung davon bekommen, wie die Programmierer eine Drehung bewerkstelligen, sollen Sie diese Rechnung für nur einen Punkt in der Ebene (also nur zweidimensional) nachvollziehen, „in echt" sind das über 100 000 pro Sekunde!

   Die Koordinaten eines Punktes $P_1(4|3)$ sind bekannt. Dieser Punkt soll bei konstantem Abstand zum Koordinatenursprung um den Winkel $\alpha = +35°$ gedreht werden. Die Koordinaten des gedrehten Punktes $P_1'(x'|y')$ sind zu berechnen.

   Hinweis: Es handelt sich um ein **geometrisches** Problem → **Skizze** anfertigen!

3. Sie kennen die Situation: Mutti kauft Wurst in der Fleischerei, das kleine Kind schaut mit großen Augen auf die Theke, dann gibt's endlich die obligatorische Scheibe Fleischwurst auf die Hand. Stellen Sie sich vor, die Pelle wäre ausnahmsweise noch dran und Sie würden sie entfernen, auftrennen und dann waagerecht auslegen. Welche Form hat die Pelle, wenn die Wurst schräg abgeschnitten wurde?

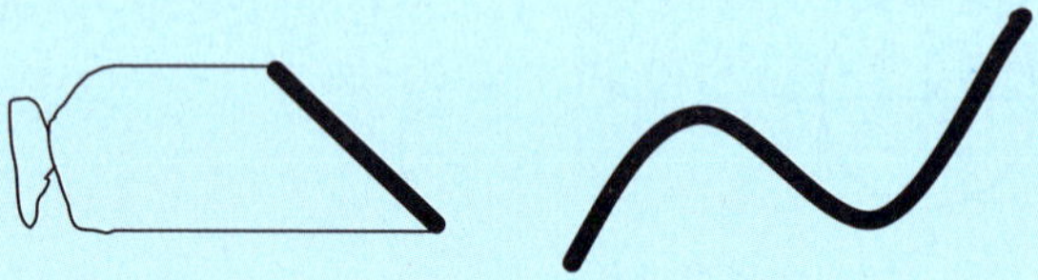

Abb. 3.114: Welche Form hat die Wurstpelle?

   Mathematisch ausgedrückt: Ein Zylinder mit Kreisquerschnitt habe den Radius $r = 2{,}5$ cm und steht senkrecht auf der Bezugsebene. Dieser Zylinder wird schräg abgeschnitten, sodass der tiefste Punkt 1 cm über der Ebene liegt, der Schnittwinkel α sei 60°.

   a) Zeichnen Sie maßstabsgerecht die Abwicklung des Restkörpers.

   b) Gehen Sie davon aus, dass die obere Randlinie eine Sinuskurve ist. Bestimmen Sie die Funktionsgleichung dieser Sinuslinie unter der Voraussetzung, dass der untere Umfang die Abszisse bildet. → Hilfe: Abb. 3.115

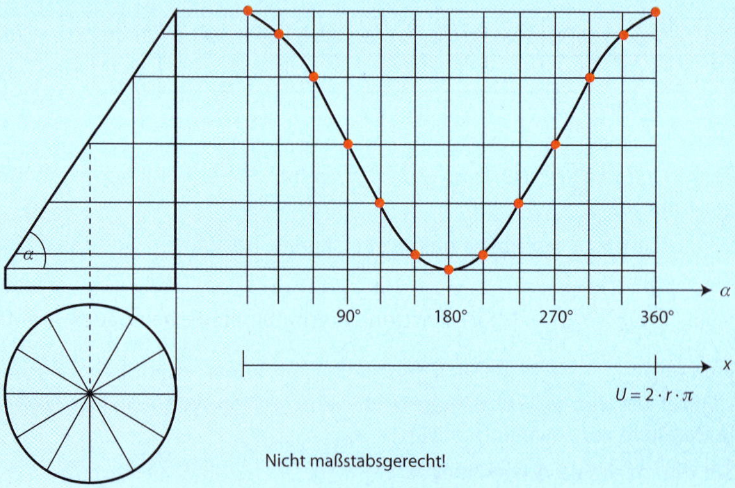

Abb. 3.115: Abwicklung eines Kreiszylinders, schräg abgeschnitten

4. Stellen Sie eine Backrolle (Nudelholz) her, deren beide Seiten schräg abgeschnitten sind, siehe Abb. 3.116. Bestreichen Sie die Oberfläche der Rolle mit Farbe und rollen Sie ab. Beschreiben Sie die Form des sich ergebenden Musters!

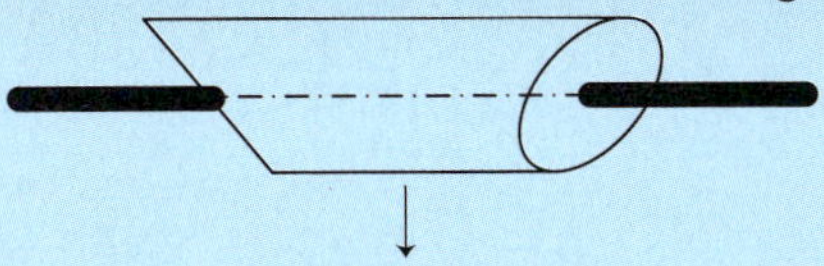

Abb. 3.116: Nudelholz, schräg abgeschnitten

5. Hans benutzt beim Arbeiten am Computer einen 19-Zoll-Bildschirm, die echte Arbeitsfläche bei Textverarbeitung ist 32 cm hoch und 29 cm breit. (Schirm mit „Pivotisierung", hochkant gedreht). Er sieht am besten, wenn sein Abstand zum Schirm 55 cm beträgt. Er will nun einen Beamer benutzen und 2 m vor der Projektionsfläche sitzen. Welche Maße muss die neue Arbeitsfläche haben, wenn der gleiche „Eindruck", d. h. der **gleiche Blickwinkel** erreicht werden soll? → Skizze!

6. Bei den Parabeln haben Sie das „Tor zum Westen" kennengelernt, ein Bogen mit einer Weite von 192 m und einer Scheitelhöhe von 192 m. (In Wahrheit ist der Bogen gar keine Parabel, sondern eine „Kettenlinie", die Abweichungen sind aber sehr gering). Nun gehen Sie davon aus, der Bogen sei die obere Hälfte einer Sinuslinie mit der Periodenlänge $x_P = 384$ m. Bestimmen Sie die Funktionsgleichung und zeichnen Sie maßstabsgerecht sowohl die Parabel als auch den Sinusbogen in ein Koordinatensystem.

7. Ein Quader hat die Maße 4 m × 5 m × 8 m. Sie sollen eine Raumdiagonale einzeichnen und die drei Winkel berechnen, die diese Diagonale mit den Kanten bildet. → Skizze!

8. Der Lichtkegel eines Laserpointers hat in 18 m Entfernung den Durchmesser $d = 4{,}2$ mm. Berechnen Sie den Öffnungswinkel sowie den Durchmesser des Kegels in 180 m Entfernung.

9. Die lichtempfindliche Fläche des Chips einer digitalen Kamera ist sehr viel kleiner als die eines Kleinbildfilms (24 mm × 36 mm). Die Brennweite der analogen Kamera betrage 50 mm. Entscheiden und begründen Sie, ob bei der digitalen Kamera die Brennweite kleiner oder größer sein muss, wenn der gleiche Gegenstand bei gleicher Aufnahmeentfernung formatfüllend abgebildet werden soll.

10. Das Foto zeigt eine Elbbrücke in Hamburg. Als Gestalter haben Sie genügend Fantasie, die Maße der Sinusbögen zu schätzen (Vergleich mit den Autos!?) oder im Internet zu ermitteln. Wählen Sie ein geeignetes Koordinatensystem und geben Sie die Funktionsgleichungen der beiden Bogenreihen (Obergurt und Untergurt) an.

Reflexion Erläutern Sie den Zusammenhang zwischen Perspektive/Winkelfunktion bei bildnerischen Darstellungen. Gilt Ihre Aussage auch bei der sog. **Bedeutungsperspektive**?

3.2.8 Exponentialfunktionen

3.2.8.1 Definition von Exponentialfunktionen

Sie kennen bereits Potenzen in der Form $\boldsymbol{a = b^c}$, $\boldsymbol{b}$ heißt **Basis** und $\boldsymbol{c}$ ist der **Exponent**. Weiterhin haben Sie Potenzfunktionen in der Form $y = f(x) = a_n \cdot x^n$, $n \in \mathbb{N}\setminus\{0\}$ bearbeitet, die unabhängige Variable x tritt als Basis auf. Bei den Exponentialfunktionen steht das x im Exponenten, es gilt also

$\boldsymbol{y = f(x) = a \cdot b^x, b \neq 1 \wedge b > 0 \rightarrow b}$ **muss positiv sein,** sonst ist die Funktion nicht definiert.

Exponentialfunktionen treten immer dann auf, wenn in der Natur etwas wächst oder zerfällt. Schon im Altertum erkannte man, dass exponentielles Wachsen zu unfassbar großen Zahlen führt, ein Aspekt, der auch heute noch oft unterschätzt wird, wir werden in den Übungen darauf eingehen.

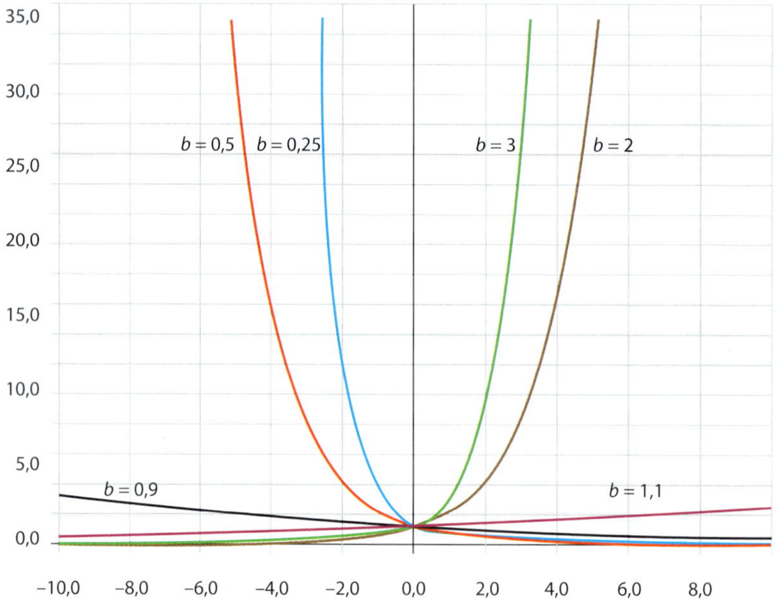

Abb. 3.118: $y = b^x$

Aufgabe

1. Informieren Sie sich über das „Reiskörner/Schachbrett"-Problem. Ermitteln Sie das Gewicht eines Reiskorns und berechnen Sie das Gewicht der Körner auf dem letzten Feld.
2. Inga will jobben und macht Ihrem zukünftigen Chef folgendes Angebot: Ich werde 30 Tage für Sie schuften. Am ersten Tag bekomme ich 3 ct, am zweiten 6 ct, am dritten 12 ct, dann 24 ct usw. Entscheiden Sie, ob der Chef darauf eingehen sollte; denn normalerweise verdienen Jobber 80,00 EUR pro Tag.
3. $y = b^x \rightarrow$ warum soll $\boldsymbol{b}$ von „1" **verschieden** sein?

3.2.8.2 Eigenschaften von Exponentialfunktionen

3.2.8.2.1 Exponentialfunktionen mit der Basis $b > 1 \rightarrow$ Wachsen

Wir greifen das Reiskornbeispiel aus der Antike auf und erarbeiten das Wesentliche anhand einer Rechnung „zu Fuß“.

Auf dem 1. Feld liegt 1 Korn, auf dem 2. liegen 2, dann hat man 4 Körner, dann 8, 16, 32, ...

Man fängt bei 1 an, dann rechnet man $1 \cdot 2$, dann $1 \cdot 2 \cdot 2$, es folgt $1 \cdot 2 \cdot 2 \cdot 2$ oder aber: bei der ersten Verdoppelung gilt $1 \cdot 2^1$, dann $1 \cdot 2^2$, $1 \cdot 2^3$, ..., bei der n-ten Verdoppelung $1 \cdot 2^n$.

Die zugehörige Funktionsgleichung lautet demnach: $y = f(x) = 1 \cdot 2^x$, allerdings mit der Einschränkung, dass bei dieser praktischen Aufgabe für x nur natürliche Zahlen sinnvoll sind (es gibt kein 4,5. Feld und auch kein −4. Feld).

Wir verlassen das praktische Beispiel und erlauben für den Exponenten x alle reellen Zahlen. Für die folgende Wertetafel benutzen wir einen normalen Taschenrechner.

$y = f(x) = 1 \cdot 2^x$

x	−2	−1,5	−1	−0,5	0	0,5	1	1,5	2	10
y	0,25	0,35	0,5	0,71	1	1,41	2	2,83	4	1024

Für y ergeben sich nur positive Zahlen!

Tab. 3.28

Die y-Werte steigen steil an!

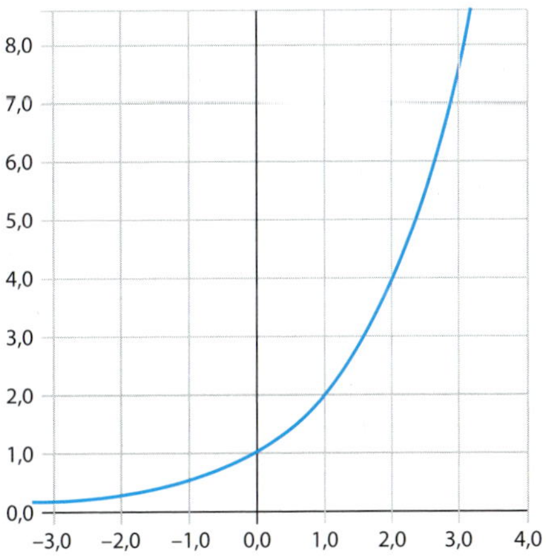

Abb. 3.119: Graph von $y = 2^x$

Wir ändern den Anfangswert für $x = 0$ und untersuchen $y = 3 \cdot 2^x$. Es ergibt sich die folgende Wertetafel:

X	−2	−1,5	−1	−0,5	0	0,5	1	2
Y	0,75	1,05	1,5	2,13	3	4,23	6	12

Der zugehörige Graph ist in Abb. 3.120 gezeichnet.

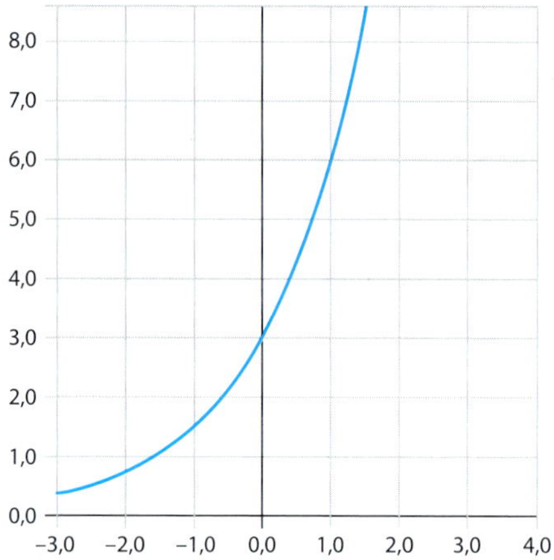

Abb. 3.120: Graph von $y = 3 \cdot 2^x$

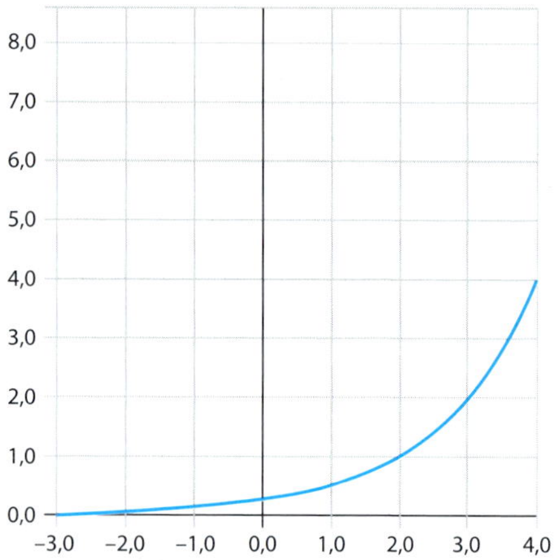

Abb. 3.121: Graph von $y = \boldsymbol{a} \cdot 2^x \cdot a = ?$

Alle Exponentialfunktionen haben die Punkte $P_0(0|a)$ sowie $P_1(1|a \cdot b)$.

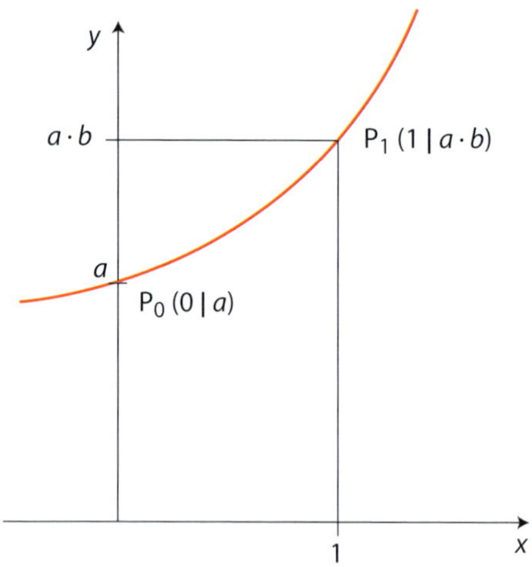

Abb. 3.122:
Zwei besondere Punkte von $y = a \cdot b^x$

Aufgabe Analysieren Sie den Graphen von Abb. 3.121 und geben Sie $\boldsymbol{a}$ an. Kontrollieren Sie Ihren Wert mithilfe des Taschenrechners, indem Sie $x = 3$ einsetzen und mit den Koordinaten des Graphen vergleichen.

Die Basis b kann natürlich auch andere Zahlen als 2 (bei Verdopplung) annehmen, wir zeigen das an einem Beispiel.

Beispiel

Ein Badesee ist 150 m lang und 80 m breit. Zu Beginn der Badesaison, die in der Regel 80 Tage andauert, findet man einen Algenteppich von 8 m^2. Da der Sommer sehr warm ist, vermehren sich die Algen stark, **pro Tag kommen 10 % hinzu**.

Wir rechnen: Anfangswert = 8 m^2, 1 Tag später sind es $8 + (10/100) \cdot 8 \rightarrow (8 + 0{,}1 \cdot 8) = 8(1 + 0{,}1) = 8 \cdot 1{,}1 = 8{,}8$. Dann folgt $8{,}8 + (10/100)8{,}8 = 8{,}8 \cdot 1{,}1 = 8 \cdot 1{,}1 \cdot 1{,}1 = 8 \cdot 1{,}1^2$ für den 2. Tag.

Oder aber: Ausgangsgröße = 100 %, 10 % dazu ergibt 110 %. % bedeutet Hundertstel $\rightarrow$ 110 : 100 = **1,1** als Basis. Pro angegebener Zeiteinheit wird also nicht verdoppelt, sondern mit 1,1 multipliziert.

Wir finden

$y = f(x) = 8 \cdot 1{,}1^x$.

→ 8 = Anfangswert, 1,1 = Vergrößerungsfaktor für **„einen Tag** später“, x = Zeit in Tagen.

Wertetafel für die ersten 10 Tage (nachrechnen!):

Tag	0	1	2	3	4	5	6	7	8	9	10
m^2	8	8,8	9,7	10,6	11,7	12,9	14,2	15,6	17,1	18,9	20,7

Anfangs fanden wir einen Algenteppich von 8 m^2, 10 Tage später ist die Fläche auf knapp 21 m^2 angewachsen. Man könnte denken „na und, schließlich hat der See eine Fläche von 12 000 m^2, da sind gerade mal 0,17 % bedeckt, was macht das schon?“. → **Dieser sich aufdrängende Trugschluss ist das „teuflische“ beim exponentiellen Wachsen!**

Wir ergänzen die Tabelle.

Tag	20	30	40	50	60	70	80
m^2	54	140	362	939	2 436	6 318	**16 387**

Nach 70 Tagen ist mehr als die Hälfte des Sees bedeckt, kurz darauf der **ganze** See. Für $x = 80$ ergibt sich ein Zahlenwert, der größer ist als die Fläche des Sees, hier gilt also das Beschreibungsmodell nicht mehr.

Merksatz

Beim exponentiellen Wachsen steigt der Funktionswert ab einem gewissen *x*-Wert unheimlich stark an, auch dann, wenn anfangs nur ein schwaches Wachsen zu beobachten ist. → Dieser Sachverhalt gilt dann, wenn die Basis der Exponentialfunktion nur ein kleines bisschen größer als „1“ ist.

Übungen

1. Der Enkel ist geboren und der stolze Opa möchte Geld fest anlegen, damit das spätere Studium oder eine Existenzgründung erleichtert werden. Es geht um einen Betrag von 5 000,00 EUR. Es gibt zwei Anlegemöglichkeiten:

   Version 1: Die 5 000,00 EUR kommen auf ein Sonderkonto, jedes Jahr zahlt die Bank eine konstante Prämie von 6 % des Anlegebetrags.

   Version 2: Die 5 000,00 EUR kommen auf ein Sparbuch, die Zinsen werden jährlich mit 4,5 % gutgeschrieben und im Folgejahr auch verzinst.

   Stellen Sie für beide Versionen die Funktionsgleichung auf, zeichnen Sie die Graphen und entscheiden Sie, welche Version besser ist, falls die Bedingungen a) 10 Jahre, b) 20 Jahre gelten.

2. Werden Bilder nicht fachgerecht gelagert und gewartet, drohen Verluste durch Schimmelbefall. Im Museum entdeckt man, dass ein Bild im Depot einen Schimmelfleck von 2,5 cm^2 aufweist. Man weiß aus der Literatur, dass ohne Gegenmaßnahmen pro Woche ein Wachsen der Befallsfläche um 8 % zu befürchten ist. a) Welche Schadensfläche wäre zu erwarten, wenn der Befall 12 Wochen später entdeckt worden wäre? b) Zeichnen Sie den Graphen der Funktion im Bereich $-3 \leq x \leq 20$. Lesen Sie ab: Wie viele Wochen vergehen, bis 5,0 cm^2 befallen sind?

3. Gehen Sie davon aus, dass in A-Stadt eine mittlere Jahrestemperatur von 15 °C herrscht. Da für den Klimaschutz zu wenig getan wird, steigt die Temperatur pro Jahr um 1 % an. Berechnen Sie die mittlere Jahrestemperatur nach 5, 10 und 100 Jahren, falls sich hinsichtlich des Klimaschutzes nichts ändert. Ermitteln Sie die mittlere Jahrestemperatur, die zurzeit in der Tropenregion herrscht (Atlas, Reisekatalog, Internet) und entscheiden Sie, ob das Rechenmodell für einen Zeitraum von 100 Jahren brauchbar ist (auch 1 % pro Jahr)!

4. Gegeben sind die Wertetafeln der Funktionen $f(x)$, $g(x)$ und $h(x)$. Untersuchen, entscheiden und begründen Sie, welche im angegebenen Bereich eine Exponentialfunktion sein könnte (man weiß ja nicht, wie es weiter geht). Falls Sie sich für eine Exponentialfunktion entschieden haben, berechnen Sie den Funktionswert für $x = 7$.

x	1	2	3	4
$f(x)$	1,1	1,32	1,72	2,4
$g(x)$	1,1	1,32	1,58	1,9
$h(x)$	3,3	9,9	29,7	89,1

Tab. 3.29

Reflexion In Übung 2. b) sollen Sie einen y-Wert **ablesen**. Begründen Sie, warum man die Aufgabe **nicht** mit den Rechenarten $+$; $-$; $\cdot$; $:$; $()^n$; $\sqrt{}$ lösen kann.

3.2.8.2.2 Exponentialfunktionen mit $0 < b < 1 \rightarrow$ Zerfall

Wenn man die Qualität von Farbfotos beurteilen will, muss man auch die „Haltbarkeit“ der fertigen Bilder berücksichtigen. Als Gestalter wissen Sie, dass durch UV-Strahlung und andere schädliche Einflüsse die Bilder verblassen, ihre Farbintensität nimmt ab. Sie wissen auch, dass die Farben Ihrer Pullis nach häufigem Waschen verblassen, dass heißer Kaffee in der Tasse nicht heiß bleibt, nach Einnahme eines wirksamen Antibiotikums die Anzahl der schädlichen Keime abnimmt. Dieses Abnehmen lässt sich ebenfalls durch eine Exponentialfunktion modellieren, die Basis muss nun **kleiner** als „1“, aber positiv sein.

Beispiel

Im Medienkoffer sind anfangs 120 Teile (Stifte, Radierer, Tuschen ...). Durch „natürlichen Schwund“ fehlen pro Woche ca. 3 % der jeweils vorhandenen Teile. Das Schuljahr hat 42 Wochen. Gesucht ist die Anzahl der noch vorhandenen Teile, falls nicht besser aufgepasst und nicht aufgefüllt wird.

Allgemein: $\boldsymbol{y = a \cdot b^x}$, hier gilt: Anfangswert $\rightarrow$ $\boldsymbol{a = 120}$, Bereich für $x \rightarrow \boldsymbol{0 \leq x \leq 42}$

Wenn 3 % pro Woche verschwinden, bleiben 97 % = 0,97 · Ausgangswert übrig, also ist **0,97** die gesuchte Basis **b**.

Zu bearbeiten ist also die Funktionsgleichung $y = f(x) = 120 \cdot 0{,}97^x$. Wir stellen die Wertetafel auf und erhalten (nachrechnen!):

x	0	5	10	15	20	25	30	35	40	42
y	120	103	88	76	65	56	48	41	35	33

Am Ende des Schuljahrs wären noch 33 Teile im Koffer. Der zugehörige Graph ist in Abb. 3.122 gezeichnet.

Dieses Modell des exponentiellen Abnehmens spielt in der Physik eine große Rolle, radioaktive Stoffe zerfallen genau nach diesem Gesetz. Hier gibt man die sogenannte **Halbwertszeit** an, das ist die Zeit, die ein Stoff benötigt, um auf genau die Hälfte seiner Masse (Anzahl der Atome) zu zerfallen.

Eine besondere Anwendung ist die **Radio-Karbon-Methode** zur Altersbestimmung von Knochen, Mumien oder **Malereien** aus der Frühgeschichte der Menschheit.

Theoretischer Hintergrund: Das radioaktive Kohlenstoffisotop ^{14}C zerfällt zwar mit einer **Halbwertzeit** von **5 730** Jahren, der Gehalt in unserer Atmosphäre ist aber durch die kosmische Strahlung, die immer wieder das Isotop bildet, konstant. Alle Lebewesen enthalten während ihrer Lebenszeit den gleichen Anteil an ^{14}C-Atomen bezogen auf alle Atome; denn die Pflanzen nehmen CO_2 auf und damit auch ^{14}C. Durch die Nahrung gelangt es so auch in alle Tiere und Menschen. Stirbt das Lebewesen, wird keine Nahrung mehr aufgenommen und der Isotopenanteil wird kleiner → die „Isotopenuhr" fängt an zu ticken.

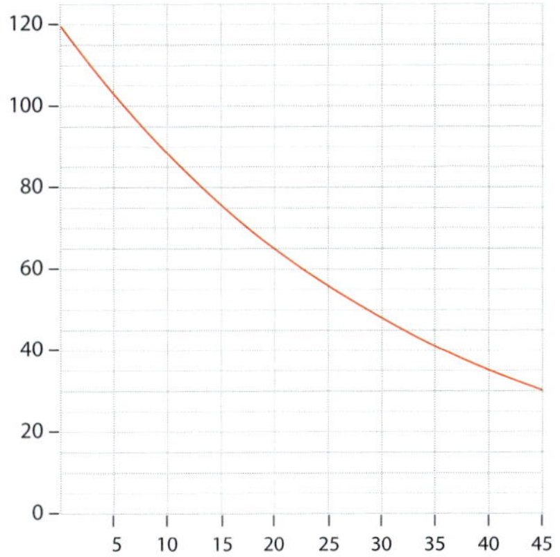

Abb. 3.123:
„Natürliche" ***Abnahme,*** *$y = 120 \cdot 0{,}97^x$*

Beispiel

1992 entdeckte man in den Ötztaler Alpen im Eis die Leiche von „Ötzi". Man fand heraus, dass Gewebeproben noch 53 % des ursprünglichen ^{14}C-Gehalts enthielten. Das Alter von Ötzi soll auf grafischem Weg ermittelt werden.

→ Aufstellung der Funktionsgleichung: **Anfangswert**: 100 %, **Basis**: 0,5; denn Halbwertszeit heißt: Es sind noch 50 % vorhanden.

Exponent: $x/5\,730$; denn für $t = 5\,730$ (Jahre) muss der Wert der Hochzahl gerade = 1 sein und damit der Funktionswert $y(5\,730) = 50$ (%).

$\mathbf{y = f(t) = 100 \cdot 0{,}5^{t/5\,730}}$

Wir berechnen einen kleinen Bereich aus der gesamten Wertetafel; denn 53 % liegt ja nahe am Halbwert.

t	0	4 950	5 000	5 050	5 100	5 150	5 200	**5 250**	5 300
%	100	54,9	54,6	54,3	54,0	53,4	53,3	**53,0**	52,7

Tab. 3.30

Eigentlich brauchen wir den Graphen nicht zu zeichnen, in der Wertetabelle ist der Punkt $P(5\,250\,|\,53\,\%)$ enthalten. Ötzi ist also vor 5 250 Jahren gestorben.

Übungen

1. Zeichnen Sie den Graphen für den ^{14}C-Zerfall, geben Sie die Ordinate in Prozent an (Beginn bei 100 %), im Bereich ($0 \leq t \leq 25\,000$) Jahre. Halbwertszeit: $t_H = 5\,730$ Jahre. Orientieren Sie sich am obigen Beispiel.

2. In Frankreich entdeckte man in der Lascaux-Höhle phantastische **Wandmalereien.** In der Höhle fand man auch Reste von Holzkohle aus der Zeit, als die Menschen noch diese Höhle bewohnten und verschönerten. Misst man die Zerfallsrate von ^{14}C im lebenden Holz, findet man einen Wert von 1 530 Einheiten pro 100 Gramm und Minute[1]. Bei der alten Holzkohle konnte man noch 97 Einheiten pro 100 Gramm und Minute messen. Ermitteln Sie, wann diese Malereien entstanden sind (wie alt ist die Holzkohle aus der Höhle?). Lösungshinweis: Da nur noch wenig Strahlung vorhanden ist, ist schon viel Zeit vergangen. Stellen Sie die Funktionsgleichung auf und berechnen Sie die Wertetafel für ($20\,000 \leq t \leq 24\,000$) Jahre, $\Delta t = 500$ Jahre. Zeichnen Sie auch den Graphen nur in diesem Bereich.

[1] *Ein geeignetes Messgerät zeigt 1530 Impulse an, falls man 100 g frisches Holz 1 Minute lang „testet".*

3. Bei der additiven Farbmischung (Monitor) gilt das RGB-Farbmodell. Die Anteile jeder Komponente werden mit Zahlen $0 \leq x \leq 255$ codiert, sodass ein Byte (8 Bit $\rightarrow 2^8 = 256 \rightarrow 0$ ... 255 sind 256 Werte) pro Komponente ausreicht, jede Farbe von ca. 16 Mio. möglichen zu programmieren (256^3 Möglichkeiten). Für Testzwecke wurde der Schirm mit F (123, 200, 45) programmiert. Leider altert der Schirm sehr schnell (Montagsproduktion), R verliert 2 % pro Woche, G verliert 5 % pro Woche, B sogar 10 % pro Woche. Welche Farbe zeigt der Schirm nach 8 Wochen scheinbar an?

4. Füllt man eine heiße Flüssigkeit mit der Temperatur τ_h in ein Gefäß, so kühlt diese exponentiell die Umgebungstemperatur τ_U ab. Bezeichnet man den Temperaturverlust pro Zeiteinheit t_e mit v_t, so gilt: $\boldsymbol{\tau(t) = (\tau_h - \tau_U) \cdot (1 - v_t)^{\frac{1}{te}} + \tau_U}$

   Eine gute Thermoskanne verliert 12 % in 6 Stunden, eine nicht ganz so gute verliert 15 % in 4 Stunden. Beide Kannen werden mit 85 °C heißem Tee gefüllt. Die Umgebungstemperatur beträgt 10 °C. Berechnen Sie die Teetemperatur

   a) nach 12 Stunden in der guten Kanne,

   b) nach 11 Stunden in der weniger guten Thermoskanne.

3.2.8.3 Die *e*-Funktion

Viele Wachstums- oder Zerfallsprozesse in unserer Welt lassen sich durch eine spezielle Exponentialfunktion[1] modellieren, die sogenannte **natürliche Exponentialfunktion** oder kürzer: ***e*-Funktion**.

Definition Die Funktion mit $f(x) = e^x$ heißt natürliche Exponentialfunktion oder *e*-Funktion.

e ist die Eulersche Zahl, sie ist eine irrationale Zahl und hat den Wert $e = 2{,}71828...$

Abb. 3.124 zeigt den Graphen der *e*-Funktion.

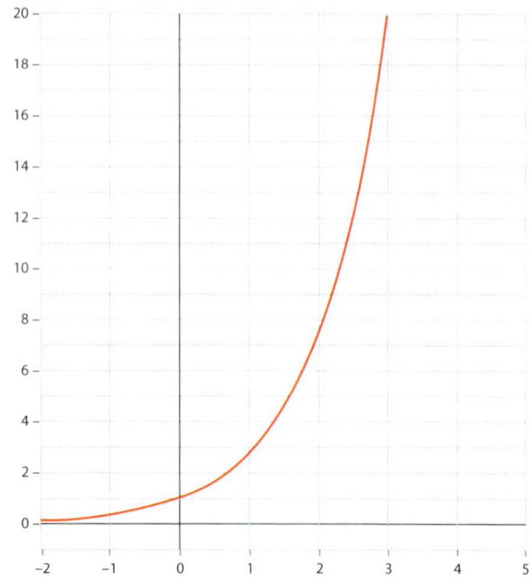

Abb. 3.124:
*Die **e-Funktion***

[1] *Durch eine mathematische Umformung $f(x) = a^x = e^{\ln a \cdot x}$ lassen sich alle anderen Exponentialfunktionen mit der e-Funktion beschreiben. Diese Umformung ist jedoch nicht Gegenstand dieses Kurses.*

Sie erkennen leicht folgende Eigenschaften der e-Funktion:

- Der Graph schneidet die y-Achse im Punkt $P(0|1)$.
- Die e-Funktion hat keine Nullstellen, der Graph verläuft nur in den Quadranten I. und II.

$y = e^x$ ist die einfachste Form der Funktionsgleichung der e-Funktion. Bereits bei den linearen Funktionen haben Sie deren einfachste Form, $y = x$, verallgemeinert. Analog können Sie bei der e-Funktion vorgehen. Nachfolgend finden Sie eine parallele Aufstellung des Vorgehens:

Lineare Funktion	***e*-Funktion**
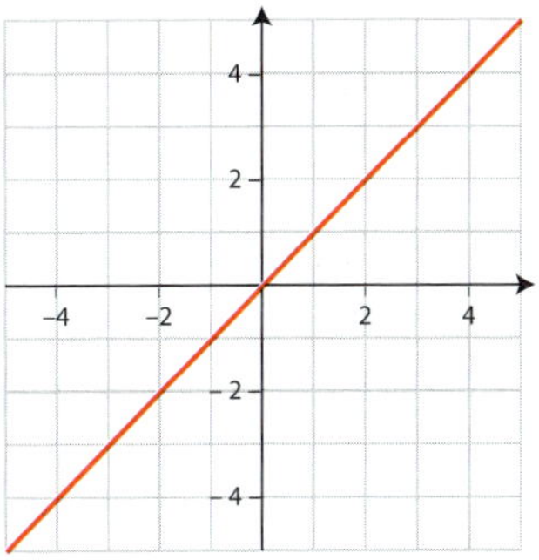 $y = x$	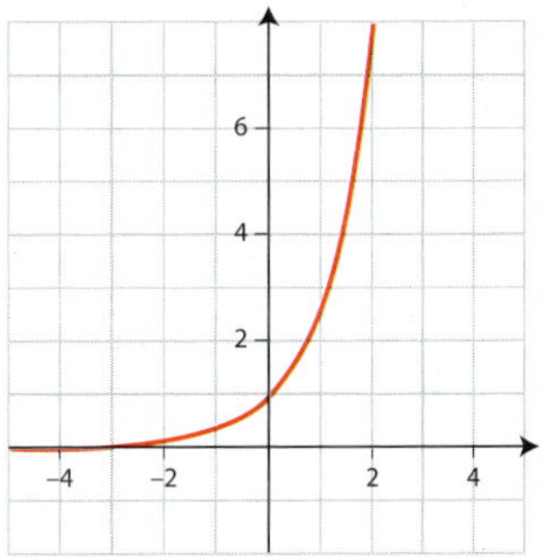 $y = e^x$
$\boldsymbol{y = m \cdot x}$ (Alle Graphen verlaufen durch den Ursprung.)	$\boldsymbol{y = e^{kx}}$ (Alle Graphen verlaufen durch den Punkt $P(0|1)$.)
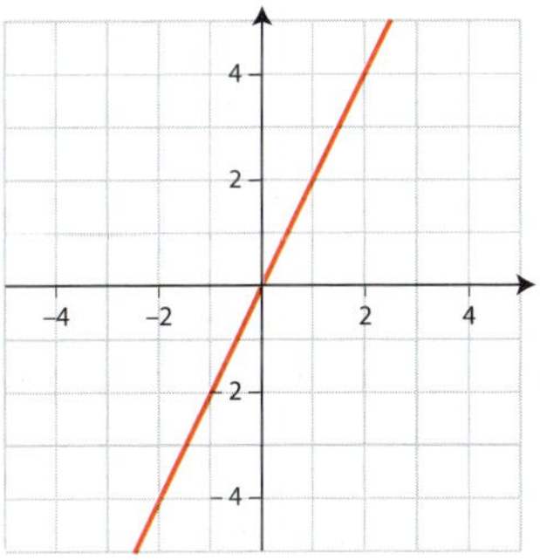 $y = 2x$	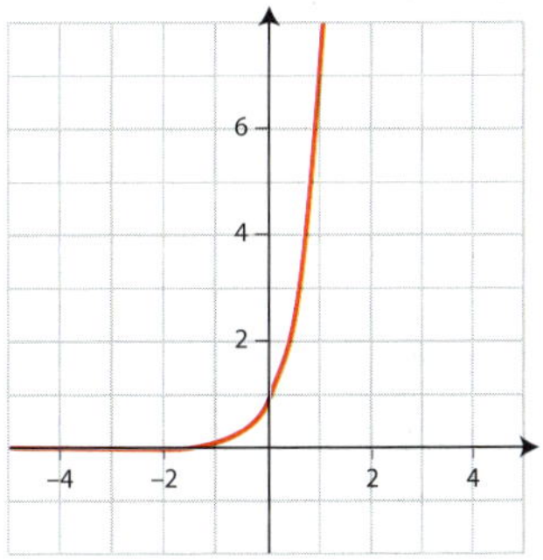 $y = e^{2x}$
$\boldsymbol{y = m \cdot x + n}$ (Alle Graphen verlaufen durch den Punkt $P(0|n)$.)	$\boldsymbol{y = n_0 \cdot e^{kx}}$ (Alle Graphen verlaufen durch den Punkt $P(0|n_0)$.)
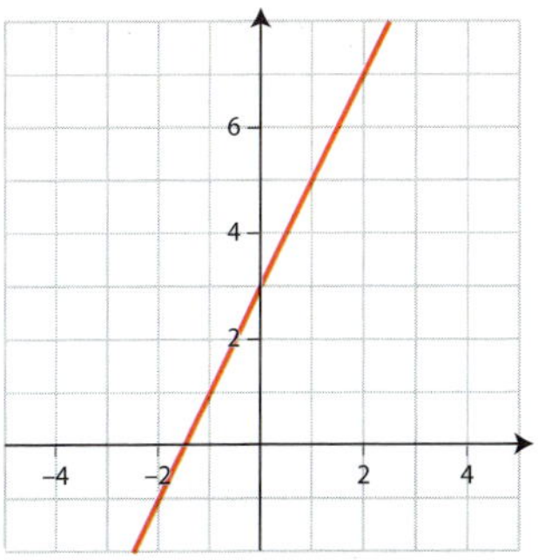 $y = 2 \cdot x + 3$	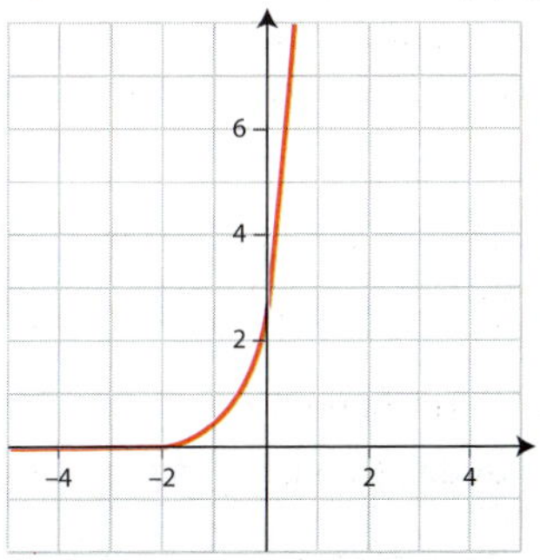 $y = 3 \cdot e^{2x}$

Tab. 3.31

Die allgemeine Form der Funktionsgleichung lautet:

$\boldsymbol{y = n_0 \cdot e^{kx}}$

$\boldsymbol{n_0}$ ist der anfänglich vorhandene Wert, k die Zerfalls- bzw. Wachstumskonstante.

Beispiel

Im Lager Ihrer Praktikumsstelle stehen einige Präsentationsplakate, die wiederverwendet werden. Bei Ihrem letzten Aufenthalt dort haben Sie einen Schimmelbefall in der Größe von ca. 15 cm² beobachtet. Als Sie nach 2 Monaten erneut im Lager waren, hatte sich der Befall auf 20 cm² vergrößert. Sie beschließen, eine Modellfunktion zu entwickeln, um den weiteren Befallfortschritt zu kalkulieren. Sie vermuten, dass die Schimmelpilze sich exponentiell vermehren.

Durch die Situationsbeobachtung sind zwei Informationen gegeben:

- Am Anfang ($t = 0$) ein Befall von 15 cm²,
- nach 2 Monaten ($t = 2$) ein Befall von 20 cm².

Die Annahme eines exponentiellen Wachstums führt zum Ansatz für die Modellfunktion:

$y = n_0 \cdot e^{kt}$, wobei y die Größe der befallenen Fläche in cm² und t die Zeit in Monaten beschreibt.

Nun müssen Sie nur noch die Informationen einsetzen, die sich aus den Beobachtungen ergeben haben:

Am Anfang gab es einen Befall von 15 cm². Das ist der Anfangswert, also ergibt sich: $n_0 = 15$.
Zwischenergebnis: $y = 15 \cdot e^{kt}$

Nach 2 Monaten ein Befall von 20 cm². Das ist der Punkt $P(2|20)$, den wir in die Funktionsgleichung einsetzen, um k zu bestimmen.

$20 = 15 \cdot e^{k2} \quad |:15$

$\frac{20}{15} = e^{2k} \quad |\,ln$

Um diese Gleichung nach k aufzulösen, logarithmieren wir beide Seiten. Damit „fällt“ das „e-hoch“ weg und $2k$ steht alleine. Das kennen Sie schon vom Quadrieren einer Wurzel. Den Ausdruck $\sqrt{2x} = 4$ lösen Sie nach x auf, indem Sie zunächst die Gleichung quadrieren, damit die Wurzel wegfällt.

$ln\left(\frac{20}{15}\right) = 2k$

$ln\left(\frac{20}{15}\right)$ berechnen Sie mithilfe der *ln*-Taste Ihres Taschenrechners.

$0{,}288 = 2k \quad |:2$

$0{,}144 = k$

Die Gleichung der Modellfunktion lautet also:

$y = 15 \cdot e^{0{,}14t}$

Aufgabe

a) Wie groß ist die von Schimmel befallene Fläche nach 8, wie groß ist sie nach 12 Monaten?
b) Wann sind 100 cm² Fläche befallen?

Übungen

1. a) Zeichnen Sie den Graphen von $y = f(x) = 5e^{-x}$.
   b) Bestimmen Sie die Wertemenge.
2. a) Zeichnen Sie den Graphen von $y = f(x) = 5 - 5e^{-x}, x > 0$.
   b) Geben Sie die Wertemenge an.
3. Berechnen Sie die Nullstellen von $y = (x^2 - 4x + 3) \cdot e^x$.

3.2.8.4 Ausblick auf „echte" Wachstumskurven

Sie kennen alle den Spruch: „Die Bäume wachsen nicht in den Himmel." Das ist eine grundlegende Erkenntnis, in unserer Welt sind alle realen Dinge endlich und jeder Vorrat ist irgendwann erschöpft. → Internet: „Grenzen des Wachstums, Club of Rome".

Mathematiker können diesen Sachverhalt auch in Gleichungen ausdrücken, diese herzuleiten ist aber kompliziert und übersteigt die Möglichkeiten der Schulmathematik (Differentialgleichungen). Falls man Ihnen die fertigen Gleichungen, die z. T. Exponentialausdrücke im Nenner eines Bruchs haben, zur Verfügung stellt, bringt das auch nicht viel. Man kann höchstens erkennen, ob Sie mit dem Taschenrechner umgehen können.

Wir wählen einen anderen Weg: Sie lernen, schrittweise vorzugehen. Sie erfahren, wie man vom ersten Wert zum zweiten kommt, dann zum dritten, vierten usw.

Da Sie mit Computern umgehen können, sollte es Ihnen nicht allzu schwer fallen, mit Excel oder einem CAS das Problem zu lösen.

Sprechen Sie Ihren Informatik-Lehrer an!

Die Ausgangsgleichung für alle Wachstumsprozesse lautet:

$\boldsymbol{y_{n+1} = y_n + \Delta y}$,

dabei ist y_{n+1} der nächstfolgende Wert, falls man um eine Zeiteinheit weitergeht, y_n ist der Wert vor y_{n+1}, Δy ist der Zuwachs pro Zeiteinheit. $\boldsymbol{y_0}$ $(+\Delta y)$; $\boldsymbol{y_1}$ $(+\Delta y)$; $\boldsymbol{y_2}$ ... $(+\Delta y)$; $\boldsymbol{y_n}$ $(+\Delta y)$; $\boldsymbol{y_{n+1}}$ $(+\Delta y)$; $\boldsymbol{y_{n+2}}$ $(+\Delta y)$; $\boldsymbol{y_{n+3}}$ $(+\Delta y)$ ...

Dabei kommt es auf die Eigenschaften von Δy an, wie wir im Folgenden erklären.

3.2.8.5 Lineares Wachsen

Es gilt natürlich $\boldsymbol{y_{n+1} = y_n + d}$, d ist eine **konstante** Zahl. Für jede Zeiteinheit kommt der **gleiche** Wert d hinzu, also

$y_1 = y_0 + d$, $y_2 = y_1 + d = y_0 + d + d$, ... → $\boldsymbol{y_n = y_0 + n \cdot d}$

Sie kennen das bereits, früher hieß es $y = m \cdot x + n$.

Ununterbrochenes lineares Wachsen kommt in der Natur nicht vor, die Ressourcen sind begrenzt.

3.2.8.6 Exponentielles Wachsen

Weiterhin gilt die Ausgangsgleichung: $\boldsymbol{y_{n+1} = y_n + \Delta y}$. $\boldsymbol{\Delta y}$ ist aber nicht konstant, sondern errechnet sich aus $\boldsymbol{\Delta y} = (p/100) \cdot y_n$ → p = Prozentwert des Wachsens. Δy ist also proportional zum augenblicklichen Bestand y_n. Setzt man Δy in die Ausgangsgleichung ein, ergibt sich $y_{n+1} = y_n + (p/100) \cdot y_n = y_n \cdot (1 + (p/100)) = y_n \cdot b$, $y_{n+2} = y_{n+1} \cdot b = y_0 \cdot b^2$, ... mit anderen Symbolen geschrieben:

$y = f(x) = a \cdot b^x$, wie zu Anfang des Kapitels 3.2.8 besprochen.

In der Natur kommt ununterbrochenes exponentielles Wachsen nicht vor.

3.2.8.7 Begrenztes Wachsen

„Bäume wachsen nicht in den Himmel" kann beispielsweise durch das „begrenzte Wachsen" modelliert werden. Es existiert eine natürliche „obere Grenze" $\boldsymbol{G}$, beispielsweise 2,50 m für die Höhe einer Sonnenblume.

Wir haben wieder die Ausgangsgleichung $y_{n+1} = y_n + \Delta y$.

Die **Differenz** aus Grenzwert und Augenblicksbestand $(G - y_n)$ wird proportional vergrößert.

$\Delta y = (p/100) \cdot (G - y_n)$

$$\boldsymbol{y_{n+1} = y_n + (p/100) \cdot (G - y_n)}$$

Übungen

1. Bei den jungen Künstlern, die „echt hip drauf“ sind, setzt sich eine neue Mode durch: Man näht sich einen Knopf auf die linke Backe. In K-Stadt gibt es 100 Leute, die daran Freude haben. Zwei Personen brachten diese Mode aus Madland mit ... Pro Tag nähen sich 22 % derjenigen, die noch keinen Knopf haben, einen an.
   Stellen Sie eine Wertetafel für die ersten 20 Tage auf und zeichnen Sie den Graphen, der die Anzahl der Knopfträger in Abhängigkeit von der Zeit verdeutlicht.
2. Gerüchte breiten sich nach den Gesetzen des begrenzten Wachstums aus. In Tratschdorf leben 650 Personen, die an jeder Art von „Neuigkeit“ interessiert sind. Telefonische Benachrichtigungen sorgen dafür, dass pro Viertelstunde 45 % der Nichtinformierten aufgeklärt sind. Um 8:00 Uhr hängt Herr Q. am Telefon, um über *XYZ* zu berichten. Wann wissen praktisch alle Bescheid?

Kaufleute benutzen diese Abhängigkeit, wenn Sie die Absatzmöglichkeiten bei drohender Marktsättigung beurteilen wollen. Denken Sie an die Anzahl der Handys, die schon vorhanden sind und an die maximal 80 Mio. Menschen, die in Deutschland telefonieren.

3.2.8.8 Logistisches Wachsen

Das logistische Wachstum kombiniert zwei Modelle. Einerseits existiert wieder eine obere Grenze G, die nicht überschritten wird, andererseits hat man zu Beginn exponentielles Wachsen bis zur Hälfte der Sättigung. Am steilsten ist der Graph dort, wo die Zunahme pro Zeiteinheit maximal ist, das ist bei $G/2$.

Für Δy gilt nun:

$$\boldsymbol{\Delta y = (p/100) \cdot y_n \cdot (G - y_n)}$$

Aufgabe

Setzen Sie Δy in die Ausgangsgleichung ein, sodass Sie die Gleichung für y_{n+1} erhalten. Legen Sie eine Wertetafel für $n = 0$ bis 20 an. Wählen Sie als Startwert 1, als obere Grenze 100 und als Prozentsatz $p = 0{,}5\,\%$. Zeichnen Sie den Graphen.

3.2.8.9 Ausblick, weitere Wachstumskurven

Weitere Wachstumsverläufe schildern wir Ihnen nur der Vollständigkeit halber, das Rechnen wird arg kompliziert.

Modelliert wird das Problem: „Am eigenen Dreck ersticken“. Es gibt Organismen, die während ihres Wachstums Gifte erzeugen, an denen sie dann zugrunde gehen. Das Ergebnis ist eine glockenförmige Kurve: Erst steigen die Werte an, erreichen einen Höhepunkt und fallen dann wieder ab. Solche Glockenkurven spielen auch in der Statistik eine Rolle, informieren Sie sich im Internet → „Gauß, Glockenkurve“. Die zugehörige Exponentialfunktion ist ziemlich kompliziert. Der Verbrauch von Ressourcen verläuft ähnlich (Bergbau).

Als letztes Modell stellen wir Ihnen das Jäger-Beute-Modell vor.

Ausgangssituation: Viele Kleinfische als Beute, wenig Hechte als Räuber. Die Hechte vermehren sich prächtig, da viel Futter vorhanden ist. Nun werden die Futterfische knapp, die Räuber können sich nicht so stark vermehren, die Gesamtzahl nimmt ab. Die Population der Beutefische steigt wieder an ... So kann sich entweder ein Pendeln um einen Mittelwert ergeben, es kann aber auch vorkommen, dass die Räuber den eigenen Nachwuchs auffressen und so aussterben.

Ähnliche Probleme kennen Sie aus der Landwirtschaft: Die Milchpreise für die Erzeuger sind zu niedrig, einige Betriebe geben auf. Das Angebot wird knapp, die Preise steigen. Nun wird wieder prächtig Milch produziert, wegen des Überangebotes purzeln die Preise ...

Aufgabe

1. Es gibt Modeartikel, die plötzlich „in" sind und deren Verbreitung schnell zunimmt, aber nach kurzer Zeit sind diese schon wieder „out". Visualisieren Sie die täglichen Verkaufszahlen.
2. Es gibt Bakterienstämme, die erst explosionsartig anwachsen, dann aber durch Gifte, die sie selbst erzeugen, teilweise vernichtet werden. Zwar entwickeln sich Resistenzen gegen die Eigengifte, aber durch Mutation können neue Gifte entstehen. Visualisieren Sie mögliche Verlaufsformen.

3.3 Referatsthemen, Facharbeiten, fächerverbindende Projekte, vermischte Übungen

1. Die Anwendung der Exponentialfunktionen in der Biologie am Beispiel des Populationswachstums
2. Symmetrieeigenschaften von Funktionsgraphen
3. Das gauß'sche Eliminationsverfahren zur Lösung linearer Gleichungssysteme
4. Exponentielles Wachstum, Grenzen des Wachstums (Club of Rome)
5. Parabeln als Gestaltungselemente
6. Der **Gateway-Arch** in St. Louis symbolisiert das Tor zum Westen der USA. Er ist parabelförmig. Die Fußspannweite des Bogens beträgt ca. 192 m und seine Höhe ebenfalls 192 m.
   a) Skizzieren Sie den Bogen.
   b) Zeichnen Sie in Ihre Skizze aus Teilaufgabe a) ein geeignetes Koordinatensystem ein und geben Sie in diesem System den Scheitelpunkt des Bogens an.
   c) Bestimmen Sie in diesem Koordinatensystem die Funktionsgleichung des Bogens.

3.4 Zusammenstellung der neuen Vokabeln

Zusammenstellung

In diesem Kapitel haben Sie folgende neue Vokabeln der mathematischen Sprache gelernt:

Abbildungsvorschrift
abhängige Variable
Achseneinteilung
Achsensymmetrie
Betragsfunktion
Definitionsmenge
Determinante
e-Funktion
eindeutige Lösung
Exponent
Exponentialfunktion
exponentielles Wachstum
f von *x*: $f(x)$
Formfaktor
Funktion
Funktionsgleichung
Funktionsterm
Funktionswert ($f(x)$)
Ganzrationale Funktion
gauß'sche Glockenkurve
gauß'scher Algorithmus
Gleichungssystem
Grad
Grad eines Gleichungssystems
Graph
Hauptdiagonale
Koeffizient
Maßstabseinteilung
Nebendiagonale
Normalparabel
Nullstellen
Parameter
Pfeildiagramm
Polynom
Polynomdivision
Potenzfunktion
p-*q*-Formel
Punkt des Graphen
Punktprobe
Punktsymmetrie
quadratische Ergänzung
quadratische Funktion
quadratische Gleichung
quadratische Parabel
Relation
Scheitelpunkt
Scheitelpunktsform
Stauchung
Stelle (x)
Steigung
Streckung
Substitution
Symmetrie
trigonometrische Funktion
unabhängige Variable
Variable
Wert
Wertemenge
Wertetabelle
Y-Achsenabschnitt
Zuordnung
Zuordnungsvorschrift

4 Entwicklungsprozesse in unserer Welt erkennen und beschreiben

4.1 Einführung

Tante Hilde war längere Zeit nicht zu Besuch, sieht ihre Nichte Lisa und ruft erstaunt: „Lisa, was bist Du aber gewachsen!"

Der Arzt, der das gleiche Kind einen Tag später untersucht, stellt dagegen fest: „Die Lisa ist 112 cm groß. Das ist normal für ihr Alter."

Sowohl Tante Hilde als auch der Arzt äußern sich zur gleichen Situation, sie nehmen Stellung zur Körpergröße von Lisa. Sie beurteilen diese aber nach unterschiedlichen Aspekten. Finden Sie diesen Unterschied heraus. Sollten Sie noch Schwierigkeiten haben, lesen Sie weiter und beurteilen Sie, ob Tante Hilde bzw. der Arzt einen Satz von Typ 1 oder von Typ 2 gesagt haben.

Typ 1	Typ 2
Der Rheinpegel in Köln beträgt 5,50 m.	Der Pegel ist seit gestern um 12 cm gestiegen.
Der Kurs der *XY*-Aktie beträgt 23,78 EUR.	Der Kurs der *CD*-Aktie ist in der letzten Woche um 3,56 EUR gefallen.
Gert hat 1 200,00 EUR auf seinem Konto.	Sylvia bekommt eine Gehaltserhöhung von 4,55 %.
Die Außentemperatur beträgt −12 °C.	Das Thermometer ist in der letzten Stunde um 2,5 °C gefallen.
Tom wiegt 67,6 kg.	Lena hat in der letzten Woche 800 g abgenommen.
Heinz beherrscht 1 400 Englisch-Vokabeln.	Inga lernt jede Woche 23 Vokabeln hinzu.
Der Werbeetat der Firma Blauberg beträgt 32 000 EUR.	Der Werbeetat der Firma Blauberg wurde um 2 500 EUR erhöht.
Bei $x = 2$ erhält man $y = 6$.	Bei $x = 2$ fällt der Graph steil nach unten.
Der Alpinist hat einen 3 400 m hohen Berg bestiegen.	Jetzt geht es mächtig bergauf.

Tab. 4.0: Sätze mit unterschiedlichen Informationen

Jetzt hat es bei Ihnen bestimmt „klick“ gemacht: Sätze vom Typ 1 beschreiben einen bestimmten Zustand (welcher Wert liegt gerade vor?), Sätze vom Typ 2 sagen aus, wie sich etwas verändert (steigt, fällt, wächst, nimmt ab ...).

Übersetzt man die obigen Sätze in die Sprache der Mathematik, so kann man die Sätze laut Typ 1 als „Wertetafel“ deuten. Man wählt einen x-Wert und bestimmt den zugehörigen y-Wert → Einsetzen des x-Werts in die zugehörige Funktionsgleichung. Bei Sätzen vom Typ 2 geht es um Veränderungen. Wir können sie zurzeit dann und nur dann mathematisch deuten, wenn eine **lineare** Funktion $y = mx + n$ vorliegt, denn dort bestimmt die **Steigung *m*** die Veränderungen, also ob es bei wachsendem x „nach oben“ oder „nach unten“ geht.

Das Ziel dieses Kapitels ist es unter anderem, dass Sie lernen, auch bei **nicht linearen** Funktionen die Tendenz „steigend/fallend“ für beliebige Stellen zu berechnen.

Aufgaben

1. Analysieren Sie die folgende Grafik, geben Sie an, ob Typ 1 („Zustand“) oder Typ 2 („Veränderung“) angesprochen wird. Interpretieren Sie die Grafik.

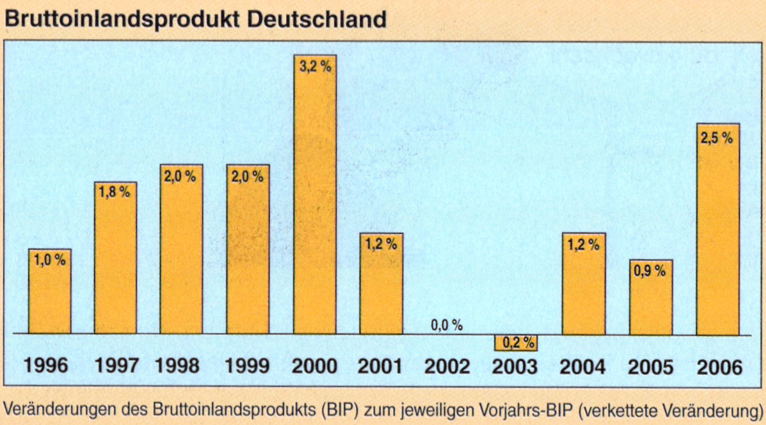

Abb. 4.1: Veränderung des BIP

Die zugehörige Grafik nach Typ 1 hat die Koordinaten $P_1(1995|100)$. Berechnen Sie die Koordinaten für die folgenden Jahre.

→ Beachten Sie den Begriff „verkettete Veränderung“ in der Grafik des Stat. Bundesamts! Das jeweilige Vorjahr müssen Sie mit 100 % annehmen und dann z. B. den Dreisatz anwenden.

Diskutieren Sie in der Gruppe, wie man aus Ihrer Lösungstabelle Tab. 4.1 die entsprechenden Werte aus der Grafik „zurückgewinnen“ könnte!

1995	1996	1997	1998	1999	2000	2001	2002	2003	2004	2005	2006	2007	2008
100													

Tab. 4.1: Werte des Bruttoinlandprodukts mit 1995 = 100 → ***Zustand (Typ 1)***

2. In der folgenden Tabelle wird Ihnen mitgeteilt, wie groß und wie schwer Mädchen eines bestimmten Alters sind.

Alter (Jahre)	Größe (cm)	Gewicht (kg)
0	55,0	3,3
1	74,0	9,8
2	85,4	12,4
3	94,3	14,1
4	102,3	16,0
5	109,5	18,0
6	116,3	20,2

Tab. 4.2: Körpergröße und Gewicht von Mädchen[1]

Fassen Sie die Tabelle als Wertetafel zweier Funktionen auf:

1. Die Größe ist eine Funktion des Alters. → Zeichnen Sie den Funktionsgraphen.
2. Das Gewicht ist eine Funktion des Alters. → Zeichnen Sie den Funktionsgraphen.
3. Ergänzen Sie die Tabelle so, dass man das „Wachsen“ und die „Gewichtszunahme“ ablesen kann. Zeichnen Sie auch dafür den entsprechenden Funktionsgraphen.

Vergleichen Sie Ihre Ergebnisse, diskutieren und analysieren Sie die Unterschiede. Dokumentieren Sie, in welcher Einheit Wachstum und Gewichtszunahme ermittelt werden können.

Wenn man alle gegebenen Punkte $P_1(0|55)$; $P_2(1|74)$; ... abschnittsweise durch **Geraden** verbindet, so hat die **Steigung** dieser einzelnen Verbindungsgeraden eine besondere Bedeutung. Sie erinnern sich: Steigung einer Geraden bedeutet Höhenzuwachs geteilt durch Längenzuwachs in waagerechter Richtung! Die Steigung der Verbindungsgeraden ist hier ein Maß für das jährliche Wachsen bzw. die Gewichtszunahme pro Jahr. Sie haben Werte erhalten, die dem Typ 2 aus Tab. 4.0 entsprechen.

Vergleichen Sie Ihre Ergebnisse mit der folgenden Tabelle/Grafik.

Alter (Jahre)	Größe (cm)	gewachsen um (cm/Jahr)	Gewicht (kg)	zugenommen um (kg/Jahr)
0	55,0		3,3	
1	74	19	9,8	6,5
2	85,4	11,4	12,4	2,6
3	94,3	8,9	14,1	1,7
4	102,3	8,0	16,0	1,9
5	109,5	7,2	18,0	2,0
6	116,3	6,8	20,2	2,2

Tab. 4.3: Jährliches Längenwachstum und Gewichtszunahme von Mädchen

[1] *Margret Huth: Gesundheitslehre für Erzieher, Stam Verlag, Köln, S. 68*

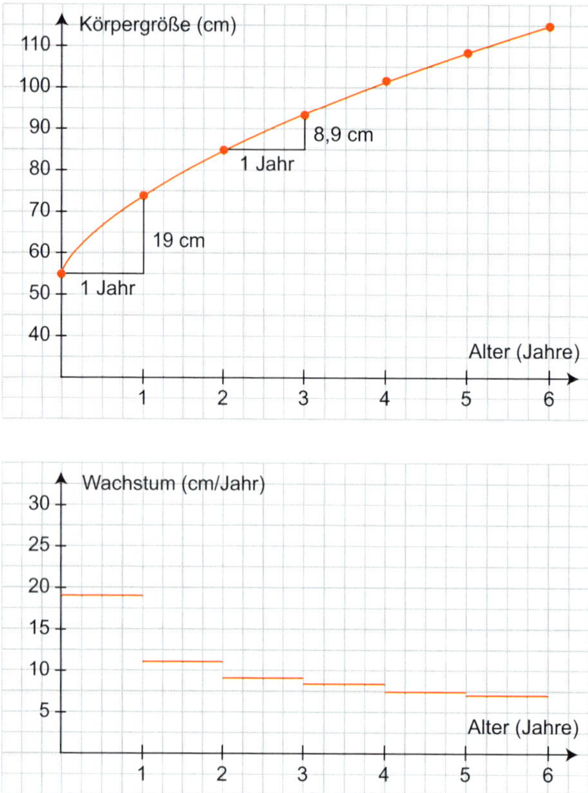

Abb. 4.2 und 4.3: Größe und jährliches Wachsen von Mädchen

Da der „Größengraph“ aus Geradenabschnitten zusammengesetzt ist, ergibt sich für den „Wachstumsgraphen“ eine „Treppe“ mit abnehmender Stufenhöhe. Obwohl die Mädchen immer größer werden, nimmt die Steigung, hier das Wachsen, ab! → Erwachsene sind groß, aber sie wachsen nicht mehr, im hohen Alter werden sie sogar kleiner!

Was geschieht, wenn Sie die gegebenen Punkte nicht mit dem Lineal verbinden, sondern so, dass eine glatte „geschwungene Linie“ entsteht?

Sie sehen sicher ein, dass die Natur das Wachsen von Lebewesen in dieser „glatten Art“ vorgesehen hat! Damit eröffnet sich eine Reihe von Fragen:

- Wie erreicht man, dass der Graph „glatt“ verläuft?
- Wie misst man jetzt den Zuwachs; denn es ist sicher, dass das Wachsen und die Gewichtszunahme von Babys unabhängig davon sind, wie **wir** deren Größe in Abhängigkeit vom Alter zeichnerisch darstellen!

Anders formuliert:

Wie ermittelt man die Steigung eines Graphen, wenn dieser keine Gerade ist? Wie gibt man die Steigung an, wenn man weiß, dass sie sich andauernd ändert?

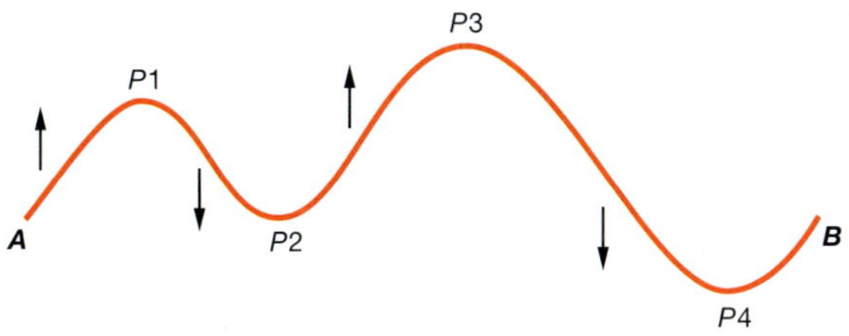

Abb. 4.4:
Es geht bergauf und bergab.

Stellen Sie sich vor, Sie müssten mit dem Fahrrad von *A* nach *B* fahren, und die rote Linie sei das Profil der Strecke, es geht bergauf und wieder bergab.

Es ergeben sich folgende Abschnitte:

von	bis	die Straße ...	Mathematisches Symbol
A	P_1	steigt	+
P_1	P_2	fällt	−
P_2	P_3	steigt	+
P_3	P_4	fällt	−
P_4	B	steigt	+

Tab. 4.4

Wir sind also durchaus in der Lage, qualitative[1] Aussagen über die „Steigung" zu formulieren, geklärt ist allerdings noch nicht, wie man diese exakt **definiert**, wie man sie **berechnet** und ob sie **immer existiert**.

Was kann man über die Steigung genau in den Punkten P_1, P_2, P_3 und P_4 sagen? **Aufgabe 2**

Hinweis Die folgenden Bedingungen werden von den Mathematikern ausführlich und „streng" behandelt. Wir begnügen uns mit der Anschauung, argumentieren „qualitativ" und verzichten auf die entsprechenden Beweise.

Folgende Sachverhalte dürfen **nicht** auftreten:

– Im Verlauf des Graphen erfolgt ein **Sprung**, der Graph ist nicht „ohne Abzusetzen" zu zeichnen, der Fachbegriff lautet: Die Funktion ist **nicht stetig**, darauf gehen wir später genauer ein!

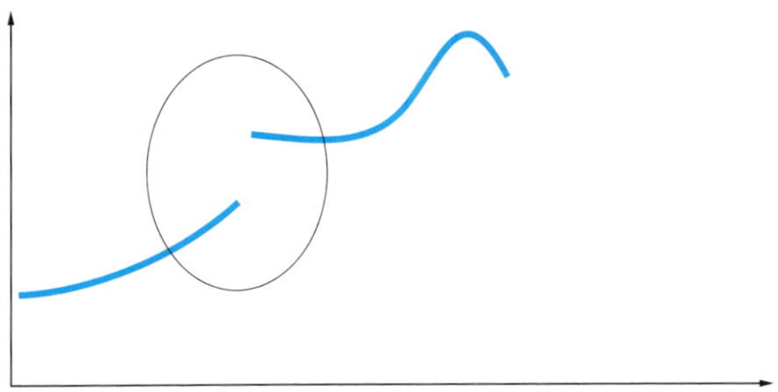

Abb. 4.5: Unstetigkeit:
Es ist ein „Sprung" vorhanden.

[1] ***Qualitativ,*** *aus dem Lateinischen, Aussagen „über die Art und Weise", im Gegensatz zu* ***quantitativ,*** *d. h. mit Zahlenangabe*

– Um eindeutige Aussagen über die Existenz der Steigung einer Funktion zu treffen, genügt die **Stetigkeit** jedoch nicht. Dies belegt der nächste Graph:

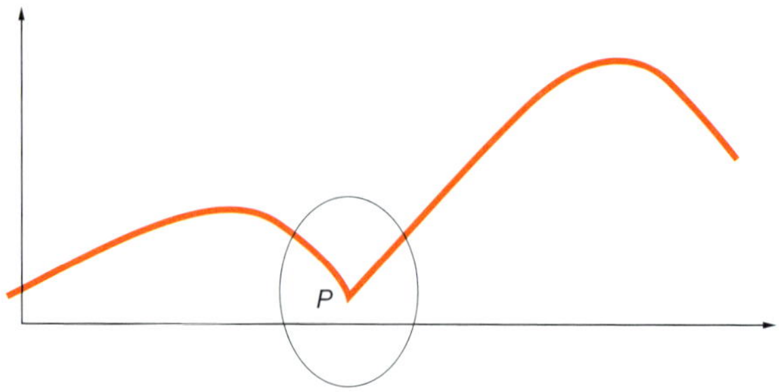

Abb. 4.6: Keine eindeutige Steigung in P

Der Graph hat eine **„Spitze"**.

Offensichtlich stoßen im Punkt *P* zwei unterschiedliche Äste des Graphen zusammen, links von *P* fällt der Graph, rechts von *P* steigt er, der Übergang erfolgt abrupt, es ist keine „eindeutige Tendenz" zu erkennen. Sie kennen diesen Sachverhalt bereits von der Betragsfunktion, auch dort tritt eine „Spitze" auf. Für solche Punkte ist „Steigung" nicht definiert.

Wir wollen weiterhin **qualitativ** argumentieren. Alle Gesetzmäßigkeiten in Verbindung mit der Steigung werden zunächst anschaulich erarbeitet und beschrieben, bevor eine „bessere" Definition erfolgt.

4.2 Graph der Steigungsfunktion

Im Einführungsbeispiel haben Sie gesehen, dass aus den *y*-Werten einer gegebenen Funktion eine neue Funktion gebildet werden kann, die neue Aspekte aufzeigt. So erhielten wir aus „Körpergröße/Lebensalter" die neue Funktion „Wachstum/Lebensalter" und stellten fest, dass die Wachstumsfunktion die Steigung der Größenfunktion darstellt.

Dieser Sachverhalt soll nun etwas genauer untersucht werden. Wir gehen vom Graphen einer Funktion aus und überlegen, wie dessen „Steigung" in unterschiedlichen Abschnitten beschrieben werden kann. Danach soll der gefundene „Text" visualisiert werden.

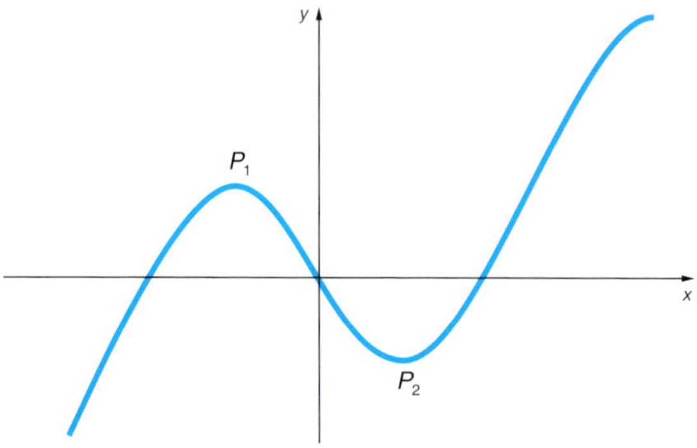

Abb. 4.7: Graph einer Funktion

Wir beschreiben den Graphen in Leserichtung, also von links nach rechts.

Anfangs steigt der Graph steil an, wird flacher und erreicht im Punkt P_1 einen *y*-Wert, der in einer gewissen Umgebung der höchste ist. Nun fällt der Graph, erst wenig, dann sehr stark, danach wird er immer flacher, bis ein Punkt P_2 erreicht wird, welcher der tiefste in der Umgebung ist. Danach steigt der Graph wieder an. Genau auf dem „Gipfel“ und im „Tal“ hat man „keine Steigung“.

Wenn dieser Text in eine Grafik umgesetzt werden soll, muss man einige Festlegungen treffen:

- Wenn der Graph der Ausgangsfunktion **steigt**, verläuft die neue „Steigungsfunktion“ **oberhalb** der x-Achse → **positive** Steigung.
- Je größer die Steigung ist, um so höher verläuft der Steigungsgraph.
- Wenn der Graph der Ausgangsfunktion **fällt**, verläuft der Graph der Steigungsfunktion **unterhalb** der x-Achse → **negative** Steigung.
- Je steiler es „bergab“ geht, umso tiefer verläuft der Graph der Steigungsfunktion!
- Beim **Wechsel** zwischen „oberhalb/unterhalb“ oder „unterhalb/oberhalb“ der x-Achse muss der neue Graph die x-Achse schneiden, er hat dort eine **Nullstelle**. Die Steigung der Ausgangsfunktion ist dort null.
- Die Ordinate für die Steigungsfunktion heißt $\boldsymbol{y'}$, sprich „y Strich“.

Wir zeichnen die Ausgangsfunktion nochmals und ordnen alle Aussagen über den Verlauf der Steigungsfunktion zu.

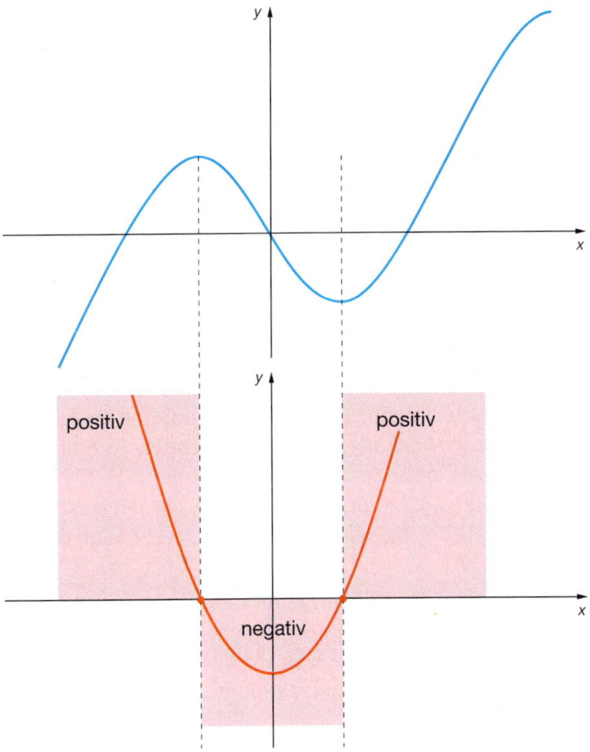

Abb. 4.8: Ausgangsfunktion und zugehörige Steigungsfunktion, qualitativ

Wenn Sie das Entstehen des unteren Teils von Abb. 4.8, nämlich die qualitative Herleitung der Steigungsfunktion aus der Ausgangsfunktion, verstanden haben, dann sind die Hauptschwierigkeiten dieses Kapitels bereits gemeistert!

Die Ausgangsfunktion bezeichnen wir mit f oder y, die Steigungsfunktion mit f' oder y'. Den Vorgang, von f zu f' zu gelangen, nennt man *ableiten* oder *differenzieren*. **Definition**

Beispiel

Aus der Klasse 10 kennen Sie noch den Graphen der **Sinusfunktion $f(x) = \sin x$.**

Es soll die zugehörige Steigungsfunktion skizziert werden. Dazu projizieren Sie wieder die Hoch- und Tiefpunkte der Ausgangsfunktion in das darunterliegende Koordinatensystem. Damit haben Sie schon die Nullstellen der Steigungsfunktion gefunden. Nun betrachten Sie die Bereiche, in denen der Graph der Ausgangsfunktion steigt, dort hat die Steigungsfunktion positive Werte. Schraffieren Sie diese Bereiche im unteren Koordinatensystem. Mit den Bereichen, in denen die Ausgangsfunktion fällt, verfahren Sie entsprechend. Wenn Sie nun noch die „Stärke" der Steigung bzw. des Gefälles berücksichtigen, sollte es Ihnen gelingen, die Steigungsfunktion zu skizzieren.

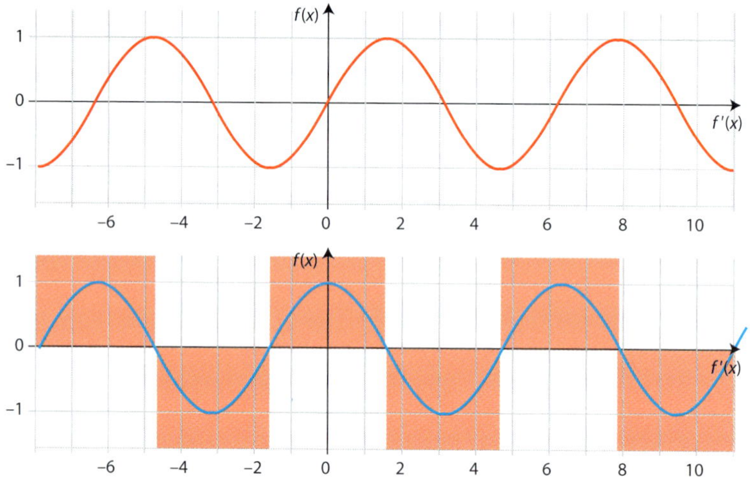

Abb. 4.9

Im Graphen der Steigungsfunktion erkennen Sie sicher den Graphen der Cosinusfunktion wieder. Wenn man die Sinunsfunktion ableitet erhält man also die Cosinusfunktion.

Sie haben nun die eigentliche Ausgangsfunktion f und deren Steigungsfunktion f' kennengelernt. Beide Funktionen machen bei der Beschreibung von Realsituationen (man nennt das mathematische Modellierung) unterschiedliche Aussagen. Die **Steigungsfunktion** beschreibt Änderungen, also Zuwachs/Wachstum oder Abschwächung. In entsprechenden Formulierungen tauchen häufig die Schlüsselwörter: *pro*, *um* oder Symbole wie EUR/min auf. Die **Ausgangsfunktion** beschreibt, was bei den Änderungen so alles zusammengekommen ist, also der momentan vorhandene Betrag (Menge, Anzahl). Schlüsselwörter in entsprechenden Formulierungen sind z. B.: ... *beläuft sich auf, beträgt, ist.*

Möchten Sie die finanzielle Situation einer ausgiebigen Shoppingtour beschreiben, dann wäre zur Darstellung des momentanen Inhalts Ihres Portemonnaies (meine Barmittel betragen ... EUR) die Ausgangsfunktion f zu benutzen. Aussagen über den in jedem Geschäft jeweils ausgegebenen Geldbetrag (EUR pro Einkauf) macht die Steigungsfunktion f'.

Aufgaben Die verschiedenen Aussageabsichten von Ausgangsfunktion f und Steigungs-(Wachstums-, Änderungs-, Zuwachs-)funktion f' begegnen Ihnen täglich in zahlreichen Formulierungen. Entscheiden Sie, ob sich die Formulierungen in der folgenden Liste auf die Ausgangsfunktion oder die Steigungsfunktion beziehen.

	f	f'
1. Bei meinem Handytarif zahle ich 3 ct pro Gesprächsminute.	☐	☐
2. Ich war gerade shoppen, jetzt habe ich nur noch 20 EUR.	☐	☐

3. a) Ich bekomme jeden Monat 60 EUR Taschengeld	☐	☐
b) und habe jetzt 125 EUR auf meinem Konto.	☐	☐
4. Der Aktienkurs der Ifrit AG beträgt 23,45 EUR.	☐	☐
5. Der Kurs der Ifrit-Aktien steigt um 2,3 %.	☐	☐
6. Der Aktienkurs ist auf 21,30 EUR gefallen.	☐	☐
7. Der Aktienkurs ist um 2,15 EUR gefallen.	☐	☐
8. a) Um 10:00 Uhr befinden sich 4 850 Besucher in der Kunstausstellung.	☐	☐
b) Um 12:30 Uhr stehen 130 Personen an den Eintrittskassen.	☐	☐
9. Das Wirtschaftswachstum beträgt 1,2 %.	☐	☐
10. a) Ich habe mir bei meinem Bruder 150 EUR geliehen.	☐	☐
b) Ich zahle ihm 20 EUR pro Woche zurück.	☐	☐
11. Mit der neuen BRIGITTE-Diät sollst du angeblich 2 kg pro Woche abnehmen.	☐	☐
12. a) Für Englisch sollen wir tatsächlich jede Woche 50 neue Vokabeln lernen!	☐	☐
b) Dabei kann ich doch schon 4 000!	☐	☐
13. a) Die ABC-Partei hat bei der Landtagswahl 23 % der Stimmen erhalten.	☐	☐
b) Die ABC Partei hat bei dieser Wahl 3 Prozentpunkte hinzugewonnen!	☐	☐
14. Wir haben zurzeit eine Inflationsrate von 2,8 %.	☐	☐

Übungen

1. Zeichnen Sie einen Funktionsgraphen mit folgendem Verlauf: Der Graph kommt aus dem 3. Quadranten, schneidet die x-Achse in $P_1(-4|0)$, steigt bis $P_2(-2{,}5|7{,}2)$, fällt bis $P_3(0|4{,}8)$, steigt wieder bis $P_4(2{,}5|7{,}2)$, fällt, schneidet die x-Achse in $P_5(4|0)$ und „verschwindet“ im 4. Quadranten.

   Der Graph hat keine „Spitzen“ oder „Sprünge“ (alles schön glatt!).

   Zeichnen Sie danach die zugehörige Steigungsfunktion (qualitativ). Fassen Sie diese Steigungsfunktion wieder als Ausgangsfunktion auf und zeichnen Sie deren Steigungsfunktion. Wiederholen Sie diesen Vorgang noch einmal.

2. Fertigen Sie mithilfe eines Taschenrechners eine Wertetabelle für $y = e^x$ im Bereich $-3 \leq x \leq 2$ an. Zeichnen Sie den Graphen und die zugehörige Steigungsfunktion (vergl. Kap. 3.2.8.1).

3. Die Abbildung zeigt den Graphen der Cosinusfunktion $f(x) = \cos x$. Zeichnen Sie den Graphen der zugehörigen Steigungsfunktion. Geben Sie die Funktionsgleichung der Steigungsfunktion an.

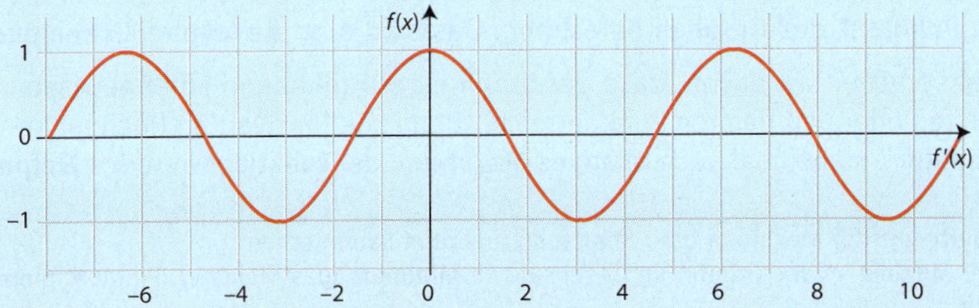

4. Schädlinge zerstören Kunstwerke in der Abteikirche

VON JOSEF KÖHNE

Um alle Holzschädlinge innerhalb der ehemaligen Benediktinerabtei restlos auszurotten, denken Biologe Dr. Noldt und Restauratorin Dropmann über partielle Begasungen nach. Hierzu müssten dann jeweils Teile des Innenraums für einige Zeit luftdicht eingepackt werden.

Die folgende Grafik zeigt die Anzahl von Holzschädlingen in einem geimpften Probestück in Abhängigkeit von der Zeit. Zeichnen Sie die zugehörige „Wachstumskurve".

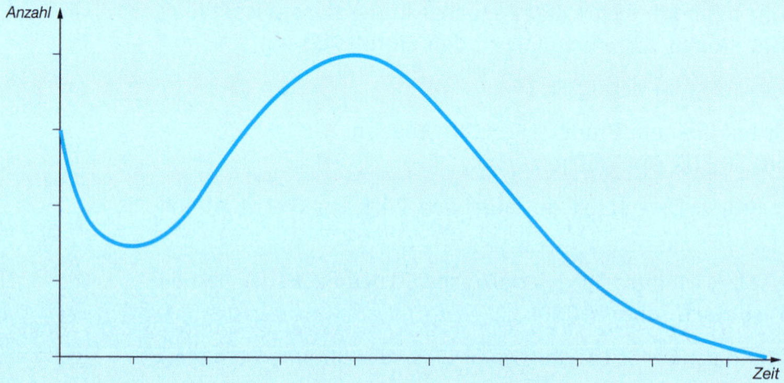

4.3 Die Eigenschaften lokaler Extrema[1]

Sie erinnern sich sicher noch an das Ziel, das wir vor einigen Wochen im Kapitel 3.2.7 formuliert haben. Wir wollten erreichen, aus der Funktionsgleichung einige Eigenschaften des Graphen abzulesen und einige besondere Punkte zu berechnen, um dann den Graphen skizzieren zu können, ohne eine Wertetabelle berechnen zu müssen. Diesem Ziel sind wir nun schon sehr nahe gekommen.

Veranschaulichen wir uns unseren Stand an einem Beispiel: Wir möchten den Graphen der Funktion $y = x^3 - 7x + 6$ skizzieren. Sie können an der Funktionsgleichung inzwischen leicht ablesen, dass der Graph vom III. in den I. Quadranten verläuft und weder achsen- noch punktsymmetrisch ist. Abb. 4.10 veranschaulicht diese Situation. Das restliche Aussehen des Graphen liegt vorerst für uns noch im Nebel. Wir könnten uns mit einer „Nebelstange" an der y-Achse, die oben ja etwas aus dem Nebel herauskommt, entlanghangeln und treffen dann irgendwann auf den Schnittpunkt des Graphen mit der y-Achse $S_y(0|6)$. Wenn wir das Gleiche bei der x-Achse machen, finden wir die Nullstellen: $x_{01} = -3$, $x_{02} = 1$ und $x_{03} = 2$. (Wenn Sie wiederholen möchten, können Sie die Nullstellen jetzt nachrechnen.)

In diesem Kapitel geht es darum, den Nebel noch etwas weiter zu lüften. Wir werden die Lage von „besonderen Punkten" des Graphen berechnen. Das sind u. a. die lokalen Extrempunkte.

Im vorigen Kapitel sprachen wir davon, dass der Graph einer Funktion in einer **gewissen Umgebung** den höchsten oder den tiefsten Punkt erreicht. Den Funktionswert im **Hochpunkt** nennt man **lokales Maximum**[2], manchmal auch relatives Maximum, der Funktionswert des **Tiefpunkts**

[1] **Extremum** → Oberbegriff für Maximum oder Minimum, aus dem Lateinischen

[2] **Maximum**, Plural: **Maxima** → das Größte, im Gegensatz zu **Minimum** (das Kleinste), Plural **Minima**, aus dem Lateinischen

heißt **lokales** bzw. relatives **Minimum**. Die entsprechenden x-Werte heißen Maximalstelle bzw. Minimalstelle. Der Zusatz **lokal** bzw. **relativ** ist wichtig, denn in anderen Bereichen kann der Graph natürlich noch größere bzw. kleinere Werte annehmen (s. Abb. 4.10).

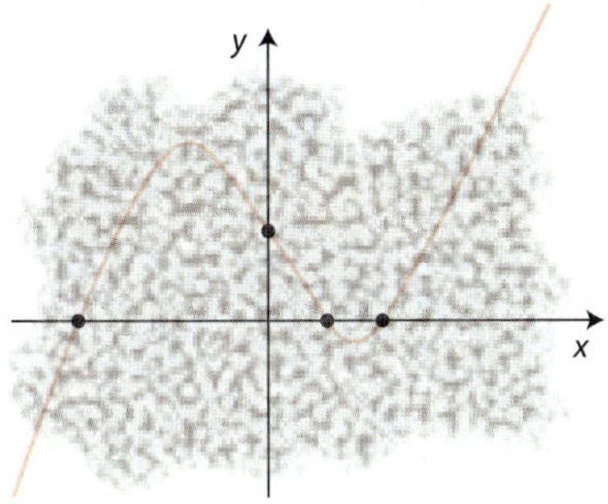

Abb. 4.10: $y = x^3 - 7x + 6$

Wie findet man einen Berechnungsansatz für die Extrempunkte? Dazu betrachten wir noch einmal die Eigenschaften von Extrempunkten:

- Sie sind in einer gewissen Umgebung die höchsten bzw. tiefsten Punkte.
- Genau im Extrempunkt ist die Steigung des Graphen null.

Die erste Eigenschaft hilft uns bei der Suche nicht wirklich weiter. Wir müssten die fraglichen Umgebungen abchecken und dann unter den unendlich vielen Punkten darin den höchsten bzw. tiefsten suchen. Einfacher wird es mit der zweiten Eigenschaft. Wir müssten nur die Stellen finden, an der der Graph die Steigung null hat. Diese Stellen finden Sie ganz einfach mithilfe der Steigungsfunktion f'.

Zunächst werden wir uns das Verfahren der Extrempunktsuche grafisch veranschaulichen, ohne zu rechnen. Wenn Sie das Verfahren verstanden haben, ist die eigentliche Rechnung sehr einfach.

Betrachten wir die Funktion $f(x) = x^5 - 5x^4 + 6x^3 + 2x^2 - 7x + 6$. In Abb. 4.11 ist ihr Graph bereits abgedruckt. Im Normalfall suchen wir den zwar zuerst. Hier möchten wir uns aber die Extrempunktsuche veranschaulichen und dazu ist es sinnvoll, den fertigen Graphen schon einmal vor Augen zu haben.

Im oberen Teil der Abb. 4.11 ist der Graph der Ausgangsfunktion dargestellt. Darunter finden Sie die Graphen der Steigungsfunktion f' und darunter f''. f' wird auch **1. Ableitung**, f'' **2. Ableitung** genannt.

Ziel: Entwicklung eines Berechnungsverfahrens für Extremstellen.

Wenn an den Extremstellen die Steigung null ist, also $f'(x_e) = 0$, dann sollten wir sie in den Nullstellen von f' finden. Das Problem wäre damit auf eine Nullstellensuche reduziert. Nullstellen finden können Sie bereits sehr gut.

In Abb. 4.11 erkennen Sie, dass f' drei Nullstellen hat. Aber nur zur 1. und 3. Nullstelle gehören Extrema. Bei der mittleren Nullstelle von f' hat die Ausgangsfunktion f kein Extremum.

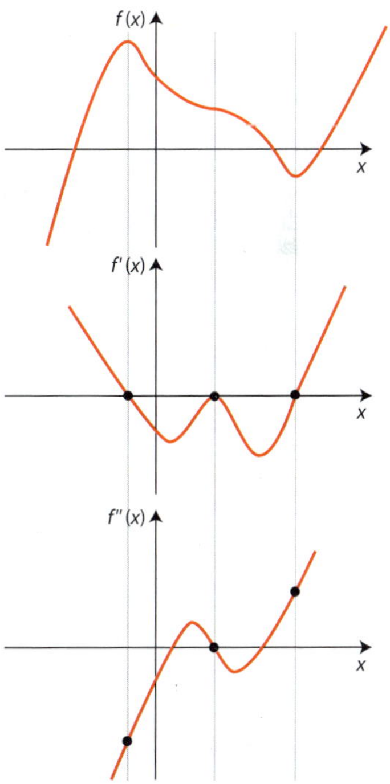

Abb. 4.11

Mit dem Ansatz $f'(x_e) = 0$ finden wir neben den Extremstellen also auch noch Stellen, die nicht zu Extrempunkten gehören. D.h., dieser Ansatz liefert nur „mögliche Kandidaten“ für Extremstellen. In einem zweiten Schritt müssen wir die „echten“ Kandidaten aussortieren. Anders formuliert: Die Bedingung $f'(x_e) = 0$ ist unbedingt notwendig für eine Extremstelle, sie reicht aber noch nicht aus. Deshalb bezeichnet man $f'(x_e) = 0$ als **notwendige Bedingung** für eine Extremstelle.

Merksatz Extrempunkte können nur an den Stellen liegen, wo $f'(x_e) = 0$ gilt.

Nun müssen wir nur noch herausfinden, wie man die „echten“ Kandidaten aussortieren kann. Dazu suchen wir nach Unterschieden zwischen den Nullstellen 1, 3 und der Nullstelle 2.

Folgendes fällt auf:

- In den Nullstellen 1 und 3 schneidet der Graph von f' die x-Achse. In der Nullstelle 2 berührt er die x-Achse.
- In den Nullstellen 1 und 3 ist $f''(x_e) \neq 0$. In der Nullstelle 2 ist $f''(x_e) = 0$.

Die Sache ist also ganz einfach. Wir checken bei jedem Kandidaten, ob an der betreffenden Stelle $f'' \neq 0$ ist. Oder wir überprüfen, ob f' an der Stelle die x-Achse schneidet. Ob also die Steigung zunächst positiv und dann negativ ist (Kandidat 1) oder ob sie zuerst negativ und dann positiv ist (Kandidat 3). Es muss also bei f' ein Vorzeichenwechsel (VZW) stattfinden. Wenn sich am Vorzeichen der Steigung nichts ändert, ist der Kandidat (zunächst) durchgefallen.

Nun haben wir das Verfahren zur Extremstellensuche gefunden. Wie gesagt, wir wollten zunächst nur den Arbeitsablauf beschreiben, das eigentliche Rechnen machen wir später.

Extrempunktsuche:

1. Mit dem Ansatz $f'(x_e) = 0$ „mögliche Kandidaten“ suchen.
2. Ausfilterung der „echten“ Extremstellen. Entweder durch Überprüfung mithilfe der 2. Ableitung $f''(x_e) \neq 0$ oder durch Überprüfung ob bei x_e ein Vorzeichenwechsel von f' vorliegt.

Um nun die Berechnung der Extrempunkte auszuführen, müssen wir nur noch wissen, wie man aus der Gleichung der Ausgangsfunktion f die Funktionsgleichungen von f' und f'' erhalten kann. Das machen wir im Kapitel 4.5.3. Der Rest ist Nullstellensuche, und das können Sie bereits. Um den Extrem*punkt* zu erhalten, müssen Sie dann noch den zu x_e gehörigen Funktionswert $f(x_e)$ berechnen.

Aufgabe Sie haben die „echten Kandidaten“ für Extrema gefunden. Wie kann man erkennen, ob es sich um ein Maximum oder ein Minimum handelt?

Definition Eine Funktion f hat an der Stelle x_e ein **lokales Maximum (lokales Minimum)** genau dann, wenn $f(x_e)$ in einer Umgebung der größte (kleinste) Funktionswert ist.

Der zugehörige Punkt $(x_e|f(x_e))$ heißt **Hochpunkt (Tiefpunkt)**.

Extrempunkt ist der Oberbegriff von Hoch- bzw. Tiefpunkt.

Die Stelle x_e heißt **Extremstelle**, der zugehörige Funktionswert $f(x_e)$ **Extremum** oder **Extremwert**.

Der Funktionswert eines Hochpunkts heißt **Maximum**, der Funktionswert eines Tiefpunkts heißt **Minimum**.

Hinreichende Kriterien für Extremstellen: **Satz**

Wenn $f'(x_e) = 0$ und $f''(x_e) < 0$, dann hat f an der Stelle x_e ein lokales Maximum.
Wenn $f'(x_e) = 0$ und $f''(x_e) > 0$, dann hat f an der Stelle x_e ein lokales Minimum.

Wenn $f'(x_e) = 0$ und f' an der Stelle x_e einen $+ \rightarrow -$ VZW hat, dann hat f an der Stelle x_e ein lokales Maximum.

Wenn $f'(x_e) = 0$ und f' an der Stelle x_e einen $- \rightarrow +$ VZW hat, dann hat f an der Stelle x_e ein lokales Minimum.

Achtung! Diese Wenn-dann-Beziehung dürfen Sie nicht umkehren. Denken Sie z.B. an die Potenzfunktion $f(x) = x^4$. Wir werden später zeigen, dass sie an der Stelle $x_e = 0$ ein Minimum hat, obwohl dort $f''(x_e) = 0$ ist.

Anmerkung

Notwendige und **hinreichende Bedingungen** haben Sie bereits in der Aussagenlogik kennengelernt.

„*A* ist eine notwendige Bedingung für ***B***" steht für die **Implikation „*B* ⇒ *A*"**.

A: „Es gilt $f'(x_e) = 0$."
B: „Der Funktionsgraph hat bei x_e einen Extremwert."

A ist eine notwendige Bedingung für das Eintreffen von *B*. Sie alleine reicht aber noch nicht aus. Deshalb können Sie nur schließen: „Wenn *B* zutrifft, dann muss unbedingt (notwendig) auch *A* erfüllt sein ($B \Rightarrow A$).

Die Umkehrung gilt nicht: Das Zutreffen von *A* reicht nicht aus, damit auch *B* gilt.

Betrachten Sie dazu den Graphen der Potenzfunktion $f(x) = x^3$. Es gilt zwar $f'(0) = 0$, aber bei $x = 0$ liegt kein Extremum (vgl. Abb.).

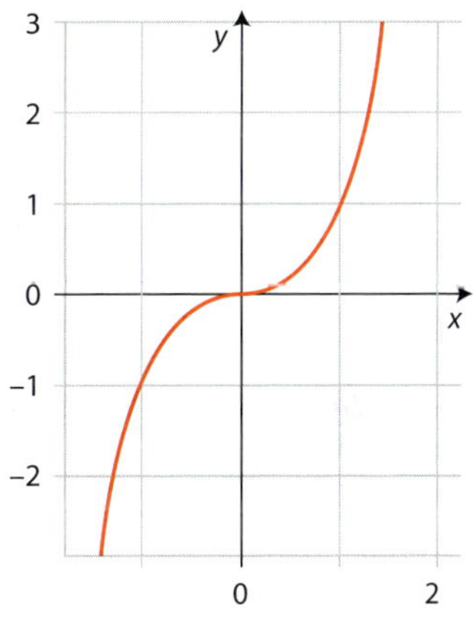

Abb. 4.12: $f(x) = x^3$

„*A* ist eine hinreichende Bedingung für ***B***" ist nur eine andere Form für die **Implikation „*A* ⇒ *B*"**.

A: „Es gilt: $f'(x_e) = 0 \wedge f''(x_e) \neq 0$."
B: „Der Funktionsgraph hat bei x_e einen Extremwert."

A ist eine hinreichende Bedingung für das Eintreffen von *B*. Wenn *A* zutrifft, dann gilt ganz sicher auch *B* (***A* ⇒ *B***). Die Umkehrung gilt nicht. Wenn *B* zutrifft, dann muss *A* nicht unbedingt komplett erfüllt sein.

Betrachten Sie dazu den Graphen der Potenzfunktion $f(x) = x^4$. Er hat an der Stelle $x = 0$ ein Minimum, obwohl die Bedingung $f''(x_e) \neq 0$ nicht erfüllt ist (vgl. Abb).

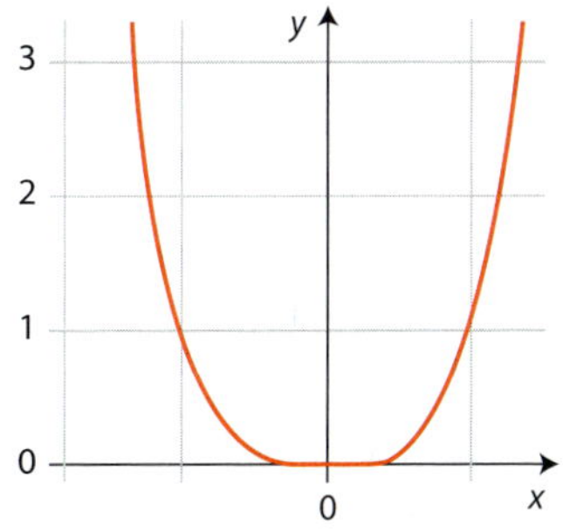

Abb. 4.13: $f(x) = x^4$

Beispiel

Wir verdeutlichen den Sachverhalt von notwendigen und hinreichenden Bedingungen an einem anderen Beispiel:

Sonja möchte selbst mit dem Auto zur Schule fahren. Eine **notwendige Bedingung** dafür ist, dass sie eine gültige Fahrerlaubnis hat. Der Führerschein allein reicht aber nicht aus, um mit einem Auto fahren zu können, ihr fehlt z. B. ein Auto.

Herr Reich hat eine gültige Fahrerlaubnis, in seiner Garage stehen zwei betankte und zugelassene Autos, er ist der Eigentümer der Fahrzeuge. Dieser Sachverhalt ist **hinreichend** dafür, dass Herr Reich als Fahrer agiert (aber zwei eigene Autos müssen nicht sein).

Anja hat auch eine gültige Fahrerlaubnis, außerdem steht ihr ein zugelassenes Auto zur Verfügung. Diese Bedingung ist **notwendig** und **hinreichend**, Anja darf unbesorgt fahren.

Im nächsten Kapitel werden wir uns noch um einen weiteren „besonderen Punkt“ kümmern.

4.4 Wende- und Sattelpunkte

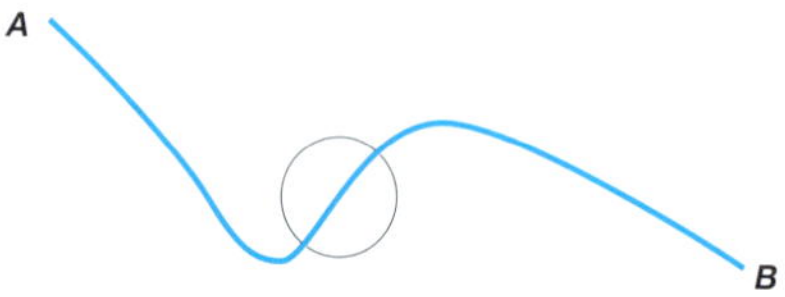

Abb. 4.14: Fahrt von A nach B

Stellen Sie sich vor, Sie würden mit dem Fahrrad eine „S-Kurve“ durchfahren. Sie starten im Punkt *A* und fahren nach *B*. Beschreiben Sie den Wegverlauf und gehen Sie auf die Stellung des Lenkers ein.

Wir starten in *A* und fahren in eine enge Linkskurve. Nach Durchfahren der Linkskurve folgt eine Rechtskurve, danach erreichen wir *B*. Anfangs war der Lenker nach **links** eingeschlagen, später nach **rechts**. Zwischen Linkseinschlag und Rechtseinschlag muss der Lenker **gerade** gestanden haben, diesen Wechsel zwischen Linkskurve und Rechtskurve wollen wir näher betrachten! Wir bezeichnen ihn als Wendepunkt.

Wir beschreiben den Graphen von links nach rechts:

Der Graph fällt, wird immer flacher und hat im relativen Minimum die Steigung null. Danach steigt der Graph an, wird immer steiler, flacht dann wieder ab und hat schließlich im relativen Maximum wieder die Steigung null.

Für y' bedeutet das aber: Die **Steigungsfunktion** hat zwischen den beiden Nullstellen einen **Extremwert**!

Die Suche nach einem Wendepunkt reduziert sich also auf die Extrempunktsuche bei der Steigungsfunktion y'. Hier kommt folglich nichts Neues auf Sie zu – wie man Extrempunkte findet, haben Sie im letzten Kapitel bereits erarbeitet. Die Wendepunktsuche entspricht der Extrempunktsuche, nur eine Ableitungsstufe tiefer.

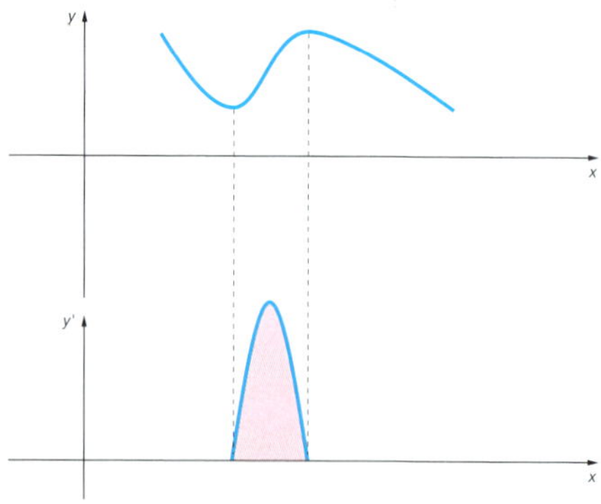

Abb. 4.15: Bereich zwischen Minimum und Maximum

Beschreiben Sie den Verfahrensablauf zur Wendepunktsuche. (Tipp: Orientieren Sie sich an der Extrempunktsuche.) **Aufgabe 1**

Definition
Eine Stelle x_w heißt **Wendestelle**, genau dann, wenn die Steigungsfunktion f' an dieser Stelle ein lokales Extremum hat.
Der zugehörige Punkt $(x_w | f(x_w))$ heißt **Wendepunkt**.

Wenn Sie die Abbildung 4.16 analysieren, werden Sie feststellen, dass eine weitere „Besonderheit" eines Graphen auftreten kann.

Es gibt noch eine Spezialform des Wendepunkts, er heißt **Sattelpunkt**. Sattelpunkte sind Wendepunkte mit der Steigung null. Dort sind also y' und y'' gleich null.

In Abb. 4.16 erkennen Sie, dass auch bei Sattelpunkten, die ja (spezielle) Wendepunkte sind, die Steigungsfunktion y' einen Extremwert hat.

Bei der Sattelpunktsuche bestimmt man zunächst alle Wendepunkte. Dann untersucht man, welche dieser Wendepunkte die spezielle Eigenschaft einer Steigung von Null haben. Das sind dann die Sattelpunkte.

Formulieren Sie eine Definition für *Wendepunkt* mithilfe der Begriffe Rechts- und Linkskurve. **Aufgabe 2**

Beschreiben Sie den Verfahrensablauf zur Sattelpunktsuche. **Aufgabe 3**

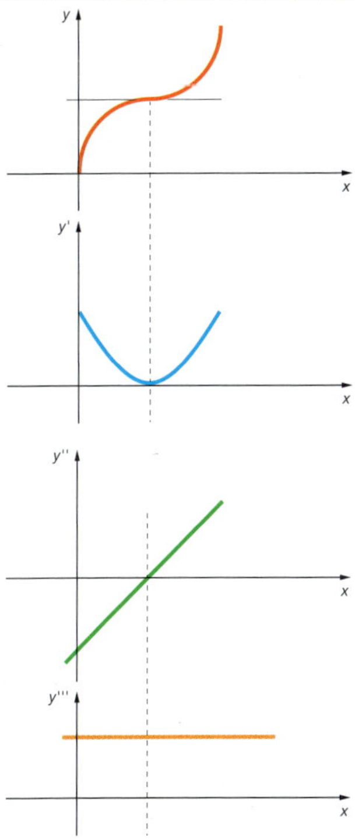

Wir fassen zusammen:

Falls in x_E ein lokales **Extremum** vorliegen soll, muss dort $\boldsymbol{f'(x_E) = 0}$ gelten. Diesen Sachverhalt bezeichnen die Mathematiker als die **notwendige Bedingung** für ein lokales Maximum oder Minimum.

$f'(x) = 0$ findet also **mögliche „Kandidaten"** für Extremstellen. Wenn man aber genau wissen will, ob dort **wirklich** ein Maximum oder ein Minimum vorliegt, muss man $f''(x_E)$ ausrechnen. Ist $f''(x_E) < 0$, liegt ein lokales Maximum vor, ein relatives Minimum erfordert $f''(x_E) > 0$. Mit dieser Überprüfung wählt man aus den „möglichen Kandidaten" die „richtigen" aus.

Falls jedoch $f''(x_E) = 0$ gilt, kann man noch keine erschöpfende Aussage über die Art dieses besonderen Punkts machen.

Ein **„echter Wendepunkt** liegt dann vor, wenn $\boldsymbol{f''(x_W)} = 0$ und $\boldsymbol{f'''(x_W) \neq 0}$ gilt.

Wenn ein Sattelpunkt vorliegen soll, dann muss sowohl $\boldsymbol{f'(x_S)} = 0$ als auch $\boldsymbol{''(x_S)} = 0$ gelten.

Diese „Wenn-dann"-Beziehung dürfen Sie nicht umkehren, denn es gibt Funktionen mit $f'(x_x) = f'(x_x) = 0$, und in x_x ist kein Sattelpunkt (z. B. $f(x) = x^4$ für $x_x = 0$)!

$f'(x) = 0$ und $f''(x) = 0$ ist eine **notwendige Bedingung** für einen Sattelpunkt, aber diese Bedingung reicht nicht aus, um sicher zu sein, dass es ein Sattelpunkt ist.

Weiterhin gilt: Falls $f''(x)$ in einem Intervall positiv ist, weist der Graph der Ausgangsfunktion eine **Linkskrümmung** auf.

In Kurzform:

- Extrempunkt $\rightarrow y' = 0$
- $\mathbf{y' = 0 \wedge y'' < 0}$ $\rightarrow$ **lokales Maximum**
- $\mathbf{y' = 0 \wedge y'' > 0}$ $\rightarrow$ **lokales Minimum**
- $\mathbf{y'' = 0 \wedge y''' \neq 0}$ $\rightarrow$ **Wendepunkt**
- **Sattelpunkt** $\rightarrow$ $\mathbf{y' = 0 \wedge y'' = 0}$
- $\mathbf{y' = 0 \wedge y'' = 0 \wedge y''' \neq 0}$ $\rightarrow$ **Sattelpunkt**
- $\mathbf{y'' < 0}$ $\rightarrow$ **Rechtskrümmung**
- $\mathbf{y'' > 0}$ $\rightarrow$ **Linkskrümmung**

Übungen

1. Die nebenstehende Abbildung zeigt den Graphen einer ganzrationalen Funktion. Bestimmen Sie den Wahrheitswert der folgenden Aussagen. Begründen Sie Ihre Antwort.

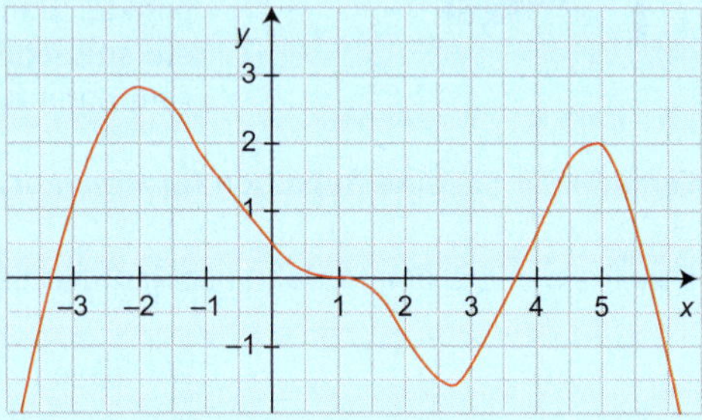

   a) Der Grad der Funktion muss gerade sein.
   b) $f'(-2) = 0$ und $f''(-2) > 0$
   c) $f'(-1) > 0$
   d) $f'(3) > 0$
   e) $f(1) = 0$ und $f'(1) = 0$ und $f''(1) \neq 0$
   f) $f''(3) < 0$
   g) Der Graph hat zwei Wendepunkte.
   h) Der Graph hat drei lokale Extrempunkte.
   i) Der Graph hat im Intervall]1; 2[eine Rechtskrümmung.
   j) $f'(4) > f'(-2{,}5)$
   k) Die Funktion hat keine doppelten Nullstellen.

2. Folgende Fragen beziehen sich auf den nebenstehend abgebildeten Graphen einer ganzrationalen Funktion.

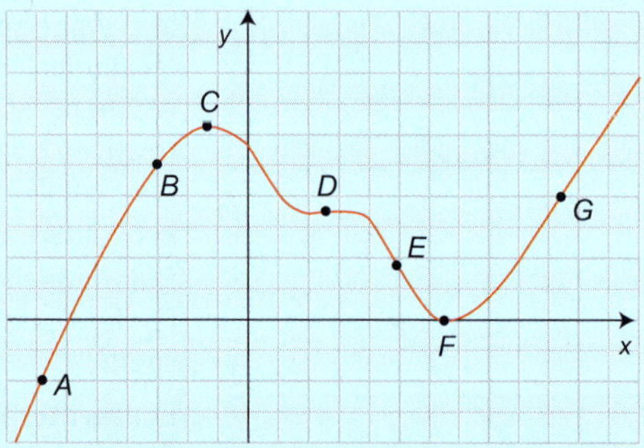

   a) In welchem(n) Punkt(en) ist die Steigung negativ?
   b) In welchen Punkten ist die Steigung 0?
   c) In welchem(n) Punkt(en) hat der Graph von f' einen Vorzeichenwechsel?
   d) Welche Punkte sind Wendepunkte?
   e) In welchem Punkt gilt: $f'(x) = 0$ und $f''(x) > 0$?
   f) Zwischen welchen Punkten ist die Steigung negativ?
   g) In welchen Punkten ist $f''(x) = 0$?
   h) In welchem Punkt ist $f'(x) = 0$ und $f''(x) = 0$?

4.5 Berechnung der Steigung

4.5.1 Vorüberlegungen

Bis jetzt können wir nur dann die **Steigung** eines Graphen **berechnen**, wenn dieser eine **Gerade** ist. Da die Gerade überall die gleiche Steigung hat, konnte man das Steigungsdreieck an beliebiger Stelle und in beliebiger Größe zeichnen.

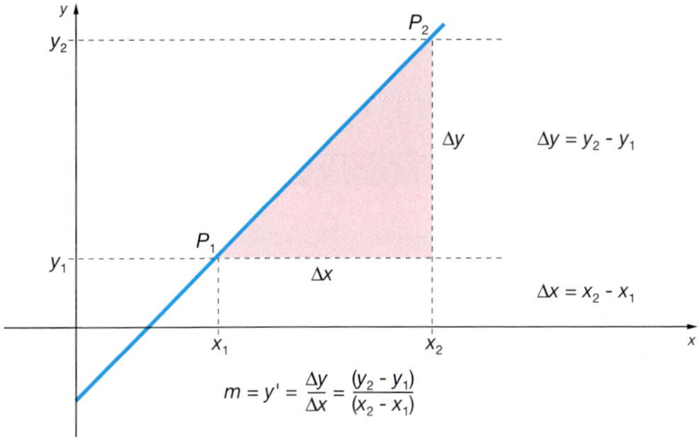

Abb. 4.17: Steigung einer Geraden

Sie wissen bereits, dass die Steigung eines Graphen, der keine Gerade ist, in jedem Punkt verschieden sein kann. Wenn man überlegt, wie solch eine Steigung zu berechnen ist, muss man sich auf die **Steigung in einem** bestimmten **Punkt** beschränken. Wir zeigen anhand von Beispielen, welche Überlegungen anzustellen sind.

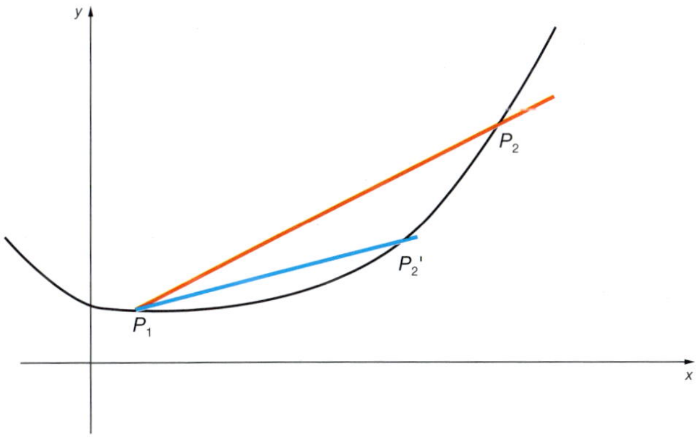

Abb. 4.18: Ersatz des Graphen durch Geraden

Wir wollen die Steigung im Punkt $\boldsymbol{P_1}$ berechnen. Etwas oberhalb von P_1 wählen wir den Punkt $\boldsymbol{P_2}$ und **ersetzen** den Graphen zwischen P_1 und P_2 durch eine **Gerade**. Die Steigung der Geraden durch $\boldsymbol{P_1}$ und $\boldsymbol{P_2}$ könnten wir berechnen, dieser Wert könnte als **Näherungslösung** aufgefasst werden.

Beispiel

→ Vielleicht hilft Ihnen folgendes Bild: Ein Bus fährt einen Berg hinauf, der Graph sei das Profil der Straße. Die Hinterräder des Busses sind auf P_1, die Vorderräder auf P_2. Eine „bessere" Näherung für die Steigung der Straße in P_1 bekommt man, wenn P_2 näher an P_1 heranrückt, beispielsweise nach $\boldsymbol{P_2}'$. Anstelle des Busses stellen Sie sich vielleicht einen Pkw vor, dessen Räder viel dichter zusammenstehen. Das Fahrzeug wird in Gedanken immer kleiner, die Hinterräder sind weiterhin auf P_1, die Vorderräder kommen immer näher heran. Im Grenzfall können Sie an einen Artisten auf dem Einrad denken.

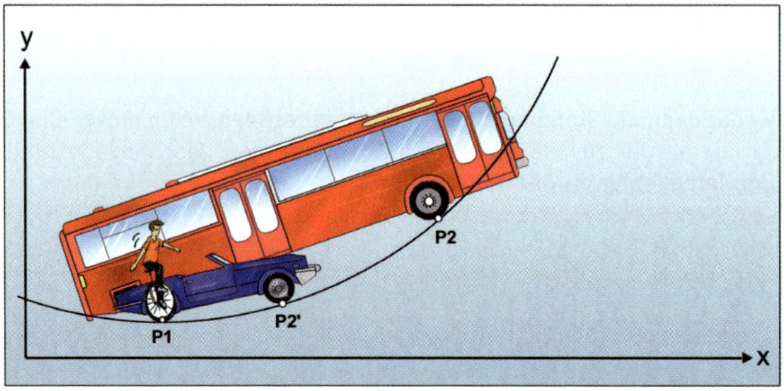

Abb. 4.19

Die Abstände sowohl in *x*-Richtung (Δx) als auch in *y*-Richtung (Δy) werden immer kleiner. **Leibnitz und Newton** konnten zeigen, dass sich der **Differenzenquotient** $\frac{\Delta y}{\Delta x}$ einem festen Wert nähert. Daher kommt der Name **„Differenzialrechnung"**.

Beispiel

Nun wollen wir anhand eines Beispiels den obigen Gedankengang **quantitativ** nachvollziehen. Wir wählen eine quadratische Funktion, so können Sie mit dem Taschenrechner den Rechengang einfach nachvollziehen.

Wir untersuchen die Funktion

$$y = f(x) = 0{,}25x^2$$

und fragen nach der Steigung des Graphen im Punkt P_1 $(1|0{,}25)$.

Für x_2 wählen wir nacheinander 1,1; 1,01; 1,001; ... P_2 rückt, wie oben besprochen, immer näher an P_1 heran.

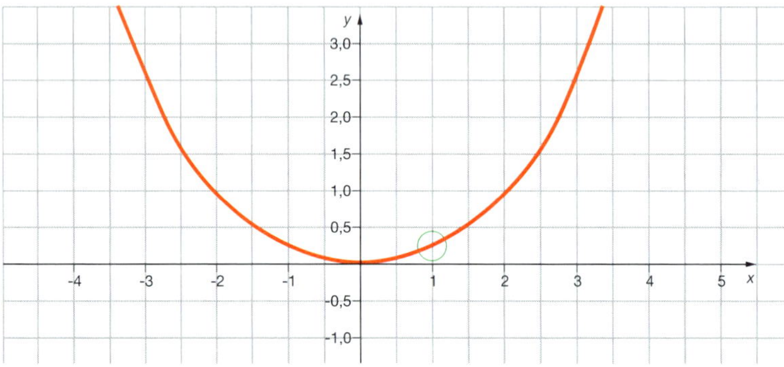

Abb. 4.20: Graph von $y = 0{,}25x^2$

Haben Sie eine Vermutung, wie die letzte Spalte fortgeführt werden muss? Irgendwann ist der Wert der Steigung **nicht** mehr **von 0,50000000...** zu **unterscheiden**; denn die Stellenzahl jedes Taschenrechners ist begrenzt. Auch wenn man einen Rechner mit größerer Anzeigekapazität bauen würde, er kommt an seine Grenzen und zeigt irgendwann 0,50000000000000000... an!

x_1	x_2	y_1	y_2	$y_2 - y_1$	$x_2 - x_1$	Steigung $= \frac{y_2 - y_1}{x_2 - x_1}$
1	1,1	0,25	0,3025	0,0525	0,1	0,525
1	1,01	0,25	0,255025	0,005025	0,01	0,5025
1	1,001	0,25	0,25050025	0,00050025	0,001	0,50025
1	1,0001	0,25	0,25005000	0,00005000	0,0001	0,500025
1	1,00001	0,25	...	...	...	...
1	1,000001	0,25	...	...	...	...
1	1,0000001	0,25	...	...	...	...
1	1,0000...	0,25	...	...	...	0,500000...

Tab. 4.5: Berechnung der Steigung

Hinweis

Wichtig: Sowohl die Werte für Δx als auch für Δy werden „gleichmäßig" kleiner ($\rightarrow$ Es gibt keinen Sprung): $\rightarrow$ Die Funktion ist stetig.

Aufgabe

Zeigen Sie, wie in der obigen Tabelle, dass P_2 auch unterhalb von P_1 liegen darf, wählen Sie für x_2 nacheinander 0,900; 0,990; 0,9990 ...

Ihr Ergebnis muss lauten: Die Funktion $y = f(x) = 0{,}25x^2$ hat im Punkt $P_1(1|0{,}25)$ die Steigung $\boldsymbol{y'(1) = 0{,}500000000000...}$

Es kommt nicht darauf an, ob man sich dem Punkt von oben oder von unten nähert.

Die Mathematiker sagen: Die Funktion $y = f(x) = 0{,}25x^2$ ist in P_1 nicht nur stetig (kein Sprung), sondern auch **differenzierbar** (der Graph hat keine „Spitze").

Es wäre nun unzumutbar, für jede Funktion und für jeden Punkt eine große Tabelle anlegen zu müssen, wenn die Steigung bestimmt werden soll. Leibnitz und Newton haben das Problem **allgemein** gelöst, wir werden ihre Gedanken im nächsten Abschnitt nachvollziehen.

4.5.2 Differenzenquotient und Berechnung der Steigung

Wie wir bereits wissen, wird der „echte" Graph durch Geradenstücke ersetzt, die Geradenstücke werden immer kürzer, das immer winziger werdende Steigungsdreieck soll ausgewertet werden. Zu untersuchen ist der Ausdruck:

$$\frac{\Delta y}{\Delta x} = \frac{y_2 - y_1}{x_2 - x_1}$$

Wenn nun sowohl Δy als auch Δx immer kleiner werden, so führt das im Endeffekt auf den Ausdruck:

$$\frac{\Delta y}{\Delta x} = \frac{0}{0}$$

Das hilft uns kaum weiter; denn **durch Null darf man nicht teilen** (siehe auch Kapitel 2.3.3)!

Wir betrachten das Problem „Division durch Null" etwas genauer. Leicht einzusehen ist, dass der Quotient

$$\frac{a}{0}; a \neq 0$$

keine Lösung haben kann; denn Dividieren heißt: „Wie oft passt **0 in *a*** hinein?" Das geht „unendlich" oft, aber „unendlich" gehorcht nicht den Rechengesetzen.

Dies ist die Erklärung dafür, dass der Graph, dessen Steigung wir bestimmen wollen, stetig sein muss, ein „Sprung" im Graphen führt dazu, dass Δy nicht kontinuierlich kleiner wird ($\Delta y = a \neq 0$), dort ist „Steigung" nicht definiert!

Anders sieht es aus, wenn man den Ausdruck

$$\frac{0}{0} = a$$

analysiert. Man darf jede beliebige Zahl für a einsetzen, ohne dass ein Widerspruch auftritt; denn wenn man beide Seiten mit null multipliziert, erhält man

$0 = a \cdot 0$

Das ist eine wahre Aussage, und nur deshalb konnten Newton und Leibnitz zu sinnvollen Ergebnissen bei der Untersuchung von $\frac{\Delta y}{\Delta x}$ kommen.

Wir betrachten nochmals die quadratische Funktion $\boldsymbol{y = 0{,}25x^2}$, gesucht ist die Steigung im Punkt $P_1(1|y_1)$. Für y_1 kann man natürlich auch den Funktionswert $y(1) = 0{,}25 \cdot 1^2 = 0{,}25$ einsetzen, $\rightarrow P_1(1|0{,}25)$.

Berechnet werden muss

$$\frac{\Delta y}{\Delta x} = \frac{y_2 - y_1}{x_2 - x_1} = \frac{0{,}25\,(x_2)^2 - 0{,}25}{x_2 - 1}$$

Falls $\boldsymbol{x_2}$ immer näher an $x_1 = 1$ heranrückt (so, wie wir es in der Tabelle gesehen haben!), nimmt der Bruch wieder den Ausdruck $\frac{0}{0}$ an, wir haben nichts gewonnen.

Falls Sie jedoch bemerken, dass im Zähler des Bruches die 3. binomische Formel „versteckt" ist, haben Sie das Problem fast gelöst! Wir rechnen weiter:

$$\frac{\Delta y}{\Delta x} = \ldots = \frac{0{,}25\,((x_2)^2 - 1)}{x_2 - 1} = \frac{0{,}25\,(x_2 + 1)\,(x_2 - 1)}{(x_2 - 1)}$$

Sowohl im Zähler als auch im Nenner ist der Faktor ($\boldsymbol{x_2 - 1}$) enthalten, wir **kürzen**! Es ergibt sich $\frac{\Delta y}{\Delta x} = 0{,}25\,(x_2 + 1)$, und wenn **jetzt** $x_1 = 1$ und x_2 ganz dicht zusammenrücken bzw. nicht mehr voneinander zu unterscheiden sind ($\rightarrow x_2 = 1$), so erhalten wir als Steigung von $y = 0{,}25x^2$ an der Stelle $x_1 = 1$:

$$y'(1) = 0{,}25\,(1 + 1) = 0{,}25 \cdot 2 = 0{,}5.$$

Dieser Wert deutete sich in der „Tabellenrechnung" bereits an.

Ganz sind wir noch nicht fertig:

Das gleiche Ergebnis müssen wir erhalten, wenn der Punkt P_2 links von P_1 angenommen wird und sich von dort aus dem Punkt P_1 nähert $\rightarrow \Delta y = y_1 - y_2$, $\Delta x = x_1 - x_2$! **Prüfen Sie das nach!**

Nach der Überprüfung wissen wir genau: Die Funktion $y = 0{,}25x^2$ ist in $P_1(1|0{,}25)$ differenzierbar und hat dort die Steigung $y'(1) = \mathbf{0{,}5}$.

Die obige Rechnung kann verallgemeinert werden. Man muss nicht unbedingt den Funktionswert als Zahl in den Zähler schreiben, wie der folgende Rechengang zeigt.

$$\frac{\Delta y}{\Delta x} = \frac{0{,}25\,({x_2}^2 - {x_1}^2)}{x_2 - x_1} = \frac{0{,}25\,(x_2 + x_1)\,(x_2 - x_1)}{(x_2 - x_1)}$$

Nach dem Kürzen von $(x_2 - x_1)$ erhält man

$$\frac{\Delta y}{\Delta x} = 0{,}25\,(x_1 + x_2)$$

Wenn nun x_1 und x_2 praktisch zusammenfallen, gilt für $x_1 = x_2 = x$:

$$\mathbf{y = 0{,}25x^2 \rightarrow y' = 0{,}5x.}$$

So ist man in der Lage, für jeden beliebigen x-Wert die Steigung von $y = 0{,}25x^2$ auszurechnen!

x	-2	-1	0	1	2
$y' = 0{,}5x$	-1	$-0{,}5$	0	$0{,}5$	1

Tab. 4.6

Hinweis

Der Differenzquotient hat für $x_1 = x_2$ eine **hebbare Definitionslücke**. D.h. die Funktion ist an dieser Stelle **differenzierbar**.

Aufgaben

(→ Gruppenarbeit führt oft zu besseren Ergebnissen!)

1. Verallgemeinern Sie nochmals: Bestimmen Sie die Steigungsfunktion von $y = ax^2$ im Punkt $P(x|y)$!
   Ihre Lösung muss lauten: $y = ax^2 \rightarrow y' = 2ax$.
2. Bestimmen Sie die Steigung des Graphen der Funktion $y = -0{,}2x^2$ im Punkt $P_1(-2|y_1)$.
   Hinweis: → Benutzen Sie das Ergebnis der Aufgabe 1, Sie müssen $y' = -0{,}4x = -0{,}4 \cdot (-2) = 0{,}8$ erhalten.

Etwas mehr Aufwand muss man aufbringen, wenn die Exponenten von x größer als 2 sind. Wenn Sie die gleiche Methode wie im obigen Beispiel anwenden wollen, müssen Sie die Polynomdivision vollziehen, die Sie im Kapitel 3.2.6.3 gelernt haben. Wir gehen darauf nicht weiter ein, sondern teilen Ihnen nur die Ergebnisse solcher Berechnungen mit.

4.5.3 Ableitungsregeln[1]

4.5.3.1 Bereitstellung der Regeln

Die folgende Tabelle zeigt, welche Terme für y' entstehen, wenn man die Differenzenquotienten (mit einigem Aufwand) berechnet und auswertet. Ihre Aufgabe ist es, die Systematik zu erkennen und eine einfache Regel aufzustellen, wie man aus der Funktionsgleichung der Potenzfunktionen $f(x) = x^n$ die Funktionsgleichung f' erhalten kann.

$y(x) =$	a	ax	x^2	x^3	ax^4	x^5	ax^n
$y'(x) =$	0	a	$2x$	$3x^2$	$4ax^3$	?	?
$y''(x) =$	0	0	2	$6x$	$12ax^2$	?	?

Tab. 4.7: Ergebnisse beim Differenzieren mithilfe des Differenzenquotienten

Definition

y' oder f' heißt 1. Ableitung der Funktion y oder f.
y'' oder f'' heißt 2. Ableitung der Funktion y oder f.
Das Bilden der Ableitungsfunktion heißt *ableiten* oder *differenzieren*.

[1] **Ableiten** ist ein anderer Begriff für differenzieren.

Nach Auswertung der obigen Tabelle (und etwas Intuition) sollte das Ergebnis lauten:

Satz **Potenzregel**

$y = x^n \rightarrow y' = nx^{n-1}; n \in \mathbb{N}$

Das ist die sogenannte Potenzregel der Differenzialrechnung, man kann sie mithilfe der vollständigen Induktion beweisen.

Merke: Differenziert man eine Potenzfunktion, so tritt der ursprüngliche Exponent als Faktor auf, der neue Exponent ist um „1" kleiner.

In der Tabelle kam die Konstante ***a*** vor. Die Auswertung führt zur

Satz **Konstantenregel**

$y(x) = ax^n \rightarrow y'(x) = a \cdot n \cdot x^{n-1}; \quad n \in \mathbb{N}; a \in \mathbb{R}.$

Ein konstanter Faktor bleibt beim Ableiten erhalten.

Falls eine Funktion durch Addition mehrerer Funktionen entstanden ist, erhält man die Steigungsfunktion durch Addition der Teilableitungen.

Satz **Summenregel**

$y = y_{\text{I}} + y_{\text{II}} + y_{\text{III}} + + \rightarrow y' = y_{\text{I}}' + y_{\text{II}}' + y_{\text{III}}' + \ldots$

Summen werden summandenweise abgeleitet.

Hinweis $y = x^2 + a = x^2 + a \cdot x^0$

$y' = 2x + a \cdot 0 \cdot x^{0-1} = 2x$, da 0 als Faktor auftritt.

Merke: Ein konstanter Faktor bleibt beim Differenzieren erhalten, ein konstanter Summand fällt weg!

Wie Sie sehen, ist das Berechnen der Steigungsfunktion (1. Ableitung) kein besonderes Problem, und wir können uns relativ schnell den Anwendungen der Differenzialrechnung zuwenden.

Beispiel

$y = 3x^3 - 2x + 3 \rightarrow y' = 3 \cdot 3x^{3-1} - 2 + 0 = 9x^2 - 2 \rightarrow y'' = 18x \rightarrow y''' = 18$

$y = -0{,}3x^4 - 2x^3 - x \rightarrow y' = -1{,}2x^3 - 6x^2 - 1 \rightarrow y'' = -3{,}6x^2 - 12x \rightarrow$

$y''' = -7{,}2x - 12$

$y = fx^m - kx^k + f + k \rightarrow y' = mfx^{m-1} - k^2x^{k-1} + 0 \rightarrow$

$y'' = (m-1)mfx^{m-2} - (k-1)k^2x^{k-2}$

Satz Bei jedem Ableitungsschritt verringert sich der Grad der Funktionsgleichung um 1.

Ist der Grad von f gleich $n \rightarrow$ Grad von f' ist $n - 1 \rightarrow$ Grad von f'' ist $n - 2 \rightarrow$ Grad von f''' ist $n - 3$ ...

Satz **Ableitung der *e*-Funktion:**

$y = e^x \rightarrow y' = e^x$

Die Ableitung der *e*-Funktion ergibt wieder die *e*-Funktion. Das haben Sie schon qualitativ im Kap. 4.2 überlegt.

Ableitung der Sinusfunktion **Satz**

$f(x) = \sin x \rightarrow f'(x) = \cos x$

Ableitung der Cosinusfunktion **Satz**

$f(x) = \cos x \rightarrow f'(x) = -\sin x$

Zum Weiterarbeiten:

Produktregel **Satz**

Sind die Funktionen u und v differenzierbar, dann ist auch die Funktion $f = u \cdot v$ differenzierbar und es gilt:

$$f(x) = u(x) \cdot v(x) \rightarrow f'(x) = u'(x) \cdot v(x) + u(x) \cdot v'(x)$$

oder etwas kürzer:

$$y = u \cdot v \rightarrow y' = u' \cdot v + u \cdot v'$$

(Ableitung des ersten Faktors mal zweiten plus erster Faktor mal Ableitung des zweiten.)

Beispiel 1

$f(x) = x^2 \cdot (x - 1)$
$f'(x) = 2x \cdot (x - 1) + x^2 \cdot 1 = 2x^2 - 2x + x^2 = 3x^2 - 2x$

Überprüfen Sie diese Rechnung, indem Sie bei $f(x) = x^2(x - 1)$ zuerst die Klammern ausmultiplizieren. Bilden Sie f' anschließend mit den bisher bekannten Ableitungsregeln.

Beispiel 2

Berechnen Sie Ableitung von $f(x) - x \cdot e^x$.

Die Ausgangsfunktion f ist zusammengesetzt aus den Einzelfunktionen $u(x) = x$ und $v(x) = e^x$ zu:

$$f(x) = u(x) \cdot v(x) = x \cdot e^x$$

Die Anwendung der Produktregel liefert dann mit $u'(x) = 1$ und $v'(x) = e^x$

$$f'(x) = 1 \cdot e^x + x \cdot e^x$$

Kettenregel

Die Funktion $f(x) = sin(3x^2 - 4)$ ist „zusammengesetzt" aus den Funktionen $f(u) = sin(u)$ und $u(x) = 3x^2 - 4$. Man schreibt: $f(u(x))$. $f(u)$ ist die äußere und $u(x)$ die innere Funktion.

Das sieht zwar etwas kompliziert aus, aber dafür ist es relativ einfach, die Ableitung einer solchen zusammengesetzten, man sagt auch *verketteten* Funktion zu bilden:

$f'(x) = cos(3^2x - 4) \cdot 6x$

Was ist passiert? Wir haben die äußere Funktion, $sin(u)$ abgeleitet zu $cos(u)$ und das Ergebnis mit der Ableitung der inneren Funktion $u(x) = 3x^2 - 4$, also $6x$ multipliziert. Die Ableitungsregel ist also tatsächlich einfach. Sie lautet: **äußere mal innere Ableitung**.

Kettenregel **Satz**

Ist $f(x)$ eine zusammengesetzte Funktion, also $f(x) = f(u(x))$, dann gilt für Ableitung:
$f'(x) = f'(u) \cdot u'(x)$

Beispiel

Betrachten Sie die Funktion $f(x) = (3x^3 - 2x^2 + 5)^2$.

Sie ist zusammengesetzt aus den Funktionen $f(u) = u^2$ und $u(x) = 3x^3 - 2x^2 + 5$.

Mit der Kettenregel können Sie die Funktion f nun direkt ableiten, ohne die Klammer zuvor ausmultiplizieren zu müssen:

$f'(x) = f'(u) \cdot u'(x) = 2(3x^3 - 2x^2 + 5) \cdot (9x^2 - 4x)$
$f(x) = \cos(2x^2) \quad f(u) = \cos(u) \quad u(x) = 2x^2$
$f'(x) = f'(u) \cdot u'(x) = -\sin(2x^2) \cdot 4x$

Übungen

1. Differenzieren Sie die folgenden Funktionen drei Mal, benutzen Sie die Ableitungsregeln.
   a) $y = x^3 + 3x^2 - 4x + 5$ b) $y = -4 - 3x + 5x^3$
   c) $y = 3x^3 + 2x^2 + x + 1$ d) $y = (2x + 1)^3$
   e) $y = -x^4 + 3 + 2x$ f) $y = 1 - 9x + x^4$
   g) $y = a + b + d^2 - x - ax - bx - cx^3 - c^3x$ h) $y = 3x + 4$

2. Berechnen Sie die Steigung der folgenden Funktionen an den angegebenen Stellen.
   a) $f(x) = 3x^2 + 4x$ $x_s = -1$ b) $f(x) = -2x^3 + 3x^2 - 4x + 5$ $x_s = 2$
   c) $f(x) = (x + 2)^2(x - 1)$ $x_s = 0$ d) $f(x) = 3x + 4$ $x_s = 1$
   e) $f(x) = x^5$ $x_s = 2$ f) $f(x) = x^5 + 4$ $x_s = 2$
   g) $f(x) = 5$ $x_s = 4$ h) $f(x) = x^4 + 2x + 1$ $x_s = -3$
   i) $f(x) = \sin x$ $x_s = \pi$ j) $f(x) = \cos x$ $x_s = \frac{\pi}{2}$

3. An welchen Stellen hat die Funktion $f(x) = 2x^3 + 4x^2 + 3x + 2$ eine Steigung von 1?

4. Bilden Sie die erste Ableitung der folgenden Funktionen
   a) $f(x) = x^2 \cdot e^x$ b) $f(x) = 3x^3 \cdot e^x$ c) $f(x) = -10x \cdot e^x$ d) $f(x) = x \cdot \sin x$
   e) $f(x) = x \cdot \cos x$ f) $f(x) = \sin x \cdot \cos x$ g) $f(x) = \sin(2x^3)$ h) $f(x) = (3x^2 + 2x)^3$
   i) $f(x) = e^{3x^2}$ j) $f(x) = \sin(-x)$

4.5.3.2 Tangentengleichung

Wir gehen zurück zum Anfang der Differenzialrechnung: Um die Steigung eines Graphen im Punkt $P_1(x_1|y_1)$ zu berechnen, ersetzten wir die gekrümmte Linie durch eine Gerade durch $P_2(x_2|y_2)$. Diese **Sekante** galt als erste Näherung, bessere Näherungen erhielten wir, indem P_2 immer näher an P_1 heranrückte. Wir bildeten eine **Folge** von Sekantensteigungen und erhielten als „Grenzlage" eine Tangente. Diese Tangente hat die gleiche Steigung wie die Funktion in P_1.

Wir wollen nun die Funktionsgleichung dieser **Tangente** bestimmen. Die folgende Abbildung zeigt das Vorgehen.

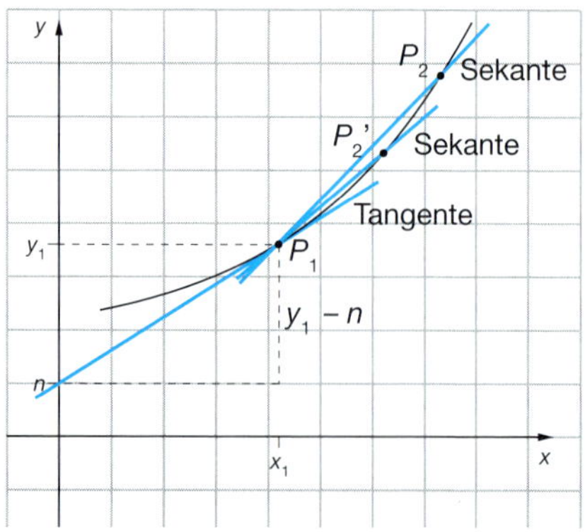

Abb. 4.21: Sekanten und Tangente

Wir wollen nun die Funktionsgleichung dieser **Tangente** bestimmen. Die vorangegangene Abb. zeigt das Vorgehen. Das Steigungsdreieck zeigt: $y'(x_1) = \frac{y_1 - n}{x_1}$; denn die Steigung der Tangente **ist** die Steigung des Graphen in P_1. Wir lösen nach n auf und erhalten $n = y_1 - y'(x_1) \cdot x_1$.
Mit $y_T = mx + n$ und Einsetzen von m, n ergibt sich die gesuchte Tangentengleichung

$y_T = y'(x_1) \cdot x + y_1 - y'(x_1) \cdot x_1$

Beispiel

Zu berechnen ist die Funktionsgleichung der Tangente in $P_1(1|y_1)$ für $y = 2x^2 - x + 1$.

1. y_1 berechnen: $y_1(1) = 2 \cdot 1 - 1 + 1 = 2$
2. y' allgemein berechnen: $y' = 2 \cdot 2x - 1 = 4x - 1$
3. $y'(1)$ berechnen: $y'(1) = 4 \cdot 1 - 1 = 3$
4. Einsetzen in y_T: $y_T = 3x + 2 - 3 \cdot 1 \rightarrow y_T = 3x - 1$

Übungen

Berechnen Sie die Tangentengleichungen:

1.

	Funktion	$P(x\|y)$
a	$y = x + e^x$	$(1\|y(1))$
b	$y = x^3 - x + 2$	$(0\|(y(0))$
c	$y = 1 - x^2$	$(2\|(y(2))$

2. Die Funktion f ist gegeben durch ihre Funktionsgleichung $f(x) = -\frac{1}{3}x^3 + 3x$
   a) Berechnen Sie die Steigung des Funktionsgraphen an der Stelle $x = 3$.
   b) An welchen Stellen hat der Graph eine Steigung von 2?
   c) Die Tangente im Punkt $P(-1|-\frac{8}{3})$ schneidet den Graph der Funktion in einem weiteren Punkt S. Geben Sie die Funktionsgleichung der Tangenten an und berechnen Sie die Koordinaten von S.
   d) Durch $f_a(x) = ax^3 + 3x$; $a \in \mathbb{R}$; ist eine Funktionenschar gegeben. Für welche Werte des Parameters a schneiden die Graphen die x-Achse dreimal?

4.5.3.3 Die Berechnung von Extrema, Wende- und Sattelpunkten

Sie wissen bereits, **wie** man eine Funktion auf Extrema untersucht. Man muss die **erste** Ableitung bilden, deren Nullstellen berechnen und man erhält so Kandidaten für mögliche Extremstellen (**notwendige Bedingung**). Die gefundenen x_E-Werte werden nacheinander in die **zweite** Ableitung eingesetzt. Ergibt sich ein negativer Wert für $y''(x_E)$ (**hinreichende Bedingung**), liegt ein **lokales Maximum** vor, ist $y''(x_E)$ dagegen positiv, ist dort ein **lokales Minimum**, ist $y'' = 0$, lässt sich keine Aussage machen. Es könnte dann ein Extremum vorliegen oder ein Sattelpunkt.

Abschließend berechnet man die zugehörigen y-Werte durch Einsetzen der „richtigen Kandidaten" in die Ausgangsfunktion.

Beispiel 1

Berechnung von Extrempunkten

Es sollen die Extrempunkte der Funktion $f(x) = x^3 - 3x + 2$ berechnet werden (vgl. Abb. 3.82). Das erledigen Sie in drei Schritten:

1. Mögliche Kandidaten suchen (notwendige Bedingung):

Ansatz: $f'(x) = 0 \qquad f'(x) = 3x^2 - 3$

$0 = 3x^2 - 3 \Leftrightarrow 3 = 3x^2 \Leftrightarrow 1 = x^2 \quad \Leftrightarrow |x| = 1$

$\boldsymbol{x_{e1} = 1 \quad x_{e2} = -1}$

2. Überprüfung der Kandidaten (hinreichende Bedingung):

Die Überprüfung können Sie z.B. durch Einsetzen in die 2. Ableitung ausführen. Dazu müssen Sie die zunächst einmal berechnen:

$f''(x) = 6x$

Überprüfung von $x_{e1} = 1$:

$f''(1) = 6 \cdot 1 = 6 > 0$ bei $x_{e1} = 1$ liegt also ein **Tiefpunkt**.

Überprüfung von $x_{e2} = -1$:

$f''(-1) = 6 \cdot (-1) = -6 < 0$ bei $x_{e2} = -1$ liegt also ein **Hochpunkt**.

3. Zugehörige *y*-Werte berechnen:

Die zugehörigen *y*-Werte (Funktionswerte) berechnen Sie mit der Ausgangsfunktion *f*.

$f(1) = 1^3 - 3 \cdot 1 + 2 = 0$

Der Tiefpunkt hat also die Koordinaten **TP(1|0)**.

$f(-1) = (-1)^3 - 3 \cdot (-1) + 2 = 4$

Der Hochpunkt hat also die Koordinaten **HP(−1|4)**.

Beispiel 2

Berechnung von Wendepunkten:

Es sollen die Wendepunkte der Funktion $f(x) = x^3 - 3x + 2$ berechnet werden (vgl. Abb. 3.82). Das erledigen Sie in vier Schritten:

1. Mögliche Kandidaten suchen (notwendige Bedingung):

$f'(x) = 3x^2 - 3 \qquad f''(x) = 6x$

Ansatz: $f''(x) = 0$

$0 = 6x$

$\boldsymbol{x_w = 0}$

2. Überprüfung der Kandidaten (hinreichende Bedingung):

Die Überprüfung können Sie z.B. durch Einsetzen in die 3. Ableitung ausführen. Dazu müssen Sie die zunächst einmal berechnen:

$f'''(x) = 6$

Überprüfung von $x_w = 0$:

$f'''(0) = 6 \neq 0$

bei $x_w = 0$ liegt also tatsächlich ein **Wendepunkt**.

3. Überprüfung auf Sattelstelle:

Eine Sattelstelle ist eine spezielle Wendestelle, bei der die Steigung des Funktionsgraphen 0 ist.

Für die Berechnung von Steigungen ist f' zuständig. Also setzen Sie für diesen Test den gefundenen Wendestellen-Kandidaten $x_w = 0$ in die Steigungsfunktion f' ein.

$f'(0) = 3 \cdot 0^2 - 3 = -3 \neq 0$ d.h. $x_w = 0$ ist nur eine „normale“ Wendestelle, aber keine Sattelstelle.

4. Zugehörige *y*-Werte berechnen:

Den zugehörigen *y*-Wert (Funktionswert) berechnen Sie mit der Ausgangsfunktion *f*.

$f(0) = 0^3 - 3 \cdot 0 + 2 = 2$

Der Wendepunkt hat also die Koordinaten ***WP*(0|2)**.

Bei den Beispielen ist Ihnen vielleicht aufgefallen, dass die Wendestelle in der Mitte zwischen den beiden Extremstellen liegt. Das ist bei Funktionen dritten Grades immer so (vgl. Abb. 4.22).

Satz

Der Graph einer ganzrationalen Funktion dritten Grades ist immer symmetrisch zu seinem Wendepunkt.

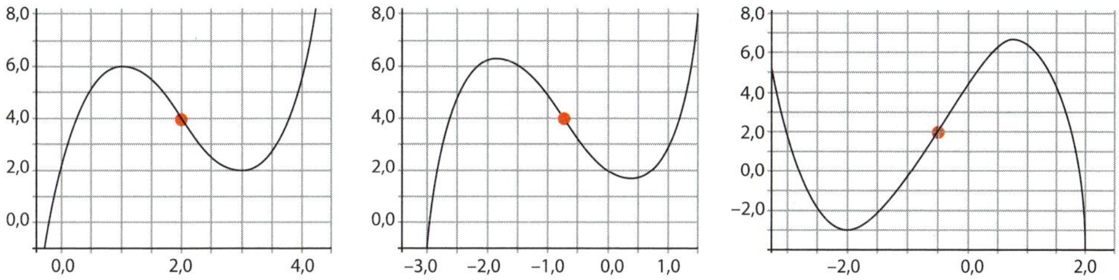

Abb. 4.22: $y = x^3 - 6x^2 + 9x + 2$ $\quad y = x^3 + 2x^2 - 2x + 2$ $\quad y = -x^3 - 2x^2 + 4x + 5$

Aufgabe 1

Warum hat eine Funktion dritten Grades immer genau einen Wendepunkt?

Sie können Ihre bisher erarbeiteten Kenntnisse anwenden, um z. B. die Komplexität von Zusammenhängen zu analysieren.

Beispiel 3

Ein Zusammenhang, der in der nebenstehenden Grafik dargestellt ist, soll durch eine ganzrationale Funktion mathematisch modelliert werden. Welchen Grad muss die gesuchte Funktion mindestens haben?

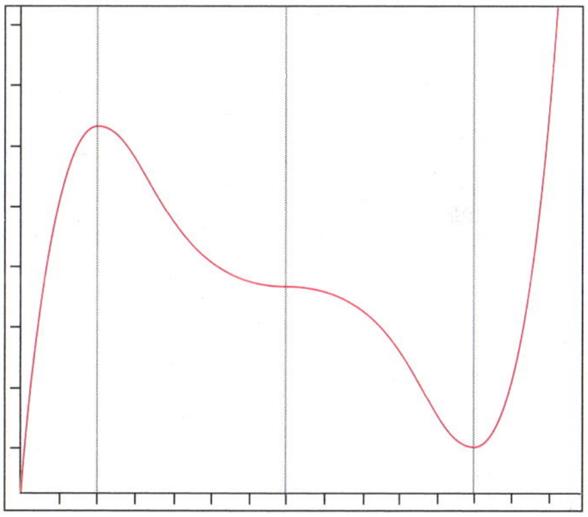

Abb. 4.23

Zur Klärung dieser Frage können Sie mehrere Argumente heranziehen:

- **Verlauf des Graphen**: Von III → I; d. h., der Grad muss **ungerade** sein.
- Anzahl der möglichen **Nullstellen**: Wenn man den Graph nach unten verschiebt, kann es drei Nullstellen geben, d. h. der Grad von f muss **mindestens drei** sein.
- Anzahl der **Extrempunkte**: Zwei Extrempunkte, d. h., f' muss mindestens zwei Nullstellen haben. Der Grad von f' muss also mindestens zwei sein. Dann muss der Grad von f **mindestens drei** sein.
- Anzahl der **Wendepunkte**: Es gibt zwei „normale" Wendepunkte und einen Sattelpunkt, also insgesamt drei Wendepunkte. D. h., f'' muss mindestens drei Nullstellen, also mindestens den Grad drei haben. Dann muss f' mindestens den Grad vier und deshalb f **mindestens** den **Grad fünf** haben.

Der abgebildete Zusammenhang könnte also durch eine ganzrationale Funktion vom Grad fünf beschrieben werden. (Bei $n = 3$ könnte er nur einen Wendepunkt, aber keinen Sattelpunkt haben. Warum?)

Aufgabe 2 Benutzung mathematischer Symbole und ihre Übersetzung

1. Beschreiben Sie jeweils die Situation, die durch die nachfolgenden mathematischen Symbole formuliert ist.

Beispiel: $f'(3) > 0$: Der Graph hat an der Stelle 3 eine positive Steigung (es geht bergauf).
$f''(5) < 0$: Der Graph hat an der Stelle 5 eine Rechtskrümmung.
$f(0) = 5$: Der Funktionswert an der Stelle 0 beträgt 5.

a) $f'(5) = 4$
b) $f''(4) > 0$
c) $f'(3) = 0$ und $f''(3) > 0$
d) $f'(3) > f'(5)$
e) $f(3) > f(5)$
f) $x \in [2; 5] \Rightarrow f''(x) < 0$
g) $f'(7) = 0$ und $f''(7) \neq 0$
h) $f'(6) = 0$
i) $f(3) = f(6)$
j) $f'(x) = 6$

2. Nachfolgend sind einige Situationen beschrieben. Drücken Sie sie jeweils durch mathematische Symbole aus.

Beispiel: An der Stelle 3 ist die Steigung größer als an der Stelle −4: $f'(3) > f'(-4)$

a) An der Stelle 4 ist die Steigung positiv.
b) An der Stelle −3 geht es bergab.
c) Der Funktionswert an der Stelle 5 ist größer als der Funktionswert an der Stelle −1.
d) An den Stellen 5 und 18 ist die Steigung gleich.
e) An der Stelle 4 kann evtl. ein Extrempunkt liegen.
f) An der Stelle −3 liegt auf keinen Fall ein Extrempunkt.
g) An der Stelle 8 beträgt die Steigung −4.
h) Der Funktionswert an der Stelle −4 beträgt 5.
i) Die Steigung an der Stelle 5 beträgt mindestens 4.
j) An der Stelle 4 geht es steiler bergauf als an der Stelle 0.
k) Im Intervall von 3 bis einschließlich 8 steigt der Funktionsgraph.
l) Der Graph hat an jeder Stelle eine Steigung von −3.

Übungen Berechnen Sie, an welchen Stellen die folgenden 3 Funktionen Extrema haben könnten.

1. $y = \frac{2}{3}x^3 - x^2 - 4x + \frac{14}{3}$
2. $y = -0{,}31x^4 + 0{,}62x^2 + 3$
3. $y = \frac{1}{10}\left(\frac{1}{3}x^3 + \frac{1}{2}x^2 - 20x - 12\right)$
4. Entscheiden Sie, welche Art von Extrema bei 1., 2., 3. vorliegen und berechnen Sie die zugehörigen Ordinaten (y-Werte).

5. Untersuchen Sie, wo bei 1., 2., 3. Wende- oder Sattelpunkte auftreten und berechnen Sie die Ordinaten.
6. Berechnen Sie die Extrempunkte folgender Funktionen:
   a) $y = \frac{1}{4}x^4 + \frac{1}{3}x^3 - x^2 - \frac{1}{3}$ b) $y = \frac{1}{5}x^5 - \frac{1}{3}x^3 + \frac{2}{15}$ c) $y = \frac{1}{5}x^5 - \frac{1}{3}x^3 + 4x + \frac{1}{15}$
7. Berechnen Sie die Sattel- und Wendepunkte folgender Funktionen:
   a) $f(x) = \frac{1}{3}x^3 - x^2$ b) $f(x) = \frac{1}{8}x^4 - \frac{1}{2}x^2$ c) $f(x) = \frac{1}{8}x^4 - 3x^2 + 10$
8. Es liegt eine ganzrationale Funktion n-ten Grades vor. Untersuchen und begründen Sie die höchstmögliche Anzahl von Extrem- und Wendepunkten.
9. Bestimmen Sie den Hochpunkt der Funktion $y = x - e^x$.
10. Bestimmen Sie den Parameter „k" so, dass die Funktion $f(x) = 2x^3 + kx + 1$ an der Stelle $x_E = 1$ einen Extremwert hat.
11. Berechnen Sie von der Funktion $f(x) = 2x^3 - 6x^2 + 6x - 2$ die Nullstellen, die Extrem-, Wende- und ggf. Sattelpunkte.

Nun haben Sie das in Kapitel 3.2.6 formulierte Ziel, einen Funktionsgraphen ohne Berechnung einer Wertetabelle skizzieren zu können, erreicht. Sie können aus der Funktionsgleichung besondere Punkte des Graphen bestimmen. Wenn Sie diese Punkte in ein Koordinatensystem einzeichnen, lässt sich der Graph skizzieren. Aus der Formulierung der jeweils speziellen Eigenschaft dieser Punkte haben Sie die Berechnungsansätze entwickelt, die wir in der folgenden Tabelle nochmals zusammengestellt haben:

zu berechnen	spezielle Eigenschaft	Berechnungsansatz	Ergebnis
y-Achsenabschnitt	Graph schneidet die y-Achse	$x = 0$	a_0
Nullstellen	Graph schneidet oder berührt die x-Achse	$f(x) = 0$	$x_{01}; x_{02}; x_{03}; \ldots$
Extremstellen	Steigung = 0	$f'(x) = 0$	$x_{e1}; x_{e2}; x_{e3}; \ldots$
Wendestellen	Steigung hat ein Extremum	$f''(x) = 0$	$x_{w1}; x_{w2}; x_{w3}; \ldots$
Sattelstelle	spez. Wendestelle, zusätzlich ist die Steigung = 0	$f''(x) = 0 \wedge f'(x) = 0$	$x_{s1}; x_{s2}; x_{s3}; \ldots$

Tab. 4.8: Berechnungsansätze

Achtung: Bedenken Sie bitte, dass diese Ansätze für Extrem-, Wende- und Sattelstellen nur **notwendige Bedingungen** sind. Sie liefern also nur „mögliche Kandidaten", die mithilfe der **hinreichenden Bedingung** noch überprüft werden müssen (z. B. durch Einsetzen in die 2. Ableitung). Um die kompletten Punkte (also nicht nur die Stellen) zu erhalten, müssen Sie abschließend noch jeweils die zugehörigen y-Werte berechnen. Das machen Sie durch Einsetzen in die Gleichung der Ausgangsfunktion f.

Jetzt bleibt nur noch das versprochene „ultimative Verfahren" zur Nullstellenbestimmung nachzuholen. Das werden wir im Kapitel 4.6 machen.

4.5.3.4 Unterschiedliche „Namen" für die Variablen

Wir sind es gewohnt, die Koordinaten mit **„*x*"** und mit **„*y*"** zu bezeichnen (*x* und *y* sind die **Variablen**), andere Größen wie z. B. *a*, *b*, *c*, ..., *k* werden als **Konstanten** angesehen, das ist bei innermathematischen Anwendungen so üblich.

Wendet man sich jedoch praktischen Aufgaben zu, besteht kein Grund dafür, beispielsweise eine Warenmenge mit *x* und den zugehörigen Kosten mit *y* zu bezeichnen, **„*k*"** für die Kosten und **„*m*"** für die Menge sind vielleicht eine bessere Wahl. **Man muss jedoch verdeutlichen, dass *k* und *m* die Variablen sind!**

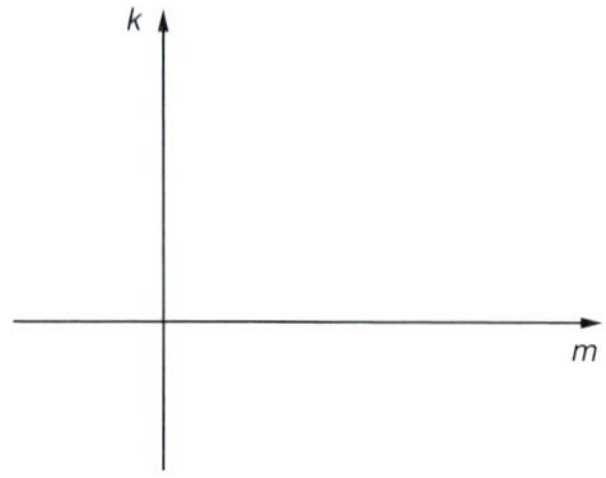

Abb. 4.24

Wenn die Kosten von der Menge abhängig ist, schreibt man $k(m) = ...$, (lies: „*k* von *m* gleich ...). Wenn jetzt noch andere allgemeine Größen auftreten, sind das **keine** Variablen, auch wenn sie „*x*" oder „*y*" heißen sollten! Das müssen Sie beim Differenzieren unbedingt beachten! Wir zeigen das anhand einiger Beispiele (um die Variable deutlich zu kennzeichnen, haben wir sie **farblich** herausgehoben, verfahren Sie ebenso, bis Sie sicher sind!):

Beispiel

$A(\mathbf{b}) = x\mathbf{b}^2 + x^2\mathbf{b} - x - y + 1 + 3\mathbf{b}^3 \rightarrow A(\mathbf{b})' = 2x\mathbf{b} + x^2 + 9\mathbf{b}^2;$
$A(\mathbf{b})'' = 2x + 18\mathbf{b};\ A(\mathbf{b})''' = 18$

$t(\mathbf{r}) = 1 + s + e + \mathbf{r} + a + z + \mathbf{r}^2 - eaz^2\mathbf{r}^3 \rightarrow t(\mathbf{r})' = 1 + 2\mathbf{r} + 3eaz^2\mathbf{r}^2$
$t(\mathbf{r})'' = 2 + 6eaz^2\mathbf{r}$

$t(\mathbf{a}) = 1 + s + e + r + \mathbf{a} + z + r^2 - e\mathbf{a}z^2r^3 \rightarrow t(\mathbf{a})' = 1 - ez^2r^2;\ t(\mathbf{a})'' = 0$

Übungen Die folgenden Funktionen sind drei Mal jeweils nach *a*, *b*, *x* zu differenzieren.

1. $t = 3ax - b^3xa^2 + 12x + 3a + 4b + 2 - x^3$
2. $r = yxca + y + a + xyb^3$
3. $y = 1 + 2x + 3a + 4b + 5c + 6v - x^4 + b^2x + ab$
4. Untersuchen Sie die Funktion $y(t) = t^8 - 2t^4 + 1$ auf Nullstellen, Extrema sowie Wendepunkte.

4.5.4 Erweiterung der Potenzregel für negative Exponenten

Die Potenzregel gilt auch, wenn für *n* negative Werte zugelassen werden. Wir zeigen das an einem Beispiel. Zu berechnen ist die Steigung der Funktion $y = x^{-1} = \frac{1}{x}$ im Punkt $P_1(x_1|y_1)$. (vgl. Ende Kap. 3.2.5)

$$\frac{\Delta y}{\Delta x} = \frac{\frac{1}{x_2} - \frac{1}{x_1}}{x_2 - x_1} = \frac{\frac{x_1 - x_2}{x_1 \cdot x_2}}{x_2 - x_1} = \frac{-(x_2 - x_1)}{x_1 \cdot x_2(x_2 - x_1)}$$

Wir kürzen die Klammer und erhalten $\frac{\Delta y}{\Delta x} = \frac{-1}{(x_1 \cdot x_2)}$. Wenn nun x_1 und x_2 so dicht zusammenrücken, dass $x_1 = x_2 = x$ gilt, so erhalten wir $\frac{\Delta y}{\Delta x} = \frac{-1}{x^2} = -x^{-2}$.

Das ist das gleiche Ergebnis, das Sie mithilfe der Potenzregel erhalten! Diese gilt auch, wenn n der Menge der **ganzen Zahlen** $\mathbb{Z}$ oder sogar der rationalen Zahlen $\mathbb{Q}$ angehört. Auf den Beweis müssen wir in diesem Kurs verzichten.

$$\boldsymbol{y(x) = a \cdot x^n, \rightarrow y(x)' = n \cdot a \cdot x^{n-1}, n \in \mathbb{Q}}$$

Übungen

Differenzieren Sie zwei Mal ...

1. $y(x) = 2x^{-2} + 2x + \frac{1}{2x}$
2. $y(a) = 3xa^{-1} + x + a$
3. $w(s) = xys - yxs^{-2} - \frac{1}{x} - \frac{1}{y} - \frac{1}{a} - \frac{1}{s}$
4. $y(x) = w + a + x + x^a + x^{-a} - x^{-1}$
5. $x(y) = y - y^2 - y^{-3}$

4.5.5 Monotonie

Wir untersuchen, wie sich „die Form" eines Graphen beschreiben lässt und welche Auswirkungen diese Form auf die Steigungsfunktion hat.

So gibt es Funktionen, deren Graph im gesamten Definitionsbereich „immer nach oben" verläuft (wir schauen immer von links nach rechts!). Der folgende Graph (von $y = x^3 + e^x$) zeigt dieses Verhalten.

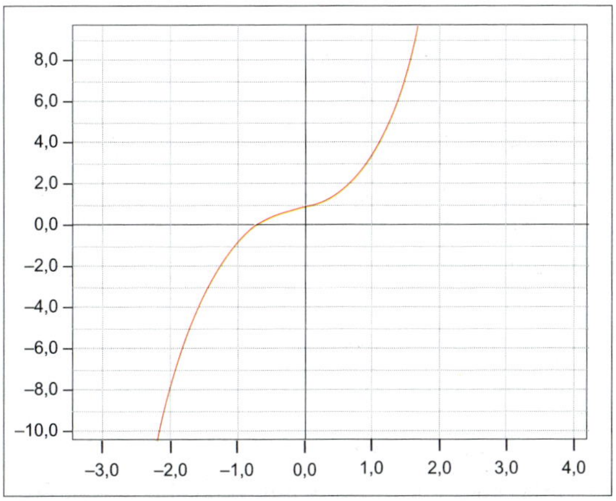

Abb. 4.25

Im gesamten Definitionsbereich D_x gilt:

Für **alle** $x_2 > x_1$ ist: $f(x_2) > f(x_1)$

Bildet man formal den Ausdruck $m = \frac{f(x_2) - f(x_1)}{x_2 - x_1}$, so muss dieser immer positiv sein; denn Zähler und Nenner sind laut Voraussetzung positiv! Rückt nun x_2 immer dichter an x_1 heran, kommt man schließlich zur Steigungsfunktion, und diese verläuft immer oberhalb der x-Achse!

Solche Funktionen nennt man „streng monoton wachsend".

Natürlich gibt es auch **„streng monoton fallende Funktionen"**.

Aufgabe 1 Formulieren Sie die Definition für eine streng monoton fallende Funktion. Geben Sie mindestens zwei Beispiele. Skizzieren Sie die Graphen.

Hinweis

a) Verzichtet man auf den Ausdruck **„streng"**, so ist auch $f(x_2) - f(x_1) = 0$ zugelassen (aus $<$ wird $\leq$, aus $>$ wird $\geq$).

b) Ist eine Funktion in D_x **sowohl** monoton **fallend** als auch monoton **steigend** (oder umgekehrt), so hat die **Steigungsfunktion** einen **Vorzeichenwechsel** bei x_E, wir beobachten bei x_E ein **lokales Extremum**!

c) Es gibt eine besondere Art von Funktionen mit eingeschränktem Definitionsbereich, nämlich $D = \mathbb{N}$. Es gibt also nur Funktionswerte für die Abszissenwerte $A = \{x \mid x = 1; 2; 3; 4; ...; n; n + 1; ...\}$. Es gibt einen ersten Funktionswert a_1, einen zweiten a_2, einen dritten a_3 usw. ...

Mathematiker nennen diese speziellen Funktionen **Folgen**, und auch diese Folgen können „(streng) monoton" steigen oder fallen.

Aufgabe 2 Formulieren Sie die Definition für eine (streng) monoton steigende/fallende Folge. Benutzen Sie den Term „$a_{n+1} - a_n$".

Satz Ist eine Funktion über einem Intervall A differenzierbar und gilt für alle $x \in A$:

$f'(x) < 0$ | $f'(x) > 0$

dann ist f in dem Intervall **streng** monoton.

fallend | steigend.

Eine Funktion f ist in einem Intervall A

monoton fallend | monoton steigend

genau dann, wenn für alle $x \in A$ gilt:

$f'(x) \leq 0$ | $f'(x) \geq 0$

4.6 Anwendungen der Differentialrechnung

4.6.1 Nullstellenberechnung mit dem Verfahren von Newton

Sie haben gelernt, wie man lineare und quadratische Gleichungen löst, bei Funktionen 3. Grades musste schon eine Nullstelle bekannt sein, um mittels Polynomdivision zu einer Gleichung 2. Grades zu gelangen. Das Auffinden der ersten Nullstelle ist oft vom „guten Willen" des Mathelehrers abhängig.

Newton hat ein Verfahren entwickelt, das geeignet ist, die Nullstellen von beliebigen Funktionen mittels Differentialrechnung zu bestimmen, und das mit beliebiger Genauigkeit. Es ist ein Näherungsverfahren, das in wenigen Schritten relativ genaue Ergebnisse liefert. Als Startwert genügt ein grober Schätzwert, den man einer Wertetabelle entnehmen kann.

Manchmal ergibt sich aus der Lage von Extrempunkten ein Hinweis auf mögliche Nullstellen.

Wir können im Rahmen dieses Kurses allerdings **nicht** zeigen, unter welchen Bedingungen das Verfahren ungeeignet ist (zu keinen Ergebnissen führt).

Gegeben ist die Funktion $y = f(x)$, deren Graph skizziert ist. Mit „normalen“ Mitteln ist $\mathbf{0 = f(x)}$ nicht nach x_S aufzulösen.

Man kennt aber den Punkt $\mathbf{P_0(x_0 | y_0)}$, der in der **Nähe** der **Nullstelle** liegt. Wir wählen x_0 als Startwert (0-te Näherung).

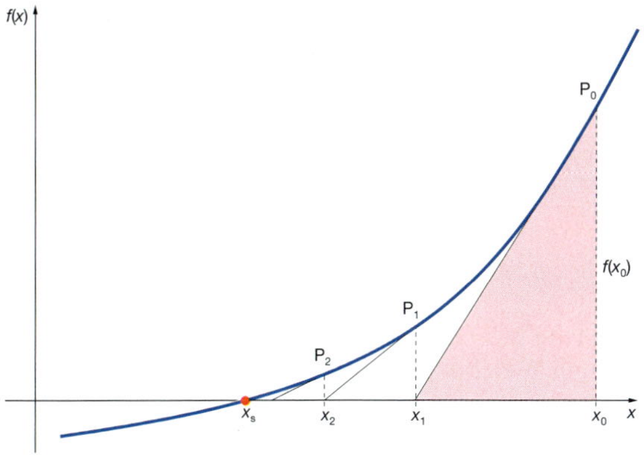

Abb. 4.26

Die Gerade durch P_0 soll die gleiche Steigung wie der Graph von f in P_0 haben, also $m = f'(x_0)$.

Diese Gerade schneidet die x-Achse in x_1, und x_1 liegt dichter an x_s als x_o.

Wir betrachten das rosa Steigungsdreieck und lesen ab:

$f'(x_0) = \dfrac{f(x_0)}{(x_0 - x_1)}$. Diese Gleichung wird nach x_1 aufgelöst, und man erhält

$$x_1 = x_0 \quad \frac{f(x_0)}{f'(x_0)}$$

x_1 ist die erste Näherung für x_S, und x_1 ist ein „besserer“ Wert als x_0. Jetzt wird durch P_1 eine Gerade gelegt, welche die Steigung des Graphen in P_1 hat. Diese Gerade schneidet die x-Achse in x_2, und x_2 ist ein besserer Näherungswert als x_1.

Dieses Verfahren setzt man so lange fort, bis sich die Ergebnisse für x_i und x_{i+1} nicht mehr unterscheiden (innerhalb der benötigten Genauigkeit).

Allgemein erhält man

$$x_{n+1} = x_n - \frac{f(x_n)}{f'(x_n)}$$ **Newton-Verfahren** **Satz**

Beispiel 1

Wir demonstrieren den Rechengang an einem Beispiel:

Zu berechnen ist die Nullstelle von $\mathbf{y = f(x) = x^5 + x^2 - 5}$, der Rechengang ist zu beenden, wenn $y = 0{,}000\text{xxx}$ erreicht ist!

1. Differenzieren: $\mathbf{f(x)' = 5x^4 + 2x}$
2. Startwert mithilfe einer Wertetabelle: $x = 0 \rightarrow f(0) = -5$; $x = 2 \rightarrow f(2) = +43 \rightarrow$ zwischen $x = 0$ und $x = 2$ muss wegen des Vorzeichenwechsels bei den y-Werten eine Nullstelle liegen, **wir wählen als Startwert $\mathbf{x_0 = 1}$.**

3. Anlegen einer Tabelle zur bequemen Berechnung:

n	x_n	$f(x_n)$	$f(x_n)'$	$\frac{f(x_n)}{f(x_n)'}$	$x_{n+1} = x_n - \frac{f(x_n)}{f'(x_n)}$
0	1	−3	7	−0,42857	1,42857
1	1,42857	2,99072	23,68180	0,12629	1,30228
2	1,30228	0,44160	16,98568	0,02560	1,27629
3	1,27629	0,01531	15,81922	0,00097	1,27532
4	1,27532	0,00002	STOPP, Ziel erreicht!		

Tab. 4.9: 1,275 ist die gesuchte Nullstelle

4. Gefundene Nullstelle ablesen. Sie steht in der letzten Zeile der 2. Spalte: $x_0 = 1{,}27532$.

In den meisten Fällen „steht" das Ergebnis nach ca. 3−5 Schritten, das Verfahren funktioniert natürlich auch bei linearen und quadratischen Gleichungen, obwohl diese „zu Fuß" gelöst werden können. Probieren Sie es aus!

Es macht meistens auch nichts aus, wenn Sie sich in einer Zeile verrechnen, Sie müssen halt einige Zeilen zusätzlich erledigen, die Rechnung „fängt sich selbst". Der Startwert ist auch nicht kritisch, notfalls müssen Sie ein oder zwei Zeilen zusätzlich bearbeiten.

Beispiel 2

Damit Sie den Rechengang nochmals nachvollziehen können, führen wir ein weiteres Beispiel vor.

Gesucht ist die Nullstelle von $y = 5x^{-1} - x^2$; $x \neq 0$. Der Graph ist ausgedruckt, ein geeigneter Startwert soll abgelesen werden.

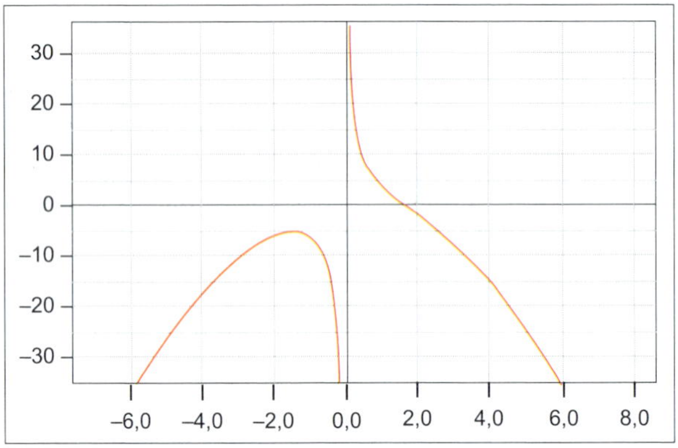

Abb. 4.27: Graph der Funktion $y = 5x^{-1} - x^2$

Wir bilden $y' = -5x^{-2} - 2x$ und lesen den Startwert $x_0 = 1{,}5$ ab.

Damit ergibt sich das folgende Rechenschema (wir rechnen mit 6 Nachkommastellen):

n	x_n	y_n	y'_n	$\frac{y_n}{y_n'}$
1	1,5	1,083334	−5,222223	−0,207447
2	1,707447	0,012974	−5,129939	−0,002529
3	1,709976	0,000000		

Tab. 4.10

Die Rechnung ist nach 3 Schritten erledigt, bei sechs Nachkommastellen ergibt sich $y(1{,}709976) = 0{,}000000$. Die gesuchte Nullstelle ist also 1,709976.

Diese Rechnung hätte man natürlich auch ohne Newton erledigen können, versuchen Sie es auch „zu Fuß" (einfach nach x auflösen $\rightarrow$ Taschenrechner!)

Aufgabe 1

Warum darf man beim Newton-Verfahren keine Extremstelle und keine Sattelstelle als Startwert nehmen?

Damit ist die Berechnung von Nullstellen in diesem Kurs abgeschlossen.

Gleichzeitig haben wir das Problem: „Wo **schneiden** sich die Graphen der Funktionen $y_I(x)$ und $y_{II}(x)$" gelöst: Denken Sie zurück an den Schnitt zweier Geraden!

Wir bilden die Hilfsfunktion $y_H = y_I - y_{II}$.

y_H hat dort eine Nullstelle, wo sich y_I und y_{II} schneiden! Dieser Sachverhalt gilt für **alle** Funktionen!

Übungen

1. Der Graph von $y = x^3 - x + 2$ ist unten ausgedruckt. Berechnen Sie die Nullstelle mittels Newton!

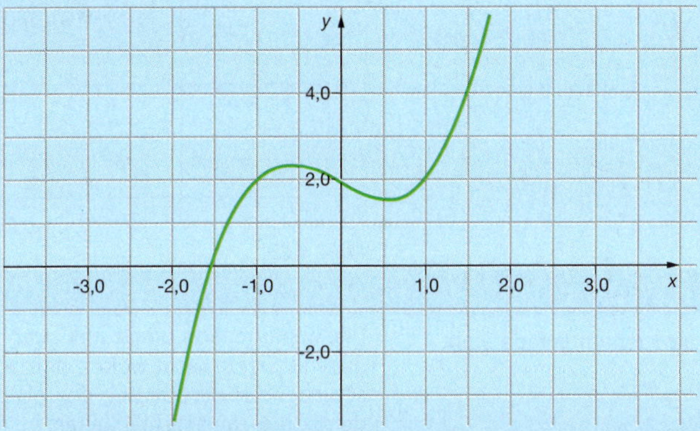

Abb. 4.28

2. In der Technik, Biologie, Statistik, Bankwesen usw. spielt die ***e*-Funktion** eine besondere Rolle. Auf Ihrem Taschenrechner ist diese Funktion vorhanden. Es gilt: $y = e^x \rightarrow y' = e^x$. Die Funktion $y = e^x + x$ hat eine Nullstelle. Finden Sie einen Startwert im Bereich $\mathbf{-4 < x < 3}$ durch eine Wertetabelle und berechnen Sie die Nullstelle auf 5 Nachkommastellen genau.

3. Linda hat die Funktion $y = -0{,}2x^3 + 2x + 1$ untersucht. Sie hat ausgerechnet, dass ein relatives Minimum in $P_{Min}(-1{,}84|-1{,}434)$ und ein relatives Maximum in $P_{Max}(1{,}83|3{,}43)$ vorhanden ist. Den Wendepunkt $P_W(0|1)$ kennt sie auch. Skizzieren Sie den Graphen, entnehmen Sie einen geeigneten Startwert und berechnen Sie alle drei Nullstellen.

4. Wir formulieren die Übung Nr. 2 um! $\rightarrow$ Berechnen Sie den Schnittpunkt der Funktionen $y_I = e^x$ und $y_{II} = -x$.

5. An welchen Stellen hat die folgende Funktion im Bereich $x < 0$ den Wert $y = 10$ (vgl. Abb. 3.85)

   $y = -x^5 + 4x^3$

4.6.2 Funktionsuntersuchungen, Kurvendiskussion

In diesem Kapitel werden wir das bisher Gelernte anwenden, um ganzrationale Funktionen zu untersuchen und ihre Graphen zu zeichnen. Dazu empfiehlt sich ein systematisches Vorgehen. Das folgende Diskussionsschema kann Ihnen dabei helfen.

Beispiel

Vollständige Untersuchung der ganzrationalen Funktion f mit $f(x) = \frac{1}{4}x^4 - 2x^2 + \frac{7}{4}$

1. Ableitungen	
$f'(x) = x^3 - 4x$ $f''(x) = 3x^2 - 4$ $f'''(x) = 6x$	
2. Verlauf des Graphen	
$n = 4$, also gerade **und** $a_n = \frac{1}{4} > 0$ $\Rightarrow$ der Graph verläuft vom II. in den I. Quadranten.	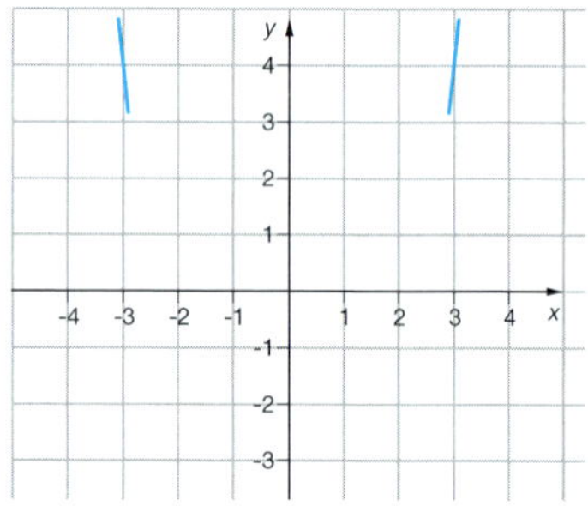 *Abb. 4.29*
3. Symmetrie	
Achsensymmetrie, da **alle** Exponenten gerade sind.	Diese Information bringt uns zwar mit unserer Skizze nicht weiter, hilft aber sehr bei der Berechnung der y-Werte der Extrem- und Wendestellen (s. Punkt 5 und 6)
4. y-Achsenabschnitt	
Den y-Achsenabschnitt können Sie direkt in der Funktionsgleichung ablesen. Er ist das absolute Glied a_0 des Polynoms. In unserem Beispiel gilt: $a_0 = \frac{7}{4}$. Der Schnittpunkt mit der y-Achse ist also: $S_y(0 \mid \frac{7}{4})$	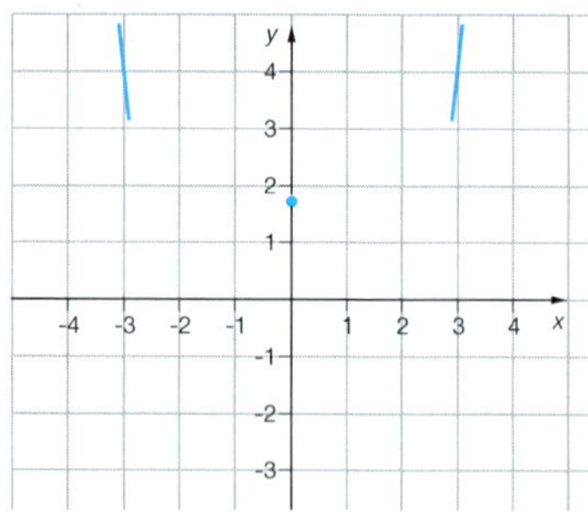 *Abb. 4.30*
5. Relative Extrempunkte	
a) notwendige Bedingung („mögliche Kandidaten" für Extremstellen suchen)	

5. Relative Extrempunkte

$f'(x) = 0$

$0 = x^3 - 4x = x(x^2 - 4)$
$\quad = x(x - 2)(x + 2)$

$x_{e1} = 0 \; x_{e2} = 2 \; x_{e3} = -2$

b) hinreichende Bedingung
(Überprüfung der „möglichen Kandidaten“)

$f''(0) = 3 \cdot 0^2 - 4 = -4 < 0$

d.h. an der Stelle $x_{e1} = 0$ liegt ein Hochpunkt

$f''(2) = 3 \cdot 2^2 - 4 = 12 - 4 = 8 > 0$
$f''(-2) = 8 > 0$

d.h. an den Stellen $x_{e2} = 2$ und $x_{e3} = -2$ liegt ein Tiefpunkt

c) *y*-Werte der Extremstellen berechnen

$f(0) = \frac{1}{4} \cdot 0^4 - 2 \cdot 0^2 + \frac{7}{4} = \frac{7}{4}$

$f(2) = \frac{1}{4} \cdot 2^4 - 2 \cdot 2^2 + \frac{7}{4} = -\frac{9}{4}$

$f(-2) = -\frac{9}{4}$

wegen Achsensymmetrie
HP$(0|\frac{7}{4})$; TP$(-2|-2\frac{1}{4})$;
TP$(2|-2\frac{1}{4})$

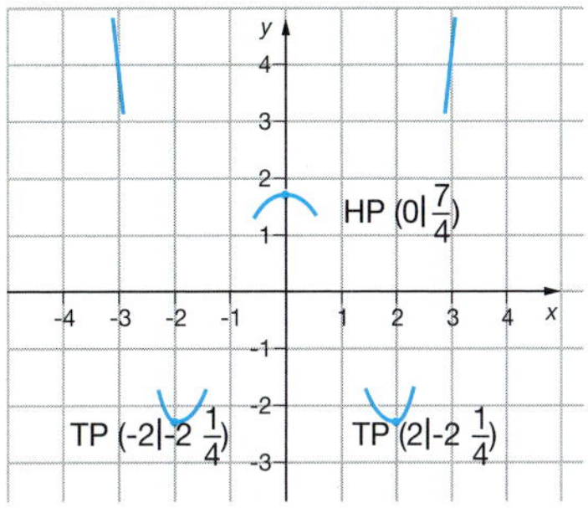

Abb. 4.31

6. Wendepunkte

a) notwendige Bedingung

$f''(x) = 0$
$0 = 3x^2 - 4$
$\frac{4}{3} = x^2$
$x_{w1} = \sqrt{\frac{4}{3}} \; x_{w2} = -\sqrt{\frac{4}{3}}$

b) hinreichende Bedingung

$f'''(\sqrt{\frac{4}{3}}) = 6 \cdot (\sqrt{\frac{4}{3}}) \neq 0$

$f'''(-\sqrt{\frac{4}{3}}) = 6 \cdot (-\sqrt{\frac{4}{3}}) \neq 0$

d.h. x_{w1} und x_{w2} sind tatsächlich Wendestellen

c) Überprüfung auf Sattelpunkt

$x_{w1} = \sqrt{\frac{4}{3}} \; x_{w2} = -\sqrt{\frac{4}{3}}$
sind keine Nullstellen von f', d.h. es sind keine Sattelstellen.

d) *y*-Werte der Wendestellen berechnen

$f(\sqrt{\frac{4}{3}}) = \frac{1}{4} \cdot \sqrt{\frac{4}{3}}^4 - 2 \cdot \sqrt{\frac{4}{3}}^2 + \frac{7}{4} =$

$\frac{1}{4} \cdot \frac{16}{9} - 2 \cdot \frac{4}{3} + \frac{7}{4} = \frac{16 - 96 - 63}{36} = -\frac{17}{36}$

$f(-\sqrt{\frac{3}{4}}) = -\frac{17}{36}$

wegen Achsensymmetrie
WP$_1$ $(-\sqrt{\frac{4}{3}}|-\frac{17}{36})$ **WP$_2$**$(\sqrt{\frac{4}{3}}|-\frac{17}{36})$

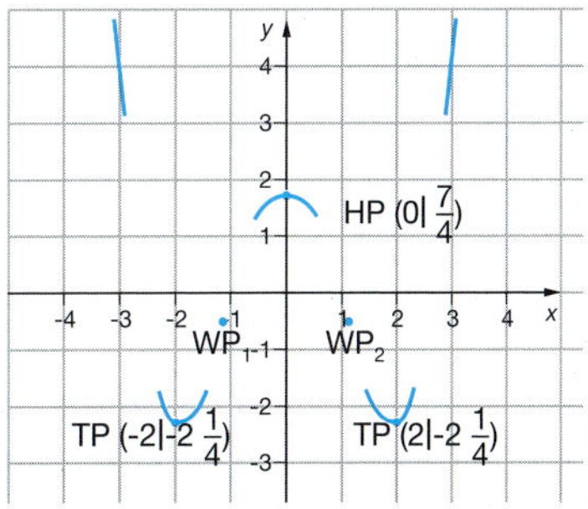

Abb. 4.32

7. Nullstellen	
Nullstellen Aus der bisherigen Skizze (Punkt 6) können Sie erkennen, dass es vier Nullstellen geben muss. $0 = \frac{1}{4}x^4 - 2x^2 + \frac{7}{4}$ Substitution $x^2 = z$ $0 = \frac{1}{4}z^2 - 2z + \frac{7}{4} \quad \vert \cdot 4$ $0 = z^2 - 8z + 7$ $z_{1;2} = 4 \pm \sqrt{4^2 - 7} = 4 \pm \sqrt{9}$ $z_1 = 7 \; z_2 = 1$ $x^2 = 7;\; x^2 = 1$ Rücksubstitution $\mathbf{x_1 = \sqrt{7} \; x_2 = -\sqrt{7} \; x_3 = 1 \; x_4 = -1}$	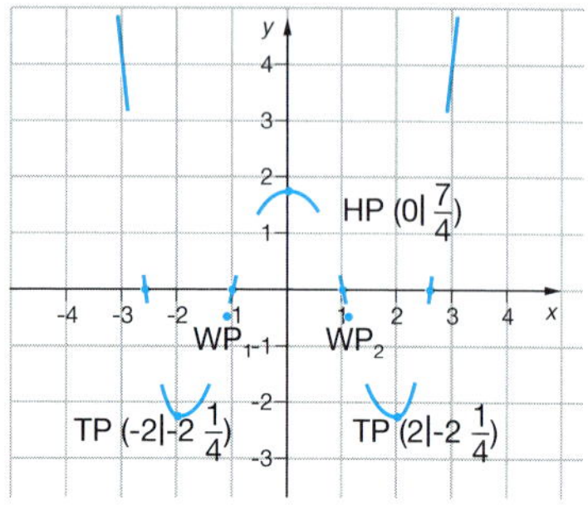 *Abb. 4.33*
8. Graph	
Um den Graphen unserer Funktion zu skizzieren, brauchen Sie nur noch alle eingetragenen Punkte möglichst „flüssig" zu verbinden.	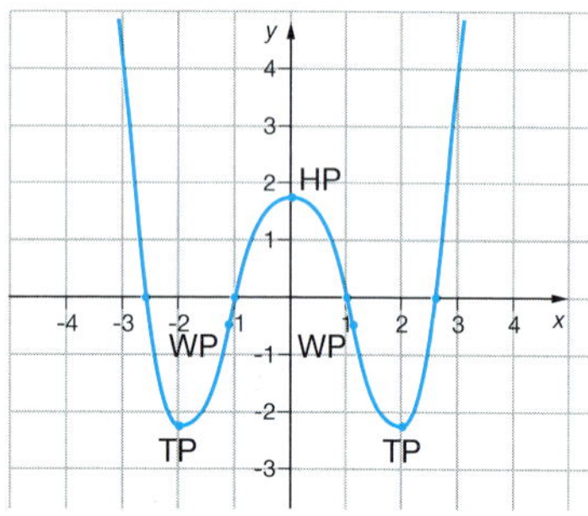 *Abb. 4.34*

Tab. 4.11: Diskussionsschema

Übungen

1. Untersuchen Sie folgende Funktionen vollständig:
   a) $f(x) = \frac{1}{2}x^4 - 3x^2 + 4$
   b) $f(x) = 2x^4 + 7x^3 + 5x^2$
   c) $f(x) = \frac{1}{3}x^3 - 3x$
   d) $f(x) = \frac{1}{8}x^4 - \frac{1}{2}x^3$
   e) $f(x) = 2x^3 - x^4$
   f) $f(x) = x^4 - 6x^2 + 8$
   g) $f(x) = x^3 - 6x^2 + 8x$
   h) $f(x) = \frac{1}{4}x^4 - \frac{4}{3}x^3 + 2x^2$
2. Untersuchen Sie folgende Funktionen vollständig:
   a) $y = x^2(6 - x)$
   b) $y = \frac{1}{6}(x + 3)(x - 3)^2$
   c) $y = \frac{1}{9}(x - 6)(x^2 - 9)$
   d) $y = \frac{1}{4}(x - 4)(x^3 + 4x^2)$
   e) $y = (x^2 - 4)(x^2 + 6x + 9) + 12(-\frac{1}{2}x^3 + 2x + 3)$
   f) $y = (x - 2)^5$
3. Untersuchen Sie folgende Funktionen vollständig:
   a) $y = x^5 + 20$
   b) $y = 6x^4 - 16x^3 + 12x^2$
   c) $y = -x^3 + 9x$
   d) $y = \frac{1}{5}x^5 - \frac{8}{3}x^3 + 16x$

4. Untersuchen Sie folgende Funktionen vollständig:
   a) $f(x) = \frac{1}{3}x^3 + \frac{1}{2}x^2 - 2x + 2$
   b) $f(x) = -\frac{1}{3}x^3 + \frac{1}{2}x^2 + 2x + \frac{7}{6}$
   c) $f(x) = \frac{1}{4}x^4 - 2x^3 + \frac{9}{2}x^2 - 3$
   d) $f(x) = \frac{1}{5}x^5 - 2x^4 + \frac{16}{3}x^3 - 1$
5. Untersuchen Sie folgende Funktionen vollständig:
   a) $f(x) = x^3 - 6x^2 + 9x - 4$
   b) $f(x) = -x^4 + 9x^2 - 4x - 12$
6. Untersuchen Sie die folgende Funktion vollständig:
   $y = -x - 2 + e^x$

Zum Weiterarbeiten (Anwendungsaufgaben, Modellierung)

Bei der Anwendung der Differenzialrechnung auf konkrete Situationen müssen Sie die Problemstellung der Realsituation zunächst in Mathematik übersetzen, d. h. Sie suchen ein mathematisches Modell, das das Problem beschreiben kann. Bisher reichte es, eine geeignete Funktionsgleichung zu finden, die den gesuchten Zusammenhang darstellen konnte. In der Differenzialrechnung haben Sie aber nicht nur die eigentliche Funktion (Ausgangsfunktion), sondern auch deren erste und zweite Ableitung gebildet und gelernt, dass jede dieser drei Funktionen bestimmte Aussagen macht. Um eine Anwendungssituation zu modellieren, also in Mathematik zu übertragen, müssen Sie entscheiden, welche der drei Funktionen im speziellen Fall zuständig ist. Dabei hilft es, im Aufgabentext Schlüsselwörter zu markieren. Geht es z. B. um *Änderungen, Wachstum, Gefälle* etc., dann ist die erste Ableitung zuständig. Geht es z. B. um den *größten Zuwachs*, dann ist ein Maximum der Steigung, also eine Extremstelle der ersten Ableitung gesucht. Zuständig wäre dann die zweite Ableitung.

Übungen

1. Linda macht ein Praktikum in einer Werbeagentur, die von der Leitung des Kölner Zoos beauftragt wurde, die Besucherzahlen zu analysieren. Die Abbildung zeigt die Erhebungsergebnisse des Besucheraufkommens. Es ist die Besucherzahl im Verlauf eines Tages von der Öffnung um 8:00 Uhr bis zum Schließen um 18:00 Uhr dargestellt (*y* gibt die Anzahl der Besucher gemessen in 1 000 an, die sich zur Uhrzeit *x* im Zoo befanden).

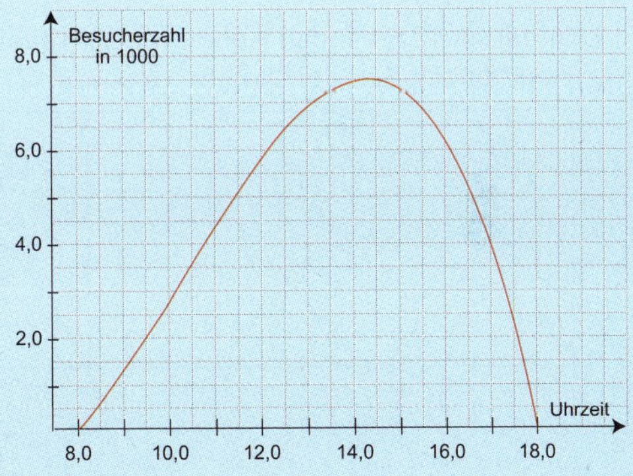

Abb. 4.35

Um verschiedene für die Zooleitung wichtige Kalkulationen ausführen zu können, ermittelte Linda auch noch die zugehörige Funktionsgleichung, mit der die Anzahl der Besucher, die sich zu einer bestimmten Uhrzeit im Zoo befinden, berechnet werden kann:

$$y = -\frac{1}{30}x^3 + 1{,}025x^2 - 8{,}90625x + 22{,}7$$

   a) Wie viele Besucher sind um 12:00 Uhr im Zoo?
   b) Um wie viel Uhr sind die meisten Besucher im Zoo? Wie groß ist ihre Anzahl?
   c) Skizzieren Sie die Ableitungsfunktion des abgebildeten Funktionsgraphen.
   d) Mithilfe der Ausgangsfunktion können Sie angeben, wie viele Besucher sich zu einer bestimmten Uhrzeit im Zoo befinden. Welche Aussage können Sie mithilfe der Ableitungsfunktion über den Zoobesuch machen?

e) Wie groß ist der Besucherzustrom um 9:00 Uhr?

f) Wenn über 5 000 Besucher im Zoo sind, ist an den Restaurationsbetrieben mit großem Andrang zu rechnen. In dieser Zeit muss mehr Personal bereitstehen. Für welchen Zeitraum müssen die Restaurantpächter zusätzliche Mitarbeiter bestellen?

2. Welche Eigenschaften eines Funktionsgraphen können Sie benutzen, um eine Aussage über den Grad der Funktion machen zu können?

3. Von einer ganzrationalen Funktion f ist der Graph ihrer Ableitungsfunktion f' in der Abbildung dargestellt.
   a) Geben Sie an, welchen Grad die Ableitungsfunktion mindestens haben muss, und begründen Sie Ihre Aussage.
   b) Geben Sie an, in welchen Bereichen der Graph der Ausgangsfunktion f steigt bzw. fällt, und begründen Sie Ihre Aussage.
   c) Machen Sie eine begründete Aussage zum Verhalten des Graphen von f an den Stellen a, b und c.
   d) Skizzieren Sie einen möglichen Graphen der Ausgangsfunktion.

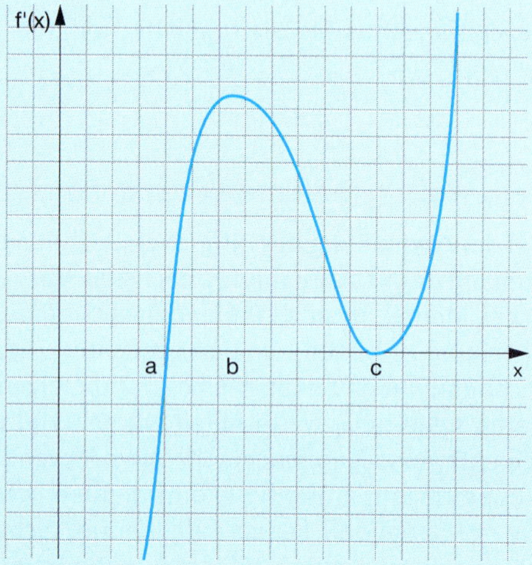

Abb. 4.36

   e) Machen Sie eine begründete Aussage über den Verlauf der Ausgangsfunktion. Geben Sie an, welchen Grad sie mindestens haben muss.

4. In der nachstehenden Abbildung sind fünf Graphen dargestellt. Welcher Graph gehört zur Funktion mit der Gleichung $y = x(x + 4)^2$?

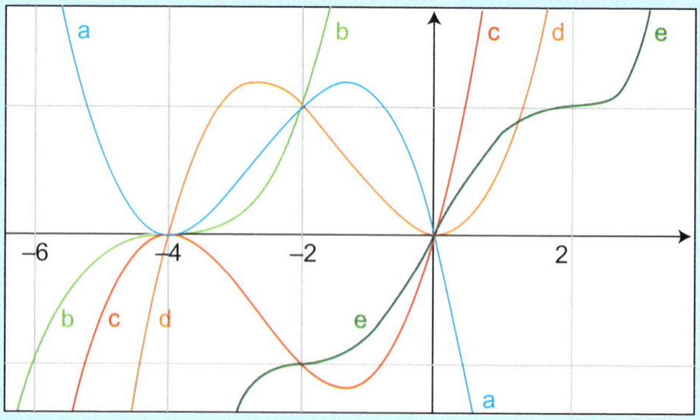

Abb. 4.37

Geben Sie bitte eine kurze Begründung Ihrer Antwort. Die anderen vier sind auch ganzrationale Funktionen. Welchen Grad müssen sie jeweils mindestens haben?

4.6.2.1 Funktionenscharen

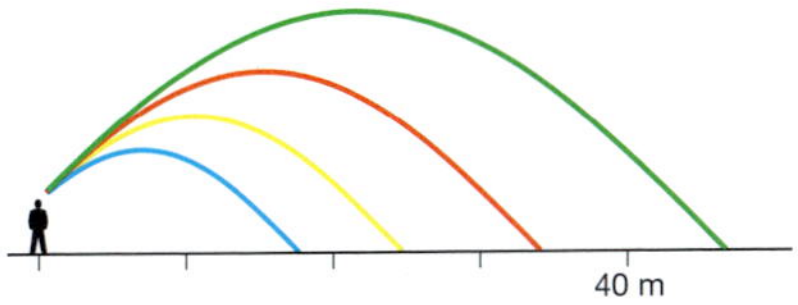

Abb. 4.38: Wurfbahnen

Bettina liest in ihrem Buch zur Trainingslehre, dass sich beim Schlagballwerfen optimale Wurfweiten nur dann erreichen lassen, wenn der Ball im Winkel von ca. 45° abgeworfen wird. Für einige Sportlerinnen wurden dort die Wurfbahnen mit einer Videokamera registriert (vgl. Abb. 4.38) Sie haben eine Parabelform. Je größer die Geschwindigkeit ist, mit der die Sportlerin den Ball wirft, desto weiter fliegt er. In einer Tabelle sind für einige Geschwindigkeiten die Gleichungen der Flugbahnen aufgelistet.

Geschwindigkeit	Funktionsgleichung der Flugbahn
10 m/s	$y = -0{,}05x^2 + x$
15 m/s	$y = -0{,}04x^2 + x$
20 m/s	$y = -0{,}03x^2 + x$
25 m/s	$y = -0{,}02x^2 + x$

Tab. 4.12

Alle Funktionsgleichungen unterscheiden sich nur durch den Koeffizienten vor dem x^2. So etwas versuchen Mathematiker immer zu einer Einheit zusammenzufassen. Genauso wie es Germanisten machen, wenn sie die Begriffe *Hund, Katze, Papagei, Meerschweinchen* zum Oberbegriff *Haustier* zusammenfassen. So einen „mathematischen Oberbegriff" zu finden, haben Sie bereits im Kapitel 3.2.5 gemacht. Man sucht die gemeinsame Eigenschaft der Gleichungen und ersetzt den Teil, in dem sie sich unterscheiden, durch eine Variable, z. B. k. Der gesuchte „mathematische Oberbegriff" für die Funktionsgleichungen wäre dann:

$$y = -kx^2 + x$$

Dieser Oberbegriff repräsentiert unendlich viele einzelne Funktionsgleichungen, gewissermaßen eine ganze **Funktionenschar**. Damit man sie alle schön voneinander unterscheiden kann, bekommt die Variable y noch einen Nachnamen, den wir ihr als Index hinzufügen. Das sieht dann so aus:

$$y_k = -kx^2 + x$$

Diese Funktionsgleichung enthält nun neben den beiden altbekannten Variablen x und y eine zusätzliche Variable k. Sie wird **Scharparameter** genannt. Wenn man wieder eine Einzelfunktion aus dieser Schar betrachten möchte, dann muss man zunächst einen konkreten Wert für den Scharparameter wählen, z. B. $k = 0{,}6$. Man erhält dann die Einzelfunktion:

$$y_{0,6} = -0{,}6x^2 + x$$

wobei x immer noch variabel ist. Das y ergibt sich aus diesem x, denn sonst wäre es ja keine Funktion.

Möchte man das **Schaubild** einer Funktionenschar zeichnen, wählt man sich einige Einzelfunktionen aus und zeichnet deren Graphen in *ein* Koordinatensystem wie in Abb. 4.38 (in Abb. 3.87 ist Ihnen bereits ein anderes Beispiel einer Funktionenschar begegnet.)

Übungen

1. Berechnen Sie für die Wurfbahnen aus Tabelle 1 jeweils die Wurfweiten.
2. Berechnen Sie für jede Wurfbahn den höchsten Punkt.

4.6.2.2 Kurvendiskussion von einparametrigen Funktionenscharen

Beispiel 1

Untersucht werden soll die Funktionenschar:
$f_k(x) = x^3 - k \cdot x^2$ mit $k > 0$

1. Ableitungen:

Der Scharparameter k wird beim Ableiten als Konstante betrachtet, weil er für jede Einzelfunktion einen festen Wert hat.

$f_k'(x) = 3x^2 - 2kx$ $\quad$ $f_k''(x) = 6x - 2k$ $\quad$ $f_k'''(x) = 6$

2. Verlauf des Graphen:

$n = 3$, also gerade und $a_n = 1 > 0 \Rightarrow$ die Graphen verlaufen vom III. in den I. Quadranten.

3. Symmetrie:

Da sowohl gerade als auch ungerade Exponenten vorkommen, sind die Graphen weder punkt- noch achsensymmetrisch.

4. *y*-Achsenabschnitt:

$S_y(0|0)$

5. Relative Extremstellen:

Notwendiges Kriterium:

$0 = 3x^2 - 2kx = x(3x - 2k)$ $\quad$ $x_{e1} = 0 \vee x_{e2} = \frac{2}{3}k$

Hinreichendes Kriterium:
$f_k''(0) = 6 \cdot 0 - 2k = -2k < 0 \Rightarrow$ Hochpunkt, da $k > 0$, s.o.
$f_k''\left(\frac{2}{3}k\right) = 6 \cdot \frac{2}{3}k - 2k = 4k - 2k = 2k > 0 \Rightarrow$ Tiefpunkt, da $k > 0$, s.o.

Funktionswerte:

$f_k(0) = 0$ $\quad$ $f_k\left(\frac{2}{3}k\right) = \left(\frac{2}{3}k\right)^3 - k \cdot \left(\frac{2}{3}k\right)^2 = \frac{8}{27}k^3 - \frac{4}{9}k^3 = -\frac{4}{27}k^3$

HP$(0|0)$ $\quad$ TP$\left(\frac{2}{3}k \middle| -\frac{4}{27}k^3\right)$

6. Wendepunkte:

Notwendiges Kriterium: $0 = 6x - 2k \Leftrightarrow x_w = \frac{1}{3}k$

Hinreichendes Kriterium: $f''\left(\frac{1}{3}k\right) = 6 \neq 0$

Sattelpunkt: $f'\left(\frac{1}{3}k\right) \neq 0$ d.h. $x_w = \frac{1}{3}k$ ist keine Sattelstelle

Funktionswert:

$f_k\left(\frac{1}{3}k\right) = \left(\frac{1}{3}k\right)^3 - k \cdot \left(\frac{1}{3}k\right)^2 = \frac{1}{27}k^3 - \frac{1}{9}k^3 = -\frac{2}{27}k^3$

WP$\left(\frac{1}{3}k \middle| -\frac{2}{27}k^3\right)$

7. Nullstellen:

$0 = x^3 - k \cdot x^2 = x^2(x - k)$

$x_{01;2} = 0$ $\quad$ $x_{03} = k$

8. Graph:

Das Schaubild der Funktionenschar zeichnen Sie, indem Sie die Graphen einiger Einzelfunktionen zeichnen, z. B. für $k = 1, 2, 3$ und 4. Dazu stellen wir die berechneten Daten für die Einzelfunktionen in einer Tabelle zusammen:

k	S_y	HP	TP	WP	Nullst.
1	$(0\|0)$	$(0\|0)$	$\left(\frac{2}{3}\middle\|-\frac{4}{27}\right)$	$\left(\frac{1}{3}\middle\|-\frac{2}{27}\right)$	0; 1
2	$(0\|0)$	$(0\|0)$	$\left(\frac{4}{3}\middle\|-\frac{32}{27}\right)$	$\left(\frac{2}{3}\middle\|-\frac{16}{27}\right)$	0; 2
3	$(0\|0)$	$(0\|0)$	$(2\|-4)$	$(1\|-2)$	0; 3
4	$(0\|0)$	$(0\|0)$	$\left(\frac{8}{3}\middle\|-\frac{256}{27}\right)$	$\left(\frac{4}{3}\middle\|-\frac{128}{27}\right)$	0; 4

Tab. 4.13

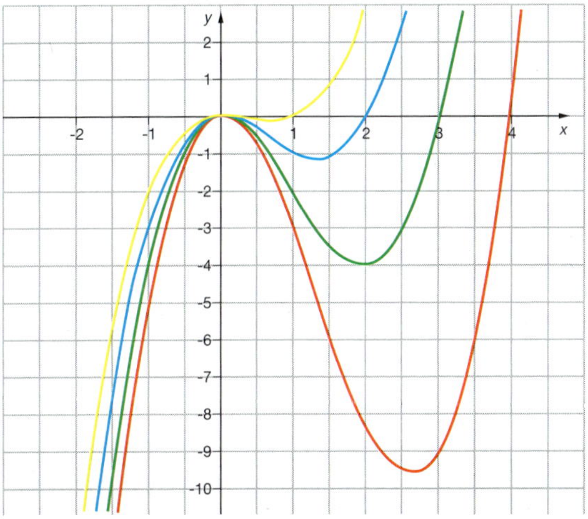

Abb. 4.39: Schaubild der Funktionsschar für $k = 1, 2, 3$ und 4

Übungen

1. Untersuchen Sie die folgenden Funktionen vollständig:
   $f_k(x) = x^3 - kx \qquad k > 0$
   und zeichnen Sie das Schaubild für $k = 1, 2$ und 3.

2. Untersuchen Sie die folgenden Funktionen vollständig:
   $f_k(x) = x^5 - kx^3 \qquad k > 0$
   und zeichnen Sie das Schaubild für $k = 1, 2$ und 3.

3. Analysieren Sie bitte die Schaubilder der Funktionenscharen aus Übung 1 und 2 mithilfe eines CAS[1]. Berücksichtigen Sie dabei auch negative Werte des Scharparameters.

[1] *CAS = Computer-Algebra-System*

4.6.3 Optimierungsprobleme

In Kap. 3.2.6 haben Sie sich schon einmal mit Kartonfaltung befasst. Mit dem nebenstehend abgedruckten Cutter-Diagramm haben Sie verschiedene Faltschachteln hergestellt. Sie bemerkten damals, dass sie alle ein unterschiedliches Volumen hatten, obwohl jedem von Ihnen doch das gleiche Ausgangsmaterial zur Verfügung stand. Sie haben damals abgeschätzt, dass das maximale Volumen bei einer Schachtelhöhe von 6 cm erzielt wurde.

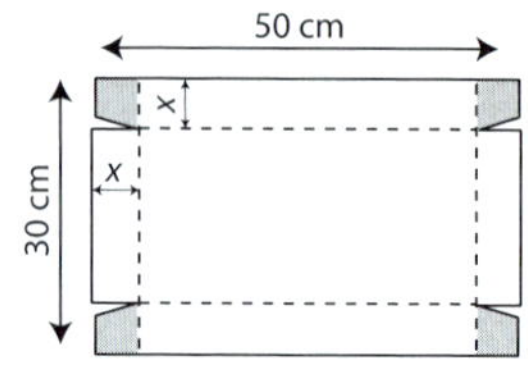

Abb. 4.40: Cutter-Diagramm

Diesen Sachverhalt wollen wir nun genauer untersuchen.

Es geht um das **Volumen**, dieses ist abhängig von der Länge a, der Breite b und der Höhe h der Schachtel. Es berechnet sich mithilfe der Formel:

$\boldsymbol{V = a \cdot b \cdot h}$

Das ist eine Funktion mit vier Variablen: $V(a, b, h) = a \cdot b \cdot h$.

Im Folgenden geht es darum, die Anzahl der Variablen auf zwei zu reduzieren, so wie wir es bei Funktionen gewohnt sind.

Das verfügbare Material liefert zusätzliche Informationen, nämlich die Maße der Pappe L und B. Aus dem Cutter-Diagramm lesen Sie ab, dass die Höhe der Schachtel mit x bezeichnet ist: $h = x$.

So ergeben sich folgende Maße für die Schachtel, deren Volumen interessiert:
Die Länge a der Schachtel beträgt $a = L - x - x = 50\text{ cm} - 2x$,
die Breite b errechnet sich mit $b = B - x - x = 30\text{ cm} - 2x$,
für die Höhe x sind keine weiteren Bedingungen gegeben. Damit ergibt sich für das Volumen:
$V_{\text{Schachtel}} = (50 - 2x)(30 - 2x) \cdot x \rightarrow$ Ziel erreicht, das Volumen ist nur noch von x abhängig.

Wir multiplizieren aus und erhalten:

$\boldsymbol{V(x) = 4x^3 - 160x^2 + 1\,500x.}$

Praktikantin Katharina ist gut in Mathe und will das Problem „welche Maße hat die *richtige Schachtel*“ lösen. Richtig heißt hier: Es soll möglichst viel hineinpassen, d. h., das verfügbare Material soll optimal ausgenutzt werden. Deshalb spricht man von **Optimierungsproblemen**.

Sie stellt folgende Vorüberlegungen an: Die Höhe x sollte größer als null sein; denn mit $x = 0$ ergibt sich $V(0) = 0$. Die Höhe x muss aber auch kleiner als 15 cm sein; denn bei $x = 15$ cm ist $(30 - 2x) = 0$ und damit ist auch $V(15) = 0$.

$V(x)$ ist eine ganzrationale Funktion 3. Grades, der Graph ist gekrümmt, und wir suchen den Wert von x, bei dem das zugehörige Volumen *$V(x)$ am größten ist.*

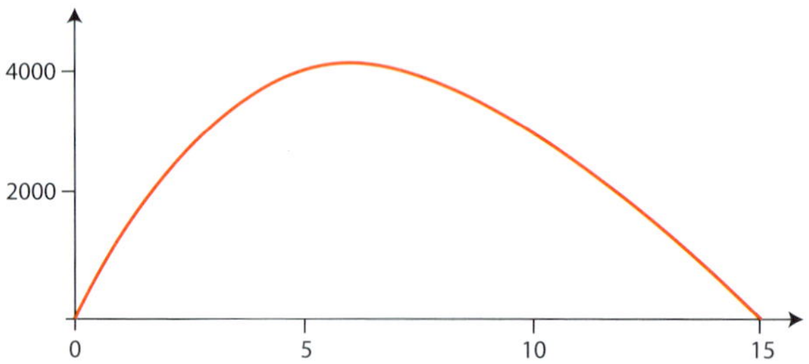

Abb. 4.41: $V(x) = 4x^3 - 160x^2 + 1500x$

Sie haben den Graphen zwar schon einmal skizziert, dennoch haben wir ihn im Bereich $0 < x < 15$ noch einmal ausgedruckt.

Wir suchen die Stelle x, an der $V(x)$ den **größten** Wert annimmt. Anders formuliert:
Gesucht ist das relative Maximum von $V(x) = 4x^3 - 160x^2 + 1\,500x$.

$\rightarrow$ $\boldsymbol{V(x)' = 0 \wedge V(x)'' < 0}$ sind die Bedingungen.

Wir differenzieren nach x!

$V(x)' = 12x^2 - 320x + 1\,500$, wir ermitteln die Nullstelle(n) von V'.

$$\rightarrow 12x^2 - 320x + 1\,500 = 0 \qquad |:12$$
$$x^2 - 16x + 46{,}67 = 0$$
$$x_{1/2} = 8 \pm \sqrt{64 - 46{,}67}$$
$$x_1 \approx 20{,}6$$
$$x_2 \approx 6{,}07$$

Wir wissen bereits aus den Vorüberlegungen, dass $x \approx 20{,}6$ cm gar nicht möglich ist, dafür ist die Pappe zu schmal! Aber wir müssen ja auch noch in V'' einsetzen!
$V(x)'' = 24x - 320 \rightarrow V(20{,}6)'' = 24 \cdot 20{,}6 - 320 = 174{,}4 > 0 \rightarrow$ Dort ist ein lokales Minimum, so weit haben wir den Graphen gar nicht ausgedruckt!

$V(6{,}07)'' = 24 \cdot 6{,}07 - 320 = -174{,}32 < 0 \rightarrow$ Bei $x = 6{,}07$ ist das lokale Maximum, damit ist die Aufgabe gelöst.

Es ergeben sich folgende Maße, um das vorhandene Material optimal auszunutzen:
$a = 50 \text{ cm} - 2 \cdot 6{,}07 \text{ cm} = 37{,}86 \text{ cm}$
$b = 30 \text{ cm} - 2 \cdot 6{,}07 \text{ cm} = 17{,}86 \text{ cm}$
$h = 6{,}07 \text{ cm}$,
damit ist das maximale Volumen $V = abh = 4\,104{,}41 \text{ cm}^3$.

Wir fassen das Wesentliche für Probleme dieser Art, sogenannte **„Extremwertaufgaben“**, zusammen:

1. Zu bestimmen ist das lokale Minimum oder Maximum einer Funktion, die noch ermittelt werden muss. Diese nennt man **Zielfunktion** oder auch Hauptbedingung.
2. Die Zielfunktion hat meistens mehr als zwei Variable, deshalb müssen diese mithilfe von **Nebenbedingungen** bis auf zwei reduziert werden.
3. Mittels Differenzialrechnung wird das gesuchte Minimum oder Maximum bestimmt.

Beispiel

Als **Lösungsmuster** rechnen wir ein weiteres Beispiel, der Lösungsgang wird kommentiert.

Ein oben offenes Kästchen soll das Volumen von $1\,000 \text{ cm}^3$ fassen. Es hat die Form eines Quaders, es ist doppelt so lang wie breit. Bestimmen Sie die Maße so, dass der Materialverbrauch möglichst gering ist. Lassen Sie dabei die Brettstärken außer Acht.

1. Die zu optimierende Größe ist die Oberfläche des Kästchens. Es wird ein Minimum gesucht. Hilfreich ist es, zu diesem Problem eine Skizze anzufertigen. Die Skizze sollten Sie bemaßen und darauf achten, dass die Benennungen in Skizze und Rechnung übereinstimmen.

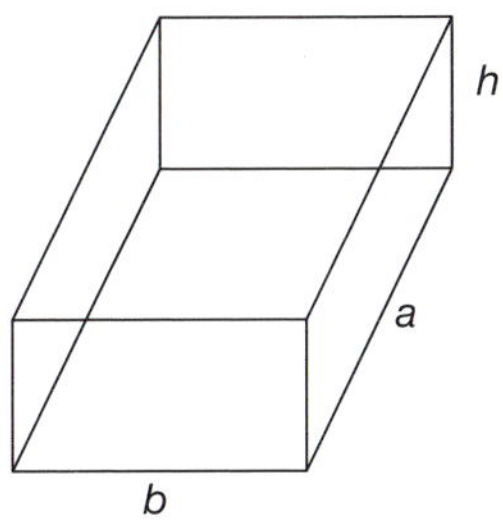

Abb. 4.42

2. Es ist eine Formel für die Größe hinzuschreiben, die minimal werden soll, hier ist es die Oberfläche $\boldsymbol{A}$ der Schachtel $\rightarrow$ **Zielfunktion**.

   $\boldsymbol{A = ab + 2ah + 2bh}$, genauer: $\boldsymbol{A(a, b, h) = ab + 2ah + 2bh}$. A ist also von 3 Variablen abhängig, zwei davon müssen ersetzt werden!

3. Im Text ist vermerkt, dass $\boldsymbol{a}$ doppelt so lang wie $\boldsymbol{b}$ ist, also gilt: $\boldsymbol{a = 2b}$. Diese erste Nebenbedingung wird in die Zielfunktion eingesetzt. Das ergibt: $A = 2b \cdot b + 2 \cdot 2bh + 2bh$, genauer: $\boldsymbol{A(b, h) = 2b^2 + 6bh}$. **A** ist jetzt von **zwei** Variablen abhängig, das ist immer noch eine zu viel! Wir benötigen eine weitere Nebenbedingung, die aber im Text enthalten ist. Das Volumen ist mit $V = abh = 1000\ \text{cm}^3$ gegeben.

   $1000 = abh = 2b^2h$. Wir lösen nach h auf: $\boldsymbol{h = \frac{500}{b^2}}$. Nun sind wir am Ziel; denn es ergibt sich $\boldsymbol{A(b) = 2b^2 + 6b \cdot \frac{500}{b^2} = 2b^2 + 3000b^{-1}}$.

4. Die Zielfunktion $A(b) = 2b^2 + 3000b^{-1}$ wird zwei Mal nach b differenziert.

   $A(b)' = 4b - 3000b^{-2}$, $A(b)'' = 4 + 6000b^{-3}$.

   $\boldsymbol{A' = 0} \rightarrow$ notwendige Bedingung für ein Extremum

   $0 = 4b - 3000b^{-2}$ Wir multiplizieren beide Seiten der Gleichung mit $\boldsymbol{b^2}$ und erhalten $0 = 4b^3 - 3000$. Die Auflösung nach b führt zu

   $$b = \sqrt[3]{\frac{3000}{4}} = 9{,}086 = 9{,}1$$

   Wir setzen $b = 9{,}1$ in $\boldsymbol{A''}$ ein und erhalten $A''(9{,}1) = 4 + \frac{6000}{9{,}1^3} > \boldsymbol{0}$, die Zielfunktion hat bei $b = 9{,}1$ wirklich ein **Minimum**.

   Wir berechnen die restlichen Maße in cm:

   $$a = 2b = 2 \cdot 9{,}086 = 18{,}17,\ h = \frac{500}{b^2} = \frac{500}{82{,}6} = 6{,}06.$$

   $A = 18{,}17 \cdot 9{,}09 + 2 \cdot 18{,}17 \cdot 6{,}06 + 2 \cdot 9{,}09 \cdot 6{,}06 = 496\ \text{cm}^2$

   Probe: $V = 9{,}09 \cdot 18{,}17 \cdot 6{,}06\ \text{cm}^3 = 1000{,}9\ \text{cm}^3$, der Rundungsfehler ist kleiner als 0,1 %!

Damit ist die Aufgabe gelöst.

Zur Veranschaulichung haben wir den Graphen der Zielfunktion $A(b)$ ausgedruckt. Die Rechnung wird bestätigt.

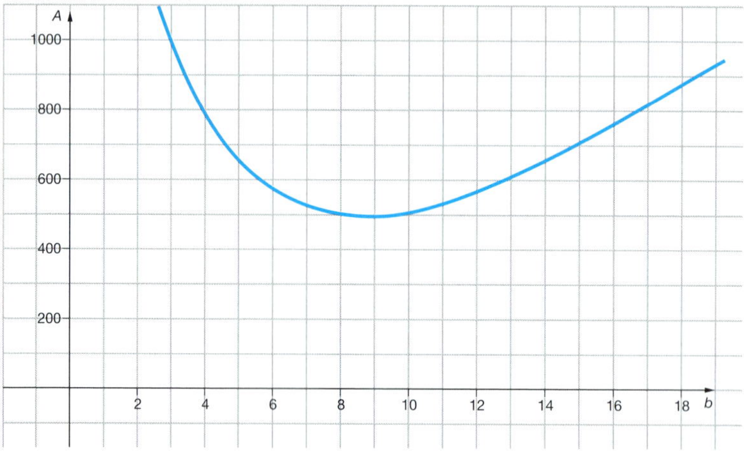

Abb. 4.43: Graph der Zielfunktion $A(b) = 2b^2 + 3000b{-}1$ für $0 < b < 20$

Bei diesen beiden Optimierungsproblemen ging es um zwei typische Fragestellungen:

- aus einem vorhandenen Material ein möglichst großes Volumen zu erhalten,
- ein vorgegebenes Volumen mit einem möglichst kleinen Materialverbrauch zu erzielen.

Nun haben Sie als Gestalterinnen und Gestalter neben diesen rein ökonomischen Gesichtspunkten auch noch den Anspruch, dass die Verpackung schön aussieht. Beides lässt sich häufig nicht in Einklang bringen:

Aufgabe 1

Die nebenstehende Abbildung zeigt ein Produkt aus einem Supermarktregal. Als Erzeugnis mit einem hohen Ansehen wurde der Prosecco in eine Verpackung mit sehr geringem Image abgefüllt. Erläutern Sie, mit welchen Gestaltungsideen der Verpackungsdesigner diesen Widerspruch zu lösen versucht hat.

Schätzen Sie ab, ob bei diesem Verpackungsentwurf das Material optimal ausgenutzt wurde?

Abb. 4.44

Durch das Verpackungsdesign der Proseccodose ist sicher eine deutliche Differenzierung zu Vergleichsprodukten gelungen. Ein größerer Verkaufserfolg ist zu erwarten. Das Material wird bei der Produktion der Dose allerdings nicht optimal ausgenutzt. Im Folgenden werden wir berechnen, wie teuer die gelungene Gestaltung eingekauft wurde.

Folgende Daten liegen vor: Inhalt der Getränkedose 0,2 l = 200 cm^3. Sie hat eine Höhe von 10,5 cm und einen Durchmesser von 5 cm.

1. Optimierungsgröße:

   Die zu optimierende Größe ist die Oberfläche der Dose. Sie soll minimal sein.

2. Berechnungsformel, Zielfunktion:

   Die Abwicklung einer Dose besteht aus dem Rechteck der Mantelfläche und den beiden Kreisen für Boden und Deckel.

   $O(r; h) = 2\pi r \cdot h + \pi r^2 + \pi r^2 = 2\pi r \cdot h + 2\pi r^2$

   Die Zielfunktion hängt von zwei Variablen ab. Das müssen wir mithilfe der Nebenbedingung auf eine Variable reduzieren.

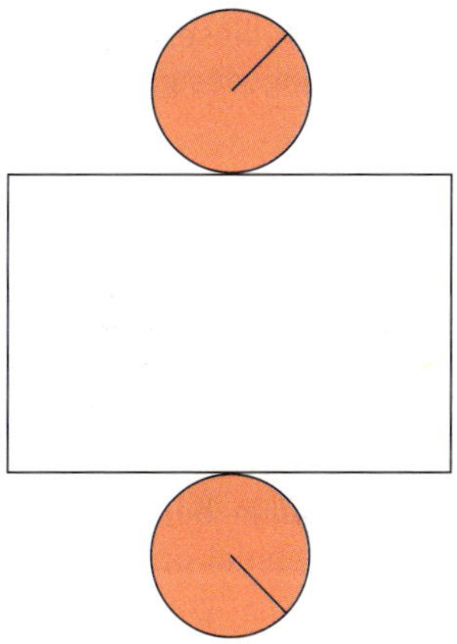

Abb. 4.45

3. Nebenbedingung, Variablenreduktion:

   Das Volumen von 200 cm^3 ist vorgegeben:

   $V = 200 = \pi r^2 h$ daraus erhalten wir:

   $h = \dfrac{200}{\pi r^2}$ In der Zielfunktion ersetzen wir h durch diesen Ausdruck und erreichen damit die angestrebte Reduzierung:

   $$O(r) = 2\pi r \frac{200}{\pi r^2} + 2\pi r^2 = \frac{400}{r} + 2\pi r^2 = 400 r^{-1} + 2\pi r^2 \qquad \left(r^{-1} = \frac{1}{r}\right)$$

4. Minimum berechnen:

   $O'(r) = -400 r^{-2} + 4\pi r = \dfrac{-400}{r^2} + 4\pi r$ Nullstellen suchen:

   $0 = \dfrac{-400}{r^2} + 4\pi r$ Notwendige Bedingung

$$\frac{400}{r^2} = 4\pi r$$

$$400 = 4\pi r^3$$

$$r^3 = \frac{400}{4\pi} \quad \Big| \sqrt[3]{\ }$$

$$r \approx 3{,}17 \text{ cm}$$

$O''(r) = 800r^{-3} + 4\pi$ Hinreichende Bedingung

$O''(3{,}2) = \frac{800}{3{,}17^3} + 4\pi > 0$ also Minimum

Die für die Materialausnutzung optimalen Maße sind: $d = 2r = 6{,}34$ cm

$$h = \frac{200}{\pi r^2} = 6{,}34 \text{ cm}$$

Durchmesser und Höhe müssten gleich groß sein.
Das ist beim vorliegenden Verpackungsentwurf ganz sicher nicht der Fall.

Aufgabe 2 Berechnen Sie, wie viel Material bei dem Entwurf für die Proseccodose im Vergleich zur optimalen Lösung mehr verbraucht wurde.

Informieren Sie sich, aus welchem Material Getränkedosen hergestellt werden. Bringen Sie die Kosten dieses Materials in Erfahrung und berechnen Sie die Materialmehrkosten für das Verpackungsdesign der Proseccodose.

Aufgabe 3 **Kartonfaltung**

Während des Praktikums in einer Werbeagentur werden Sie beauftragt, eine Verpackung zu entwerfen. Es soll eine rechteckige Schachtel ohne Deckel aus vorkonfektionierten Kartonbögen von 15 cm × 30,4 cm gefertigt werden. Die Kartonabwicklung (vgl. Abb.) liegt als Cutter-Diagramm bereits vor. Sie möchten das einzusetzende Material optimal ausnutzen und eine Schachtel mit möglichst großem Fassungsvermögen entwickeln.

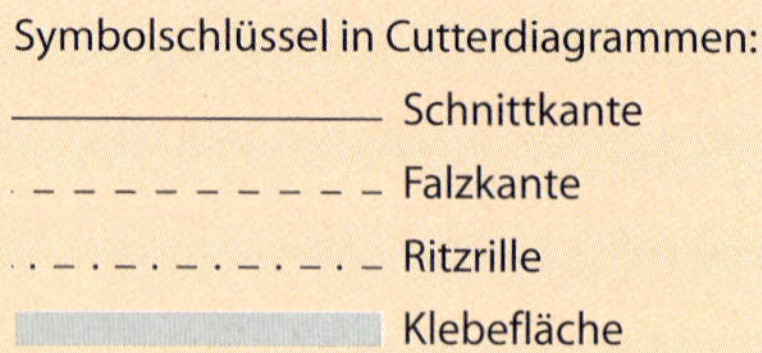

Abb. 4.46

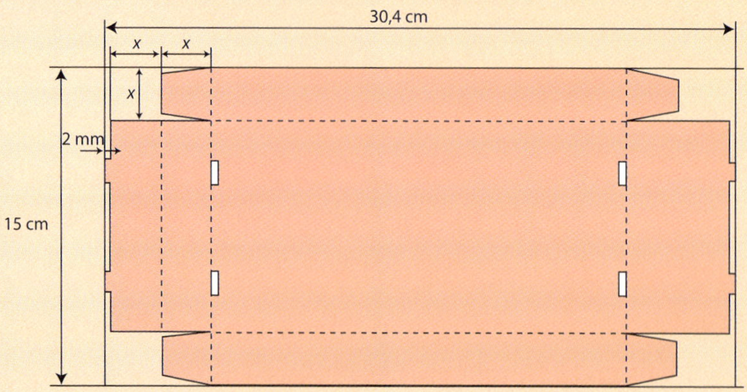

Abb. 4.47

a) Geben Sie an, wie breit (Maß x) die umzuklappenden Flächen sein können, damit überhaupt eine Schachtel gefaltet werden kann.
b) Bestimmen Sie das Maß x so, dass die gefaltete Schachtel maximales Volumen hat.
c) Wie groß ist dann das Volumen?
d) Skizzieren Sie die Schachtel.

Übungen

1. Ein Rechteck habe die Fläche $A = 1\,225\ \text{m}^2$. Bestimmen Sie die Maße so, dass der Umfang ein Minimum annimmt.
2. Ein rechteckiger Sandkasten hat den Umfang $U = 24\ \text{m}$. Die Fläche A soll so groß wie möglich werden.
3. Ein Sportplatz hat die Form eines Rechtecks mit zwei angesetzten Halbkreisen. Der Umfang des Platzes beträgt 400 m. Bestimmen Sie die Maße des Platzes so, dass
   a) das Rechteck ...,
   b) der ganze Platz die maximale Fläche annimmt.
4. In Seltsamland bestimmt die Post, dass bei Paketen die Summe aus Umfang und Höhe nicht größer als 10 Seltsams sein darf. Herr Seltsam verschickt ein Paket mit Kreisquerschnitt und maximalem Volumen. Berechnen Sie die Maße.
5. Eine Dose mit Kreisquerschnitt
   a) ohne
   b) mit Deckel soll 1 Liter fassen. Bestimmen Sie Höhe und Radius so, dass der Blechverbrauch so klein wie möglich wird.
6. Die Graphen der Funktionen $y_1 - 1 = (x - 2)^2$ und $y_2 - 4 = -(x - 1)^2$ umschließen zwischen x_{S1} und x_{S2} ein linsenförmiges Gebiet.
   a) Berechnen Sie die beiden Schnittpunkte.
   b) Berechnen Sie, wo der maximale senkrechte Abstand zwischen den Begrenzungen auftritt.
7. Bernd soll ein rechteckiges Gebiet einzäunen. Eine Seite des Rechteckes ist durch eine Mauer festgelegt, dort ist kein Zaun notwendig. Bernd hat Material für 100 Meter Zaun. Berechnen Sie die Maße des Rechtecks, das die maximale Fläche annimmt.

4.6.4 Funktionen mit bestimmten Eigenschaften

Beispiel 1

Im Museumsmagazin für die mittelalterlichen Bilder, die auf Holztafeln gemalt wurden, ist ein Befall von holzzerstörenden Bakterien festgestellt worden. Es soll ein geeignetes Mittel zur Bekämpfung dieses Bakterienstamms und damit zur Rettung der Kunstschätze gesucht werden. Im Labor testet die PTA Simone an einer aus dem Befall isolierten Bakterienkultur ein pharmazeutisches Präparat. Ihre Versuchsergebnisse ergaben für die Anzahl der nach der Zugabe des Präparats noch lebenden Bakterien folgende Daten:

Zu Beginn befanden sich 7,72 Millionen Bakterien auf dem Testschälchen und die Wachstumsrate betrug zu der Zeit umgerechnet 2,07 Millionen pro Stunde. Nach 2,3 Stunden war die Anzahl der Bakterien maximal. Nach 4 Stunden war die Bakterienkultur vollständig vernichtet.

Simone versucht, diesen Zusammenhang mit einer Funktion dritten Grades zu beschreiben.

Zur Lösung dieses Problems überträgt sie die Untersuchung in die Sprache der Mathematik. Dann kann sie ihre Tricks und Methoden anwenden.

Sie macht diese Übersetzung Schritt für Schritt:

Ergebnisse der Untersuchung	Übersetzung in die Mathematik
Anzahl der noch lebenden Bakterien	$f(x)$
Zeit in Stunden	x
Zu Beginn befanden sich 7,72 Millionen Bakterien auf dem Testschälchen und	Im Zeitpunkt $x = 0$ beträgt der Funktionswert 7,72.
Die Wachstumsrate betrug zu der Zeit umgerechnet 2,07 Millionen pro Stunde.	Die Steigung von f zum Zeitpunkt $x = 0$ beträgt 2,07.
Nach 2,3 Stunden war die Anzahl der Bakterien maximal.	f hat beim Zeitpunkt $x = 2{,}3$ ein Maximum.
Nach 4 Stunden war die Bakterienkultur vollständig vernichtet.	f hat beim Zeitpunkt $x = 4$ eine Nullstelle.
Den Zusammenhang mit einer Funktion dritten Grades beschreiben.	f ist eine Funktion dritten Grades.

Tab. 4.14

Gesucht ist also die Gleichung einer Funktion dritten Grades, deren Graph bestimmte Bedingungen erfüllen soll. Wie die Gleichung einer allgemeinen Funktion dritten Grades aussieht, haben Sie schon in Kapitel 3.2.6 gelernt:

$$f(x) = a_3x^3 + a_2x^2 + a_1x + a_0$$

oder etwas einfacher formuliert: $f(x) = ax^3 + bx^2 + cx + d.$

Nun müssen nur noch die Werte für die vier Unbekannten a, b, c und d ermittelt werden (für x benötigt man keinen Wert, denn x ist ja die Funktionsvariable).

Aus der Gleichungslehre wissen Sie noch, dass man zur Bestimmung von vier Unbekannten auch vier Gleichungen benötigt. Die werden wir nun aus den Bedingungen, die der Funktionsgraph erfüllen soll (vgl. Übersetzungstabelle Zeile 4 bis 7) herleiten, indem wir sie in die allgemeine Funktionsgleichung einsetzen.

Information:	Abgeleitete Gleichung:
Ansatz: f ist eine Funktion dritten Grades	$f(x) = ax^3 + bx^2 + cx + d$
Im Zeitpunkt $x = 0$ beträgt der Funktionswert 7,72.	$f(0) = 7{,}72$; in die allg. Funktionsgleichung eingesetzt ergibt das: $f(0) = 7{,}72 = a0^3 + b0^2 + c0 + d$ $7{,}72 = 0 + 0 + 0 + d$; also $\mathbf{7{,}72 = d}$
Die Steigung von f zum Zeitpunkt $x = 0$ beträgt 2,07. Für Steigungen ist die erste Ableitung f' „zuständig", die wir aus f berechnen können: $f'(x) = 3ax^2 + 2bx + c$	In die Funktionsgleichung der 1. Ableitung eingesetzt ergibt das: $f'(0) = 2{,}07 = 3a0^2 + 2b0 + c$ $2{,}07 = 0 + 0 + c$; also $\mathbf{2{,}07 = c}$
f hat beim Zeitpunkt $x = 2{,}3$ ein Maximum. Für Extrema ist ebenfalls die erste Ableitung f' „zuständig". f' muss an der Extremstelle gleich 0 sein.	$f'(2{,}3) = 0 = 3a(2{,}3)^2 + 2b(2{,}3) + c$ $0 = 3a(5{,}29) + 4{,}6b + c$ $0 = 15{,}87a + 4{,}6b + 2{,}07$ (denn $c = 2{,}07$) $\mathbf{-2{,}07 = 15{,}87a + 4{,}6b}$ (Diese Information liefert leider nicht direkt den Wert einer Unbekannten, aber eigentlich suchen wir ja auch nur nach Gleichungen.)

Information:	Abgeleitete Gleichung:
f hat beim Zeitpunkt $x = 4$ eine Nullstelle. Für Nullstellen ist die Ausgangsfunktion f zuständig.	$f(4) = 0 = a4^3 + b4^2 + c4 + d$ ($c = 2{,}07$; $d = 7{,}72$ s. o.) $0 = 64a + 16b + 4 \cdot 2{,}07 + 7{,}72$ $0 = 64a + 16b + 16$ $\mathbf{-16 = 64a + 16b}$

Tab. 4.15

Die Bedingungen haben uns vier Gleichungen geliefert. Für die Unbekannten c und d ergaben sich dabei die Werte direkt. Zur Berechnung von a und b sind noch zwei Gleichungen übrig geblieben:

$$\text{(I)} \quad -2{,}07 = 15{,}87a + 4{,}6b$$
$$\text{(II)} \quad -16 = 64a + 16b$$

Dieses Gleichungssystem können Sie mit einem der Ihnen bekannten Verfahren lösen. Wir werden hier das Einsetzungsverfahren benutzen. Dazu lösen wir Gleichung (II) nach b auf und setzen das Ergebnis in Gleichung (I) ein:

$$\begin{array}{llll} \text{(I)} & -2{,}07 & = 15{,}87a + 4{,}6b & \\ \text{(II)} & -16 & = 64a + 16b & \mid -64a;\ :16 \\ \hline \text{(II)}' & -1 - 4a & = b & \\ \text{(II)}' \to \text{(I)} & -2{,}07 & = 15{,}87a + 4{,}6(-1 - 4a) & \\ & -2{,}07 & = 15{,}87a - 4{,}6 - 18{,}4a & \mid +4{,}6 \\ & 2{,}53 & = -2{,}53a & \mid :(-2{,}53) \\ & -1 & = a & \end{array}$$

Dieses Ergebnis setzen wir für a in eine beliebige Ausgangsgleichung ein und berechnen b. Es ergibt sich $b = 3$. (Bitte rechnen Sie das nach).

Nun haben Sie die Werte für alle vier Unbekannten berechnet:

$a = -1$; $b = 3$; $c = 2{,}07$; $d = 7{,}72$.

Jetzt müssen Sie nur noch die Unbekannten in der allgemeinen Funktionsgleichung $f(x) = ax^3 + bx^2 + cx + d$ durch ihre berechneten Werte ersetzen, und Sie erhalten die Gleichung der gesuchten Funktion:

$$\mathbf{f(x) = -x^3 + 3x^2 + 2{,}07x + 7{,}72}$$

Die Abbildung 4.48 zeigt den Funktionsgraphen für den relevanten Bereich von 0 bis 4 Stunden.

Eigentlich könnten Petra und wir an dieser Stelle mit der Lösung der Praxisaufgabe zufrieden sein. Der Graph zeigt ja auch schön die Entwicklung der Bakterienzahl.

Formal – und da ist die Mathematik etwas pingelig – ist unsere Lösung noch nicht vollständig. $x_e = 2{,}3$ sollte ein Maximum sein. Zur Ableitung der benötigten Gleichungen haben wir $f'(2{,}3) = 0$ gesetzt (s. o.). Die Nullstellen der 1. Ableitung liefern aber nur mögliche Kandidaten für Extremstellen. Ob die sich dann auch wirklich als solche herausstellen und ob es sich ggf. um ein Minimum oder Maximum handelt, mussten wir in jedem Einzelfall erst nachprüfen. Genau das müssen wir jetzt nachholen. Testen Sie nun bitte, ob $x_e = 2{,}3$ tatsächlich ein lokales Maximum ist. Sie erinnern sich noch? Das geht mit der 2. Ableitung oder mit der Untersuchung des Vorzeichenwechsels bei der 1. Ableitung.

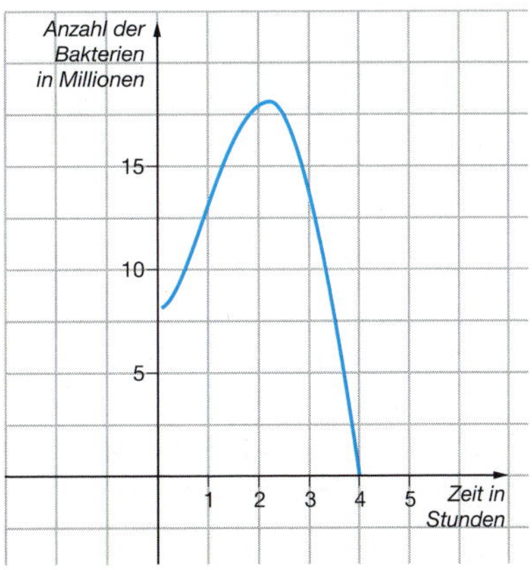

Abb. 4.48

Aufgabe 1 Die nebenstehende Abbildung zeigt den *Chill Chair* von Frog Design.

Die Praktikantin Rebecca soll das Profil der Liege mit einer ganzrationalen Funktion beschreiben. Aufgrund des Verlaufs „von links oben“ nach „rechts unten“ wird ihr nahegelegt, es mit einer Funktion dritten Grades zu versuchen.

Rebecca überlegt kurz und sagt, dass dieses Profil ganz sicher nicht mit einer ganzrationalen Funktion dritten Grades modelliert werden kann.

Begründen Sie Rebeccas Aussage.

Abb. 4.49

Es ist fraglich, ob dieses Profil überhaupt mit einer ganzrationalen Funktion beschrieben werden kann. In der Praxis werden solche Formen häufig durch sogenannte *Splines* modelliert. In anderen Fällen werden die Geometriedaten aus einem Prototyp (Modell) abgegriffen und für den PC digitalisiert. Man nennt das *Teach-in*-Verfahren. Diese Methoden sollen jedoch nicht mehr Gegenstand dieses Mathematikkurses sein.

Betrachten wir nun noch zwei Beispiele mit „reiner Mathematik“:

Beispiel 1

Bestimmen Sie die Gleichung einer ganzrationalen Funktion dritten Grades, sodass für ihren Graphen gilt: $P(4|8)$ ist ein Punkt des Graphen, $x_e = -2$ ist eine Extremstelle und $W(0|0)$ ist ein Wendepunkt.

Versuchen wir wieder den Ansatz mit der allgemeinen Funktionsgleichung und die Herleitung von Bestimmungsgleichungen für die Unbekannten a, b, c und d aus den Informationen über den Graphen:

Ansatz:
$$f(x) = ax^3 + bx^2 + cx + d.$$
$$f'(x) = 3ax^2 + 2bx + c$$
$$f''(x) = 6ax + 2b$$

Da wir sie ohnehin benötigen, listen wir auch gleich die Ableitungen mit auf.

(1) $P(4|8)$ ist Punkt des Graphen, d. h. zu $x = 4$ gehört der Funktionswert 8. Wir setzen deshalb in der allgemeinen Funktionsgleichung den Wert 4 für x ein. Als Funktionswert muss sich 8 ergeben:

$$f(4) = 8 = a \cdot 4^3 + b \cdot 4^2 + c \cdot 4 + d; \qquad \mathbf{8 = 64a + 16b + 4c + d}$$

(2) $x_e = -2$ ist Extremstelle, d. h. die 1. Ableitung muss bei -2 eine Nullstelle haben. In der Funktionsgleichung der 1. Ableitung setzen wir deshalb -2 für x ein. Als Ergebnis muss sich 0 ergeben:

$$f'(-2) = 0 = 3a(-2)^2 + 2b(-2) + c; \qquad \mathbf{0 = 12a - 4b + c}$$

(3) $W(0|0)$ ist Wendepunkt, hierin verbergen sich zwei Informationen:

(a) $(0|0)$ ist Punkt des Graphen:

$$f(0) = 0 = a \cdot 0^3 + b \cdot 0^2 + c \cdot 0 + d; \qquad \mathbf{0 = d}$$

(b) 0 ist Wendestelle, d. h. die 2. Ableitung muss bei 0 eine Nullstelle haben. Die entsprechende Einsetzung in die Funktionsgleichung der 2. Ableitung liefert:

$$f''(0) = 0 = 6a \cdot 0 + 2b; \qquad \mathbf{0 = b}$$

Wir haben zwei „fertige“ Lösungen, $b = 0$ und $d = 0$, und das folgende Gleichungssystem erhalten, das wir mit dem Additionsverfahren lösen werden:

$$\begin{array}{lll} \text{(I)} & 8 = 64a + 4c & \\ \text{(II)} & 0 = 12a + c & |\cdot(-4) \\ \hline & 8 = 64a + 4c & \\ \text{(II)}' & 0 = -48a - 4c & \\ \hline \text{(I)} + \text{(II)}' & 8 = 16a & |:16 \\ & \frac{1}{2} = a & \end{array}$$

Setzen Sie dieses Ergebnis z.B. in (II) ein, dann erhalten Sie:

$$0 = 12 \cdot \tfrac{1}{2} + c$$
$$-6 = c$$

Als einzig mögliche Lösung ergibt sich: $\boldsymbol{f(x) = \frac{1}{2}x^3 - 6x}$

Es bleibt jedoch noch zu prüfen, ob 0 wirklich eine Wendestelle und -2 wirklich eine Extremstelle ist. Zu testen ist also, ob $f'''(0) \neq 0$ und ob $f''(-2) \neq 0$ ist. Dazu listen wir die benötigten Ableitungen auf:

$f'(x) = \frac{3}{2}x^2 - 6$; $f''(x) = 3x$; $f'''(x) = 3$
$f''(-2) = 3 \cdot (-2) = -6 \neq 0$ und
$f'''(0) = 3 \neq 0$.

0 ist also tatsächlich eine Wendestelle und -2 eine Extremstelle.

Die nebenstehende Abb. zeigt den Graphen der als Lösung gefundenen Funktion.

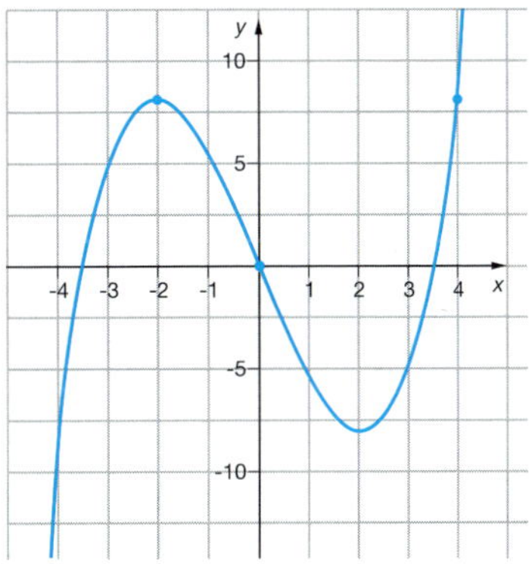

Abb. 4.50

Beispiel 2

Der Graph einer ganzrationalen Funktion vierten Grades hat bei $M(-1|5)$ ein lokales Minimum und bei $S(0|2)$ einen Sattelpunkt. Bestimmen Sie die Funktionsgleichung.

Ansatz für eine Funktion vierten Grades: $f(x) = ax^4 + bx^3 + cx^2 + dx + e$

Ableitungen: $f'(x) = 4ax^3 + 3bx^2 + 2cx + d$
$f''(x) = 12ax^2 + 6bx + 2c$

(1) $M(-1|5)$ ist lokales Minimum; hierin stecken zwei Informationen:

(a) $(-1|5)$ ist Punkt des Graphen:

$$f(-1) = 5 = a(-1)^4 + b(-1)^3 + c(-1)^2 + d(-1) + e$$
$$\mathbf{5 = a \quad - b \quad + c \quad - d \quad + e}$$

(b) -1 ist eine Extremstelle:

$$f'(-1) = 0 = 4a(-1)^3 + 3b(-1)^2 + 2c(-1) + d$$
$$\mathbf{0 = -4a \quad + 3b \quad - 2c \quad + d}$$

(2) $S(0|2)$ ist Sattelpunkt; hierin stecken drei Informationen:

(a) $(0|2)$ ist Punkt des Graphen:

$$f(0) = 2 = a0^4 + b0^3 + c0^2 + 0x + e$$
$$\mathbf{2 = e}$$

(b) 0 ist Wendestelle: $f''(0) = 0 = 12a0^2 + 6b0 + 2c$

$$0 = 2c \quad \Leftrightarrow \quad \mathbf{0 = c}$$

(c) in einem Sattelpunkt ist die Steigung 0:

$$f'(0) = 0 = 4a0^3 + 3b0^2 + 2c0 + d$$
$$\mathbf{0 = d}$$

Die Informationen über den Graphen der gesuchten Funktion haben uns von drei Unbekannten die Werte direkt geliefert: $e = 2$, $c = 0$ und $d = 0$. Zur Berechnung der restlichen Unbekannten a und b haben wir zwei Bestimmungsgleichungen erhalten. Wenn wir dort die bereits bekannten Werte einsetzen, erhalten wir das Gleichungssystem:

$$\begin{array}{lrl} \text{(I)} & 5 = a - b + 2 & |-2;\cdot 3 \\ \text{(II)} & 0 = -4a + 3b & \\ \hline \text{(I)}' & 9 = 3a - 3b & \\ \text{(II)} & 0 = -4a + 3b & \\ \hline \text{(I)}' + \text{(II)} & 9 = -a & \\ & -9 = a & \end{array}$$

Durch Einsetzen von -9 für a in eine beliebige Ausgangsgleichung erhalten Sie: $b = -12$ (prüfen Sie das bitte nach).

Als einzig mögliche Lösung ergibt sich: $\boldsymbol{f(x) = -9x^4 - 12x^3 + 2}$

Auch hier müssen wir wieder überprüfen, ob $M(-1|5)$ wirklich ein Minimum und $S(0|2)$ wirklich ein Sattelpunkt, also insbesondere ein Wendepunkt ist.

Dazu benötigen wir die 2. und 3. Ableitung:

$f''(x) = -108x^2 - 72x$; $f'''(x) = -204x - 72$

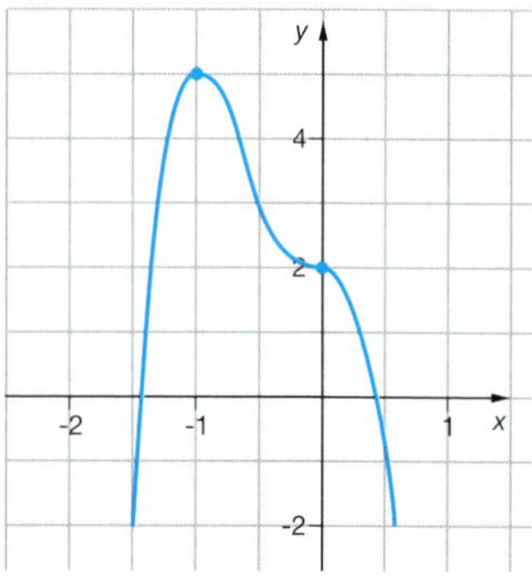

Abb. 4.51

Überprüfung auf Minimum: $f''(-1) = -108(-1)^2 - 72(-1) = -180 < 0$, also Maximum. Die als Lösung gefundene Funktion hat bei $(-1|5)$ **kein** Minimum. D.h., es gibt keine ganzrationale Funktion vierten Grades, deren Graph die geforderten Bedingungen erfüllt. Abb. 4.51 zeigt den Graphen unserer „Lösungsfunktion" mit einem Maximum bei $(-1|5)$ statt, wie gefordert, eines Minimums.

Da in den Bestimmungsgleichungen immer nur die notwendigen Bedingungen für mögliche Kandidaten von Extrem- oder Wendestellen benutzt werden, kann es durchaus vorkommen, zunächst eine Lösung zu finden, von der sich bei der Überprüfung der Kandidaten jedoch im Nachhinein herausstellen kann, dass sie die geforderten Bedingungen doch nicht erfüllt. Überprüfungen dieser Art sind also unerlässlich.

Bei den Beispielen haben Sie gesehen, dass die drei Funktionen f, f' und f'' für die unterschiedlichsten Zwecke genutzt werden. Im folgenden Informationsblock haben wir die „Zuständigkeiten" der einzelnen Funktionen für Sie zusammengestellt:

Funktion	zuständig für:
Ausgangsfunktion f	– Punkte – Symmetrie
1. Ableitung f'	– Steigungen – Extremstellen (-punkte) – Sattelstellen (-punkte)
2. Ableitung f''	– Wendestellen (-punkte) – Sattelstellen (-punkte)

Tab. 4.16: Regelung der Zuständigkeiten

Um die Bestimmungsgleichungen zu erhalten, ist es erforderlich, den Aufgabentext zu übersetzen. In der folgenden Tabelle sind einige Übersetzungshilfen zusammengestellt.

Formulierung	Übersetzung
$P(a\|b)$ ist Punkt des Graphen. Der Graph verläuft durch $(a\|b)$.	$f(a) = b$
Der Graph schneidet die x-Achse bei x_0 bzw. die y-Achse bei y_0.	$f(x_0) = 0$ bzw. $f(0) = y_0$
Der Graph hat an der Stelle a die Steigung m.	$f'(a) = m$
x_e ist eine Extremstelle.	$f'(x_e) = 0$
x_w ist eine Wendestelle.	$f''(x_w) = 0$
Symmetrie: – Achsensymmetrie – Punktsymmetrie	Alle ungeradzahligen Koeffizienten sind 0; alle geradzahligen Koeffizienten sind 0.
Formulierungen, die eine doppelte Information enthalten	
x_s ist eine Sattelstelle.	$f'(x_s) = 0$ und $f''(x_s) = 0$
$E(x_e\|y_e)$ ist ein Extrempunkt; d. h., $E(x_e\|y_e)$ ist ein Punkt des Graphen und x_e ist Extremstelle.	$f(x_e) = y_e$ und $f'(x_e) = 0$
$W(x_w\|y_w)$ ist ein Wendepunkt, d. h. $W(x_w\|y_w)$ ist ein Punkt des Graphen und x_w ist Wendestelle.	$f(x_w) = y_w$ $f''(x_w) = 0$
Der Graph berührt die x-Achse bei x_0.	$f(x_0) = 0$ und $f'(x_0) = 0$
Die Steigung der Wendetangenten an der Stelle x_w ist m.	$f'(x_w) = m$ $f''(x_w) = 0$
Formulierungen, die eine dreifache Information enthalten:	
$S(x_s\|y_s)$ ist Sattelpunkt, d. h. $S(x_s\|y_s)$ ist ein Punkt des Graphen, x_s ist Wendestelle und die Steigung an der Stelle x_s ist 0	$f(x_s) = y_s$ $f''(x_s) = 0$ $f'(x_s) = 0$

Tab. 4.17: Übersetzungshilfen

Übungen

1. Der Graph einer achsensymmetrischen, ganzrationalen Funktion vierten Grades schneidet die y-Achse bei 4. $M(-2|6)$ ist ein lokaler Tiefpunkt. Bestimmen Sie die Funktionsgleichung.
2. Bestimmen Sie eine ganzrationale, punktsymmetrische Funktion dritten Grades, sodass $M(-2|4)$ ein lokaler Tiefpunkt des Graphen ist.
3. Der Graph einer ganzrationalen Funktion vierten Grades hat eine Extremstelle bei 2, eine Wendestelle bei $\frac{4}{3}$ und an der Stelle 1 die Steigung -1. $M(0|0)$ ist ein lokaler Tiefpunkt. Bestimmen Sie die Funktionsgleichung.
4. Der Graph einer achsensymmetrischen, ganzrationalen Funktion vierten Grades hat bei 2 eine Extremstelle und an der Stelle 1 die Steigung -3. $M(0|5)$ ist ein lokaler Hochpunkt. Bestimmen Sie die Funktionsgleichung.
5. Bestimmen Sie eine ganzrationale Funktion dritten Grades, sodass für ihren Graphen gilt: Punktsymmetrie und $M\left(1\middle|-\frac{2}{3}\right)$ ist ein lokaler Tiefpunkt.

6. Der Graph einer ganzrationalen Funktion vierten Grades hat an der Stelle 2 einen Sattelpunkt. $P\left(1 \middle| \frac{11}{12}\right)$ ist Punkt des Graphen und $E(0|0)$ ist ein Extrempunkt. Bestimmen Sie die Funktionsgleichung.
7. Der Graph einer punktsymmetrischen, ganzrationalen Funktion fünften Grades hat bei -1 und bei 2 Extremstellen. An der Stelle 0 beträgt die Steigung des Graphen 8. Bestimmen Sie die Funktionsgleichung.
8. Bestimmen Sie eine ganzrationale Funktion fünften Grades, sodass für ihren Graphen gilt: $S(0|0)$ ist Sattelpunkt, 3 ist eine Sattelstelle und an der Stelle 1 beträgt die Steigung 2.
9. Ein kleineres Unternehmen hat 2008 für die Bewerbung einer ihrer Produktreihen 15 000 EUR ausgegeben. Zwei Jahre später mussten schon 24 000 EUR in Werbekampagnen investiert werden.
   a) Bestimmen Sie zwei verschiedene Modellfunktionen für die Prognose des Werbeetats.
   b) Wie hoch ist der Werbeetat nach 3 Jahren in den beiden Modellen?
   c) Wie groß ist der Zuwachs an notwendigen Mitteln für die Werbung nach 4 Jahren?
   d) Nehmen Sie kritisch Stellung zur Prognosefähigkeit der Modellfunktionen über einen längeren Zeitraum.

4.7 Zusammenfassung

In diesem Kapitel haben Sie drei Aspekte der Differentialrechnung kennengelernt:

1. Sie haben aus einer Funktionsgleichung die Form entwickelt, die sie beschreibt.

$$f(x) = \frac{1}{4}x^4 - \frac{4}{3}x^3 + 2x^2$$

Funktionsgleichung

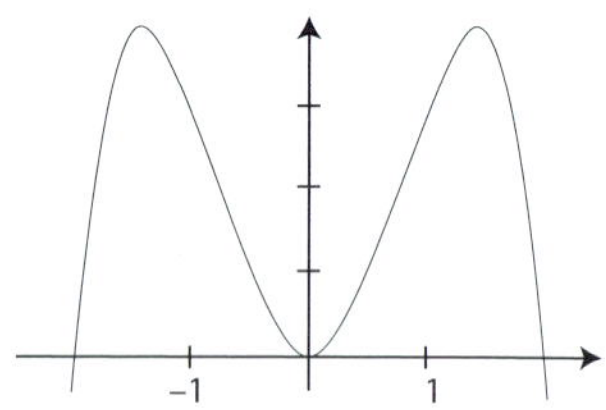

Abb. 4.52: Form

Das Teilgebiet der Differentialrechnung heißt: „vollständige Funktionsuntersuchung".

2. Sie haben eine gegebene Form durch eine Funktionsgleichung beschrieben.

Abb. 4.53: Form

$$f(x) = \frac{4}{27}x^3 + \frac{1}{3}x^2 + 1$$

Funktionsgleichung

Das Teilgebiet der Differentialrechung heißt: „Funktionen mit bestimmten Eigenschaften".

3. Sie haben u. a. Materialoptimierungen vorgenommen.

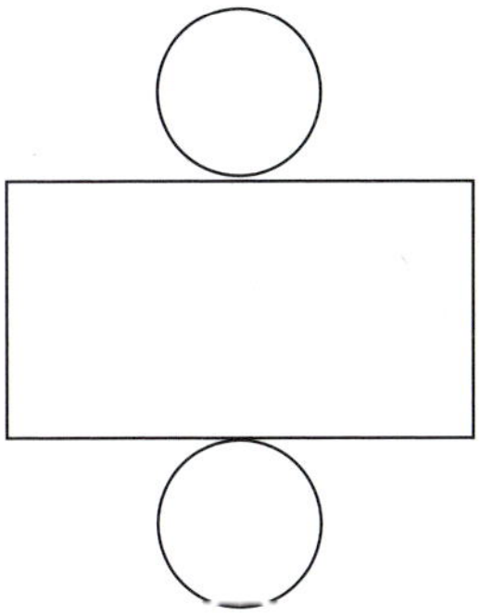

Abb. 4.54

Für den Entwurf einer Verpackung mit vorgegebenem Volumen haben Sie die Abmessungen, mit denen ein minimaler Materialeinsatz erreicht wird, berechnet.

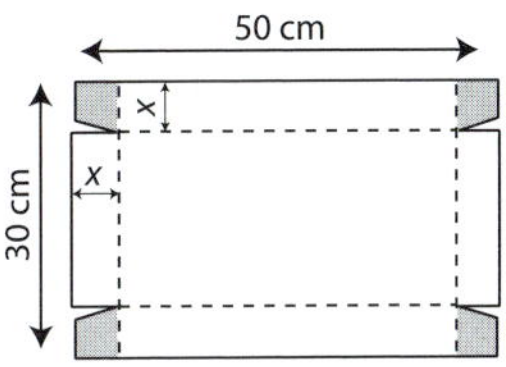

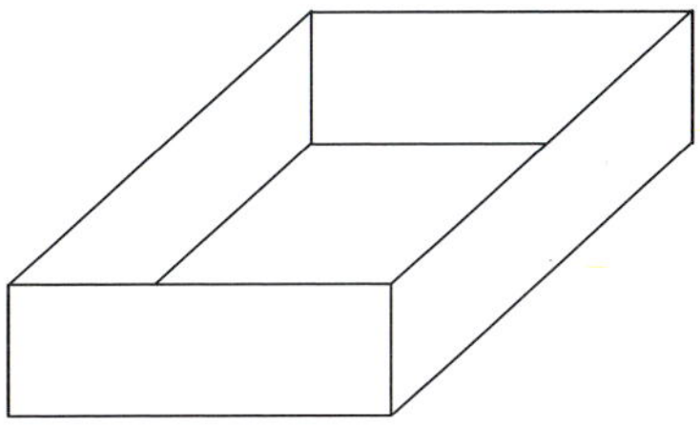

Abb. 4.55

Bei einer vorgegebenen Materialmange haben Sie die Abmessungen berechnet, damit für die Verpackung ein möglichst großes Volumen erzielt wird.

Das Teilgebiet der Differentialrechnung heißt: „Extremwertprobleme“.

4.8 Referatthemen, Facharbeiten, fächerverbindende Projekte, vermischte Übungen

1. Biographien von Leibniz oder Newton
2. Weitere Näherungsverfahren zur Berechnung von Nullstellen
3. Das Problem des *Ceno*
4. Die Umkehrfunktion und ihre Ableitung
5. Bestimmen Sie mithilfe des Differenzenquotienten die Ableitung der e-Funktion.

4.9 Zusammenstellung der neuen Vokabeln

Zusammenstellung

Ableitung y', y'', y'''
differenzieren, ableiten
Extremstelle
Extremwerte
Extremwertproblem (-aufgabe)
Funktionsuntersuchung
Gefälle
hinreichende Bedingung
Krümmungsverhalten
Kurvendiskussion
lokales, relatives ...
 Maximum
 Minimum
Newton-Verfahren
notwendige Bedingung
Potenzregel
Sattelpunkt
Sekante
Steigung
Steigungsdreieck
Steigungsfunktion
stetig
Tangente
Wachstum
Wendepunkt
Wendestelle

5 Das Ergebnis von Zuwächsen beschreiben – Integralrechnung

5.1 Einführung

Sie haben jetzt mindestens 12 Jahre Schulpraxis und „erlebten oder erlitten“ folgendes Hobby der Mathematiker: Kaum ist ein Problem gelöst, so untersuchen sie, ob man das Problem auch **umkehren** kann. So entwickelte man aus der Addition die Subtraktion, aus der Multiplikation die Division, kaum kannte man das Quadrieren, so erfolgte das Wurzelziehen usw. So lesen Sie auch in vielen Mathematikbüchern: „Die Integralrechnung ist die Umkehrung der Differentialrechnung.“ Für angehende **Fachleute für Gestaltung** besteht allerdings wenig Anreiz, diese **Umkehrung** „nur so“ kennenzulernen und „können“ zu müssen.

Beispiel

Hallo Inge, ich hab gestern eine Funktion differenziert und dabei $F(x)' = f(x) = 2x^2 - \cos(x)$ herausbekommen. Nun ist der Zettel weg, kannst Du mir sagen, wie ich $F(x)$ wieder „zurückrechnen“ kann?

Sie wollen jedoch keine Mathematik studieren und fragen (mit Recht), wozu brauch ich das? Differenzieren war doch schon schwer genug!

Wir betrachten in diesem Kurs hauptsächlich einen Spezialteil der Integralrechnung, nämlich das Berechnen von Flächen unter bzw. zwischen (gekrümmten) Graphen sowie das Berechnen des **Volumens** von Rotationskörpern.

Auf eins müssen wir besonders hinweisen: In diesem Kurs gehen wir sowohl auf den Aspekt „Umkehrung der Differentialrechnung“ als auch auf „Fläche unter einem gekrümmten Graph bzw. Volumen von Rotationskörpern“ ein, jedoch müssen wir auf eine mathematisch exakte Herleitung nebst nötigen Beweisen verzichten, wir beschränken uns darauf, Ihnen das Vorgehen und die Ergebnisse plausibel zu machen.

Im folgenden Bild haben wir den Graphen der Funktion $y = f(x) = 2x^0 = 2$ gezeichnet, und es soll die Fläche zwischen dem Graphen dieser Funktion und der x-Achse bestimmt werden. Die Länge des Rechtecks beträgt hier 4 LE[1], denn wir wollen in diesem Beispiel den Bereich $0 \leq x \leq 4$ untersuchen, es ist die schraffierte Fläche in Abb. 5.1. Es gilt: A_{Rechteck} = Länge mal Höhe, also $A = 4 \cdot 2 = 8$. Was wäre herausgekommen, wenn man anstelle der Länge $l = 4$ ganz allgemein Länge $l = x$ eingesetzt hätte? $A = x \cdot 2 = 2x$ ergibt sich ohne weitere Rechnung. Wir haben eine neue Funktion $F(x) = 2x$ erhalten, diese bestimmt den Flächeninhalt unter der Funktion $f(x) = 2$ im Bereich von Null bis x.

[1] *Eine Länge von nur „4“ ist natürlich sinnlos, es fehlt die Einheit wie Meter, Zentimeter oder allgemein LE als Längeneinheit. Das Gleiche gilt für die Flächen, doch wir „schlabbern“ im Folgenden bewusst. Bei den praktischen Aufgaben geben wir die Einheiten an.*

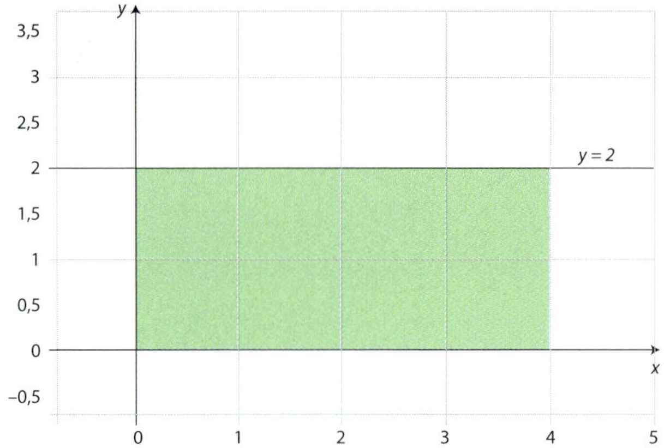

Abb. 5.1: Rechteckfläche

Aufgabe 1 Differenzieren Sie die neue Funktion $F(x) = 2x$. Sie sollten ohne Schwierigkeiten erhalten:

$F'(x) = 2$, also $F'(x) = f(x)$.

Für dieses Beispiel gilt also: Es gibt eine Funktion $F(x)$, welche die Fläche zwischen dem Graphen einer anderen Funktion $f(x)$ und der x-Achse im Bereich von 0 bis x repräsentiert. Dabei gilt: $F'(x) = f(x)$.

Das könnte ein zufälliges Ergebnis sein, deshalb untersuchen wir ein neues Beispiel. Die Fläche sieht schon komplizierter aus, ist aber noch geradlinig begrenzt.

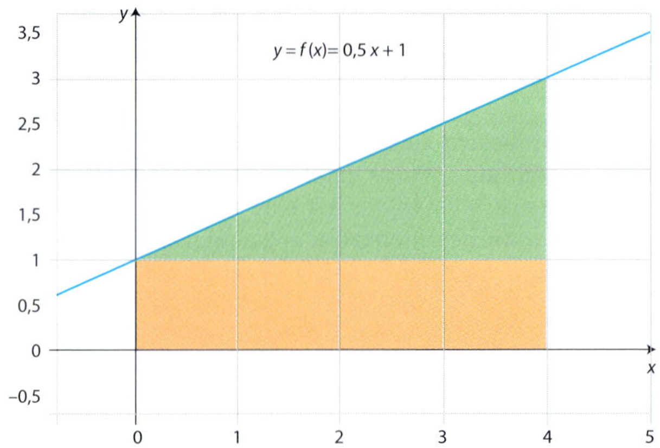

Abb. 5.2:
Fläche unter $f(x) = 0{,}5x + 1$

Diese Fläche setzt sich zusammen aus dem Rechteck mit der Höhe 1 und der Länge 4 sowie einem Dreieck mit der Höhe 2 und der Länge 4. $A = A_R + A_D = 1 \cdot 4 + 0{,}5 \cdot 4 \cdot 2 = 4 + 4 = 8$ (Dreiecksfläche: $A_D = 0{,}5 \cdot$ Grundlinie $\cdot$ Höhe).

Nun verallgemeinern wir wieder und wählen x als Länge der Figur. Wir erhalten: $A = 1 \cdot x + 0{,}5 \cdot x \cdot 0{,}5 \cdot x$. Der Term $0{,}5 \cdot x$ ist das Maß für die Höhe des Dreiecks.

Wir fassen zusammen und erhalten für die Gesamtfläche

$A = F(x) = 0{,}25x^2 + x$.

Bilden Sie wieder die Ableitung von $F(x)$. **Aufgabe 2**

Sie haben natürlich $F'(x) = 0{,}5x + 1$ erhalten, und das ist wieder $f(x)$.

Sie als Gestalter haben viel Fantasie, deshalb machen wir „einfach so weiter". Was ist zu erwarten, wenn beispielsweise der Graph einer quadratischen Parabel die Fläche begrenzt?

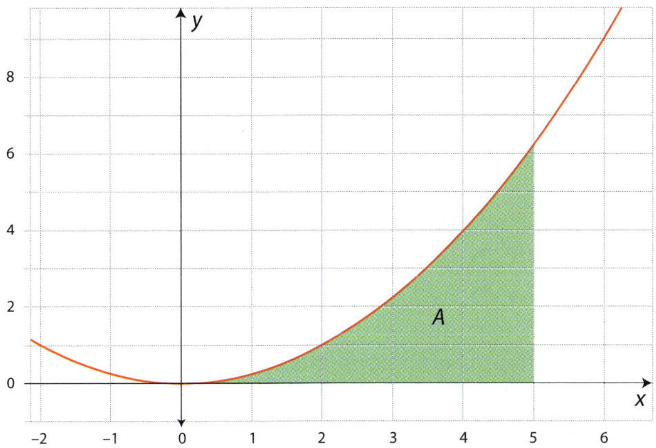

Abb. 5.3:
Fläche unter der Parabel $y = 0{,}25x^2$

Es gilt: $f(x) = 0{,}25x^2 = F'(x)$. Wir suchen $F(x)$ und hoffen, dass $F(x)$ das Maß für die Fläche A zwischen dem Graphen von $f(x)$ und x-Achse im Bereich 0 bis x darstellt.

Das Auffinden der Funktion $F(x)$ nennt man **Integrieren**, und es gibt eine Menge praktischer Anwendungen für Gestalter, die Sie kennenlernen sollen.

Im Folgenden erarbeiten wir, wie man von $f(x)$ zu $F(x)$ gelangt unter der Voraussetzung, dass $F'(x) = f(x)$ gilt.

Reflexion

a) Nennen Sie die Umkehrungen von Addition, Multiplikation, Quadrieren, Potenzrechnung.
b) Finden Sie Beispiele von Bauwerken in aller Welt, die quadratische Parabeln beinhalten und beschaffen Sie sich die Maße der Parabeln. Überlegen Sie, wie man Funktionsgleichungen dieser Parabeln bestimmt. Später sollen Sie Parabelflächen berechnen.

5.2 Unbestimmtes Integral, Stammfunktion

5.2.1 Begriffe

In der Einführung konnten Sie erahnen, dass Integrieren für Gestalter nützlich sein kann. Nun kümmern wir uns um die Technik des Integrierens (→ erst das geeignete Handwerkszeug, dann die sinnvolle Anwendung).

Wir benutzen den Aspekt „Umkehrung der Differentialrechnung" und definieren:

Definition

Eine Funktion ***F*** heißt **Stammfunktion** der Funktion ***f*** oder auch **unbestimmtes Integral von *f***, wenn ***f*** die Ableitung von ***F*** ist. Alternativ kann man auch sagen, dass $\boldsymbol{F'(x) = f(x)}$ gelten soll.

Sie wissen, dass beim Differenzieren einer Funktion die additive Konstante (Zahl ohne x als Summand, z. B. $y = x^3 + 5 \rightarrow y' = 3x^2$) wegfällt, deshalb gilt der folgende **Satz**:

Satz Ist F_1 eine Stammfunktion von f, so ist auch $F_2 = F_1 + C_1$ eine Stammfunktion. Die Menge **aller** Stammfunktionen $F + C$, wobei C eine beliebige Konstante ist, nennt man **unbestimmtes Integral**.

Schreibweise

$\int f(x) \cdot dx = F(x) + C$, gelesen: „Integral f von x dx". Die **additive Konstante C ist fester Bestandteil** des Symbols $\int f(x)\, dx$.

Das Integralzeichen wurde in dieser Form schon von Leibnitz benutzt und lässt sich als ein „in die Länge gezogenes" **S** für Summe deuten. Die Funktion $f(x)$, die integriert werden soll, heißt **Integrand**.

5.2.2 Auffindung von Stammfunktionen, Rechenregeln für Integrale (Technik des Integrierens)

Ist $f(x)$ eine Potenzfunktion, so kann man anfangs eine Stammfunktion durch „geschicktes Hinsehen" erahnen. Durch anschließendes Differenzieren kann man überprüfen, ob man mit seiner Ahnung richtig lag.

Beispiele

$$\int 0 \cdot dx = C;\ \text{denn } (C)' = 0$$

$$\int a \cdot dx = ax + C;\ \text{denn } (ax + C)' = a$$

$$\int x \cdot dx = \frac{x^2}{2} + C;\ \text{denn } \left(\frac{x^2}{2} + C\right)' = x$$

Folgender Sachverhalt fällt auf: Während beim Differenzieren einer Potenzfunktion die alte Hochzahl um eins erniedrigt werden muss, ergibt sich beim Integrieren eine um eins erhöhte Hochzahl (Umkehrung: statt **minus** 1 jetzt **plus** 1). Beim Differenzieren ergibt sich ein zusätzlicher Faktor, nämlich die alte Hochzahl. Beim Integrieren ergibt sich auch ein **Faktor k**, der ist nun aber der **Kehrwert** der **neuen Hochzahl**, denn

$(k \cdot x^{n+1} + C)' = x^n \rightarrow$ die Konstante k soll bestimmt werden

$$k \cdot (n + 1) \cdot x^n = x^n \qquad |: x^n$$

$$k \cdot (n + 1) = 1$$

$$k = \frac{1}{n + 1}$$

Satz Somit ergibt sich die **allgemeine Potenzregel** für das **Integrieren**:

$$\int x^n \cdot dx = \frac{1}{n+1} \cdot x^{n+1} + C = \frac{x^{n+1}}{n+1} + C \text{ für alle } n \in \mathbb{N}$$

(Hinweis: gilt sogar für $n \in \mathbb{Q}\setminus\{-1\}$)

Aufgabe 1 Überprüfen Sie die **allgemeine Potenzregel der Integralrechnung**, indem Sie die angegebene Lösung differenzieren.

Satz Ferner gelten die weiteren Regeln:

$$\int a \cdot f(x) \cdot dx = a \cdot \int f(x) \cdot dx = aF(x) + C$$

$$\int (f(x) \pm g(x)) \cdot dx = \int f(x) \cdot dx \pm \int g(x) \cdot dx = F(x) \pm G(x) + C$$

Überprüfen Sie die beiden weiteren Regeln durch Differenzieren! **Aufgabe 2**

Wir müssen uns im Weiteren auf ganzrationale Funktionen beschränken, andere Funktionsfamilien zu integrieren kann **sehr schwierig** sein, Studenten benutzen oft den „Bronstein", hier sind über 1 000 Integrale „geknackt". Es gibt auch Funktionen, die keine Stammfunktion haben. Gestalter benötigen manchmal folgende Zusammenhänge, die Sie sich durch qualitatives Differenzieren veranschaulichen können: **Hinweis**

$\int \sin(x)\,dx = -\cos(x) + C \qquad \int \cos(x)\,dx = \sin(x) + C \qquad \int e^x\,dx = e^x + C$ **Satz**

Die Variable muss auch nicht immer ***x*** heißen, bearbeiten Sie die folgende Aufgabe.

$\int t\,dt, \quad \int \sin(w)\,dw, \quad \int e^a\,da, \quad \int x\,dt$ **Aufgabe 3**

Integrieren Sie die folgenden Funktionen $f(x)$, machen Sie unbedingt die Probe durch anschließendes Differenzieren. **Übungen**

1. $f(x) = 1 + x + x^2$
2. $f(x) = 6x^3 + 2x + 5$
3. $f(x) = ax - 2 + 3x^2 + x^3$
4. $f(x) = 1 + 2x + 3x^2 + 4x^3 + k$
5. $f(a) = ax - 2x^2 + 2a^2 - 4 \rightarrow$ Vorsicht, böse Falle, schauen Sie genau hin!
6. $f(t) = tx - x - t + x^2 + 4t^4$
7. $f(x) = 2\sin(x) - 3\cos(x) + 4e^x$

5.2.3 Bestimmung einer Stammfunktion, die eine besondere Bedingung erfüllt

Sie können nachrechnen, dass das unbestimmte Integral $\int 2x \cdot dx = x^2 + C$ gilt. Für C darf man jede Zahl einsetzen, man erhält eine Schar von Parabeln, die in y-Richtung verschoben sind. Abb. 5.4 zeigt $f(x)$ sowie einige Stammfunktionen.

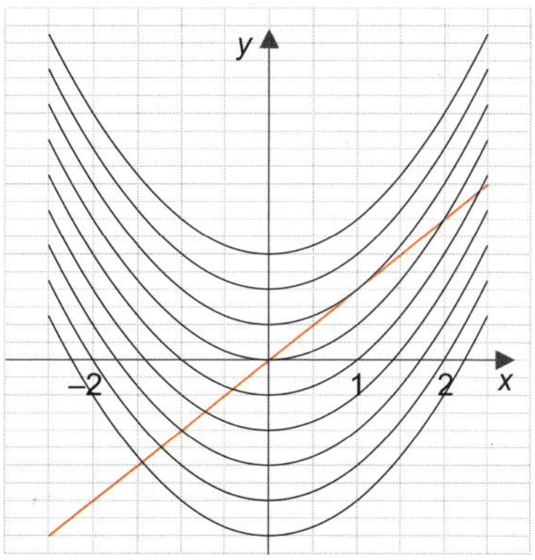

Abb. 5.4: Stammfunktionen zu $f(x) = 2x$

Wir erweitern das Problem durch folgende Zusatzbedingung:

Gesucht ist **eine ganz bestimmte** Stammfunktion zu $f(x) = 2x$. Für beispielsweise $\boldsymbol{x_1 = 3}$ soll **zusätzlich** gelten: $\boldsymbol{F(x_1) = F(3) = 10}$.

Allgemeine Lösung:

$\int 2x\,dx = F(x) = x^2 + C.$

Wir setzen die Zusatzbedingung ein: $\rightarrow x_1 = 3 \rightarrow F(3) = 10$
$10 = 3^2 + C \rightarrow C = 10 - 9 = 1$

$\boldsymbol{F(x) = x^2 + 1}$ ist **die** gesuchte Stammfunktion.

Reflexion Begründen Sie, warum die Funktion $y = x^2 + 1$ genau die Stammfunktion von $y = 2x$ ist, die den Punkt P(3; 10) beinhaltet.

Dieses Auffinden einer speziellen Stammfunktion ist wichtig bei praktischen Anwendungen in der Integralrechnung, wir kommen beim Bestimmen der **Fläche unter gekrümmten Graphen** darauf zurück.

Übungen Gesucht sind bestimmte Stammfunktionen mit den Bedingungen:

Nr.	$f(x)$	$(x \mid F(x))$
1	$2x - 3$	$(1 \mid 4)$
2	$x^2 + 1$	$(0 \mid 0)$
3	$1 - 2x$	$(3 \mid -6)$
4	2	$(1 \mid 3)$
5	$x - x^2$	$(1 \mid 1)$

5.3 Das Integral und die Bestimmung des Flächeninhalts von nicht geradlinig begrenzten Figuren

Während die Differentialrechnung und die „richtige" Integralrechnung erst von Leibnitz und Newton entwickelt wurden, konnten schon im Altertum griechische Mathematiker (Archimedes) Flächen berechnen, die nicht geradlinig begrenzt waren.

Wir deuten in diesem Kurs nur kurz an, wie man zur Flächenberechnung mittels Integralrechnung gelangt.

Man kann ganz einfach zeigen, dass jede krummlinig begrenzte Fläche so aufgeteilt werden kann, dass die auftretenden – endlich vielen – Teilflächen nur **eine gekrümmte Seite** aufweisen, die anderen Seiten sind gerade und stehen senkrecht aufeinander. Durch geschickte Wahl eines Koordinatensystems erscheint jede Teilfläche als Fläche zwischen x-Achse und gekrümmtem Graph. Der folgende Graph soll als Beispiel dienen.

Wie berechnet man nun diese Fläche? Erinnern Sie sich noch, wie bei der Differentialrechnung begonnen wurde?

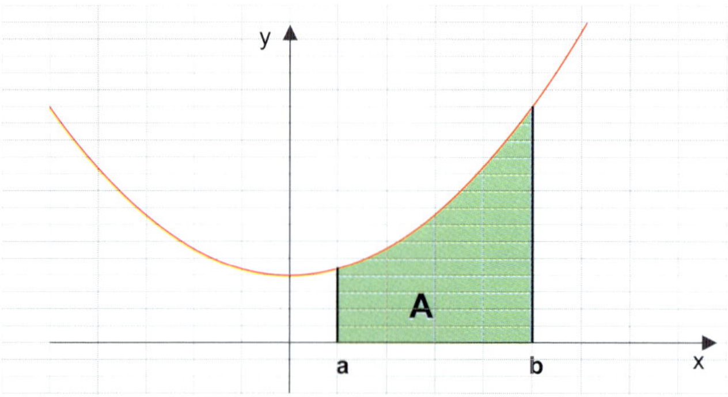

Abb. 5.5: Fläche zwischen Abszisse und Graph im Bereich von $x_1 = a$ bis $x_2 = b$

„Steigung von gekrümmten Graphen können wir nicht, also ersetzen wir den Graphen stückweise durch Geraden. Danach sehen wir weiter." → Jetzt heißt es: „Flächen unter gekrümmten Graphen können wir nicht, also ersetzen wir den Graphen stückweise durch solche Geraden, dass kleine Rechtecke entstehen. Rechtecke können wir." ...

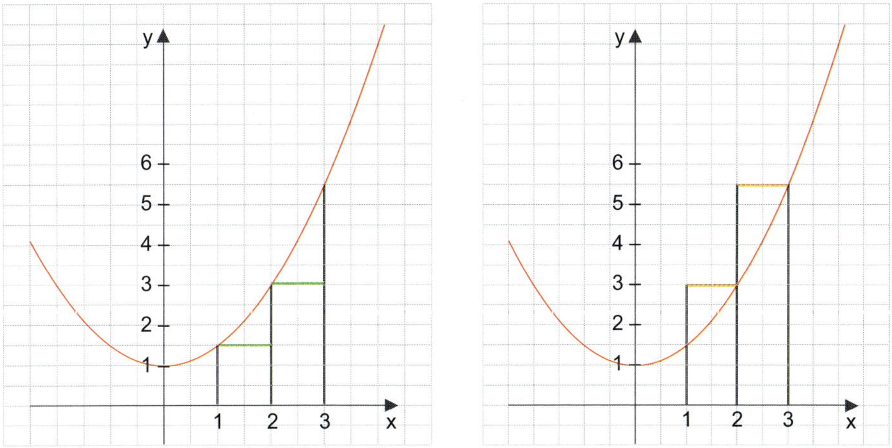

Abb. 5.6: Ersatz der gesuchten Fläche durch Rechteckstreifen

Wir demonstrieren das Vorgehen anhand der Funktion $\boldsymbol{y = f(x) = 0{,}5x^2 + 1}$. Der gesuchte Flächeninhalt $\boldsymbol{A}$ unter dem Graphen soll von $\boldsymbol{x_1 = a = 1}$ **bis** $\boldsymbol{x_2 = b = 3}$ bestimmt werden.

Wir ersetzen die gesuchte Fläche durch die Summe von Rechteckstreifen. Im linken Bild liegen alle Rechtecke unterhalb des Graphen von $f(x)$, wir erhalten also eine Maßzahl, die kleiner ist als $\boldsymbol{A}$. → $\boldsymbol{A_U < A}$ **(Untersumme)**.

Im rechten Bild liegen alle Rechteckstreifen oberhalb des Graphen von $f(x)$, deshalb ist diese Fläche $\boldsymbol{A_O}$ größer als die gesuchte Fläche $\boldsymbol{A}$. → $\boldsymbol{A < A_O}$ **(Obersumme)**.

Fasst man beide Ungleichungen zusammen, ergibt sich:

$$\boldsymbol{A_U < A < A_O}. \qquad A_U \text{ sowie } A_O \text{ sind Näherungswerte für } A.$$

Die Genauigkeit steigt, wenn man die Anzahl der Rechteckstreifen erhöht. Die Breite der Streifen wird zwar immer kleiner, aber die Anzahl der Streifen, die man aufsummieren muss, wächst. Im Grenzfall ist die Streifenbreite kaum von Null zu unterscheiden, dafür wächst die Anzahl der Streifen über alle Grenzen, sodass formal der Ausdruck

$$A = 0 \cdot \infty$$

entsteht. Wir haben Ihnen in diesem Kurs nicht das Rüstzeug vermittelt, dass Sie das Problem untersuchen und lösen könnten, deshalb zeigen wir Ihnen anhand eines Zahlenbeispiels, dass man zu „richtigen" Ergebnissen kommen kann. Dieses Vorgehen ist natürlich kein Beweis, hilft aber, die Arbeitsweise von Mathematikern zu verstehen.

n	A_U	A_O
1	3	11
10	5,94000	6,74000
100	6,29340	6,37340

n	A_U	A_O
1000	6,32932	6,33733
10000	6,33293	6,33373
100000	6,33329	6,33337

Tab. 5.1: Untersumme und Obersumme bei wachsender Anzahl der Streifen

Wir haben für immer mehr Rechteckstreifen (→ erste Spalte **„n"**) sowohl die **Untersumme** als auch die **Obersumme** mittels Rechner bestimmt und die Ergebnisse in Tab 5.1 dargestellt.

Da der Rechner nur eine begrenzte Anzahl von Nachkommastellen berechnen und anzeigen kann, unterscheiden sich ab einer gewissen Anzahl n Untersumme und Obersumme kaum oder gar nicht mehr, dann gilt:

$$\boldsymbol{A_U \leq A \leq A_O}$$

Obiges Vorgehen, nämlich Ersatz der „echten" Fläche durch die Summe sehr, sehr vieler Streifen mit der Breite Δx, wobei Δx gegen null geht, ist auch ein Weg zur Integralrechnung. Formal sieht das so aus:

$\Delta A = \Delta F = f(x) \cdot \Delta x$ (Höhe mal Breite)

Summiert man alle Teilflächen auf, kommt man zu

$$A = F = \sum_{n \to \infty;\ \Delta x \to 0} f(x) \cdot \Delta x = \int f(x) \cdot \mathrm{d}x$$

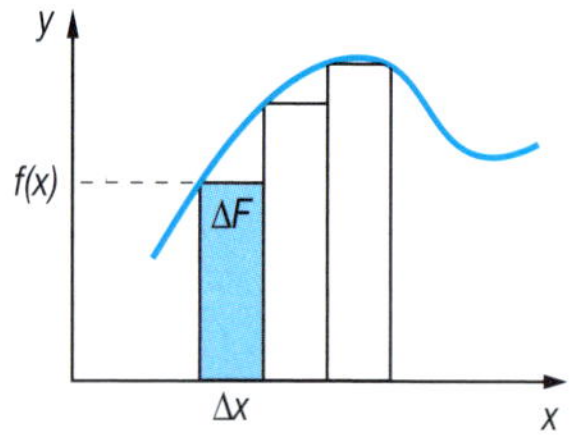

Abb. 5.7: Teilflächen werden addiert

Wir fassen zusammen:

Will man die Fläche unter einer Funktion $f(x)$, die vorerst **nur positive** Funktionswerte aufweisen darf, im Bereich $a \leq x \leq b$ berechnen, so muss man eine ganz **spezielle** Stammfunktion $F(x)$ bestimmen: Wir wissen nämlich, dass bei $x = a$ der Wert der Stammfunktion als Maßzahl für die Fläche **null** sein muss, denn wir fangen hier erst an, die Teilflächen aufzusummieren!

$\rightarrow$ $\boldsymbol{A(x) = F(x) + C}$ **mit** $\boldsymbol{A(a) = 0}$ **führt zu** $\boldsymbol{0 = F(a) + C \rightarrow C = -F(a)}$

Da wir aber bis $x = b$ aufsummieren sollen, ergibt sich für die Fläche $[A]_a^b$ unter dem Graphen von $f(x)$ der Ausdruck

Satz

$$[A]_a^b = \int_a^b f(x)\,dx = F(b) - F(a) \quad \text{(lies: Integral von } a \text{ bis } b\text{)}$$

Die Mathematiker nennen diese Beziehung **„Hauptsatz der Integralrechnung"**.

Da im „täglichen Leben" die **Maßzahlen** für **Flächen** immer **positiv** sind, müssen wir bei der praktischen Berechnung einige **Sonderfälle** beachten.

1. Sonderfall: Der Graph verläuft im betrachteten Intervall nur **oberhalb** der x-Achse.

Beispiel

Wir kommen auf das obige Beispiel zurück und bestimmen den Flächeninhalt unter dem Graphen von $\boldsymbol{f(x) = 0{,}5x^2 + 1}$ im Intervall $\boldsymbol{1 \leq x \leq 3}$. Wir wählen eine andere Schreibweise und erhalten

$$\int_1^3 (0{,}5x^2 + 1)\,dx = F(3) - F(1) = \left[\frac{0{,}5x^3}{3} + x\right]_1^3 = \left(\frac{0{,}5 \cdot 3^3}{3} + 3\right) - \left(\frac{0{,}5 \cdot 1^3}{3} + 1\right) = 6{,}33333$$

Wir erhalten das gleiche Ergebnis wie oben in Tabelle 5.1.

Übungen

Berechnen Sie die folgenden Flächen zwischen Graph und Abszisse im Bereich $a \leq x \leq b$.

Hinweis: Überprüfen Sie, ob die Funktionswerte $f(x)$ im geforderten Intervall wirklich **positiv** sind, sonst erhalten Sie falsche Ergebnisse! Geben Sie an, wie man das grundsätzlich überprüfen kann.

1. $f(x) = 2 + x;\ a = 3;\ b = 5$
2. $f(x) = -x^2 + 10;\ a = -3;\ b = 2$

3. $f(x) = 5 - x$; $a = -10$; $b = -1$

4. $f(x) = 1 + x + x^2$; $a = 0$; $b = 2$

5. Die Vorderansicht einer Halle besteht unten aus einem Rechteck, 6 m breit und 2,50 m hoch. Aufgesetzt ist eine nach unten geöffnete quadratische Parabel, die oberen Ecken des Rechtecks fallen mit den untersten Punkten der Parabel zusammen. Die Halle ist insgesamt 12,50 m hoch. Skizzieren Sie die Front der Halle, legen Sie ein geeignetes Koordinatensystem fest, berechnen Sie die Funktionsgleichung der Parabel und berechnen Sie die Fläche der gesamten Front.

6. In St. Louis befindet sich das „Tor zum Westen", ein großer Bogen. Die Spannweite unten beträgt 192 m, die Scheitelhöhe ebenfalls 192 m.

   Berechnen Sie die Fläche unter dem Bogen, falls Sie a) von einer quadratischen Parabel, b) von einer Sinuslinie ausgehen.

Abb. 5.8

2. Sonderfall: Der Graph von $f(x)$ liegt im Bereich $a \leq x \leq b$ nur **unterhalb** der x-Achse $\rightarrow f(x) < 0$:

Wir behandeln diesen Fall mithilfe eines **Beispiels**:

Berechnet werden soll die Fläche zwischen x-Achse und dem Graphen von $y = -0{,}5x - 2$ für $1 \leq x \leq 4$, dargestellt in Abb. 5.9.

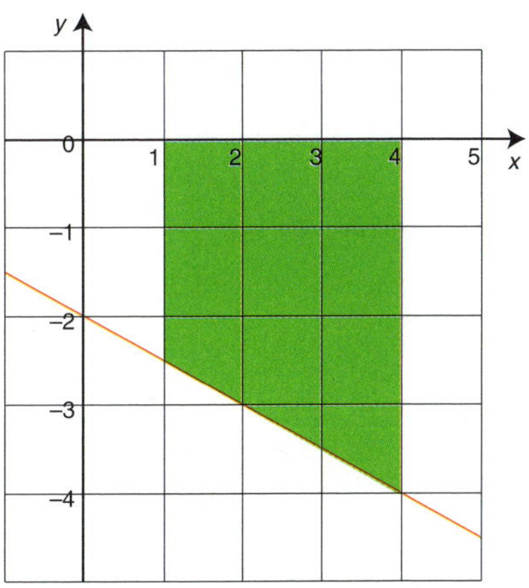

Abb. 5.9: Fläche unter der x-Achse

Wir rechnen: $f(x) = -0{,}5x - 2 \rightarrow F(x) = -0{,}25x^2 - 2x$; $F(1) = -2{,}25$; $F(4) = -12$

$A = F(4) - F(1) = -12 - (-2{,}25) = -9{,}75$

Flächen unter der *x*-Achse kommen negativ heraus, wenn man die Integralrechnung benutzt. Man muss anschließend den Betrag bilden.

Also: $A = \left| \left[F(X) \right]_a^b \right| = \left| F(b) - F(a) \right|$

3. Sonderfall oder besser: der allgemeine Fall → Der Graph verläuft sowohl oberhalb als auch unterhalb der *x*-Achse.

Wir betrachten die Funktion $y = f(x) = x^2 - 9$. Gesucht ist der Flächeninhalt zwischen *x*-Achse und Graph im Bereich $1 \leq x \leq 4$. Die folgende Abbildung 5.10 zeigt das Problem.

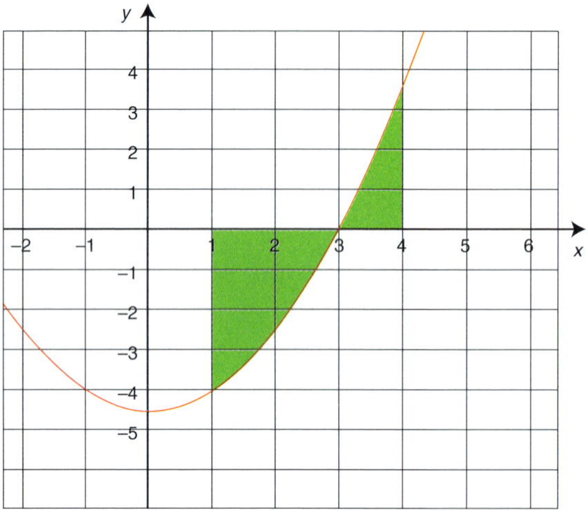

Abb. 5.10: Teilflächen unterhalb und oberhalb der Abszisse

Wir müssen das Intervall aufteilen und zwei Teilflächen getrennt berechnen. Falls eine Teilfläche negativ herauskommt (der Graph liegt unterhalb der Abszisse), bildet man den Betrag. Danach addiert man die Teilflächen.

Zur Aufteilung des Intervalls muss man zuerst die Nullstellen von $f(x)$ berechnen!

Wir demonstrieren das Vorgehen:

a) Berechnung der Nullstellen:

$x^2 - 9 = 0$; $x^2 = 9$; → $|x| = 3$ → $x_{01} = -3$ liegt außerhalb des Intervalls, interessiert nicht, $\mathbf{x_{02} = 3}$ **liegt innerhalb [1, 4]**.

b) Festlegung der Integralgrenzen:

A_1: $a_1 = 1 \quad b_1 = 3$; $\quad A_2$: $a_2 = 3 \quad b_2 = 4$

c) Berechnung der ersten Teilfläche A_1:

$$A_1 = \left| \int_1^3 (x^2 - 9)\,dx \right| = \left| \left[\frac{x^3}{3} - 9x \right]_1^3 \right| = \left| (9 - 27) - \left(\frac{1}{3} - 9 \right) \right| = |-9{,}333| = 9{,}333$$

d) Berechnung der zweiten Teilfläche A_2:

Die Stammfunktion ist schon berechnet!

$$A_2 = \left[\frac{x^3}{3} - 9x \right]_3^4 = (21{,}3333 - 36) - (-18) = 3{,}33333$$

e) Berechnung der Gesamtfläche:

$\mathbf{A = A_1 + A_2 = 9{,}333 + 3{,}333 = 12{,}667}$ (aufrunden → Bruchrechnung führt zu $\frac{38}{3}$)

Hinweis

Verwendet man den Begriff „bestimmtes Integral“ ohne Verbindung mit der Flächenberechnung, so integriert man „einfach so“ und rechnet

$\int_a^b f(x) = F(b) - F(a)$, man kümmert sich überhaupt nicht darum, wo und wie der Graph verläuft.

Das ist zwar bequem zu rechnen, wir kennen aber keine Anwendung für **gestalterische** Berufe/Fragestellungen. Für Sie kann dieser Fall wohl nur in einer Mathematikklausur auftreten.

Übungen

Berechnen Sie die Fläche zwischen $f(x)$ und der x-Achse im angegebenen Intervall.

7. $f(x) = -x + 2 \quad [-6|6]$
8. $f(x) = 2x^2 - 4 \quad [-1|3]$
9. $f(x) = 0{,}1x^3 + 0{,}5x^2 - x \quad [-3|1{,}5]$
10. Berechnen Sie zu 7 bis 9 auch das bestimmte Integral (Wert des Integrals), nicht die Fläche.

4. Sonderfall: Fläche zwischen zwei Graphen, die ein Gebiet einschließen

Wir rechnen ein Beispiel vor, Sie durchschauen sofort den Rechengang. Gesucht ist die Fläche des Gebiets, das von $f(x) = x + 4$ sowie $g(x) = x^2 - 4x + 8$ eingeschlossen wird. Beide Graphen sind in der folgenden Abbildung 5.11 gezeigt.

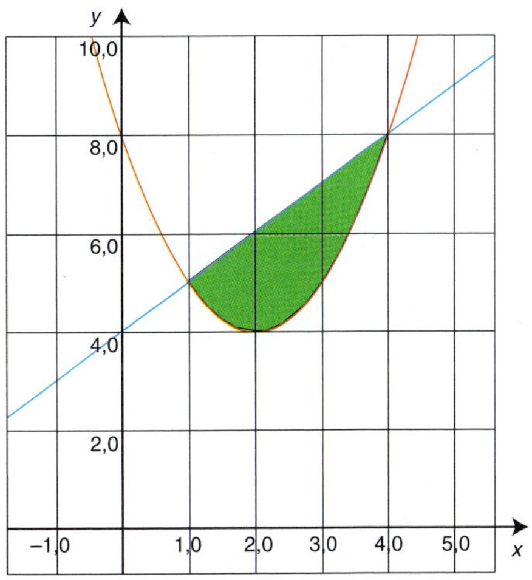

Abb. 5.11: Fläche zwischen Graphen

Musterrechnung:

a) Bestimmung der Integrationsgrenzen → wo schneiden sich die Graphen?

$x^2 - 4x + 8 = x + 4 \rightarrow x^2 - 5x + 4 = 0 \rightarrow x_{01} = 1;\ x_{02} = 4$

Die gesuchte Fläche geht also von $\boldsymbol{a = 1}$ bis $\boldsymbol{b = 4}$.

b) Die Fläche zwischen den Graphen ergibt sich aus der Differenz zwischen der Fläche unter der oberen Kurve, hier $f(x) = x + 4$ und der Fläche unter der unteren Kurve, hier $g(x) = x^2 - 4x + 8$.

$$A = \int_1^4 (f(x) - g(x))\,dx = \int_1^4 (x^2 - 4x + 4)\,dx = \left[\frac{x^3}{3} - \frac{4x^2}{2} + 4x\right]_1^4 = 4{,}50\text{, nachrechnen!}$$

Hinweis: Falls Sie „untere/obere" Kurve vertauscht haben, erhalten Sie ein negatives Ergebnis! Bilden Sie den Betrag. Sollten die einzelnen Graphen im Bereich zwischen den beiden Schnittpunkten Nullstellen haben, stört das nicht. Wenn allerdings mehrere Teilflächen zwischen den beiden Graphen entstehen, müssen Sie diese getrennt ausrechnen und eventuell den Betrag bilden!

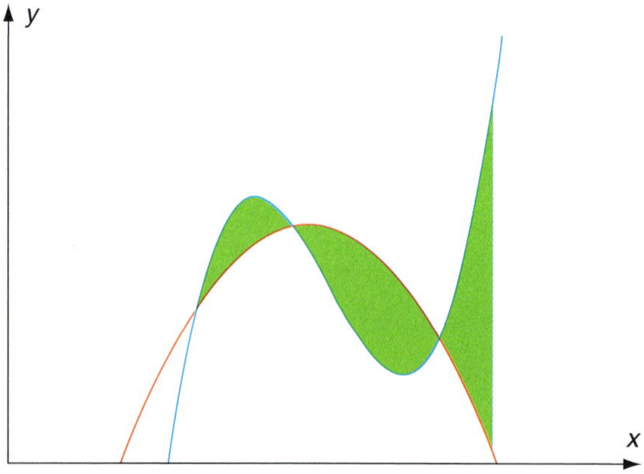

Die nebenstehende Abbildung zeigt das Problem, wir gehen aber nicht weiter darauf ein, sondern stellen geeignete Übungsaufgaben.

Abb. 5.12: Mehrere Teilflächen zwischen zwei Graphen, diese sind „mal oben, mal unten".

Übungen Berechnen Sie den Flächeninhalt zwischen

11. $f(x) = x^2 - 4x - 3$ und $g(x) = -x^2 + 3$
12. $f(x) = 0{,}5x + 6$ und $g(x) = 1 + x^2$
13. $f(x) = -0{,}1x^2 + 4$ und $g(x) = 0{,}2x^3 - x + 4$
    Berechnen Sie den Flächeninhalt zwischen den Graphen der Funktionen f und g im Bereich $-3 \le x \le 3$. Die nebenstehende Grafik demonstriert das Problem.

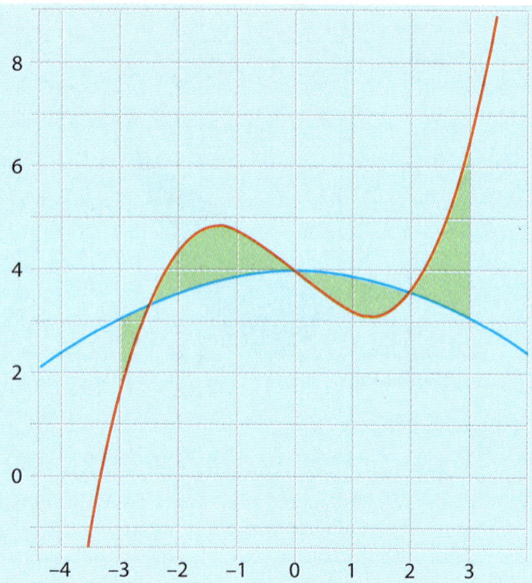

Abb. 5.13: Fläche zwischen 2 Graphen, Übung 13

5.4 Volumen von Rotationskörpern

Sie haben bestimmt schon eine Töpferin oder einen Töpfer bei der Arbeit an der Töpferscheibe gesehen, sei es in natura oder aber im Film/Fernsehen. Im Lexikon liest man: ***„Töpferscheibe, (Drehscheibe)****, zur Formung* ***rotationssymmetrischer*** *Keramikwaren verwendete einfache Maschine, bei der eine waagerecht liegende Scheibe über eine senkrechte Welle durch Fußantrieb oder mithilfe eines Elektromotors in Rotation versetzt wird."*[1]

---

[1] *Bibliografisches Institut & F. A. Brockhaus AG, 2005*

Abb. 5.14: Töpferscheibe

Eine andere Maschine zur Herstellung von Rotationskörpern ist die Drechselbank, die Ihnen sicher bekannt ist. Während bei der Töpferscheibe die Drehachse senkrecht steht, liegt sie bei der Drechselbank waagerecht.

In diesem Kapitel geht es darum, das **Volumen** solcher Rotationskörper zu berechnen. Das Volumen von geradlinig begrenzten Rotationskörpern haben Sie schon viel früher berechnet, man nannte die Rotationskörper nur anders, zum Beispiel Zylinder, Kegel oder Kegelstumpf. Wenn Ihr früherer Mathelehrer ganz weit gekommen ist, haben Sie sogar das Volumen einer Kugel berechnet, dort ist sogar „alles krumm".

Hier lernen Sie, wie die damals von Ihnen benutzten Formeln zustande gekommen sind und wie man das Volumen von „komplizierteren" Rotationskörpern berechnet. Sie werden im folgenden Text erkennen, dass der mathematische Ansatz für die Berechnung des Volumens relativ einfach, anschaulich und auch einsichtig ist, eventuelle Schwierigkeiten können nur beim „Knacken" der auftretenden **Integrale** auftreten.

Eine kleine Rückschau, damit Sie sich erinnern, „wie der Hase läuft":

Als es darum ging, die **Steigung** eines **gekrümmten** Graphen zu bestimmen, haben Sie diesen stückweise durch eine **Gerade** ersetzt, dann machte man die Abschnitte immer kleiner, sodass die Katheten der Steigungsdreiecke auch immer kleiner wurden. Mithilfe von „trickreichen" Umformungen konnte man nachweisen, dass der Wert $\Delta y/\Delta x$ einen **Grenzwert** annimmt, und wenn man das Verfahren für alle unendlich vielen Teilstücke anwendete, gelangte man zur Steigungsfunktion y'. So etwas nennt man Differentialrechnung. Als „Umkehrung der Differentialrechnung" lernten Sie die Integralrechnung kennen. Eine häufige Anwendung war die Berechnung des Flächeninhalts des Gebiets, das von der x-Achse und dem **gekrümmten** Graphen einer nicht linearen Funktion begrenzt wurde, und zwar im Bereich von x_1 bis x_2. Man ersetzte den Graphen stückweise durch ein zur x-Achse paralleles **Geraden**stück und ersetzte somit die gesuchte Fläche durch eine Summe von Teil-Rechtecken. Die Teil-Rechtecke hatten die Breite Δx und die Höhe y_i, und man erhielt:

$A = \Delta x \cdot y_1 + \Delta x \cdot y_2 + \Delta x \cdot y_3 + ... = \Delta x \cdot \Sigma y_i$; mit $y_i = f(x_i)$ kam man zu

$$A = \sum_{i=1}^{n} y_i \cdot \Delta x = \sum_{i=1}^{n} f(x_i) \cdot \Delta x$$

Nun machte man die Abschnitte Δx immer schmaler, damit wurden es immer mehr. Letzendlich „ging Δx gegen null und n (Anzahl der Rechtecke) gegen unendlich", aus dem Summenzeichen wurde das Integralsymbol.

$$\sum_{n\to\infty,\ \Delta x\to 0} \Delta x \cdot f(x_i) \to \int_{x_1}^{x_2} f(x) \cdot dx$$

5.4.1 Rotation um die y-Achse (Töpferscheibe)

Nun versuchen wir, „genauso weiterzudenken“:

Der **gekrümmte** Graph einer Funktion rotiert um die y-Achse (die x-Achse ist praktisch die Töpferscheibe und rotiert um P(0|0)), und das Volumen V_{ROT}. soll **berechnet** werden.

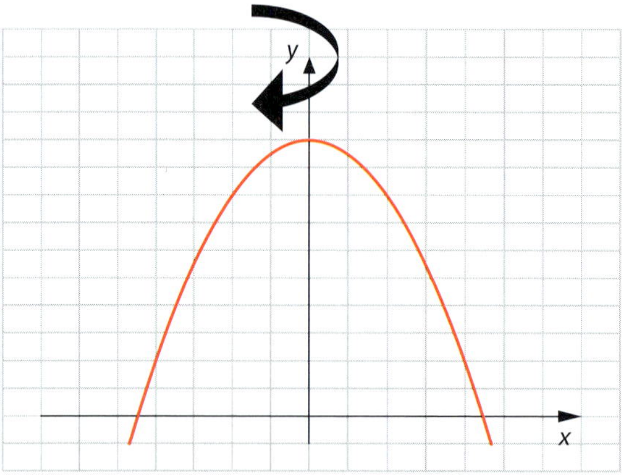

Abb. 5.15: Ein (gekrümmter) Graph rotiert um die y-Achse

„Einfach so“ geht das natürlich nicht, deshalb ersetzen wir den (gekrümmten) Graphen stückweise durch Geraden, die senkrecht zur y-Achse verlaufen. Horizontal schneiden wir Scheiben von der Dicke von Δy heraus. Es entstehen lauter Kreiszylinder mit unterschiedlichen Durchmessern, deren Volumen wir jedoch einzeln berechnen können. Dann müssen wir wieder alle Teilvolumina aufsummieren.

(Teilvolumen → Aufsummieren → Merken Sie etwas?)

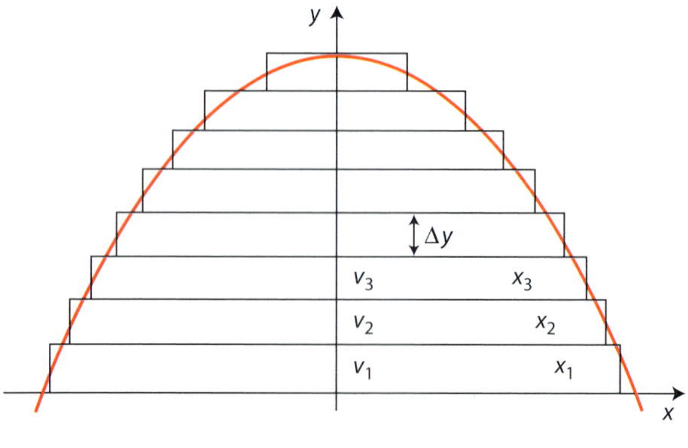

Abb. 5.16: Viele Kreiszylinder als Ersatz für das ursprüngliche Volumen

Das Volumen eines Kreiszylinders bestimmt man mit $V_Z = A_K \cdot h$, dabei ist A_K die Grundfläche und h die Höhe des Zylinders. Hier ist die Grundfläche ein Kreis mit dem Radius x, dessen Fläche mit $\boldsymbol{A_K = \pi \cdot x^2}$ berechnet wird. Die Höhe des Zylinders beträgt Δy, somit beträgt das Volumen des ersten Teilkörpers $\boldsymbol{V_1 = \pi \cdot x_1{}^2 \cdot \Delta y}$; des zweiten Teilkörpers $\boldsymbol{V_2 = \pi \cdot x_2{}^2 \cdot \Delta y}$ usw. Diese Teilkörper müssen aufsummiert werden:

$$V_{ROT} = V_1 + V_2 + V_3 \ldots + x_2^2 = \pi \cdot (x_1^2 + x_2^2 + \ldots) \cdot \Delta y = \sum_{i=1}^{n_n} \pi \cdot x_i^2 \cdot \Delta y$$

Gehen wir davon aus, dass der Rotationskörper die Höhe $h = y_{oben} - y_{unten}$ hat und Δy überall gleich ist, dann gilt $\Delta y = (y_{oben} - y_{unten})/n$; dabei ist n die Anzahl der einzelnen „Scheiben“.

Sie ahnen, wie es weitergeht: **Δy geht gegen Null, n geht gegen Unendlich, aus dem Summenzeichen wird ein Integral!**

$$\boldsymbol{V_{ROT(Y)} = \pi \cdot \int_{y_{unten}}^{y_{oben}} x^2\,dy}$$

Diese Formel gilt natürlich auch, wenn die Seitenlinie des Rotationskörpers nicht gekrümmt, sondern gerade ist (und man die Integralrechnung gar nicht benötigt). Somit kann man beim Üben kontrollieren, ob das Ergebnis richtig ist. Wir zeigen dieses anhand eines Beispiels.

Beispiel

Zu berechnen ist das Volumen eines Kreiskegels mit der Höhe $h = 10$ Längeneinheiten (LE) und dem Radius $r = 5$ (LE).

Wir fertigen eine Skizze an. Es muss eine Gerade gezeichnet werden, die die y-Achse in $S(0|10)$ schneidet und die x-Achse in $P(5|0)$ oder $P(-5|0)$; denn dann betragen die Höhe $h = 10$ LE und der Radius wie gefordert $r = 5$ LE.

Hinweis: Obwohl es nicht korrekt ist, lassen wir in der Rechnung „LE" weg, Sie wissen ja, was gemeint ist.

Die Seitenlinie des Drehkörpers hat die Funktionsgleichung $y = 2x + 10$ bzw. $y = -2x + 10$, das Vorzeichen spielt aber wegen $\boldsymbol{x^2}$ im Integral keine Rolle; denn $(-x)^2 = (+x)^2 = x^2$.

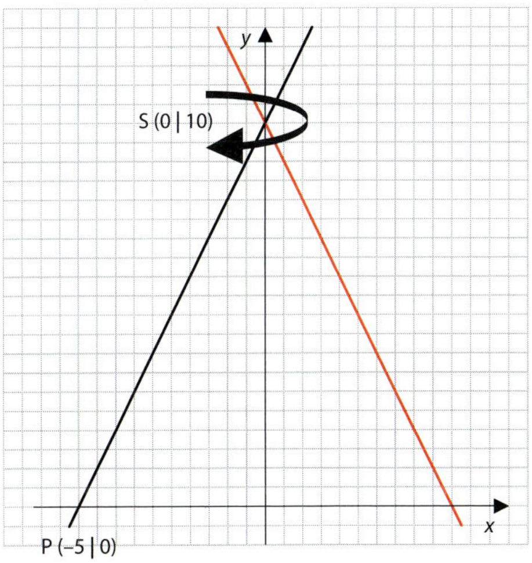

Abb. 5.17: Kreiskegel $\rightarrow$ $\boldsymbol{y = 2x + 10}$

Wir lösen nach x auf und bilden x^2:

$$2x = y - 10 \rightarrow x^2 = \left(\frac{1}{2}y - 5\right)^2 = \frac{1}{4}y^2 - 5y + 25$$

$$V_{KEGEL} = \pi \int_0^{10} \left(\frac{1}{4}y^2 - 5y + 25\right) dy = \pi\left(\frac{1}{12}y^3 - \frac{5}{2}y^2 + 25y\right)\Bigg|_0^{10}$$

$$V_{KEGEL} = \pi\left(\frac{1\,000}{12} - \frac{500}{2} + 250\right) = \pi\left(\frac{250}{3}\right)$$

Rechnet man „normal", d. h. ohne Integral, so gilt:

$V_{KEGEL} = \frac{1}{3}r^2\pi h = \boldsymbol{\frac{1}{3}\pi 250}$, man erhält also das gleiche Ergebnis und Sie wissen nun, woher das $\frac{1}{3}$ in der Volumenformel kommt.

Aufgabe Berechnen Sie allgemein das Volumen eines Kegelstumpfes mit R, r, h.

Lösung:

Es handelt sich um ein geometrisches Problem, also fertigen wir eine Skizze an!

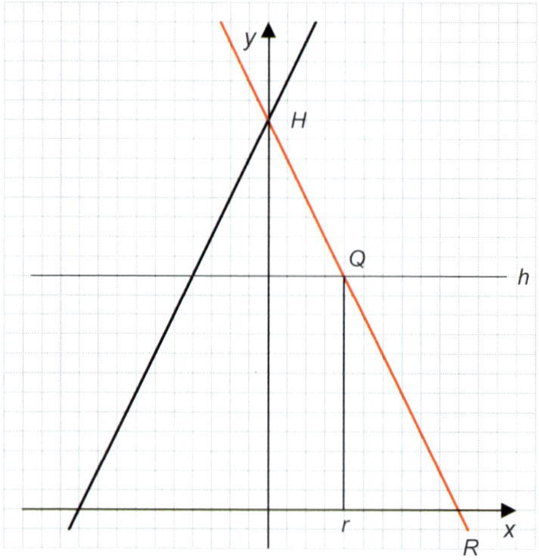

Abb. 5.18: Kegelstumpf

Der Graph der Seitenlinie ist eine Gerade, diese verläuft durch die Punkte $P(R|0)$ und $Q(r|h)$.

$$y = mx + n \rightarrow m = \frac{\Delta y}{\Delta x} = \frac{0 - h}{R - r}.$$

Jetzt fehlt noch n, um die Geradengleichung aufzustellen. Bislang haben Sie m in die allgemeine Geradengleichung eingesetzt und nach n aufgelöst, das sollten Sie zur Übung auch tun. Hier wählen wir einen anderen Lösungsweg, wir benutzen den 2. Strahlensatz.

$$\frac{R}{r} = \frac{H}{H - h} \rightarrow RH - Rh = rH \rightarrow H(R - r) = Rh \rightarrow H = \frac{Rh}{R - r} = n$$

$$y = mx + n \rightarrow x = \frac{y - n}{m} = \frac{y - \frac{Rh}{R - r}}{\frac{-h}{R - r}} = \frac{y(R - r) - Rh}{-h} = -\frac{R - r}{h}y + R$$

$$x^2 = \left(\frac{-R + r}{h}\right)^2 y^2 - 2\left(\frac{(R - r)R}{h}\right)y + R^2$$

Nun können wir das Integral bestimmen!

$$V_{KSt} = \pi \int_0^h x^2\, dy = \pi \int_0^h \left(\frac{(r - R)^2}{h^2} y^2 - 2\frac{(R - r)R}{h} y + R^2\right) dy$$

$$V_{KSt} = \pi\left(\frac{R^2 - 2Rr + r^2}{h^2} \cdot \frac{h^3}{3} - 2\frac{R^2 - Rr}{h} \cdot \frac{h^2}{2} + R^2 h\right)$$

Wir kürzen, fassen zusammen und erhalten:

$$\mathbf{V_{KSt} = \frac{\pi \cdot h}{3}(R^2 + r^2 + rR)}$$

Dieses Ergebnis finden Sie auch in einer ausführlichen Formelsammlung.

Hinweis

Wegen der verlangten **allgemeinen** Lösung ergeben sich Doppelbrüche und viel Schreiberei, geben Sie deshalb nicht auf! Im nächsten Beispiel können Sie nachvollziehen, dass es „mit Zahlen viel einfacher ist".

Beispiel

Ein Kegelstumpf ist 24 cm hoch, unten beträgt der Radius 12 cm, oben sind es 6 cm. Berechnen Sie das Volumen mittels Integralrechnung.

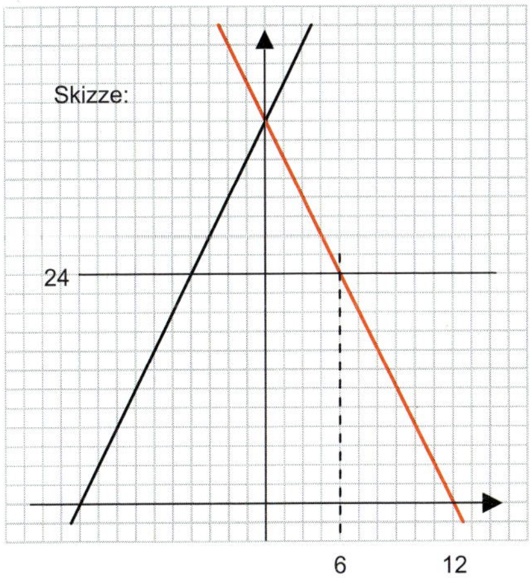

Abb. 5.19: Kegelstumpf

$y = mx + n \rightarrow m = 24/(6 - 12) = -4 \rightarrow n = y - mx$

$\rightarrow P(12|0)$: $n = 0 - (-4)\,12 = 48 \rightarrow \mathbf{y = -4x + 48}$

$\rightarrow x = 12 - (1/4) \cdot y$

$x^2 = 144 - 6y + (1/16) \cdot y^2$

$$V = \pi \int_0^{24} \left(144 - 6y + \frac{1}{16}y^2\right) dy = \pi\left(144y - 3y^2 + \frac{1}{48}y^3\right)\Big|_0^{24}$$

$V = \pi(3456 - 1728 + 288) = \pi \cdot \mathbf{2016}$

Der Kegelstumpf hat also ein Volumen von 6 333 cm^3.

Kontrolle: $V = \pi h(R^2 + r^2 + Rr)/3 = \pi h(12^2 + 6^2 + 12 \cdot 6)/3 = \mathbf{2016} \cdot \pi$, die Ergebnisse stimmen überein.

Übungen

1. Simone entwirft eine ganze Kollektion von Trinkgläsern, und da sie von der Mathematik fasziniert ist, sollen die Formen von mathematischen Funktionen hergeleitet werden. Sie experimentiert mit der Normalparabel, das Sektglas soll eine Öffnungsweite von 5 cm haben. Berechnen Sie das Volumen dieses Glases, wenn es bis zum Rand gefüllt ist.

2. Das Glas aus Übung 1 ist **nicht verkehrsfähig**[1], weil zu wenig hineinpasst. Gehen Sie weiterhin von einer rotierenden Normalparabel aus und bestimmen Sie a) die Höhe des Eichstrichs, wenn genau 100 cm^3 hineingehen sollen. Das Glas selbst ist 1,5 cm höher, berechnen Sie b) die Öffnungsweite.

[1] *Trinkgefäße für alkoholhaltige Getränke haben lt. Gesetz vorgeschriebene Volumina.*

3. 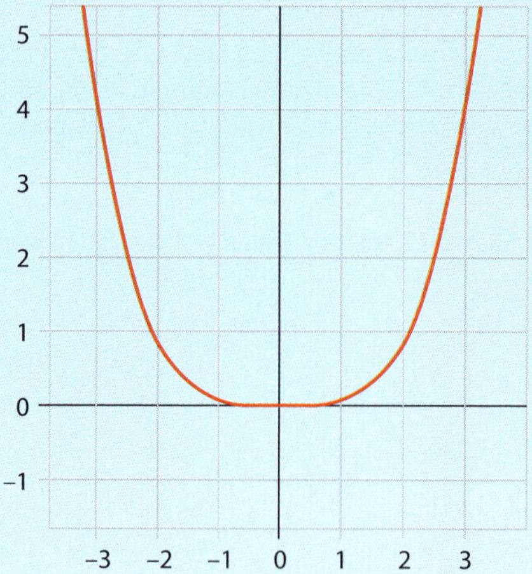

Nebenstehende Abbildung zeigt den Graphen von $y = 0{,}05x^4$ (Trinkgefäß). Berechnen Sie das Volumen für die Höhe $h = 5$ cm bei Rotation um die y-Achse.

Abb. 5.20: Rotationskörper (Trinkgefäß)

5.4.2 Rotation um die x-Achse (Drechselbank)

Bei Rotation um die x-Achse ist der jeweilige y-Wert der Radius des Teilzylinders, die Höhe ist nun Δx.

Aufgabe Fertigen Sie eine entsprechende Zeichnung an!

Ohne weitere Herleitung geben wir die entsprechende Formel an.

$$V_{Rot(x)} = \pi \int_a^b y^2 \, dx$$

Den Rechengang zeigen wir an zwei **Beispielen**.

Beispiel 1

Es soll das Volumen eines Zylinders mit dem Radius r und der Höhe h berechnet werden. Lösungsansatz: Der Graph der Funktion $y = r$ (Parallele zur x-Achse im Abstand r) rotiert um die x-Achse, $0 \leq x \leq h$.

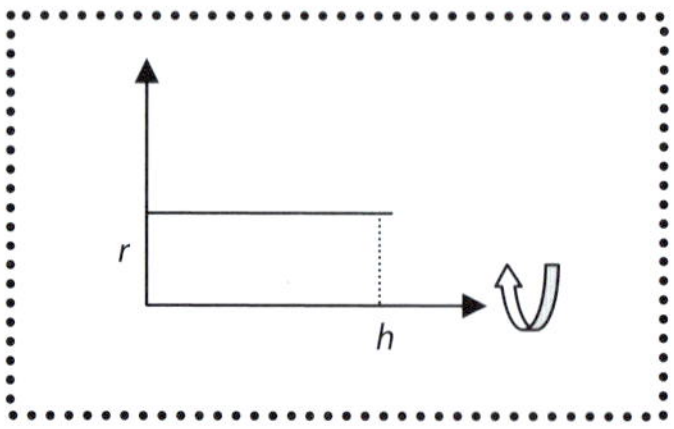

$y = r \rightarrow y^2 = r^2$

Abb. 5.21: Zylinder

$$V = \pi \int_0^h r^2 \, dx = \pi \cdot r^2 x \Big|_0^h = \pi \cdot r^2 \cdot h$$

Dieses Ergebnis ist Ihnen sicher bekannt.

Beispiel 2

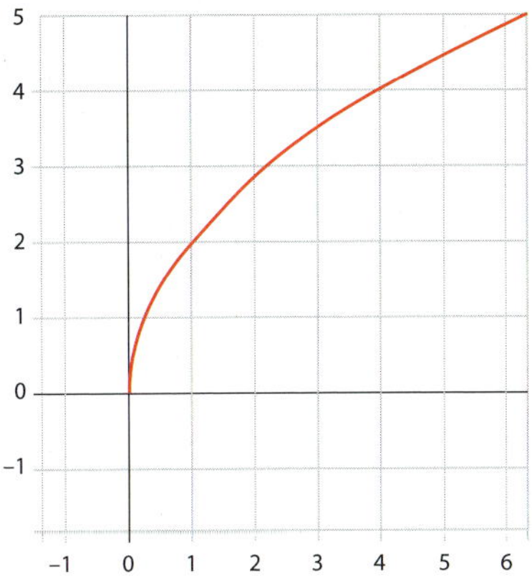

Abb. 5.22: Rotationskörper

Der Graph der Funktion $y = 2 \cdot \sqrt[2]{x}$ rotiere um die x-Achse. Gesucht ist das Volumen im Bereich $2 \le x \le 6$ (Abb. 5.22).

$y^2 = 4x$

$V_x = \pi \int_2^6 4x\,dx = 4\pi \cdot \frac{x^2}{2} \Big|_2^6$

$= 2\pi(36 - 4) = 64\pi$

Übungen

1. Ein Kegel mit der Höhe $h = 10$ m entstehe durch Rotation des Graphen von $y = 0{,}2x$ a) um die x-Achse, b) um die y-Achse. Berechnen Sie die beiden Volumina.

2. Ein Kreis mit dem Mittelpunkt $M(0|0)$ hat den Radius $r = 1$. Die Funktionsgleichung lautet: $x^2 + y^2 = 1$. Berechnen Sie das Volumen der zugehörigen Kugel[1].

3. Ein Trinkglas hat die Form eines Kegelstumpfs, $r = 2{,}2$ cm, $R = 3$ cm, $V = 200$ cm^3. Berechnen Sie die Höhe h.

4. Der Graph der Funktion $y = \sqrt{\cos(x)}$ rotiert um die x-Achse (siehe Bild). Berechnen Sie das Volumen für $0 \le x \le 0{,}5\pi$.

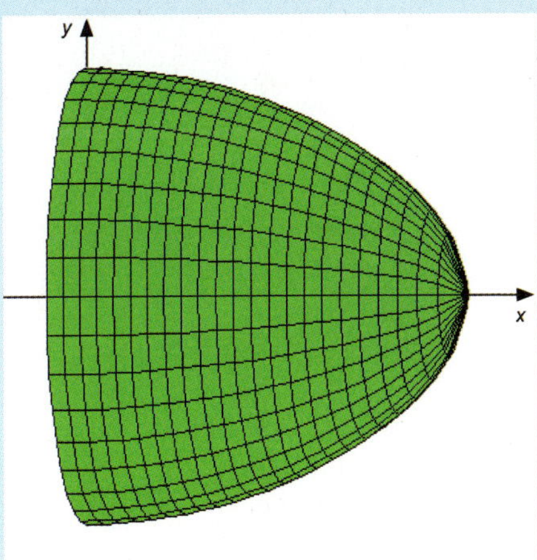

Abb. 5.23

[1] *Streng genommen handelt es sich hier um eine Relation, denn beim Vollkreis gehören zu einem x-Wert zwei y-Werte!*

5.5 Referatsthemen, Facharbeiten, fächerverbindende Projekte, vermischte Übungen

1. Verfassen Sie ein Referat über die Anwendung der Integralrechnung zur Bestimmung von Mantelflächen und Volumina von Rotationskörpern.
2. Der Zusammenhang zwischen Dichte- und Verteilungsfunktion verschiedener Wahrscheinlichkeitsverteilungen und der Differential- und Integralrechnung
3. Die Integralrechnung in der Marktforschung und Betriebswirtschaft (Nachfragfunktion, Gesamtkostenfunktion, Gesamtumsatz, Ertragsfunktion, Gesamterzeugungsmenge)

5.6 Zusammenstellung der neuen Vokabeln

Zusammenstellung

bestimmtes Integral
Integrationsgrenzen
Integrationskonstante
integrieren
Rotationskörper
Stammfunktion
unbestimmtes Integral
Wert des Integrals

6 Massenereignisse in unserer Welt beschreiben und visualisieren

Vorbemerkungen zur Statistik

Mit Statistiken kommen Sie jeden Tag in Berührung, sie begegnen Ihnen in der Zeitung, im Fernsehen, in Werbeanzeigen und auch in einigen Ihrer Fachbücher.

Statistiken treten in Tabellenform, in Grafiken und in bestimmten Maß- oder Kennzahlen (Durchschnitt, Höchst- und Mindestwert) auf.

Statistik befasst sich grundsätzlich mit Massenerscheinungen. Einzelbeobachtungen können in der Wissenschaft zwar nützlich sein, sind aber niemals Gegenstand der Statistik.

In diesem Kurs lernen Sie, wie man Daten gewinnt, aufbereitet, veranschaulicht und beurteilt. Sie sollen auch erkennen können, wann und wie versucht wird, Sie mit den „faulen Tricks der statistischen Betrüger" zu **manipulieren**. Hier geht es um „besondere" Gestaltungstechniken von Grafiken.

Statistik ist eines der ältesten Verfahren, das die Menschen bereits in den frühen Zivilisationen angewendet haben, um ihr Staatswesen zu überblicken und zu verwalten (z. B. Steuereinnahmen, Getreideernten, Bevölkerungsaufkommen etc.)

Der Zweck der Statistik ist es, umfangreiche Daten zu erheben und sie zu veranschaulichen. Das regelt die beschreibende oder **deskriptive Statistik**.

Schlussfolgerungen aus den erhobenen Daten zu ziehen, ist Aufgabe der **schließenden Statistik**. In den Sozialwissenschaften wird häufig aus dem Verhalten einer untersuchten Stichprobe auf das Verhalten der Gesamtheit geschlossen. Wie ausgesprochen gut die schließende Statistik das kann, erleben Sie jedes Mal an einem Wahlabend. Dort gelingt es den Forschungsinstituten bereits nach der Auszählung weniger Wahlkreise, das Endergebnis der Wahl durch sog. Hochrechnungen sehr genau vorherzusagen.

Für die Beschäftigung mit Statistik benötigen Sie nur sehr geringe mathematische Fähigkeiten. Die vier Grundrechnungsarten, Prozentrechnung und Dreisatz reichen völlig aus. Das Problem liegt eher auf der sprachlichen Seite. Die Statistik verwendet sehr viele Fachwörter. Diese neuen Vokabeln sollten Sie möglichst von Anfang an gewissenhaft lernen.

6.1 Eindimensionale Untersuchungen

6.1.1 Datenerhebung und -aufbereitung

Statistische Methoden wurden anfangs in den Naturwissenschaften und in der Technik angewendet. Wenn man z. B. Informationen (Daten) über das Gewicht von Paketen benötigte, legte man die Pakete auf die Waage und wog es.

In den Sozialwissenschaften erarbeitete man ebenfalls Methoden, um bestimmte Sachverhalte (Merkmale) erfassen und „messen" zu können. Die Datenerhebung erfolgt beispielsweise durch

- Interviewer,
- Fragebögen,
- Abstimmungen per Telefon (Wählen einer bestimmten Telefonnummer),

- Abstimmung in der Gruppe,
- Beobachtung von Konsumentenverhalten,
- Extraktion aus bereits vorhandenen Dateien,
- Messungen (Größe, Gewicht, Temperatur etc.).

Hinweis In diesem Kurs können wir nicht besprechen, **wie** und unter welchen **Bedingungen** die obigen Erhebungsmethoden einzusetzen sind, das ist Sache der Fachwissenschaften und der Spezialliteratur.[1] Wir werden allerdings darauf eingehen, welche Qualitätsmerkmale eine Datenerhebung aufweisen muss.

In jüngster Zeit wird von Bildungspolitikern immer häufiger die Einrichtung von Ganztagsschulen gefordert. In solchen Schulen muss den Schülerinnen und Schülern ein Mittagsessen angeboten werden. Die *CMA*[2] hat das zum Anlass genommen, an bereits bestehenden Ganztagsschulen das Nahrungsmittelangebot und die Verzehrgewohnheiten der Schüler zu untersuchen.

Dazu wurden 593 Schülerinnen und Schüler der Sekundarstufe 1 von einem Interviewer befragt. Mit dem abgebildeten Fragebogen sollte erfragt werden, welche der angebotenen Speisen und Getränke von der Zielgruppe verzehrt wurden.

Schulverpflegung an Ganztagsschulen	
Was isst du denn in der Mittagspause in der Schule? – Mahlzeiten mit Fleisch – Nachspeisen – Mahlzeiten mit Salat – Mahlzeiten mit Nudeln – Obst, Rohkost – Mahlzeiten mit Kartoffeln/Knödeln – Mahlzeiten mit Reis – Mahlzeiten mit vegetarischen Gerichten – Schokoriegel, Schokolade, Bonbons, Müsliriegel, Milchschnitte – Mahlzeiten mit Fisch – Mahlzeiten mit Suppen/Eintöpfen	*Was trinkst du zum Essen?* – (Mineral-)Wasser – Saft – Milchgetränke mit Geschmack – Milch pur – Limonade und Eistee – Tee – Cola
Mehrfachnennungen möglich	

Quelle: CMA, Ernährungsinformation 2/2005

Aufgabe 1 Erarbeiten Sie bitte in Gruppen, wie die 593 Fragebögen weiterzuverarbeiten sind. Entwickeln Sie einen Gestaltungsvorschlag zur Visualisierung der erhobenen Daten.

[1] *Z. B. Lienert: Testaufbau und Testanalyse, Weinheim 1961*
[2] *Centrale Marketing-Gesellschaft der deutschen Agrarwissenschaft mbH, Bonn*

Wie oben angekündigt, lebt die Statistik von vielen Fachwörtern. Die *CMA*-Untersuchung beinhaltet bereits einige neue Vokabeln, die wir hier in einer Vokabelliste zusammenstellen wollen:

Merkmal *X*, *Y*	Das sind die Kategorien, die abgefragt werden. Hier: Getränk, Lebensmittel
Merkmalsausprägung x_1, x_2, x_3 + y_1, y_2, y_3 +	Das sind die möglichen Antworten. (Obst, Nachspeisen bzw. Tee, Cola, Saft)
Häufigkeit f_i	Gibt an, wie oft die gleiche Antwort gegeben wurde (z. B. 125-mal Saft); *f* aus engl. *frequency*
Häufigkeitsverteilung	Tabelle, in der alle Häufigkeiten zusammengefasst sind
Population, Grundgesamtheit	Gesamtheit, auf die sich eine Untersuchung bezieht (alle Schüler in Ganztagsschulen)
Stichprobe	Befragte Schülergruppe, also Teilmenge der Grundgesamtheit
Stichprobenumfang *n*	Größe der Stichprobe ($n = 593$)
Versuchsperson (VP) Testperson (TP) Beobachtungseinheit (BE)	Befragte Person

Die Wissenschaftler der *CMA* haben die Fragebögen in Tabellen zusammengefasst, in denen zu erkennen ist, wie häufig ein bestimmtes Lebensmittel bzw. Getränk genannt wurde. Deshalb nennt man solche Tabellen **Häufigkeitsverteilungen**. Da zwei Merkmale (Lebensmittel und Getränk) untersucht wurden, benötigten sie zwei Tabellen.

Lebensmittel	f_i in %
Fleisch	68
Nachspeisen	45
Salat	43
Nudeln	47
Obst	37
Kartoffeln	38
Reis	19
Vegetarisch	15
Schokoriegel	k9
Fisch	12
Eintopf	9

Getränk	f_i in %
Wasser	44
Saft	54
Milchgetränk	61
Milch pur	53
Limonade	53
Tee	12
Cola	41

Tab. 6.1

Zur grafischen Darstellung wählten sie **Säulendiagramme**. Bei diesen Diagrammen werden die Merkmalsausprägungen auf der x-Achse und die zugehörigen Häufigkeiten auf der y-Achse aufgetragen.

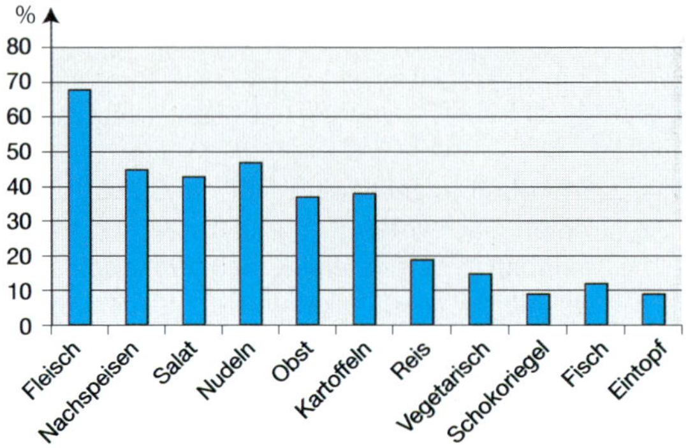

Abb. 6.1 Verzehrfrequenz bestimmter Gerichte und Lebensmittel zum Mittagessen (Mehrfachnennungen möglich, Angaben in %)

Aufgabe 2 Zeichnen Sie ein Säulendiagramm für die Umfrage bezüglich der Getränkewahl.

Beispiel 1

In einer Studie zum Ernährungswissen der Verbraucher befragte die *CMA* eine repräsentative Stichprobe ($n = 2116$; 514 *m*, 1602 *w*). Die ausgewählten Personen wurden nach ihrer Meinung zum Zusammenhang zwischen Ernährung und Gesundheit befragt. Tab. 6.2 zeigt die Untersuchungsdaten.

Untersuchungsdaten

Zusammenhang zw. Ernährung u. Gesundheit	Frauen	Männer
Sehr groß	593	149
Groß	897	283
Weder noch	96	72
Gering	16	10
Sehr gering	0	0

Tab. 6.2: Quelle: CMA, Ernährungsinformation 01/2006

Die Analyse der **Datenstruktur** dieser Erhebung ergibt:

- Es wurden **zwei Merkmale** untersucht: **Meinung zum Zusammenhang zwischen Ernährung und Gesundheit** und **Geschlecht**.
- D.h., man benötigt **zwei Häufigkeitsverteilungen**, die man bei dieser Erhebung aber in einer Tabelle zusammenfassen kann (Tab. 6.2)
- Die jeweiligen Merkmalsausprägungen sind:
  sehr groß, groß, weder noch, gering, sehr gering bzw. *weiblich, männlich*.
- Beide Stichproben (Männer, Frauen) sind unterschiedlich groß. D.h., man kann die in der Tabelle angegebenen Häufigkeiten nicht vergleichen.

Sollen bei einer Untersuchung zwei unterschiedlich große Stichproben verglichen werden, müssen die Häufigkeiten in Tab. 6.2 durch einen mathematischen Trick vergleichbar gemacht werden. Das leistet die Prozentrechnung. Prozentzahlen beziehen sich immer auf die gleiche Grundgröße, nämlich 100 %. Mit der Umrechnung in %-Angaben machen Sie die beiden Stichproben künstlich gleich groß.

Merksatz

Häufigkeitsangaben in % nennt man **relative Häufigkeiten f_{rel}**,

Häufigkeitsangaben in „normalen" Zahlen heißen **absolute Häufigkeiten f_{abs}**.

Bleibt nur noch zu klären, wie die absoluten in die relativen Häufigkeiten umgerechnet werden. Das kennen Sie schon aus der Prozentrechnung, die entsprechende Formel lautet mit den neuen Bezeichnungen:

$$f_{rel} = \frac{f_{abs}}{n} 100\,\%$$

Die Häufigkeitsverteilung Tab. 6.2 muss jeweils um die Spalten für die relativen Häufigkeiten ergänzt werden.

Aufgabe 3

Berechnen Sie die relativen Häufigkeiten.

Zusammenhang zw. Ernährung u. Gesundheit	Frauen f_{abs}	Frauen f_{rel}	Männer f_{abs}	Männer f_{rel}
Sehr groß	593		149	
Groß	897		283	
Weder noch	96		72	
Gering	16		10	
Sehr gering	0		0	
$n =$	1602		514	

Tab. 6.3: Absolute und relative Häufigkeiten

Zur grafischen Darstellung kann ein Säulen- oder ein Balkendiagramm gewählt werden. Beim **Balkendiagramm** *(bar chart)* werden die Merkmalsausprägungen auf der y-Achse und die Häufigkeiten auf der x-Achse aufgetragen. Sie kennen das aus der Architektur: Säulen stehen für gewöhnlich senkrecht, Balken liegen horizontal.

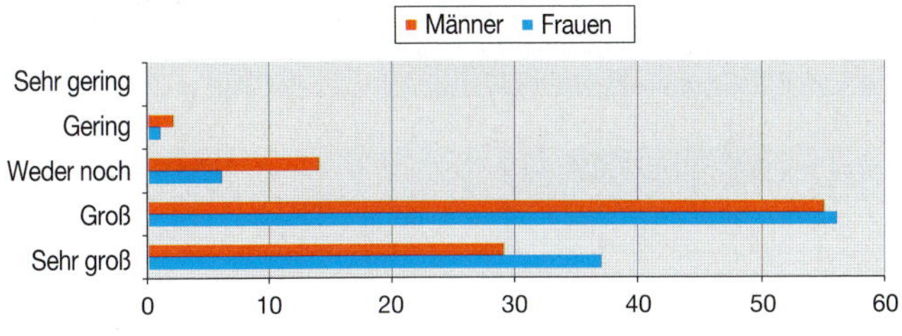

Abb. 6.2: Zusammenhang zwischen Ernährung und Gesundheit (Angaben in %)

Beispiel 2

Sie sind als Praktikantin in einer Werbeagentur tätig. Ihre Praxisanleiterin bittet Sie, für das abgelaufene Geschäftsjahr um eine Zusammenstellung der realisierten Werbeaufträge. Sie wünscht eine Übersicht, wie sich die Aufträge auf die einzelnen Werbebereiche verteilen. Die Daten aus den Geschäftsunterlagen stellen Sie in einer Häufigkeitstabelle zusammen:

Werbemedien	f_{abs}	f_{rel}	Gradzahl
Printmedien	355	25,9	
Fernsehsender	404	29,5	
Radiosender	220	16,1	
Internet	121	8,8	
Plakatierung	150	10,9	
Sonstige (Flyer, E-Mail-Versand, Prospekte etc.)	120	8,8	
Summe	1370	100	360

Tab. 6.4: Verteilung der Werbeaufträge

Die Daten möchten Sie in einem **Kreisdiagramm** visualisieren. Bei Säulendiagrammen wird die Häufigkeit durch die Höhe der Säule dargestellt, bei einem Kreisdiagramm durch die Größe des Tortenstücks (deshalb nennt man sie manchmal auch **Tortendiagramme**). Zur Berechnung der Größe des Tortenstücks benötigen Sie den Dreisatz. Der ganze Kreis hat 360°, das entspricht 100 %. Nun berechnen Sie nur noch, wie viel Grad 25,9 %, 29,5 % ... entsprechen. Es ist sinnvoll, die Häufigkeitstabelle um eine Spalte zu ergänzen und die Werte für die Gradzahl dort einzutragen. Danach nehmen Sie sich Zirkel und Winkelmesser und zeichnen das Diagramm.

Aufgabe 4 Berechnen Sie die Gradzahlen in Tab. 6.4 und zeichnen Sie das Kreisdiagramm. Lässt sich die Untersuchung in der Ganztagsschule (Tab. 6.1) in einem Kreisdiagramm darstellen?

Beispiel 3

Bei einem Test über die Wirkung eines Kundenstoppers mit einem Werbeplakat ihrer Agentur haben Sie bei 22 Passanten (VP) beobachtet, wie lange der Stopper ihre Aufmerksamkeit binden konnte. Die Zeitdauer des Verweilens haben Sie in Sekunden gemessen und in folgender Tabelle zusammengestellt:

VP Nr.	1	2	3	4	5	6	7	8	9	10	11
x_i	7	11	9	10	10	11	10	12	8	9	10
VP Nr.	12	13	14	15	16	17	18	19	20	21	22
x_i	14	13	9	10	10	7	12	8	11	10	11

Tab. 6.5: Verweildauer der Passanten am Kundenstopper

Bei dieser Erhebung wurden die Daten in der Reihenfolge, in der sie angefallen sind, aufgelistet. Man erhält die **Urliste** oder **Rohliste**. Urlisten haben verallgemeinert folgende Form:

VP Nr.	1	2	3	4	5	6	...	i	...
Merkmalsausprägung x_i	x_1	x_2	x_3	x_4	x_5	x_6	...	x_i	...

Tab. 6.6: Urliste

In der ersten Zeile werden die „untersuchten“ Versuchspersonen (VP) fortlaufend notiert und durch eine Zahl anonymisiert, in der zweiten die zugehörigen **Merkmalsausprägung x_i** des untersuchten Merkmals x.

Hinweis

„i“ ist ein Index und gibt an, wo in der Tabelle die Merkmalsausprägung zu finden ist. Wurden beispielsweise die Mathematiknoten (Merkmal) aller Unterstufenschüler notiert, so bedeutet x_5 = „3“, dass der 5. in der Liste in Mathe eine „3“ hat.

Hinweis

In der Praxis lässt man oft die erste Zeile der Tabelle weg, man ist dann allerdings nicht mehr in der Lage, nachträglich bestimmte Merkmalsausprägungen zu kontrollieren (→ offensichtliche Schreibfehler oder Ähnliches).

Eine Urliste gibt die erhobenen Daten in der Reihenfolge an, in der sie aufgenommen wurden. Sie ist zum Weiterarbeiten kaum geeignet, deshalb ordnen wir die Merkmalsausprägungen der Tab. 6.5 in aufsteigender Reihenfolge. Das ist eine mühsame und Konzentration erfordernde Arbeit, die man am besten mit dem Computer erledigt. Man erhält die so genannte „geordnete Liste“, manche Autoren sprechen auch von der „primären Tafel“. Diese zeigt übersichtlich wichtige Informationen: Der kleinste und der größte Wert sind einfach abzulesen, und der Messwert, der am häufigsten auftritt (**Modalwert**), kann durch einfaches Zählen ermittelt werden.

Es ergibt sich die geordnete Liste:

7	7	8	8	9	9	9	10	10	10	10
10	10	10	11	11	11	11	12	12	13	14

Tab. 6.7: Geordnete Liste von Tab. 6.5, Verweildauer vor dem Kundenstopper

Eine andere Methode, die Daten einzuordnen, ergibt sich durch das Anlegen einer **Strichliste**. Wir demonstrieren das Vorgehen anhand der Urliste Tab. 6.7. Zuerst notiert man untereinander die auftretenden Merkmalsausprägungen in aufsteigender Reihenfolge, dann geht man nacheinander die Werte der Urliste durch, macht einen Strich in die zutreffende Zeile der Strichliste und streicht den Wert in der Urliste aus. Dieses Vorgehen hilft, um Fehler zu vermeiden.

Es entsteht die sogenannte **Häufigkeitsverteilung**.

Die Auswertung ergibt: Die kleinste Ausprägung – „Verweildauer vor dem Kundenstopper“ – beträgt „7 s“ und wurde von 2 VP (9,1 %) erreicht, als größte verzeichnet man „15 s“, dieser Wert kam bei einer Versuchsperson vor. Der am häufigsten auftretende Wert heißt **Modus** oder **Modalwert** und wird später genauer besprochen.

Beachten Sie die rechte Spalte! Dort wurde zusätzlich zur (absoluten) Häufigkeit die relative Häufigkeit in % angegeben. Diese Spalte benötigt man dann unbedingt, wenn man zwei Verteilungen mit unterschiedlichem Umfang ($n_1 \neq n_2$) vergleichen will.

Bei der Untersuchung aus Beispiel 3 wurden die Rohdaten aus der Urliste wieder in einer Häufigkeitsverteilung zusammengefasst. Die Informationen, wie lange eine bestimmte Versuchsperson verweilt hat, gehen dabei verloren. Man spricht deshalb von einer **Datenreduktion**.

Unsere Aufgabe besteht nun darin, die in der obigen Tabelle aufbereiteten Daten zu veranschaulichen, d.h. grafisch darzustellen. Sie können dazu ein **Säulendiagramm** oder einen **Polygonzug**[1] wählen.

---

[1] *Polygon „Viele Steckenabschnitte“ bilden den gesamten Streckenzug.*

i	x_i	Anzahl	f_i	$f_i(\%)$
1	7	‖	2	9,1
2	8	‖	2	9,1
3	9	‖‖	3	13,6
4	10	‖‖‖ ‖	7	31,8
5	11	‖‖	4	18,2
6	12	‖	2	9,1
7	13	|	1	4,5
8	14	|	1	4,5
Summe	–		22	99,9

Tab. 6.8: Häufigkeitsverteilung, absolut und in %

Bedeutung der verwendeten Symbole in der Kopfzeile:

i: Index, bezeichnet in dieser Tabelle die Zeilennummer,

x_i: Merkmalsausprägung in der Zeile „i",

f_i: absolute Häufigkeit (f als Abkürzung von engl. „*frequency*"),

$f_i(\%)$: relative Häufigkeit in Prozent.

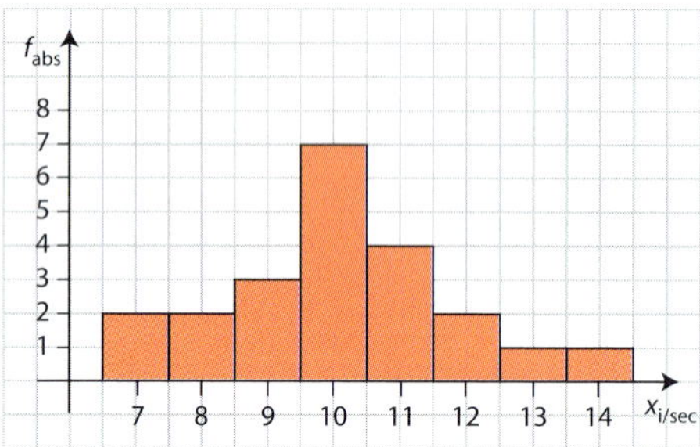

Abb. 6.3: Säulendiagramm

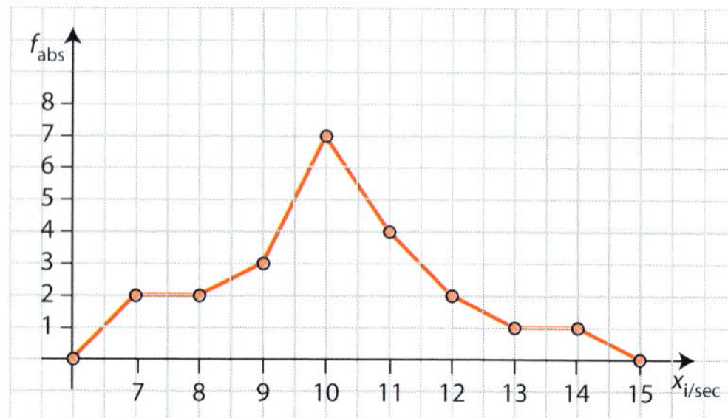

Abb. 6.4: Polygonzug

Die beiden Abbildungen 6.3 und 6.4 veranschaulichen die absolute Häufigkeit aus Tabelle 6.8. Zu erkennen ist folgendes Prinzip: Auf der Abszisse werden die Merkmalsausprägungen aufgetragen, die Ordinate zeigt die Häufigkeit. Beim Säulendiagramm beginnt man mit der ersten besetzten Merkmalsausprägung und endet mit der letzten ($f_i \neq 0$). Beim Polygonzug soll eine geschlossene Fläche entstehen, deshalb beginnt und endet man mit der Merkmalsausprägung mit der Häufigkeit „0".

Ein Ziel von Statistik ist es, Daten zu **veranschaulichen**. Bei den Beispielen wurde der Datenwust der Rohdaten (Urliste, Fragebögen, Geschäftsakten) in die Tabelle der Häufigkeitsverteilung reduziert. Aber so richtig anschaulich ist eine Tabellendarstellung eigentlich nicht. Da geht nichts über eine Grafik. Allerdings sollten Sie beachten: Eine Grafik dient nur zur Veranschaulichung, man kann dadurch eine Häufigkeitsverteilung gleichsam „auf einen Blick" erfassen. Wenn Sie aber genaue Werte benötigen, müssen Sie in der Tabelle nachsehen. Diese beiden unterschiedlichen **Darstellungsaufgaben von Tabelle und Grafik** sollten Sie nicht verwechseln.

Bei den bisherigen Beispielen waren die erhobenen Daten schon aufgelistet. Im Folgenden werden wir uns etwas genauer mit dem Problem der **Datenerhebung** auseinandersetzen. Fehler bei diesem Vorgang machen eine Statistik unbrauchbar oder bei – absichtlich begangenen Fehlern – unseriös.

Aus Zeit- und Kostengründen ist es unmöglich, die Grundgesamtheit zu untersuchen (z. B. **alle** Schüler in Europa). Deshalb entnimmt man der Grundgesamtheit eine **Auswahl** von $\boldsymbol{n}$ Elementen. Diese Auswahl heißt **Stichprobe**, $\boldsymbol{n}$ nennt man den **Umfang** der Stichprobe. Statistische Erhebungen werden gewöhnlich an Stichproben ausgeführt.

Das Ziel vieler statistischer Untersuchungen ist es, mithilfe der gefundenen Kennwerte der Stichprobe **allgemeine** Aussagen zu gewinnen, also Aussagen über die Grundgesamtheit zu machen. Diese Verallgemeinerung ist dann und nur dann erlaubt, wenn die Stichprobe **repräsentativ** für die Grundgesamtheit ist.

Repräsentanz bedeutet, dass die Stichprobe alle Besonderheiten der Grundgesamtheit im richtigen Maßstab abbildet.

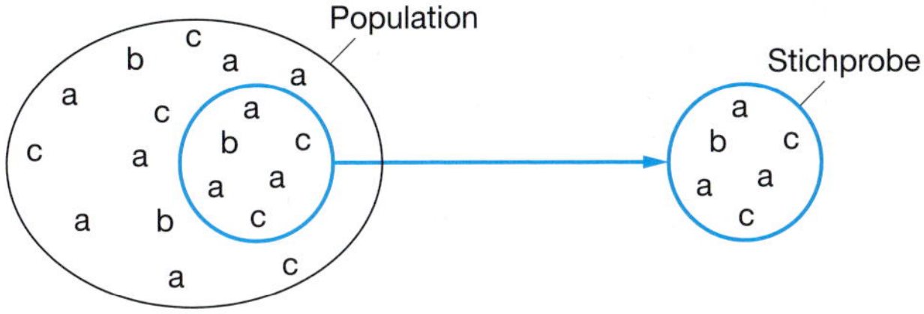

Abb. 6.5

Wenn die Repräsentanz einer Stichprobenuntersuchung nicht gewährleistet ist, sind alle verallgemeinernden Aussagen **wertlos**! Deshalb muss bei einer **seriösen Statistik** immer eine Aussage über die Art und die Größe der Stichprobe gemacht werden. Durch eine „geschickt" gewählte Stichprobe lässt sich jedes beliebige Ergebnis erzeugen.

Aufgabe 5

Sie möchten belegen, dass sich die Mehrzahl der Bürger durch Rauchen nicht gestört fühlt, ein Rauchverbot in öffentlichen Räumen also gar keine Anerkennung findet. Wie würden Sie Ihre Stichprobe auswählen, um dieses Erhebungsergebnis zu erzielen?

Beurteilen Sie die folgenden Untersuchungsplanungen in Hinblick auf Repräsentanz:

Messung der Körpergröße von Mitgliedern einer Basketballmannschaft.
⟶ Aussagen über die Körpergröße von Personen im gleichen Alter.

Befragung von Mitarbeitern eines Kernkraftwerks.
⟶ Aussage über die Meinung der Bevölkerung zur Kernenergie.

Finden Sie ähnliche Beispiele für ungeeignete Stichproben.

Hinweis

Sie haben gesehen, dass die Stichprobenauswahl sehr sorgfältig geplant werden muss, um seriöse und brauchbare Ergebnisse zu erzielen. Das Verfahren der eigentlichen Datenerfassung muss ebenfalls einigen **Qualitätsanforderungen** genügen. Sie als qualifizierte Fachleute müssen entscheiden, ob die gewählte Erhebungsmethode dem Untersuchungsgegenstand angemessen ist. Das kann die Mathematik nicht, sie verarbeitet kritiklos alle Daten, die man ihr vorwirft.

Anforderungen an die Datenerhebung:

- Die gewählte Methode muss **objektiv** sein. Ein Verfahren ist dann vollkommen **objektiv**, wenn die **Person** des **Untersuchers** das Ergebnis **nicht beeinflusst**. In den Naturwissenschaften wird das oft der Fall sein (man misst mit geeichten Messgeräten), in den meisten anderen Disziplinen kann man sich nur bemühen, eine relativ große Objektivität zu erlangen. Die Objektivität kann man dadurch testen, dass unterschiedliche Auswerter unabhängig an einer „Eichstichprobe" das Merkmal begutachten. Wenn alle zum gleichen Ergebnis kommen, geht man davon aus, dass objektiv beurteilt wurde. **Interviews** und die Bewertung von menschlichen Eigenschaften und Leistungen sind unter diesem Aspekt kritisch zu hinterfragen („Kürnote" beim Eiskunstlauf!).

- Weiterhin ist zu fordern, dass eine Methode zuverlässig ist, das Fachwort heißt **Reliabilität**. Zuverlässig ist ein Erhebungsverfahren dann, wenn z. B. bei zwei Messungen mit kleinem zeitlichen Abstand die gleichen Messwerte auftreten. Wenn Sie zum Messen der Körpergröße ein Maßband aus Weichgummi benutzen, sind Ihre Werte nicht verlässlich.
- Das dritte Qualitätskriterium einer Erhebungsmethode ist die Gültigkeit oder **Validität**. Gemeint ist folgender Sachverhalt: Misst die gewählte Methode wirklich das, was gemessen werden soll? Einfach ist es beispielsweise dann, wenn Sie Aussagen über die Körpergröße oder das Gewicht von Personen einer bestimmten Altersgruppe machen wollen. Sie wählen als Messwerkzeug ein neues Maßband bzw. eine geeichte Waage, damit messen Sie wirklich Größe oder Gewicht. Für Käuferverhalten, Wirksamkeit einer Werbekampagne, „sich mögen“, Laune usw. gibt es keine speziellen „Waagen“.

  Misst die Note Ihrer letzten Mathearbeit wirklich Ihr mathematisches Verständnis, oder misst sie Ihr Kurzzeitgedächtnis, Ihren Fleiß, die Qualität des Nachbarn oder die Güte des Spickzettels, so genau wissen wir als Mathelehrer es auch nicht! Wenn Sie die Intelligenz Ihrer Mitschüler mithilfe des Merkmals „Haarfarbe“ bestimmen wollen, sollten Sie keine validen Resultate erwarten!

  Standardisierte Fragebögen sind eine gute Möglichkeit, objektive, reliable und valide Forschungsergebnisse zu gewinnen.

Bei der Planung einer Untersuchung müssen Sie sich darüber hinaus Gedanken über die Datenstruktur der Erhebung machen. Man spricht auch vom **Untersuchungsdesign**.

Im Einzelnen sollten Sie folgende Punkte analysieren:
- Was ist der Untersuchungsgegenstand?
- Über welche Population sollen Aussagen gewonnen werden?
- Wie ist die Stichprobe auszuwählen, welchen Umfang soll sie haben?
- Welche Merkmale werden untersucht?
- Welche und wie viele Merkmalsausprägungen gibt es jeweils?
- Ist mit absoluten oder relativen Häufigkeiten zu arbeiten?
- Sind bei der Befragung Mehrfachantworten möglich?
- Wie ist die Tabelle der Häufigkeitsverteilung zu strukturieren?
- Welche Grafik ist zur Visualisierung geeignet?

Aufgabe 6
a) Analysieren Sie die Datenstruktur der folgenden Untersuchung.
b) Stellen Sie die Erhebung in einer geeigneten Grafik dar.
c) **Erläutern Sie die Untersuchungsergebnisse und versuchen Sie, die Veränderungen zu erklären.**

	1964	2010
Color TV-set	15 %	98 %
Library	90 %	12 %
Sofa-corner	50 %	44 %
Arm-chair	40 %	55 %
Flower-stand	65 %	0 %
Rocking chair	73 %	23 %

Tab. 6.9

Furnishing your Home

The results of two surveys, one done recently and one in 1964, show big changes in the furnishings which American middleclass people would like their homes to have.

Übungen

1. In einer Fachpublikation wurde das folgende Säulendiagramm mitgeteilt. Analysieren Sie kritisch die Darstellung und zeichnen Sie mit den vorgegebenen Daten ein geeigneteres Diagramm!

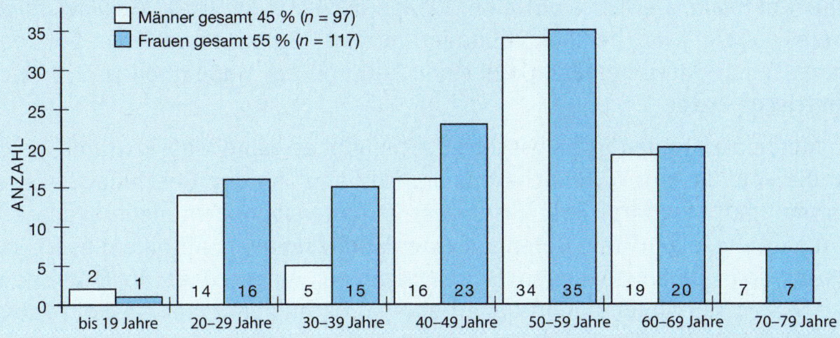

Abb. 6.6: Alters- und Geschlechtsverteilung in der Sport- und Bewegungstherapie

2. Sie arbeiten als Praktikant in der Grafikabteilung einer Tageszeitung. Das Redaktionsteam möchte nebenstehenden Artikel übernehmen und mit einer Grafik ausstatten. Sie werden gebeten, die im Artikel genannten statistischen Daten zu visualisieren. (Quelle: Guardian Newspapers Ltd., 2. 9. 2006)

> **Road deaths should be treated as a global disease, say campaigners**
>
> Africa has the highest road mortality rate of any continent, with 28 deaths for every 100,000 people, followed by the Middle East, where the rate is 26 for 100,000. In wealthy European countries 11 people die on the roads annually for 100,000 of population.

3. a) Visualisieren Sie die im nebenstehenden Artikel aufgeführten Daten mithilfe eines geeigneten Diagramms.

   b) Ihre Grafik soll in das Werbekonzept für einen Dampfgarer eingebunden werden. Überlegen Sie, ob an Ihrer Visualisierung aus a) ggf. Änderungen vorzunehmen sind.

> **Mikrowelle zerstört das Gute**
> Brokkoli verliert in der Mikrowelle viele seiner gesundheitsfördernden Substanzen. Besonders stark werden Antioxidantien zerstört, die vor Krebs schützen. Nach einer spanischen Studie verliert das Gemüse in der Mikrowelle 97 Prozent der Flavonoide, 74 Prozent der Sinapinsäure und 87 Prozent der Kaffeesäurederivate. Wird das Gemüse dagegen gedämpft, beträgt der Verlust der drei Antioxidantien nur elf (Flavonoide), null (Sinapinsäure) und acht Prozent (Kaffeesäurederivate). *AP*
>
> *Die Welt, 25.10.2003*

6.1.1.1 Skalen, Skalenniveau

Abb. 6.7

Im vorangegangenen Kapitel haben Sie im Rahmen der Untersuchungsplanung überlegt, von welchen Merkmalen Daten zu erheben sind. Zur Datenerhebung bedarf es geeigneter Messinstrumente oder -verfahren, die die gemessenen Daten auf einer Skala anzeigen. Solche **Messskalen** kennen Sie bereits aus zahlreichen Anwendungen: Körpergrößen messen Sie mit einem Bandmaß auf einer cm-Skala, Gewichte auf einer Waage mit einer kg-Skala, Geschwindigkeit mit dem Tachometer auf einer km/h-Skala, Zeitdauer mit einer Stoppuhr auf einer Sekundenskala etc. Die gemessenen Daten bestehen aus einer Zahl und der Maßeinheit (z. B. 175 cm), man nennt sie **metrische Daten**.

Zur Messung von Merkmalen in den Sozialwissenschaften gibt es keine Messinstrumente (z. B. eine „Waage" für die Kauflust von Verbrauchern, ein „Maßband" für den Geschmack oder den Zeitgeist). Hier ist man auf standardisierte Tests oder Verhaltensbeobachtungen angewiesen. Diese „Messinstrumente" „zeigen" ihre Daten auf einer **Schätzskala** an. Mithilfe dieser Skalen werden Verhalten, persönliche Einstellungen, Bewertungen etc. eingeordnet. Als Einordnungshilfe stellen diese Skalen Kategorien bereit. Die erhobenen Daten nennt man deshalb **kategoriale Daten**. Nachfolgend finden Sie einige Beispiele.

Beispiel 1

Das Funktionsdesign stellt im Gegensatz zum Artdesign die Brauchbarkeit des Objekts in den Vordergrund und hat damit eine klientenorientierte Ausrichtung. In dieser Designrichtung werden zur Bewertung eines Entwurfs Verbraucher mithilfe von Schätzskalen nach ihrem Eindruck von dem Produkt befragt.

Bipolare Schätzskalen:

−5 −4 −3 −2 −1 0 1 2 3 4 5
konservativ … innovativ

−5 −4 −3 −2 −1 0 1 2 3 4 5
rational … emotional

Unipolare Schätzskala:

Die Konsumbereitschaft der Verbraucher ist zurzeit:

1 – 2 – 3 – 4 – 5 stark ausgeprägt.

Beispiel 2

a) Wie bereit bin ich, mit dem eigenen Apple-iMAC im Unterricht zu arbeiten?
sehr bereit – bereit – unentschieden – bedingt bereit – gar nicht bereit

b) Was ist für einen motivierenden Unterricht besonders wichtig (für mich)[1]?

Viel mit Bildern arbeiten	Humorvoll sein	Methoden wechseln	Nicht viele Hausaufgaben geben	Nicht streng sein	Sonstiges

c) Welche Farbe wirkt auf Sie aggressiv?
grün – blau – rot – gelb – orange

d) Die Note in der „sonstigen Mitarbeit" ist für dieses Quartal:
sehr gut – gut – befriedigend – ausreichend – mangelhaft – ungenügend

[1] *Quelle: Comenius 3 Netzwerk DAF-Südost*

Sie haben zwei Gruppen von Merkmalen identifiziert:

Definition

Qualitative Merkmale: Die Merkmalsausprägungen beschreiben Eigenschaften bzw. Qualitäten des Merkmals. Sie legen Kategorien fest, es handelt sich um **kategoriale Daten**. Sie werden auf Schätzskalen eingeordnet.
Quantitative Merkmale: Die Merkmalsausprägungen quantifizieren[1] das Merkmal. Sie machen Größenangaben, es liegen **metrische Daten** vor. Sie werden auf Messskalen eingeordnet.

Qualitative Merkmalsausprägungen werden häufig durch Zahlen abgekürzt. Sie kennen das von den Schulnoten. Dabei muss man allerdings beachten, dass diese Zahlen nur *Namen* sind. Sie haben keineswegs die Eigenschaften und Fähigkeiten unserer „normalen" Zahlen. D. h. man darf mit ihnen insbesondere nicht rechnen. Abhängig davon, welche Datenart vorliegt, können sie dennoch einiges.

Man nennt die Fähigkeit einer Skala, Daten einzuordnen, **Skalenniveau**. Welche Rechenoperationen mit den Daten ausgeführt werden dürfen, hängt vom erreichten Skalenniveau ab.

Die einfachste Rechenoperation ist das **Zählen**, man stellt also fest, **wie häufig** eine bestimmte Merkmalsausprägung auftritt. Im Schulbetrieb können Sie beispielsweise erfassen, wie viele Schülerinnen oder Schüler in den Klassen „11" und „12" sind, Sie können ermitteln, wie viele auf öffentliche Verkehrsmittel angewiesen sind oder zu Fuß kommen usw. Sie können diese Menschen hinsichtlich anderer Merkmale untersuchen: wie viele sind weiblich bzw. männlich, wie viele sind im „medientechnischen Zweig" bzw. im „sozialwissenschaftlichen Zweig". Es ist Aufgabe der Fachwissenschaft, die Untersuchungsabsicht zu definieren.

Beispiel 3

Wir zeigen Ihnen die Speisekarte im Schulrestaurant „Schmeckt prima". Der Kellner nimmt die Bestellungen auf, geht zur Ausgabe und ruft: „viermal die ‚1', dreimal die ‚3' und siebenmal die ‚5'"!

Die Zahlen in der ersten Spalte stehen stellvertretend für die Namen der Gerichte, deshalb spricht man von einer **Nominalskala**. Denken Sie z. B. an eine Teilnehmerliste, auch dort stehen Zahlen stellvertretend für Namen.

Ein Reiseleiter der Gruppe könnte sagen: „Bitte aufpassen, Nr. 1 und Nr. 3 müssen noch die Zimmerschlüssel abgeben!", das wäre zwar unhöflich, aber eindeutig, denn für jeden Namen steht **stellvertretend** eine Zahl.

Diese Beispiele zeigen deutlich, dass nur das Feststellen der **Häufigkeit** (Zählen) adäquat ist.

Für „Schmeckt prima" wäre eine Verkaufsstatistik sinnvoll, diese könnte folgendes Aussehen haben:

	Gericht	Preis
1	Pizza	3,15 EUR
2	Currywurst	2,60 EUR
3	Salat	2,00 EUR
4	Käsebrötchen	1,90 EUR
5	Glas Milch	0,55 EUR

Tab. 6.10: Speisekarte

Nr.	Name
1	Meier
2	Bernau
3	Müller
4	Schmidt

Tab. 6.11: Namensliste

Nr.	Anzahl der Bestellungen
1	12
2	26
3	31
4	18
5	46

Tab. 6.12: Verkaufszahlen

[1] *quantifizieren: Größe angeben, – messen*

Um eine Nominalskala einzurichten, muss man nur entscheiden können, unter welchem Gesichtspunkt Gegenstände oder Sachverhalte zusammenzufassen, zu bezeichnen und durch eine Zahl zu benennen sind.

Merksatz Auf einer **Nominalskala** ist nur die Zuordnung von Häufigkeiten (Zählen) sinnvoll.

Eine Nominalskala legt keine Reihenfolge fest.

Die Schätzskalen aus Beispiel 2*b* und *c* sind Nominalskalen[1]. Dabei ist es unerheblich, in welcher Reihenfolge die Kategorien aufgelistet werden. Bei den anderen Beispielen kommt es sehr wohl auf die Reihenfolge an.

Eine Skala mit einem höheren Informationsgehalt ist die **Rang-** oder **Ordinalskala**[2]. Bei einem Architekturwettbewerb wurden nur die Siegerplätze (Team Nr. 3: 1. Sieger, Nr. 5: 2. Sieger, Nr. 9: 3. Sieger, ... Nr. 8: 10. Sieger) erfasst. Diese Daten können auf einer Rangskala eingeordnet werden. Im Gegensatz zur Nominalskala kann die Rangskala eine Reihenfolge festlegen. Sie enthält als zusätzliche Information die Rangfolge der Bewertung der eingereichten Entwürfe, sodass Aussagen wie „Nr. 3 war das erfolgreichste Team, an 2. Stelle folgte Nr. 5“, „Nr. 9 war besser als Nr. 8 ...“ möglich sind. Der Bewertungsabstand zwischen den einzelnen Teilnehmern kann nicht angegeben werden (*um wie viel besser*).

Die Schätzskalen aus Beispiel 1 sowie 2*a* und *d* sind Rangskalen[3].

Bei der Rangskala sind nur die Relationen „größer als ($>$)“, „kleiner als ($<$)“ und „gleich ($=$) sowie ungleich ($\neq$)“ möglich.

Hinweis Schulnoten erreichen nur das Niveau einer Rangskala, auch wenn viele (Lehrer) anders argumentieren (der Abstand zwischen „1“ und „2“ ist kleiner als zwischen „4“ und „5“). Zusätzlich können Objektivität, Reliabilität und Validität angezweifelt werden. Trotzdem muss im Abschlusszeugnis eine Durchschnittsnote ausgewiesen werden, die dann den Studienbeginn und -ort beeinflussen kann (*numerus clausus*). Mathematisch gesehen ist das Berechnen einer Durchschnittsnote „höherer Unsinn im Quadrat“!

Merksatz Eine **Rangskala** gibt Qualitätsunterschiede wieder. Sie legt eine eindeutige Reihenfolge fest. Man kann jedoch nicht entscheiden, wie groß die Abstände zwischen den Rangplätzen sind. Deshalb kann auf einer Rangskala nicht gerechnet werden.

Messskalen haben im Gegensatz zu **Schätzskalen** eine Einteilung mit gleichen und festen Abständen. Sie kennen das von einem Gliedermaßstab (Zollstock). Es handelt sich um eine **metrische Skala**. Sie hat einen echten Nullpunkt, die Abstände zwischen benachbarten Zahlen sind gleich, Verhältnisse wie „doppelt so ...“, „halb so ...“, „um das 10-Fache gestiegen“ sind erlaubt. **Metrische Daten** erkennt man daran, dass sie aus einer Zahl und einer Maßeinheit bestehen, z. B. 3,5 *mm* oder 75,5 *kg*.

---

[1] *Diese Daten werden in der Literatur **nominale Daten** genannt.*

[2] *Ordinalzahlen: 1., 2., 3., ... erster, zweiter, dritter, ... → „wo“, nicht „wie viele“*

[3] *Diese Daten werden in der Literatur **ordinale Daten** genannt.*

Zusammenfassung:

Skalenniveau	Eigenschaft	Erlaubte Rechenart
Nominalskala	Merkmalsausprägungen gleicher Qualität werden zusammengefasst und mit einer Zahl gekennzeichnet	Zählen, $=$, $\neq$
Rangskala	Zeigt Qualitätsunterschiede auf, legt eine Rangordnung fest, aber keine Information über Abstände	Zählen, $<$, $>$, $=$, $\neq$
Metrische Skala	Zusätzlich gleicher Abstand benachbarter Zahlen, echter Nullpunkt	Alle

Tab 6.13: Skalenniveau, Eigenschaften und erlaubte Rechenarten

Merksatz

Qualitative Merkmale, d. h. kategoriale Daten, werden auf einer Nominal- oder Rangskala eingeordnet.
Quantitative Merkmale, d. h. metrische Daten, werden auf einer metrischen Skala eingeordnet.

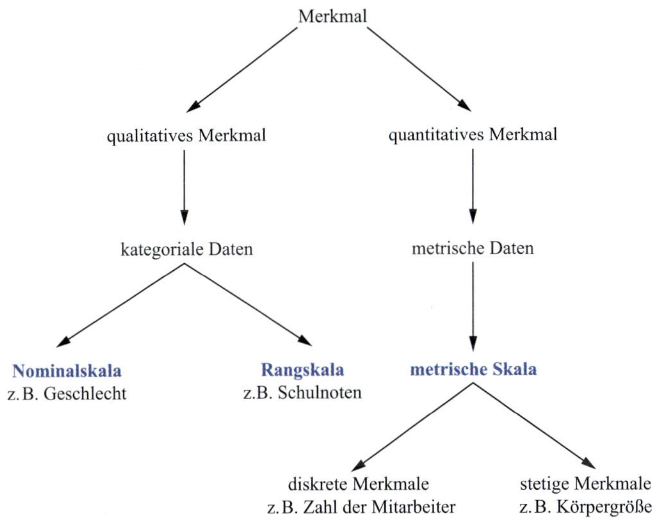

Abb. 6.8

Auf einer metrischen Skala bezeichnet man das Säulendiagramm in bestimmten Fällen als **Histogramm**[1].

Eine Skala ist (beim Säulendiagramm, Histogramm und Polygonzug) die Achseneinteilung der *x*-Achse (vgl. Abb. 6.9).

Bei einer Nominalskala erhält die *x*-Achse am Ende keinen Pfeil, da auf dieser Skala keine Reihenfolge festgelegt ist. Die Säulen können in beliebiger Reihenfolge angeordnet werden. Auf einer Rangskala müssen die Säulen in vorgegebener Reihenfolge positioniert werden, die Abstände sind jedoch nicht festgelegt. Bei einer metrischen Skala muss die *x*-Achse in einem Maßstab mit gleichen Abständen eingeteilt sein. Die Säulen im Histogramm sind ohne Lücke nebeneinander zu zeichnen.

[1] *Die genaue Unterscheidung zwischen Säulendiagramm und Histogramm werden Sie in Kap. 6.1.2.2 kennen lernen.*

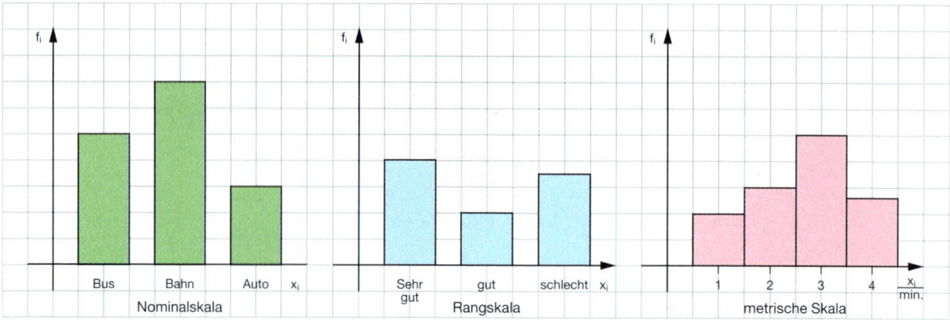

Abb. 6.9 Skalen

Übungen

1. a) Erläutern Sie die Skalenniveaus, die bei Merkmalsausprägungen auftreten können.
   b) Welches Skalenniveau erreichen die folgenden Merkmale: Beruf, Körpergewicht, Schulnoten, Getränke, Kinderzahl einer Familie, Arbeitszeit, Blutdruck, Farbe, Bewertung auf einer Schätzskala.
   c) Welche der unter b) genannten Merkmale sind qualitative Merkmale?

6.1.1.2 Kumulierte Häufigkeiten, Summenkurven

Beispiel

Tanja darf als studentische Hilfskraft bei der Auswertung des Eingangstests der Erstsemester für den Studiengang Produktdesign mitwirken. Sie wird beauftragt, das Ergebnis des Tests für das Freihandzeichnen zusammenzufassen. Bei dieser Prüfung sollten die Kandidaten einen Kaffeeautomaten skizzieren. Sie erhält dazu die anonymisierten Auswertungsbögen, auf denen festgehalten ist, wie lange die jeweilige Testperson zur Lösung der Aufgaben gebraucht hat. Tanja überträgt die Daten in eine Häufigkeitsverteilung und zeichnet ein Histogramm als Präsentationsgrafik.

Zeit in Min.	15	16	17	18	19	20	21	$n =$
f_{abs}	1	3	5	9	4	3	1	26

Tab. 6.14

Sie erhält darüber hinaus den Auftrag, eine Darstellung zu entwickeln, die es gestattet, Informationen folgender Art abzulesen:

Wie viele Testpersonen haben **höchstens** 17 Minuten benötigt und

wie viele Testpersonen haben **mindestens** 19 Minuten benötigt?

Tanja überlegt: „Höchstens 17 Minuten bedeutet: 15 oder 16 oder 17 Minuten. Ich muss also nur von oben beginnend die Häufigkeiten zusammenzählen und erhalte: 1 + 3 + 5 = 9. D.h. 9 Personen haben höchstens 17 Minuten benötigt. Das funktioniert natürlich für andere Höchstzeiten genauso.“

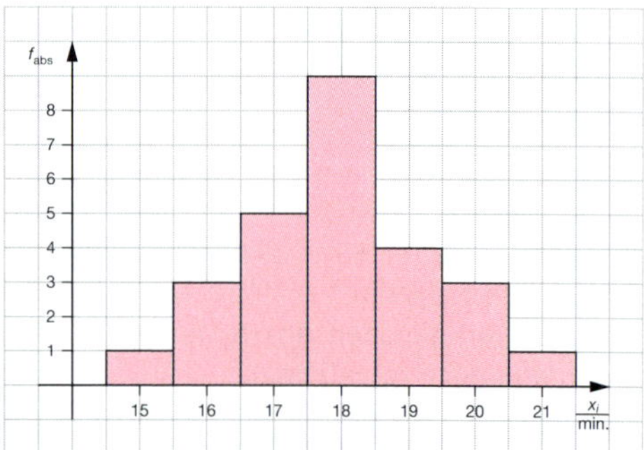

Abb. 6.10 Histogramm

Zeit in Minuten	f_{abs}	S_O	S_U
15	1	1	26
16	+ 3	4	25
17	5	9	22
18	9	18	17
19	4	22	8
20	3 +	25	4
21	1	26	1
$n =$	26		

Tab. 6.15

Damit sie diese Ergebnisse – wie verlangt – darstellen kann, erweitert Tanja ihre Häufigkeitsverteilung um eine Spalte. Sie nennt sie S_O für: **S**ummen von **o**ben beginnend zusammengezählt.

Mindestens 19 Minuten bedeutet: 21 oder 20 oder 19 Min. Hier muss man von unten beginnend die Häufigkeiten zusammenzählen: 1 + 3 + 4 = 8. D.h. 8 Personen haben mindestens 19 Minuten benötigt. Tanja erweitert ihre Häufigkeitsverteilung entsprechend um eine weitere Summenspalte, damit sie auch die Ergebnisse für andere Mindestzeiten auflisten kann. Sie nennt sie S_U für **S**ummen von **u**nten zusammengezählt.

Nun ist ihre Aufgabe eigentlich erledigt. Tanja möchte aber auch noch eine **grafische Darstellung** abliefern. Sie bedenkt, dass auf der *y*-Achse nun alle 26 Testpersonen aufgetragen werden müssen, denn sowohl S_O als auch S_U reichen von 1 bis 26. Sie muss den Maßstab also verkleinern und wählt 1 Kästchen für 2 Personen.

In ihrer erweiterten Häufigkeitstabelle hat sie beim Wert für ***höchstens** 17 Minuten* von oben beginnend zusammengezählt. In der Grafik müsste sie entsprechend von links anfangen zu addieren. Weil 17,49 Minuten aber noch zur 17-Minuten-Rubrik gehört (bei 4 wird abgerundet!) macht sie das Kreuz in der Grafik an der **rechten** Kante der 17-Minuten-Säule. Entsprechend verfährt sie mit den anderen Werten. Anschließend verbindet sie alle Kreuze mit dem Lineal und erhält die sogenannte **Summenkurve** für **„höchstens“**.

Beim Wert für ***mindestens** 19 Minuten* hat sie von unten beginnend bis zur 19-Minuten-Zeile zusammengezählt (s. Tab. 6.15). In der Grafik müsste sie entsprechend von rechts anfangen zu addieren. Weil 18,5 Minuten aber schon zur 19-Minuten-Rubrik gehört, macht sie das Kreuz in der Grafik an der **linken** Kante der 19-Minuten-Säule. Entsprechend verfährt sie für die restlichen Werte und verbindet alle Kreuze mit dem Lineal. Sie erhält die **Summenkurve** für **„mindestens“**.

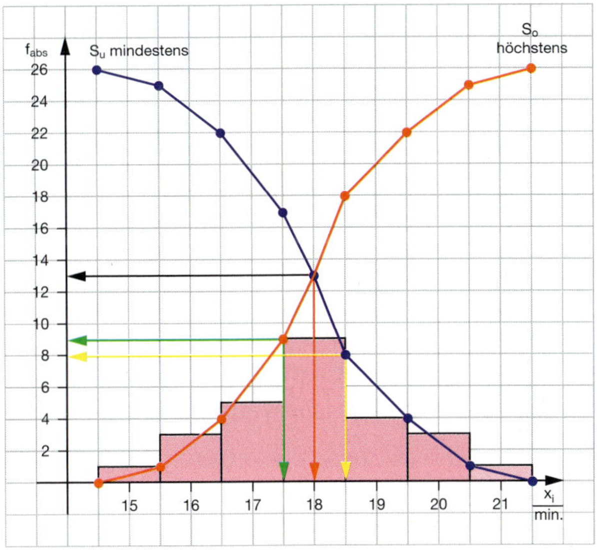

Verblüfft stellt Tanja fest, dass der **Schnittpunkt der beiden Summenkurven** auf der *y*-Achse bei genau der Hälfte der Personenzahl liegt. Daraus schließt sie, dass dann auf der *x*-Achse die **mittlere** oder **durchschnittliche**[1] **Arbeitszeit** abgelesen werden kann.

Abb. 6.11: Summenkurven

Die zusammengezählten Häufigkeiten nennt man **kumulierte Häufigkeiten**, ihre grafische Darstellungen **Summenkurven**.

---

[1] *Der Begriff Durchschnitt wird hier in seiner umgangssprachlichen Bedeutung als Synonym für Mittelwert benutzt. In den folgenden Kapiteln werden wir ihn weiter differenzieren.*

Merksatz

Bei der Summenkurve S_O (höchstens) werden die Werte an der rechten Kante der Säule eingetragen. Bei der Summenkurve S_U (mindestens) werden die Werte an der linken Kante der Säule eingetragen.

Man beginnt den Polygonzug der S_O-Kurve ganz links beim Wert 0 und beendet die S_U-Kurve ganz rechts ebenfalls beim Wert 0 (vgl. Abb. 6.11).

Aufgabe

Nun haben Sie ein (grafisches) Verfahren kennengelernt, mit dem man statistisch einwandfrei eine Durchschnittsnote ermitteln kann. Tabelle 6.16 zeigt die Ergebnisse einer Mathearbeit in einer Klasse 11. Visualisieren Sie diesen Klassenspiegel und bestimmen Sie die Durchschnittsnote der Klasse. Diesen Durchschnittswert bezeichnet man in der Statistik als **Median**.

Note	1	2	3	4	5	6
f_{abs}	3	10	12	4	2	1

Tab. 6.16

Übungen

1. Zeichnen Sie die relativen kumulierten Häufigkeiten aus den Erhebungsdaten von Tabelle 6.5. Analysieren Sie den Schnittpunkt von S_O und S_U.
   a) Lesen Sie den%-Wert auf der y-Achse ab.
   Beantworten Sie mithilfe Ihrer Zeichnung:
   b) Wie viele (in%) Versuchspersonen haben 12 oder weniger Sekunden vor dem Kundenstopper verweilt,
   c) Wie viele Passanten hatten mindestens 11 Sekunden verweilt?
   d) Wie lange blieben Passanten durchschnittlich vor dem Kundenstopper stehen?

2. Studenten des ersten Semesters sollten eine Wäscheklammer skizzieren. Gemessen wurde der Zeitaufwand.

x_i/Min	3	4	5	6	7	8	9	10	11	12
f_i	1	3	4	7	8	9	8	5	3	2

Tab. 6.17

   a) Zeichnen Sie das Histogramm und die kumulierten Häufigkeiten in einem geeigneten Maßstab.
   b) Lesen Sie ab, wie viele Studenten 10 Minuten oder weniger benötigten.
   c) Wie lange benötigen die Studenten durchschnittlich, um die Wäscheklammer zu skizzieren?

6.1.2 Darstellung klassierter Daten

6.1.2.1 Datenreduktion durch Klassenbildung

Im Rahmen eines größeren Projekts ermittelten 47 Schülerinnen des Fachbereichs Gestaltung ihre Körpergröße in Zentimeter. Die Messwerte wurden auf volle cm gerundet. Es ergab sich die folgende geordnete Liste:

155	156	158	158	159	160	160	160	162	162	163	164
165	165	166	166	167	168	169	169	169	169	170	170
171	171	171	171	171	172	172	173	173	174	174	174
175	176	176	177	178	180	181	182	183	185	187	

Tab. 6.18: Geordnete Liste, Körpergröße in cm

Zur Weiterverarbeitung müssten diese Daten in eine Häufigkeitsverteilung zusammengefasst und anschließend visualisiert werden. Sie haben das Problem dabei sicher längst bemerkt. Es kommen sehr viele Merkmalsausprägungen vor, die z. T. nur mit geringer Häufigkeit auftreten. Einige Größen wurden überhaupt nicht gemessen (z. B. 157 cm). Die Häufigkeitstabelle würde die Daten der Urliste also nicht wesentlich zusammenfassen. Abb. 6.12 zeigt die Visualisierung.

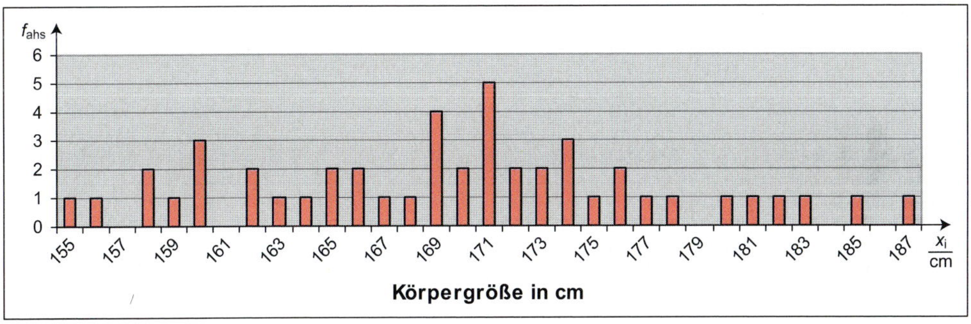

Abb. 6.12: Verteilung der Körpergröße/1. Auswertung der Tabelle 6.18

Diese Darstellung veranschaulicht die Daten ungenügend, zudem stört, dass innerhalb der Grafik Merkmalsausprägungen mit der Häufigkeit „0" auftreten.

Mehr Übersicht erreicht man in solchen Fällen durch **Gruppierung** der Merkmalsausprägungen. Dazu fasst man mehrere Körpergrößen zu einer **Klasse** zusammen und erhält **klassierte Daten**. Man könnte in der ersten Klasse die Werte 155 cm, 156 cm, 157 cm, 158 cm und 159 cm einordnen. In der zweiten Klasse dann die Größen 160 cm, 161 cm, 162 cm, 163 cm, 164 cm usw.

Wichtig: Um besondere Schwierigkeiten beim Zeichnen und späteren Rechnen zu vermeiden, sollten alle Klassen die gleiche Breite aufweisen!

Wie breit müssen nun die Klassen sein, wie viele Klassen muss man planen? Dafür gibt es leider kein Patentrezept, dazu gehört einmal Erfahrung, die Sie aber erst sammeln müssen, und manchmal auch etwas Glück, um zu einer aussagekräftigen Darstellung zu gelangen.

Wir nennen einige Richtwerte, die Ihnen helfen können.

Sie sollten mindestens 5 Klassen bilden, sonst verlieren Sie zu viele Informationen (bei drei Klassen bliebe praktisch nur „klein, mittel, groß" übrig, da hätte man eigentlich gar nicht zu messen brauchen), mehr als 9 Klassen sollten Sie zumindest im Schulbereich auch nicht wählen, weil meistens die Datenmenge aus Zeitgründen beschränkt werden muss. Die grafische Darstellung wirkt oft gefälliger, wenn Sie eine ungerade Klassenanzahl wählen, **mit 7 Klassen liegen Sie meist richtig**. Das ist natürlich keine wissenschaftlich begründete Forderung, sondern hat sich aus der Praxis ergeben.

Im Folgenden führen wir vor, wie aus der geordneten Liste laut Tab. 6.18 eine brauchbare graphische Darstellung entwickelt wird.

1. **Spannweite** *w* der Daten bestimmen: Der kleinste Messwert beträgt 155 cm, der größte 187, $w = (187 - 155)$ cm $= 32$ cm.
2. **Klassenbreite** *h* festlegen: Wir planen **7** Klassen, deshalb ergeben sich $\frac{32\text{ cm}}{7} = 4{,}6$ cm pro Klasse. Das Ergebnis wird immer aufgerundet, also $h = 5$ cm.
3. **Untere Klassengrenze der ersten Klasse** festlegen. Auch dafür gibt es leider kein Patentrezept, wir wissen nur, dass der erste Messwert „155 cm" enthalten sein muss. Außerdem sollte Sie die Klassengrenzen so wählen, dass keine Messwerte auf sie fallen.

Bei der von uns gewählten Klassenbreite von fünf ergeben sich nun fünf Möglichkeiten, die unterste Klassengrenze festzulegen und damit auch fünf verschiedene Klasseneinteilungen. Daraus ergeben sich natürlich auch fünf verschiedene Häufigkeitsverteilungen.

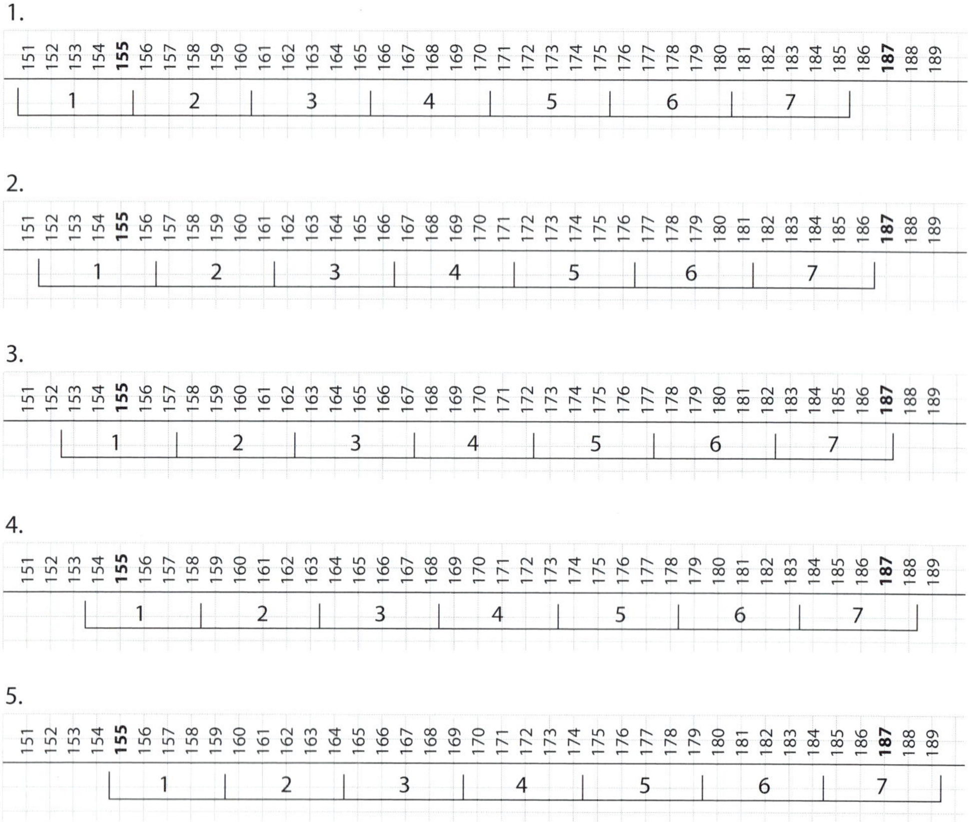

Abb. 6.13

1. Möglichkeit (Der kleinste Messwert liegt ganz rechts innerhalb der ersten Klasse):

In der ersten Klasse sind bei dieser Wahl die Ausprägungen (in cm) 151; 152; 153; 154; 155. Damit keine Messwerte auf die Klassengrenzen fallen, wählen Sie als Klasse das Intervall [150,5; 155,5[(vgl. Abb. 6.11).

In der zweiten Klasse sind dann die Werte 156; 157; 158; 159; 160. Sie wird durch das Intervall [155,5; 160,5[festgelegt.

Durch Zusammenfassung der Messwerte in Klassen gelingt eine **Datenreduktion**. In der Häufigkeitsverteilung werden dann nicht mehr Einzelhäufigkeiten, sondern die Klassenhäufigkeiten aufgelistet (vgl. Tab. 6.19). Daten, die in Klassen eingeteilt sind, nennt man **klassierte Daten**.

Klasse Nr.	Enthalten sind die Messwerte (cm)					Die Klasse geht von ... bis (cm)	Häufigkeit
1	151	152	153	154	155	150,5–155,5	1
2	156	157	158	159	160	155,5–160,5	7
3	161	162	163	164	165	160,5–165,5	6
4	166	167	168	169	170	165,5–170,5	10
5	171	172	173	174	175	170,5–175,5	13
6	176	177	178	179	180	175,5–180,5	5
7	181	182	183	184	185	180,5–185,5	4

Tab. 6.19: Häufigkeitsverteilung bei Klassenbildung, ***187 cm fehlt***

Und nun? Es fehlt der letzte Wert „187 cm", wir müssen eine (eigentlich nicht gewollte) achte Klasse einführen! Das ist zwar im statistischen Sinn nicht falsch, es war aber so nicht geplant ...

Es ist also nicht sehr geschickt, den ersten auftretenden Messwert ganz an dem rechten Rand der ersten Klasse zu platzieren! Wie macht man es besser? Wählt man die erste Klasse so, dass der erste Messwert ganz links liegt? Probieren wir es aus:

2. Möglichkeit (Der kleinste Messwert liegt ganz links innerhalb der ersten Klasse):

Klasse Nr.	Messwerte (cm)					von–bis (cm)	Häufigkeit
1	155	156	157	158	159	154,5–159,5	5
2	160	161	162	163	164	159,5–164,5	7
3	165	166	167	168	169	164,5–169,5	10
4	170	171	172	173	174	169,5–174,5	14
5	175	176	177	178	179	174,5–179,5	5
6	180	181	182	183	184	179,5–184,5	4
7	185	186	187	188	189	184,5–189,5	2

Tab. 6.20: Verteilung der Körpergröße auf 7 Klassen

Wir haben Glück, es ergeben sich die gewünschten sieben Klassen. Das heißt aber nicht, dass diese Tabelle „richtiger" ist, es ist uns lediglich gelungen, alle geplanten sieben Klassen mit Messwerten zu belegen. Machen Sie sich klar, dass dieses Beispiel (Klassenbreite $h = 5$) auch zu fünf unterschiedlichen Tabellen führen kann und sich die **Häufigkeiten pro Klasse in jeder Tabelle unterscheiden**, keine Tabelle ist „richtiger" als die anderen. Es kann allerdings sein, dass die grafische Darstellung einer bestimmten „gefälliger" aussieht.

Durch die Klassenbildung **gewinnen** Sie an **Übersichtlichkeit**, denken Sie aber immer daran, dass Sie auch **Information verlieren**!

Tabelle 6.20 zeigt z.B., dass in der Klasse 179,5 cm $< x <$ 184,5 cm 4 Personen enthalten sind, wir wissen aber nicht, wie sich die Größen innerhalb dieser Klasse verteilen. Es könnten alle 4 gleich groß sein (z.B. 181 cm), obwohl das unwahrscheinlich ist. Wir wissen es nicht und können es aus dieser Tabelle auch niemals erfahren! Die Kunst bei der Benutzung von Statistiken besteht darin, einen Ausgleich zwischen Exaktheit und Übersichtlichkeit zu finden.

In den obigen Tabellen haben wir ausführlich notiert, welche Werte in jeder Klasse enthalten sein sollen und wo die Klassengrenzen sind. Als Klassengrenzen wählten wir (Zwischen-)Werte, die nicht als Messwerte auftraten. Ebenso kann mit **halb offenen Intervallen** gearbeitet werden. Es hätte auch genügt, die jeweiligen **Klassenmitten x_i** anzugeben, x_1 ist dann der Mittelpunkt der 1. Klasse, x_2 der Mittelpunkt der 2. Klasse usw. In dieser Art werden wir die weiteren Tabellen anlegen, denn die x_i werden auch für folgende Berechnungen benötigt.

Wenn Sie jedoch die Tabelle anlegen, sollten Sie die Klassengrenzen festhalten, Sie vermeiden Zuordnungsfehler!

Klasse Nr.	Messwerte (cm)					von–bis (cm)	x_i	Häufigkeit
1	155	156	157	158	159	154,5–159,5	157	5
2	160	161	162	163	164	159,5–164,5	162	7
3	165	166	167	168	169	164,5–169,5	167	10
4	170	171	172	173	174	169,5–174,5	172	14
5	175	176	177	178	179	174,5–179,5	177	5
6	180	181	182	183	184	179,5–184,5	182	4
7	185	186	187	188	189	184,5–189,5	187	2

Tab. 6.21: Die Spalte „x_i" wurde ergänzt

3. Möglichkeit (Der kleinste Messwert liegt in der Mitte der ersten Klasse):

Wir benutzen weiterhin die Urliste der Tabelle 6.18. Bei dieser Klassenbildung ergibt sich folgende Häufigkeitsverteilung.

i	Intervall	x_i (cm)	f_i
1	[152,5–157,5[	155	2
2	[157,5–162,5[	160	8
3	[162,5–167,5[	165	7
4	[167,5–172,5[	170	14
5	[172,5–177,5[	175	9
6	[177,5–182,5[	180	4
7	[182,5–187,5[	185	3
–	–	Summe	47

Tab. 6.22: Verteilung der Körpergröße auf 7 Klassen

Diese Tabelle soll in einem **Histogramm** dargestellt werden. Erfahrungsgemäß macht Ihnen die Wahl eines geeigneten Maßstabes die größten Schwierigkeiten! Gehen Sie davon aus, dass für die Grafik etwas mehr als eine halbe Seite DIN A4 zur Verfügung steht; denn im „Briefmarkenformat" können Sie nichts veranschaulichen!

Körpergrößen sind metrische Daten. Sie benötigen auf der x-Achse also eine metrische Skala, auf die die Größen von 152,5 cm bis 187,5 cm passen müssen. Abweichend zur üblichen Mathematik muss die x-Achse nicht bei „0" beginnen (niemand ist 0 cm groß), auf der y-Achse müssen Sie jedoch bei „0" anfangen (→ siehe „manipulative Statistik" in Kap. 6.1.4). Auf der x-Achse könnte man bei 150 cm starten und bei 188 cm enden. Wenn Sie 1 Kästchen für 1 cm Körpergröße wählen, sollten Sie gut hinkommen. Teilen Sie die x-Achse ein, bevor Sie die Säulen des Histogramms zeichnen.

Die größte Häufigkeit beträgt 14, also können Sie auf der y-Achse „1 cm = 1" wählen!

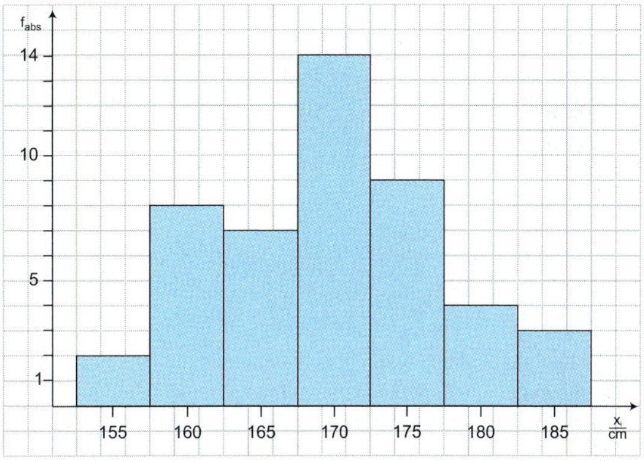

Abb. 6.14: Histogramm, Verteilung der Körpergrößen

Erstellen Sie je eine Häufigkeitsverteilung zu den beiden noch fehlenden Klasseneinteilungen. **Aufgabe 1**

Zeichnen Sie die restlichen vier Histogramme, die mit den mitgeteilten Daten bei **sieben** Klassen möglich sind! Verwenden Sie Kästchenpapier, Millimeterpapier ist zu teuer und nicht notwendig.

Abschließend stellen wir noch die kumulierten Häufigkeiten dar, um z. B. die durchschnittliche Körpergröße zu bestimmen. Bedenken Sie bitte dabei, dass S_O an den Klassenenden und S_U am Klassenanfang aufzutragen ist.

Insgesamt wurde bei 47 Personen die Körpergrößen gemessen. Diese Zahl muss bei der Darstellung der Summenkurven auf der *y*-Achse vorhanden sein.

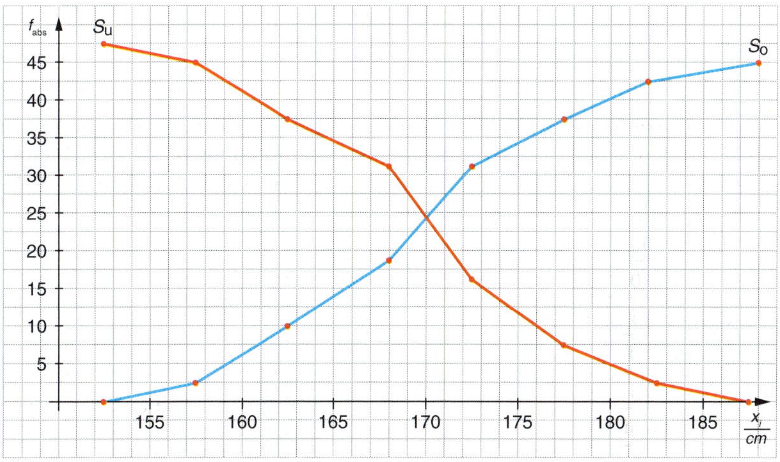

Abb. 6.15: Darstellung der kumulierten Häufigkeiten mit Summenkurven

Den Begriff **Histogramm** kennen Sie bereits aus der **digitalen Bildbearbeitung**. In Ihrem Bildbearbeitungsprogramm gibt es einen Menüpunkt *Histogramm*. Es stellt die Häufigkeitsverteilung der in einem Bild vorkommenden Farb- bzw. Grauwerte dar. Abb. 6.16 zeigt die Häufigkeitsverteilung für die Farbkanäle rot und blau. Von Bedeutung sind diese Darstellungen z. B. beim *Equalizing*, mit dem eine bessere Verteilung der Farbgebung erzielt werden soll. Die Darstellungen sind in den Bildbearbeitungsprogrammen häufig jedoch Polygonzüge.

Abb. 6.16:
Häufigkeitsverteilung für die Farbkanäle blau und rot

Übungen

1. Ermitteln Sie die durchschnittliche Körpergröße aus den Erhebungsdaten der Tabelle 6.18.

2. Bei einem Leistungstest in Mathematik erreichten die Teilnehmer folgende Punkte ($P_{MAX} = 100$):
   43 59 89 57 97 68 68 87 81 67 83 69 56 53 74 28 68 44 48 70 55 55 99 71 45 78 93 67 82
   a) Geben Sie die geordnete Liste an. Bilden Sie 7 Klassen, zeichnen Sie ein Histogramm sowie die kumulierten Häufigkeiten.
   b) Bestimmen Sie die durchschnittlich erzielten Punktezahlen.

6.1.2.2 Unterschiedliche Klassenbreiten, offene Klassen

Gelegentlich ist es sinnvoll, eine Klasseneinteilung zu wählen, bei der nicht alle Klassen gleich breit sind. Bei der Darstellung dieser Klassenbildung ist eine Besonderheit zu beachten, wenn man eine Verzerrung in der Visualisierung der Daten verhindern möchte. Betrachten wir noch einmal die Daten der Tabelle 6.22, die hier erneut abgedruckt sind. Am Rand des Datenbereichs möchten wir die Klassen 1 und 2 sowie 6 und 7 zu jeweils einer Klasse zusammenfassen.

i	Intervall	x_i (cm)	f_i
1	[152,5; 157,5[	155	2
2	[157,5; 162,5[	160	8
3	[162,5; 167,5[	165	7
4	[167,5 ;172,5[	170	14
5	[172,5; 177,5[	175	9
6	[177,5; 182,5[	180	4
7	[182,5; 187,5]	185	3
–	–	Summe	47

Tab. 6.22: gleiche Klassenbreiten

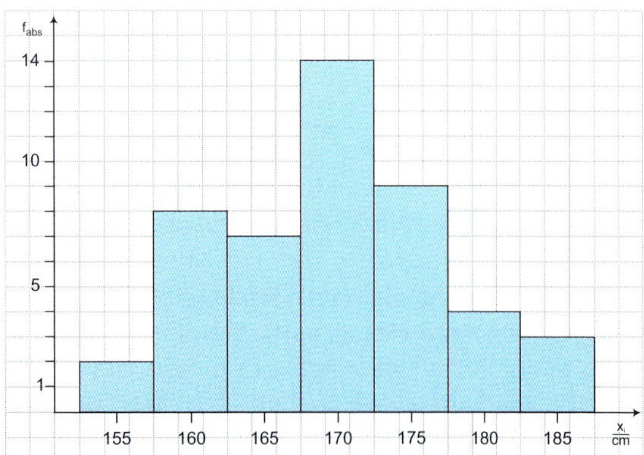

Abb. 6.14: Histogramm, Verteilung der Körpergrößen

i	Intervall	x_i (cm)	f_i
1	[152,5; 162,5[	157,5	10
2	[162,5; 167,5[	165	7
3	[167,5; 172,5[	170	14
4	[172,5; 177,5[	175	9
5	[177,5; 187,5[	182,5	7
–	–	Summe	47

Tab. 6.23: unterschiedliche Klassenbreiten

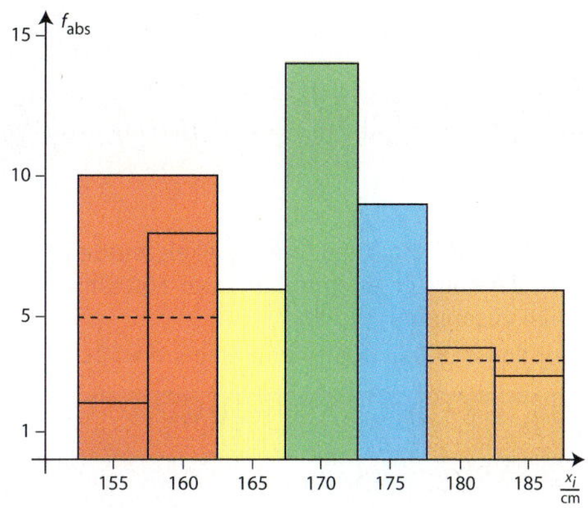

Abb. 6.17: verzerrte Darstellung der Tab. 6.23

Im Vergleich mit Abb. 6.13 erkennen Sie leicht, dass nun die wahren Verhältnisse verzerrt dargestellt sind. Die Säulen der Randklassen 1 und 5 sind zu hoch. Bei der Zusammenlegung der Klassen haben wir gleichsam die entsprechenden beiden Säulen aus Abb. 6.12 aufeinandergestellt und damit eine Höhe erreicht, die diesen Klassen nicht zusteht. Das müssen wir nun in der Grafik korrigieren.

Bei Klassen, die doppelt so breit sind wie die anderen, muss ihre Säulenhöhe im Histogramm halbiert werden. Die Säulenflächen repräsentieren dann die Häufigkeit. Sie können die Klassenhäufigkeiten also nicht mehr an der y-Achse ablesen. Stattdessen kann man sie in die Säulenflächen schreiben. Wenn Sie das berücksichtigen, erhalten Sie folgende Grafik:

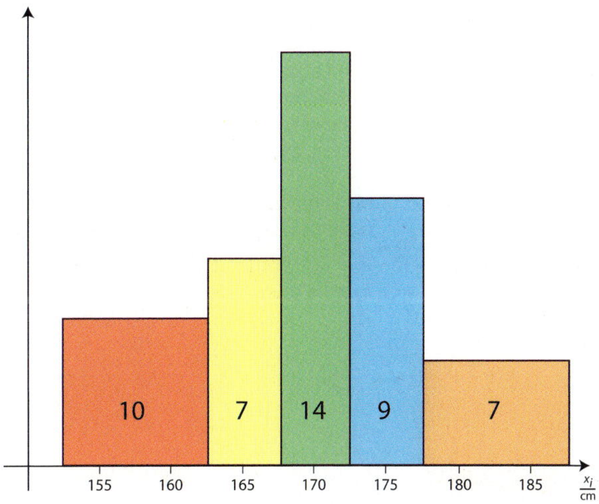

Abb. 6.18: Korrekte Darstellung bei unterschiedlichen Klassenbreiten

Bei diesem Beispiel war die Situation noch sehr übersichtlich. Wir hatten nur zwei unterschiedliche Klassenbreiten, die in einem einfachen Verhältnis standen, nämlich doppelt so groß zu sein. Im allgemeinen Fall – mehrere verschiedene Klassenbreiten, die in einem beliebigen Verhältnis zueinander stehen – geht man bei der Konstruktion des Histogramms einen ähnlichen Weg. Die Idee besteht darin, die Säulenfläche als Darstellung für die Klassenhäufigkeit zu benutzen ($f_i = b_i \cdot h_i$). Die Höhe der Säule beträgt dann: $h_i = \frac{f_i}{b_i}$, also:

$$\text{Säulenhöhe} = \frac{\text{Klassenhäufigkeit}}{\text{Klassenbreite}}.$$

Merksatz **Nur bei gleichen Klassenbreiten entsprechen die Höhen der Säulen im Histogramm den Häufigkeiten. Dann ist ein Histogramm ein Säulendiagramm.**

Bei unterschiedlichen Klassenbreiten gibt die Fläche der Säule die Klassenhäufigkeit an.

Beispiel

Als Indikator für Konsumfreudigkeit wurde in 48 Regionen erfasst, wie viele Produktneuentwicklungen der Konsumgüterindustrie pro 100 Einwohner gekauft wurden. Die klassierten Daten sind in Tab. 6.24 zusammengestellt.

Zur Konstruktion des Histogramms erweitern Sie die übliche Häufigkeitsverteilung um zwei Spalten.

i	Intervall	x_i	f_i	Klassenbreite b_i	Säulenhöhe $h_i = \frac{f_i}{b_i}$
1	0 bis unter 250	125	7	250	0,028
2	250 bis unter 400	325	9	150	0,06
3	400 bis unter 500	450	12	100	0,12
4	500 bis unter 600	550	10	100	0,1
5	600 bis 900	750	10	300	0,033
$n =$			48		

Tab. 6.24: Unterschiedliche Klassenbreiten

Nun zeichnen Sie das Histogramm. Die Einteilung auf der x-Achse führen Sie wie gewohnt aus. Auf der y-Achse tragen Sie aber nicht die Häufigkeiten, sondern die in der letzten Spalte berechnete Säulenhöhe auf. Die korrekte Bezeichnung der y-Achse müsste dann lauten: $\frac{f_i}{b_i}$. Häufig wird die Bezeichnung und Einteilung der y-Achse weggelassen, damit der Leser der Grafik die Höhe der Säule nicht fälschlicherweise als Häufigkeit interpretiert. Die Visualisierung der Daten durch ein Histogramm soll ja nur die Verteilung der Häufigkeiten veranschaulichen. Wenn Sie auch die (relativen oder absoluten) Klassenhäufigkeiten in der Grafik kommunizieren möchten, können Sie sie in die entsprechenden Säulen schreiben.

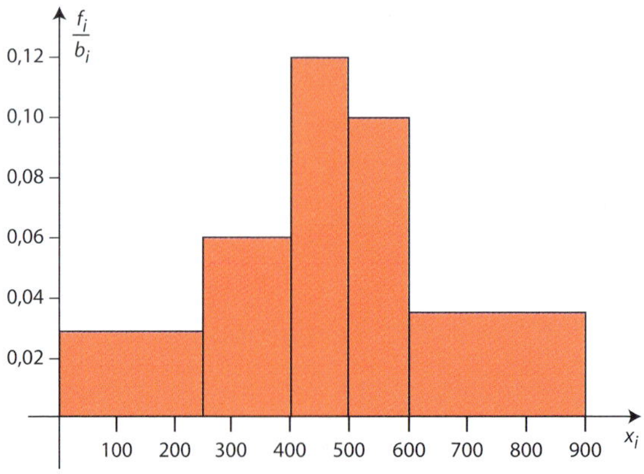

Abb. 6.19: Histogramm bei unterschiedlichen Klassenbreiten

Bei sogenannten offenen Klassen fehlt eine Klassengrenze. Sie entstehen also am Rand einer Klasseneinteilung. Würden Sie im vorangegangenen Beispiel noch eine sechste Klasse bilden und sie mit der Angabe *900 und mehr* bezeichnen, hätten Sie eine **offene Klasse** erzeugt. Im Histogramm zeichnen Sie eine offene Klasse in der gleichen Breite wie die benachbarte Klasse. D. h., Sie berechnen auch ihre Säulenhöhe, wie bei der Nachbarklasse.

Übungen

1. In der Buchhaltung eines Unternehmens aus der Werbebranche werden folgende Daten über die Monatsgehälter der Angestellten genannt.

Bruttogehalt in EUR	f_i
1000 bis unter 2000	3
2000 bis unter 3000	9
3000 bis unter 4000	15
4000 bis unter 5000	20
5000 bis unter 7000	20
7000 bis unter 10000	6
10000 bis 20000	3
$n =$	76

Tab. 6.25

Visualisieren Sie diese Daten durch ein Histogramm.

2. Die Industrie- und Handelskammer (IHK) hat bei 303 mittelständischen Betrieben die Höhe ihrer jährlichen Aufwendungen für die Produktwerbung erfragt. Die Daten sind in folgender Tabelle zusammengefasst:

Aufwendungen in EUR	f_i
0 bis 2000	32
über 2000 bis 4000	38
über 4000 bis 5000	40
über 5000 bis 6000	55
über 6000 bis 7000	52
über 7000 bis 10000	54
über 10000	32
$n =$	303

Tab. 6.26

Visualisieren Sie diese Daten durch ein Histogramm.

6.1.3 Stängel-Blatt-Diagramm und Box Plots

Im letzten Kapitel haben Sie klassierte Daten mithilfe von Histogrammen veranschaulicht. Dabei hatten Sie bei der Wahl der Klassenanzahl und der Klassengrenzen einen großen Gestaltungsspielraum. Wenn Ihnen diese Freiheiten zu groß sind und Sie sich noch nicht richtig entscheidungssicher fühlen, dann können wir Ihnen hier eine weitere Möglichkeit anbieten, klassierte Daten zu visualisieren.

Die Gestaltungsfreiheit für die Klassenbildung ist dabei allerdings wesentlich geringer. Die Klassen werden durch das Dezimalsystem festgelegt. Wir reden vom **Stängel-Blatt-Diagramm**. Der Begriff ist aus der Botanik entlehnt, weil die Struktur dieses Diagramms dem Ordnungssystem zwischen Stängeln und Blättern einer Pflanze ähnelt. Am besten schauen Sie sich das Ganze an einem Beispiel an.

Nehmen wir wieder die Körpergrößen, mit deren Darstellung Sie im letzten Kapitel viel experimentiert haben. Beim Stängel-Blatt-Diagramm werden die Daten an ihren Dezimalstellen aufgetrennt. **H**underter und **Z**ehner bilden den Stängel, die **E**iner die Blätter. Betrachten wir noch einmal die geordnete Liste der Körpergrößen aus Tab. 6.18:

155	156	158	158	159	160
160	160	162	162	163	164
165	165	166	166	167	168
169	169	169	169	170	170
171	171	171	171	171	172
172	173	173	174	174	174
175	176	176	177	178	180
181	182	183	185	187	

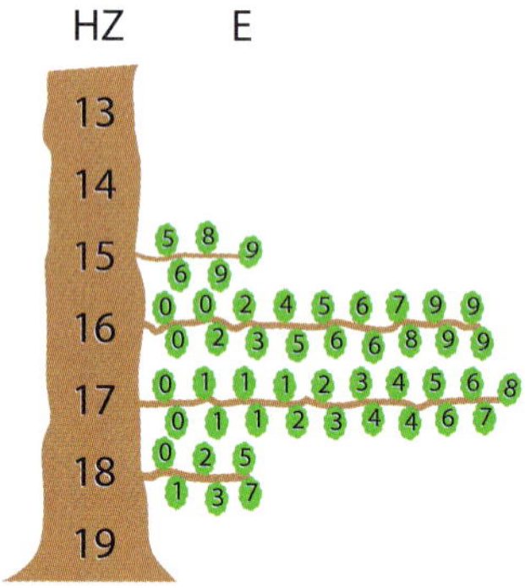

Abb. 6.20: Stängel-Blatt-Diagramm

Die erste Spalte des Diagramms bildet den „Stängel". Dort werden die Hunderter- und Zehnerziffern der Daten aufgeschrieben. In der Zeile dahinter trägt man die jeweiligen Einer ab. Die Messwerte 155, 156, 158, 158, 159 stehen alle in der 15er-Zeile. Die verbleibenden Einer 5, 6, 8, 8 und 9 schreiben Sie in die Zeile neben die 15. Achtung, wenn eine Zahl mehrfach vorkommt, müssen Sie sie auch mehrfach hinschreiben. Vergleichen Sie bitte Diagramm und Tabelle, um sich das Verfahren zu veranschaulichen.

Auch hier haben Sie klassierte Daten dargestellt. Die Klassen reichen von 150–159, 160–169, 170–179 und 180–189. Klassen und Klassengrenzen ergeben sich aus dem Dezimalsystem. Diese Einteilung müssen Sie hier also nicht selbst erledigen.

Die „Länge" der Zeilen visualisieren die Häufigkeitsverteilung der Körpergrößen. **Bei der optischen Wahrnehmung spielt es jedoch keine Rolle, welche Ziffern in den Zeilen stehen, entscheidend ist die Zeilenlänge.**

Hinweis Im Gegensatz zum Histogramm gehen beim Stängel-Blatt-Diagramm die Daten der Urliste (Rohdaten) nicht verloren.

Besonders geeignet ist diese Darstellung, um zwei Stichproben miteinander zu vergleichen. Man trägt dazu die Werte der einen Stichprobe nach rechts vom Stängel auf, die der anderen nach links.

Beispiel

In den Klassen 12G1 und 12G2 wurde in Mathematik eine Parallelarbeit geschrieben. Die folgenden Tabellen zeigen die jeweils erreichten Punkte. Veranschaulichen Sie die Daten.

19	19	28	28	32	32	36	46	48	49	49	52	52
55	55	58	59	60	60	60	62	65	76	76	83	90

Tab. 6.27: Klasse 12G1

49	54	58	58	60	62	64	65	69	69	70	70	71
72	72	75	78	79	80	80	85	89	89	89	90	95

Tab. 6.28: Klasse 12G2

Man erkennt, dass sich die Leistungen der beiden Klassen zwar überdecken, die Klasse 12G2 aber im Allgemeinen bessere Leistungen erbracht hat. Die Ergebnisse der 12G1 schwanken stark (zwischen 19 und 90 Punkten), während die 12G2 in ihren Leistungen homogener ist (49–95 Punkte).

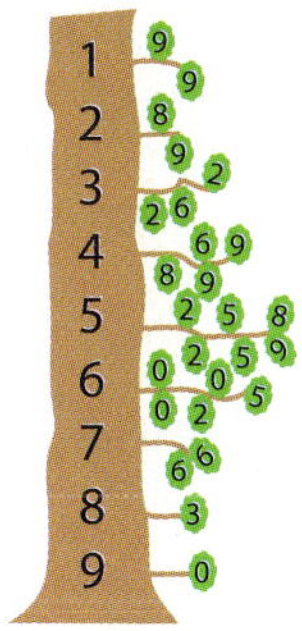

Abb. 6.21: Stängel-Blatt-Diagramm Klasse 12G1 und 12G2

Eine weitere Hilfe für die Einteilung klassierter Daten ist es, sich an der Anzahl der Messwerte zu orientieren.

Man bildet die Klassen, indem man die Anzahl der Messwerte in Viertel einteilt oder vornehmer formuliert in **Quartile**. In der geordneten Reihe der Messwerte zählt man jeweils ein Viertel ab und bildet folgende Klassen:

- das erste Viertel der Messwerte,
- das zweite und dritte Viertel der Messwerte,
- das letzte Viertel der Messwerte.

Die Klassengrenzen werden so bestimmt, dass die mittlere Klasse **mindestens** 50 % der Messwerte enthält. In die beiden anderen Klassen fallen jeweils **höchstens** 25 % der Messwerte.

Die 1. und 3. Klasse wird nochmals unterteilt, so dass sich folgende fünf Klassen ergeben: [0;5 %[; [5 %;25 %[; [25 %;75 %];]75 %;95 %] und]95 %;100 %] der Daten.

Für die Messung der Körpergrößen aus Tab. 6.18 erhalten Sie mit dieser Methode die folgende Klassenbildung:

Insgesamt liegen 47 Messwerte vor. In die erste Klasse gehören 5 %. Das sind $\frac{47 \cdot 5\,\%}{100\,\%} =$ 2,35, also 2. Am Ende der zweiten Klasse sind 25 % der Daten verteilt.

Das sind $\frac{47 \cdot 25\,\%}{100\,\%} = 11{,}75$, also 11, denn es sollen ja nur höchstens 25 % der Messwerte sein. (Achtung, diese Klasse enthält nur 9 Daten, denn 2 sind ja schon auf die erste Klasse verteilt worden.) Die folgende Tabelle zeigt die fertige Klasseneinteilung.

1	0–5 %	155	156											
2	5–25 %	158	158	159	160	160	160	162	162	163				
3	25–75 %	164	165	165	166	166	167	168	169	169	169	169	170	170
		171	171	171	171	171	172	172	173	173	174	174	174	
4	75–95 %	175	176	176	177	178	180	181	182	183				
5	95–100 %	185	187											

Tab. 6.29: Körpergrößen, Klasseneinteilung

Die erste Klasse endet bei 156 cm, während die 2. Klasse erst bei 158 cm beginnt. Als Klassengrenze wählt man die Mitte zwischen diesen Werten: $\frac{156 + 158}{2} = 157$. Genauso verfährt man mit den anderen Klassengrenzen und erhält die Grenzen: 157; 163,5; 174,5 und 184.

Diese Daten visualisiert man mit einem so genannten **Box-Plot-Diagramm**. Man zeichnet dazu einen Kasten *(box)*, der die Messwerte der 3. Klasse enthält. An den Kasten zeichnet man nach links und rechts zwei Stäbe, die die 2. bzw. die 4. Klasse darstellen. Die restlichen Messwerte trägt man einzeln als Punkte ein (vgl. Abb. 6.22) Die Box enthält mindestens 50 % der Messwerte. Links und rechts der Box liegen jeweils höchstens 25 % der Messwerte. Man nennt diese Querstriche deshalb die **Quartile** der Verteilung. Den Messwert, der genau in der Mitte der Messwertereihe liegt, markiert man innerhalb der Box ebenfalls mit einem Querstrich. Man nennt diesen Messwert den **Median** der Verteilung. In unserem Beispiel ist das der 24. Messwert, also 170 cm. Durch die Eintragung des Medians kann man erkennen, ob die Verteilung symmetrisch oder rechts- bzw. linksschief ist.

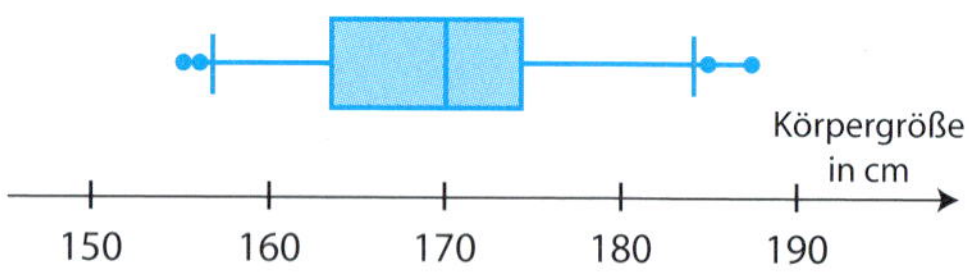

Abb. 6.22: Box-Plot-Diagramm

Mit einem Box-Plot-Diagramm lässt sich eine Häufigkeitsverteilung sehr platzsparend darstellen. Deshalb wird es häufig verwendet, wenn mehrere Verteilungen zum Vergleich nebeneinander abgebildet werden sollen (vgl. Abb. 6.23). Ein Box-Plot-Diagramm können Sie natürlich auch senkrecht zeichnen.

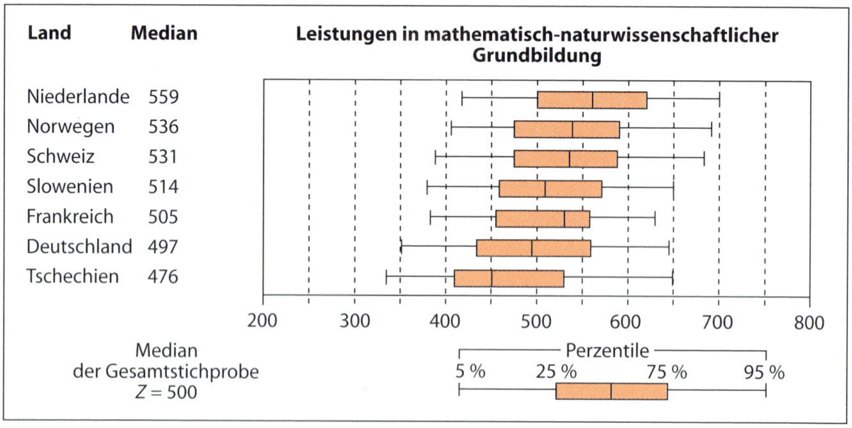

Abb. 6.23: Leistungen in mathematisch-naturwissenschaftlicher Grundbildung im Ländervergleich

Übungen

1. Tabelle 6.18 zeigte die Ergebnisse der Körpergrößenmessung bei Frauen. Die gleichen Daten wurden in einer Technikerklasse bei Männern erhoben und sind in folgender Tabelle 6.30 zusammengestellt. Zeichnen Sie bitte ein zweiseitiges Stängel-Blatt-Diagramm.

169	169	176	177	178	179	179	180	180	182
185	185	185	186	186	187	187	188	189	190
191	191	191	193	194	195	197	199	200	205

Tab. 6.30

Interpretieren Sie das Ergebnis.

2. Stellen Sie die Daten der Tabelle 6.7 als Box-Plot dar.
3. Bei der Konstruktion von Treppenläufen benutzt man die mittlere Schrittlänge der Benutzer von 63 cm (Schrittmaßregel). Messen Sie in Ihrer Klasse die mittlere Schrittlänge der Schülerinnen und der Schüler.
   a) Stellen Sie die erhobenen Daten in einem zweiseitiges Stängel-Blatt-Diagramm dar. Sind die 63 cm für Frauen und Männer ein geeignetes Maß?
   b) Stellen Sie die Ergebnisse auch jeweils als Box-Plot dar.

6.1.4 Interpretation und Manipulation

Bearbeiten Sie die folgenden Aufgaben bitte in Gruppen!

Aufgabe 1

Die nebenstehende Abbildung zeigt eine Statistik über die Bevölkerungsentwicklung in Schleswig-Holstein. Diskutieren Sie in Ihrer Gruppe, welche Aussageabsicht der Autor dieser Statistik hat. Welche Mittel wendet er an, um den Leser zu überzeugen? (Tipp: Fertigen Sie mit den Zahlen der Statistik ein eigenes Säulendiagramm an. Wählen Sie dazu auf der *y*-Achse den Maßstab 1 cm ≙ 1 000 und beginnen Sie die *y*-Achse bei 0. Vergleichen Sie beide Darstellungen!)

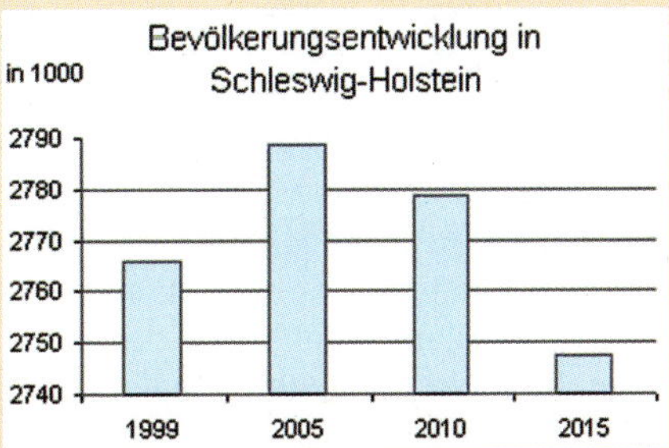

Abb. 6.24: Die Welt 20. 6. 2001

Aufgabe 2

Ein Kommunalpolitiker bereitet einen Vortrag für eine Elternversammlung vor. Es ist gerade mal wieder Wahlkampfzeit und er möchte natürlich berichten, was er schon alles Gutes geleistet hat. Zweifelsohne war das die Verdoppelung der Kindergartenplätze in der Gemeinde während seiner Amtszeit. Dazu hat er eine Statistik vorbereitet (vgl. Abb. 6.25), in der anschaulich diese Verdopplung dargestellt wird. Sein Wahlkampfmanager empfiehlt ihm ein anderes Piktogramm zur grafischen Aufbereitung dieser Zahlen (vgl. Abb. 6.26).

Analysieren Sie beide Darstellungen und nehmen Sie dazu kritisch Stellung.

Abb. 6.25: Statistik Kindergartenplätze

Abb. 6.26: Statistik Kindergartenplätze

Aufgabe 3 Die unten folgende Grafik ist einer Werbebroschüre entnommen, die ein Internetdienstleister bei einer Agentur in Auftrag gegeben hat. Analysieren Sie die Darstellung. Würden Sie an diese Werbeagentur einen Auftrag vergeben?

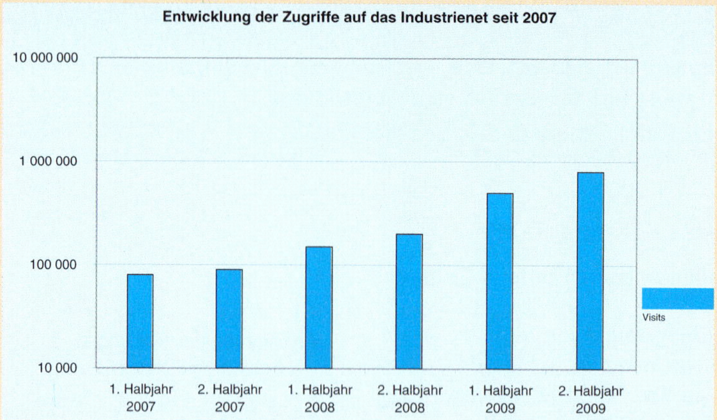

Abb. 6.27

Die bei Untersuchungen oder Umfragen erhobenen Daten müssen anschließend interpretiert werden. Abhängig von den unterschiedlichen Blickwinkeln des zugrunde liegenden Untersuchungsanliegens, können Sie dabei zu unterschiedlichen Ergebnissen und Bewertungen kommen. Dabei ist besondere Sorgfalt auf objektive und korrekte Erhebung, Auswertung und Darstellung der Daten zu legen. Werden Daten jedoch bewusst einseitig erhoben, ausgewertet und dargestellt, um eigenen Interessen zu nützen, handelt es sich um **Manipulation**.

Die Manipulation von Daten kann schon bei der **Datenerhebung** stattfinden, indem man eine **vorsortierte Stichprobe** auswählt. Möchte man durch eine Umfrage „beweisen", dass die meisten Leute für alternative Energien sind, dann wählt man seine Stichprobe unter den Anhängern einer Umweltpartei. Diejenigen, die genau das gegenteilige Umfrageergebnis erzielen möchten, wählen „ihre" Stichprobe z. B. unter den Mitarbeitern eines Energiekonzerns, der stark auf Kernkraft setzt. Darüber hinaus lässt sich das Untersuchungsergebnis natürlich auch noch durch die **Auswahl der weiterverwendeten Daten** in die gewünschte Richtung beeinflussen. Außerdem lässt sich fast jede beliebige Aussage erreichen, wenn man die Stichprobe nur klein genug macht.

Deshalb sollte bei seriösen Statistiken stets angegeben werden, auf welcher Stichprobe die Befragung beruht, also welche und wie viele Leute befragt wurden.

Neben einer einseitig ausgewählten Stichprobe lassen sich die Ergebnisse einer Befragung auch durch die Formulierung der Fragen, die Gestaltung des Fragebogens, Zeit und Ort der Befragung und durch das Auftreten des Interviewers in die gewünschte Richtung beeinflussen.

Eine Umfrage, die von einer am Ergebnis interessierten Person durchgeführt wird, ist unseriös.

Ein weiterer, häufig benutzter Trick ist das **Weglassen wichtiger Hintergrundinformationen**. Ein Beispiel dazu: *Ein Unternehmen lässt verlauten: „Wir haben die Anzahl der Frauen im Management um 50 % erhöht". Das hört sich nun wirklich nach einem gigantischen Schritt in Richtung Gleichberechtigung und Chancengleichheit für Frauen an. Die weggelassene Hintergrundinformation war jedoch: Vorher 40 Männer und 2 Frauen; anschließend 40 Männer und 3 Frauen. Damit sieht die ganze Sache schon nicht mehr so gut aus. Obwohl die 50 % Steigerungsrate nicht gelogen ist.*

Bei der grafischen **Darstellung der Daten** gibt es eine ganze Trickkiste. Wir haben sie in drei Abteilungen gegliedert. Das heißt jedoch nicht, dass die Tricks nur einzeln angewendet werden. Häufig werden mehrere gleichzeitig verwendet. Teils handelt es sich dabei um versehentliche Unkorrektheiten, häufig jedoch um bewusste Manipulation.

(1) Die Sache mit der „vergessenen" Nulllinie

Dies ist der am häufigsten verwendete Trick. Man lässt dabei die y-Achse nicht bei 0 beginnen und vergrößert gleichzeitig ihre Einteilung stark. Mit diesem Trick lassen sich geringe Unterschiede in den Häufigkeiten zu gigantischen Differenzen aufblasen. Sie haben das in Aufgabe A1 gesehen. Die Grafik erweckt den Anschein eines dramatischen Rückgangs der Bevölkerungszahl. Wenn Sie Ihre Grafik, die mit einer korrekten Nulllinie versehen ist, betrachten, sieht die Situation schon etwas weniger dramatisch aus.

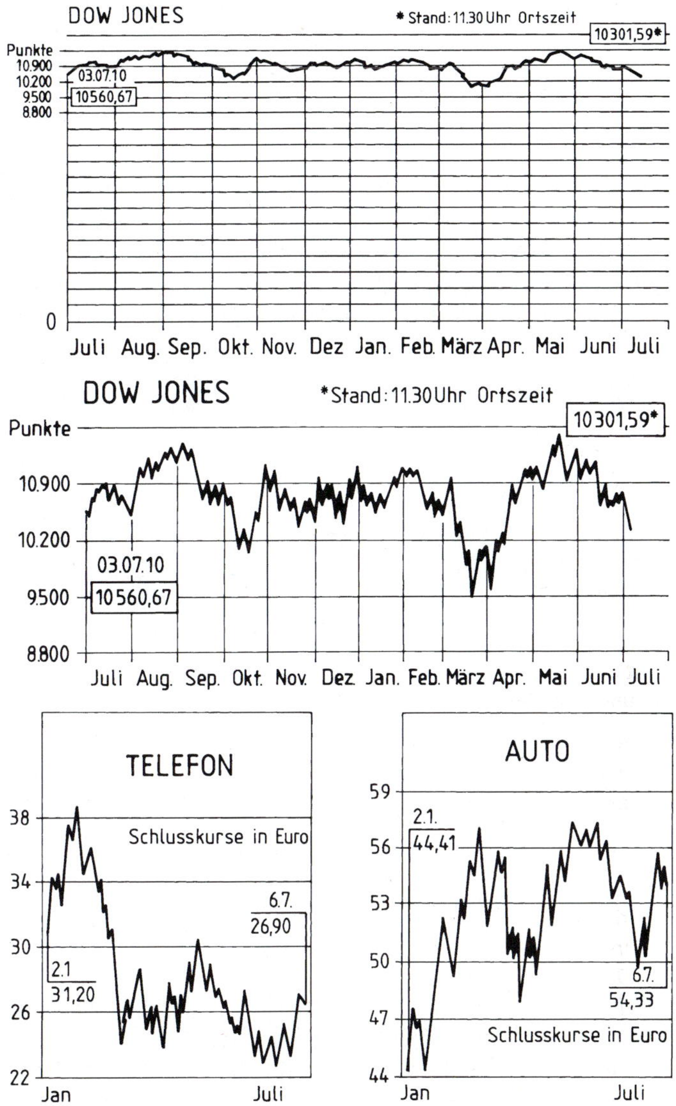

Abb. 6.28: Aktienkurse

Mit großer Sicherheit werden Sie diesem Trick im Wirtschaftsteil jeder Tageszeitung begegnen. Dort wird gerne aus einer eher mageren Kursentwicklung durch Weglassen der Nulllinie ein wahrer Kurssturm gemacht (s. Abb. 6.28).

Aufgabe 4 Abb. 6.29 visualisiert die Entwicklung der Verkaufszahlen eines Produkts über vier Jahre. Die Verkaufszahlen haben sich von 2008 auf 2009 um 400 erhöht, das sind 8,33 %. Welche Steigerungsrate zeigt die Grafik? Messen Sie die Längen der beiden ersten Säulen. Berechnen Sie, um wie viel Prozent die Länge der zweiten Säule die der ersten übersteigt.

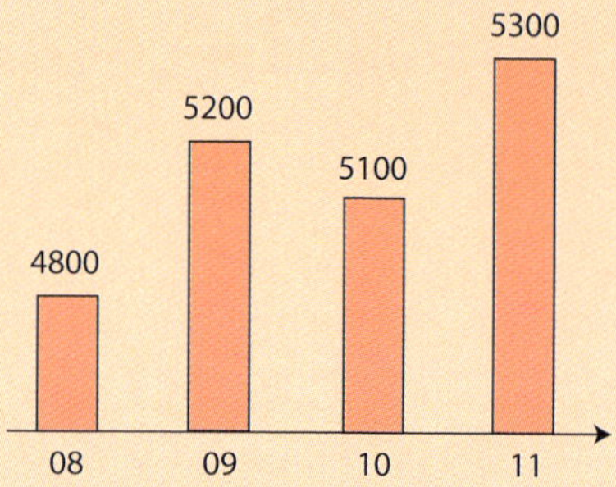

Abb. 6.29: Verkaufszahlen

(2) Das virtuose Spiel mit den Achseneinteilungen

Die folgende Tabelle zeigt fiktive Daten der zeitlichen Entwicklung eines Merkmals über 10 Jahre. Dabei könnte es sich z. B. um die Personalkostenentwicklung eines Unternehmens oder die Gewinnentwicklung in einer Unternehmensabteilung handeln. Eine objektive, grafische Aufbereitung der Daten zeigt Abb. 6.30. Es lässt sich ein gleichmäßiger Anstieg über die 10 Jahre erkennen.

2001	2002	2003	2004	2005	2006	2007	2008	2009	2010
15	19	23	27	31	35	39	43	47	51

Tab. 6.31

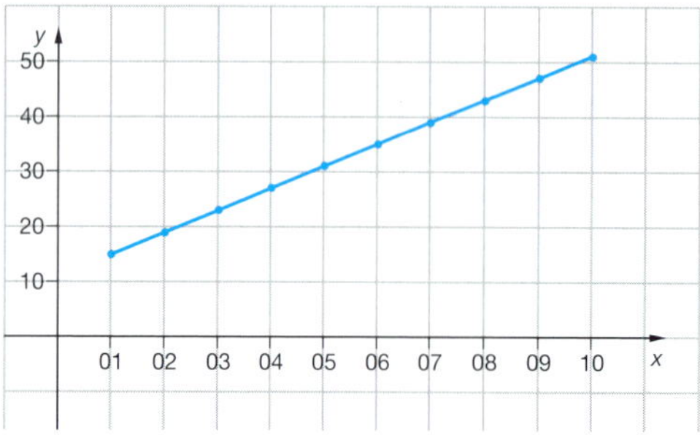

Abb. 6.30

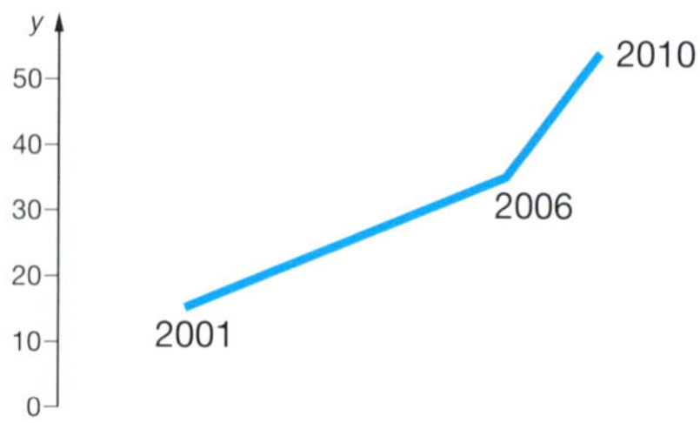

Abb. 6.31

Nehmen wir einmal an, die Daten würden die Entwicklung des Gewinns einer Unternehmensabteilung darstellen. Der Abteilungsleiter ist 2006 in den wohlverdienten Ruhestand gegangen. Sein Nachfolger wurde ein ehrgeiziger Yuppie[1]. Der soll nun, im Jahr 2010, in einer Besprechung die Bilanz seiner Arbeit vorstellen. Aus den Zahlen ergibt sich leider nicht, dass er wesentlich erfolgreicher ist als sein älterer Vorgänger. Das kann ein echter Yuppie natürlich niemals zugeben.

[1] *Yuppie (engl.); junger, äußerst karrierebewusster Mensch*

Deshalb zeichnet er für seine Präsentation eine eigene grafische „Veranschaulichung“ der nüchternen Daten, indem er die Einteilung der x-Achse nach dem Jahr 2006 deutlich zusammenzieht. Plötzlich zeigt sich ein steiler Anstieg des Gewinns seit dem Zeitpunkt, an dem unser „Freund“, der Yuppie, die Leitung übernommen hat (vgl. Abb. 6.31). Da sich seine Kolleginnen und Kollegen und vor allem seine Vorgesetzten in der Besprechung so leicht nicht hinters Licht führen lassen werden, lässt er die verräterische x-Achseneinteilung oder am Besten gleich die ganze x-Achse weg. Damit auch deutlich wird, wie es weitergeht, zeichnet er die Linie etwas über 2010 hinaus. So hat er gute Chancen, den gewünschten Eindruck zu erzielen.

Nehmen wir nun an, die Darstellung enthielte Daten über die Personalkostenentwicklung. Unser Yuppie möchte natürlich auch hier beweisen, dass er erfolgreicher ist als der „Alte“. Es geht also darum zu zeigen, dass sich unter seiner Leitung der Anstieg der Personalkosten deutlich abgeschwächt hat. Er verwendet dazu den gleichen Trick. Dieses Mal lässt er in seiner Darstellung die x-Achseneinteilung im Bereich 2001–2006 deutlich schrumpfen und plötzlich wird aus einem zuvor gleichmäßigen Anstieg ein sich ab 2006 abschwächender. Vergrößert er nun noch die Abstände für 2006 bis 2010 und lässt dann vorsichtshalber die x-Achse weg, wird der Effekt noch deutlicher (vgl. Abb. 6.32).

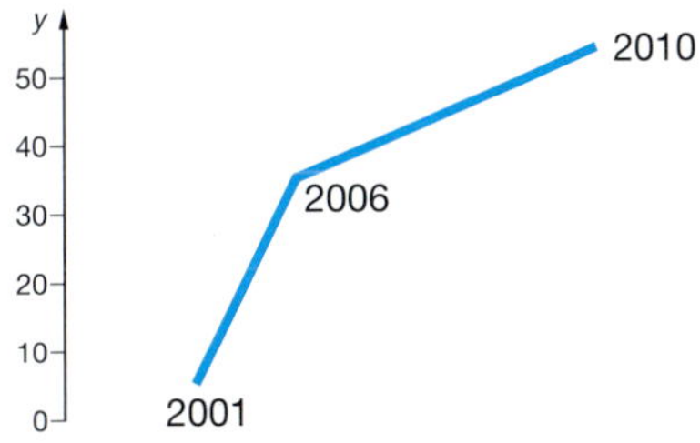

Abb. 6.32

Diese Tricks funktionieren natürlich genauso gut mit der y-Achse.

Betrachten Sie bitte noch einmal die Grafik in der Einstiegsaufgabe A3. Dort ist die Einteilung der y-Achse nach oben immer stärker verkürzt (man nennt das eine logarithmische Einteilung). In Abb. 6.33 sind die gleichen Daten in einem Diagramm mit gleichmäßiger (linearer) y-Achseneinteilung dargestellt. Der Unterschied im optischen Eindruck ist gewaltig.

Durch geschickte Wahl der y-Achseneinteilung lässt sich also aus einem starken, immer steiler werdenden Anstieg ein flacher, gleichmäßiger machen.

Warum die betreffende Werbeagentur jedoch statt einer Darstellung wie in Abb. 6.33, die einen rasanten Anstieg des Firmenerfolgs zeigt, die Grafik der Aufgabe A3 mit einem eher schlappen Anstieg gewählt hat, wird wohl ewig ihr Geheimnis bleiben.

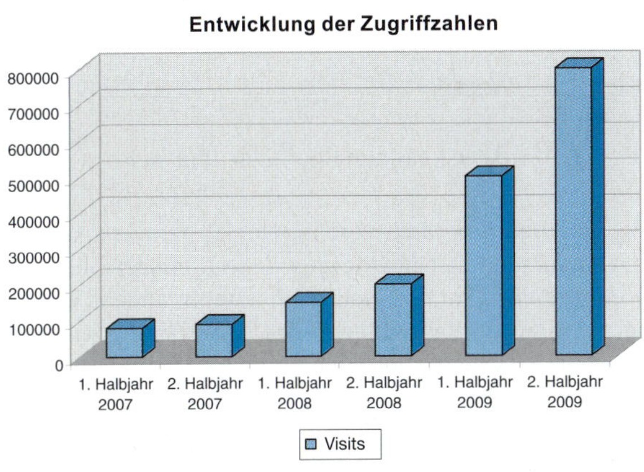

Abb. 6.33

(3) Piktogramme[1] und Proportionen[2]

Piktogramme helfen uns, abstrakte Zahlen zu visualisieren. Sie können schneller erfasst werden und sind anschaulicher. Leider eröffnen sich mit der „Übersetzung" von Zahlen in Piktogramme wieder viele manipulative Tricks. Man kann, wie in den folgenden Beispielen, die Proportionen bewusst falsch darstellen oder sie in die gewünschte Richtung verzerren:

Personal	Energie	Wasch- u. Putzmittel	Wasser
30 %	28 %	10 %	5 %

Tab. 6.32: Kostenstellen

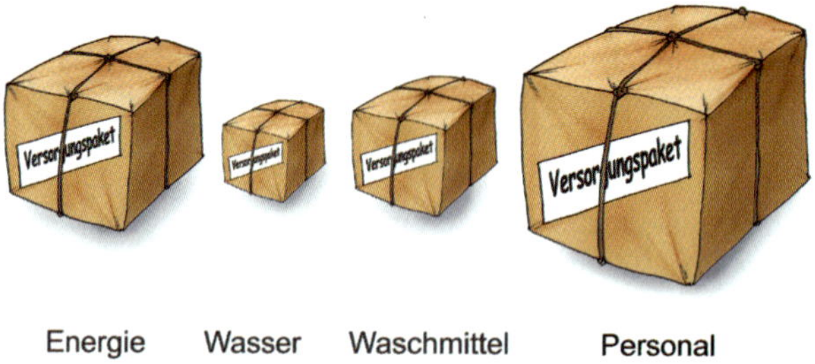

Abb. 6.34

In der Tabelle sind fiktive[3] Daten über den Anteil von vier Kostenstellen an den Gesamtkosten des Betriebs eines Kunstmuseums zusammengestellt. Diese Zahlen wurden mit Piktogrammen „veranschaulicht" (vgl. Abb. 6.34). Hier wurde mit **gefälschten Proportionen** gearbeitet. Die Piktogramme vermitteln den Eindruck, dass die Aufwendungen für „Personal" erheblich höher sind als die restlichen Posten, obwohl sie nur 2 Prozentpunkte höher sind als die Energiekosten.

Hier wurde für das Piktogramm der Kostenstelle *Personal* eine **falsche Proportion** gewählt: Es ist viel zu groß.

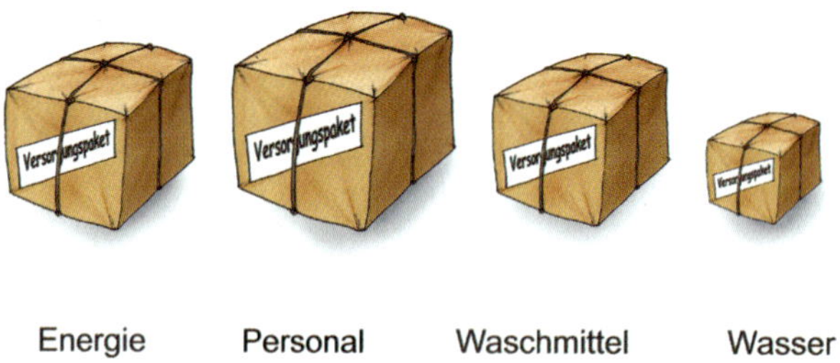

Abb. 6.35

Betrachten Sie noch einmal die Aufgabe A2 mit dem Kommunalpolitiker und seinem Wahlkampfmanager.

Die Aussage des Politikers, er habe die Kindergartenplätze verdoppelt, ist genauso korrekt wie sein Piktogramm, das er zur Veranschaulichung der nüchternen Zahlen ausgewählt hat. Die Darstellung ist völlig richtig, die Proportionen stimmen. Sein Wahlkampfmanager wählte ein etwas anderes Piktogramm aus. Hier wurden die Seitenlängen des Sandkastens verdoppelt, was anscheinend der richtigen Proportion entspricht, denn die Kindergartenplätze hatten sich ja auch verdoppelt. Nur nehmen wir von dem Sandkasten nicht primär die Seitenlänge,

---

1 *Piktogramm (griech.-lat.); grafisches Symbol*
2 *Proportion (lat.); (Größen-)verhältnis*
3 *Willkürlich angenommene Daten*

sondern seine Fläche wahr. (Dieses Phänomen kennen Sie aus der Wahrnehmungspsychologie). Die Fläche hat sich jedoch nicht verdoppelt, sondern vervierfacht. Den ursprünglichen Sandkasten können Sie viermal in den Neuen hineinlegen. Und schon wird der Leser dieser Informationsschrift hinters Licht geführt oder, beim Namen genannt, manipuliert.

Übungen

1. Ein Zeitungsartikel mit der Schlagzeile: **„Leben mit Harz IV."** wurde mit der nebenstehenden Grafik illustriert. Nehmen Sie kritisch dazu Stellung.

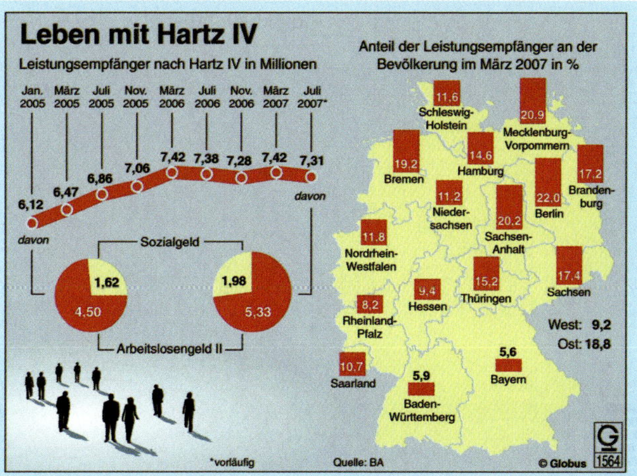

Abb. 6.36

2. Analysieren Sie die nebenstehend abgebildete Statistik. Ist der Anstieg der Beitragssätze wirklich so dramatisch, wie in der Bildunterschrift behauptet? Zeichnen Sie mit den Daten des Zeitschriftenartikels eine seriöse Grafik.

Abb. 6.37

3. Das Industrieunternehmen *C* gibt eine Informationsbroschüre für Kapitalanleger heraus. In dieser Broschüre befindet sich eine Statistik über die Verkaufszahlen seiner Produkte im Vergleich zu denen der Konkurrenzunternehmen A, B, D und E (vgl. Abb. 6.38).
   a) Welche Aussageabsicht hat der Autor dieser Statistik?
   b) Welcher unlauteren Mittel hat er sich bei der Erstellung der Statistik bedient?

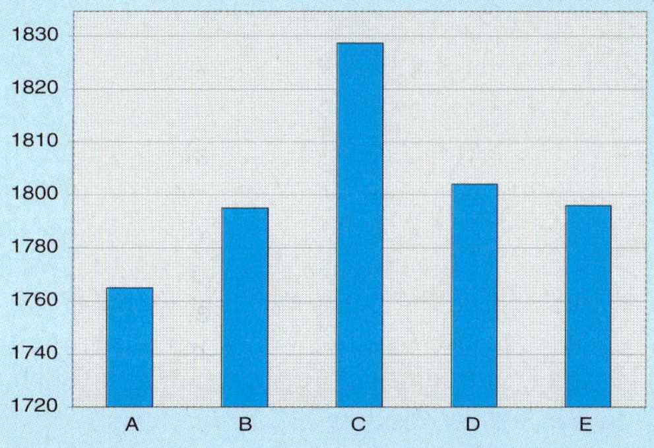

Abb. 6.38

4. In der Tabelle 6.33 finden Sie eine fiktive Statistik der Verbreitung eines Krankheitserregers in den ersten 10 Jahren. In einer Zeitung wird neben der Tabelle auch noch die abgebildete Grafik 6.39 visualisiert.

   Nehmen Sie zu dieser Berichterstattung kritisch Stellung.

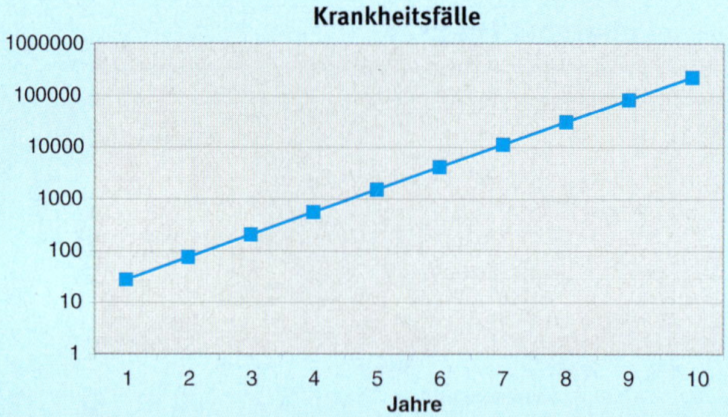

Abb. 6.39

Jahre	Krankheitsfälle
1	27
2	74
3	201
4	546
5	1484
6	4034
7	10966
8	29810
9	81031
10	220265

Tab. 6.33

5. Analysieren Sie die Grafik und nehmen Sie kritisch Stellung.

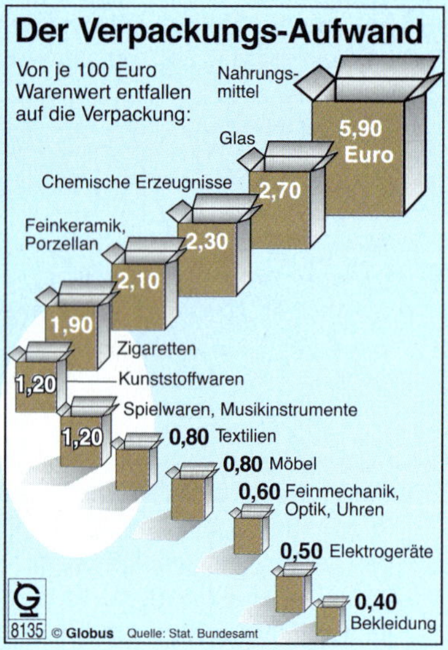

Abb. 6.40

6. Betrachten Sie die Grafik zum Anteil vireninfizierter E-Mails. Beschreiben Sie die Aussageabsicht des Autors. Welche methodischen Fehler sind dem Autor bei der Erstellung der Grafik unterlaufen? Fertigen Sie eine Zeichnung an, die das Informationsanliegen des Autors besser wiedergibt.

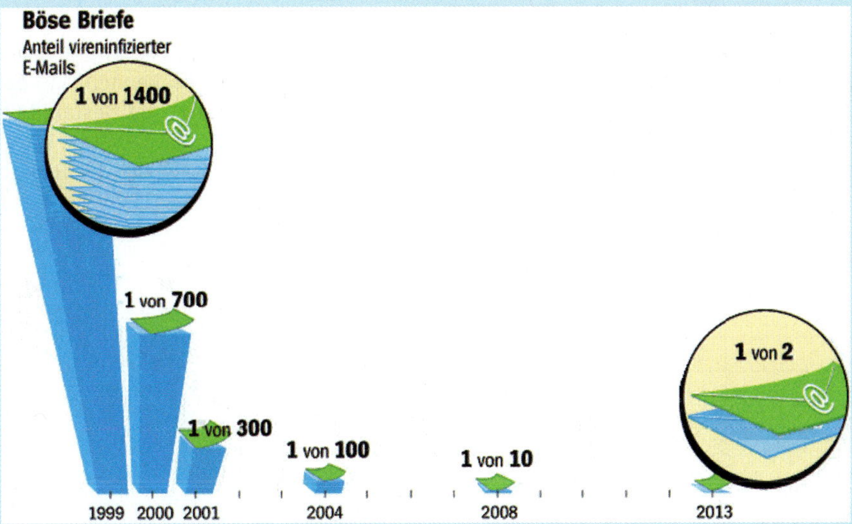

Abb. 6.41

7. a) Welche Aussageabsicht verfolgt der Autor der Grafik 6.42? Welche unlauteren Mittel wurden hier verwendet?

   b) Erstellen Sie zu dieser Umfrage eine seriöse Grafik!

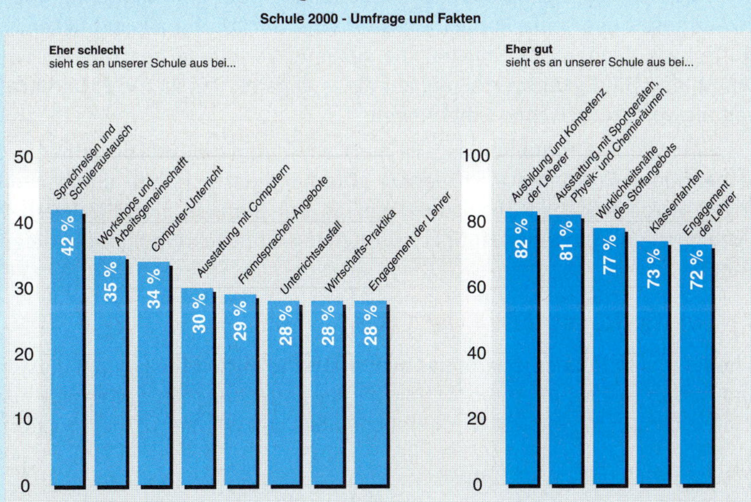

Abb. 6.42

8. Kommentieren Sie das folgende Zitat von Benjamin Disraeli[1]:
   „There are three kinds of lies: lies, damned lies and statistics."

---

[1] *Benjamin Disraeli, Earl of Beaconsfield (1804–1881); britischer Schriftsteller und Politiker, Premierminister von Großbritannien (1868 und 1874–1880)*

6.1.5 Kenngrößen von Verteilungen

Bei jeder Bewerbung um einen Studiengang in der Fachrichtung Gestaltung müssen Sie eine „Mappe" einreichen und an einem Aufnahmeverfahren teilnehmen. Sie kennen das bereits aus Ihrer Bewerbung für die Klasse 11G. An einem Berufskolleg war ein Test Bestandteil des Verfahrens, bei dem die Kandidaten möglichst schnell ein Produkt skizzieren sollten. Um einen Gesamteindruck von der Bewerbergruppe zu erhalten, wurden die Zeiten, die die Teilnehmer zum Skizzieren benötigten, in einer Tabelle zusammengefasst (vgl. Tab. 6.33).

Zeit in min	f_i
1	5
2	8
3	17
4	15
5	12
6	5
$n =$	62

Tab. 6.33

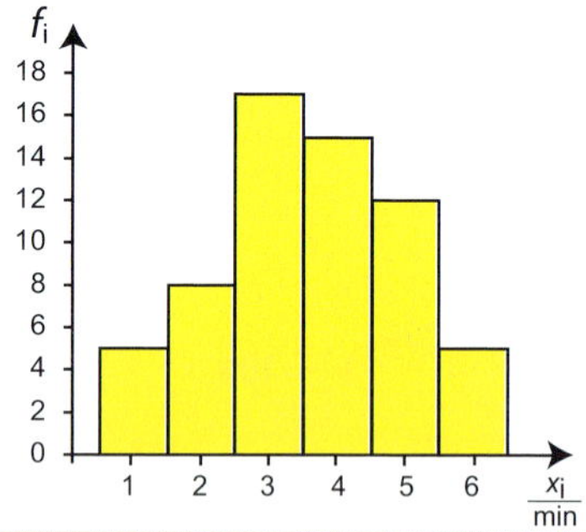

Abb. 6.43

Aufgabe Ein Auswerter dieses Tests möchte gegenüber einer Kollegin eine zusammenfassende Aussage über die Bewerbergruppe machen. Nun wird er ihr dazu wohl kaum die Häufigkeitsverteilung vorlesen. Welche Formulierungen könnte er wählen?

Nicht immer ist es günstig, eine ganze Häufigkeitsverteilung oder ein Diagramm studieren zu müssen, um Erkenntnisse über eine Population oder eine Stichprobe auszudrücken. Hier benutzt man Begriffe bzw. Kenngrößen, mit der die gesamte Verteilung beschrieben wird. Man reduziert eine komplette Häufigkeitsverteilung auf diese Angabe. Das ist die **2. Datenreduktion** bei der Aufbereitung von statistischen Erhebungen.

Der besagte Auswerter könnte formulieren: „Die meisten Kandidaten der Bewerbergruppe haben 3 Minuten benötigt." Er könnte auch sagen: „Die Kandidaten haben durchschnittlich 4 Minuten benötigt." Beide Angaben bezeichnet man in der Statistik als **Mittelwert**. Welcher Mittelwert der geeignete ist, um eine Häufigkeitsverteilung zu beschreiben, diskutieren wir im folgenden Kapitel.

6.1.5.1 Mittelwerte (Kenngrößen der Lage)

Am häufigsten benutzt man in der Statistik das **arithmetische Mittel**. Sie kennen diesen Mittelwert bereits und haben ihn sicher selbst schon häufig berechnet. Sie haben ihn bisher als „Durchschnitt" bezeichnet. Als Symbol (Formelbuchstabe) benutzt man $\bar{x}$ (lies: x quer).

Satz Liegen die Daten als **Urliste** vor, dann berechnet man das arithmetische Mittel so:

$$\bar{x} = \frac{x_1 + x_2 + x_3 + x_4 + \ldots + x_n}{n}.$$

Man addiert alle Messwerte und teilt die Summe durch die Anzahl n der Messwerte. Die Mathematiker haben dafür eine Kurzschreibweise erfunden, sie benutzen das Summenzeichen „Σ"[1].

$$\bar{x} = \frac{1}{n} \sum_{i=1}^{n} x_i$$

Lies: „x quer gleich 1 durch n mal Summe von x_i, i läuft von 1 bis n."

[1] *„Σ" (Sigma) ist das „große S" im Griechischen, Abkürzung für Summe*

Hinweis

Um das **arithmetische Mittel** mithilfe eines -Tabellenkalkulationsprogramms zu berechnen, geben Sie in der Befehlszeile den Befehl: **= Mittelwert (A1 : A15)** ein. Dabei stehen Ihre Daten in den Zellen A1 bis A15.

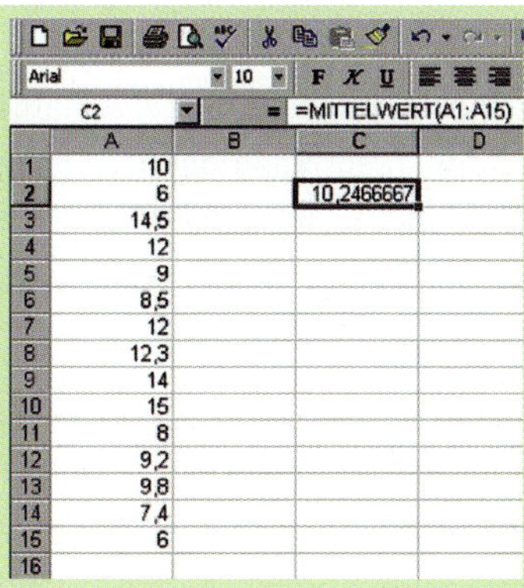

Satz

Sind die Daten bereits in einer **Häufigkeitstabelle** zusammengefasst, muss man bei der Berechnung des arithmetischen Mittels natürlich die Häufigkeiten, mit denen die einzelnen Messwerte x_i auftreten, berücksichtigen. Die Berechnungsformel lautet dann:

$$\bar{x} = \frac{x_1 f_1 + x_2 f_2 + \ldots + x_k f_k}{n} = \frac{1}{n} \sum_{i=1}^{k} x_i f_i$$

k = Anzahl der Merkmalsausprägungen
n = Anzahl der Messwerte

Keine Sorge, das sieht nur kompliziert aus, ist es aber eigentlich nicht. (Sie haben das selbst schon häufig gemacht). Zur praktischen Berechnung benutzen Sie besser die Häufigkeitstabelle, indem Sie sie durch die Spalte $x_i \cdot f_i$ zu einer **Arbeitstabelle** ergänzen.

Betrachten wir dazu noch einmal die Häufigkeitsverteilung des Tests aus dem Aufnahmeverfahren Tab. 6.33.

x_i (min)	f_i	$x_i f_i$
1	5	5
2	8	16
3	17	51
4	15	60
5	12	60
6	5	30
Summe	62	221

Tab. 6.34: Arbeitstabelle zur Berechnung des arithmetischen Mittels

Die Tabelle 6.33 wurde um die Spalte „$x_i f_i$“ ergänzt. Addiert man die Zahlen dieser Spalte, so erhält man die $\Sigma f_i x_i$ aus obiger Formel. Diese Summe müssen Sie jetzt nur noch durch die Gesamtzahl n der Messwerte teilen und erhalten als arithmetisches Mittel: $\bar{x} = \frac{221}{62} = 3{,}56$ min.

Bei **klassierten Daten** gehen Sie ähnlich vor, stellvertretend für die Messwerte in der Klasse steht der jeweilige **Klassenmittelpunkt** x_i. Er wird für die Berechnungen benutzt.

Klassen	x_i (cm)	f_i	$x_i f_i$
[152,5; 157,5[	155	2	310
[157,5; 162,5[	160	8	1 280
[162,5; 167,5[	165	7	1 155
[167,5; 172,5[	170	14	2 380
[172,5; 177,5[	175	9	1 575
[177,5; 182,5[	180	4	720
[182,5; 187,5]	185	3	555
–	Summe	47	7 975

Tab. 6.35: Daten aus Tab. 6.22, Berechnung des arithm. Mittels

Hier berechnen Sie das arithmetische Mittel $\bar{x} = \frac{7\,975}{47} = 169{,}7$ cm. Sie können auch sagen:

„Die Teilnehmer des betroffenen Mathekurses waren **durchschnittlich 169,7 cm** groß.“

Offene Klassen am Rand der Verteilung dürfen nicht auftreten.

Die Definition des arithmetischen Mittels führt zu folgendem Zusammenhang:

Bei der Bestimmung des arithmetischen Mittels ist jeder einzelne Messwert „gleich wichtig“ und geht in die Rechnung ein.

Merksatz Da beim arithmetischen Mittel gerechnet werden muss, kann man es nur bei Daten anwenden, die **metrisches Skalenniveau** erreichen.

Auf einer Rang- oder Nominalskala ist die Berechnung des arithmetischen Mittels sinnlos!

Ein Mittelwert, der schon auf einer **Nominalskala** bestimmt werden kann, ist der **Modus** oder **Modalwert M**.

Merksatz Der **Modalwert *M*** ist der in einer Messreihe am häufigsten auftretende Wert. Eine „mehrgipflige“ Verteilung kann auch mehrere Modalwerte haben.

Bei mehrgipfligen Verteilungen beschreiben die Modalwerte die Verteilung am besten.

Beispiel 1

In der Reihe 1

2	3	4	4	4	5	5	7	9

ist „4“ der Modalwert; denn die „4“ kommt am häufigsten vor.

In der Reihe 2

3	4	4	4	5	6	6	6	8

sind „4“ und „6“ die Modalwerte.

Hinweis Um den **Modalwert** mithilfe eines Tabellenkalkulationsprogramms zu bestimmen, geben Sie in die Befehlszeile den Befehl: **= Modalwert (A1:A15)** ein. Dabei stehen Ihre Daten in den Zellen A1 bis A15.

Ein Mittelwert, der auf einer **Rangskala** (Ordinalskala) bestimmt werden kann, ist der **Median *Z***.

Merksatz Den **Median *Z***[1] einer Messreihe kann man aus der **geordneten Liste** der Messwerte ermitteln. Es ist der Messwert, der die geordnete Liste halbiert. Er steht also genau in der Mitte einer geordneten Liste.

Beispiel 2

1.

3	4	6	9	11	12	13

Der Median ist **„9“**; denn die „9“ steht in der Mitte (bei 7 geordneten Messwerten liegt der 4. Messwert in der Mitte, das ist der Median. Sein Wert beträgt „9“).

$$Z = x_4 = 9$$

[1] *Z von **Z**entralwert*

2.

2	3	4	6	8	12	13	15

Wir haben 8 Messwerte, also eine gerade Anzahl von Werten. Der Median liegt zwischen den Messwerten Nr. „4“ und „5“. Ihre Werte betragen „6“ und „8“. Man muss das arithmetische Mittel von „6“ und „8“ bilden, der Median beträgt „7“.

$$Z = \frac{x_4 + x_5}{2} = \frac{6 + 8}{2} = 7$$

Bei kleinen Stichproben kann man die mittlere Position gleichsam mit „bloßem Auge“ erkennen. Bei einem Stichprobenumfang von z.B. $n = 99$ fällt das schon schwerer. Hier berechnet man die mittlere Position. In dem Beispiel haben Sie gesehen, dass dabei zwei Fälle zu unterscheiden sind:

***n* – ungerade**	***n* – gerade**
Mittlere Position $= \frac{n+1}{2}$	Mittlere Position $= \frac{n}{2}; \frac{n}{2} + 1$
	Es gibt zwei „mittlere Positionen“.

Den Median bestimmen Sie dann zu:

$Z = x_{\frac{n+1}{2}}$	$Z = \frac{x_{\frac{n}{2}} + x_{\frac{n+1}{2}}}{2}$

Achtung, verwechseln Sie nicht das Ergebnis für die *mittlere Position* mit dem Median. Der Median ist ein **Messwert**, bei ungeradem n der Messwert $x_{\frac{n+1}{2}}$.

Hinweis

Zur Bestimmung des **Medians** mithilfe eines Tabellenkalkulationsprogramms geben Sie den Befehl: **= Median (A1:A15)** ein. Dabei stehen Ihre Daten in den Zellen A1 bis A15.

Um den Median aus einer **Urliste** zu ermitteln, müssen Sie diese zunächst ordnen und dann den mittleren Wert heraussuchen.

Liegen die Daten in einer **Häufigkeitsverteilung** vor, ist die Aufgabe des Ordnens bereits erledigt. Dafür ist die Suche nach dem mittleren Wert etwas schwieriger. Aber großartig rechnen muss man dennoch nicht. Versuchen Sie es einmal mit der Häufigkeitsverteilung aus Tab. 6.36:

x_i (min)	f_i	S_O
1	5	5
2	8	13
3	17	30
4 ←	15	45
5	12	57
6	5	62
$n =$	62	

Tab. 6.36: Arbeitstabelle zur Bestimmung des Medians

Wir haben eine gerade Anzahl von Messwerten ($n = 62$). D.h., wir müssen zwei Werte ablesen, und zwar an der 31. und 32. Stelle der geordneten Liste. In der 1. Zeile der Häufigkeitstabelle stehen die ersten fünf Messwerte ($f_i = 5$; d.h., die 1 kommt fünf Mal vor). In der nächsten Zeile folgt 13 Mal die 2.

In der Spalte für S_O können Sie ablesen, dass bis zur 2. Zeile insgesamt 13 Messwerte abgezählt sind. Bis zur 3. Zeile sind es schon 30. Die von Ihnen gesuchten 31. und 32. Messwerte finden sich also in der 4. Zeile, denn da geht's vom 31. bis zum 45. Messwert.

Achtung, den eigentlichen Wert müssen Sie in der Spalte der x_i ablesen. Es ergibt sich also: $x_{31} = 4$ min und ebenfalls $x_{32} = 4$ min.

Der gesuchte Median ist dann: $Z = \frac{x_{31} + x_{32}}{2} = \frac{4 + 4}{2} = 4$ min.

Sind die Messwerte in Klassen eingeteilt und liegt die geordnete Liste nicht mehr vor, kann der Median Z genau nur mit größerem Aufwand durch ein **Interpolationsverfahren**, das wir weiter unten besprechen, bestimmt werden. Vereinfacht kann man den Median ermitteln, indem man das gerade besprochene Verfahren auch für **klassierte Daten** benutzt, z. B. mit Tab. 6.37:

Klassen	x_i (cm)	f_i	S_O
[152,5–157,5[	155	2	2
[157,5–162,5[	160	8	10
[162,5–167,5[	165	7	17
[167,5–172,5[	170	14	31
[172,5–177,5[	175	9	40
[177,5–182,5[	180	4	44
[182,5–187,5]	185	3	47
–	Summe	47	

Tab. 6.37

Wir haben eine ungerade Anzahl von Messwerten, d. h., den Median finden wir an der 24. Stelle $\left(\frac{47+1}{2}\right)$. Dieser Messwert liegt in der 4. Zeile, denn dort befinden sich der 18. bis 31. Messwert. Als Median nehmen wir stellvertretend die Klassenmitte. Man spricht dann auch von der Medianklasse. Achtung, auch hier wieder den Wert in der x_i-Spalte nachsehen: $Z = 170$ cm.

Aufgabe Analysieren Sie nochmals die Graphen der kumulierten Häufigkeiten S_o und S_u, die Sie in den Übungen im Kap. 6.1.1 und 6.1.2 gezeichnet haben.

Merksatz Der Schnittpunkt der Summenkurven hat die Koordinaten $S(Z|50\,\%)$ bzw. $S\left(Z\middle|\frac{n}{2}\right)$.

Beispiel 3

Bei einer Bewerbergruppe wurde ebenfalls die Zeitdauer zur Lösung einer Testaufgabe ermittelt. Es waren 32 Bewerber. Die Daten sind in folgender Häufigkeitsverteilung zusammengefasst.

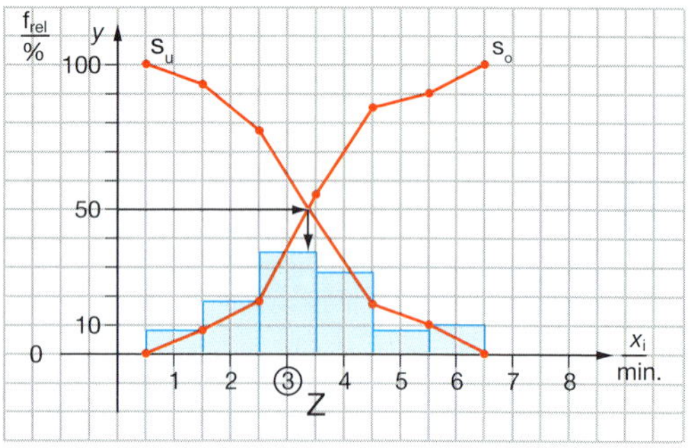

Abb. 6.44

x_i	$f_{i,abs}$	$f_{i,rel}$ (%)	S_O (%)	S_U (%)
1	2	6,3	6,3	100,1
2	5	15,6	21,9	93,8
3	11	34,4	56,3	78,2
4	9	28,1	84,4	43,8
5	2	6,3	90,7	15,7
6	3	9,4	100,1	9,4
$n =$	32	100,1		

Tab. 6.38

Aus der Grafik bestimmen Sie den Median zu $Z = 3$.

Bestimmen Sie den Median aus der Häufigkeitsverteilung Tab. 6.38. Berechnen Sie das arithmetische Mittel. **Aufgabe 2**

Nun haben Sie drei verschiedene **Mittelwerte** kennengelernt: Den **Modus**, den **Median** und das **arithmetische Mittel**. Welchen Mittelwert Sie anwenden dürfen, hängt vom Skalenniveau ab, das Ihre Daten erreichen. Beim Modus muss man nur zählen können. Er kann also bereits auf einer **Nominalskala** verwendet werden. Beim Median muss man die Daten in eine Reihenfolge bringen können, er erfordert also mindestens eine **Rangskala**. Beim arithmetischen Mittel sind Rechnungen notwendig. Die Daten müssen deshalb **metrisches Skalenniveau** haben.

Mittelwert ist der Oberbegriff von: Modus, Median und arithmetischem Mittel.

Zusammenfassung:

Skalenniveau	Möglicher Mittelwert
Nominalskala	M
Rangskala	M oder Z
metrische Skala	M oder Z oder $\bar{x}$

Tab. 6.39

Auf einer metrischen Skala können alle drei Mittelwerte benutzt werden. Ein Entscheidungskriterium, welchen der Mittelwerte Sie im konkreten Fall benutzen sollten, kann Ihnen folgende Überlegung liefern:

Der Median ist **„unempfindlich"** gegenüber „Ausreißern". Betrachten Sie nochmals das Beispiel 2 und setzen Sie für den letzten Wert anstelle einer „15" die Zahl „1 000" ein. **Es gilt weiterhin $Z = 7$**, während sich das arithmetische Mittel erheblich vergrößert hat ($\bar{x}_1 = 7{,}875$; $\bar{x}_2 = 131$)!

Das **arithmetische Mittel** ist eindeutig zu berechnen, jeder Messwert geht „gleichberechtigt" in die Rechnung ein. Insbesondere bei kleinen Stichproben reagiert es jedoch stark auf „Ausreißer". Das arithmetische Mittel liefert einen zuverlässigen Schätzwert für die Verhältnisse in der Grundgesamtheit. Bei mehrgipfligen oder extrem asymmetrischen Verteilungen oder bei offenen Klassen an den Skalenenden sollten Sie das arithmetische Mittel nicht verwenden.

Im Falle einer symmetrischen Verteilung fallen die drei genannten „Mittelwerte" ($\bar{x}$, M, Z) zusammen (vgl. die Häufigkeitsverteilung von Tab. 6.35, dort haben Sie das arithmetische Mittel zu 169,7 cm berechnet und den Median zu 170 cm bestimmt. Der Modus beträgt ebenfalls 170 cm).

In der Literatur werden noch das **harmonische Mittel** und das **geometrische Mittel** beschrieben, in diesem Kurs gehen wir darauf nicht ein.

Übungen

1. In der Firma Seltsam verdient der Chef monatlich 120 000,00 EUR; sein Bruder als Vertreter des Chefs 50 000,00 EUR; 3 leitende Angestellte je 3 000,00 EUR; 10 Facharbeiter je 1 200,00 EUR; 2 Hilfskräfte verdienen monatlich 990,00 EUR. Bestimmen Sie a) das arithmetische Mittel, b) den Modalwert, c) den Median. Welchen Mittelwert würden Sie nennen, wenn Sie als Chef neue Mitarbeiter suchen würden? Welchen Wert würde ein Angestellter der Firma Seltsam nennen, der nach den Verdienstmöglichkeiten in seiner Firma befragt wird?
2. Berechnen Sie für folgende Datensätze jeweils das arithmetische Mittel:
   a) Tab. 6.8, b) Tab. 6.15, c) Tab. 6.17, d) Tab. 6.23.

3. Zur Bestimmung der Gesamtnote errechnet jemand das arithmetische Mittel (Durchschnittsnote) aus den Einzelnoten der schriftlichen Leistungsnachweise und den Noten im Beurteilungsbereich „sonstige Mitarbeit". Beurteilen Sie dieses Vorgehen aus statistischer Sicht.

4. Das amerikanische Benotungssystem verwendet folgende Skala:

   A *(excellent, very good)* – B *(above average, good)* – C *(average, satisfactory)* – D *(below average, fair)* – E *(insufficient, failure)*.

   Eine *high school* Klasse hat in einer Mathematikklausur folgende Noten erzielt (vgl. Tabelle). Bestimmen Sie den Notenmittelwert der Klasse.

Grade	Frequency
A	3
B	8
C	11
D	7
E	2

Tab. 6.40

5. Zur Beurteilung des Armutsrisikos wurde 2001 eine Vereinbarung zwischen den EU-Staaten erzielt. Der Schwellenwert für das Armutsrisiko liegt bei einem Nettoeinkommen von 60 % des gesamtwirtschaftlichen Durchschnitts (Median).
   Aus einer Veröffentlichung des BMGS entnehmen Sie folgende Daten zum Nettoeinkommen:

	1993	1998	2003
Arithm. Mittel (in EUR/Monat)	1 490	1 541	1 740
Median (in EUR/Monat)	1 301	1 375	1 564
Armutsrisikoquote	11,7	12,1	13,5

Tab. 6.41

   Erläutern Sie die Bedeutung der beiden Mittelwerte Median und arithmetisches Mittel. Erklären Sie, warum der Median einen geringeren Wert angibt als das arithmetische Mittel. Erklären Sie, warum der Schwellenwert für das Armutsrisiko über den Median bestimmt wird.

6.1.5.2 Kenngrößen der Streuung

Lara geht mit ihrem Freund in einer Pizzeria essen. Man serviert ihnen eine völlig versalzene Vorspeise, dafür ist das Hauptgericht dann eher ungesalzen. Lara nimmt es mit Humor und sagt: „Im Durchschnitt war unser Menü gut gesalzen."

Wenn jemand mit einem Bein in eiskaltem und mit dem anderen in heißem Wasser steht, dann befindet er sich im Durchschnitt in angenehmer Temperatur.

Erfahrungsgemäß sind diese Situationen durchaus nicht angenehm. Die Angabe des Mittelwerts allein reicht offensichtlich nicht aus, um eine Verteilung (in diesem Fall eine Salz- bzw. Temperaturverteilung) zu beschreiben. Man benötigt neben dem Mittelwert noch zusätzlich eine Aussage, wie weit die einzelnen Werte von der Mitte abweichen, also eine Angabe über die Breite der Verteilung.

Das einfachste **Streuungsmaß** ist die **Spannweite *w***. Sie gibt den Abstand zwischen dem größten und dem kleinsten Messwert an. Für die Beurteilung der beiden eingangs beschriebenen Situationen wäre die Spannweite ein geeignetes Streuungsmaß. Bei der Bestimmung der Spannweite müssen Sie keinen Mittelwert kennen. Dieses Streuungsmaß reagiert natürlich sehr stark auf Ausreißer. Sie sollten es daher nur bei kleinen Stichproben verwenden.

Aufschlussreicher sind jedoch Angaben über die Streuung der erhobenen Daten um den Mittelwert. Je nach verwendetem Mittelwert, Median oder arithmetisches Mittel, bestimmt man zwei verschiedene Streumaße. Bei diesen Streuungsmaßen werden im Gegensatz zur Spannweite alle erhobenen Daten berücksichtigt.

Bei Verwendung des **Medians** benutzt man den **Quartilsabstand**[1] ***QA***. Er lässt sich aus einem Box-Plot-Diagramm einfach bestimmen. Es ist der halbe Abstand zwischen dem 1. und 3. Quartil, also den Quartilen unter- und oberhalb des Medians.

$$QA = \frac{1}{2}|Q_3 - Q_1|$$

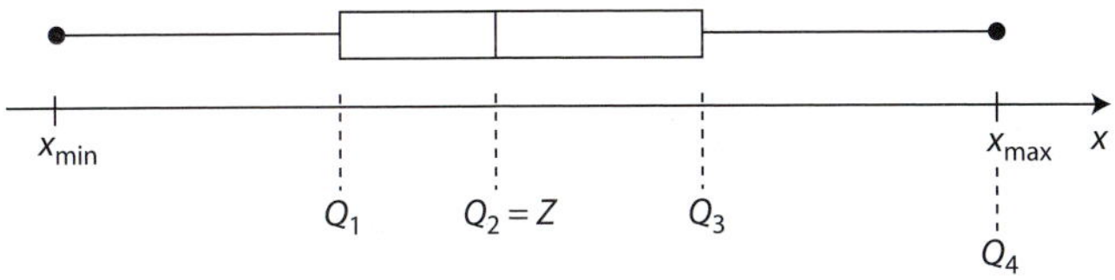

Abb. 6.45

Aus der Abb. 6.45 erkennen Sie leicht, dass der Quartilsabstand sehr unempfindlich gegenüber „Ausreißern" ist. Der Quartilsabstand als Länge der Box ist allerdings nur bei metrischen Daten bestimmbar. Bei Daten auf Rangskalenniveau gibt man den Quartilsbereich, also Anfang und Ende der Box an.

Bei Verwendung des **arithmetischen Mittels** benutzt man die **Standardabweichung *s***.

Beispiel

Zwei Parallelklassen der FOS 12 wurden gebeten, eine mathematische Testaufgabe zu lösen. Es wurde festgehalten, wie lange die Schülerinnen und Schüler zur Lösung benötigten. Die beiden Grafiken visualisieren die erhobenen Daten.

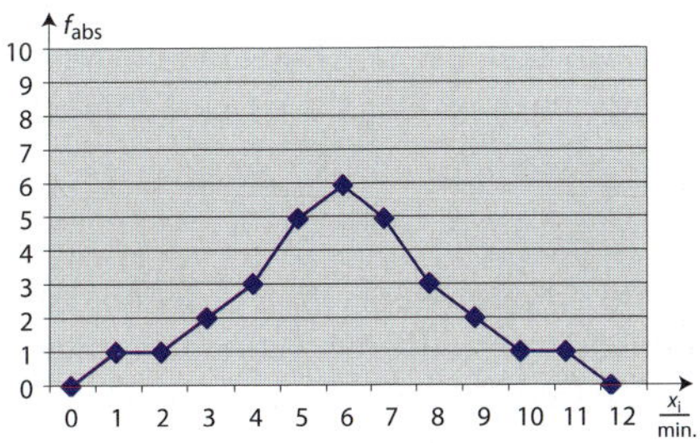

Abb. 6.46: FOS 12G1 $\bar{x} = 6$, $s = 2{,}3$

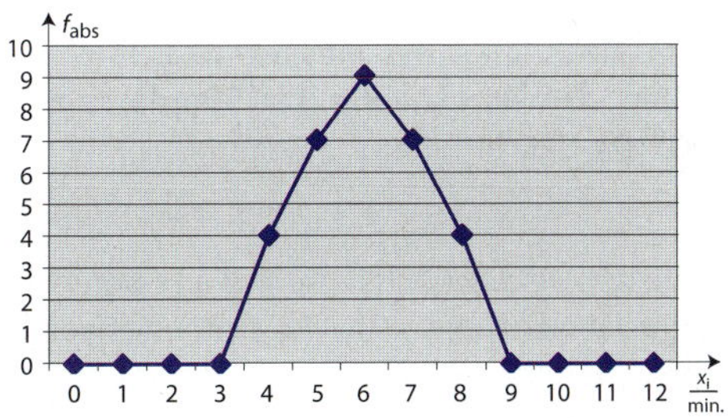

Abb. 6.47: FOS 12G2 $\bar{x} = 6$, $s = 1{,}2$

Während die Mittelwerte beschreiben, um welchen Wert sich die Daten konzentrieren, beschreibt die Standardabweichung, „wie weit" sich ein Teil der Daten von diesem Konzentrationswert entfernt. Je größer die Standardabweichung ist, desto breiter ist der Graph der Verteilung.

---

[1] *In der Literatur wird diese Größe auch empirischer Quartilsabstand oder Interquartilsabstand genannt.*

Hinweis In der angewandten Statistik benutzt man häufig die folgende Formulierung, um eine Verteilung zu beschreiben:

$$\bar{x} \pm s$$

Die Verteilungen des Beispiels könnte man zusammenfassend beschreiben als: „Die FOS 12G1 benötigte zur Lösung 6 ± 2,3 Minuten, die FOS 12G2 benötigte 6 ± 1,2 Minuten.“

Den Bereich zwischen $\bar{x} - s$ und $\bar{x} + s$ bezeichnet man als mittlere Schwankungsbreite. In diesem Bereich liegen bei eingipfligen und relativ symmetrischen Verteilungen **ca. 68 % der erhobenen Daten**.

Zeichnet man die Häufigkeitsverteilung „glatt“ ohne Stufen und Ecken, so sind bei $\bar{x} \pm s$ die Wendepunkte des Graphen, bei $\bar{x}$ liegt das Maximum.

Die Standardabweichung verwendet man u. a. auch zur Abschätzung des Kursrisikos bei einer Geldanlage. „Die Standardabweichung erklärt zwei Drittel aller Abweichungen vom durchschnittlichen Wert. Eine niedrige Standardabweichung lässt auf eine hohe Wahrscheinlichkeit schließen, dass auch zukünftige Ergebnisse nahe dem Durchschnitt liegen.“[1]

In der Literatur findet man häufig auch den Begriff **Varianz** als Kenngröße der Streuung. Die Varianz ist das Quadrat der Standardabweichung und wird deshalb mit s^2 bezeichnet.

Nun bleibt nur noch zu klären, wie man für eine gegebene Häufigkeitsverteilung die Varianz bzw. die Standardabweichung berechnet.

Zur **Berechnung der Varianz** bestimmt man von allen Messwerten den Abstand zum Mittelwert $\bar{x}$, also $x_i - \bar{x}$. Diese Abstandswerte werden quadriert $(x_i - \bar{x})^2$. Dann bildet man von allen diesen quadrierten Abständen das arithmetische Mittel[2]. Das war's schon. Als Formel sieht das dann so aus:

$$s^2 = \frac{1}{n-1} \sum_{i=1}^{k} f_i (x_i - \bar{x})^2$$

Achtung, im Gegensatz zum arithmetischen Mittel wird hier durch $(n - 1)$ geteilt. Mithilfe der Varianz s^2 des Merkmals in einer Stichprobe wird die Varianz σ^2 des Merkmals in der Population geschätzt. Die Division durch $(n - 1)$ ergibt einen „besseren“ Schätzwert als die Division durch n.

Die Einzelabstände der Messwerte zum Mittelwert wurden bei der Berechnung der Varianz quadriert. Zur **Berechnung der Standardabweichung** machen Sie dieses Quadrieren wieder rückgängig und erhalten:

$$s = \sqrt{s^2}$$

Sie müssen also zunächst die Varianz berechnen und erhalten durch Wurzelziehen daraus die Standardabweichung s. Die Berechnungsformel der Varianz sieht etwas kompliziert aus. Keine Panik, in der Praxis benutzt man sie zur Berechnung der Varianz eigentlich kaum. Man ermittelt die Varianz schön häppchenweise mithilfe einer Arbeitstabelle, die Sie schon bei der Berechnung des arithmetischen Mittels verwendet haben. Diese wird um drei Spalten erweitert (Tab. 6.41). Hilfreich ist die Spalte $f_i(x_i - \bar{x})$, denn falls sich die Summe Null ergibt, kann man davon ausgehen, dass man sich bei $\bar{x}$ nicht verrechnet hat. Nach einiger Übung berechnet man die letzte Spalte in einem Zug (erst $x_i - \bar{x}$, dann die Taste [x^2], dann mal f_i).

---

1 *boersenlexikon.faz.net/standara.htm*

2 *Man muss den Mittelwert der quadrierten Abstände $(x_i - \bar{x})^2$ bilden, denn für $f_i(x_i - \bar{x})$ ergibt die Summe immer 0.*

Betrachten wir noch einmal die Daten der Körpergrößenmessung bei den Schülerinnen des Statistikkurses aus Tab. 6.22:

x_i (cm)	f_i	$x_i f_i$	$(x_i - \bar{x})$	$f_i(x_i - \bar{x})$	$f_i(x_i - \bar{x})^2$
155	2	310	14,7	29,4	432,2
160	8	1 280	9,7	77,6	752,7
165	7	1 155	4,7	32,9	154,6
170	14	2 380	−0,3	−4,2	1,3
175	9	1 575	−5,3	−47,7	252,8
180	4	720	−10,3	−41,4	426,4
185	3	555	−15,3	−45,9	702,3
Summe	**47**	**7 975**	–	**0,7**[1]	**2 295,5**

Tab. 6.41: Berechnung der Varianz

$$\bar{x} = \frac{7\,975}{47} = 169{,}7 \qquad s^2 = \frac{2\,295{,}5}{47-1} = 49{,}9 \qquad s = \sqrt{49{,}9} = 7{,}1$$

(Alle Zahlen wurden auf eine Nachkommastelle gerundet.)

Die Körpergröße der Schülerinnen des Statistikkurses betrug 169,7 ± 7,1 cm.

Bei klassierten Daten benutzen Sie zur Berechnung die Klassenmitten. Es dürfen allerdings keine offenen Klassen vorhanden sein.

Die Standardabweichung ist ein Maß für die Breite einer Verteilung. Bei symmetrischen Verteilungen, die der sog. Gauß'schen Normalverteilung entsprechen, kann mithilfe der Standardabweichung abgeschätzt werden, wie viele Daten in den Abstandsbereichen vom Mittelwert fallen (vgl. Abb 6.48).

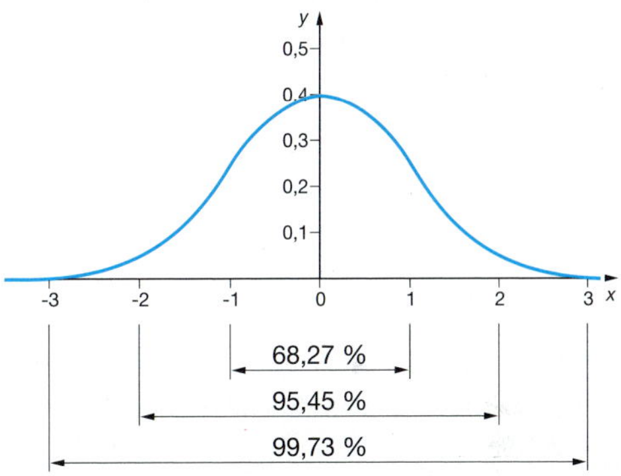

Abb. 6.48: Die gauß'sche Glockenkurve (Normalverteilung)

Hinweis

Sie können natürlich die **Varianz** und die **Standardabweichung** auch mit einem Tabellenkalkulationsprogramm berechnen. Die Befehle lauten: **= Varianz(A1 : A20)** bzw. **= Stabw(A1 : A20)**. Dabei stehen Ihre Daten in den Zellen A1 bis A20.

Handelt es sich nicht um eine Stichprobe sondern um die **Population** (Grundgesamtheit), so nimmt man als Symbol für die Standardabweichung σ[2].

Wenn wir Stichproben auswerten, ist *s* der beste Schätzwert für σ.

[1] *Rundungsfehler, die Addition sollte Null ergeben.*
[2] *σ (Sigma) ist das griechische „s"*

Übungen

1. Bestimmen Sie die Spannweite und den Quartilsabstand der Daten aus Tab. 6.18.

2. Berechnen Sie die Varianz und die Standardabweichung folgender Datensätze:

   a) der beiden Verteilungen aus dem Beispiel,

   b) Tab. 6.8, c) Tab. 6.15, d) Tab. 6.17, e) Tab. 6.23.

3. Während Werbeannoncen in den Printmedien geschaltet wurden, ergab die Verkaufsstatistik des beworbenen Produkts über einen Zeitraum von 199 Werktagen die folgenden Zahlen:

Verkaufszahl	Häufigkeit
11 bis 20	8
21 bis 30	21
31 bis 40	21
41 bis 50	23
51 bis 60	49
61 bis 70	24
71 bis 80	21
81 bis 90	24
91 bis 100	8

   a) Berechnen Sie die statistischen Kenngrößen dieser Verteilung.

   b) Wie groß ist der Anteil der Messwerte, die in den Bereich $\bar{x} \pm s$ fallen?

   c) Visualisieren Sie die Verteilung durch einen Polygonzug und schraffieren Sie den Bereich $\bar{x} \pm s$.

Tab. 6.42

4. Jenny führt eine Untersuchung über das Konsumverhalten der Besucher einer Kunstausstellung durch. Dazu hat sie die ausgewählten Personen beim Verlassen der Halle gefragt, wie viel Geld sie im Museumsshop ausgegeben haben. Die Ergebnisse fasste sie in nebenstehender Tabelle zusammen:

   a) Stellen Sie die Daten in einer geeigneten Grafik dar.

   b) Berechnen Sie den Mittelwert und die Standardabweichung der Verteilung.

EUR	f_i
9,5 – 14,5	13
14,5 – 19,5	54
19,5 – 24,5	120
24,5 – 29,5	384
29,5 – 34,5	308
34,5 – 39,5	104
39,5 – 44,5	17
$n =$	1 000

Tab. 6.43

5. Die Verkaufszahlen eines hochwertigen Konsumguts hat ein Händler über 10 Wochen beobachtet. Er notierte folgende Daten:

Woche	1	2	3	4	5	6	7	8	9	10
Verkaufszahl	9	20	10	9	11	18	9	14	28	32

Tab. 6.44

   a) Bestimmen Sie die statistischen Kenngrößen.

   b) An einem weiteren Tag wurden nur 8 Exemplare des Produkts verkauft. Würden Sie daraus ableiten, dass mit einer intensiveren Werbung gegenzusteuern ist?

6.2 Zweidimensionale Untersuchungen

Ziel von zweidimensionalen Untersuchungen ist es herauszufinden, ob ein Zusammenhang[1] zwischen zwei Merkmalen bzw. Beobachtungsgrößen besteht. Zusammenhänge könnten untersucht werden, z. B. zwischen Körpergröße und Körpergewicht oder dem Verkaufspreis eines Produkts und seiner erzielbaren Absatzmenge.

Bei diesen Beispielen geht es um Untersuchungen mit zwei Merkmalen. Das ist zunächst einmal nichts wirklich Neues für Sie. So etwas haben Sie in den Kapiteln über eindimensionale Erhebungen schon häufig ausgewertet. Dabei haben Sie allerdings beide Merkmale getrennt untersucht und separate Häufigkeitsverteilungen aufgestellt. Dadurch geht aber eine wichtige Information verloren, nämlich der Zusammenhang der beiden Merkmale. Aber gerade diesen möchte man bei zweidimensionalen Erhebungen aufklären. D. h., Sie dürfen z. B. die beiden Merkmalsausprägungen zum Gewicht und zur Größe, die bei einer Versuchsperson gemessen wurden, bei der Weiterverarbeitung nicht mehr voneinander trennen. Ihre Messwerte müssen Sie zu sogenannten **Beobachtungspaaren** $(x_i; y_i)$ zusammenfassen.

Kurz gesagt: Bei eindimensionalen Erhebungen geht es um Häufigkeiten, bei zweidimensionalen um einen Zusammenhang zwischen zwei Merkmalen.

6.2.1 Datenerhebung und grafische Darstellung

Aufgrund der Untersuchungsabsicht müssen Daten von zwei Merkmalen abgefragt werden. Das haben Sie allerdings auch schon bei eindimensionalen Untersuchungen gemacht. Im ersten Schritt ist die Datenerhebung also identisch, nämlich das Anlegen einer Urliste (vgl. Tab. 6.45).

Der Unterschied besteht in der weiteren Verarbeitung dieser Daten. Bei einer zweidimensionalen Erhebung müssen die Werte der einzelnen Versuchspersonen unbedingt zusammenbleiben. In der Praxis fertigt man bei zweidimensionalen Untersuchungen keine Häufigkeitsverteilungen an, sondern visualisiert die Daten direkt aus der Urliste in einem Diagramm.

Beispiel 1

Der Hersteller eines Konsumguts möchte durch eine Marktanalyse die sog. Nachfragefunktion, also den Zusammenhang zwischen dem Preis und der verkaufbaren Menge des Produkts ermitteln. Dazu wurden Käufer befragt, welche Menge sie bei einem bestimmten Preis kaufen würden. Die Daten sind in Tab. 6.45 zusammengestellt.

Um einen eventuellen Zusammenhang zwischen dem Preis und der verkaufbaren Menge erkennen zu können, visualisiert man die Daten. Einen Zusammenhang zwischen zwei Größen x und y haben Sie schon bei den Funktionen untersucht und grafisch dargestellt. Sie haben damals das x-y-Koordinatensystem als geeignete Darstellungsform kennen gelernt. Genauso gehen wir jetzt in der Statistik vor.

Preis in EUR	Verkaufsmenge in Stück
0,12	30
0,22	20
0,34	15
0,42	10
0,91	8
0,99	7

Tab. 6.45

[1] *Ein Zusammenhang zwischen zwei Merkmalen X und Y äußert sich z. B. darin, dass man sagen kann: „Je größer die Merkmalsausprägung von X, desto größer ist auch die Merkmalsausprägung von Y" bzw. „Je kleiner die Merkmalsausprägung von X, desto kleiner die Merkmalsausprägung von Y."*

Das erste Merkmal wird auf der *X*-Achse und das zweite auf der *Y*-Achse aufgetragen. Dann zeichnen Sie die Beobachtungspaare $(x_i; y_i)$ als Punkte in dieses Koordinatensystem ein. Mehrfach vorhandene Punkte brauchen Sie nur einmal einzuzeichnen (vgl. Abb. 6.48). Ein solches Diagramm wird **Streudiagramm** genannt, die vielen Punkte darauf **Punkteschwarm** oder **Punktewolke**.

Um den Zusammenhang deutlicher darzustellen, zeichnet man durch den Punkteschwarm eine Gerade. Sie wird **Ausgleichsgerade** oder **Regressionsgerade** genannt. Sie verläuft durch den **Schwerpunkt** des Punkteschwarms.

In der Ausgleichsgeraden haben Sie sicher längst den Graph einer linearen Funktion erkannt. Ihre allgemeine Funktionsgleichung lautet bekanntlich: $y = mx + b$.

Die Ausgleichsgerade erlaubt die Bestimmung einiger Verkaufsangaben:

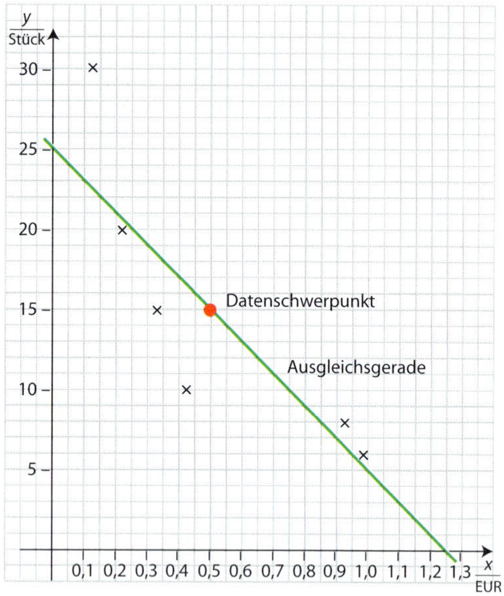

Abb. 6.48: Streudiagramm, Punkteschwarm, Datenschwerpunkt und Ausgleichgerade

- Der *y*-Achsenabschnitt *b* gibt die sog. **Sättigungsmenge** an. Selbst wenn man das Produkt verschenkte, würde davon nicht mehr abgesetzt. Es ist die Menge, die bei einem Preis von 0 EUR „verkauft" würde.
- Die Nullstelle gibt den sog. **Prohibitivpreis** an. Bei diesem Preis würde kein Kunde mehr das Produkt kaufen. Der Absatz wäre dann null.

Reflexion Die Sättigungsmenge beträgt bei diesem Konsumgut: ____________ Stück.
Der Prohibitivpreis beträgt bei diesem Konsumgut: ____________ EUR.

Merksatz Der **Datenschwerpunkt** des Punkteschwarms hat die Koordinaten $(\bar{x}|\bar{y})$.

Ein Streudiagramm können Sie auch mit einem Computer, auf dem ein Tabellenkalkulationsprogramm installiert ist, anfertigen. Bei großen Datenmengen geht das erheblich einfacher, als es „von Hand" zu zeichnen.

So fertigen Sie ein Streudiagramm mit dem Computer und Excel 2008 an:

1. Starten Sie das Tabellenkalkulationsprogramm und geben Sie die Daten ein:

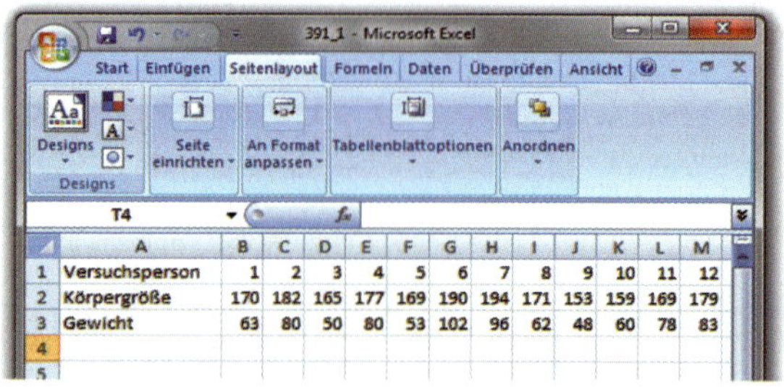

	A	B	C	D	E	F	G	H	I	J	K	L	M
1	Versuchsperson	1	2	3	4	5	6	7	8	9	10	11	12
2	Körpergröße	170	182	165	177	169	190	194	171	153	159	169	179
3	Gewicht	63	80	50	80	53	102	96	62	48	60	78	83
4													
5													

2. Markieren Sie mit der Maus den Datenbereich, für den der Streubereich gezeichnet werden soll.

3. Klicken Sie unter „Einfügen“ auf den Menüpunkt „Diagramme“. Wählen Sie dort den Diagrammtyp „Punkt (X, Y)“ aus und entscheiden Sie sich für die von Ihnen gewünschte Darstellungsform. Im Beispiel übernehmen wir die Voreinstellung.

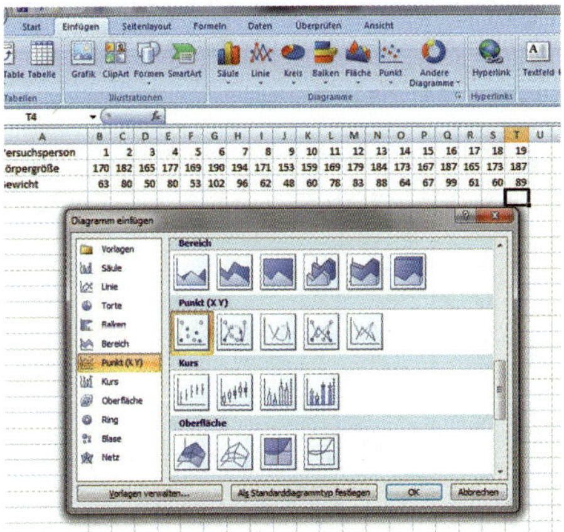

4. Bestätigen Sie dann den Dialog, Sie können hier – wenn gewünscht – auch weitere Einstellungen treffen. Der Diagramm-Assistent stellt Ihr Streudiagramm dar.

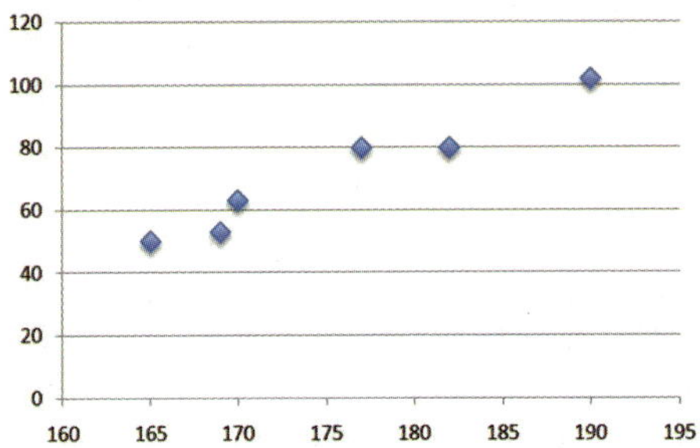

6.2.2 Interpretation von Streudiagrammen

Das Ziel einer zweidimensionalen Untersuchung ist das Auffinden von Zusammenhängen zwischen zwei Merkmalen. Wie lassen sich solche Streudiagramme diesbezüglich interpretieren?

Um einen Interpretationsansatz zu finden, klären wir zunächst einmal, welche Zusammenhänge zwischen zwei Merkmalen grundsätzlich bestehen können:

1. „Je größer das eine, desto größer das andere“. Große Merkmalsausprägungen von *X* gehen mit großen Merkmalsausprägungen von *Y* zusammen, kleine mit kleinen und mittelprächtige mit mittelprächtigen. Es besteht dann ein positiver Zusammenhang oder eine **positive Korrelation**[1] zwischen den beiden Merkmalen. Man sagt auch, die Merkmale korrelieren positiv.

[1] *Korrelation (lat.) Wechselbeziehung, Zusammenhang*

2. „Je größer das eine, desto kleiner das andere". Große Merkmalsausprägungen von *X* gehen mit kleinen Merkmalsausprägungen von *Y* zusammen, kleine von *X* mit großen von *Y*. Es besteht ein negativer Zusammenhang oder eine **negative Korrelation** zwischen den beiden Merkmalen. Man sagt auch, die Merkmale korrelieren negativ.
3. Beide Merkmale sind unabhängig voneinander. Beliebige Werte von *X* gehen mit beliebigen Werten von *Y* zusammen. Es besteht kein statistischer Zusammenhang zwischen den Merkmalen. Sie korrelieren nicht.

Wie lässt sich nun aus einem Streudiagramm ablesen, welcher der drei Fälle vorliegt?

Betrachten wir zunächst den ersten Fall. *Große Werte von X gehören zu großen Werten von Y.* Z. B. das Beobachtungspaar (8; 5). Diese Punkte liegen alle im Bereich *A* des Streudiagramms (vgl. Abb. 6.52). *Kleine Werte von X gehören zu kleinen Werten von Y.* Z. B. das Beobachtungspaar (2; 1). Diese Punkte liegen alle im Bereich *C* des Streudiagramms. *Mittelprächtige Werte von X gehören zu mittelprächtigen von Y.* Z. B. Das Beobachtungspaar (5; 4). Diese Punkte liegen alle im Bereich B des Streudiagramms. Das bedeutet:

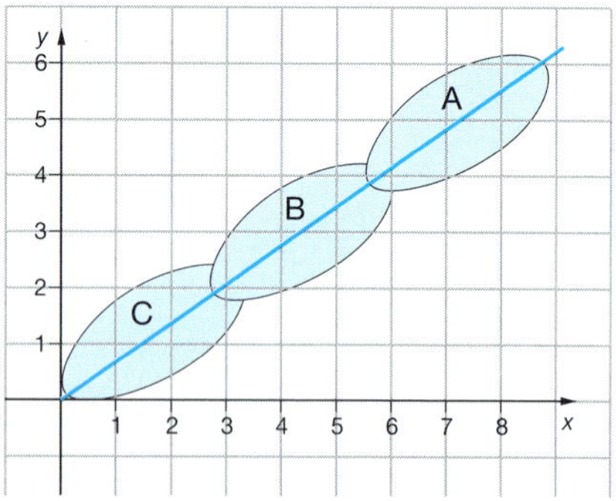

Abb. 6.52: positive Korrelation

Merksatz Bei einer **positiven Korrelation** liegt der Punkteschwarm ungefähr längs einer Geraden, die im Streudiagramm von links unten nach rechts oben verläuft. Je näher sich der Punkteschwarm um diese Gerade anordnet, desto enger ist der Zusammenhang.

Im zweiten Fall gilt: *Kleine Werte von X gehören zu großen Werten von Y.* Z. B. (1; 6). Diese Punkte liegen alle im Bereich *A* des Streudiagramms (vgl. Abb. 5.63). *Große Werte von X gehören zu kleinen Werten von Y.* Z. B. (7; 1). Diese Punkte liegen alle im Bereich *C* des Streudiagramms. Mittelprächtige Werte von *X* gehören zu mittelprächtigen von *Y*. Z. B. (4; 3). Diese Punkte liegen alle im Bereich *B* des Streudiagramms. Das bedeutet:

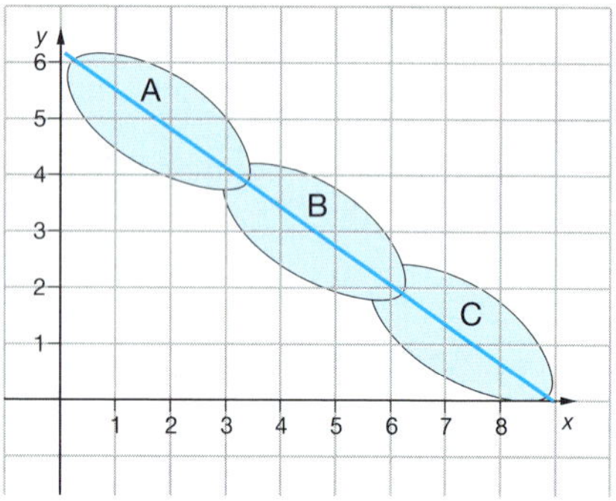

Abb. 5.63: negative Korrelation

Merksatz Bei einer **negativen Korrelation** liegt der Punkteschwarm ungefähr längs einer Geraden, die im Streudiagramm von links oben nach rechts unten verläuft. Je näher sich der Punkteschwarm um diese Gerade anordnet, desto enger ist der Zusammenhang.

Im dritten Fall gibt es keinen Zusammenhang zwischen den Messwerten. Die Punkte verteilen sich dann mehr oder weniger gleichmäßig über das Koordinatensystem.

Zusammenfassend können folgende Abbildungen als Interpretationshilfe dienen:

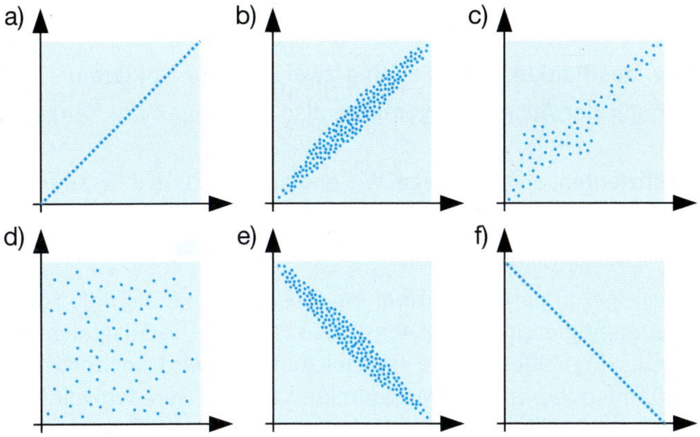

Abb. 6.54

a) und f) sind Idealfälle einer positiven bzw. negativen Korrelation. Sie kommen in statistischen Untersuchungen nicht vor. Nicht einmal physikalische Messungen erreichen diese Idealwerte.

b) zeigt Messpunkte mit einer starken positiven Korrelation,

c) zeigt Messpunkte mit einer schwachen positiven Korrelation.

Die Merkmale in d) sind unabhängig voneinander, sie korrelieren nicht.

e) zeigt Messpunkte mit einer negativen Korrelation.

Aufgabe

In der Architektur der neuen Hamburger Hafencity wird mit großzügig verglasten Fassaden gearbeitet. Eine Erhebung sollte klären, ob dabei die Gefahr der Überhitzung der Räume besteht. Dazu wurde in über 50 Büroräumen der Verglasungsanteil der Außenwand und die Anzahl der Stunden mit Raumtemperaturen von über 28° zusammengestellt. Interpretieren Sie die in Abb. 6.55 dargestellten Daten.

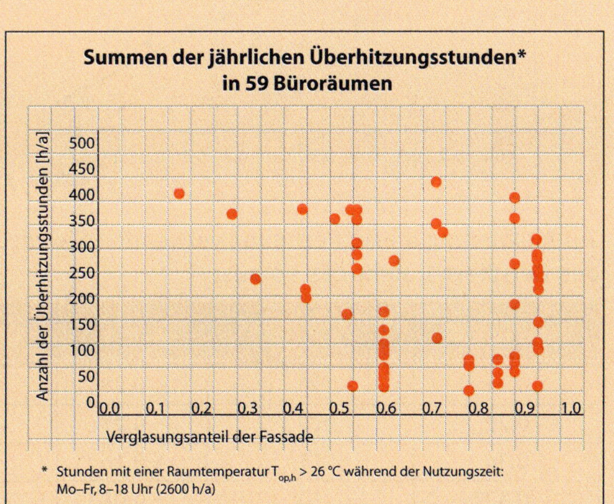

Abb. 6.55

6.2.3 Rechnerische Auswertung

Bei der Auswertung der Daten bzw. des Punkteschwarms sind zwei Aspekte zu klären:

1. Berechnung der Funktionsgleichung der **Ausgleichsgeraden**, also die Frage: Wie hängen *x* und *y* zusammen?
2. Berechnung des **Korrelationskoeffizienten**, also die Frage: Wie eng hängen *x* und *y* zusammen?

6.2.3.1 Berechnung der Ausgleichsgeraden

Die Ausgleichsgerade[1] ist der Graph einer linearen Funktion. Ihre Gleichung hat also die Form: $y = mx + b$. Zu bestimmen ist die Steigung *m* und der *Y*-Achsenabschnitt *b*. Die Ausgleichsgerade soll die Abweichungen der einzelnen Wertepaare ausgleichen. Sie wird so durch die Punktewolke gelegt, dass die Abstandsquadrate der Messpunkte von der Geraden minimal werden. Das ist das **Prinzip der kleinsten Fehlerquadrate** nach *C. F. Gauß*. (Vgl. Abb. 6.56)

Berechnung der Steigung *m*:

Sie berechnen sie mithilfe der folgenden Formel, deren Herleitung nicht mehr Gegenstand dieses Kurses sein soll:

$$m = \frac{\sum_{i=1}^{n} (x_i - \bar{x})(y_i - \bar{y})}{\sum_{i=1}^{n} (x_i - \bar{x})^2} = \frac{S_{xy}}{S_{x^2}}$$

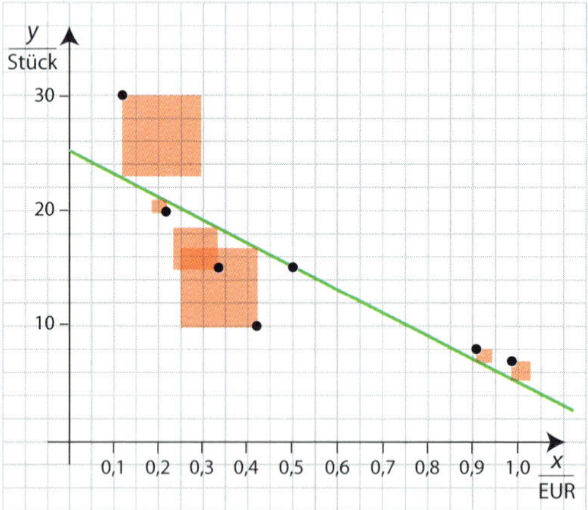

Abb. 6.56: Prinzip der kleinsten Quadrate

Zur Ausführung dieser Rechnung verwenden Sie wieder eine Berechnungstabelle. Für die Daten des Beispiels 1 sieht das so aus:

Preis in EUR	Verkaufsmenge in Stück	$(x_i - \bar{x})$	$(y_i - \bar{y})$	$(x_i - \bar{x})(y_i - \bar{y})$	$(x_i - \bar{x})^2$
0,12	30	−0,38	15	−5,7	0,1444
0,22	20	−0,28	5	−1,4	0,0784
0,34	15	−0,16	0	0	0,0256
0,42	10	−0,08	−5	0,4	0,0064
0,91	8	0,41	−7	−2,87	0,1681
0,99	7	0,49	−8	−3,92	0,2401
$\bar{x} = 0{,}5$	$\bar{y} = 15$			$S_{xy} = -13{,}49$	$S_{x^2} = 0{,}663$

Tab. 6.46

[1] *In der Literatur wird die Ausgleichsgerade auch Regressionsgerade genannt.*

Nun setzen Sie die gefundenen Ergebnisse für S_{xy} und S_{x^2} in die Formel ein und erhalten:

$m = \frac{-13{,}49}{0{,}663} = -20{,}35.$

Der gesuchten Funktionsgleichung sind Sie also schon einen großen Schritt näher gekommen: $y = -22{,}46x + b$. Es bleibt noch b zu berechnen. Sie wissen, dass der Graph der Ausgleichgeraden durch den Datenschwerpunkt $S(\bar{x}|\bar{y})$ verläuft. Sie kennen also den Punkt $S(0{,}5|15)$ der Ausgleichsgeraden. Dessen Koordinaten setzen Sie in die Funktionsgleichung ein und erhalten:

$y = -22{,}46x + b$
$15 = -20{,}35 \cdot 0{,}5 + b$
$15 = -10{,}175 + b \quad |+10{,}175$
$25{,}175 = b$

Ihre gesuchte Funktionsgleichung lautet also:

$\mathbf{y = -20{,}35x + 25{,}18}$

Aufgabe

Bestimmen Sie nun rechnerisch den Prohibitivpreis und die Sättigungsmenge. Welche Absatzzahl ist bei einem Verkaufspreis von 65 ct zu erwarten?

Übungen

1. Für das Konsumgut aus Beispiel 1 wurde eine Werbekampagne entwickelt und gestartet. Sie sollte dazu beitragen, das Image des Produkts zu verbessern, um einen höheren Verkaufspreis zu erzielen. Nach zwei Monaten wird erneut eine Marktumfrage durchgeführt, die folgende Daten erbringt:

   a) Visualisieren Sie die Daten in einem Streudiagramm.

   b) Berechnen Sie die Gleichung der Ausgleichsgeraden.

   c) Zeichnen Sie den Datenschwerpunkt und die Ausgleichsgerade in das Diagramm ein.

   d) Bestimmen Sie den Prohibitivpreis und die Sättigungsmenge grafisch und durch Rechnung.

   e) Beurteilen Sie, ob die Kampagne erfolgreich war.

Preis in EUR	Verkaufsmenge in Stück
0,08	35
0,20	28
0,32	22
0,40	16
0,84	11
1,16	8

Tab. 6.47

2. Ein namhafter Hersteller von Designermode möchte seine neue Kollektion auf den Markt bringen. Nach der üblichen Werbekampagne zur Produktneueinführung soll für die Entscheidungsfindung zum empfohlenen Verkaufspreis die Nachfragefunktion ermittelt werden. Dazu wurden in einigen Boutiquen und im Factory-Outlet Testverkäufe einer Handtasche durchgeführt. In der nachfolgenden Tabelle sind der jeweilige Ladenpreis und die verkaufte Menge im Vergleichszeitraum aufgeführt.

Verkaufsstelle	1	2	3	4	5	6	7	8	9	10
Preis in EUR	25	85	50	65	99	33	45	73	20	85
Absatzmenge	30	15	19	21	6	35	28	10	40	6

Tab. 6.48

a) Visualisieren Sie die Daten durch ein Streudiagramm.
b) Bestimmen Sie den Schwerpunkt der Punktewolke.
c) Berechnen Sie die Gleichung der Ausgleichsgeraden.
d) Zeichnen Sie die Ausgleichsgerade mithilfe der berechneten Gleichung.
e) Welche Absatzmenge ist bei einem Verkaufspreis von 55 EUR zu erwarten?

3. Eine Möbelmanufaktur bietet neben avantgardistischen Designerstücken weiterhin ihren Klassiker, ein Low-Board mit Hochglanzoberfläche, an. Seine Verkaufszahlen entwickelten sich über die Jahre nicht aufsehenerregend, aber zufriedenstellend (vgl. Tabelle).

Jahre	1	2	3	4	5	6	7	8	9	10
Anzahl	210	198	225	240	235	254	250	260	258	270

Tab. 6.49

a) Visualisieren Sie die Entwicklung der Verkaufszahlen in einem geeigneten Diagramm.
b) Sie gehen von einer linearen Entwicklung aus und berechnen die Gleichung der Ausgleichsgeraden.
c) Mit welchen Verkaufszahlen ist nach 16 Jahren zu rechnen, falls sich der Trend unverändert fortsetzt?

6.2.3.2 Berechnung der Maßkorrelation[1]

Bei der Bestimmung der Ausgleichsgeraden ging es darum zu klären, wie die beiden Beobachtungsgrößen x und y zusammenhängen. Bei der Korrelationsanalyse versucht man herauszufinden, wie eng der Zusammenhang ist, also wie eng sich die Punkte der Punktewolke an die Ausgleichgerade anordnen. Die Kenngröße für dieses „enge Anschmiegen" bezeichnet man als **Korrelationskoeffizient**[2].

Falls beide Merkmale metrisches Skalenniveau erreichen, berechnet man den **Maßkorrelationskoeffizienten**, falls eines oder sogar beide Merkmale nur Rangskalenniveau erreichen, berechnet man den Rangkorrelationskoeffizienten.

Wenngleich es inzwischen zahlreiche geeignete Computerprogramme zur Berechnung eines Korrelationskoeffizienten gibt, sollte man ihn wenigstens einmal im Leben „zu Fuß" ausgerechnet haben. Damit Sie jetzt nicht für Stunden mit endlosen Zahlenkolonnen beschäftigt sind, haben wir für Sie ein Beispiel mit einer für statistische Untersuchungen viel zu kleinen Stichprobe ausgesucht. Wir bitten darum, uns das aus den genannten Gründen nachzusehen.

Beispiel

Bei sechs weiblichen Versuchspersonen wurde Gewicht und Körpergröße gemessen und in folgender Urliste zusammengestellt:

VP		1	2	3	4	5	6
Merkmal *X*	Größe in cm	170	162	155	179	160	173
Merkmal *Y*	Gewicht in kg	55	60	45	63	50	57

Tab. 6.50

[1] *Die Maßkorrelation wird in der Literatur auch* ***Produkt-Moment-Korrelation*** *oder* ***Pearson-Korrelation*** *genannt.*

[2] *Koeffizient (lat.) kennzeichnende Größe*

Zur Berechnung des Korrelationskoeffizienten r_{xy} verwendet man eine ähnliche Formel wie bei der Ausgleichsgeraden:

$$r_{xy} = \frac{\sum_{i=1}^{n} (x_i - \bar{x})(y_i - \bar{y})}{\sqrt{\sum_{i=1}^{n} (x_i - \bar{x})^2 \sum_{i=1}^{n} (y_i - \bar{y})^2}} = \frac{S_{xy}}{\sqrt{S_{x^2} S_{y^2}}}$$

Auch hier benutzen wir zur Berechnung wieder eine Arbeitstabelle. Dazu wird die Urliste senkrecht geschrieben und um fünf Spalten erweitert, in denen die Zwischenergebnisse berechnet werden. Das Endergebnis ergibt sich dann fast von selbst in der untersten Tabellenzeile. Also los geht's!

VP	x_i	y_i	$(x_i - \bar{x})$	$(y_i - \bar{y})$	$(x_i - \bar{x}) \cdot (y_i - \bar{y})$	$(x_i - \bar{x})^2$	$(y_i - \bar{y})^2$
1	170	55	3,5	0	0	12,25	0
2	162	60	−4,5	5	−22,5	20,25	25
3	155	45	−11,5	−10	115	132,25	100
4	179	63	12,5	8	100	156,25	64
5	160	50	−6,5	−5	32,5	42,25	25
6	173	57	6,5	2	13	42,25	4
	$\bar{x} = 166{,}5$	$\bar{y} = 55$	0	0	$S_{xy} = 238$	$S_{x^2} = 405{,}5$ $S_x = 20{,}14$	$S_{y^2} = 218$ $S_y = 14{,}76$

Tab. 6.51: Arbeitstabelle zur Berechnung des Korrelationskoeffinzenten

1. Berechnung der Mittelwerte $\bar{x}$ und $\bar{y}$: Alle Merkmalsausprägungen werden addiert und durch die Gesamtzahl der Versuchspersonen geteilt. In unserem Beispiel erhalten Sie: $\bar{x} = \frac{999}{6} = 166{,}5$ cm und $\bar{y} = \frac{330}{6} = 55$ kg. Die Ergebnisse notieren Sie in der letzten Zeile in der „zuständigen" Spalte.
2. Die nächsten beiden Spalten sind reine Zwischenergebnisse. Die Berechnung sollte eigentlich kein Problem sein. Sie müssen nur von jeder Merkmalsausprägung den jeweiligen Mittelwert abziehen und das Vorzeichen beachten. Wenn Sie die Zahlen in diesen Spalten addieren, muss sich 0 ergeben. Damit können Sie Ihre Rechnung kontrollieren.
3. Die Spalten $(x_i - \bar{x})\cdot(y_i - \bar{y})$, $(x_i - \bar{x})^2$ und $(y_i - \bar{y})^2$ müssen wie angegeben berechnet werden. Anschließend addiert man die Werte in jeder Spalte (beachten Sie dabei das Vorzeichen in der Spalte $(x_i - \bar{x}) \cdot (y_i - \bar{y})$). Die Ergebnisse schreiben Sie in die letzte Tabellenzeile.

   Man nennt sie S_{xy}, S_x^2 und S_y^2 (S steht als Abkürzung für *Summe*.)
4. Jetzt sind Sie Ihrem Ziel schon sehr nah. Aus den letzten beiden Zwischenergebnissen ziehen sie noch die Wurzel, um S_x und S_y zu erhalten.
5. Mit diesen Werten lässt sich nun der Korrelationskoeffizient in einer sehr einfachen Formel berechnen:

   $$r_{xy} = \frac{S_{xy}}{S_x \cdot S_y}$$

   Wenn Sie Ihre Ergebnisse in diese Formel einsetzen, erhalten Sie:

   $$r_{xy} = \frac{238}{20{,}14 \cdot 14{,}76} = 0{,}80$$

Hinweis

Der Korrelationskoeffizient wird in jedem Fall mit zwei Nachkommastellen angegeben. Sein Zahlenwert liegt übrigens immer zwischen −1 und +1. Sollten Sie jemals $r_{xy} = 1{,}5$ oder so etwas Ähnliches als Ergebnis haben, dann können Sie sicher sein, sich irgendwo verrechnet zu haben.

Merksatz

$$-1 \leq r_{xy} \leq +1$$

$r_{xy} = 0$ bedeutet, dass beide Merkmale nicht korrelieren, es besteht kein Zusammenhang zwischen ihnen.
$r_{xy} > 0$ bedeutet, dass eine **positive Korrelation** vorliegt.
$r_{xy} < 0$ bedeutet, dass eine **negative Korrelation** vorliegt.

Wirklich schwer war die ganze Sache nicht, aber bei größeren Stichproben, so ab 100, wird das kolossal langweilig. Dafür nehmen Sie besser einen Computer und eines der zahlreichen Tabellenkalkulationsprogramme. Im Beispiel verwenden wir Excel 2008.

Zur Berechnung des Korrelationskoeffizienten gehen Sie so vor:

1. Eingabe Ihrer Daten (vgl. Abb. 6.57).
2. Markieren Sie mit der Maus das Feld, in dem das Ergebnis erscheinen soll.
3. Klicken Sie mit der Maustaste auf den Funktionsschalter f_x.
4. Dann öffnet sich ein Auswahlfenster. Dort wählen Sie die Kategorie „Statistik" und die Funktion „Korrel" (vgl. Abb. 6.58).

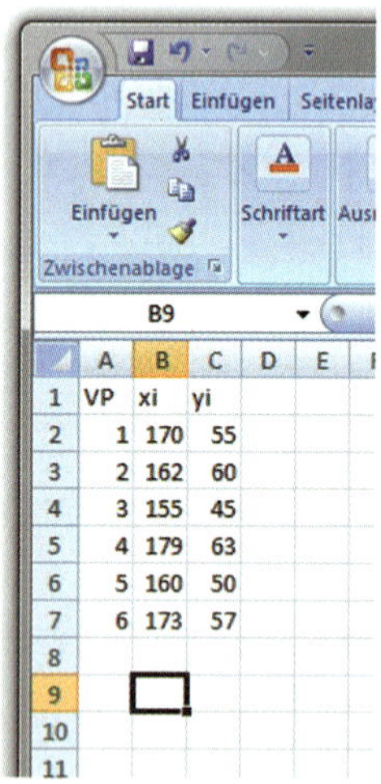

Abb. 6.57

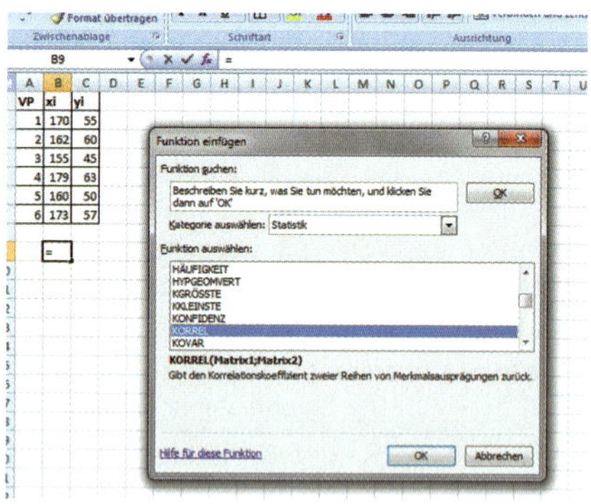

Abb. 6.58

5. Es öffnet sich ein weiteres Fenster. Dort geben Sie ein, wo Ihre Daten stehen. Das machen Sie wie beim „Schiffe versenken" mit Koordinaten, eine Spalte nach der anderen. In unserem Beispiel also von B2 bis B7 und von C2 bis C7 (vgl. Abb. 6.59).

   Als Ergebnis liefert das Programm: $r = 0{,}8004585152$. Für die Praxis geben Sie diesen Wert mit zwei Nachkommastellen an.

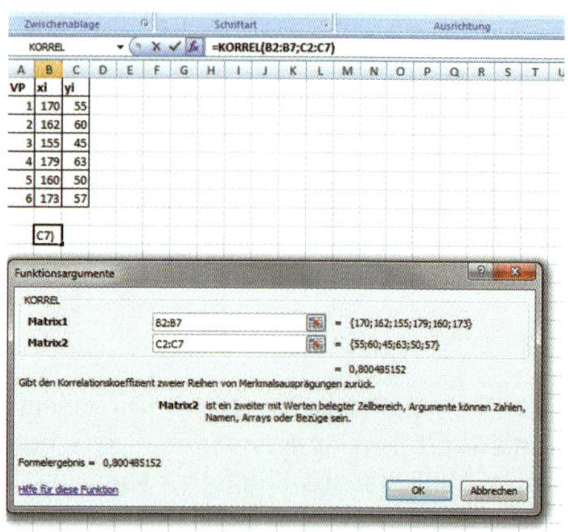

Abb. 6.59

Übungen

1. Im Lokalradio hat die Zoogesellschaft in dieser Saison zahlreiche Werbeeinheiten geschaltet. Melitta möchte herausfinden, wie erfolgreich diese Werbemaßnahme ist. Deshalb entschließt sie sich zu untersuchen, ob ein Zusammenhang zwischen der Häufigkeit des Zoobesuchs und der Kenntnisnahme der Werbesendungen besteht. Dazu befragt sie in einer Stichprobe 10 Personen dazu, wie oft sie schon im Zoo waren und wie viele Werbesendungen sie gehört haben. Sie berechnet einen geeigneten Korrelationskoeffizienten und interpretiert das Ergebnis.

Nr.	1	2	3	4	5	6	7	8	9	10
Werbesendung	0	5	2	2	3	5	5	3	4	2
Zoobesuch	1	4	4	2	2	1	6	4	5	3

Tab. 6.52

2. Aus den Quartalsberichten eines Industrieunternehmens ergeben sich über mehrere Jahre die nachfolgend aufgeführten Zahlen für die Umsätze und die bereitgestellten Werbeetats (jeweils in Mio. EUR).

Werbeetat	0,25	0,3	0,2	0,53	0,6	0,68	0,65	0,45	0,55	0,32	0,35	0,4	0,5	0,7	0,72	0,62
Umsatz	4	4,2	3,9	3,9	5,1	5,3	5,2	4,7	5,1	4,3	4,3	4,6	4,8	5,4	5,3	5,2

Tab. 6.53

Berechnen Sie, ob ein Zusammenhang zwischen dem aufgewendeten Werbeetat und dem erzielten Umsatz besteht.

3. Bei einer ähnlichen Messung wie in der Aufgabe aus Kapitel 6.2.2 über einen möglichen Zusammenhang von verglaster Fläche und Überhitzung (Raumtemperatur $> 26\,°C$) der Büroräume wurden folgende Daten gemessen:

Verglasungsanteil der Fassade	0,15	0,33	0,55	0,56	0,6	0,65	0,7	0,75	0,85	0,9	0,95
Überhitzungsstunden	420	220	250	50	100	250	800	100	50	500	310

Tab. 6.54

Berechnen Sie, ob ein Zusammenhang zwischen Glasfläche und der Anzahl der Überhitzungsstunden besteht.

6.2.3.3 Berechnung der Rangkorrelation

Bei der Berechnung der Maßkorrelation haben Sie u.a. das arithmetische Mittel der Merkmale X und Y berechnet. Sie haben bereits gelernt, dass Sie diese statistische Methode nur bei Merkmalen anwenden dürfen, die metrisches Skalenniveau erreichen. Es gibt aber viele Fragestellungen, bei denen ein oder sogar beide Merkmale nur Rangskalenniveau erreichen. In diesem Fall darf man keinen Maßkorrelationskoeffizient ausrechnen.

Das gilt z.B. bei einer Erhebung, die einen Zusammenhang zwischen Sport- und Biologienote untersuchen möchte. Falls Sie da eine Maßkorrelation ermitteln wollten, müssten Sie das arithmetische Mittel einer Schulnote errechnen. Das ist aber statistisch gesehen unzulässig, wie Sie bereits in Kapitel 6.1.5 gelernt haben.

Der englische Psychologe SPEARMAN[1] fand einen Ausweg aus diesem Dilemma. Er entwickelte einen Rangkorrelationskoeffizienten, der ihm zu Ehren auch häufig Spearmans Korrelationskoeffizient genannt wird.

Betrachten Sie dazu bitte folgendes Beispiel:

Beispiel

In einer statistischen Erhebung soll untersucht werden, ob naturwissenschaftlich interessierte Menschen Bilder mit geordneten Strukturen schöner finden.

Dazu wird einer zufällig ausgewählten Stichprobe von 20 Testpersonen ein Bild mit streng geometrischen Anordnungen gezeigt. Anschließend sollten sie den folgenden Fragebogen ausfüllen:

Das Bild gefällt mir. (Merkmal X)	Codierung	Ich bin naturwissenschaftlich interessiert. (Merkmal Y)	Codierung
sehr gut	4	sehr	4
ganz gut	3	etwas	3
geht so	2	eher nicht	2
überhaupt nicht	1	ganz und gar nicht	1

Tab. 6.55

Die Merkmalsausprägungen sind zur statistischen Weiterverarbeitung mit Zahlen kodiert. Sie erkennen leicht, dass es sich bei diesen Zahlen nur um eine Rangskala handelt.

Die Ergebnisse der Umfrage sind in einer Urliste zusammengestellt.

Zur Berechnung der Rangkorrelation schreiben Sie diese Urliste wieder senkrecht und erweitern diese um vier Spalten zu einer Arbeitstabelle:

VP	X_i	Y_i	Rang X_i	Rang Y_i	d_i	d_i^2
1	4	4	18	18	0	0
2	3	1	12,5	2,5	10	100
3	3	4	12,5	18	−5,5	30,25
4	1	2	3	8	−5	25
5	1	1	3	2,5	0,5	0,25
6	2	2	7,5	8	−0,5	0,25
7	3	2	12,5	8	4,5	20,25
8	3	3	12,5	13,5	−1	1
9	4	3	18	13,5	4,5	20,25
10	3	4	12,5	18	−5,5	30,25
11	1	1	3	2,5	0,5	0,25
12	1	2	3	8	−5	25
13	4	2	18	8	10	100
14	4	4	18	18	0	0
15	1	1	3	2,5	0,5	0,25
16	3	2	12,5	8	4,5	20,25
17	2	3	7,5	13,5	−6	36
18	2	2	7,5	8	−0,5	0,25
19	2	3	7,5	13,5	−6	36
20	4	4	18	18	0	0
Summe:			210	210	0,0	$s_{d_i^2}$ = **445,5**

Tab. 6.56

[1] *CHARLES EDWARD SPEARMAN, 1863–1945*

1. Für jede Merkmalsausprägung bestimmen Sie die Rangposition und notieren sie in der Spalte *Rang* X_i bzw. *Rang* Y_i. (Eine solche Sortierung kennen Sie schon von der Bestimmung des Medians.)

   Falls mehrere Merkmalsausprägungen den gleichen Wert haben (Messwertegleichheit), erhält jede dieser Merkmalsausprägungen die gleiche Rangposition. Es gibt z. B. bei Merkmal X fünfmal die Ausprägung 1. Sie belegen also die Rangplätze 1, 2, 3, 4, 5. Man kann nicht objektiv entscheiden, eine von ihnen auf den 1. Platz und die anderen auf die vier nachfolgenden Plätze zu setzen. Deshalb erhalten alle den gleichen Rang, nämlich 3. Die Merkmalsausprägung 2 kommt viermal vor. Sie belegen folglich die Rangplätze 6, 7, 8, 9. Die mittlere Position ist hier 7,5. Die Merkmalsausprägung 3 kommt sechsmal vor. Ihre Rangpositionen müssen Sie von 10 beginnend abzählen, also: 10, 11, 12, 13, 14, 15. Alle erhalten die Position 12,5. So verfahren Sie auch für die Merkmalsausprägung 4: Die Positionen zählen Sie nun bei 16 beginnend ab, also: 16, 17, 18, 19, 20 und erhalten für die Mitte 18. Die folgende Grafik veranschaulicht das Auffinden des mittleren Werts bei Messwertegleichheit.

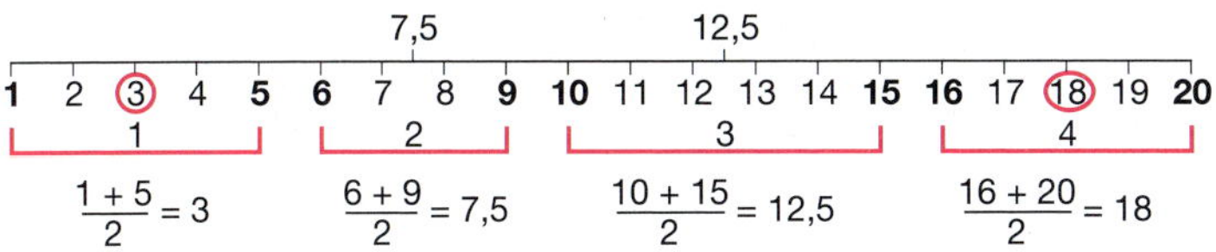

Abb. 6.60: Auffinden des mittleren Werts bei Messwertegleichheit

   Bei großen Stichproben ist es nicht sinnvoll, sich alle Rangpositionen aufzuschreiben und die Mitte per „Abzählen“ zu suchen. In dem Fall berechnen Sie die Mitte wie in der Grafik dargestellt: Erste und letzte Rangposition einer Merkmalsausprägung addieren und durch 2 teilen.

   Das Gleiche machen Sie dann noch für die Y_is.

   Damit wäre der größte Teil der Arbeit erledigt.

2. In der Spalte d_i berechnen Sie jeweils die Differenz der Rangpositionen, also: d_i = Rang X_i − Rang Y_i → Achten Sie dabei auf das Vorzeichen!
3. In der Spalte d_i^2 quadrieren Sie Ihre Ergebnisse aus der Spalte d_i.
4. Nun addieren Sie die Zahlen der Spalte d_i^2 und tragen das Ergebnis in die letzte Zeile ein. Man nennt es $s_{d_i^2}$, wobei s wieder für *Summe* steht.
5. Mit einer einfachen Formel[1] können Sie nun den Rangkorrelationskoeffizienten r_s berechnen:

$$r_s = 1 - \frac{6 \cdot s_{d_i^2}}{n\,(n^2 - 1)}$$

Für unser Beispiel mit den 20 Versuchspersonen ($n = 20$) ergibt sich damit:

$$r_s = 1 - \frac{6 \cdot 445{,}5}{20 \cdot (20^2 - 1)} = 1 - \frac{2\,673}{7\,980} \approx 0{,}67$$

Auch für diesen Korrelationskoeffizienten gilt, dass der Zahlenwert immer zwischen −1 und +1 liegt.

$$-1 \leq r_s \leq 1$$

Probe:

Sie können Ihre Zwischenergebnisse ganz einfach kontrollieren:

1. Addieren Sie in den Spalten *Rang* X_i und *Rang* Y_i alle Werte! Für beide Spalten muss sich die gleiche Summe ergeben und zwar: $\frac{n \cdot (n + 1)}{2}$.

   In unserem Beispiel also: $\frac{n \cdot (n + 1)}{2} = \frac{20 \cdot 21}{2} = 210$.
2. Die Summe der Spalte d_i muss 0 ergeben.

   Versuchen Sie es nun einmal selbst, es ist einfacher, als Sie glauben!

[1] *Bei Messwertegleichheit liefert diese vereinfachte Formel einen zu großen Wert. Für ein genaues Ergebnis benötigt man eine komplexere Formel, die nicht mehr Gegenstand dieses Kurses sein soll.*

Übungen

1. Bei einer Stichprobe von 16 Schülerinnen und Schülern wurden die Mathematik- und Lateinnoten des letzten Zeugnisses erfragt und in der folgenden Urliste aufgeführt. Untersuchen Sie, ob die beiden Noten korrelieren.

VP	Lateinnote	Mathematiknote
1	1	1
2	6	6
3	2	2
4	3	2
5	3	2
6	4	4
7	4	4
8	5	5

VP	Lateinnote	Mathematiknote
9	2	2
10	2	3
11	4	5
12	4	5
13	3	3
14	3	3
15	5	4
16	5	5

Tab. 6.57

2. In einer Untersuchung zur vertikalen Mobilität wurden Daten über die erreichten Schulabschlüsse von Vätern und den angestrebten Schulabschlüssen ihrer Kinder erhoben. Die Ausprägungen des Merkmals *X* (angestrebter Schulabschluss der Kinder) und *Y* (erreichter Schulabschluss der Väter) wurden wie folgt kodiert:

   Hauptschulabschluss: 1
   Realschulabschluss: 2
   Abitur/Fachabitur: 3
   Hochschulabschluss: 4

   Die Daten wurden in der unten abgebildeten Urliste zusammengestellt.

   Werten Sie bitte diese Untersuchung aus und versuchen Sie die Frage zu klären, ob ein Zusammenhang zwischen dem Bildungsniveau der Väter und dem angestrebten Bildungsniveau ihrer Kinder besteht.

VP	X_i	Y_i
1	1	1
2	1	2
3	2	1
4	2	2
5	1	2
6	3	2
7	1	1
8	2	3

VP	X_i	Y_i
9	3	3
10	2	4
11	3	4
12	3	3
13	1	1
14	3	4
15	4	3
16	4	2

VP	X_i	Y_i
17	3	2
18	3	4
19	2	2
20	1	2
21	2	2
22	1	3
23	2	2
24	2	3

Tab. 6.58

3. Führen Sie in Ihrer Klasse eine Umfrage durch, um die Mathematik- und Englischnoten des letzten Zeugnisses zu erheben. Korrelieren diese Noten? Vergleichen Sie Ihr Ergebnis mit Übung 1 und diskutieren Sie die Gründe für einen evtl. festgestellten Unterschied.

6.2.3.4 Berechnung des Phi-Koeffizienten

Beispiel

Bei einer Shoppingtour mit Ihrem Freund durch die Innenstadt kommen Sie an einer Baustelle vorbei, auf der das neueste Baggermodell im Einsatz ist. Ihr Freund bleibt stehen und schaut ihn sich interessiert an. Sie sind von dem Anblick allerdings wenig begeistert. „Typisch Frau!“, kommentiert Ihr Freund. Daraufhin beschließen Sie, eine Untersuchung darüber zu erstellen, ob tatsächlich ein Zusammenhang zwischen Geschlecht und Baggerbegeisterung besteht.

Dezent beobachten Sie das Interesse der Passanten an diesem Bagger. Sie stellen nach einiger Zeit fest: Von 30 männlichen Passanten schauten sich 25 den Bagger an, von den 40 weiblichen nur zwei. Nun sprechen diese Daten eigentlich schon deutlich für sich (bzw. für den Kommentar Ihres Freunds), dennoch versuchen Sie Ihre Beobachtungen mit einer statistischen Methode auszuwerten.

Es liegen zwei Beobachtungsmerkmale vor: *Geschlecht* und *„Hinschauen“*, die jeweils zwei Ausprägungen haben, weiblich – männlich und ja – nein. Beide Merkmale erreichen nur Nominalskalenniveau. D. h., die Ihnen bisher bekannten Korrelationskoeffizienten können nicht verwendet werden.

Zur Auswertung wird auch in diesem Fall zunächst eine Häufigkeitsverteilung angelegt. Man bezeichnet Sie als **Vierfeldertafel**:

		Merkmal Y:		
		y_1	y_2	**Zeilensummen**
Merkmal X:	x_1	a	b	$a + b$
	x_2	c	d	$c + d$
	Spaltensummen	$a + c$	$b + d$	$n = a + b + c + d$

Tab. 6.59

a, b, c, d sind die Häufigkeiten, mit denen die Beobachtungspaare $(x_1; y_1)$; $(x_1; y_2)$ usw. vorkommen. n ist der Stichprobenumfang. Für Ihre Untersuchung ergibt sich die folgende Vierfeldertafel:

		Hinsehen:		
		ja	**nein**	**Zeilensummen**
Geschlecht:	**weiblich**	2	38	40
	männlich	25	5	30
	Spaltensummen	27	43	$n = 70$

Tab. 6.60 Vierfeldertafel

Die Kenngröße für den Zusammenhang zwischen den beiden Merkmalen ist der **Phi-Koeffizient Φ**. Er lässt sich mit folgender Formel berechnen:

$$\Phi = \left| \frac{ad - bc}{\sqrt{(a + b)(c + d)(a + c)(b + d)}} \right| \qquad 0 < \Phi < 1$$

Merksatz

Der Zahlenwert für Φ liegt immer zwischen 0 und +1. $\Phi = 0$ bedeutet eine Unabhängigkeit der beiden Merkmale voneinander. Je näher der Wert bei 1 liegt, desto größer ist der Zusammenhang.

Für Ihre Untersuchung ergibt sich:

$$\Phi = \left| \frac{2 \cdot 5 - 38 \cdot 25}{\sqrt{(2 + 38)(25 + 5)(2 + 25)(38 + 5)}} \right| = \left| \frac{-940}{\sqrt{1\,393\,200}} \right| = 0{,}80$$

Ihr Freund scheint also mit seinem Kommentar durchaus richtig zu liegen.

Hinweis Der Phi-Koeffizient kann nur berechnet werden, falls die beiden Merkmale nur zwei Ausprägungen haben. Wenn die Merkmale mehr als zwei Ausprägungen haben, berechnet man die sogenannte Kontingenz. Diese Berechnung soll jedoch nicht mehr Gegenstand dieses Mathematikkurses sein.

Welcher Korrelationskoeffizient bei zweidimensionalen Untersuchungen „zuständig" ist, hängt vom Skalenniveau ab, das die beiden Merkmale erreichen.

Nur wenn beide Merkmale metrisches Skalenniveau haben, darf man die Maßkorrelation verwenden.

Übungen

1. In Carmelas Berufskolleg gibt es neben der Fachoberschule für Gestaltung auch noch eine FOS für Sozialwesen. Die Schule verfügt über Computerräume und Selbstlernzentren, die mit Windows-PCs und iMACs ausgestattet sind. Carmela möchte herausfinden, ob es einen Zusammenhang zwischen der Rechnerauswahl und dem Fachbereich gibt. Sie befragt dazu 95 Schülerinnen und Schüler, mit welchem Rechnertyp sie lieber arbeiten. Von den 62 Sozialpädagogen bevorzugen 36 den PC. 25 Gestalter arbeiten lieber an einem iMAC, 8 Gestalter präferieren den PC. Berechnen Sie den Phi-Koeffizienten.

2. Zur Untersuchung der Vermutung, ob ein Zusammenhang zwischen Rauchen und Lungenkrebs besteht, wurde eine Stichprobe von 100 Personen untersucht. Von 28 Rauchern waren 14 an Lungenkrebs erkrankt. Von den 72 Nichtrauchern nur 4. Berechnen Sie den Phi-Koeffizienten.

6.2.4 Korrelation und Kausalität[1]

Bearbeiten Sie bitte die drei folgenden Aufgaben in Gruppen.

Aufgabe 1 In den statistischen Jahrbüchern einer elsässischen Gemeinde findet man für die Jahre 1901 bis 1912 folgende Daten über die Anzahl der Storchenpaare und die Anzahl der neugeborenen Kinder:

Jahr	1901	1902	1903	1904	1905	1906
Neugeborene	3	3	4	7	8	8
Anzahl Storchenpaare	1	2	2	3	4	5
Jahr	**1907**	**1908**	**1909**	**1910**	**1911**	**1912**
Neugeborene	10	11	13	14	15	17
Anzahl Storchenpaare	6	8	9	9	10	10

Tab. 6.61

[1] *Kausalität (lat.): Ursächlichkeit, Folgezusammenhang zwischen Ursache und Wirkung*

Stellen Sie die Daten grafisch dar und berechnen Sie den Korrelationskoeffizienten. Interpretieren Sie das Ergebnis!

Abb. 6.60

Aufgabe 2

An einer Realschule wird jährlich ein Wettbewerb durchgeführt, bei dem sportliche Leistungen und Tests in mehreren Schulfächern erbracht werden müssen. Jemand hat anschließend die geballte Menge des statistischen Materials durchgesehen, um einen Artikel für die Schulzeitung zu schreiben. Aus der Fülle der erhobenen Daten hat er folgende ausgewählt: Eine Stichprobe von 20 Schülerinnen und deren Ergebnisse beim Weitsprung und im Rechentest.

VP	1	2	3	4	5	6	7	8	9	10
Weitsprung in cm	110	310	210	125	140	100	280	300	270	220
Punkte im Rechentest	20	49	35	30	30	18	35	50	45	42
VP	**11**	**12**	**13**	**14**	**15**	**16**	**17**	**18**	**19**	**20**
Weitsprung in cm	250	190	150	220	230	270	130	180	280	350
Punkte im Rechentest	39	40	28	41	40	45	31	35	47	48

Tab. 6.62

Die Schlagzeile seines Artikels lautet: „Weitsprungtraining fördert Rechenfähigkeit!" Untersuchen Sie die Daten und sammeln Sie in Ihrer Gruppe Argumente für einen „Leserbrief" zu diesem Artikel.

Aufgabe 3

In einem weiteren Artikel der Schulzeitung hat der Verfasser fächerübergreifend Material aus dem Biologie- und dem Wirtschaftslehreunterricht zusammengetragen. Im Internet fand er eine Statistik des Gesundheitsamts über die Häufigkeit von Pollenallergie (Heuschnupfen) und im BWL-Buch eine Statistik über die Entwicklung der durchschnittlichen Getreidepreise. Zufällig gingen beide Statistiken über den gleichen Zeitraum. Er fasste diese Daten zu einer gemeinsamen Urliste zusammen:

Jahr	1989	1990	1991	1992	1993
Getreidepreis in EUR/dt	10	9	12	13	10
Anzahl der Heuschnupfenbehandlungen in Millionen	12	14	10	8	11
Jahr	**1994**	**1995**	**1996**	**1997**	**1998**
Getreidepreis in EUR/dt	10	12	13	14	12
Anzahl der Heuschnupfenbehandlungen in Millionen	10	8	8	7	9

Tab. 6.63

Die Schlagzeile seines Artikels lautete: „Heuschnupfen beeinflusst Getreidepreis!" Untersuchen Sie die Daten und sammeln Sie auch hier in Ihrer Gruppe Argumente für einen „Leserbrief" zu diesem Artikel.

Anmerkung Achtung, Korrelation ist ein rein mathematisches Maß, das zwischen den Datenreihen (Ausprägungen x_i und y_i) zweier Merkmale berechnet wird. Korrelationen sind nur Angaben für einen rein *mathematischen* Zusammenhang. In A1 bis A3 haben Sie gesehen, dass man nicht davon ausgehen kann, dass sie gleichbedeutend mit einer Ursache-Wirkung-Beziehung zwischen diesen Merkmalen sind.

Dennoch kann man Korrelationen benutzen, um Gesetzmäßigkeiten zwischen zwei Merkmalen aufzuspüren. Bei der Interpretation muss man jedoch sehr sorgfältig vorgehen. In den Aufgaben A1 bis A3 haben Sie einige klassische Fehlinterpretationen kennen gelernt:

- Wenn zwei Merkmale zwar miteinander nichts zu tun haben, wohl aber zu einer dritten Variablen in Beziehung stehen, kann man zwischen ihnen eine Korrelation nachweisen. Übersieht man diese dritte Variable, kommt es zu sogenannten Scheinkorrelationen, wie bei dem Klapperstorchbeispiel in A1. Hier ist die Zeit die übersehene Variable im Hintergrund. Beide Merkmale, Geburtenrate und Storchenpopulation, stiegen zufällig im betrachteten Zeitraum an. Damit verlaufen die Daten der beiden Merkmale in die gleiche Richtung und die Mathematik erkennt zwangsläufig eine Korrelation. Sie weiß es nicht besser! In diesem Fall ist die Anwenderin bzw. der Anwender gefordert, der Mathematik beizustehen und den wahren Hintergrund zu erkennen.
- Durch Nichtbeachten der Hintergrundvariablen lassen sich die absonderlichsten Korrelationen berechnen. Sie müssen nur zwei Merkmale finden, die beide im zeitlichen Verlauf anwachsen bzw. abfallen. In der Bundesrepublik steigt z.B. das Volkseinkommen seit Jahren. Damit ergibt sich automatisch eine Korrelation mit allen anderen Größen, die ebenfalls im Laufe der Zeit immer ansteigen bzw. immer abfallen: z.B. Ehescheidungen, Kriminalität, Schuhgröße, Alkoholismus, etc. Auch untereinander funktioniert das z.B. zwischen Schuhgröße und Ehescheidungen.
- Beim zweiten Beispiel (A2) ist das Alter die Variable, die im Hintergrund heimlich die Strippen zieht und für eine Korrelation der beiden Merkmale sorgt, die eigentlich nichts miteinander zu tun haben. Ältere Schülerinnen springen nun einmal weiter als jüngere und können in den meisten Fällen auch schon besser rechnen.
- Bei A3 ist eine wirtschaftswissenschaftliche Regel der Organisator im Hintergrund. Heuschnupfen wird u.a. durch Getreidepollen ausgelöst und das wächst besonders gut und üppig bei schönem Wetter. Je mehr Getreide wächst, desto häufiger haben die Betroffenen

unter ihrer Allergie zu leiden. Wenn es jedoch viel Getreide gibt, dann sinkt der Preis. Übersieht man diesen Regisseur im Hintergrund, kommt man auf die Scheinkorrelation: je schlimmer der Heuschnupfen, desto geringer der Getreidepreis. Es lässt sich dann tatsächlich eine negative Korrelation berechnen.

– Häufig sind Korrelationen auch nur reiner Zufall: z. B. die Anzahl der Geburten in Skandinavien und der Umfang des Südfrüchteimports. Eine Zeit lang entwickelten sich auch Rocklängen und Börsenkurse überraschend parallel.

Die Mathematik kann nur feststellen, dass eine Korrelation vorliegt. In welcher Richtung die Abhängigkeit zwischen den beiden Merkmalen besteht, müssen Sie selbst entscheiden.

Für die Richtung des Zusammenhangs gibt es grundsätzlich vier Möglichkeiten:

1. Merkmal X bewirkt Merkmal Y: $X \rightarrow Y$ (z. B. alle Untersuchungen zur Vererbung von Merkmalen. Hier bedingt das Merkmal der Eltern das der Kinder und nicht etwa umgekehrt.)
2. Merkmal Y bewirkt Merkmal X: $Y \rightarrow X$
3. Merkmal X bewirkt Merkmal Y und umgekehrt: $X \leftrightarrow Y$
4. Merkmal X und Merkmal Y hängen von einem dritten Merkmal ab: (z. B. Aufgaben A1 bis A3)

Eine weitere Fehlinterpretation besteht darin, einen Korrelationskoeffizienten zu Aussagen über Einzelpersonen heranzuziehen. Auch bei hohen Korrelationen können Einzelfälle sehr stark „aus der Reihe tanzen". Statistik macht immer nur Aussagen über Stichproben, das Schicksal von Einzelfällen kann sie nicht vorhersagen. Zum Glück!

Die Zahlenwerte des Korrelationskoeffizienten dürfen **nicht** als Prozentwerte interpretiert werden. $r = 0{,}75$ bedeutet nicht, dass die Werte beider Merkmale in 75 % der Fälle übereinstimmen. Ein solches Bestimmungsmaß[1] ergibt sich erst aus dem Quadrat des Korrelationskoeffizient (r^2). r^2 gibt an, zu welchem Grad die Varianz des einen Merkmals durch die Varianz des anderen Merkmals bestimmt wird. Bei $r = 0{,}75$ lassen sich also $(0{,}75)^2 = 0{,}5625 \approx 56{,}25\,\%$ der Schwankungen des einen Merkmals durch die Schwankungen des anderen erklären.

Merksatz

Aus einer rein mathematisch berechneten Korrelation zwischen zwei Merkmalen kann man nicht auf einen kausalen (ursächlichen) Zusammenhang zwischen den Merkmalen schließen. Das bedarf einer inhaltlichen Überlegung.

Umgekehrt gilt aber: Aus einem kausalen Zusammenhang (wenn X, dann Y) folgt, dass zwischen den Merkmalen X und Y eine Korrelation besteht. Das gilt allerdings nur für eine Vollerhebung. Bei einer Stichprobenuntersuchung kann es vorkommen, dass diese Korrelation nicht gemessen wird, weil die Stichprobe ungünstig ausgewählt wurde.

6.3 Zusammenfassung

In diesem Kapitel haben Sie sich mit der beschreibenden (deskriptiven) Statistik beschäftigt. Sie haben gelernt, dass deren Anliegen darin besteht, große Datenmengen übersichtlich und verständlich darzustellen, um evtl. vorhandene Gesetzmäßigkeiten zu erkennen. Sie haben dies mithilfe von Listen, Tabellen, Grafiken und durch Berechnung typischer Maßzahlen wie Mittelwerten, Streuung und Korrelationskoeffizienten getan.

Die Methoden der beschreibenden Statistik (Tabellen, Grafiken, Maßzahlen) ermöglichen eine Datenvoranalyse, die mit den verfeinerten mathematischen Mitteln der schließenden Statistik weiter ausgeführt werden. Hauptsächlich versucht die schließende Statistik, aufgrund der Datenerhebung in einer Stichprobe auf Aussagen über die Grundgesamtheit zu schließen.

---

[1] *Dieses Bestimmungsmaß wird in der Literatur häufig auch Determinationskoeffizient genannt.*

Sie haben auch gelernt, wo die Grenzen der Statistik liegen:

- Sie kann sehr wohl Zusammenhänge und Abhängigkeiten mathematisch ermitteln, aber die inhaltliche Interpretation, z. B. die Unterscheidung zwischen Ursache und Wirkung, zwischen Kausalität und Korrelation, gemeinsamen Abhängigkeiten von einer dritten Variablen im Hintergrund, die man nicht bedacht hat ... muss die Anwenderin oder der Anwender selbst treffen.
- Die Anwenderin bzw. der Anwender ist selbst verantwortlich, für das erhobene Datenmaterial die richtigen statistischen Verfahren auszuwählen. Wenn man z. B. auf rangskalierten Daten das arithmetische Mittel berechnet, kann sich die Statistik dagegen nicht wehren.

Außerdem wissen Sie, dass man bei statistischen Untersuchungen zwischen einer ein- und zweidimensionalen Datenstruktur unterscheidet.

6.4 Referatsthemen, Facharbeiten, fächerverbindende Projekte, vermischte Übungen

1. Die Minimaleigenschaften der Mittelwerte Z und $\bar{x}$.
2. Das Prinzip der *kleinsten Quadrate* in der Statistik.
3. Die Herleitung der Formel zur Berechnung der Gleichung der Ausgleichsgeraden.
4. Die Lorenz-Kurve und der Gini-Koeffizient. Beschreibung von Merkmalen bezüglich ihrer Konzentrationsverteilung am Beispiel von Umsätzen mehrerer Unternehmen bezogen auf einen Markt.
5. Sammeln Sie in verschiedenen Erzeugnissen der Tagespresse Artikel, bei denen der Autor Statistiken benutzt hat. Untersuchen Sie diese Statistiken hinsichtlich Interpretation und Manipulation. Berichten Sie auch über mögliche juristische Konsequenzen von Manipulationen.
6. Aus sogenannten Scheinkorrelationen ist in der Geschichte häufig hartnäckiger Aberglaube entstanden. Versuchen Sie, Beispiele dafür zu finden.

6.5 Zusammenstellung der neuen Vokabeln

Zusammenstellung

Ausgleichsgerade
arithmetisches Mittel
Balkendiagramm
Beobachtungspaar
beschreibende Statistik
Datenschwerpunkt
Häufigkeit (absolute, relative)
Häufigkeitstabelle
Häufigkeitsverteilung
Histogramm
Korrelation
Korrelationskoeffizient
korrelieren

Kreisdiagramm
Manipulation
Maßkorrelation
Median
Merkmal
Merkmalsausprägung
Mittelwert
Modus
negative Korrelation
Objektivität
Phi-Koeffizient
Polygonzug
Population
positive Korrelation

Punkteschwarm
Rangkorrelation
Reliabilität
repräsentativ
Säulendiagramm
Skala
Standardabweichung
Stichprobe
Streudiagramm
Urliste
Validität
Varianz

7 Den Zufall kalkulieren

7.1 Wahrscheinlichkeitsrechnung

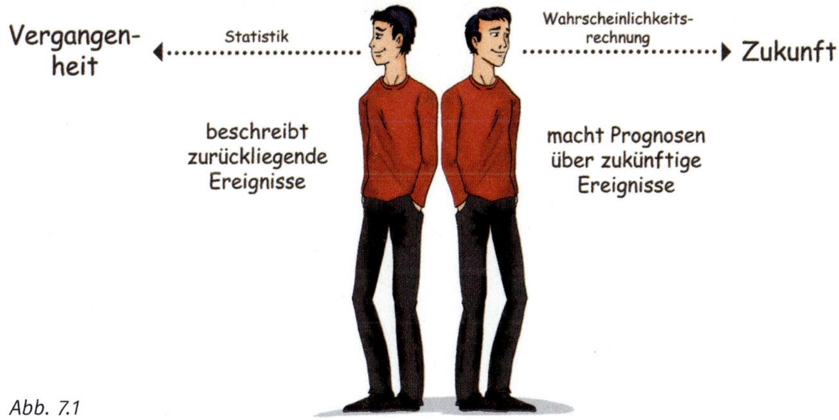

Abb. 7.1

Bei der deskriptive **Statistik** haben Sie sich damit beschäftigt, empirisch gewonnene Daten so aufzubereiten, dass man mit „einem Blick“ das Wesentliche erkennen kann, sei es durch Angabe von errechneten Kennwerten oder durch die Anfertigung von aussagekräftigen Grafiken. Es ging also um die Beschreibung von Ereignissen, die bereits geschehen sind. Sie haben dabei in die **Vergangenheit** geblickt.

Die **Wahrscheinlichkeitsrechnung** blickt dagegen in die **Zukunft** und macht **Prognosen** über das Eintreten bestimmter Ereignisse. Sie dient dazu, aufgrund von Annahmen oder Erkenntnissen den **Ausgang** von **Vorgängen** vorauszusagen. Fassen Sie bitte den Begriff *Vorgang* weit und wertfrei auf. Lebensversicherungen benutzen z. B. sogenannte „Sterbetafeln“, um die Prämie für den Risikobeitrag zu berechnen. Aus den Daten über die zunehmende Lebenserwartung der Bevölkerung leitet die Konsumgüterindustrie den zukünftigen Bedarf an seniorengerechten Produkten ab. Die *Sinus Milieustudie*[1] stellt den Werbeagenturen durch Auswertung spezieller Fragebögen Erkenntnisse zur Entwicklung zielgruppenspezifischer Werbekonzepte bereit. *Lebenserwartung* und *Beantwortung von Fragebögen* fallen hier unter den Begriff *Vorgang*.

---

[1] *„Das Marketing steht vor neuen Herausforderungen: Die Zersplitterung von Märkten und Zielgruppen führt zu Streu- und Effizienzverlusten. Erfolgreiche Produktplanung und Kommunikation setzen deshalb eine umfassende Zuwendung zum Verbraucher voraus. Es wird immer wichtiger, Zielgruppen über die herkömmlichen soziodemografischen Merkmale hinaus zu klassifizieren. Mit den Sinus-Milieus® steht der Produktentwicklung, dem Marketing und der Kommunikationsplanung ein einzigartiger Ansatz für die Zielgruppenoptimierung zur Verfügung, der auf den Lebenswelten und Lebensstilen der Verbraucher basiert.“ Quelle: AGF/GFK Fernsehpanel, Sinus Sociovision GmbH, Frankfurt*

Die Wahrscheinlichkeitsrechnung macht Prognosen über den Ausgang von Vorgängen, die dem Zufall unterliegen.

Die Wahrscheinlichkeitsrechnung wurde bereits im 17. Jahrhundert entwickelt, *Blaise Pascal* (1623–1662) und *Pierre de Fermat* (1601–1665) gelten als die Begründer. Damals, in der Zeit des Barocks, war das Hauptanliegen, die Erfolgschancen beim Glücksspiel vorauszusagen.

Abb. 7.2: Georges de La Tour (1593–1652), französischer Maler, Kartenspielszene

7.2 Begriffe

7.2.1 Zufallsexperimente

In der Wahrscheinlichkeitsrechnung bezeichnet man die in Kap. 7.1 genannten Vorgänge als Zufallsexperimente.

Definition **Zufallsexperimente** sind Vorgänge, bei denen nur der Zufall entscheidet, welches Ergebnis auftritt.

Beispiele für Zufallsexperimente:

- Das Werfen eines Würfels ist ein Zufallsexperiment. Wenn der Würfel nicht manipuliert ist, besteht keine Möglichkeit vorherzusagen, welche Augenzahl als nächstes oben liegt.
- Das Ziehen einer Karte aus einem Skatblatt.
- Wenn ein Kind gezeugt wird, ist nicht vorherbestimmt, ob ein Mädchen oder ein Junge geboren wird, der Zufall entscheidet (noch), ob beim Austausch des Erbguts ein *xx*- oder ein *xy*-Chromoson entsteht.
- Zählt man die Anzahl der Kunden vor der Kasse des Supermarkts zu einer bestimmten Uhrzeit während der Geschäftszeit, so ist eine genaue Vorhersage nicht möglich. Der Zufall entscheidet, ob keiner, wenige oder viele warten.

7.2.2 Ergebnisse und Ergebnisraum

Untersucht werden **Zufallsvorgänge**, die **Massencharakter** haben. Massencharakter bedeutet, dass der Versuch beliebig oft wiederholt werden kann.

Definition Der Ausgang eines Zufallsexperiments wird als **Ergebnis** bezeichnet.

Wir veranschaulichen das an einem Würfel. Diesen kann man sehr oft werfen (Massencharakter). Das Werfen einer „6" ist ein zufälliges Ergebnis; denn die „6" **kann** tatsächlich geworfen werden, sie **muss aber nicht** kommen!

Bei vielen Sportveranstaltungen wird eine Münze geworfen, um die Seitenwahl auszulosen (Massencharakter). Geschieht dieses mit einer deutschen 5-Cent-Münze, so kann der „Eichenzweig" oben liegen (zufälliges Ergebnis), das muss aber nicht sein, ebenso ist die „5" möglich.

Abb. 7.3

Beim Werfen eines Würfels sind die Ergebnisse: 1, 2, 3, 4, 5, 6 möglich. Beim Münzwurf lauten die möglichen Ergebnisse: Zahl oder Eichenzweig (Wappen).

Definition
Die Menge aller **Ergebnisse** eines Zufallsexperiments wird als **Ergebnisraum** oder **vollständiges System** bezeichnet. Er wird mit dem griechischen Buchstaben Ω benannt.

Beispiel

Der Ergebnisraum beim Würfeln ist: $\Omega = \{1, 2, 3, 4, 5, 6\}$

Beim Münzwurf ist er: $\Omega = \{\text{Zahl, Wappen}\}$

Bei der Zeugung eines Kindes ist $\Omega = \{♀, ♂\}$

Aufgabe
Bestimmen Sie den Ergebnisraum für das Zufallsexperiment „Ziehen einer Karte aus einem Skatspiel".

Hinweis
Es gibt natürlich auch zufällige Ergebnisse, die keinen Massencharakter haben. Denken Sie z. B. an ein Fußballendspiel, das nach der Verlängerung noch „unentschieden" steht. Jetzt kommt es zum „Elfmeterschießen", dessen Ausgang ist mithilfe der Wahrscheinlichkeitsrechnung nicht kalkulierbar.

Dieses Spiel kann nicht beliebig oft wiederholt werden, es hat keinen Massencharakter!

7.2.3 Ereignisse und Ereignisraum

Verschiedene Ergebnisse lassen sich zu **Ereignissen** zusammenfassen. Ein Ereignis kann also mehrere Ergebnisse enthalten. Ein Ereignis gilt als eingetreten, wenn eines der zugehörigen Ergebnisse eingetreten ist.

Abb. 7.4

Beim **Würfeln** können unterschiedliche **Ereignisse** untersucht werden:

a) „Ist die Augenzahl gerade",

b) „Ist die Augenzahl eine Primzahl",

c) „Ist die Augenzahl größer als 3"?

Was ist nun der Unterschied zwischen Ergebnis und Ereignis? Hier hilft die Mengenlehre weiter.

Merksatz Ereignisse sind Mengen, Ergebnisse deren Elemente. Ereignisse sind Teilmengen von Ω.

Merksatz Ein Ereignis ist eingetreten, wenn das Zufallsexperiment eines seiner Ergebnisse liefert. Mit jedem Ergebnis können mehrere Ereignisse eintreten.

Beispiel 1

Aus einer Urne mit zehn Kugeln, die die Zahlen 1 bis 10 tragen, wird eine Kugel gezogen. Es sollen folgende Ereignisse untersucht werden:

A: „Es wird eine gerade Zahl gezogen."

B: „Es wird eine ungerade Zahl gezogen."

C: „Die gezogene Zahl ist kleiner als 6."

D: „Die gezogene Zahl ist größer als 5."

E: „Die gezogene Zahl ist eine Primzahl."

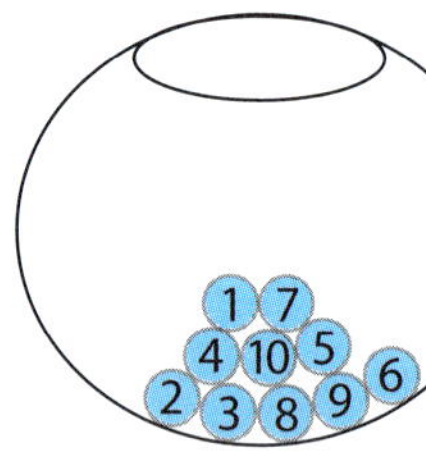

Abb. 7.5

Aufgabe 1
a) Notieren Sie die Ereignisse des Beispiels in aufzählender Schreibweise.
b) Es wird eine 3 gezogen. Welche der genannten Ereignisse sind mit diesem Ergebnis eingetreten?

Aufgabe 2 Benennen Sie fünf Ereignisse beim Roulettespiel.

Die Menge aller möglichen Ereignisse heißt **Ereignisraum.** Er kann endlich, abzählbar unendlich oder nicht abzählbar unendlich sein. In diesem Kurs wollen wir uns auf endliche Mengen beschränken; denn im Kapitel 2.2.2 haben Sie bereits gelernt, dass im Umgang mit „Unendlich" seltsame Dinge geschehen können ...

Abb. 7.6

Definition Besteht ein Ereignis aus nur einem Ergebnis, dann wird es **Elementarereignis** genannt.

Ein **Elementarereignis** liegt dann vor, wenn dieses nicht weiter aufgegliedert werden kann. Es ist eine einelementige Menge. Denken Sie ans Würfeln. Wenn man mit **einem** Würfel genau einmal wirft dann sind die Elementarereignisse: {1}, {2}, {3}, {4}, {5}, {6} . Beim Münzwurf sind sie: {Kopf} , {Zahl}.

Aufgabe 3 Formulieren Sie für das Zufallsexperiment „Werfen eines Würfels" ein Ereignis, das in jedem Fall eintreten wird. Formulieren Sie ein weiteres Ereignis, das auf keinen Fall eintritt.

Das **sichere Ereignis** E_S liegt dann vor, wenn es unter den gegebenen Bedingungen unbedingt auftreten muss. **Definition**

Ein Ereignis wird dann als **unmögliches Ereignis** bezeichnet, wenn es unter keinen Umständen auftreten kann. Als Symbol wird analog zur Mengenlehre „$\emptyset$“ benutzt. **Definition**

Beispiel 2

Die Zahlen auf den vorhandenen Euromünzen in der Kasse werden ermittelt und notiert. Das Auftreten einer „7“ ist ein unmögliches Ereignis.

Eine deutsche Euro-Münze wird geworfen: Es ist unmöglich, dass das Leonardo-da-Vinci-Bild oben liegt.

Beim Würfeln mit zwei Würfeln ist das Ereignis „Augensumme größer als „1“ ein sicheres Ereignis.

Die Gewinnzahlen beim Lotto „6 aus 49“ werden ausgelost: Es ist sicher, dass alle sechs Gewinnzahlen natürliche Zahlen kleiner als 50 sind.

Ereignisse heißen **unvereinbar** oder **disjunkt**, wenn sie keine gemeinsamen Ergebnisse beinhalten. **Definition**

Beispiel

Beim Werfen eines Würfels sind die Ereignisse E_1: „Es wird eine gerade Zahl gewürfelt“ und E_2: „Es wird eine durch fünf teilbare Zahl gewürfelt“ disjunkt.

Die Ereignisse E_1 und E_3: „Es wird eine durch drei teilbare Zahl gewürfelt“ sind nicht disjunkt.

Mithilfe Ihrer Kenntnisse der Mengenlehre, die Sie in der Klasse 11 erworben haben, können Sie diese Situation sehr schön durch Venn-Diagramme veranschaulichen.

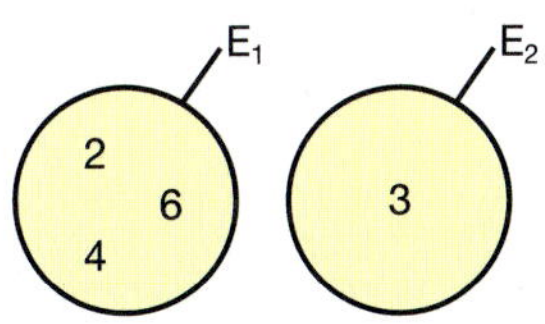

Abb. 7.7: Disjunkte Ereignisse

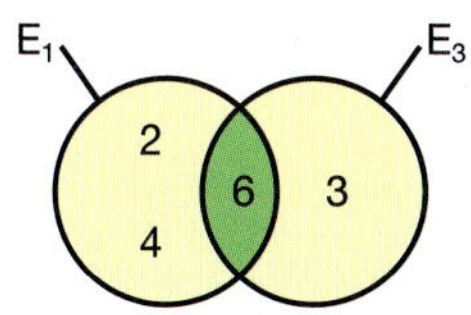

Abb. 7.8: Nicht disjunkte Ereignisse

7.2.4 Die Laplace-Wahrscheinlichkeit

Die nun folgende Definition von **Wahrscheinlichkeit** ist durch die Arbeiten von *Pierre-Simon Laplace (1749–1827)* begründet. Man spricht auch von der **klassischen Wahrscheinlichkeit**.

Laplace geht davon aus, dass jedes Elementarereignis aus dem Ereignisraum die **gleiche Chance** zum Auftreten hat, so muss bei einem idealen Würfel das Werfen einer bestimmten Zahl zwischen „1“ und „6“ gleich möglich sein[1].

Weiterhin muss ein **vollständiges System** vorliegen, das Auftreten eines Elementarereignisses schließt das gleichzeitige Auftreten eines anderen Elementarereignisses aus (wenn beim Würfeln mit einem Würfel eine „3“ geworfen wurde, kann nicht gleichzeitig irgendeine andere Augenzahl oben liegen).

[1] *Laplace leistete sich streng genommen einen logischen Zirkelschluss; denn er benötigt für die Definition von „Wahrscheinlichkeit“ den Begriff „gleich **möglich**“, was jedoch gleich **wahrscheinlich** bedeutet.*

Es darf kein Elementarereignis unmöglich sein, weiterhin ergibt die **Vereinigung** aller sich einander **ausschließender** Ereignisse das sichere Ereignis.

Definition Wenn alle Ergebnisse eines Zufallsexperiments gleich möglich sind, dann ist die **Wahrscheinlichkeit** für das Auftreten eines Ereignisses *A* der Quotienten aus Anzahl der für das Ereignis *A günstigen* ***g*** Ergebnisse und der Anzahl *aller* ***n*** Ergebnisse des Ergebnisraums.

Als Formel für die Wahrscheinlichkeit $P(A)$[1] ergibt sich:

$$P(A) = \frac{g}{n} = \frac{\text{Anzahl der günstigen Ergebnisse}}{\text{Anzahl aller möglichen Ergebnisse}}$$

Um die Anzahl der günstigen Fälle g **und die Anzahl der möglichen Fälle** n **bestimmen zu können, genügt manchmal der „gesunde Menschenverstand", sicherer ist es, auf die Erkenntnisse der Kombinatorik** (Kap. 7.3) zurückzugreifen.

Beispiel 1

Gabi macht einen Wurf mit einem regulären Würfel. Berechnen Sie die Wahrscheinlichkeit für das Ereignis: „Die gewürfelte Zahl ist kleiner als 5".

→ Günstig ist das Auftreten von „1" oder „2" oder „3" oder „4", das sind vier Möglichkeiten, $\boldsymbol{g = 4}$.

Insgesamt sind sechs Zahlen möglich, $\boldsymbol{n = 6}$.
→ $P(A) = \frac{4}{6} = 0{,}667 = 66{,}7\,\%$

Susanne hat eine Tüte mit Bonbons, fünf der Bonbons sind rot, drei sind weiß und die restlichen sechs sind grün. Berechnet werden soll die Wahrscheinlichkeit dafür, dass beim Herausnehmen eines Bonbons ohne Hinzugucken ein rotes **oder** ein grünes gegessen wird.

Anzahl der günstigen Fälle: 5 (rote) + 6 (grüne) = 11 günstige Möglichkeiten, $\boldsymbol{g = 11}$.

Insgesamt sind $5 + 3 + 6 = \boldsymbol{14 = n}$ in der Tüte.
→ $P(A) = \frac{11}{14} = 0{,}786 = 78{,}6\,\%$

Jens wirft eine Münze zweimal. Wie wahrscheinlich ist es, dass beide Male die Zahl oben liegt?

Möglich sind die Würfe (Z, Z), (Z, W), (W, Z), (W, W) es gilt $\boldsymbol{n = 4}$. Günstig ist nur eine Möglichkeit, nämlich (Z, Z), $\boldsymbol{g = 1}$.

Es ergibt sich die Wahrscheinlichkeit → $P(A) = \frac{1}{4} = 0{,}25 = 25\,\%$.

Bei zahlreichen Spielen werden zwei Würfel geworfen. Der Ergebnisraum ist hier eine **Paarmenge**. Um die Wahrscheinlichkeiten für bestimmte Ereignisse zu kalkulieren, ist es hilfreich den Ergebnisraum zu visualisieren. Aus der Klasse 11 wissen Sie noch, dass man Paarmengen in einem Koordinatensystem darstellen kann. Die möglichen Ergebnisse, z. B. (3; 4), tragen Sie als Punkte ins Koordinatensystem ein.

Gesucht ist die Wahrscheinlichkeit für das Ereignis *E*: „Die Augensumme ist größer als 7."

Es gibt 15 günstige (rote Kreuze) und 36 mögliche Ergebnisse.
$P(E) = \frac{15}{36} = 0{,}4167 = 41{,}67\,\%$

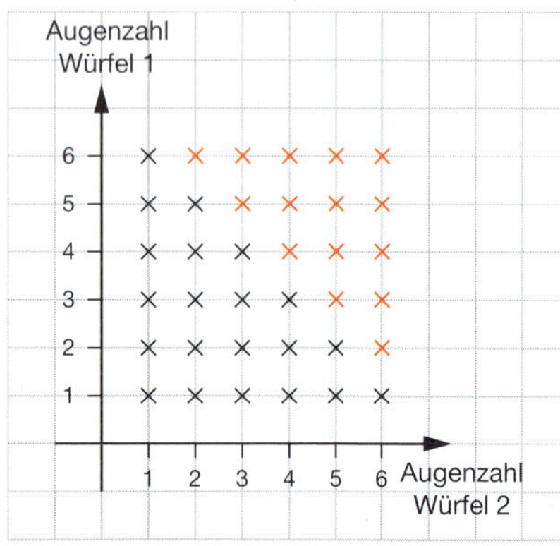

Abb. 7.9

Sie sehen, diese Beispiele sind relativ einfach zu lösen. Bearbeiten Sie die folgenden Übungen durch das gleiche Vorgehen, wie es oben gezeigt wurde.

---

[1] *P als Abkürzung von „probability"*

Merksatz

Denken Sie jedoch immer daran, dass Sie Voraussagen über Erscheinungen mit Massencharakter treffen. Einzelergebnisse → **„Was kommt genau beim nächsten Versuch?"** können **niemals vorausgesagt** werden, es sei denn, Sie machen Voraussagen über das sichere oder das unmögliche Ereignis.

Hinweis

Hüten Sie sich vor Fehlinterpretationen von Wahrscheinlichkeit:

- Die Wahrscheinlichkeit von $\frac{1}{6}$ für das Würfeln einer „5" bedeutet nicht, dass bei 6 Würfen eine „5" erscheint. Das kann durchaus viel länger dauern.
- Umgekehrt wird dadurch, dass bei 20 Würfen noch keine 5 erschienen ist, die Wahrscheinlichkeit im 21. Wurf endlich eine 5 zu sehen, nicht erhöht. **Der Zufall hat kein Gedächtnis.**
- Ein Ereignis mit sehr geringer Wahrscheinlichkeit muss nicht erst nach vielen Versuchen auftreten. Man kann auch beim erstmaligen Ausfüllen eines Lottoscheins 6 Richtige haben.
- Das Verhalten eines einzelnen Individuums kann nicht vorhergesagt werden. Bei Bevölkerungsmassen (Massencharakter des Ereignisses) gelingt das jedoch sehr gut, wenn Sie einmal an die Wahlprognosen von INFAS denken.

Übungen

1. Sven hat 8 Münzen in seiner Geldbörse. Es sind zwei kupferfarbige, vier goldfarbige und zwei goldsilberfarbige. Er nimmt ohne Hinzusehen eine Münze heraus. Bestimmen Sie die Wahrscheinlichkeit dafür, dass er a) eine goldfarbige, b) keine goldfarbige, c) eine kupferfarbige zieht.
2. Eine Familie hat drei Kinder. Berechnen Sie die Wahrscheinlichkeit, dass die ersten beiden Kinder Mädchen sind.
3. Eine Familie hat vier Kinder. Ermitteln Sie die Wahrscheinlichkeit für die Reihenfolge „*J*, *M*, *M*, *J*"!
4. In einer Glasschale befinden sich gleichartige Kugeln, die mit den Zahlen 1 bis 50 versehen wurden. Bestimmen Sie die Wahrscheinlichkeiten der folgenden Ereignisse:
   a) A: „Die gezogene Kugel trägt eine Primzahl."
   b) B: „Die Nummer der gezogenen Kugel ist eine gerade Zahl."
   c) C: „Die Nummer ist ohne Rest durch 6 teilbar."
   d) D: „Die Nummer ist größer als 28."
   e) E: „Die Nummer ist enthält die Ziffer 6."
5. Bei einem Roulettespiel (s. Abb. 7.6) kann man auf verschiedene Ereignisse setzen. Bestimmen Sie jeweils die Wahrscheinlichkeit:
   a) „rot", b) „gerade", c) „das untere Dutzend", d) „18", e) „die obere Hälfte", f) „4, 5, 7, 8".
6. Aus einem Skatspiel wird eine Karte gezogen. Bestimmen Sie die Wahrscheinlichkeit folgender Ereignisse:
   a) A: „Eine rote Karte", b) B: „Ein Bild", c) C: „Eine Ass", d) D: „Die Karte gehört zur Farbe Karo".

Abb. 7.10

7. Sie werfen mit zwei Würfeln. Bestimmen Sie die Wahrscheinlichkeiten der Ereignisse:
   a) A: „Pasch"
   b) B: „Augensumme = 5"
   c) C: „keinmal Augenzahl 6"
   d) D: „Augensumme kleiner als 6"

8. (Leibnitz-Problem) Leibnitz[1] behauptete, dass die Wahrscheinlichkeit, mit zwei Würfeln die Augensumme sieben zu werfen, dreimal so groß ist, wie die Augensumme 11 oder 12 zu erzielen. Zur Begrünung führte er an, dass sich eine Sieben auf drei Arten in Summanden zerlegen lässt $(3+4,\ 2+5,\ 6+1)$, die 11 und die 12 aber nur auf eine Art $(6+5)$ bzw. $(6+6)$.
   a) Begründen Sie, warum diese Annahme falsch ist.
   b) Berechnen Sie die korrekten Wahrscheinlichkeiten für die Augensummen 7, 11 und 12.

9. Der „gesunde Menschenverstand" kann zur bösen Falle werden, wenn jemand versucht, Sie zu falschen Schlüssen zu verleiten. Beurteilen Sie die folgende Argumentation: „Wenn man drei Münzen wirft, liegen **immer zwei gleichartige oben!** Die dritte Münze zeigt entweder Zahl oder Bild, sodass das Auftreten von **drei gleichen** Merkmalsausprägungen zu 50 % zu erwarten ist (entweder kommt die dritte passende oder sie kommt nicht!).

10. Sie sollen nochmals geleimt werden: Bei vielen Sportarten versuchen die Wettbewerber, einen bestimmten Gegenstand so nah wie möglich an ein Ziel zu bringen, sei es beim Murmeln, Schießen, Boccia, Eisstockschießen usw. Anton und Berta vollziehen dieses Spiel mit Murmeln, die sie aus drei Metern Entfernung so dicht wie möglich an eine Hauswand werfen wollen.

    Beide haben die gleiche Werferqualität, der Zufall entscheidet, wer heute gewinnt. Anton darf **eine** Murmel A werfen, Berta dagegen **zwei**, nämlich *B*1 und *B*2! Die Gewinnchancen für Berta errechnen sich wie folgt:

    Es gibt vier Möglichkeiten für alle Ereignisse, nämlich
    1) B_1 und B_2 liegen der Wand am nächsten,
    2) nur B_1 liegt dichter,
    3) nur B_2 liegt dichter,
    4) A liegt am nächsten.

    In drei von vier Möglichkeiten gewinnt *B*, also sind Bertas Chancen
    $\rightarrow P(B) = \frac{g}{n} = \frac{3}{4} = 0{,}75$[2].

7.2.5 Nicht-Laplace-Versuche, statistische Wahrscheinlichkeit

Bei einem regulären Würfel mit 6 Zahlen ist das Auftreten jeder der Zahlen 1, 2, 3, 4, 5, 6 gleich wahrscheinlich, es gilt $P(1) = P(2) = P(3) = P(4) = P(5) = P(6) = \frac{1}{6} = 0{,}1667 = 16{,}667\,\%$.

Das heißt aber nicht, dass bei sechsmaligem Werfen des Würfels jede Zahl genau einmal auftreten muss, das ist sogar höchst unwahrscheinlich! Der Wert $P(A) = 0{,}1667$ ist experimentell nur dann zu erreichen, wenn man sehr, sehr oft würfelt.

---

[1] *Gottfried Wilhelm Leibnitz (1646–1716)*

[2] *Wenn Ihnen die Übungen 8 bis 10 besonderen Spaß bereitet haben, empfehlen wir das Buch Gardner, Gotcha, Hugendubel, München 1985, aus dem wir sie sinngemäß zitiert haben.*

Laplace **setzte voraus**, dass die Augenzahl 1 bis 6 die gleiche Chance haben, er fordert den idealen Würfel. Wenn man aber nicht weiß, ob ein Würfel „fair“ ist oder wenn man sogar eine Manipulation vermutet, ist die Laplace-Voraussetzung nicht erfüllt. Bei einer Manipulationsvermutung wäre der Würfelwurf ein **nicht-Laplace-Versuch**. Nun stellt sich die Frage, wie man in solchen Fällen die Wahrscheinlichkeiten bestimmt.

Betrachten Sie noch einmal die Karikatur am Beginn des Kapitels. Wie kann ein „Blick zurück“ also die Statistik helfen, die gesuchten Wahrscheinlichkeiten zu bestimmen?

Es bleibt nichts anderes übrig, als sehr oft zu würfeln und über das Ergebnis eine Statistik anzufertigen. Als Wahrscheinlichkeit für das Auftreten z. B. einer „6“ nimmt man dann die **relative Häufigkeit** ihres Auftretens.

Aufgabe 1

Versuchen Sie es einmal in Ihrer Klasse. Werfen Sie einen Würfel 100-mal. Arbeiten Sie dabei in Zweiergruppen (ein Werfer, ein Protokollführer). Notieren Sie mithilfe einer Strichliste, wie oft eine „6“ gewürfelt wird (absolute Häufigkeit) und berechnen Sie noch die relative Häufigkeit. Tragen Sie anschließend alle Gruppenergebnisse zusammen und bilden Sie die absoluten und relativen Summenhäufigkeiten.

Die relativen Summenhäufigkeiten sollten sich auf den Wert 16,67 % einpendeln.

20 Schülerinnen und Schüler einer Fachoberschulklasse führten einen ähnlichen Versuch aus. Sie würfelten je 60-mal und notierten, wie oft die „3“ erschien (f_{abs}). Sie berechneten die einzelnen relativen Häufigkeiten f_{rel} in %, und stellten fest, dass diese zwischen 3 % und 28 % schwankten.

Bildet man aber die kumulierte Häufigkeit S[1] sowie die zugehörigen relativen Summenhäufigkeiten, so stabilisieren sich diese relativ schnell (16 % bis 17 %).

Nr.	1	2	3	4	5	6	7	8	9	10
H	6	3	6	12	17	11	8	11	14	11
%	10	5	10	20	28	18	13	18	23	18
S	6	9	15	27	44	55	63	74	91	102
%	10	7,5	8,3	11,3	14,7	15,3	15	15,4	16,9	17

Nr.	11	12	13	14	15	16	17	18	19	20
H	14	13	9	2	10	10	8	14	6	16
%	23	22	15	3	17	17	13	23	10	27
S	116	129	138	140	150	160	168	182	188	204
%	17,6	17,9	17,7	16,7	16,7	16,7	16,5	16,9	16,5	17

Tab. 7.1: Häufigkeit der „3“, wenn 20 Gruppen je 60-mal würfeln

Die Tabelle wurde durch die folgende Grafik visualisiert.

[1] *siehe Kapitel 6.1.5.2 „Summenkurven“*

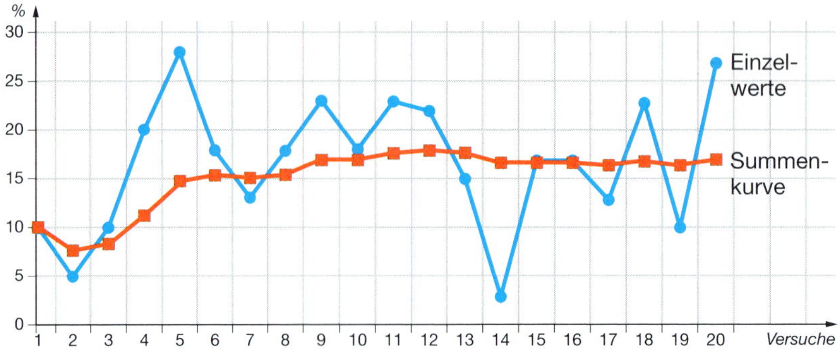

Abb. 7.11: %-Verteilung der „3“ beim Würfeln, 20 Einzelversuche je 60 Wurf sowie die Summenkurve

	12 Mal		12 000 Mal		12 000 000 Mal	
i	*H*(*i*)	%	*H*(*i*)	%	*H*(*i*)	%
1	1	8,33	1 942	16,18	2 000 100	16,67
2	3	25	2 039	16,99	2 000 496	16,67
3	1	8,33	1 951	16,26	1 999 995	16,67
4	4	33,3	2 077	17,31	1 999 817	16,67
5	1	8,3	2 004	16,70	1 999 557	16,66
6	2	16,7	1 987	16,56	2 000 035	16,67

Tab. 7.2: Verteilung der Augenzahlen beim Würfeln, Simulation

Nun sind $20 \cdot 60 = 1\,200$ Versuche nicht besonders viel, um zu testen, ob die relativen Häufigkeiten sich der Wahrscheinlichkeit des Ereignisses annähern. Sie liefern aber ein solides Indiz. In Tabelle 7.2 finden Sie die entsprechenden Ergebnisse einer Computersimulation[1].

Sie können erkennen, dass mit dem Anstieg der Würfe sich die relativen Häufigkeiten des Auftretens einer „3“ immer mehr dem Wert 16,67 % annähern.

Diese Versuchsergebnisse führen auch zu einer anderen möglichen Auffassung von **Wahrscheinlichkeit,** man nennt sie **„statistische Wahrscheinlichkeit“**.

Merksatz Die Erfahrung zeigt, dass sich mit steigender Versuchsanzahl der Wert der relativen Häufigkeit auf einen „Endwert“ stabilisiert. Den „Endwert“ bezeichnet man als **statistische Wahrscheinlichkeit**. Man nennt diesen Vorgang **„empirisches Gesetz der großen Zahlen“**.

Hinweis *Relative Häufigkeit* und *Wahrscheinlichkeit* sind jedoch grundsätzlich verschiedene Begriffe. Relative Häufigkeiten machen immer Aussagen über zurückliegende, also bereits ausgeführte Zufallsversuche (Statistik). Wahrscheinlichkeiten machen dagegen Prognosen über den Ausgang noch bevorstehender Zufallsexperimente (Wahrscheinlichkeitsrechnung).

Abb. 7.12

[1] *Bei einer Simulation werden vom Computer erzeugte „Zufallszahlen“ benutzt. Das sind Pseudozufallszahlen. Streng genommen testet man mit diesem Versuch die Güte des Computerprogramms.*

Nun haben Sie die eingangs bestehende Frage: **„Wie bestimmt man die Wahrscheinlichkeit bei nicht-Laplace-Versuchen?“** geklärt. Ganz einfach, sie wird empirisch ermittelt. Man muss das betreffende Zufallsexperiment nur oft genug ausführen und die relative Häufigkeit ermitteln. Wir schätzen also die Wahrscheinlichkeit aufgrund der relativen Häufigkeiten.

Aufgabe 2

Bis vor kurzem galt das **Werfen einer Münze** als „fairer“ Versuch. Am 23. Januar 2002 wurde in der Sendung „Stern-TV“ auf eine Besonderheit hingewiesen. Nimmt man eine deutsche 2-EUR-Münze und dreht man diese hochkant wie einen Kreisel auf der Tischplatte, so sind nach dem Austrudeln E = Zahl und $\neg E$ = Adler **nicht 1 : 1** verteilt, sondern in 60 % der Fälle lag, wenn wir uns richtig erinnern, die Zahl oben. Überprüfen Sie in Ihrer Klasse diesen Sachverhalt, ermitteln Sie die statistische Wahrscheinlichkeit $P(\{\text{Zahl}\})$

Eine deutsche 2-Euro-Münze ist keine „faire Münze“. Lassen Sie sich also keinesfalls auf ein Glücksspiel mit dieser Münze ein.

Die statistische Wahrscheinlichkeit wird in unserer Gesellschaft häufig benutzt. Das statistische Bundesamt hält in sogenannten Sterbetafeln fest, wie viele Menschen eines bestimmten Geburtsjahrgangs noch leben. Versicherungsgesellschaften und staatliche Planungsbehörden benutzen sie zur Kalkulation von Tarifen und Beiträgen.

Die nachfolgende Tabelle[1] zeigt einen Auszug aus der Sterbetafel 2004/2006.

weiblich			
Alter	Überlebende	Alter	Überlebende
0	100 000	20	99 377
1	99 643	21	99 352
2	99 614	22	99 331
3	99 594	23	99 306
4	99 581	24	99 280
5	99 570	25	99 257
6	99 560	30	99 131
7	99 550	35	98 954
8	99 542	40	98 665
9	99 533	45	98 153
10	99 527	50	97 239
11	99 519	55	95 859
12	99 509	60	93 808
13	99 502	65	90 923

männlich			
Alter	Überlebende	Alter	Überlebende
0	100 000	20	99 145
1	99 567	21	99 081
2	99 531	22	99 016
3	99 512	23	98 952
4	99 495	24	98 889
5	99 481	25	98 825
6	99 468	30	98 502
7	99 458	35	98 124
8	99 447	40	97 571
9	99 437	45	96 600
10	99 426	50	94 937
11	99 419	55	92 294
12	99 408	60	88 463
13	99 396	65	82 970

Tab. 7.3: Sterbetafel 2004/2006 für Deutschland

[1] *Quelle: www.destatis.de*

weiblich			
Alter	Überlebende	Alter	Überlebende
14	99491	70	86681
15	99479	75	79578
16	99463	80	67886
17	99447	85	49588
18	99428	90	27389
19	99402	95	8997

männlich			
Alter	Überlebende	Alter	Überlebende
14	99382	70	75093
15	99367	75	63680
16	99346	80	48524
17	99315	85	30667
18	99274	90	14463
19	99209	95	4117

Aus der Tabelle lesen Sie z. B. ab, dass von 100000 Lebendgeborenen 99428 Frauen 18 Jahre alt werden und 98665 ein Alter von 40 Jahren erreichen.

Wie groß ist nun die Wahrscheinlichkeit, dass heute eine 18-jährige Frau 40 Jahre alt wird? Unter der Annahme, dass sich die Zahlenverhältnisse in den nächsten Jahren nicht wesentlich ändern, können wir diese Wahrscheinlichkeit mithilfe der relativen Häufigkeiten schätzen: Von den 99428 18-jährigen Frauen leben im Alter von 40 Jahren noch 98665. In Prozent umgerechnet sind das: $\frac{98\,665}{99\,428} \cdot 100\,\% = 99{,}23\,\%$.

Übungen

1. Ermitteln Sie die statistische Wahrscheinlichkeit $P(\{\text{Zahl}\})$ bei 2-Euro-Münzen anderer Länder.
2. Wie groß ist die Wahrscheinlichkeit, dass
   a) eine 3-Jährige 25 Jahre alt wird?
   b) ein 20-jähriger Mann 50 Jahre alt wird?
   c) eine 21-jährige Frau 65 Jahre alt wird?
   d) eine 35-jährige Frau 60 Jahre alt wird?

7.2.6 Wahrscheinlichkeit von Ereignissen

Einzelne Ereignisse lassen sich zu komplexeren verknüpfen. Da Ereignisse Mengen sind, gelten dabei die Regeln der **Mengenlehre**, die Sie bereits in der Klasse 11 kennen gelernt haben. Außerdem können Sie bei der Formulierung der zusammengesetzten Ereignisse Ihre Kenntnisse aus der **Aussagenlogik** anwenden.

Definition

Als **Oder-Ereignis** $E_1 \cup E_2$ bezeichnen wir das Ereignis S, bei dem wenigstens eines der Ereignisse E_1 oder E_2 aufgetreten ist.

Ein Vergleich mit der Mengenlehre bietet sich an, es geht um die **Vereinigungsmenge**:
$S = E_1 \cup E_2$

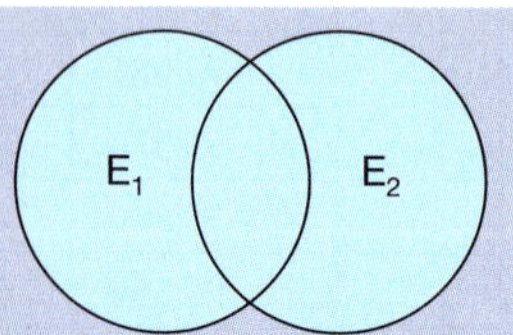

Abb. 7.13

Beispiel 1

Es wird mit einem Würfel einmal gewürfelt. Es geht um die Ereignisse
E_1: Es ist eine ungerade Zahl. E_2: Die Zahl ist kleiner als 4. E_3: Es ist eine Primzahl größer als 3.
E_4: Die Zahl ist ohne Rest durch 3 teilbar.

Es sollen die Oder-Ereignisse $E_1 \cup E_2$, $E_3 \cup E_4$, $E_1 \cup E_3$ gebildet werden. Wir schreiben die Ereignisse als Menge: $E_1 = \{1, 3, 5\}$ $E_2 = \{1, 2, 3\}$ $E_3 = \{5\}$ $E_4 = \{3, 6\}$.
$E_1 \cup E_2 = \{1, 2, 3, 5\}$ $E_3 \cup E_4 = \{3, 5, 6\}$ $E_1 \cup E_3 = \{1, 3, 5\}$.

Ein Kartenspiel besteht aus 32 unterschiedlichen Karten.

Ω = {Karo 7, Karo 8, ..., ..., Karo Ass, Herz ..., ..., ..., Kreuz Ass}. Es soll jeweils eine Karte aus dem verdeckten und kompletten Stapel gezogen werden.

E_5 = {Alle Bilder}, E_6 = {Alle Karten mit Herz}

$E_5 \cup E_6$ = {Alle Karten mit Herz sowie zusätzlich alle Bilder **ohne** Herz} (Bilder mit Herz nicht doppelt zählen!).

Definition

Als **Und-Ereignis $E_1 \cap E_2$** bezeichnen wir das Ereignis ***P***, bei dem sowohl E_1 als auch E_2 (gleichzeitig, gemeinsam) auftreten.

$P = E_1 \cap E_2$ → In der Sprache der Mengenlehre ist die **Schnittmenge** gemeint.

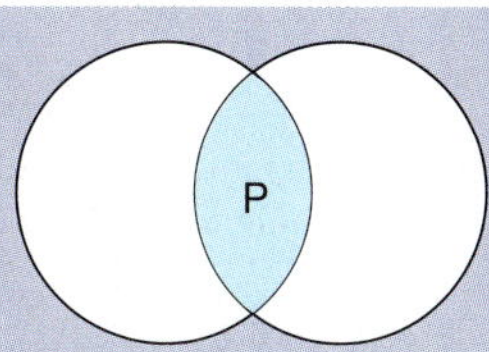

Abb. 7.14

Beispiel 2

Wir wiederholen die Ereignisse von oben. Es wird mit einem Würfel einmal gewürfelt. Es geht um die Ereignisse E_1: Es ist eine ungerade Zahl. E_2: Die Zahl ist kleiner als 4. E_3: Es ist eine Primzahl größer als 3. E_4: Die Zahl ist ohne Rest durch 3 teilbar.

Nun sollen die und-Ereignisse a) $E_1 \cap E_2$, b) $E_1 \cap E_4$, c) $E_1 \cap E_3$ ermittelt werden. Wir bilden a) $\{1, 3, 5\} \cap \{1, 2, 3\} = \{1, 3\}$, b) $\{1, 3, 5\} \cap \{3, 6\} = \{3\}$, c) $\{1, 3, 5\} \cap \{5\} = \{5\}$.

Beispiel 3

Es sind zwei Würfel in einem Würfelbecher. Jetzt wird einmal geworfen. Es geht um die Ereignisse:

A: Die Augensumme ist eine ungerade Zahl.
B: Die Augensumme ist kleiner als 8.
C: Die Augensumme ist ohne Rest durch 3 teilbar.
D: Die Augensumme ist ohne Rest durch 7 teilbar
E: Die Augensumme ist eine ungerade Zahl *oder* kleiner als 8.
F: Die Augensumme ist ohne Rest durch 3 *oder* 7 teilbar.
G: Die Augensumme ist eine ungerade Zahl *und* kleiner als 8.
H: Die Augensumme ist ohne Rest durch 3 *und* 7 teilbar.

(1) Wie lassen sich die Wahrscheinlichkeiten dieser Ereignisse berechnen?

(2) Gibt es eine Formel, um die Wahrscheinlichkeiten der zusammengesetzten Ereignisse aus denen der Einzelereignisse zu berechnen?

Zu (1): Das Zufallsexperiment ist „würfeln". Damit lassen sich die Wahrscheinlichkeiten mit der Laplace-Formel $P(E) = \frac{g}{n}$ berechnen. Um die günstigen und möglichen Ergebnisse abzählen zu können, schreiben wir die Ereignisse $A-H$ und den Ergebnisraum Ω in aufzählender Mengenschreibweise (vgl. Kap. 2.1.2):

$\Omega = \{2; 3; 4; 5; 6; 7; 8; 9; 10; 11; 12\}$	$n = 11$
$A = \{3; 5; 7; 9; 11\}$	$P(A) = \frac{5}{11} = 0{,}45$
$B = \{2; 3; 4; 5; 6; 7\}$	$P(B) = \frac{6}{11} = 0{,}55$
$C = \{3; 6; 9; 12\}$	$P(C) = \frac{4}{11} = 0{,}36$
$D = \{7\}$	$P(D) = \frac{1}{11} = 0{,}09$
$E = A \cup B = \{2; 3; 4; 5; 6; 7; 9; 11\}$	$P(E) = \frac{8}{11} = 0{,}73$
$F = C \cup D = \{3; 6; 7; 9; 12\}$	$P(F) = \frac{5}{11} = 0{,}45$
$G = A \cap B = \{3; 5; 7\}$	$P(G) = \frac{3}{11} = 0{,}27$
$H = C \cap D = \{\}$	$P(H) = \frac{0}{11} = 0$

Zu (2): Ein **Oder-Ereignis** ist die Vereinigungsmenge der beiden Einzelereignisse. Das lässt vermuten, seine Wahrscheinlichkeit durch Addition der Einzelwahrscheinlichkeiten bestimmen zu können. Versuchen wir es:

$P(C \cup D) = P(C) + P(D) = 0{,}36 + 0{,}09 = 0{,}45$

Das hatten wir gerade für $P(F) = P(C \cup D)$ auch ausgerechnet. **Für diesen Fall stimmt die Vermutung.**

$P(A \cup B) = P(A) + P(B) = 0{,}45 + 0{,}55 = 1{,}0$

Für $P(E) = P(A \cup B)$ hatten wir aber 0,73 berechnet. **Für diesen Fall stimmt die Vermutung nicht.**

Wie lässt sich das erklären? Eine Veranschaulichung der Situation durch **Venn-Diagramme** zeigt, dass die Ereignisse *C* und *D* keine gemeinsamen Ergebnisse (Elemente) haben.

A und *B* haben dagegen drei gemeinsame Ergebnisse. Die haben wir gerade doppelt gezählt. Für eine korrekte Berechnung der Gesamtwahrscheinlichkeit müssten wir also die doppelt gezählten wieder abziehen. Das sieht dann so aus:

$P(A \cup B) = P(A) + P(B) - P(A \cap B) = 0{,}45 + 0{,}55 - 0{,}27 = 0{,}73$

Das stimmt nun mit unserer ursprünglichen Berechnung überein.

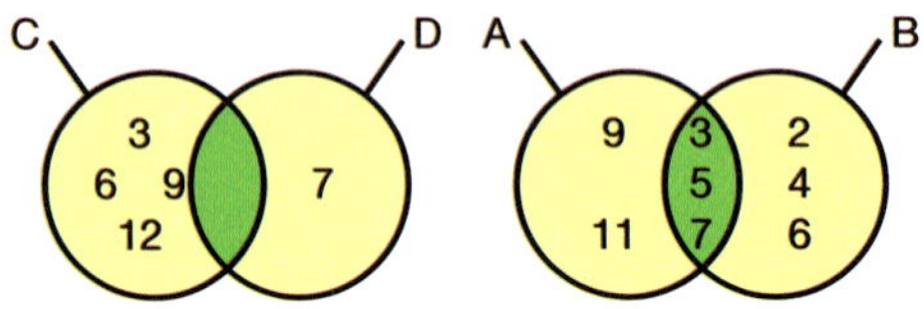

Abb. 7.15

Mit diesen Überlegungen haben wir Formeln für die Berechnung der Wahrscheinlichkeit von **Oder-Ereignissen** entwickelt.

Satz

Additionssatz (Satz von Sylvester[1]):

(1) Für **disjunkte Ereignisse**[2] gilt: Die Wahrscheinlichkeit des Oder-Ereignisses berechnet sich zu:

$$P(A \cup B) = P(A) + P(B)$$

(2) Für **nicht disjunkte Ereignisse** gilt:

$$P(A \cup B) = P(A) + P(B) - P(A \cap B)$$

Die Berechnungsformel für ein Und-Ereignis werden wir im Kapitel 7.2.6.2 und 7.4.1 erarbeiten.

7.2.6.1 Komplementärregel

Im Kapitel 7.2.4 haben Sie gesehen, dass die Ereignisse beim Werfen von mehreren Münzen oder Würfeln oder bei der Geburt von mehreren Kindern Paarmengen sind. Die Bestimmung der Anzahl der Ergebnisse, die zu einem Ereignis gehören, kann dann sehr unübersichtlich werden.

Aufgabe 1 Eine Familie möchte 4 Kinder haben und bekommt die auch. Bestimmen Sie die Wahrscheinlichkeit dafür, dass mindestens ein Junge darunter ist.

Die Anzahl der möglichen Ergebnisse bestimmen Sie genauso wie in der Aussagenlogik die Anzahl der Zeilen einer Wahrheitstafel für 4 Aussagen (die ja auch nur 2 Werte annehmen können: wahr oder falsch). Es sind $2^4 = 16$. Das haben Sie in der Klasse 11 schon mehrfach

[1] *James Joseph Sylvester (1814–1897), britischer Mathematiker*

[2] *Diskunkte Ereignisse schließen einander aus.*

gemacht und ist nicht schwer. Unübersichtlich ist es aber, die Anzahl der günstigen Ergebnisse zu bestimmen. Hier hilft Ihnen die Aussagenlogik weiter: ***mindestens*** *einer* bedeutet: ***nicht*** *keiner*. Zum Ereignis „kein Junge" gehört nur ein Ergebnis (M; M; M; M). Seine Wahrscheinlichkeit ist schnell berechnet: $P(\text{kein Junge}) = \frac{1}{16} = 0{,}0625$.

Das war einfach, aber eigentlich haben wir ja genau das Gegenteil davon gesucht, nämlich „mindestens einer (= nicht keiner)".

Wie sich die Wahrscheinlichkeit für das Ereignis aus der des Gegenereignisses berechnen lässt, beschreibt die **Komplementärregel**:

Komplementärregel — Satz

$$P(E) = 1 - P(\neg E)$$

Die gesuchte Wahrscheinlichkeit für das Ereignis E: „mindestens ein Junge wird geboren" berechnet man einfacher über das Gegenereignis $\neg E$: „es wird kein Junge geboren".

$P(E) = 1 - P(\neg E) = 1 - 0{,}0625 = 0{,}9375$.

Sie hätten natürlich auch alle Ergebnisse, die zum Ereignis E gehören, auflisten können und dann $P(E)$ berechnen. Aber wozu unnötige Arbeit machen?

Definition

Zwei Ereignisse E und $\neg E$ (sprich „nicht" E) heißen **komplementär**, wenn das Nichtauftreten von E das Auftreten von $\neg E$ erzwingt und umgekehrt. Man sagt auch $\neg E$ ist das **Gegenereignis** von E.

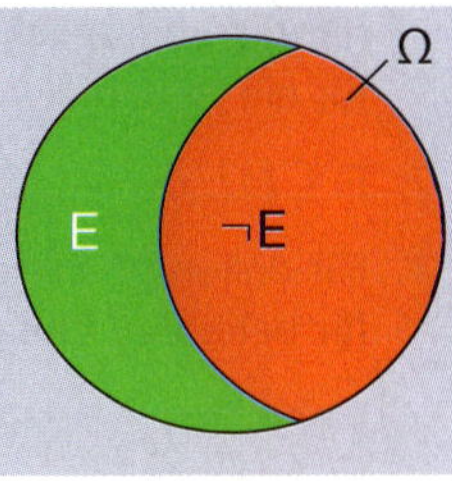

Abb. 7.16: Komplementäre Ereignisse

Beispiel

Münzwurf: Wenn die Zahl nicht kommt, muss ein Bild oben liegen und umgekehrt.

Zahlen: Wenn eine natürliche Zahl nicht ungerade ist, muss sie gerade sein.

Kartenspiel: Wenn die Farbe nicht rot ist, muss sie schwarz sein.

Wie man zu einem Ereignis das korrekte Gegenereignis formuliert haben Sie in der Aussagenlogik bei der Verneinung von Aussagen bereits gelernt. Auch die **Gesetze von de Morgan** können hilfreich sein (vgl. Kap. 1.2 und 1.3.4.4).

Aufgabe 2

Formulieren Sie jeweils die Gegenereignisse:

a) Beim sechsfachen Werfen eines Würfels wird mindestens dreimal eine 6 geworfen.
b) Beim 30-fachen Werfen eines Würfels tritt mehr als 15-mal eine 3 auf.
c) Beim Würfeln mit zwei Würfeln tritt ein Pasch auf.

Aus einer Urne mit 100 durchnummerierten Kugeln wird eine Kugel gezogen.

d) Die Zahl ist durch fünf teilbar.
e) Die Zahl ist kleiner als 25.
f) Die Zahl ist durch 3 oder 4 teilbar.
g) Die Zahl ist nicht durch 5 und nicht durch 8 teilbar
h) Die Zahl ist nicht durch 4 oder nicht durch 5 teilbar.

Folgende Rechenregeln ergeben sich fast von selbst, in der Mengenlehre haben Sie analoge Zusammenhänge kennen gelernt.

$$E \cap \neg E = \emptyset \qquad E \cup \neg E = E_S$$

In Worten: Zwei sich einander ausschließende Ereignisse können nicht gleichzeitig auftreten (leere Menge), vereinigt man dagegen zwei einander ausschließende Ereignisse, erhält man das sichere Ereignis. Das klingt zwar banal, erleichtert jedoch später die Lösung mancher Probleme bei der Kombinatorik.

Satz **Eigenschaften von Wahrscheinlichkeiten (Axiome von Kolmogoroff[1]):**

Für die Wahrscheinlichkeit $P(E)$ von Ereignissen gilt:

1. $P(E) \geq 0$
2. $P(\Omega) = 1$
3. $P(E_1 \cup E_2) = P(E_1) + P(E_2)$ falls E_1 und E_2 disjunkt sind.

Aus diesen Axiomen ergeben sich einige Rechenregeln für Wahrscheinlichkeiten:

Satz **Rechenregeln:**

1. Wahrscheinlichkeiten sind Zahlen zwischen 0 und 1, sie liegen also im Intervall [0; 1].
   Für das sichere Ereignis gilt: $P(E_S) = 1$,
   für das unmögliche Ereignis gilt: $P(\emptyset) = 0$,
   für ein beliebiges Ereignis gilt: $0 \leq P(E) \leq 1$
2. $E = \{a_1; a_2; a_3; \ldots a_n\}$ dann ist $P(E) = P(\{a_1\}) + P(\{a_2\}) + P(\{a_3\}) + \ldots + P(\{a_n\})$
3. Für disjunkte Ereignisse: $P(A \cup B) = P(A) + P(B)$
   für beliebige Ereignisse: $P(A \cup B) = P(A) + P(B) - P(A \cap B)$
4. Wahrscheinlichkeit des Gegenereignisses: $P(\neg E) = 1 - P(E)$

Merksatz Ergebnisse sind die Elemente einer Menge (= Ereignis). Ereignisse sind Teilmengen von Ω. Ereignisse lassen sich verknüpfen, es gelten die Rechenregeln der Mengenlehre.

7.2.6.2 Unabhängigkeit von Ereignissen

Ereignisse sind **unabhängig**, wenn das Eintreten des einen Ereignisses nicht durch das andere beeinflusst wird. Unter der Annahme der Unabhängigkeit zweier Ereignisse A und B lässt sich die Wahrscheinlichkeit des **Und-Ereignisses** $A \cap B$ durch eine Multiplikationsformel bestimmen:

$P(A$ eingetreten **und** B eingetreten$) = P(A \cap B) = P(A) \cdot P(B)$.

Definition Zwei Ereignisse sind **unabhängig**, wenn die **Multiplikationsformel** gilt:

$$\mathbf{P(A \cap B) = P(A) \cdot P(B).}$$

In der Praxis kommt man häufig durch Analyse des Zufallsvorgangs zu dem Schluss, zwei Ereignisse als unabhängig anzusehen. Das ist dann eine Modellvorstellung und müsste ggf. durch einen statistischen Test überprüft werden.

[1] *Andrej Nikolajewitsch Kolmogoroff (1903–1987), russischer Mathematiker*

Beispiel 1

1. Eine Familie möchte zwei Kinder haben und zwar in der Reihenfolge Mädchen – Junge.

Sind die Ereignisse *A*: „Es wird ein Mädchen geboren" und *B*: „Danach wird ein Junge geboren" unabhängig voneinander?

Die Familie wünscht sich das Und-Ereignis: $A \cap B$.

Überprüfung: Bei zwei Kindern gibt es 4 mögliche Kombinationen: *MJ*, *MM*, *JM*, *JJ*. Eine davon ist „günstig". $P(A \cap B) = P(MJ) = \frac{1}{4} = 0{,}25$

Zu prüfen: Gilt der Multiplikationssatz? $P(A \cap B) = P(A) \cdot P(B) = 0{,}5 \cdot 0{,}5 = 0{,}25$.

Der Multiplikationssatz führt offensichtlich zum richtigen Ergebnis, die zwei Ereignisse sind also unabhängig.

Beispiel 2

Das Ereignis *A*: „Eine zufällig ausgewählte Person ist weiblich" und das Ereignis B: „Eine zufällig ausgewählte Person überträgt die Rot-Grün-Sehschwäche (Dyschromatopsie)" sind abhängige Ereignisse.

Übungen

1. Ein Würfel wird zweimal geworfen. Bestimmen Sie die Wahrscheinlichkeiten folgender Ereignisse:

   A: „Beide Augenzahlen sind verschieden" *B*: „Augensumme größer als 8"
   C: „Augensumme höchstens 11" *D*: „Augenprodukt ungleich 12"

2. In der Tüte sind 11 Schokokekse und 22 Mandelkekse. Sonja nimmt den ersten heraus, es ist ein Schokokeks, er wird gegessen. Danach fasst Lena in die Tüte. Mit welcher Wahrscheinlichkeit ist auch das ein Schokokeks?

3. Es handelt sich um dieselbe Tüte wie in Übung 2. Erst nimmt Lena einen Keks, dann nimmt Sonja einen, beide natürlich ohne hinzugucken. Berechnen Sie die Wahrscheinlichkeit dafür, dass beide einen Schokokeks erwischen! **(Vorsicht, Falle!)**

4. Aus einer Urne mit 50 durchnummerierten Kugeln wird eine gezogen. Bestimmen Sie die Wahrscheinlichkeit für folgende Ereignisse:

   A: „Die Zahl ist kleiner als 11" *B*: „Die Zahl ist durch 9 teilbar"
   C: „Die Zahl ist nicht durch 5 oder nicht durch 7 teilbar"

5. Ein Würfel wird viermal geworfen:

   Ereignis $A_1 = \{(1;\ 2;\ 3;\ 4)\}$, Ereignis $A_2 = \{(2;\ 4;\ 4;\ 6)\}$ Geben Sie an, mit welcher Wahrscheinlichkeit A_1 bzw. A_2 auftreten!

6. Es wird mit einem Würfel einmal gewürfelt. Betrachten Sie die Ereignisse:

   E_1: „Es wird eine „6" gewürfelt." E_2: „Es wird eine gerade Zahl gewürfelt."

   a) Ermitteln Sie das *Und-* sowie das *Oder*-Ereignis.

   b) Bestimmen Sie die Wahrscheinlichkeiten.

   c) Entscheiden Sie, ob die Ereignisse voneinander unabhängig sind.

7. Es wird mit einem Würfel zweimal gewürfelt. Betrachten Sie folgende Ereignisse:

   A: „Im ersten Wurf wird eine „6" gewürfelt."

   B: „Im zweiten Wurf wird eine gerade Zahl gewürfelt."

   a) Listen Sie die Ergebnisse auf, die zum Ereignis *A* gehören.

   b) Listen Sie die Ergebnisse auf, die zum Ereignis *B* gehören.

   c) Berechnen Sie $P(A)$ und $P(B)$.

   d) Berechnen Sie die Wahrscheinlichkeit des Und-Ereignisses $A \cap B$.

   e) Sind die Ereignisse *A* und *B* unabhängig?

8. Ω = {alle 32 Karten eines Kartenspiels}. Formulieren Sie Beispiele für sichere und unmögliche Ereignisse.

9. E_1: {alle schwarzen Zahlen eines Kartenspiels}, E_2: {alle roten Bilder}. Ermitteln Sie das *Und*- sowie das *Oder*-Ereignis. Bestimmen Sie jeweils die Wahrscheinlichkeiten.

7.3 Kombinatorik

7.3.1 Einführung und Begriffe

Kombinieren kommt aus der lateinischen Sprache und bedeutet **„verbinden“** oder **„verknüpfen“**. Bei den einführenden Beispielen und Übungen zur „klassischen“ Wahrscheinlichkeit haben Sie bereits einige Problemstellungen der Kombinatorik kennen gelernt. In welcher Reihenfolge können Besucher ankommen, wie viele Möglichkeiten gibt es, einen Lottoschein auszufüllen, wie viele Worte lassen sich aus fünf Buchstaben bilden usw.

In Architektur und Wirtschaft spielen auch andere Probleme eine große Rolle, denken Sie an die „optimale Lagerhaltung“ (Medikamente/Verfügbarkeit/Verfalldatum), die „richtige“ Größe eines Warteraums (Belegung/Hygiene/Fluchtwege). Lösungswege der Kombinatorik sind auch bei diesen Themen gefragt.

Im vorliegenden Kurs benutzen wir diesen Zweig der Mathematik, um die Anzahl von „günstigen“ oder „allen“ Möglichkeiten und damit die Wahrscheinlichkeit

$$P(A) = \frac{g}{n}$$

zu bestimmen.

Die Kombinatorik dient also dazu, Gesetzmäßigkeiten der Zusammenstellungen und mögliche Anordnungen von endlich vielen, beliebig gegebenen Elementen aus einer bestimmten Menge zu begründen. Die Elemente werden mit Buchstaben oder Ziffern bezeichnet, gleiche Elemente tragen die gleichen Symbole, unterschiedliche Elemente müssen somit unterschiedlich bezeichnet werden. In der Fachliteratur nennt man die Zusammenstellung von Elementen **Komplexion**.

Definition Komplexionen sind immer dann verschieden, wenn
- nicht genau die gleichen Elemente vorhanden sind,
- Elemente in unterschiedlicher Anzahl zu beobachten sind.

Beispiel

Vorhanden sind die Elemente A, B, C, D, E.

Die erste Komplexion $K_1 = AB\boldsymbol{C}$ und die zweite $K_2 = AB\boldsymbol{E}$ sind unterschiedlich; denn an **dritter** Stelle stehen unterschiedliche Elemente.

Die Komplexion $K_5 = AABCD$ unterscheidet sich von $K_4 = ABCD$; denn einmal sind fünf Elemente vorhanden (K_5), bei der nächsten Zusammenstellung nur vier.

Besonders konzentrieren müssen Sie sich, wenn zwei Komplexionen zwar die gleichen Elemente enthalten, diese aber in **unterschiedlicher Reihenfolge** vorliegen.

Beispiel

Vorhanden sind die Elemente 1, 2, 3, 4, 5, 6. Von diesen sechs Ziffern werden die Komplexionen $K_1 = 123$ und $K_2 = 321$ ausgewählt.

- Wenn es auf die Reihenfolge **nicht** ankommt, sind beide **gleich**. So könnte ein Lehrer sagen: „Alle, die keine 1, 2 oder 3 geschrieben haben, müssen vermehrt üben." Der Satz: „Alle, die keine 3, 2 oder 1 geschrieben haben ..." bedeutet genau das Gleiche.
- Wenn es auf die Reihenfolge ankommt, unterscheiden sich die beiden Zusammenstellungen. Bilden beispielsweise die Ziffern eine Zahl, besteht ein erheblicher Unterschied (einhundertunddreiundzwanzig unterscheidet sich von dreihundertundeinundzwanzig).

Finden Sie weitere Beispiele!

Sie allein müssen die Aufgabenstellung analysieren und entscheiden, ob es auf die Reihenfolge ankommt oder nicht. Die Mathematik liefert nur dann die richtigen Ergebnisse, wenn Sie sich für das richtige Modell entschieden haben!

7.3.2 Permutationen

Definition

Jede Komplexion, in der alle *n* unterscheidbare Elemente in irgendeiner Reihenfolge aufgezählt sind, heißt Permutation[1] dieser *n* Elemente.

Verallgemeinert heißt das:

Merksatz

Sollen *n* unterschiedliche Elemente auf *n* Plätze verteilt werden, so gibt es dafür → $n \cdot (n-1) \cdot (n-2) \cdot (n-3) \cdot \ldots \cdot 3 \cdot 2 \cdot 1$ Möglichkeiten. Für dieses Produkt gibt es eine Kurzschreibweise, nämlich *n*! (sprich: *n* Fakultät).

Beispiel: $7! = 7 \cdot 6 \cdot 5 \cdot 4 \cdot 3 \cdot 2 \cdot 1 = 5040$

Abb. 7.17: Berechnung von n-Fakultät mit dem Taschenrechner

$P_{[n]} = n!$ (Lies: Anzahl der Permutationen von *n* Elementen)

Wenn jedoch von den *n* Elementen ***k*** dabei sind, die man gar **nicht unterscheiden** kann, fehlen praktisch *k*! Faktoren im Produkt von *n*!.

Fehlende Faktoren sind aber das Ergebnis einer Division.
Somit ergibt sich die Formel

$P_{[n|k]} = \frac{n!}{k!}$ (Lies: Anzahl der Permutationen von *n* Elementen, dabei sind *k*, die sich nicht unterscheiden)

Sind sogar mehrere Gruppen $k_1, k_2, k_3, \ldots$ vorhanden, die sich nicht unterscheiden lassen, so erhält man

$$P_{[n|k_1, k_2, k_3, \ldots]} = \frac{n!}{k_1! \cdot k_2! \cdot k_3! \ldots}$$

[1] *Lateinisch: Permutation = Vertauschung*

Beispiel

Elemente: $a, a, b, c, d, e, f, f, f$. Gesucht: Anzahl der Permutationen.
→ $n = 9$ (es sind 9 Elemente), $k_1 = 2$ („a" ist doppelt vorhanden), $k_2 = 3$ („f" ist dreifach notiert).
$P_{[9|2,3]} = \frac{9!}{2! \cdot 3!} = 30\,240$.

Elemente: 1, 1, 3, 4, 5, 7. Anzahl der Permutationen ($n = 6$, $k_1 = 2$):
$P_{[6|2]} = \frac{6!}{2!} = 360$.

Elemente: a, b, e, r. Gesucht: Anzahl der (meist sinnlosen) Wörter, die mit „r" beginnen.
→ Es sollen nur **drei** Buchstaben permutiert werden; denn der erste steht fest und geht nicht in die Rechnung ein! $P_{[3]} = 3! = 6$.

Übungen

1. Elemente: Die Buchstaben des Wortes „MATHEMATIK". Berechnen Sie die Anzahl der Permutationen.
2. Elemente: Siehe 1. Gesucht: Anzahl der Permutationen, die mit „MATH" beginnen.
3. Elemente: Die Ziffern 1, 5, 5, 8. Gesucht: Alle natürlichen Zahlen, die vierziffrig sind und sich aus den gegebenen Ziffern bilden lassen.
   Berechnen Sie die Anzahl, schreiben Sie alle Zahlen in aufsteigender Reihenfolge auf.
4. Formulieren Sie eine Aufgabe zur Permutation, die zu $P_{[12|3,4]}$ führt.
5. Neun Sportler nehmen an einem Wettkampf teil, es werden drei Medaillen vergeben. Berechnen Sie die Anzahl der möglichen Medaillenverteilungen.

7.3.3 Variationen

Annahme: Es sind n Kandidaten vorhanden, k davon bilden eine Mannschaft. Wie viele Mannschaftsaufstellungen gibt es, wenn jedes Mitglied eine besondere Aufgabe hat, **es also auf die Reihenfolge der *k Kandidaten ankommt***? Formal wird $\boldsymbol{V_{[n|k]}}$ gebildet (Lies: Anzahl der Variationen bei $\boldsymbol{n}$ Elementen zur Klasse $\boldsymbol{k}$).

In einer Mannschaft kann kein Spieler mehrfach auftreten, man sagt: „Wiederholungen sind nicht erlaubt". Jetzt können wir argumentieren: n Elemente sind vorhanden, aber nur k werden ausgewählt. Dann kommt es auf den Rest, nämlich $\boldsymbol{n - k}$, gar nicht an, die sind „alle gleich, d. h. nicht unterscheidbar, denn sie spielen ja nicht mit"!

$$V_{[n|k]} = \frac{n!}{(n-k)!}$$ **Variation → Permutation mit $n - k$ nicht unterscheidbaren Elementen**

Bei der Variation kommt es auf die Reihenfolge der Gezogenen an.

Auf dem Taschenrechner berechnen Sie $\boldsymbol{V_{[n|k]}}$ mit der Taste ***nPr***.
Z. B.: Zu berechnen: $\boldsymbol{V_{[10|8]}}$. Zuerst 10 eintippen, dann die Taste *nPr*, dann 8 eintippen, dann = -Taste. Ergebnis: 1 814 400.

7.3.4 Kombinationen

Soll die Reihenfolge der k Kandidaten, die aus n Elementen ausgewählt wurden, keine Rolle spielen, so spricht man von Kombinationen.

Beispiel

Denken Sie an das **Lottospiel**! Es gibt 49 Elemente, 6 werden als die Glückszahlen ausgewählt, dabei spielt es keine Rolle, ob eine bestimmte Glückszahl als erste, zweite, ... oder als sechste gezogen wird. Auf die Reihenfolge der Zahlen, die nicht gewinnen, kommt es auch nicht an! Damit ist das Lottospiel reduziert auf eine Permutation mit 49 Elementen, davon muss man die Reihenfolge der 6 Gewinnzahlen und die der $49 - 6 = 43$ Nieten nicht unterscheiden!

$$P_{[49|6,43]} = \frac{49!}{6! \cdot 43!} = 13\,983\,816$$

Das führt zu der allgemeinen Formel:

$$\boldsymbol{K_{[n|k]} = \frac{V_{[n|k]}}{P_{[k]}} = \frac{n!}{(n-k)! \cdot k!}}$$

Für den letzten Bruch hat der Mathematiker L. EULER (1707–1783) eine Kurzschreibweise eingeführt. Sie lautet für $k \leq n$:

$$\boldsymbol{K_{[n|k]} = \binom{n}{k}}$$

Lies: **„*n* über *k*"**, bei wenigen Autoren auch „*k* aus *n*". Dieses **„Eulersche Symbol"** wird in der Wissenschaft häufig benutzt, wir kommen später darauf zurück!

Bei der Kombination ist die Reihenfolge der Gezogenen gleichgültig.

$\binom{n}{k}$ berechnen Sie auf dem Taschenrechner mit der ***n*Cr**-Taste.

Z. B.: $\binom{49}{6}$: 49 eintippen, ***n*Cr**-Taste, 6 eintippen, = -Taste. Ergebnis: 13 983 816.

Es gibt also ca. 14 Millionen Möglichkeiten einen Lottoschein auszufüllen. Entsprechend gering ist die Wahrscheinlichkeit für das Ereignis: „6 Richtige".

Beispiel

Gegeben sind die Elemente *w*, *e*, *r*, *t*.

Gesucht: Alle a) Variationen zur 2. Klasse, ohne Wiederholung,

b) Kombinationen zur 2. Klasse, ohne Wiederholung. Lösung: $n = 4$, $k = 2$

a) $V_{[4|2]} = \frac{4!}{(4-2)!} = 3 \cdot 4 = 12$, nämlich *we*, *wr*, *wt*, *er*, *et*, *ew*, *rt*, *rw*, *re*, *tw*, *te*, *tr*.

b) $K_{[4|2]} = \frac{4!}{2! \cdot 2!} = 6$, nämlich *we*, *wr*, *wt*, *er*, *et*, *rt*.

Gegeben: 1, 2, 3, 4, 5, 6.

Gesucht: Anzahl der Kombinationen ohne Wiederholung zur Klasse 4, die mit „1" beginnen.

→ Es bleiben 5 Ziffern übrig, drei davon sind auszuwählen. „Fünf über drei" = 10 Nachfolger für die „1" sind möglich!

Es ergeben sich 1 234, 1 235, 1 236, 1 245, 1 246, 1 256, 1 345, 1 346,1 356, 1 456.

Ein Fußballtrainer hat 15 Kandidaten für die 10 Feldspieler zur Verfügung.

Es gibt $K_{[15|10]} = \frac{15!}{5! \cdot 10!} = 3\,003$ Möglichkeiten der Mannschaftsaufstellung, falls jeder auf jeder Position eingesetzt werden kann.

Wir fassen zusammen: **Satz**

Sammelbegriff für alle Zusammenstellungen → **Komplexion.**

Alle Elemente werden „durchgeschüttelt", **alle** möglichen Reihenfolgen werden ermittelt → **Permutation.**

Es sind ***n*** Elemente vorhanden, nur ***k*** von diesen werden ausgewählt:

→ **Variation,** falls es auf die Reihenfolge der *k* Kandidaten ankommt (z. B. Sportwettbewerb mit Gold-, Silber- und Bronzemedaille).

Wenn die Reihenfolge der Kandidaten keine Rolle spielt, handelt es sich um eine **Kombination**. Es ist sorgfältig zu beachten, ob das ausgewählte Element zurückgelegt wird oder mehrfach auftreten darf (**mit** oder **ohne Wiederholung**).

Wenn Sie das falsche Modell wählen, ist Ihr Ergebnis unbrauchbar!

Übungen

1. In der Klasse FOS 11G sind 30 Schülerinnen. Susanne und Anne stellen fest, dass sie beide am selben Tag Geburtstag haben. Nun wird diskutiert, ob das Ereignis „2 von 30 haben am gleichen Tag Geburtstag" ein ganz seltenes ist. Berechnen Sie die Wahrscheinlichkeit.
2. Wie viele Dreiergruppen kann man aus den 26 Buchstaben bilden, wenn jeder Buchstabe nur einmal pro Gruppe auftritt und es auf die Reihenfolge der drei Buchstaben a) ankommt, b) nicht ankommt?
3. Helga hat 10 weiße, 5 blaue und 6 rote Perlen gleicher Größe, die zu einer Kette aufzufädeln sind. Berechnen Sie die Anzahl der Muster.
4. Im Endlauf sind 8 Teilnehmer. Berechnen Sie Anzahl der möglichen Medaillenverteilungen.
5. Von 23 Schülerinnen werden 3 ausgewählt, um ein Lokal für die Abschlussfeier zu testen. Berechnen Sie die Anzahl der möglichen Komplexionen.

7.4 Mehrstufige Zufallsexperimente, Baumdiagramme

Wenn wir in den vorangehenden Kapiteln mehrere Teilnehmer für ein Spiel auswählten oder bei einem Glücksspiel zuerst eine Münze und danach noch ein Würfel zu werfen war, so erfolgte das in mehreren Schritten: Nacheinander wurden der erste, dann der zweite, der dritte usw. Teilnehmer bestimmt, bzw. der Münz- und Würfelwurf getätigt. Solche Zufallsexperimente heißen **mehrstufig**.

Den Verlauf des Experimentes und seine möglichen Ergebnisse kann man mithilfe eines **Baumdiagramms** (Abb. 7.18) darstellen. Sie haben es bereits bei der Aussagenlogik im Kapitel 1 benutzt. Es kann problemlos Versuche ohne oder mit Wiederholung visualisieren. Durch Verfolgung der einzelnen Pfade (Äste) kann man die Wahrscheinlichkeit für das betreffende Ergebnis sehr leicht berechnen.

Als Einführungsbeispiel werfen wir dreimal hintereinander eine „faire" Münze. Bei jeder Stufe kann als Ergebnis die Zahl Z oder das Bild B oben liegen. Bei einer „fairen" Münze ist $P(Z) = P(B) = 0{,}5$. Das Baumdiagramm für dieses dreistufige Experiment hat folgendes Aussehen:

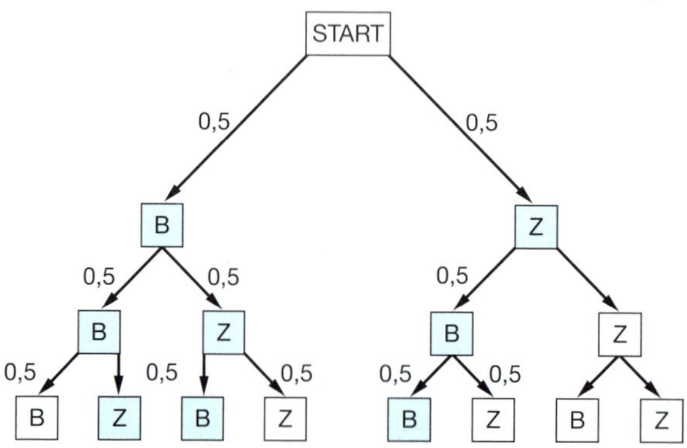

Abb. 7.18: Baumdiagramm für ein dreistufiges Münzwurfexperiment

In jeder Stufe verzweigt sich das Diagramm in der Anzahl der Ergebnisse, die das jeweilige Experiment haben kann. Beim Münzwurf sind das zwei: Bild oder Zahl. An jeden Ast notieren Sie die Wahrscheinlichkeit für das betreffende Ergebnis.

Kontrollmöglichkeit:
Nach jeder Verzweigung muss die Summe der Einzelwahrscheinlichkeiten 1 ergeben.

Aufgabe 1

Bestimmen Sie mithilfe des Baumdiagramms die Wahrscheinlichkeit für das Ereignis: „Bei dreimaligem Werfen einer Münze erscheint 2-mal Bild und 1-mal Zahl."

Lösung:

Sie markieren alle Pfade im Baumdiagramm, die zum Ereignis gehören:

Es sind die in Abb. 7.18 eingefärbten drei Pfade: 1) $B \to B \to Z$, 2) $B \to Z \to B$, 3) $Z \to B \to B$. Diese Wege muss man einschlagen, wenn man bei dreimaligem Werfen 2-mal Bild und 1-mal Zahl erhalten will.

Längs der Pfade gilt die **Produktregel**.

Der zweite Wurf ist vom ersten **unabhängig**, der dritte ist vom 2. unabhängig. (Die Münze „weiß" beim kommenden Wurf nicht, was vorher war, deshalb hat jeder Wurf die gleiche Wahrscheinlichkeit, selbst dann, wenn 1 000-mal hintereinander die Zahl oben gelegen hätte!)

Für den ersten Pfad ergibt sich:
$P(BBZ) = P(B) \cdot P(B) \cdot P(Z) = 0{,}5 \cdot 0{,}5 \cdot 0{,}5 = 0{,}125$.

Insgesamt gehören drei Ergebnispfade zum Ereignis. Hier gilt die **Summenregel**:

$P(BBZ \cup BZB \cup ZBB) = P(BBZ) + P(BZB) + P(ZBB) = 0{,}125 + 0{,}125 + 0{,}125 = 0{,}375$.

Die Wahrscheinlichkeit für das Ereignis: „Bei dreimaligem Werfen einer Münze erscheint 2-mal Bild und 1-mal Zahl." beträgt also $P(E) = 0{,}375 = 37{,}5\,\%$

Das Resultat hätten Sie natürlich auch mit den bisherigen Kenntnissen erhalten können: Dazu kalkulieren Sie, wie viele Ergebnisse es beim dreimaligen Werfen einer Münze gibt. Dann listen Sie alle Ergebnisse auf, bei denen 2-mal Bild und 1-mal Zahl vorkommen. Probieren Sie es aus und entscheiden Sie selbst, welchen Berechnungsweg Sie für Probleme dieser Art einfacher finden.

Beispiel 1

Mithilfe des obigen Baumdiagramms (Abb. 7.18) soll ermittelt werden:

a) Wie hoch ist die Wahrscheinlichkeit, dass entweder 2-mal Bild oder 2-mal Zahl erscheint?
Lösung: Zum Erfolg führen die Pfade *BBZ*, *BZB*, *ZBB*, *BZZ*, *ZBZ*, *ZZB*. Es sind sechs Pfade, jeder Pfad hat die Wahrscheinlichkeit $p = 0{,}125$. $P(a) = 6 \cdot p = 0{,}75$.

b) Wie hoch ist die Wahrscheinlichkeit, dass 3-mal hintereinander Bild oder 3-mal hintereinander Zahl erscheint?
→ Es gibt zwei Pfade! Jeder Pfad hat die Wahrscheinlichkeit 0,125. $P(b) = 0{,}25$.

c) Wie hoch ist die Wahrscheinlichkeit dafür, dass mindestens einmal das Bild oben liegt?
   1. Lösung, ohne „Kopf einzuschalten": Mindestens 1-mal heißt „1-mal" oder „2-mal" oder „3-mal" oder „...". Das sind sieben Pfade, $P(c_1) = 7 \cdot 0{,}125 = 0{,}875$.
   2. Lösung mithilfe der Komplementärregel: Mindestens 1-mal Bild heißt auch: „Nicht 3-mal Zahl", es sind komplementäre Ereignisse. $P(c_2) = 1 - P(ZZZ) = 1 - 0{,}125 = 0{,}875$.

d) Wie hoch ist die Wahrscheinlichkeit dafür, dass bei zwei Würfen kein Bild erscheint?
→ Folge: $ZZ \to 0{,}5 \cdot 0{,}5 = 0{,}25$

Das Baumdiagramm ist besonders hilfreich, wenn sich die Wahrscheinlichkeit von Stufe zu Stufe ändert. Das ist z. B. dann der Fall, wenn Gegenstände einem Vorratsbehälter entnommen und nicht zurückgelegt werden; denn dann kann sich die Zahl der „günstigen" Ereignisse ändern, die Anzahl „aller“ Ergebnisse nimmt dabei immer ab. Diese Ereignisse sind nicht unabhängig voneinander.

Beispiel 2

Wir verdeutlichen das an einem Beispiel:

Simone nascht gerne, auch im Unterricht. Es darf natürlich nicht auffallen, deshalb befindet sich die Schachtel mit den Bonbons unter dem Tisch und Simone greift „blind“ hinein. In der Schachtel sind 6 rote, 4 grüne und 3 gelbe Bonbons, es werden 3 gegessen. Wie hoch ist die Wahrscheinlichkeit, dass danach noch genau ein gelbes vorhanden ist?

→ Es handelt sich um ein dreistufiges Experiment. Da ein gelbes übrig bleiben soll, müssen zwei gelbe gewählt worden sein, alle Pfade, die zu **„2-mal gelb“** führen, werden gekennzeichnet. Wir starten mit 3 *gelben*, 6 *roten* und 4 *grünen*, also 13 Bonbons. Die Wahrscheinlichkeiten in jeder Stufe werden notiert.

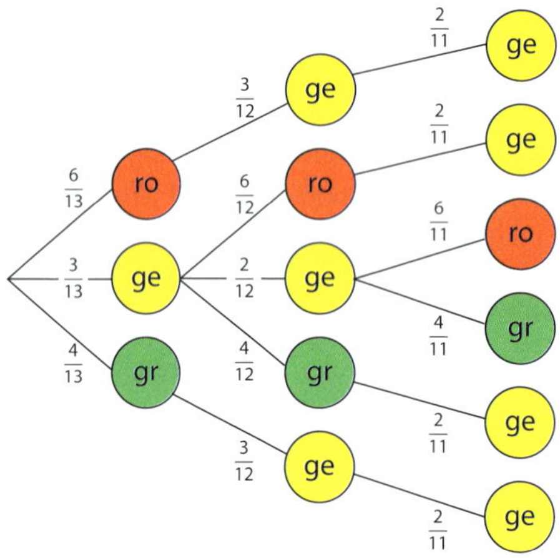

Abb. 7.19: Vereinfachtes Baumdiagramm mit „günstigen“ Pfaden

Es gibt sechs „günstige“ Pfade zum Ergeignis A: „ein gelbes Bonbon bleibt übrig“.

Sie können also auch ein **vereinfachtes Baumdiagramm** zeichnen, das nur die Pfade enthält, die zum gesuchten Ereignis führen. Bei einem vereinfachten Baumdiagramm entfällt aber die Möglichkeit der Rechenkontrolle.

1\. *ro, ge, ge* 2. *gr, ge, ge* 3. *ge, ro, ge* 4. *ge, gr, ge* 5. *ge, ge, ro* 6. *ge, ge, gr.*

$P(ro, ge, ge) = \frac{6}{13} \cdot \frac{3}{12} \cdot \frac{2}{11} = 0{,}021$ (Produktregel)

$P(gr, ge, ge) = \frac{4}{13} \cdot \frac{3}{12} \cdot \frac{2}{11} = 0{,}014$ (Produktregel)

$P(ge, ro, ge) = \frac{3}{13} \cdot \frac{6}{12} \cdot \frac{2}{11} = 0{,}021$ (Produktregel)

$P(ge, gr, ge) = \frac{3}{13} \cdot \frac{4}{12} \cdot \frac{2}{11} = 0{,}014$ (Produktregel)

$P(ge, ge, ro) = \frac{3}{13} \cdot \frac{2}{12} \cdot \frac{6}{11} = 0{,}021$ (Produktregel)

$P(ge, ge, gr) = \frac{3}{13} \cdot \frac{2}{12} \cdot \frac{4}{11} = 0{,}014$ (Produktregel)

Wir haben es **nicht** mit **unabhängigen** Ergebnissen zu tun, deshalb **ändern** sich die Faktoren der Produkte!

Da sechs Pfade zum Ereignis A: „es bleibt ein gelbes Bonbon übrig“ führen, ergibt sich $P(A)$ aus der Addition der einzelnen Pfadwahrscheinlichkeiten (Summenregel):

$P(A) = 0{,}021 + 0{,}014 + 0{,}021 + 0{,}014 + 0{,}021 + 0{,}014 = 3 \cdot 0{,}021 + 3 \cdot 0{,}014 = 0{,}105$ $= 10{,}5\,\%$

Beispiel 3

Familie Sparsam kommt aus dem Urlaub zurück und zählt die übrig gebliebenen 1-EUR-Münzen. Es sind genau zwanzig, nämlich 4 holländische, 4 italienische und 12 deutsche. Frau Sparsam nimmt davon zwei Münzen ohne hinzusehen, um etwas zu bezahlen. Gesucht ist die Wahrscheinlichkeit dafür, dass sie mit einer holländischen und einer deutschen Münze bezahlte.

Lösung mit Baumdiagramm:

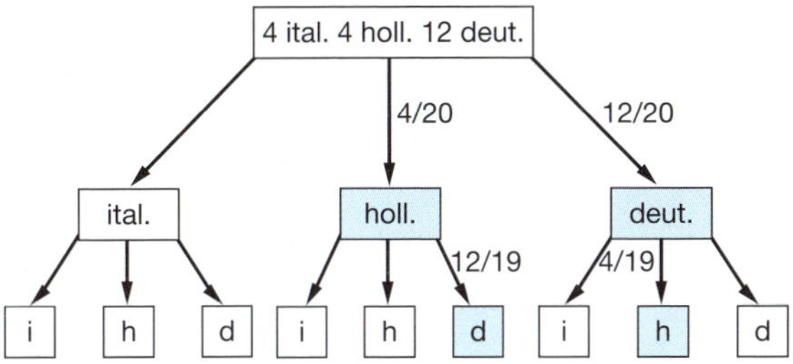

Abb. 7.20: Entscheidungsbaum mit drei Ästen

Dieser Baum hat drei Äste, für jedes Herkunftsland einen. Es gibt zwei Pfade, die zum Erfolg führen, das Experiment hat zwei Stufen. → Pfad 1: holl.-deut. → Pfad 2: deut.-holl.

$P(\text{Pfad } 1) = \left(\frac{4}{20}\right) \cdot \left(\frac{12}{19}\right) = 0{,}1263$; denn im zweiten Zug sind nur noch 19 Münzen vorhanden.

$P(\text{Pfad } 2) = \left(\frac{12}{20}\right) \cdot \left(\frac{4}{19}\right) = 0{,}1263.$

$P(\text{Pfad } 1 \cup \text{Pfad } 2) = 0{,}253 = 25{,}3\,\%$

Sie können auch dieses Problem natürlich ohne Baumdiagramm lösen, wir halten das allerdings für schwieriger. Aber versuchen Sie es und entscheiden Sie selbst: Günstig → „Einer aus vier“ **und** „einer aus zwölf“ (Produktregel). Alle Möglichkeiten → „zwei aus zwanzig“.

$$P = \frac{\binom{4}{1} \cdot \binom{12}{1}}{\binom{20}{2}} = \frac{4 \cdot 12}{190} = 0{,}253$$

Auf die Reihenfolge kommt es nicht an, deshalb „Kombinationen“!

Merksatz

Berechnung im Baumdiagramm, Pfadregeln:

- Produktregel: Längs eines Pfades werden die Wahrscheinlichkeiten multipliziert (Wahrscheinlichkeit eines Ergebnisses).
- Summenregel: Gehören mehrere Pfade zum Ereignis, so werden deren Wahrscheinlichkeiten addiert (Wahrscheinlichkeit eines Ereignisses).

Rechenkontrolle bei einem vollständigen Baumdiagramm:

- Nach jeder Verzweigung muss die Summe der Einzelwahrscheinlichkeiten 1 ergeben.
- Addiert man die Endwahrscheinlichkeiten aller Pfade, muss sich 1 ergeben.

Im Baumdiagramm lässt sich sehr leicht erkennen, ob die betrachteten Teilergebnisse abhängig oder unabhängig von den Teilergebnissen der vorangegangenen Stufe sind. Abb. 7.21 zeigt das Baumdiagramm zu Übung 3 aus Kapitel 7.2.6.2. Sie erkennen, dass die Teilbäume von Lenas Zug unterschiedlich sind. Die entsprechenden Teilergebnisse sind also **abhängig** davon, ob zuvor ein Schokokeks oder ein Mandelkeks verspeist wurde (Teilergebnis der vorangegangenen Stufe).

Nach dem Keksverzehr machen Lena und Sonja noch ein Münzwurfexperiment. Zuerst wirft Sonja eine deutsche 2-EUR-Münze, dann Lena. Abb. 7.22 zeigt das Baumdiagramm. Hier sind die Teilbäume von Lenas Zug identisch. Das Ergebnis von Lenas Experiment ist **unabhängig** davon, was zuvor Sonja geworfen hat.

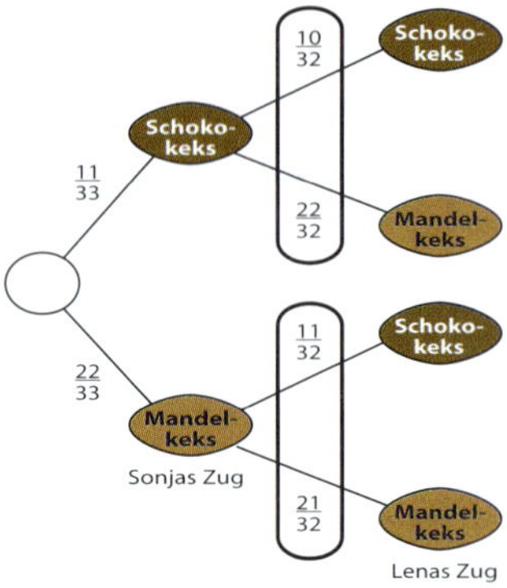

Abb. 7.21

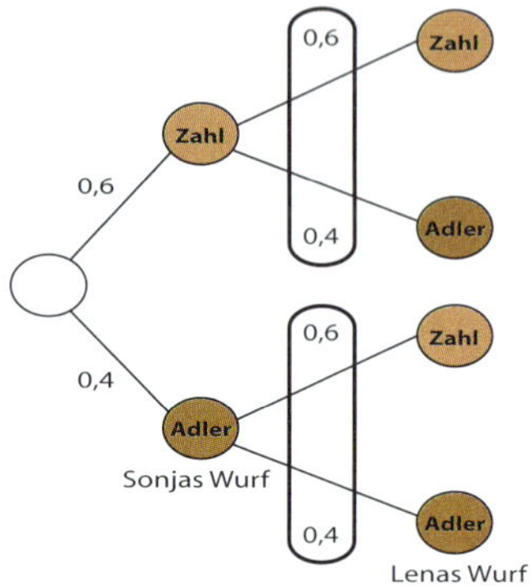

Abb. 7.22

Auch jenseits der „Schokokeksproblematik“ werden Baumdiagramme zur Modellierung von Realsituationen benutzt. Der Mathematiker George POLYA (1887–1985) hat einen „Urnenversuch“ zur Modellierung der Ausbreitung ansteckender Krankheiten beschrieben.

Das Modell der Polya-Urne sieht folgendermaßen aus: In einer Urne befinden sich z. B. eine rote und drei schwarze Kugeln. Es wird eine Kugel gezogen. Anschließend werden diese Kugel und drei weitere der gleichen Farbe in die Urne gelegt. Beim nächsten Zug geht man genauso vor usw. Mit diesem Modell lassen sich **selbstverstärkende Effekte** beschreiben.

Für Sie als Gestalter ist die Anwendung der **Polya-Urne** bei der Produktplanung interessanter, z. B. zur Klärung der Frage „nach den Ursachen für die erfolgreiche Etablierung einer innovativen, auf dem Weltmarkt erfolgreichen Industrie ..., die sich trotz der identifizierten Schwächen des japanischen Innovationssystems durchsetzen konnte: Die japanische Spielsoftwareindustrie.“[1] Wohingegen japanische Hersteller auf dem Markt der Industriesoftware unbedeutend sind.

Beispiel 4

Polya-Urne

Beim oben beschriebenen Urnenversuch Polyas soll 2-mal gemäß der Modellvorschriften gezogen werden. Wie groß ist die Wahrscheinlichkeit, beim dritten Zug eine rote Kugel zu ziehen?

Es handelt sich hier um ein dreistufiges Zufallsexperiment. Zur Klärung der Frage skizzieren Sie also ein dreistufiges Baumdiagramm. Aus den Polya'schen Versuchsvorschriften lassen sich die Wahrscheinlichkeiten für jeden Zweig ableiten (vgl. Abb. 7.23). (Tipp: Wie viele Kugeln befinden sich nach dem Zurücklegen jeweils in der Urne?)

Nun müssen Sie nur noch die Pfadregeln anwenden, um die gesuchte Wahrscheinlichkeit zu bestimmen. Sie beträgt 0,24 bzw. 24 %.

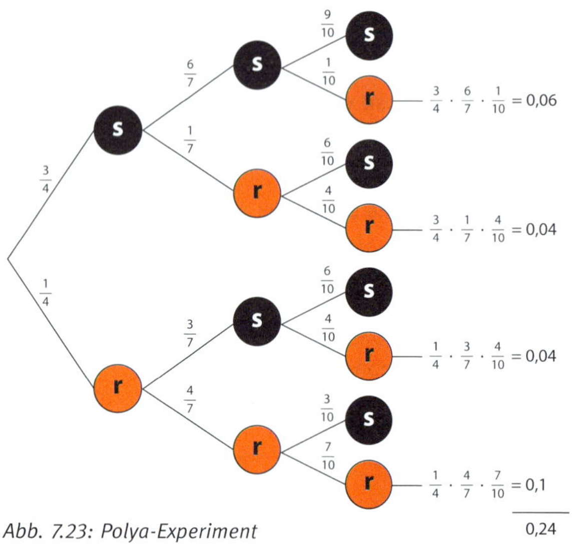

Abb. 7.23: Polya-Experiment

---

[1] *Cornelia STORZ, Studie „Inertia in Japanese Organisations“. Institutionen in der Genese japanischer Spielsoftware. Frankfurt, 2006*

Handelt es sich beim Polya-Versuch um abhängige oder unabhängige Ergebnisse? **Reflexion**

Beispiel 5

Berechnung der Anzahl der Stufen eines Zufallsexperiments

Viele Menschen leiden unter einer Farbfehlsichtigkeit. Ca. 8 % der Männer, aber nur eine von 200 Frauen haben eine Farbschwäche.

Wie viele Männer muss man mindestens befragen, um mit einer Wahrscheinlichkeit von mehr als 95 % mindestens einen Mann zu finden, der eine Farbschwäche hat?

Es handelt sich um ein mehrstufiges Zufallsexperiment. Im Gegensatz zu den Beispielen 1–4 ist hier die Endwahrscheinlichkeit 95 % bekannt, aber die Anzahl der Stufen gesucht.

Statt des Ereignisses
A: „Mindestens einer unter n befragten Männern hat eine Farbschwäche"
ist es günstiger das Gegenereignis
$\neg A$: „Kein Mann unter den n Befragten hat eine Farbschwäche"
zu untersuchen.

Zu diesem Ereignis führt im Baumdiagramm nur ein Weg. Sie können das entsprechende Baumdiagramm also auf einen Pfad reduzieren (Abb. 7.24):

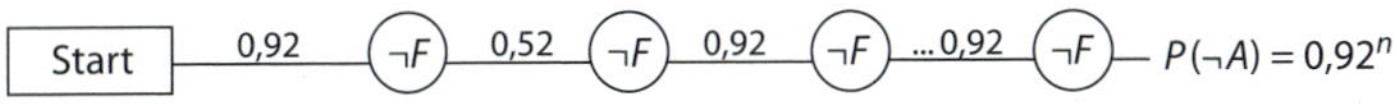

Abb. 7.24: Teilergebnisse: F: „Der Mann hat eine Farbschwäche",
¬F: „Der Mann hat keine Farbschwäche"

Die Wahrscheinlichkeit $P(A)$ ergibt sich aus dem Gegenereignis zu:
$P(A) = 1 - P(\neg A) = 1 - 0{,}92^n$

Die Wahrscheinlichkeit für das Ereignis A soll mehr als 95 % $= 0{,}95$ betragen. Also $P(A) > 0{,}95$.

Daraus folgt:

$$\begin{aligned} P(A) = 1 - 0{,}92^n &> 0{,}95 && \mid + 0{,}92^n \\ 1 &> 0{,}95 + 0{,}92^n && \mid - 0{,}95 \\ 0{,}05 &> 0{,}92^n && \mid ln \\ ln(0{,}05) &> n \cdot ln(0{,}92) && \\ -2{,}9957 &> n \cdot (-0{,}0834) && \mid : (-0{,}0834) \\ 35{,}9 &< n && \end{aligned}$$

Es müssen also mindestens 36 Männer befragt werden.

> Achtung, bei der Division durch eine negative Zahl kehren sich Ungleichheitszeichen um.

Übungen

1. In Beispiel 5 haben Sie erfahren, dass eine unter 200 Frauen an einer Farbschwäche leidet.
   a) Wie groß ist die Wahrscheinlichkeit, dass sich unter fünf zufällig ausgewählten Frauen keine mit einer Farbschwäche befindet?
   b) Bestimmen Sie die Wahrscheinlichkeit für das Ereignis „Unter fünf zufällig ausgewählten Männern befindet sich keiner mit einer Farbschwäche."

2. Fertigen Sie ein Baumdiagramm für ein vierstufiges Experiment an. Entscheiden Sie mithilfe dieses Diagramms folgende Probleme: Eine junge Familie plant, dass sie vier Kinder großziehen will. Die Wahrscheinlichkeit für eine Mädchengeburt soll mit 50 % angenommen werden.
   Ermitteln Sie die Wahrscheinlichkeiten für die folgenden Ereignisse:

a) Es werden mehr Mädchen als Jungen geboren.

b) Die ersten zwei Kinder sind Mädchen.

c) Es ist genau ein Mädchen dabei.

d) Das älteste Kind ist nicht weiblich.

e) Es sind nur Jungen.

f) Es sind genau so viel Mädchen wie Jungen.

g) Die beiden ältesten sind in der Reihenfolge „Mädchen – Junge“ geboren.

h) Es werden mehr als ein Mädchen geboren.

3. Ihr Mathelehrer hat zur schriftlichen Überprüfung der Hausaufgabe einen Ankreuztest konstruiert. Er besteht aus drei Fragen mit jeweils vier Antwortmöglichkeiten, von denen nur eine richtig ist. Sven hat die Hausaufgaben nicht gemacht und deshalb keine Ahnung. Er muss die Antworten raten. Wie groß ist die Wahrscheinlichkeit, dass er:

   a) keine Antwort, b) mindestens eine, c) genau zwei, d) alle Antworten

   richtig hat?

4. Eine Münze wird 3-mal geworfen. Es soll eine alternierende Folge „Zahl/Bild“ bzw. „Bild/Zahl“ auftreten. Zeichnen Sie ein vereinfachtes Baumdiagramm und berechnen Sie die Wahrscheinlichkeit des Auftretens.

5. Wie groß ist die Wahrscheinlichkeit beim Polya-Experiment aus Beispiel 4 in den drei Zügen

   a) genau zweimal eine rote Kugel,

   b) nur einmal eine schwarze,

   c) nur im 2. Zug eine schwarze,

   d) die Reihenfolge schwarz, rot, schwarz

   zu ziehen?

6. Sie haben ein Werbeplakat für ein Rasierwasser entworfen, das stark auf Rottöne setzt. Unter den Männern kommt die Rotblindheit (Protanopie) mit einer Häufigkeit von 1 % vor. Wie viele Männer müssen an einem Plakat vorbeigehen, damit mit einer Wahrscheinlichkeit von mehr als 80 % einer darunter ist, der an Rotblindheit leidet?

7.4.1 Bedingte Wahrscheinlichkeit

Aufgabe 1 Jens beteiligt sich an einem Glücksspiel. Ein Spielleiter würfelt dabei verdeckt mit einem Würfel. Jens gewinnt, wenn er die gewürfelte Zahl rät. Jens weiß, dass die Wahrscheinlichkeit für einen Gewinn mit $\frac{1}{6} = 0{,}167$ nicht besonders groß ist. Nun hebt der Spielleiter den Knobelbecher leicht an und verkündet: „Es ist eine ungerade Zahl“. Daraufhin rät Jens: „Es liegt eine 5 oben.“ Wie groß ist nun die Wahrscheinlichkeit, dass Jens die richtige Zahl geraten hat?

Abb. 7.25

Klar, jetzt ist die Gewinnwahrscheinlichkeit auf $\frac{1}{3} = 0{,}333$ gestiegen; denn 1, 3 und 5 sind die möglichen Ergebnisse, die 5 ist das günstige.

Es geht in der Aufgabe darum, die Wahrscheinlichkeit für ein Ereignis zu berechnen, über das man schon Vorkenntnisse hat. Man bezeichnet das als **bedingte Wahrscheinlichkeit**.

Versuchen wir an diesem einfachen Fall das Phänomen der bedingten Wahrscheinlichkeit etwas genauer zu analysieren:

Der Spielverlauf lässt sich in zwei Stufen zerlegen:

1. Der Tipp: „Es ist eine ungerade Zahl." (Ereignis A)
2. Das Raten: „Es liegt eine 5 oben." (Ereignis B)

Damit lässt sich die Situation in einem Baumdiagramm klären.

Wir suchen die Wahrscheinlichkeit dafür, dass das Ereignis *B* eintritt unter der Bedingung, dass das Ereignis *A* zuvor bereits eingetreten ist. Das schreiben wir abkürzend: $\boldsymbol{P(B|A)}$. Im Baumdiagramm ist sie rot umrandet.

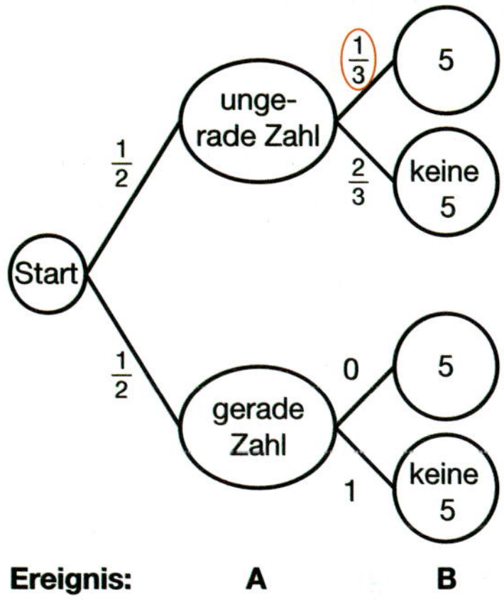

Abb. 7.26

$P(B)$ sei die Wahrscheinlichkeit für das Auftreten des Ereignis *B*. *A* sei ein bestimmtes Ereignis mit $P(A) > 0$. **$P(B\|A)$ ist die Wahrscheinlichkeit von *B* unter der Bedingung, dass *A* schon eingetreten ist.**	**Definition**

Aufgabe 2

Der Spielleiter aus Aufgabe 1 gibt den Tipp: „Es liegt eine ungerade Zahl oben" (Ereignis A). Jens rät: „Die Zahl ist kleiner als 4." (Ereignis B).
Bestimmen Sie $P(B|A)$.

Achtung:
Bei der Berechnung der bedingten Wahrscheinlichkeit $P(B|A)$ ist nicht mehr die Anzahl „aller" Ergebnisse die Bezugsgröße, sondern die Anzahl der Ergebnisse die zu A gehören.

Losgelöst von den Beispielen zeigt Abb. 7.27 das Baumdiagramm für bedingte Wahrscheinlichkeiten zweier Ereignisse *A* und *B*. Am Ende der Pfade steht die Wahrscheinlichkeit des jeweiligen Und-Ereignisses: *P(Ereignis A **und** Ereignis B ist eingetreten)* $= P(A \cap B)$ etc.

Sind zwei Ereignisse unabhängig voneinander, dann gilt: $\boldsymbol{P(B|A) = P(B)}$.

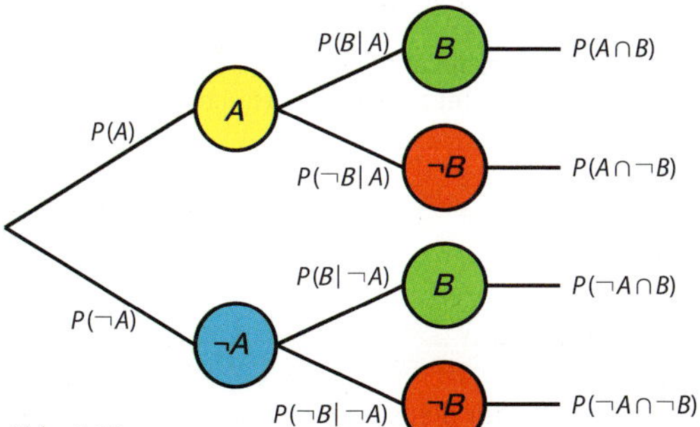

Abb. 7.27

Bei Unabhängigkeit ist es für das Ereignis B völlig unerheblich, ob Ereignis A zuvor eingetroffen ist. Beim zweimalige Werfen einer Münze sind die beiden Würfe unabhängige Ereignisse. Beim zweiten Wurf ist die Wahrscheinlichkeit für Kopf immer noch 0,5, unabhängig davon, welche Seite beim ersten Wurf oben lag. Zeichnen Sie das zugehörige Baumdiagramm, tragen Sie an jeden Ast die entsprechenden Wahrscheinlichkeiten ein und vergleichen Sie mit Abb. 7.27.

Aus Abb. 7.27 ergibt sich in Analogie zum Additionssatz für das Oder-Ereignis (Kap. 7.2.6) der **allgemeine Multiplikationssatz** für das Und-Ereignis:

Satz **Allgemeiner Multiplikationssatz**

$$P(A \cap B) = P(A) \cdot P(B|A)$$

Wenn *A* und *B* unabhängige Ereignisse sind, gilt der spezielle Multiplikationssatz, den Sie schon im Kapitel 7.2.6.2 kennengelernt haben:

Satz **Spezieller Multiplikationssatz**

$$P(A \cap B) = P(A) \cdot P(B)$$

Das „Zusammenwirken" von zwei Ereignissen haben wir gerade mit einem Baumdiagramm analysiert und wichtige Ergebnisse erzielt, z.B. den allgemeinen Multiplikationssatz. Ein Baumdiagramm legt aber mit seinen Stufen eine Abfolge der Ereignisse fest. Nun ist aber bei zwei Ereignissen oder Merkmalen nicht unbedingt immer eine solche Abfolge zwingend. In diesem Fall benutzt man häufig eine andere Darstellung, die **Vierfeldertafel**. Sie kennen sie schon von der Berechnung des Φ-Koeffizienten in der Statistik. Betrachten wir dazu ein Beispiel:

Beispiel

Man unterscheidet mehrere Arten der Farbfehlsichtigkeit. In Abb. 7.28 ist das Farbspektrum abgebildet, wie es Normalsichtige (Trichromate) sehen. Dichromate können nur zwei Grundfarben erkennen. Deuteranope (Grünblinde) sehen das untere Farbspektrum.

Es wurden 20 500 Personen auf Deuteranopie getestet. Von den 10 100 Frauen war eine grünblind. Von den 10 400 Männern hatten 104 diese Sehschwäche.

Wir betrachten die beiden Ereignisse (Merkmale):

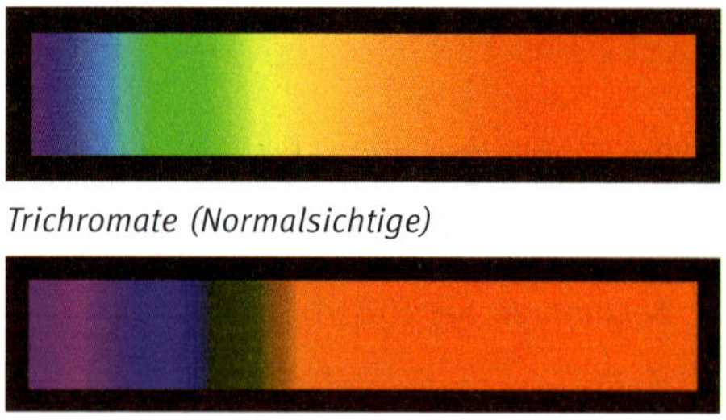

Trichromate (Normalsichtige)

Deuteranope (Grünblinde)

Abb. 7.28

A: „Eine zufällig ausgewählte Person ist weiblich" bzw.

¬*A*: „Eine zufällig ausgewählte Person ist männlich"

B: „Eine zufällig ausgewählte Person ist grünblind"

¬*B*: „Eine zufällig ausgewählte Person ist nicht grünblind"

Da es für die möglichen Konstellationen Geschlecht/Deuteranopie unerheblich ist, was zuerst erfasst wird, ist es sinnvoll, die erhobenen Daten in einer Vierfeldertafel zusammenzustellen.

	Deuteranopie	¬Deuteranopie	
♀	1	10 099	10 100
♂	104	10 296	10 400
	105	20 395	20 500

Tab. 7.4

Umgerechnet in relative Häufigkeiten, die wir als Schätzung für die entsprechenden Wahrscheinlichkeiten benutzen, ergibt sich (auf vier Stellen gerundet):

	Deuteranopie	¬Deuteranopie	
♀	0,0001	0,4926	0,4927
♂	0,0051	0,5022	0,5073
	0,0052	0,9948	1

Tab. 7.5

	Deuteranopie	¬Deuteranopie	
♀	$P(♀ \cap D)$	$P(♀ \cap \neg D)$	$P(♀)$
♂	$P(♂ \cap D)$	$P(♂ \cap \neg D)$	$P(♂)$
	$P(D)$	$P(\neg D)$	1

Tab. 7.6

Zu dieser Vierfeldertafel lassen sich zwei verschiedene Baumdiagramme zeichnen, je nachdem, welches Merkmal zuerst betrachtet wird.

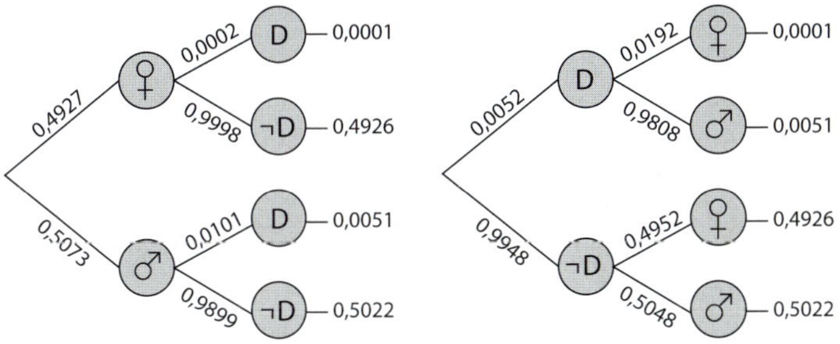

Abb. 7.29: Zwei mögliche Baumdiagramme

Nun sollen die Wahrscheinlichkeiten dafür bestimmt werden, dass

a) eine zufällig aus dieser Gruppe ausgewählte Person männlich und grünblind ist,

b) eine weibliche Person, c) eine männliche Person unter Deuteranopie leidet.

Lösung:

Bei a) ist die Wahrscheinlichkeit des Und-Ereignisses $♂ \cap D$ gefragt. $P(♂ \cap D)$ können Sie in dem inneren Feld der Vierfeldertafel oder am Ende des entsprechenden Pfads in einem der beiden Baumdiagramme bestimmen zu: $P(♂ \cap D) = 0{,}0051 = 0{,}51\,\%$.

Sie haben sicher bemerkt, dass es sich bei b) und c) um die bedingten Wahrscheinlichkeiten $P(D|♀)$ bzw. $P(D|♂)$ handelt.

Diese Werte können Sie im linken Baumdiagramm an den entsprechenden Pfaden ablesen:

b) $P(D|♀) = 0{,}0002 = 0{,}02\,\%$ c) $P(D|♂) = 0{,}0101 = 1{,}01\,\%$

In der Vierfeldertafel sind die bedingten Wahrscheinlichkeiten nicht aufgelistet. Sie können Sie mithilfe des allgemeinen Multiplikationssatzes bestimmen. (Veranschaulichen Sie sich diesen Vorgang durch die Pfadmultiplikationsregel im linken Baumdiagramm.)

b) $P(D|♀) = P(♀ \cap D) : P(♀) = 0{,}0001 : 0{,}4927 = 0{,}0002 = 0{,}02\,\%$

c) $P(D|♂) = P(♂ \cap D) : P(♂) = 0{,}0051 : 0{,}5073 = 0{,}0101 = 1{,}01\,\%$

Tabelle 7.7 zeigt eine Vierfeldertafel für zwei beliebige Ereignisse A und B:

	B	$\neg B$	
A	$P(A \cap B)$	$P(A \cap \neg B)$	$P(A)$
$\neg A$	$P(\neg A \cap B)$	$P(\neg A \cap \neg B)$	$P(\neg A)$
	$P(B)$	$P(\neg B)$	1

Tab. 7.7: Vierfeldertafel

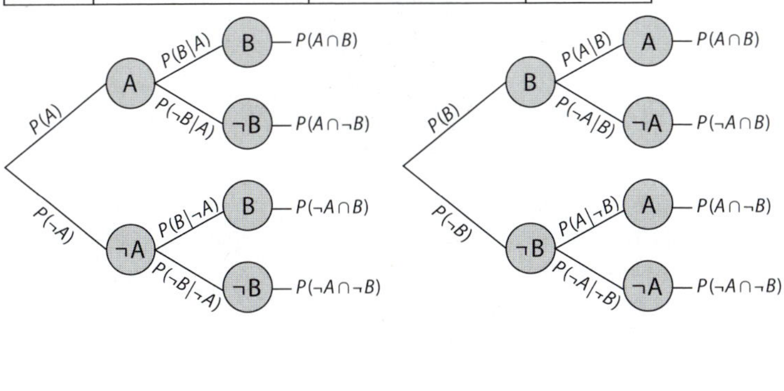

Abb. 7.30

Für jedes der vier inneren Felder der Vierfeldertafel gilt nach dem Pfadmultiplikationssatz:

z.B. $P(A \cap B) = P(B|A) \cdot P(A)$ (aus dem linken Baumdiagramm) bzw.
$P(A \cap B) = P(A|B) \cdot P(B)$ (aus dem rechten Baumdiagramm)

Daraus ergibt sich die oben bereits benutzte Berechnungsformel für bedingte Wahrscheinlichkeiten:

Satz **Berechnungsformel für bedingte Wahrscheinlichkeiten:**

$$P(B|A) = \frac{P(A \cap B)}{P(A)} \quad \text{bzw.} \quad P(A|B) = \frac{P(A \cap B)}{P(B)}$$

mit $P(A) \neq 0$ bzw. $P(B) \neq 0$

Aufgabe 3 In der Vierfeldertafel können Sie $P(B)$ und $P(\neg B)$ direkt ablesen. Erläutern Sie, wie man diese Werte aus dem linken Baumdiagramm in Abb. 7.22 bzw. 7.21 bestimmen kann. (Diese Regel heißt übrigens „Satz von der totalen Wahrscheinlichkeit".)

Übungen

1. Es wird eine Karte gezogen. Berechnen Sie die Wahrscheinlichkeit für „Kreuz Ass", wenn Sie wissen, dass die Karte **keine rote** Zahl ist!

2. Es wurde eine rote Karte gezogen. Berechnen Sie die Wahrscheinlichkeit, dass es eine „Karo Sieben" war!

3. Die Stadt Köln hat 995 000 Einwohner, davon sind 481 000 männlich. Die Rotblindheit (Protanopie) kommt bei 1 % der Männer vor. Bei den Frauen ist nur eine unter 10 000 davon betroffen.

   a) Fassen Sie die Angaben in einer Vierfeldertafel zusammen und visualisieren Sie durch ein Baumdiagramm.

   b) Wie groß ist die Wahrscheinlichkeit, dass eine zufällig ausgewählte Person mit Protanopie ein Mann ist?

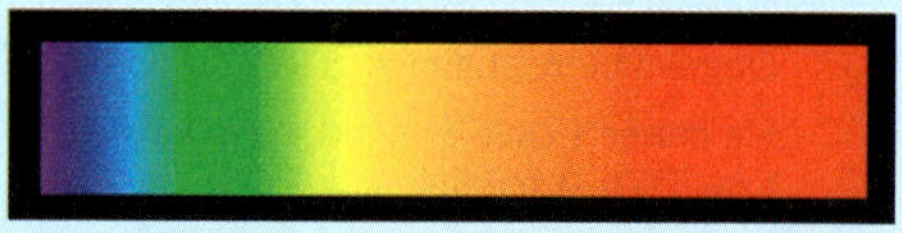

Ansicht des Farbspektrums bei Normalsichtigkeit

Ansicht des Farbspektrums bei Rotblindheit

Abb. 7.31

4. Tanja möchte nach ihrem Designstudium nun doch lieber zunächst im Entwicklungsdienst arbeiten. Deshalb bewirbt sie sich bei einer Hilfsorganisation. Aufgrund ihrer Bewerbungsunterlagen wird sie zu einem Einstellungstest eingeladen. Nach dem Bewerbungsgespräch wird ihr noch am selben Tag zugesagt, dass sie eine Stelle bei der Organisation bekommen könne. Allerdings werde erst nach der Auswertung des Tests entschieden, ob sie in den Vorbereitungskurs für den Verwaltungs- oder für den Auslandsdienst aufgenommen werde.

Abb. 7.32

In der Verwaltung, der Organisation der Logistik und Projektvorbereitung will sie eigentlich nicht arbeiten, denn sie möchte mit diesem Beruf neben dem sozialen Engagement auch die Welt kennenlernen und das geht nun einmal nur beim Auslandsdienst. Ihr Freund hält nichts von ihren Plänen und möchte sie zu einer Arbeitsstelle im Projektmanagement überreden. Er versucht, sie mit folgenden Zahlen, die er von den Internetseiten der Hilfsorganisation heruntergeladen hat, zu überzeugen:

Ihre Chancen, einen Platz im Vorbereitungskurs für den Auslandsdienst zu bekommen, liegen bei nur 10 %. Da sie nach dem Kurs auch noch die Abschlussprüfung bestehen muss, liegen ihre Chancen, tatsächlich ins Ausland zu kommen, zum jetzigen Zeitpunkt bei nur 4,5 %.

Ihre Chancen, nach erfolgreicher Abschlussprüfung des Verwaltungskurses in der Zentrale zu arbeiten, liegen jetzt dagegen bei 84,6 %.

Während Tanja, durch diese enttäuschenden Zahlen fast überzeugt, tatsächlich über eine Karriere im Projektmanagement nachdenkt, erfährt sie von der Organisation, dass sie aufgrund ihrer guten Testergebnisse einen Platz im Vorbereitungskurs zum Auslandsdienst angeboten bekommt.
Erfreut stellt sie fest, dass ihre Chancen in den Auslandsentwicklungsdienst zu gehen, durch diese Mitteilung deutlich gestiegen sind und zwar auf ...

a) Visualisieren Sie Tanjas Situation durch ein Baumdiagramm.

b) Tragen Sie alle genannten Daten (als Dezimalzahl) an die entsprechenden Zweige ein.

c) An welchem Zweig ist die gesuchte Wahrscheinlichkeit abzulesen?

d) Berechnen Sie nun Tanjas Chancen.

e) Berechnen Sie auch noch alle fehlenden Wahrscheinlichkeiten der restlichen Zweige.

7.4.2 Die Umkehrung von Baumdiagrammen

Das richtige Verständnis der bedingten Wahrscheinlichkeit hat große Bedeutung in der Medizinstatistik, insbesondere bei der Diagnostik z. B. der Mammographie. Durch Vorsorgeuntersuchungen soll die Sterblichkeitsrate bei Karzinomen gesenkt werden. Es geht also um eine Krankheit, die bei manchen Menschen vorhanden ist und um eine Methode, diese Krankheit zu entdecken. Da jede Diagnose falsch sein und eine Fehldiagnose schlimme Folgen nach sich ziehen kann, wollen wir die mathematischen Zusammenhänge näher untersuchen.

Wir demonstrieren das Vorgehen zunächst an einem fiktiven Zahlenbeispiel.

Beispiel

Man weiß, dass in einer Stadt mit 100 000 Einwohnern 600 an einer gefährlichen Krankheit leiden, diese Krankheit wirkt sich erst später aus. Wegen der hohen Kosten kann eine gründliche Untersuchung aller Einwohner nicht erfolgen. Es gibt jedoch einen Schnelltest, den einige Einwohner auf eigene Kosten durchführen lassen. Der Test hat folgende Qualität: Er entdeckt einen wirklich Kranken mit einer Wahrscheinlichkeit von 94 %, leider werden aber 2 % der Gesunden fälschlicherweise als krank eingestuft. Herr Sorgsam geht zum Arzt, lässt den Schnelltest durchführen und erfährt: „Herr Sorgsam, leider muss ich Ihnen mitteilen, dass Sie vom Test als ‚positiv‘ eingestuft werden“! Muss Herr Sorgsam sich ernstlich Sorgen machen?

Dieses Problem lässt sich auf ein zweistufiges Experiment zurückführen.

Stufe 1: Von 100 000 sind 600 **krank**, also 100 000 − 600 = 99 400 **gesund**.

Stufe 2: Nun erfolgt der Schnelltest. Der Test kann entweder **positiv** oder **negativ** anzeigen (positiver Test → krank).

2.1: Der Teilnehmer sei krank und der Test ist positiv. → 600 · 0,94 = 564 kranke Personen werden vom Test erkannt.

2.2: Der Teilnehmer sei krank, aber der Test versagt. Von 600 Kranken wurden 564 entdeckt, also 600 − 564 = 36 nicht. **36** kranke Personen werden vom Test **nicht** entdeckt.

2.3: Die Person ist gesund, trotzdem fällt der Test positiv aus! 99 400 · 0,02 = 1 988, es werden somit 1 988 gesunde Personen fälschlicherweise als krank eingestuft.

2.4: Die Person ist gesund, der Test sagt ebenfalls negativ, also gesund. Das sind 99 400 · 0,98 = 97 412 oder 99 400 − 1 988 = 97 412 Personen. Abb. 7.32 bildet die Situation im Baumdiagramm ab.

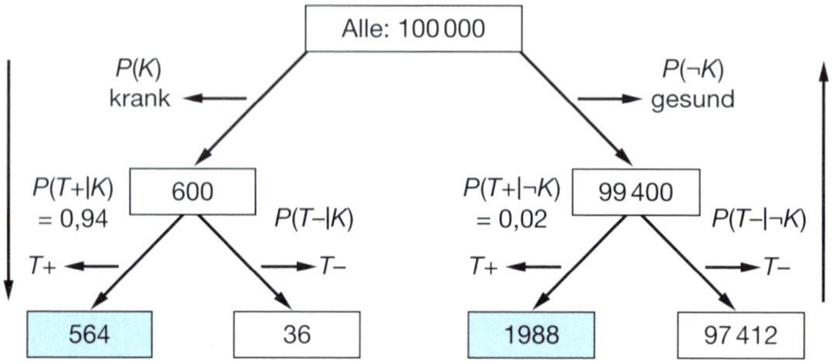

Abb. 7.32: Personen werden getestet ↓, was bedeutet ein positiver Test ↑ ?

Was bedeutet das für Herrn Sorgsam? Er wurde **positiv getestet**, mit welcher Wahrscheinlichkeit ist er **wirklich krank**? Wir suchen also die Wahrscheinlichkeit dafür, krank zu sein unter der Bedingung eines positiven Testergebnisses $\boldsymbol{P(K|T+)}$.

Die Blickrichtung ist genau umgekehrt; denn P(Test positiv unter der Bedingung man ist krank) $= P(T+|K) = 0{,}94$ ist ja bekannt (s. 2.1).

Wir müssen „rückwärts" rechnen (Pfeil ganz rechts):

Herr Sorgsam gehört zu den 564 + 1 988 = 2 525 = $\boldsymbol{n}$ positiv getesteten (eingefärbte Ergebnisse in der letzten Zeile), und davon krank sind 564 = $\boldsymbol{g}$.

$$P(K|T+) = \frac{g}{n} = \frac{564}{564 + 1\,988} = \frac{564}{2\,552} = 0{,}221 = 22{,}1\,\%.$$

Vergleichen Sie die Zahlen! Obwohl der Test 94 % der Kranken erkennt, sind hier nur 22,1 % der positiv getesteten wirklich krank! Diskutieren Sie in der Klasse, woran das liegt!

Vergleich mit der Aussagenlogik: $\mathbf{K \rightarrow T+ \neq T+ \rightarrow K}$ (→ wenn, dann).

Mithilfe der Pfadmultiplikationsregel können Sie aus dem Baumdiagramm eine Berechnungsformel ablesen.

Thomas Bayes (1702–1761) hat dieses „Rückwärtsrechnen" bei der bedingten Wahrscheinlichkeit entwickelt.

Bayes-Formel

$$P(K|T+) = \frac{P(K \cap T+)}{P(K \cap T+) + P(\neg K \cap T+)} = \frac{P(K) \cdot P(T+|K)}{P(K) \cdot P(T+|K) + P(\neg K) \cdot P(T+|\neg K)}$$

Diese Formel ist wenig anschaulich und hat Generationen von Schülern und Studenten in Schwierigkeiten versetzt (uns damals auch!). Sie lässt sich jedoch sehr einfach aus den Pfaden des Baumdiagramms entwickeln. Sie haben das gerade am Beispiel von Herrn Sorgsam gemacht. Sie können folglich statt mit der Bayes-Formel Probleme dieser Art auch mit einem Baumdiagramm oder der Mengenlehre lösen.

Formulieren Sie die Bayes-Formel $P(A|B) = \ldots$ in der üblichen Schreibweise für zwei Ereignisse A und B mit den Verzweigungen A und $\neg A$ bzw. B und $\neg B$. Tipp: Skizzieren Sie das Baumdiagramm. **Aufgabe**

Wir veranschaulichen den Sachverhalt noch einmal mithilfe von Baumdiagrammen. Wir verwenden reelle Daten, die von der Medizin im Internet bereitgestellt werden.

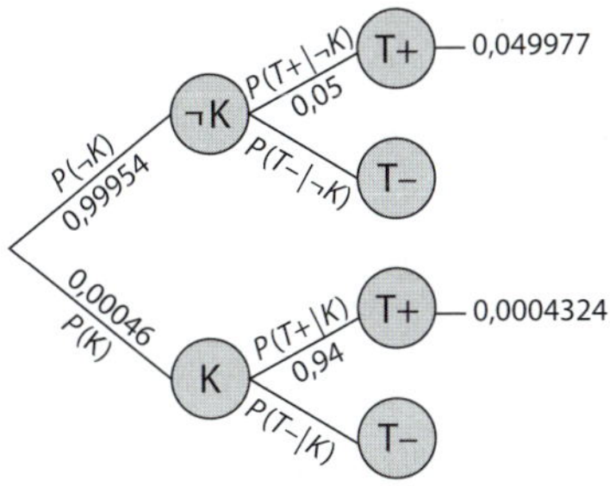

Abb. 7.33: Baumdiagramm für die Mammographie, Altersgruppe 20–29 J.

Bei Frauen ist die Furcht vor Brustkrebs verbreitet und wegen der schwer wiegenden Folgen berechtigt. Deshalb wurde die Vorsorgeuntersuchung eingeführt, eine Untersuchungsmethode ist die Mammographie. In der Altersgruppe 20–29 Jahre sind 0,046 % der symptomfreien Frauen an Brustkrebs erkrankt. Durch eine Mammographie können 94 % der Erkrankten erkannt werden. Leider erbringt diese Untersuchungsmethode bei 5 % der gesunden Frauen eine verdächtige Diagnose. Was bedeutet es nun, wenn eine junge, symptomfreie Frau aus dieser Altersgruppe nach einer Vorsorgeuntersuchung erfährt, der Befund sei „positiv, verdächtig"? Muss sie in Panik verfallen?

Im obigen Baumdiagramm haben wir die gegebenen Prozentwerte als Wahrscheinlichkeiten eingetragen.

Betrachten Sie das Baumdiagramm! In den farbig unterlegten Feldern sind die Frauen verzeichnet, die einen „verdächtigen" Befund erhielten. Aber nur 43 von diesen sind wirklich krank!

Wir können die Bayes-Formel oder das Baumdiagramm und die Laplaceformel $\boldsymbol{P = \frac{g}{n}}$ benutzen.

Es klingt makaber, aber „günstig" im Sinne der Formel sind hier **0,04324 %** Frauen, also das Und-Ereignis: *krank und positiv getestet* $K \cap T+$,

„alle" meint hier **0,04324 % + 4,9977 %**, also die Und-Ereignisse $K \cap T+$ *sowie gesund und positiv getestet* $\neg K \cap T+$

$$P(K|T+) = \frac{g}{n} = \frac{0{,}04324\,\%}{0{,}04324\,\% + 4{,}9977\,\%} = 0{,}853\,\%.$$

Übungen

1. Der Statistikkurs befragte eine Stichprobe von Schülerinnen und Schülern seiner Schule bezüglich der Rauchgewohnheiten. Das Ergebnis zeigt die folgende Tabelle.

Merkmal	♂	♀
Raucher (*R*)	35	46
Nichtraucher (*NR*)	31	51

Tab. 7.8: Vierfeldertafel: Raucher, Nichtraucher und Geschlecht in Absolutzahlen

Ergänzen Sie die Vierfeldertafel und berechnen Sie a) $P(R)$, b) $P(♂)$, c) $P(R|♂)$, d) $P(♂|R)$, e) $P(♀ \cap NR)$, f) $P(NR|♀)$ und geben Sie mit Begründung an, ob „Geschlecht/Raucher" voneinander unabhängig sind.

2. Unsere Schule hat 2000 Schülerinnen und Schüler. Der Herbst kommt, es droht die nächste Grippewelle. Ohne Schutzimpfung sind 6 % Kranke zu erwarten. Mit Schutzimpfung besteht ein Risiko von 0,5 %. 22 % der Schülerinnen und Schüler lassen sich impfen. Berechnen Sie alle Zweige des Baumdiagramms und geben Sie an, wie viele Kranke an dieser Schule durch das Impfen „verhindert" wurden.
Unter den Gesunden wird zufällig eine Person ausgewählt. Wie groß ist die Wahrscheinlichkeit, dass sie geimpft wurde?

3. Eine statistische Erhebung zur Rauchgewohnheit erwachsener Frauen ergab, dass viele Frauen den Zigarettenkonsum aus ihrer Zeit als Jugendliche eingestellt haben. Sie hatten inzwischen bemerkt, welchen Schaden sie ihrer Gesundheit und Ihrem Aussehen mit diesem Laster zufügen.
Eine statistische Untersuchung listet folgende Zahlen auf: 45 % der erwachsenen Frauen sind immer noch Raucherinnen. Es wurde weiterhin festgestellt, dass in 150 von 1000 Todesfällen unter den rauchenden Frauen der Tod durch Lungenkrebs verursacht wurde, während nur in 19 von 1000 Todesfällen bei Nichtraucherinnen Lungenkrebs als Ursache auftrat.
   a) Visualisieren Sie die erhobenen Daten durch ein Baumdiagramm.
   b) Wie groß ist die Wahrscheinlichkeit dafür, dass eine Frau an Lungenkrebs stirbt?
   c) Berechnen Sie die Wahrscheinlichkeit dafür, dass eine Frau, die an Lungenkrebs gestorben ist, Raucherin war.

7.5 Die Bernoulli- oder Binomialverteilung

Lisa möchte für die Betriebsfeier ihrer Agentur ein Glücksspiel anbieten. Dabei soll eine 2-Euro-Münze viermal geworfen werden. Die Teilnehmer können darauf setzen, wie oft die Zahl oben liegt. Das kann keinmal, einmal, zweimal, dreimal oder viermal sein. Lisa weiß, dass die deutsche 2-Euro-Münze unsymmetrisch ist. Sie möchte natürlich ein faires Spiel[1] anbieten und die Gewinnquoten entsprechend festlegen. Sie kalkuliert das zunächst für den Tipp: „Es liegt dreimal Zahl oben." Sie muss dazu die Wahrscheinlichkeit für das Ereignis E: „Beim viermaligen Werfen der Münze liegt dreimal Zahl oben.", berechnen. Ihre Analyse ergibt, dass es sich um ein vierstufiges Zufallsexperiment handelt und die Wahrscheinlichkeit für *Erfolg*, also Zahl, $P(Z) = 0{,}6$, die für den *Misserfolg*, also Wappen, $P(W) = 0{,}4$ beträgt. Sie zeichnet ein entsprechendes Baumdiagramm. Dabei benutzt sie folgende Abkürzungen: Wahrscheinlichkeit für Misserfolg q; Wahrscheinlichkeit für Erfolg p.

[1] *Ein Spiel gilt in der Fachliteratur als „fair", wenn jeder Spieler (das gilt auch für die Bank!) die gleiche Gewinnchance hat.*

Sie markiert die zum Ereignis *E* gehörenden Pfade. Es sind vier. Die vier Pfadwahrscheinlichkeiten müssen addiert werden, um die gesuchte Wahrscheinlichkeit für das Ereignis E zu erhalten. Sie berechnet zunächst die einzelnen Pfadwahrscheinlichkeiten und stellt überrascht fest, dass sie jedes Mal das gleiche Ergebnis 0,0864 erhält. Wie lässt sich das erklären?

Sie schreibt sich die Rechnung noch einmal mit den Variablen p und q auf. Beim ersten Pfad lautet die Berechnung: $q \cdot p \cdot p \cdot p$, beim zweiten: $p \cdot q \cdot p \cdot p$, beim dritten: $p \cdot p \cdot q \cdot p$ und beim vierten: $p \cdot p \cdot p \cdot q$.

Da es bei einem Produkt nicht auf die Reihenfolge der einzelnen Faktoren ankommt, ist ihr nun klar, dass bei jedem Pfad das gleiche Ergebnis herauskommt. Man muss also nur einen Pfad berechnen und das Ergebnis mit der Anzahl der Pfade multiplizieren.

Wahrscheinlichkeit für *Misserfolg: q* **Wahrscheinlichkeit für *Erfolg: p***

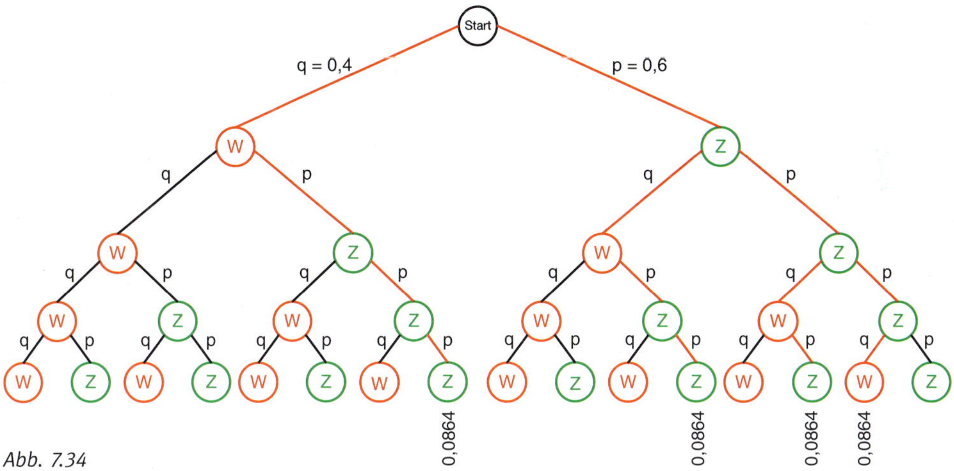

Abb. 7.34

Aus dieser Überlegung entwickelt Lisa die Berechnungsformel:

$$P(E) = 4 \cdot p \cdot p \cdot p \cdot q = 4 \cdot p^3 \cdot q$$

Sie ersetzt die Variablen durch Zahlen und erhält: $P(E) = 4 \cdot 0{,}6^3 \cdot 0{,}4 = 0{,}345$

Nun kann Lisa für den Tipp „Es liegt dreimal Zahl oben." die faire Gewinnquote ermitteln. Wenn jemand 1 Euro Spielgeld setzt, muss Lisa im Gewinnfall 1 EUR/0,3456 = 2,89 EUR auszahlen.

Um die Wahrscheinlichkeiten der anderen vier Ereignisse, *keinmal, einmal, zweimal* oder *viermal* Zahl, möglichst einfach zu berechnen, analysiert sie die gerade gefundene Formel:

- Man muss die Anzahl der Pfade, die zum jeweiligen Ereignis gehören, kennen,
- wie oft die Zahl oben liegen soll, ergibt den Exponent von p,
- wie oft dann das Wappen oben liegen muss, ergibt den Exponent von q.

Die jeweiligen Exponenten zu bestimmen, ist also sehr einfach. Aber wie kann man ohne langes Suchen im Baumdiagramm herausfinden, wie viele Pfade zum Ereignis gehören?

Dabei hilft uns das **Pascal'sche Dreieck**, das Sie sicher schon aus Ihrer vorherigen Schullaufbahn kennen.

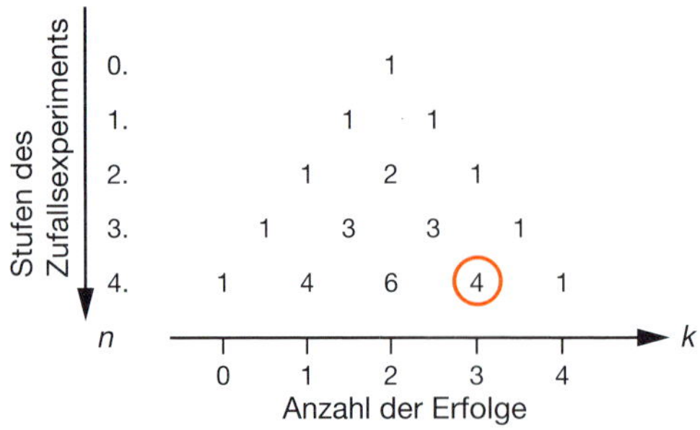

Abb. 7.35: Pascal'sches Dreieck

An den „Dreiecksseiten" notiert man lauter Einsen. Wie kommt man dann auf die Zahlen, die dazwischen liegen? Nun, Sie addieren dazu einfach die Zahlen, die rechts und links oberhalb der gesuchten Position stehen. Sie müssen das Dreieck also von der Spitze beginnend aufbauen. Für ein vierstufiges Zufallsexperiment müssen Sie das Pascal'sche Dreieck mit fünf Zeilen entwickeln (Achtung, man beginnt beim Zählen der Zeilen bei 0). In der untersten Zeile des Dreiecks lesen Sie dann die Anzahl der Pfade ab, die zu 0-mal, 1-mal, 2-mal, 3-mal und 4-mal Erfolg (= *Zahl liegt oben*) führen. Für 3-mal Erfolg sind das, wie bereits mithilfe des Baumdiagramms ermittelt, vier Pfade.

Aufgabe 1 Bestimmen Sie nun für Lisa die fairen Gewinnquoten für die Tipps: „Es liegt *keinmal, einmal, zweimal* oder *viermal* die Zahl oben."

Bei mehr als vierstufigen Experimenten ist es etwas mühsam, jedes Mal das Pascal'sche Dreieck zu entwickeln, um die Anzahl der Pfade, die zum Ereignis gehören, zu bestimmen. Dazu gibt es einen einfacheren Weg. Die Zahlen im Pascal'schen Dreieck lassen sich nämlich einzeln berechnen. Die Formel dazu kennen Sie bereits aus der Kombinatorik. Sie lautet $\binom{n}{k}$.

Wobei n für die Anzahl der Stufen des Zufallsexperiments steht und k für die Anzahl der Erfolge. Den Ausdruck $\binom{n}{k}$ berechnen Sie mit der *nCr*-Taste Ihres Taschenrechners. Bei Lisas Glücksspiel war $n = 4$ und beim Tipp: „Es liegt dreimal Zahl oben." ist $k = 3$. Die Anzahl der Pfade, die zu diesem Ereignis gehören, berechnen Sie mit $\binom{4}{3}$. In den Taschenrechner geben Sie das so ein: 4, dann die *nCr*-Taste, dann 3, dann die =-Taste. In der Anzeige erscheint das Ergebnis 4. Rechnen Sie das auch für die restlichen Tipps nach.

In der Rückschau auf Lisas Glückspiel fällt Ihnen sicher auf, dass sehr häufig Formulierungen der Art: *„Die Wahrscheinlichkeit, bei viermaligem Werfen dreimal Erfolg zu haben, beträgt 0,3456."*, benutzt werden. Um den Schreibaufwand zu verringern, versucht man das, wie immer in der Mathematik, durch Variablen und Symbole abzukürzen.

- Die Anzahl der Würfe (Stufen) beim Zufallsexperiment wird durch die Variable ***n*** abgekürzt.
- Die **Zufallsvariable *X*** zählt die Anzahl der Erfolge. Sie kann also die Werte 0, 1, 2, 3, ... n annehmen.

Die genannte Formulierung kann man damit abkürzen zu: $P(X = 3 | 4) = 0{,}3456$

Der Schreibaufwand ist erheblich reduziert. Sie werden sich sehr schnell daran gewöhnen, solche Kurzfassungen zu lesen. Wenn man allgemein von ***n* Würfen und *k*-mal** Erfolg sprechen möchte, sagt man einfach: $\boldsymbol{P(X = k | n)}$

Bleibt nur noch, Lisas Berechnungsformel auf diesen allgemeinen Fall zu erweitern:

$$\boldsymbol{P(X = k|n) = \binom{n}{k} \cdot p^k \cdot q^{n-k}} \qquad q = 1 - p$$

Bei einer statistischen Erhebung haben Sie von einem **Merkmal *X*** eine **Häufigkeitsverteilung** erstellt und diese anschließend grafisch dargestellt.

In der Wahrscheinlichkeitsrechnung spricht man analog von der **Wahrscheinlichkeitsverteilung** der **Zufallsvariablen *X*.** Auch sie kann man entsprechend durch ein Säulendiagramm grafisch darstellen. Für Lisas Glücksspiel war die Zufallsvariable *X: Anzahl der Erfolge bei viermaligem Werfen*. Die zugehörigen Wahrscheinlichkeiten haben Sie bereits berechnet. Sie können sie in folgender Wahrscheinlichkeitsverteilung zusammenfassen:

X	*P(X)*
0	0,0256
1	0,1536
2	0,3456
3	0,3456
4	0,1296

Tab. 7.9

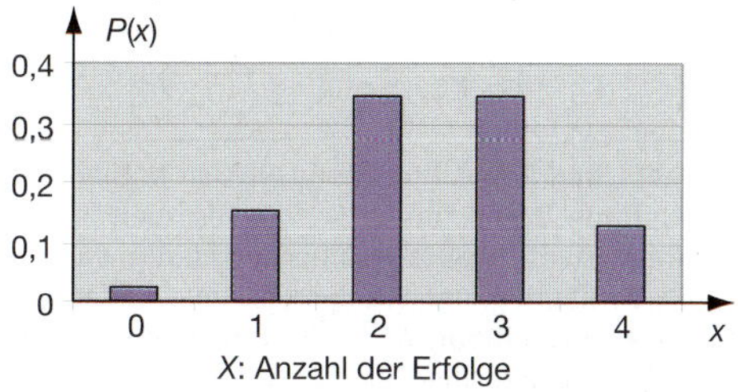

Abb. 7.36: Wahrscheinlichkeitsverteilung der Zufallsvariablen X

Die Wahrscheinlichkeitsverteilung der Zufallsgröße *X: Anzahl der Erfolge beim n-maligen Werfen* ist die sogenannte **Binomialverteilung**. Sie wird mit der obigen Formel berechnet.

Häufig kürzt man den rechten Teil der Berechnungsformel ab durch: $B_{n,p}(k) = \binom{n}{k} \cdot p^k \cdot q^{n-k}$

Sie wird **Dichtefunktion der Binomialverteilung** genannt.

Sie berechnen sie entweder mit dem Taschenrechner oder lesen die Werte aus Tabellen ab.

n	*k*	0,01	0,02	0,03	0,05	0,1	1/6	0,2	0,25	0,3	0,4	0,5		
1	0	0,9900	0,9800	0,9700	0,9500	0,9000	0,8333	0,8000	0,7500	0,7000	0,6000	0,5000	1	1
1	1	0,0100	0,0200	0,0300	0,0500	0,1000	0,1667	0,2000	0,2500	0,3000	0,4000	0,5000	0	1
2	0	0,9801	0,9604	0,9409	0,9025	0,8100	0,6944	0,6400	0,5625	0,4900	0,3600	0,2500	2	2
2	1	0,0198	0,0392	0,0582	0,0950	0,1800	0,2778	0,3200	0,3750	0,4200	0,4800	0,5000	1	2
2	2	0,0001	0,0004	0,0009	0,0025	0,0100	0,0278	0,0400	0,0625	0,0900	0,1600	0,2500	0	2
3	0	0,9703	0,9412	0,9127	0,8574	0,7290	0,5787	0,5120	0,4219	0,3430	0,2160	0,1250	3	3
3	1	0,0294	0,0576	0,0847	0,1354	0,2430	0,3472	0,3840	0,4219	0,4410	0,4320	0,3750	2	3
3	2	0,0003	0,0012	0,0026	0,0071	0,0270	0,0694	0,0960	0,1406	0,1890	0,2880	0,3750	1	3
3	3	0,0000	0,0000	0,0000	0,0001	0,0010	0,0046	0,0080	0,0156	0,0270	0,0640	0,1250	0	3
4	0	0,9606	0,9224	0,8853	0,8145	0,6561	0,4823	0,4096	0,3164	0,2401	0,1296	0,0625	4	4
4	1	0,0388	0,0753	0,1095	0,1715	0,2916	0,3858	0,4096	0,4219	0,4116	0,3456	0,2500	3	4
4	2	0,0006	0,0023	0,0051	0,0135	0,0486	0,1157	0,1536	0,2109	0,2646	0,3456	0,3750	2	4
4	3	0,0000	0,0000	0,0001	0,0005	0,0036	0,0154	0,0256	0,0469	0,0756	0,1536	0,2500	1	4
4	4	0,0000	0,0000	0,0000	0,0000	0,0001	0,0008	0,0016	0,0039	0,0081	0,0256	0,0625	0	4
5	0	0,9510	0,9039	0,8587	0,7738	0,5905	0,4019	0,3277	0,2373	0,1681	0,0778	0,0313	5	5
5	1	0,0480	0,0922	0,1328	0,2036	0,3281	0,4019	0,4096	0,3955	0,3602	0,2592	0,1563	4	5
5	2	0,0010	0,0038	0,0082	0,0214	0,0729	0,1608	0,2048	0,2637	0,3087	0,3456	0,3125	3	5
5	3	0,0000	0,0001	0,0003	0,0011	0,0081	0,0322	0,0512	0,0879	0,1323	0,2304	0,3125	2	5
5	4	0,0000	0,0000	0,0000	0,0000	0,0005	0,0032	0,0064	0,0146	0,0284	0,0768	0,1563	1	5
5	5	0,0000	0,0000	0,0000	0,0000	0,0000	0,0001	0,0003	0,0010	0,0024	0,0102	0,0313	0	5
		0,99	0,98	0,97	0,95	0,90	5/6	0,80	0,75	0,70	0,60	0,50	*k*	*n*

Tab. 7.10: Tabelle der Dichtefunktion $B_{n,p(k)}$ der Binomialverteilung

In der Kopfzeile bzw. Fußzeile stehen die Werte für p. In der ersten Spalte die Werte für n, in der zweiten für k.

Werte für $p > 0{,}5$ werden in den blau unterlegten Feldern abgelesen.

Ablesebeispiele: $P(X = 2|5) = B_{5;0,3}(2) = 0{,}3087$ blau unterlegt.
$P(X = 3|4) = B_{4;0,75}(3) = 0{,}4219$ gelb unterlegt.

Beispiel

1. In einer vorangegangenen Übung lernten Sie die junge Familie kennen, die vier Kinder haben möchte. Gesucht ist nun die Wahrscheinlichkeit dafür, dass genau 3 Mädchen geboren werden.
   $\rightarrow k = 3,\ n = 4,\ p = q = 0{,}5$:
   $P(X = 3|4) = \binom{4}{3} \cdot 0{,}5^3 \cdot 0{,}5^{4-3} = 4 \cdot 0{,}125 \cdot 0{,}5 = 0{,}25$
   Die Wahrscheinlichkeit für die Geburt von zwei Jungen: $k = 2,\ n = 4,\ p = q = 0{,}5$:
   $P(X = 2|4) = \binom{4}{2} \cdot 0{,}5^2 \cdot 0{,}6^{4-2} = 6 \cdot 0{,}25 \cdot 0{,}25 = 0{,}375$
2. Einer Statistik des Deutschen Roten Kreuzes lässt sich entnehmen, dass in der Bundesrepublik Deutschland die Blutgruppe 0/Rh− mit $p = 6\,\%$ vertreten ist. In der Klasse FOS 12G sind 22 Personen. Zu berechnen ist die Wahrscheinlichkeit dafür, dass mindestens eine in der Klasse diese Blutgruppe hat. Vorüberlegung: Mindestens eine bedeutet 1 oder 2 oder 3 oder ... oder 22. So zu rechnen wäre unzumutbar, denn die obige Formel müsste nacheinander für jedes k ausgewertet werden. Dann wären die Einzelwahrscheinlichkeiten zu addieren. „Mindestens einer" heißt aber auch: „Alle abzüglich derjenigen, die das Merkmal nicht haben". In diesem Fall ist es also einfacher, mit dem Gegenereignis zu arbeiten: „keine Person hat die Blutgruppe 0/Rh−."
   $P(X \geq 1|22) = 1 - P(X = 0|22) = 1 - \binom{22}{0} \cdot 0{,}06^0 \cdot 0{,}94^{22} = 1 - 1 \cdot 1 \cdot 0{,}256 = 0{,}744$
3. Ein Würfel wird **10**-mal geworfen. Zu bestimmen ist die Wahrscheinlichkeit dafür, dass die **„3"** genau **2**-mal oben liegt. $\rightarrow n = 10;\ k = 2;\ p = 1/6 = 0{,}16667 \quad q = 1 - p$
   $B_{10;0,16667}(2) = \binom{10}{2} 0{,}16667^2 \cdot (1 - 0{,}16667)^8 = 45 \cdot 0{,}02778 \cdot 0{,}2326 = 0{,}29$

Übungen

1. Wie groß ist die Wahrscheinlichkeit, bei 10-maligem Würfeln
   a) dreimal, b) fünfmal, c) keinmal, d) mindestens einmal
   eine Sechs zu würfeln?
2. Wie groß ist die Wahrscheinlichkeit, dass beim 50-maligen Werfen mit einer fairen Münze
   a) 25-mal, b) 20-mal, c) 30-mal, d) 15-mal, e) 35-mal
   die Zahl oben liegt?
3. Bestimmen Sie mit Taschenrechner und der Tabelle der Binomialverteilung:
   a) $B_{50;0,5}(25)$ b) $B_{20;0,4}(10)$ c) $B_{10;0,2}(1)$ d) $B_{8;0,6}(4)$ e) $B_{15;0,95}(13)$
4. a) Zeichnen Sie ein Säulendiagramm für die Wahrscheinlichkeitsverteilung der Zufallsvariable X: „Anzahl der Mädchen in einer Familie mit 6 Kindern." Gehen Sie dabei von $p = 0{,}5$ für eine Mädchengeburt aus.
   b) Wie groß ist die Wahrscheinlichkeit, dass es in einer Familie mit 6 Kindern mehr Mädchen als Jungen gibt?
5. Die Blutgruppe AB^- kommt in der Bevölkerung mit einer Häufigkeit von 1 % vor. Wie groß ist die Wahrscheinlichkeit, dass in einem Agenturteam mit 12 Mitarbeitern mindestens eine Person die Blutgruppe AB^- hat?

7.5.1 Charakteristische Eigenschaften der Binomialverteilung

Bei der Binomialverteilung[1]

- geht es um Zufallsexperimente, die in jeder Stufe nur **zwei** Ergebnisse aufweisen, beispielsweise **männlich – weiblich**, **Kopf – Zahl**, **Raucher – Nichtraucher**, ..., oder allgemein im Sinne der Wahrscheinlichkeitsrechnung ausgedrückt: **„Erfolg – kein Erfolg“**. Falls diese Zweiwertigkeit nicht direkt vorliegt (ein Würfel hat 6 mögliche Ergebnisse), so muss man sie „erzwingen“[2], indem man das Problem geeignet formuliert (eine „6“ beim Würfeln – keine „6“, mehr als 20 Teilnehmer – nicht mehr als 20, höchstens 10 Fehltage – mehr als 10 Fehltage, ...).
- handelt es sich um ein mehrstufiges Experiment. Die Erfolgswahrscheinlichkeit $\boldsymbol{p}$ muss in jeder Stufe konstant bleiben, somit ist auch $\boldsymbol{q = 1 - p}$ **konstant** → „Urnenmodell mit Zurücklegen“.

7.5.1.1 Grafische Darstellung

Stellen Sie sich folgendes Zufallsexperiment vor: Jedes Mitglied Ihrer Klasse wirft 10-mal eine Münze und schreibt auf, wie oft die **„Zahl“** (Zahl = Erfolg) gefallen ist. Das kann **0**-mal, **1**-mal, **2**-mal, ..., **9**-mal oder sogar **10**-mal geschehen. Die Zufallsvariable *X*: *Anzahl der Erfolge* kann also die Werte 0, 1, 2, ... 10 annehmen. Zum Schluss werden alle Ergebnisse gesammelt. Es wird eine Statistik über die Werte der Zufallsvariablen aufgestellt, d. h., es wird in einer Häufigkeitsverteilung aufgelistet, wie oft die Zufallsvariable den Wert 0, 1, 2, ..., 9 oder 10 angenommen hat. Die Häufigkeitsverteilung gibt also Auskunft darüber, wie oft es vorgekommen ist, dass bei zehnmaligem Werfen z. B. 5-mal **Erfolg** aufgetreten ist. Die Häufigkeitsverteilung wird durch ein Säulendiagramm visualisiert (vgl. Abb. 7.22).

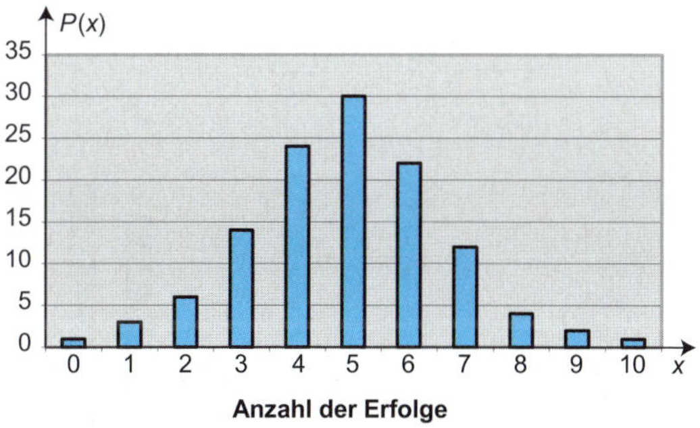

Abb. 7.37: Binomialverteilung für $n = 10$ und $p = 0{,}5$: $B_{\mathbf{10;0,5}}(k)$

Die sich daraus ergebende Verteilung der „Anzahl der Erfolge“ (Histogramm) ist eine **Binomialverteilung**. Wir wollen nun analysieren, wie diese Verteilung aussieht.

Die Binomialverteilung ist eine **diskrete** Verteilung, d. h., auf der *x*-Achse treten nur die Zahlen **0, 1, 2, 3, ...,** $\boldsymbol{n}$ auf und keine Zwischenwerte. Die Definitionsmenge der Dichtefunktion ist also beschränkt, $\mathbb{D} = \{0, 1, 2, 3, \dots n\}$.

Für jedes p und für jedes n ergibt sich eine andere Verteilung, wir wollen anhand von Beispielen die Besonderheiten herausarbeiten.

Um Ihnen die Arbeit zu erleichtern, haben wir eine Wertetabelle für $n = 8$ vorbereitet. Als Parameter wählten wir $p = 0{,}1$ bis $p = 0{,}9$.

---

[1] *„Binomen“, aus dem Lateinischen, bedeutetet „zwei Namen“*

[2] *Fachbegriff: „Dichotomisierung“*

k	$p = 0{,}1$	$p = 0{,}2$	$p = 0{,}3$	$p = 0{,}4$	$p = 0{,}5$	$p = 0{,}6$	$p = 0{,}7$	$p = 0{,}8$	$p = 0{,}9$
0	0,43	0,17	0,05	0,02	0,00	0,00			
1	0,38	0,34	0,20	0,09	0,03	0,01			
2	0,15	0,29	0,30	0,21	0,11	0,04			
3	0,03	0,15	0,25	0,28	0,22	0,12			
4	0,00	0,05	0,14	0,23	0,27	0,23			
5	0,00	0,01	0,05	0,12	0,22	0,28			
6	0,00	0,00	0,01	0,04	0,11	0,21			
7	0,00	0,00	0,00	0,01	0,03	0,09			
8	0.00	0,00	0,00	0,00	0,00	0,02			

Tab. 7.11: Binomialverteilung für n = 8

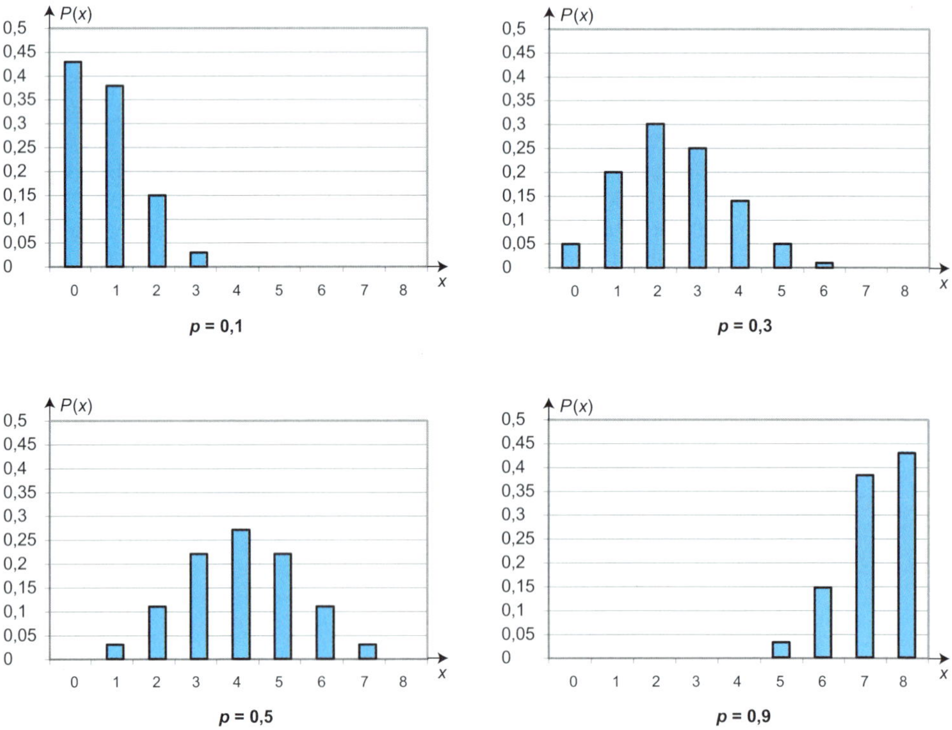

Abb. 7.38: Binomialverteilungen für n = 8

Aufgabe 1 Für welches p ist der Graph der abgebildeten Binomialverteilungen symmetrisch?

Achten Sie auf **Symmetrien** und denken Sie dabei an das Pascal'sche Dreieck. Ergänzen Sie die leeren Spalte für $p = 0{,}7$; $p = 0{,}8$; $p = 0{,}9$ (**nicht** rechnen!).

Zeichnen Sie die Verteilungen für $p = 0{,}2$; $p = 0{,}7$ und $p = 0{,}8$ in drei Koordinatensysteme mit gleichem Maßstab und beurteilen Sie das Symmetrieverhalten.

Die erste Auswertung zeigt folgendes Verhalten der Binomialverteilung: Für $p = 0{,}5$ ist der Graph symmetrisch, je weiter p sich von 0,5 entfernt, um so „schiefer" wird das Bild. Die Werte für $p = 0{,}7$ lassen sich aus denen für 0,3, die für $p = 0{,}8$ aus denen für $p = 0{,}2$ und die für $p = 0{,}9$ aus denen für $p = 0{,}1$ gewinnen. Deshalb werden in den Tabellenwerken immer nur die Spalten bis $p = 0{,}5$ aufgelistet.

Ohne weitere Rechnung und Begründung teilen wir Ihnen mit: Falls n immer größer wird, dann nimmt die „Schiefe" immer mehr ab. Die Form nähert sich mit steigendem n der einer **Gauß'-schen Glockenkurve (Normalverteilung)** (vgl. Kap. 3.2.8.2).

In der beschreibenden Statistik haben Sie Mittelwerte und Varianzen von Häufigkeitsverteilungen bestimmt. Das gibt es auch bei der Binomialverteilung. Den Mittelwert einer Verteilung bezeichnet man in der Wahrscheinlichkeitsrechnung als **Erwartungswert**.

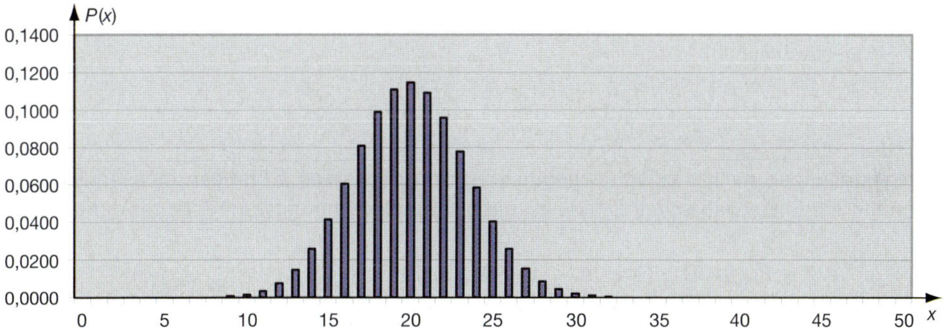

Abb. 7.39: Binomialverteilung für $n = 50$ und $p = 0{,}4$ $B_{50;\,0,4}(k)$

Der **Erwartungswert** der Binomialverteilung errechnet sich aus $E(B_{n;\,p}) = p \cdot n$, die **Varianz** ergibt sich aus $\sigma^2 = n \cdot p \cdot (1 - p) = n \cdot p \cdot q$ **Satz**

Im Kapitel 7.5.4 nennen wir Ihnen eine Bedingung, mit deren Hilfe Sie entscheiden können, ob die Binomialverteilung durch eine Normalverteilung ersetzt werden kann. Die Normalverteilung kann standardisiert werden und ist deshalb umfassender tabelliert. **Hinweis**

7.5.2 Die Summenfunktion der Binomialverteilung

Bei den bisherigen Beispielen haben Sie die Wahrscheinlichkeiten für *k-mal Erfolg* bestimmt. Die Zufallsvariable X sollte also den Wert k annehmen: $X = k$.

Weitaus häufiger soll jedoch die Wahrscheinlichkeit dafür ermittelt werden, dass bei $\boldsymbol{n}$ Versuchen **höchstens** $\boldsymbol{k}$ ($X \leq k$) oder aber **mindestens** $\boldsymbol{k}$ ($X \geq k$) Erfolge zu erwarten sind.

Höchstens *k* Erfolge heißt: **Kein** Erfolg oder **ein** Erfolg oder **zwei** Erfolge oder ... oder ***k*** Erfolge. Man muss also die **Summe** von Einzelwahrscheinlichkeiten bilden.

Sie kennen dieses Vorgehen bereits aus der Statistik. Dort haben Sie bei Fragestellungen der Art: „Wie viele Versuchspersonen haben **höchstens** ..." die kumulierten Häufigkeiten und ihre grafische Darstellung als Summenkurve S_O gebildet. (vgl. Kap. 6.1.1.2).

Beispiel

1. Eine Familie hat vier Kinder. Berechnen Sie die Wahrscheinlichkeit dafür, dass es höchstens zwei Mädchen sind, gehen Sie von $p_{\text{Mädchen}} = 0{,}5$ aus! Hier sind die Einzelwahrscheinlichkeiten für kein, ein und zwei Mädchen zu addieren.

   $n = 4$; $k_{\text{MAX}} = 2$; $p = 0{,}5$ X: „Anzahl der Mädchen".

   $P(X \leq 2|4) = B_{4;0,5}(0) + B_{4;0,5}(1) + B_{4;0,5}(2)$

   $= \binom{4}{0} \cdot 0{,}5^0 \cdot 0{,}5^4 + \binom{4}{1} \cdot 0{,}5^1 \cdot 0{,}5^3 + \binom{4}{2} \cdot 0{,}5^2 \cdot 0{,}5^2 = (1 + 4 + 6) \cdot 0{,}5^4 = 0{,}6875$

2. In der Klasse FOS 12G sind 25 Personen, davon sind 10 weiblich. Es werden 12 Personen ausgelost, zu bestimmen ist die Wahrscheinlichkeit dafür, dass **höchstens 3 Mädchen** unter den Ausgelosten sind.

   $n = 12$; $k_{\text{MAX}} = 3$; $p = 10/25 = 0{,}4$; X: „Anzahl der Mädchen".

   Das Ereignis A: *„höchstens 3 Mädchen"* bedeutet 0 oder 1 oder 2 oder 3 Mädchen. Das sind 4 Summanden.

   $P(X \leq 3|12) = B_{12;0,4}(0) + B_{12;0,4}(1) + B_{12;0,4}(2) + B_{12;0,4}(3)$
   $= 0{,}0022 + 0{,}0174 + 0{,}0639 + 0{,}1419 = 0{,}2254$

Bei Fragestellungen nach der Wahrscheinlichkeit von **höchstens** k Erfolgen müssen Sie also die Summe der Einzelwahrscheinlichkeiten bilden. Die Berechnungsformel lautet dann:

$$P(X \leq k|n) = B_{n;p}(0) + B_{n;p}(1) + B_{n;p}(2) + \ldots + B_{n;p}(k) = \sum_{i=0}^{k} B_{n;p}(i)$$

Die Summe wird abgekürzt durch:

$$F_{n;p}(k) = B_{n;p}(0) + B_{n;p}(1) + B_{n;p}(2) + \ldots + B_{n;p}(k)$$

Sie wird **Summenfunktion** oder **Verteilungsfunktion der Binomialverteilung** genannt.

Die grafische Darstellung der Summenfunktion $F_{n;p}$ ergibt sich aus der Binomialverteilung $B_{n;p}$ genauso wie Sie in der Statistik die Summenkurve S_O aus der Häufigkeitsverteilung entwickelt haben.

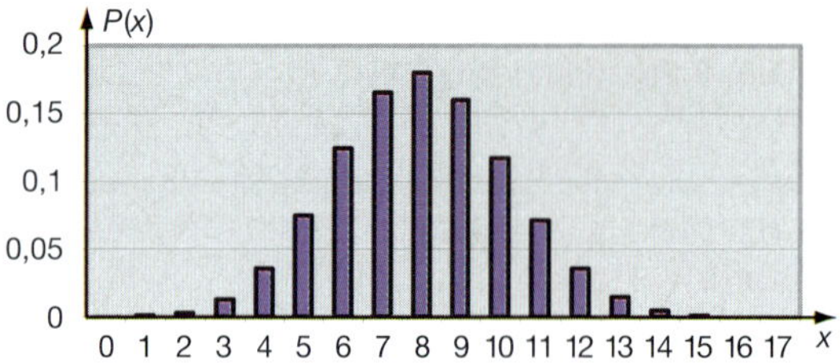

Abb. 7.40: Dichtefunktion $B_{20;0,4}$

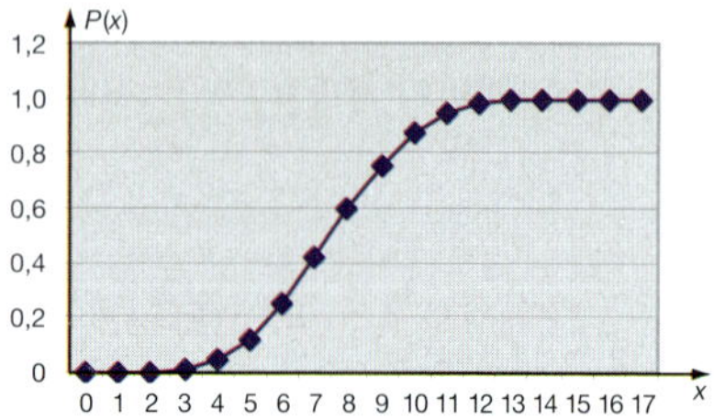

Summenfunktion $F_{20;0,4}$

Bei großen Werten von k kann die Berechnung von $F_{n;p}(k)$ schon recht mühsam werden. Deshalb sind diese Summen in einer gesonderten Tabelle in Formelsammlungen bereits fertig ausgerechnet zusammengestellt.

n	k	0,02	0,03	0,04	0,05	0,1	1/6	0,2	0,25	0,3	0,4	0,5		
12	0	0,7847	0,6938	0,6127	0,5404	0,2824	0,1122	0,0687	0,0317	0,0138	0,0022	0,0002	11	12
12	1	0,9769	0,9514	0,9191	0,8816	0,6590	0,3813	0,2749	0,1584	0,0850	0,0196	0,0032	10	12
12	2	0,9985	0,9952	0,9893	0,9804	0,8891	0,6774	0,5583	0,3907	0,2528	0,0834	0,0193	9	12
12	3	0,9999	0,9997	0,9990	0,9978	0,9744	0,8748	0,7946	0,6488	0,4925	0,2253	0,0730	8	12
12	4	1,0000	1,0000	0,9999	0,9998	0,9957	0,9636	0,9274	0,8424	0,7237	0,4382	0,1938	7	12
12	5	1,0000	1,0000	1,0000	1,0000	0,9995	0,9921	0,9806	0,9456	0,8822	0,6652	0,3872	6	12
12	6	1,0000	1,0000	1,0000	1,0000	0,9999	0,9987	0,9961	0,9857	0,9614	0,8418	0,6128	5	12
12	7	1,0000	1,0000	1,0000	1,0000	1,0000	0,9998	0,9994	0,9972	0,9905	0,9427	0,8062	4	12
12	8	1,0000	1,0000	1,0000	1,0000	1,0000	1,0000	0,9999	0,9996	0,9983	0,9847	0,9270	3	12
12	9	1,0000	1,0000	1,0000	1,0000	1,0000	1,0000	1,0000	1,0000	0,9998	0,9972	0,9807	2	12
12	10	1,0000	1,0000	1,0000	1,0000	1,0000	1,0000	1,0000	1,0000	1,0000	0,9997	0,9968	1	12
12	11	1,0000	1,0000	1,0000	1,0000	1,0000	1,0000	1,0000	1,0000	1,0000	1,0000	0,9998	0	12
13	0	0,7690	0,6730	0,5882	0,5133	0,2542	0,0935	0,0550	0,0238	0,0097	0,0013	0,0001	12	13
13	1	0,9730	0,9436	0,9068	0,8646	0,6213	0,3365	0,2336	0,1267	0,0637	0,0126	0,0017	11	13
13	2	0,9980	0,9938	0,9865	0,9755	0,8661	0,6281	0,5017	0,3326	0,2025	0,0579	0,0112	10	13
13	3	0,9999	0,9995	0,9986	0,9969	0,9658	0,8419	0,7473	0,5843	0,4206	0,1686	0,0461	9	13
13	4	1,0000	1,0000	0,9999	0,9997	0,9935	0,9488	0,9009	0,7940	0,6543	0,3530	0,1334	8	13
		0,98	0,97	0,96	0,95	0,9	1/6	0,8	0,75	0,7	0,6	0,5	k	n

Tab. 7.12: Summenfunktion $F_{n;p}(k)$ der Binomialverteilung

Für $p > 0{,}5$ benutzen Sie die blau unterlegten Seitenränder der Tabelle. $P(X \leq k)$ ergibt sich dann aus *1 − abgelesenem Wert.*

Ablesung für Beispiel 2: $n = 12$, $k = 3$, $p = 0{,}4$ $F_{12;0,4}(3) = 0{,}2253$, blau unterlegt. (Die Abweichung in der 4. Nachkommastelle ergibt sich aus Rundungsfehlern.)

Ablesung für: $P(X \leq 8|12) = F_{7;0,8}(8) = 1 - 0{,}7946 = 0{,}2054$, gelb unterlegt.

Als Nächstes fragen wir nach der Wahrscheinlichkeit für **„mindestens *k* Erfolge bei *n* Versuchen"**. Die mathematische „Übersetzung" für **mindestens *k*** heißt: „*k*" oder „*k* + 1" oder „*k* + 2" oder „*k* + 3" oder ... oder „*n*"; denn mehr als *n* Erfolge können ja nicht auftreten (wenn man 5-mal würfelt, kann man höchstens 5-mal die „6" werfen!). Es ergibt sich die Formel:

$$P(X \geq k|n) = B_{n;p}(k) + B_{n;p}(k+1) + B_{n;p}(k+2) + \ldots + B_{n;p}(n)$$

Hier müssen wieder viele Einzelwahrscheinlichkeiten zusammengezählt werden. Leider gibt es dafür keine Tabellen. Die sind auch gar nicht nötig! Man kann nämlich auch in diesem Fall die Tabelle der Summenfunktion benutzen. Dazu betrachtet man einfach das Gegenereignis von mindestens *k*-mal Erfolg, also: „weniger als *k*-mal Erfolg" oder anders formuliert: „höchstens *k* − 1-mal Erfolg". (Z. B. Ereignis: „mindestens 5-mal Erfolg", Gegenereignis: „weniger als 5-mal Erfolg" oder „höchstens 4-mal Erfolg". Hier hilft wieder die Aussagenlogik.)

Die Wahrscheinlichkeit des Gegenereignisses lässt sich dann mithilfe der Tabelle bestimmen. Um die Wahrscheinlichkeit des eigentlichen Ereignisses zu bekommen, müssen Sie diesen Wert nur von 1 abziehen.

$$P(X \geq k|n) = 1 - P(X \leq k - 1|n) = 1 - F_{n;p}(k - 1)$$

Beispiel

Eine Münze wird 12-mal geworfen. Bestimmen Sie die Wahrscheinlichkeit dafür, dass mindestens 6-mal die Zahl oben liegt! → $n = 12$; $k_{MIN} = 6$; $p = 0{,}5$

$P(X \geq 6|12) = 1 - P(X \leq 5|12) = 1 - F_{12;0,5}(5) = 1 - 0{,}3872 = 0{,}6128$

Um zu entscheiden, welche der Berechnungsformeln zu verwenden sind, müssen Sie den Text der Problemstellung genau analysieren. Folgende „Übersetzungstabelle" kann Ihnen dabei helfen:

Merksatz

... der Erfolg soll genau k-mal → $P(X = k) = B_{n;p}(k)$,

... höchstens k-mal → $P(X \leq k) = F_{n;p}(k)$,

... mindestens k-mal → $P(X \geq k) = 1 - F_{n;p}(k - 1)$,

... weniger als k-mal → $P(X < k) = F_{n;p}(k - 1)$,

... mehr als k-mal → $P(X > k) = 1 - F_{n;p}(k)$,

... mindestens a-mal und höchstens b-mal auftreten → $P(a \leq X \leq b) = P(X \leq b) - P(X \leq a - 1) = F_{n;p}(b) - F_{n;p}(a - 1)$.

Die Zusammenhänge des Merksatzes können Sie sich auf dem Zahlenstrahl verdeutlichen:
Z. B. $P(12 \leq X \leq 20) = P(X \leq 20) - P(X \leq 11)$

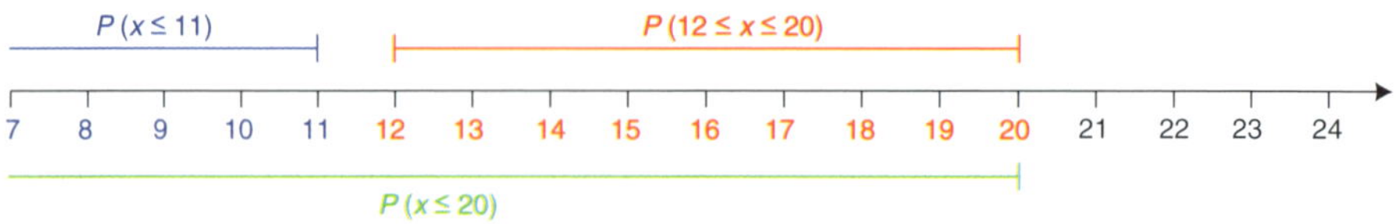

Übungen

1. Formulieren Sie 5 Aufgaben bezüglich Merksatz 1–6 und geben Sie die Lösung in Prozent an! Rechnen Sie mit $n = 8$; $k = 3$; $p = 0{,}4$.

2. Bestimmen Sie folgende Wahrscheinlichkeiten:
   a) $P(X = 10)$ $n = 12$ $p = 0{,}4$ b) $P(X < 5)$ $n = 15$ $p = 0{,}3$ c) $P(X \geq 8)$ $n = 20$ $p = 0{,}25$
   d) $P(X \leq 22)$ $n = 50$ $p = 0{,}7$ e) $P(X = 15)$ $n = 50$ $p = 0{,}75$ f) $P(X > 9)$ $n = 20$ $p = 0{,}4$
   g) $P(13 \leq X \leq 32)$ $n = 50$ $p = 0{,}5$

3. Eine Zufallsvariable sei $B_{50;0,4}$ verteilt. Bestimmen Sie folgende Wahrscheinlichkeiten:
   a) $P(X = 18)$ b) $P(X < 18)$ c) $P(X \leq 25)$ d) $P(X > 19)$
   e) $P(16 \leq X \leq 32)$ f) $P(10 < X \leq 23)$
   g) Berechnen Sie den Erwartungswert und die Varianz dieser Verteilung.

4. Das Restaurant der Ganztagsschule *Im Hoppegarten* bietet u. a. ein vegetarisches Menü an. Erfahrungsgemäß bevorzugen 20 % der Schüler/-innen und Lehrer/-innen vegetarische Kost. Natürlich gehen nicht jeden Tag alle Schulangehörigen im Schulrestaurant essen. Dennoch sind aber immer alle 100 Plätze belegt.
   a) Der Koch hat 22 vegetarische Menüs vorbereitet. Wie groß ist die Wahrscheinlichkeit dafür, dass sie ausreichen?
   b) Wie viele vegetarische Menüs hätte er zubereiten müssen, damit sie mit einer Wahrscheinlichkeit von mindestens 90 % ausreichen.

5. Ein Vokabeltest ist als Multiple-Choice-Test angelegt. Die 50 Items haben jeweils fünf Auswahlantworten, von denen nur eine richtig ist. Paula hat die Vokabeln nicht gelernt, deshalb muss sie raten. Wie groß ist die Wahrscheinlichkeit, dass sie
   a) alle, b) keine, c) höchstens 10, d) mehr als 15, e) mindestens 25,
   richtig rät?

6. Ein Würfel wird 20-mal geworfen. Wie groß ist die Wahrscheinlichkeit, dass
   a) 7-mal, b) 3-mal, c) weniger als 8-mal, d) höchstens 2-mal,
   e) mindestens 9-mal, f) mindestens 5-mal und höchstens 15-mal
   eine 6 gewürfelt wird?
7. Die Blutgruppe B^- ist nach einer Statistik des DRK in der Bevölkerung mit einer Häufigkeit von 2 % vertreten. Wie viele Personen müsste man mindestens zu einer Blutspende bitten, um mit einer Wahrscheinlichkeit von mehr als 63 % mindestens einen Spender mit dieser Blutgruppe zu haben?

7.5.3 Auswertung der Binomialverteilung mittels Computer

Die Binomialverteilung ist in Formelsammlungen nur für einige spezielle ***n*** und ***p*** tabelliert. Sie für jedes *n*, *p* zu tabellieren, wäre viel zu aufwendig.

$B_{n,p}(k) = \binom{n}{k} p^k \cdot q^{n-k}$ sowie $F_{n,p}(k) = B_{n,p}(0) + B_{n,p}(1) + \ldots + B_{n,p}(k)$

können Sie aber auch mit einem PC oder einem iMac berechnen, und das für **jedes** *n* und *p*.

So berechnen Sie die Wahrscheinlichkeiten der Binomialverteilung mit dem PC:

1. Starten Sie ein Tabellenkalkulationsprogramm (z. B. Excel).
2. Klicken Sie mit der linken Maustaste auf das Icon des Funktionsassistenten f_x.
3. Dann öffnet sich das Fenster „Funktion einfügen“. Hier wählen Sie die Kategorie „Statistik“ und die Funktion „BINOMVERT“ aus (Abb. 7.41).

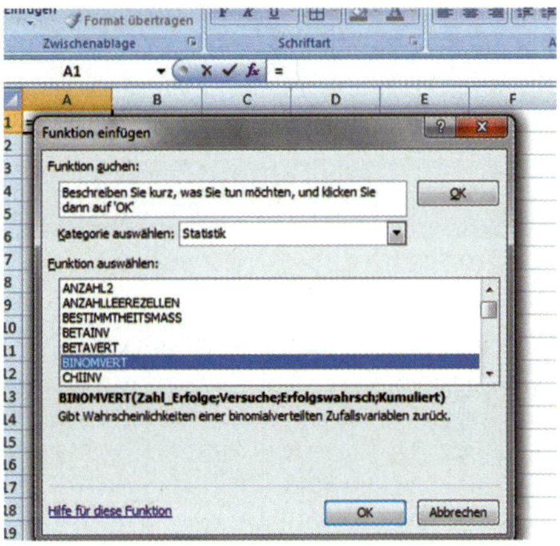

Abb. 7.41

4. Im nächsten Fenster (vgl. Abb. 7.42) geben Sie im Feld „Zahl_Erfolge“ Ihren Wert für *k* ein. Im Feld „Versuche“ geben Sie Ihren Wert für *n* ein. Bei „Erfolgswahrscheinlichkeit“ geben Sie die Wahrscheinlichkeit für das Ereignis ein (beim Münzwurf also 0,5). Im Feld „kumuliert“ müssen Sie angeben, ob Sie $B_{n,p}(k)$ oder $F_{n,p}(k)$ berechnen wollen. Falls Sie $B_{n,p}(k)$ berechnen wollen, müssen Sie hier das Wort „falsch“ eintippen, für $F_{n,p}(k)$ das Wort „wahr“.

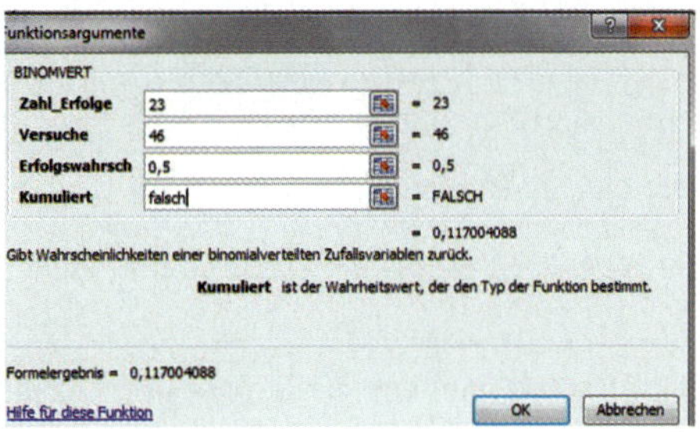

Abb. 7.42

Das Ergebnis wird im unteren Bereich dieses Fensters angezeigt.

7.5.4 Annäherung der Binomialverteilung durch die Normalverteilung

Für die praktische Arbeit ist der Sachverhalt hilfreich, dass die Binomialverteilung in eine Normalverteilung überführt werden kann, falls ausreichende Symmetrie vorhanden ist.

Das lässt sich ganz einfach überprüfen:

Merksatz Mit hinreichender Genauigkeit kann man die Binomialverteilung dann durch die Normalverteilung ersetzen, wenn für die Testgröße

$T_B = \sigma^2 = npq > 9$ gilt.

Hinweis Dabei sollten Sie jedoch eine Feinheit beachten, die sehr oft vernachlässigt wird, leider auch in vielen Fachbüchern: Die Binomialverteilung gilt für diskrete, die Normalverteilung jedoch für kontinuierliche Variablen. Als Sie sich mit den kumulierten Häufigkeiten (Berichtsstatistik) beschäftigten, haben Sie gelernt, dass diese an den **Klassengrenzen** aufgetragen werden. Wenn also die Frage lautet: Wie hoch ist die Wahrscheinlichkeit dafür, dass 0; 1; 2; ...; ***k***-mal der Erfolg eintritt, muss bei der Normalverteilung der Wert $k + 0{,}5$ gewählt werden; denn dort ist die Grenze zwischen den Klassen k und $k + 1$. Analog gilt für die „andere" Seite: Beginnt man bei der Binomialverteilung bei k und summiert $k + 1$, $k + 2$ usw., so muss man bei der Normalverteilung bei $k - 0{,}5$ beginnen (vgl. Abb. 7.43).

Ziel unserer Bemühung: Wir haben eine Binomialverteilung und wollen $F_{n;p}(k)$ berechnen. Die Binomialverteilung ist aber „sperrig", wir möchten sie durch die standardisierte Normalverteilung ersetzen ($\mu = 0$; $\sigma = 1$). Deren Werte $\Phi(z)$ können wir einer Tabelle entnehmen.

z	0,00	0,01	0,02	0,03	0,04	0,05	0,06	0,07	0,08	0,09
0,0	0,5000	0,5040	0,5080	0,5120	0,5160	0,5199	0,5239	0,5279	0,5319	0,5359
0,1	0,5398	0,5438	0,5478	0,5517	0,5557	0,5596	0,5636	0,5675	0,5714	0,5753
0,2	0,5793	0,5832	0,5871	0,5910	0,5948	0,5987	0,6026	0,6064	0,6103	0,6141
0,3	0,6179	0,6217	0,6255	0,6293	0,6331	0,6368	0,6406	0,6443	0,6480	0,6517
0,4	0,6554	0,6591	0,6628	0,6664	0,6700	0,6736	0,6772	0,6808	0,6844	0,6879
0,5	0,6915	0,6950	0,6985	0,7019	0,7054	0,7088	0,7123	0,7157	0,7190	0,7224
0,6	0,7257	0,7291	0,7324	0,7357	0,7389	0,7422	0,7454	0,7486	0,7517	0,7549
0,7	0,7580	0,7611	0,7642	0,7673	0,7704	0,7734	0,7764	0,7794	0,7823	0,7852
0,8	0,7881	0,7910	0,7939	0,7967	0,7995	0,8023	0,8051	0,8078	0,8106	0,8133
0,9	0,8159	0,8186	0,8212	0,8238	0,8264	0,8289	0,8315	0,8340	0,8365	0,8389
1,0	0,8413	0,8438	0,8461	0,8485	0,8508	0,8531	0,8554	0,8577	0,8599	0,8621
1,1	0,8643	0,8665	0,8686	0,8708	0,8729	0,8749	0,8770	0,8790	0,8810	0,8830
1,2	0,8849	0,8869	0,8888	0,8907	0,8925	0,8944	0,8962	0,8980	0,8997	0,9015
1,3	0,9032	0,9049	0,9066	0,9082	0,9099	0,9115	0,9131	0,9147	0,9162	0,9177
1,4	0,9192	0,9207	0,9222	0,9236	0,9251	0,9265	0,9279	0,9292	0,9306	0,9319

Tab. 7.13: Standardnormalverteilung
Ablesebeispiel: $\Phi(1{,}32)$ In der ersten Spalte suchen die Zeile „1,3". Die zweite Nachkommastelle finden Sie in der Titelzeile bei der Spalte „0,02". In der Tabelle lesen Sie den gesuchten Wert zu 0,9066 ab.

Satz Näherungsformel von De Moivre und Laplace

$$F_{n;p}(k) \approx \Phi(z) = \Phi\left(\frac{k + 0{,}5 - n \cdot p}{\sqrt{n \cdot p \cdot (1 - p)}}\right)$$

Wir demonstrieren das Vorgehen an einem Beispiel und kommentieren die Lösung.

Beispiel

In der Klinik werden im Jahr 730 Babies geboren. Die Wahrscheinlichkeit für eine Mädchengeburt beträgt 0,486.

Zu bestimmen ist die Wahrscheinlichkeit dafür, dass die Zahl der Mädchen im Bereich $340 \leq k \leq 370$ liegt.

- Testgröße T_B berechnen: $T_B = n \cdot p \cdot (1 - p) = 730 \cdot 0{,}486 \cdot (1 - 0{,}486) = 182{,}3 > 9 \rightarrow$ der Gebrauch der Normalverteilung ist zulässig!
- Berechnung von z_1 (höchstens 370 Mädchen):

  $k + 0{,}5 = 370{,}5$; $n \cdot p = 730 \cdot 0{,}486 = 354{,}8$; $\sigma^2 = n \cdot p \cdot (1 - p) = 182{,}3$; $\sigma = \sqrt{182{,}3} = 13{,}5$ $z_1 = (370{,}5 - 354{,}8)/13{,}5 = 1{,}16 \rightarrow \Phi_1(1{,}16) = 0{,}8770$ (Tabelle).

  Interpretation: Die Wahrscheinlichkeit dafür, dass höchstens 370 Mädchen geboren werden, beträgt 87,7 %.
- Berechnung von z_2 (weniger als 340 Mädchen bzw. höchstens 339 Mädchen):
  $k - 1 + 0{,}5 = 339 + 0{,}5 = 339{,}5$; $z_2 = (339{,}5 - 354{,}8)/13{,}5 = -1{,}13$.

Hinweis: $\Phi(-z) = 1 - \Phi(z)! \rightarrow \Phi(-1{,}13) = 1 - 0{,}8708 = 0{,}1292 = 12{,}92\,\%$.

Zusammenfassung: Mit einer Wahrscheinlichkeit von 87,7 % − 12,9 % = 74,8 % werden $340 \leq k \leq 370$ Mädchen geboren.

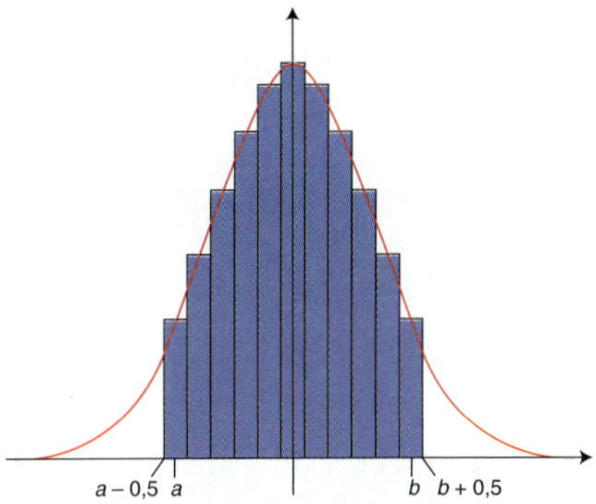

Abb. 7.43: $P(a \leq X \leq b)$

Näherungsformel von de Moivre und Laplace:

Satz

Falls bei einer Binomialverteilung $\sigma^2 = npq > 9$ gilt, kann sie näherungsweise durch die Normalverteilung ersetzt werden.

Hinweis

- Die Wahrscheinlichkeit für **höchstens *k*-mal** Erfolg ergibt sich aus:
  $$P(X \leq k) \approx \Phi\left(\frac{k + 0{,}5 - n \cdot p}{\sqrt{n \cdot p \cdot (1 - p)}}\right)$$
- Die Wahrscheinlichkeit für **genau *k*-mal** Erfolg ergibt sich aus:
  $$P(X = k) \approx \Phi\left(\frac{k + 0{,}5 - n \cdot p}{\sqrt{n \cdot p \cdot (1 - p)}}\right) - \Phi\left(\frac{k - 0{,}5 - n \cdot p}{\sqrt{n \cdot p \cdot (1 - p)}}\right)$$
- Die Wahrscheinlichkeit für **mindestens *a*-mal** und **höchstens *b*-mal** Erfolg ergibt sich aus:
  $$P(a \leq X \leq b) \approx \Phi\left(\frac{b + 0{,}5 - n \cdot p}{\sqrt{n \cdot p \cdot (1 - p)}}\right) - \Phi\left(\frac{a - 0{,}5 - n \cdot p}{\sqrt{n \cdot p \cdot (1 - p)}}\right)$$

Übungen

1. 14 % aller Kinder sind Linkshänder und sollten nicht „umgeformt" werden. In der Grundschule „Schönstadt" werden 137 Kinder eingeschult. Berechnen Sie die Wahrscheinlichkeit dafür, dass a) höchstens 22 Linkshänder, b) mehr als 25 Linkshänder eingeschult werden.
2. Ein Würfel wird 12-mal geworfen. Berechnen Sie die Wahrscheinlichkeit dafür, dass weniger als 5-mal die Augenzahl **„größer als 2"** auftritt.

7.6 Referatsthemen, Facharbeiten, fächerverbindende Projekte, vermischte Übungen

Übungen

1. Wahrscheinlichkeit und Zufall beim Richter-Fenster im Kölner Dom.
2. Die Sinus Milieustudie und ihre Bedeutung für die Entwicklung Zielgruppen orientierter Werbestrategien.
3. Der „Würfelzerfall" als Simulation statistischer Zerfallsprozesse. Bestimmen Sie auch jeweils die Funktionsgleichung zur Modellierung der Anzahl der nach k-Würfen noch vorhandenen Würfel und der Anzahl der nach k-Würfen aussortierten Würfel.

4. Die Geschichte der Wahrscheinlichkeitsrechnung im Zusammenhang mit der zeitgenössischen Gesellschaftsstruktur.
5. Die Geschichte der Wahrscheinlichkeitsrechnung anhand von Biografien.
6. Die Monte-Carlo-Methode zur Lösung komplexer Probleme.
7. Zur Demonstration der Bernoulli-Kette wird oft das „Galtonsche Brett" gezeigt. Informieren Sie sich im Internet und fertigen Sie ein kurzes Referat an.
8. Informieren Sie sich über die Spielregeln beim Roulette. Ein Spiel gilt in der Fachliteratur als „fair", wenn jeder Spieler (das gilt auch für die Bank!) die gleiche Gewinnchance hat. Entscheiden Sie, ob das Spiel „fair" ist.
9. In anderen Mathematikbüchern benutzt man gerne das „Urnenmodell". In einer Urne befinden sich n unterschiedliche Kugeln, von denen k entnommen werden. Nach jedem Zug kann die Kugel entweder zurückgelegt werden oder aber sie bleibt draußen. Die Reihenfolge der gezogenen Kugeln kann wichtig sein oder auch nicht.
   Ordnen Sie den Begriffen „Permutationen", „Variationen", „Kombinationen" das passende Urnenmodell zu. Schreiben Sie die zugehörige Formel auf.

10. Berechnen Sie die Wahrscheinlichkeit dafür, dass man beim einmaligen Ziehen einer Skatkarte entweder ein Ass oder die Herz-Dame erhält!

11. Sonja hat 12 weiße, 15 rote und 20 blaue Perlen, die zu einer Kette aufgezogen werden sollen. Wie viele Muster könnte sie erzeugen?

12. Hanna will ausgehen und kann zwischen 4 Blusen, 5 Röcken und 3 Paar Schuhen wählen, die alle zusammenpassen und chic aussehen.
Bestimmen Sie die Anzahl der unterschiedlichen Komplexionen.

7.7 Zusammenstellung der neuen Vokabeln

Zusammenfassung

Baumdiagramm
bedingte Wahrscheinlichkeit
Bernoulli-Experiment
Binominalverteilung
Elementarereignis
Entscheidungsbaum
Ereignis
Ereignisraum
Erwartungswert
klassische Wahrscheinlichkeit
Kombination
Kombinatorik
Komplexion
Laplace-Wahrscheinlichkeit
Normalverteilung
n Fakultät, *n*!
n über *k*
Pascal'sches Dreieck
Permutation
Pfad
sicheres Ereignis
statistische Wahrscheinlichkeit
unmögliches Ereignis
Variation
Vierfeldertafel
Wahrscheinlichkeit
Wahrscheinlichkeitsverteilung
Varianz
Zufälliges Ereignis
Zufallsexperiment
Zufallsvariable

8 Analytische Geometrie

8.1 Begriffe

Geometrie ist nichts Neues für Sie, schon vor der Jahrgangsstufe 11 haben Sie sich mit geometrischen Fragestellungen beschäftigt, in der Aussagenlogik griffen wir dieses Thema auf.

So wurde beispielsweise die Form eines speziellen Vierecks **anschaulich definiert** und **beschrieben**, ohne dass eine bestimmte Lage der Figur oder ein bestimmtes Zahlensystem vorausgesetzt wurde. Die **Beschreibung** der Form und das Wissen über bestimmte Maße (Längen sowie Winkel) reichten aus, um andere Längen, Winkel oder Flächen zu bestimmen. Bei dreidimensionalen Körpern ging es darum, Volumen, Oberflächen und andere Maße zu berechnen. Diese Art der Geometrie nennt man **synthetische** Geometrie.

Die **analytische** Geometrie benutzt Methoden und Gesetze der **Algebra**, um geometrische Probleme zu lösen. Oft verzichtet man ganz auf die Anschauung und man löst Aufgaben rein formal, die Berechnung gesuchter Größen kann „automatisch" erfolgen. Dieser Aspekt der Geometrie bietet sich natürlich an, wenn EDV eingesetzt wird.

Doch keine Angst, wir wissen, was wir Gestaltern schuldig sind; deshalb werden **alle** Definitionen, Verfahren sowie Methoden der analytischen Geometrie anschaulich hergeleitet, erklärt und auf die Praxis bezogen.

8.2 Koordinatensysteme

8.2.1 Zweidimensionale Koordinatensysteme

Wenn man sein Umfeld in Zahlen fassen will, muss man genau angeben, „von wo aus" gemessen werden soll → man definiert den Bezugspunkt.

In der analytischen Geometrie ist dieser Bezugspunkt der **Koordinatenursprung** eines Koordinatensystems. Behandelt man Probleme in der Ebene, kommt man mit zwei Achsen aus. Hat man die Lage der erste Achse (x-Achse, Abszisse) gewählt, so erhält man die zweite Achse (y-Achse, Ordinate) durch eine Drehung um $90°$ in mathematisch **positiver** Drehrichtung (entgegen der Uhrzeigerdrehrichtung), für „rechtwinklig zueinander" sagt man auch **orthogonal.** Falls beide Achsen im gleichen Maßstab als Ratio-Skala (der Abstand zwischen 5 und 7 ist genauso groß wie zwischen 9 und 11 **und** der Abstand von 0 bis 20 ist doppelt so groß wie der Abstand zwischen 0 und 10 → Intervallskala mit echtem Nullpunkt) ausgebildet sind, spricht man von **kartesischen Koordinaten**. Man erhält ein Gitternetz von parallelen Geraden mit gleichen Abständen, die aufeinander senkrecht stehen (Abb. 8.1, linkes Bild)

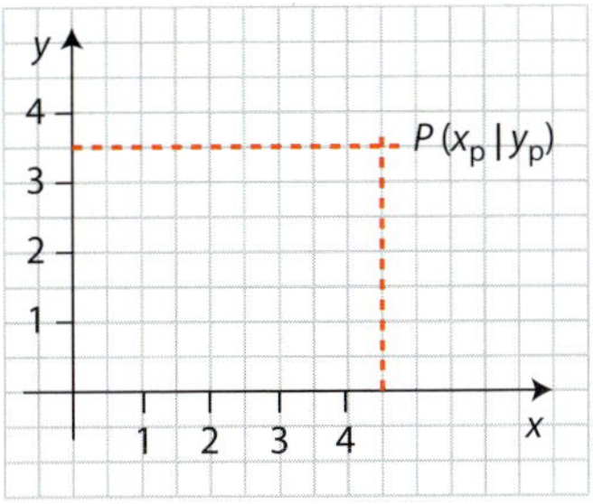

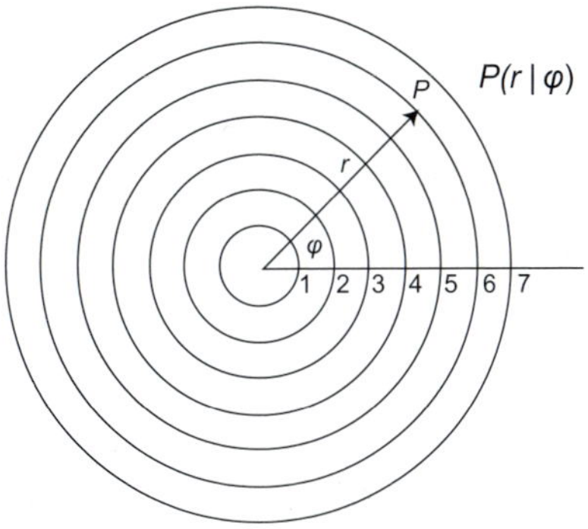

Abb. 8.1: Der Punkt P in kartesischen Koordinaten *... und in Polarkoordinaten*

Der Punkt P ist durch seine Koordinaten x_P und y_P eindeutig bestimmt. Sie kennen das aus der Jahrgangsstufe 11.

Ein anderes Koordinatensystem ergibt sich, wenn man vom **Abstand *r*** des Punktes P vom Ursprung sowie dem **Winkel** φ zwischen Bezugsachse und ***r*** ausgeht. Der Abstand r ist Radius eines Kreises um den Ursprung. Praktisch entsteht ein krummliniges Koordinatensystem aus einer Schar von konzentrischen Kreisen und einer Schar von Strahlen, die vom Mittelpunkt der Kreise ausgehen. P ist durch r und φ eindeutig bestimmt, man erhält $P(r|\varphi)$. Ihre mathematischen Kenntnisse befähigen Sie, kartesische Koordinaten in Polarkoordinaten (und umgekehrt) umzurechnen. Fertigen Sie jedoch eine Skizze an, damit Sie auch Winkel, die größer als 90° sind, richtig zuordnen; denn gewöhnliche Taschenrechner sind sehr „dumm". Diese sind nicht in der Lage, die Punkte $P_1(1|1)$ von $P_2(-1|-1)$ bzw. $P_3(-1|1)$ von $P_4(1|-1)$ zu unterscheiden, denn die Ergebnisse der Arcus-Funktionen werden nur im Bereich $-90° \leq \varphi \leq 90°$ angezeigt. Intern benutzt der Taschenrechner die Punktsymmetrie der Tangensfunktion und überlässt **Ihnen** die richtige Zuordnung. Deshalb noch einmal der Hiweis:

Fertigen Sie eine Skizze an, sonst machen Sie Fehler! **Hinweis**

Wir zeigen Ihnen die Umrechnung von den kartesischen Koordinaten in Polarkoordinaten anhand eines Beispielpunkts, der systematisch alle 4 Quadranten durchläuft.

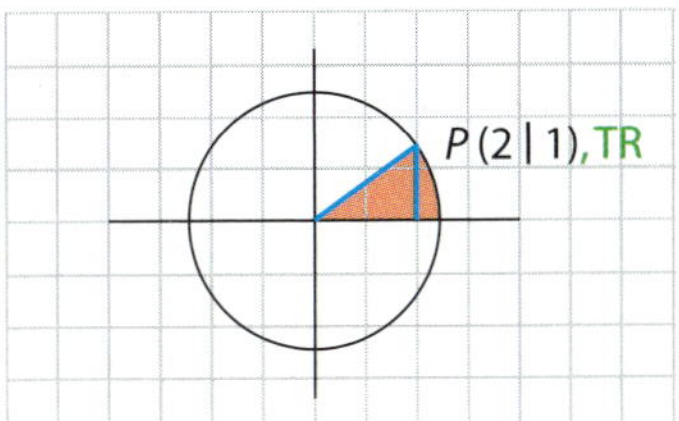

Berechnung des Winkels φ:

***P*(2 | 1) (1. Quadrant)**
Rechnung:
$\varphi = \arctan(1/2) = \arctan(0{,}5)$
Eingabe in den TR: „[1] [:] [2] [=] [inv] [tan]
Anzeige: $\varphi_{TR} = 26{,}56...°$
Ergebnis: $\varphi = \varphi_{TR} = 26{,}6°$, Anzeige = Ergebnis.

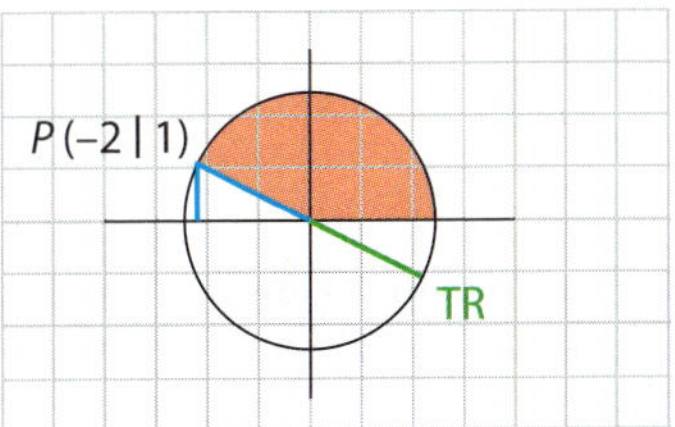

***P*(−2 | 1) (2. Quadrant)**
Rechnung: $\varphi = \arctan(1/-2) = \arctan(-0{,}5)$
Eingabe: wie oben, aber Vorzeichenwechsel → [2] [±]
Anzeige: $\varphi_{TR} = -26{,}56...°$ → der TR hat „den grünen Winkel" ausgerechnet und zeigt diesen auch an.
Ergebnis: $\varphi = 180° + \varphi_{TR} = 153{,}4°$.

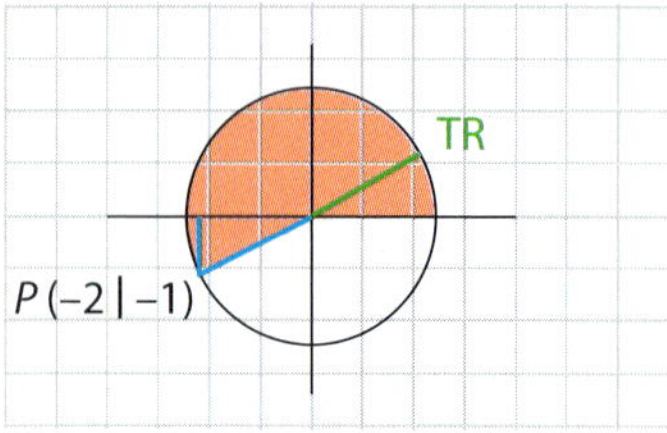

P(−2 | −1) (3. Quadrant)
Rechnung:
$\varphi = \arctan(-1/-2) = \arctan(0{,}5)$ (wie im 1. Quadranten!)
Eingabe wie oben, jedoch beide Vorzeichen negativ.
Anzeige: $\varphi_{TR} = 26{,}56...°$ Der TR zeigt den Wert im 1. Quadranten an.
Ergebnis: $\varphi = 180° + \varphi_{TR} = 206{,}6°$.

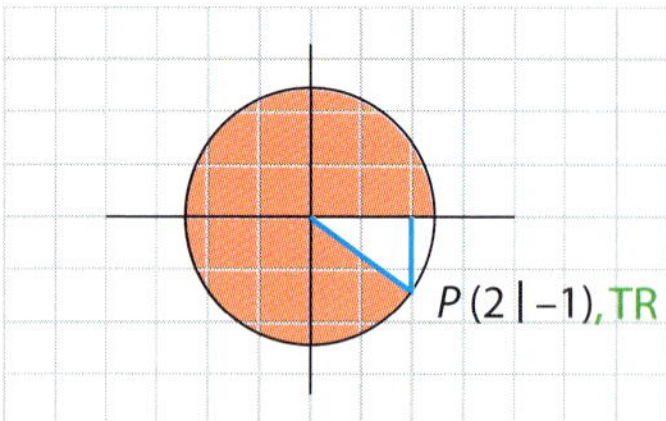

P(2 | −1) (4. Quadrant)
Rechnung:
$\varphi = \arctan(-1/2)$
Eingabe: wie oben, nur das Vorzeichen der „1“ ist negativ.
Anzeige: $\varphi_{TR} = -26{,}56...°$ Das ist zwar korrekt, falls man mit negativen Winkeln arbeiten will. Bevorzugt man positive Werte, erhält man das
Ergebnis: $\varphi = 360° + \varphi_{TR} = 333{,}4°$.

Für alle obigen Beispiele gilt: $r^2 = (\pm 2)^2 + (\pm 1)^2 \rightarrow \boldsymbol{r = \sqrt{5} = 2{,}24}$

Aufgabe Aus den Koordinaten des Punktes $P(x|y)$ können Sie mithilfe des Satzes von Pythagoras den Radius r ausrechnen und dann mit dem arcsin (φ) und/oder dem arccos (φ) operieren. Nehmen Sie die gleichen Koordinaten wie oben, rechnen und vergleichen Sie, **aber nicht ohne Skizze**!

Übungen Füllen Sie die leeren Felder aus, skizzieren Sie vorher die gegebenen Größen im Koordinatensystem. Vergleichen Sie Skizze und Rechenergebnis und entscheiden Sie, ob Übereinstimmung besteht.

x	*y*	*r*	φ
3	−4		
−2	−3		
		4	130°
−30		50	
10	5		
−3	4		
		500	2,111 rad
30			300°

Tab. 8.1

Bisher benutzten Sie das kartesische Achsensystem, um die Graphen von Funktionen darzustellen.

Sie kennen die lineare Funktion $\boldsymbol{y = mx + n}$. Diese Form der Gleichung heißt **explizit**, denn man hat y „herausgenommen“, das heißt, man hat die Gleichung nach y aufgelöst. Diese Art der Darstellung ist, wie Sie wissen sollten, besonders anschaulich, denn aus m und n können Sie den Verlauf der Geraden erschließen.

In der analytischen Geometrie wählt man die **implizite** Form der linearen Funktion, auf der linken Seite der Gleichung stehen alle Variablen und das konstante Glied, rechts steht immer eine Null.

$$ax + by + c = 0$$

Die Koeffizienten a, b, c weisen nicht mehr direkt auf bestimmte Eigenschaften des Graphen hin, erlauben jedoch Sachverhalte, die bei der expliziten Form nicht möglich sind. Beispiel: $b = 0$ → man erhält eine Parallele zur y-Achse, der Graph hat die Steigung $m =$ „∞" und ist in der explizierten Form nicht definiert.

Erweitert man auf „gekrümmte" Graphen und wählt 2 als höchste Potenz, kommt man implizit zu

$$ax^2 + bxy + cy^2 + dx + ey + f = 0$$

Je nach Vorzeichen und Wert der Koeffizienten kommt man zu quadratischen Parabeln, Ellipsen, (Sonderfall: Kreise) oder Hyperbeln.

Einen **Kreis** in allgemeiner Lage erhält man, falls $b = 0$ und $a = c$ gilt. Für den Kreis in Ursprungslage erhält man $x^2 + y^2 - r^2 = 0$ mit r als Radius. Eine Ellipse in Ursprungslage hat die Gleichung $b^2x^2 + a^2y^2 - a^2b^2 = 0$. Dabei sind a, b die Längen der beiden Halbachsen.

Aufgabe

1. Bei der obigen Ellipsengleichung gelte $a = b = r$. Geben Sie an, welche Form die Ellipse annimmt.
2. In Brasilia steht eine weltberühmte Kathedrale. Geben Sie an, warum wir **hier** darauf hinweisen.

In der synthetischen Geometrie erzeugt man diese Figuren durch Kegelschnitte, diese sind für Gestalter zwar sehr anschaulich, der mathematische Aufwand zur Erschließung der zugehörigen Funktionsgleichung ist jedoch erheblich.

Wir teilen diesen Aspekt nur mit, gehen aber rechnerisch nicht weiter darauf ein. Gezeigt wird nur, wie man mit Mitteln der darstellenden Geometrie eine Parabel Punkt für Punkt konstruiert. Sie sollten dieses Verfahren nachvollziehen (Aufgabe) und auch für eine Ellipse üben.

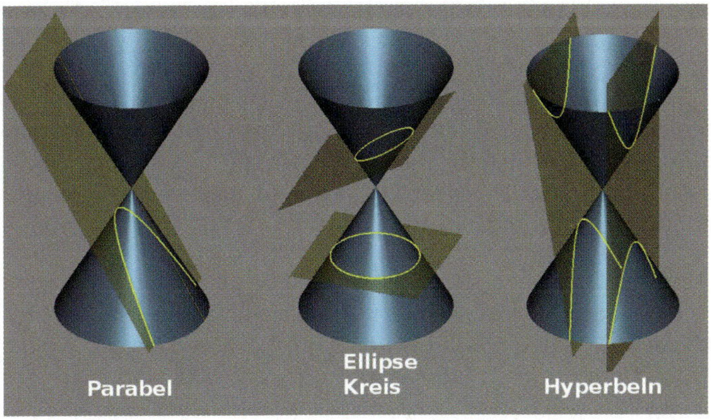

Abb. 8.2: Kegelschnitte → Ebenen schneiden einen Doppelkegel[1]

[1] *www-astro-foren.de*

Aufgabe

3. Analysieren Sie die Kegelschnitte in Abb. 8.2 und geben Sie an, wie die Schnittebene verlaufen muss, damit man a) einen Kreis, b) eine Ellipse, c) eine Parabel und d) eine Hyperbel erhält.
4. Bestimmen Sie die Koeffizienten der impliziten Form so, dass eine Normalparabel entsteht.
5. Bestimmen Sie die Koeffizienten so, dass eine nach unten geöffnete Normalparabel mit dem Scheitel $S(2|1)$ entsteht.
6. Analysieren Sie die folgende Konstruktion einer Parabel als Kegelschnitt (→ Abb. 8.3). Gehen Sie analog vor und konstruieren Sie die Parabel bei einem Kegel, der 10 cm hoch ist und einen Durchmesser von 8 cm hat. Die Schnittebene soll den Grundkreismittelpunkt in einem Abstand von 2,5 cm passieren.

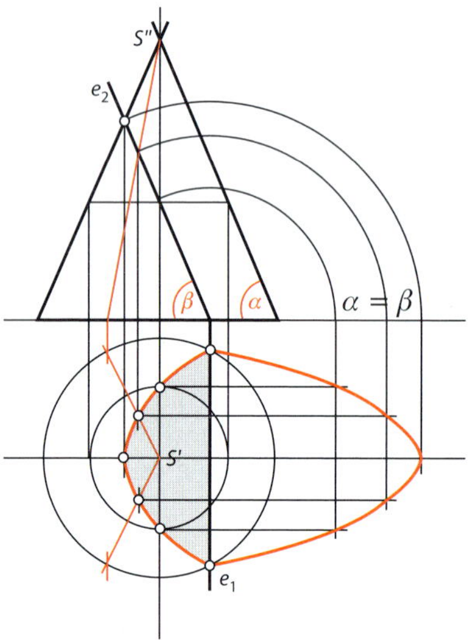

Abb. 8.3: Parabel als Kegelschnitt, punktweise Konstruktion[1]

In den gestalterischen Berufen benutzt man unbewusst weitere Koordinatensysteme, die zwar in der reinen Mathematik keine, jedoch in der entsprechenden Software eine große Rolle spielen und von den Programmierern „für Sie unsichtbar“ eingearbeitet wurden.

Sie wissen, dass bei der Architekturfotografie „stürzende Linien“ auftreten. Früher konnte man bei den Spezialkameras zum Ausgleich die Filmebene etwas kippen, heute benutzen Sie im Programm ein Gitternetz, dessen Abstand „nach oben“ größer wird und so die parallelen Kanten eines Gebäudes auch im Foto wieder parallel erscheinen.

Sie wissen auch, dass man Fotos manipulieren kann. So könnten Sie einer Person, die oft lügt, mit wenigen Mausklicks eine Pinocchio-Nase verpassen. Hier benutzen Sie zum internen Umrechrechnen ein Koordinatensystem, das im Bereich der Nase gekrümmt ist und wo die Gitterweite zunimmt. Ein sehr bekannter Fernseh-Journalist (Quarks ...) hatte vor einiger Zeit „Lügen“ als Thema und trat selbst als „Pinocchio“ auf. Im rechten Bild sehen Sie, wie sich gekrümmte Koordinaten bei der Abbildung des Buchstaben **F** auswirken.

---

[1] *Mader, Richter: Wissensspeicher Mathematik, Volk u. Wissen 1989*

Abb. 8.4: Verzerrung[2] …

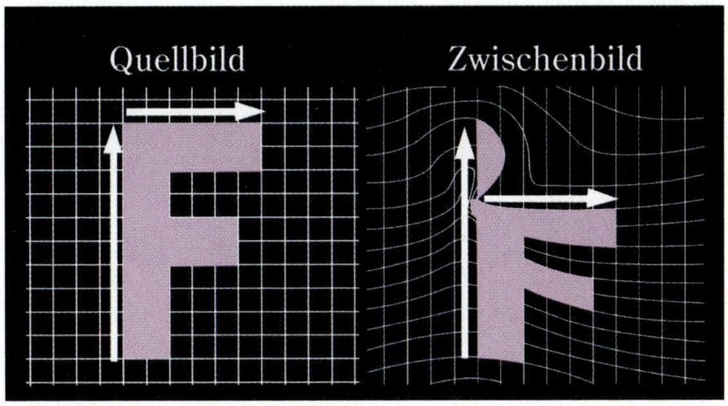

… *durch gekrümmte Koordinaten*[1]

Aufgabe

7. Übertragen Sie das Bild eines menschlichen Schädels in ein Koordinatensystem mit gekrümmtem Gitternetz → übertragen Sie die Koordinaten „wichtiger“ Punkte, verbinden Sie diese.

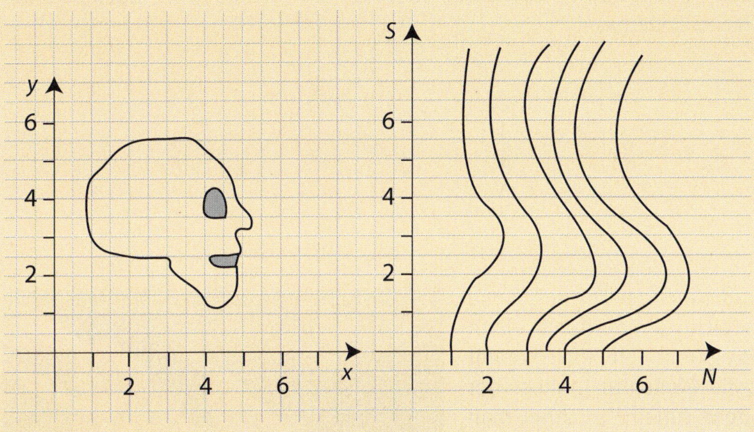

Abb. 8.5

8.2.2 Dreidimensionale Koordinatensysteme

Wir leben nicht in einer zweidimensionalen Ebene, sondern in einem dreidimensionalen Raum. Das Koordinatensystem muss um die z-Achse erweitert werden. Es gilt folgende Verabredung:

x, y, z bilden ein Rechtssystem.

Merksatz

Drehe die x-Achse auf dem kürzesten Weg in Richtung y-Achse und überlege, wohin ein Korkenzieher bei dieser Drehung gehen würde → das ist die Richtung der z-Achse.

Oder: Nimm die rechte Hand, kipp den Mittelfinger nach innen → Daumen (x), Zeigefinger (y) und Mittelfinger (z) bilden ein Rechtssystem.

---

1 *www.cg.tuwien.ac.at*

2 *www.wdr.de*

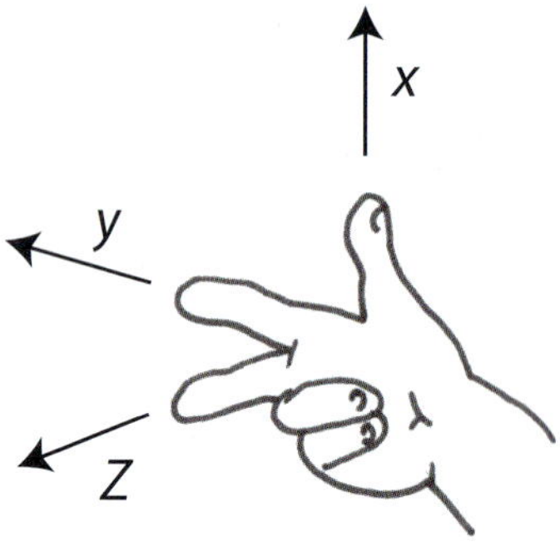

Abb. 8.6: Die „Rechte-Hand-Regel“

Falls man nun Punkte oder kompliziertere Gebilde in ein dreidimensionales Achsensystem einzeichnen will, hat man Schwierigkeiten, denn unser Zeichenblatt ist eine Ebene und hat keinen Platz für die dritte Achse.

Aufgabe 1. Beschreiben Sie den Verlauf der fehlenden *z*-Achse für die folgenden *x*-*y*-Ebenen unter Beachtung eines Rechtssystems.

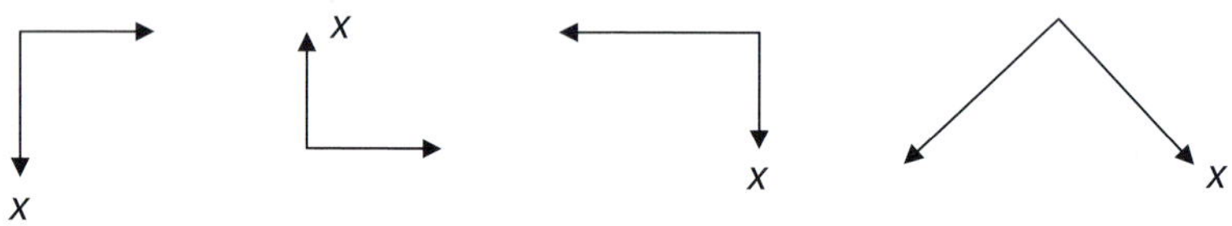

Abb. 8.7

Verabredung: Achsen, die aus der Zeichenebene herauskommen, kennzeichnet man durch einen kleinen Kreis mit Mittelpunkt (ein Pfeil kommt entgegen, man sieht die Pfeilspitze). Fliegt der Pfeil in die Zeichenebene hinein, zeichnet man einen kleinen Kreis mit Kreuz (Schaft des Pfeils, durch 2 Federn stabilisiert.

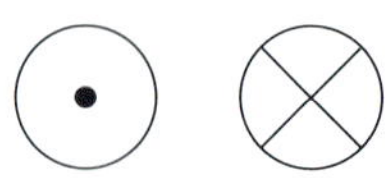

Abb. 8.8: Pfeil mit Stabilisierungsfedern

Aufgabe 2.

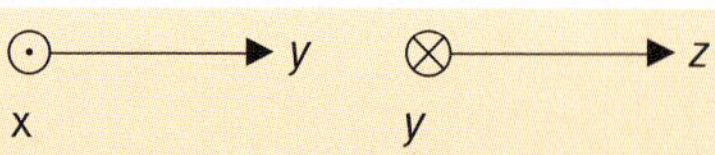

Zeichnen Sie die fehlenden Achsen.

Merksatz Legt man Wert auf eine maßstabsgerechte Zeichnung, kann man dreidimensionale Gegenstände nicht „einfach so“ darstellen.

Techniker gehen deshalb sehr trickreich vor, sie zeichnen den Gegenstand in drei unterschiedlichen Ansichten, nämlich von vorn (Vorderansicht), von der Seite (Seitenansicht) und von oben (Draufsicht), das Ganze nennt man auch Drei-Tafel-Projektion. Wir beginnen „ganz einfach“ und untersuchen zwei aufeinander gelegte Bauklötze (Abb. 8.9).

*Abb. 8.9: Zwei Bauklötze bilden ein „**L**“*

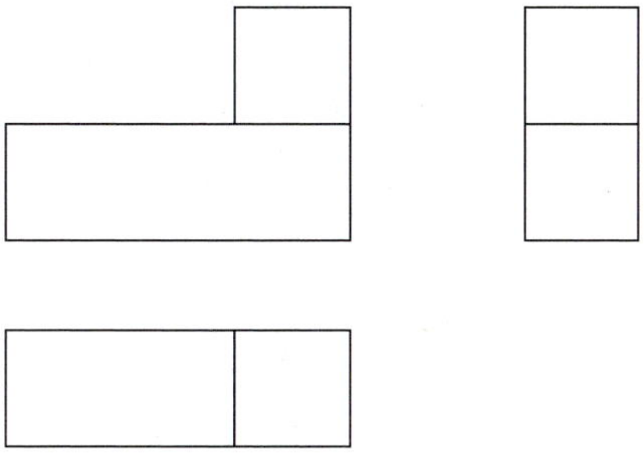

*Skizze, die drei Ansichten des „**L**“*

Aufgabe

3. Legen Sie die Maße der beiden Klötze fest (schätzen, es sind zwei Quader) und zeichnen Sie den L-förmigen Körper in den drei Ansichten.
4. Verschieben Sie den oberen Klotz so, dass er mittig liegt. Zeichnen Sie die drei Ansichten.
5. Analysieren Sie die Abbildung 8.10: „Körper in drei Ansichten“ und beschreiben Sie den Körper. Fertigen Sie eine perspektivische Skizze an.

Für Techniker ist diese Darstellungsweise sehr geeignet, denn bei der Herstellung des Körpers können Maße direkt übernommen werden. Anschaulich sind solche Darstellungen jedoch nicht, bei komplizierten Teilen kann ein Laie mit solchen Zeichnungen nichts anfangen (siehe Aufgabe 3!).

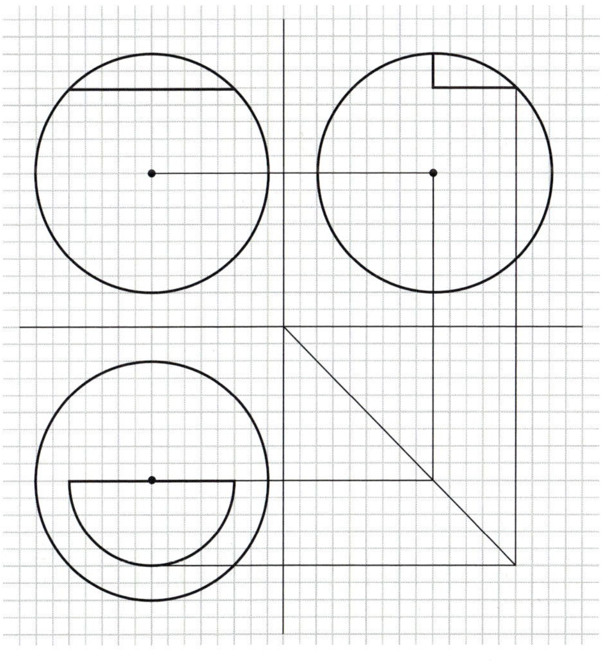

Abb. 8.10: Körper in drei Ansichten

Man muss einen Kompromiss zwischen Anschaulichkeit und Genauigkeit schließen: Wir nehmen ein dreidimensionales Achsensystem und zeichnen dieses als Schrägbild, um Perspektive zu erzeugen. Wir verzerren bewusst den Maßstab der Achse, die **eigentlich** senkrecht zur Zeichenebene verläuft, Sie wissen aus der Kunstgeschichte, dass unterschiedliche Perspektiven gewählt werden können, wir beschränken uns in diesem Kurs auf folgende Darstellung: Wir zeichnen die positive y-Achse nach rechts, die positive z-Achse weist nach oben, beide Achsen sind maßstabsgerecht geteilt. Da wir ein Rechtssystem benutzen, weist die x-Achse aus der Zeichenebene heraus, der Winkel zur negativen y-Achse beträgt 45°, der Verkürzungsfaktor beträgt ca. 70 % ($0{,}5 \cdot \sqrt{2}$). Falls Sie auf „Kästchenpapier" zeichnen, wird es besonders einfach, auch die Einteilung der x-Achse kann dem „Gitter" entnommen werden. Falls für y sowie z gilt: 1 Einheit = 2 kleine Kästchen, so ist die Diagonale eines kleinen Kästchens gleich „1" auf der x-Achse (Begründen Sie)! Man benutzt auch andere Winkel und Verkürzungsfaktoren, wir gehen nicht weiter darauf ein.

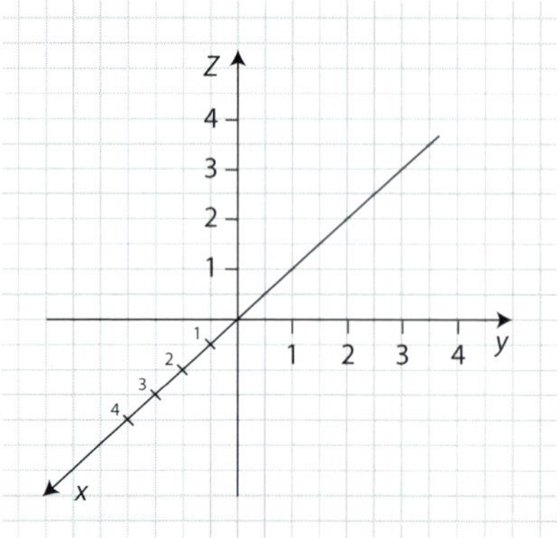

Abb. 8.11: Dreidimensionales ***kartesisches*** *Koordinatensystem*

Aufgabe

6. Zeichnen Sie ein Achsensystem nach obigen Vorgaben und tragen Sie die Punkte $P_1(2|-3|4)$; $P_2(-1|2|-3)$; $P_3(-1|-5|-4)$ ein.

7. Ein Quader hat folgende Maße: 4 cm lang, 6 cm breit und 8 cm hoch. Zeichnen Sie diesen Quader in ein Achsensystem. Der Koordinatenursprung soll mit einer Ecke des Quaders zusammenfallen.

8. Eine Pyramide hat ein Quadrat als Grundfläche, Seitenlänge $a = 6$ cm. Die Höhe der Pyramide beträgt $h = 9$ cm. Zeichnen Sie die Pyramide so, dass
   a) eine Ecke der Grundfläche die Koordinaten $P(0|-3|0)$ hat.
   b) die Grundfläche 1 cm unter der x-y-Ebene liegt.

9. Ein Dreieck im Raum hat die Eckpunkte $A(4|1|0)$; $B(-4|5|0)$; $C(-4|0|3)$. Zeichnen Sie das Dreieck.

10. Ein Viereck mit den Eckpunkten $A(-4|1|0)$; $B(0|6|2)$; $C(0|1|7)$; $D(2|-3|6)$ ist zu zeichnen.

Hinweis Perspektivische Zeichnungen **täuschen vor,** dreidimensionale Gegenstände zweidimensional abbilden zu können. Vorsicht, man kann aber auch **Sie** täuschen, analysieren Sie die folgenden Zeichnungen.

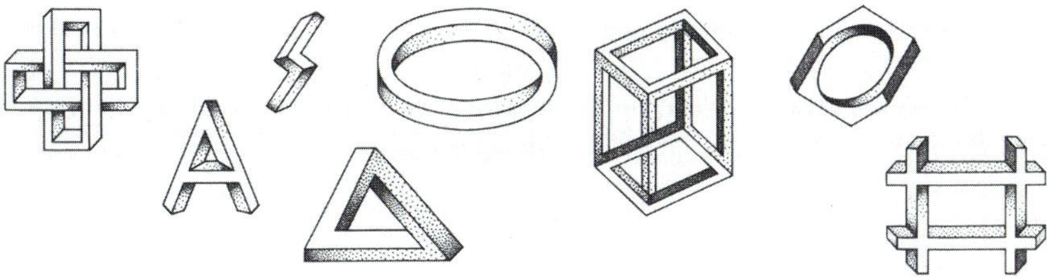

Abb. 8.12: „Unmögliche“ Gegenstände[1]

In der Mathematik benutzt man noch andere dreidimensionale Koordinatensysteme. **Zylinderkoordinaten** entstehen dadurch, dass man Polarkoordinaten um eine z-Achse ergänzt, die senkrecht auf der r/φ-Ebene steht. Der z-Wert gibt also an, wie hoch ein Punkt oberhalb ($z > 0$) bzw. unterhalb ($z < 0$) der r/φ-Ebene liegt.

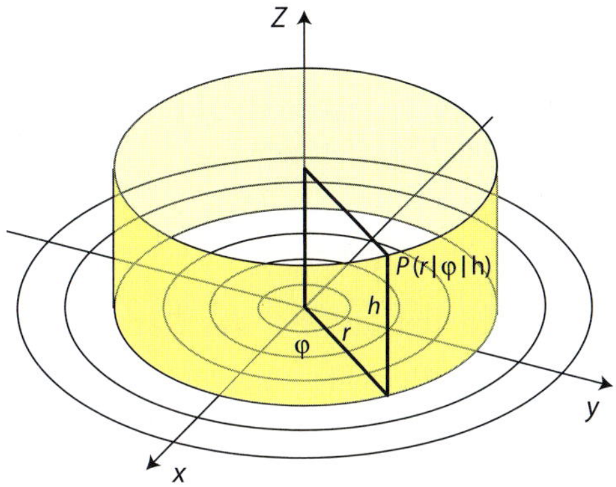

Abb. 8.13: Zylinderkoordinaten

Gestalter benutzen Zylinderkoordinaten, wenn Sie beispielsweise „Farbe“ definieren. Sie benutzen unter anderem das IHS-System, um eine Farbe festzulegen. „**I**“ steht für **I**ntensität, „**H**“ kommt von **H**ue und bedeutet Farbton, „**S**“ steht für **S**aturation und bedeutet Sättigung. 0° bedeutet rot, 60° steht für gelb, 120° bedeutet grün usw. S gibt den Radius an und es gilt $0\,\% \leq S \leq 100\,\%$. Die Höhe des Zylinders gibt die Intensität an und nimmt ebenfalls Werte von 0 % bis 100 % an.

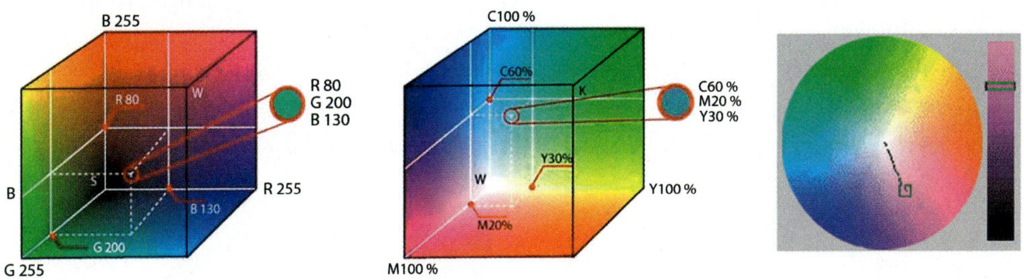

Abb. 8.14: Unterschiedliche Farbmodelle, rechts: IHS in Zylinderkoordinaten, dargestellt in ***Grundriss*** *und* ***Seitenansicht***[2]

---

[1] *Lehmann, Kurzweil durch Mathe, Leipzig 1980*
[2] *http://ifgifor.uni-muenster.de*

In der theoretischen Elektrotechnik und in der Physik wählt man, falls erforderlich bzw. „nützlich", **Kugelkoordinaten.** Um einen Punkt *P* mit diesen Koordinaten festzulegen, benötigt man eine Länge ***r*** (Abstand des Punkts vom Ursprung) und zwei Winkel. Den Winkel φ kennen Sie bereits, es ist der gleiche wie bei den Polarkoordinaten. Der Winkel **δ** liegt zwischen *z*-Achse und *r*.

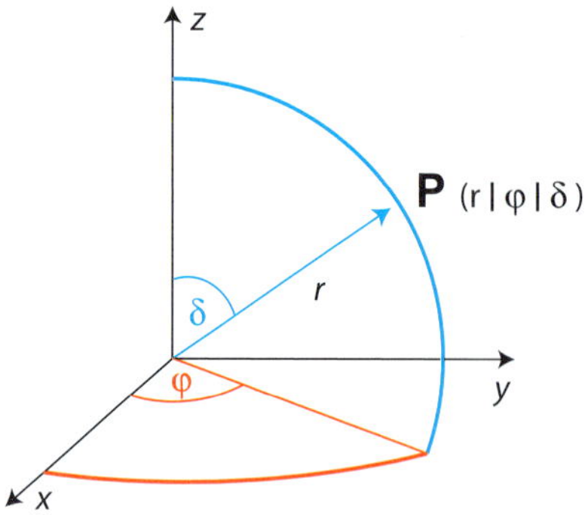

Abb. 8.15: Kugelkoordinaten

Da unsere Erde kugelförmig ist, benutzt man in der Geographie ebenfalls Kugelkoordinaten. Diese sind allerdings etwas modifiziert, wie wir im nächsten Kapitel zeigen.

8.3 Geometrie auf der Erd(kugel) – Oberfläche

8.3.1 Probleme bei der Gestaltung von Landkarten und bei der Navigation

Landkarten zeichnet man auf ein Blatt Papier, man will also Elemente (Strecken Figuren) der **überall gekrümmten** Kugeloberfläche der Erde auf eine Ebene übertragen.

Sie als Gestalter sollten sich vorstellen können, dass man eine Kugel nicht abwickeln kann und somit für **jede** Landkarte als Abwicklung oder Projektion der Erdkugel die Wirklichkeit verzerren muss! Machen Sie notfalls folgenden Versuch: Besorgen Sie sich einen alten Ball, schneiden diesen auf und versuchen Sie, die Hülle plan auf den Tisch zu legen! Das geht wirklich nicht!

Falls man die Kugeloberfläche in die Ebene projiziert, macht man also Fehler. Entweder werden die **Winkel** exakt abgebildet (wichtig beim Navigieren mit dem Kompass), dann werden Entfernungen **und** Flächengrößen verzerrt. Man kann auch so abbilden, dass die Entfernungen stimmen, dann stimmen die Winkel und Flächen nicht. Eine flächentreue Abbildung verzerrt Winkel und Entfernungen.

Im Abb. 8.16 sehen Sie einige Darstellungsarten von Teilansichten der Erdkugel.

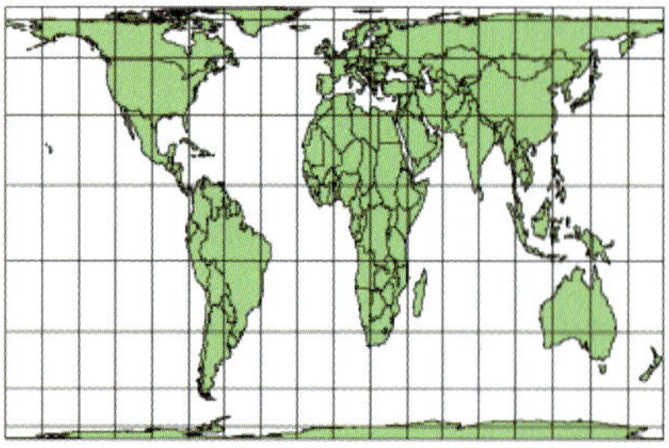

Peters-Projektion
(soll politisch „korrekter" als die europazentrierte Projektion sein)

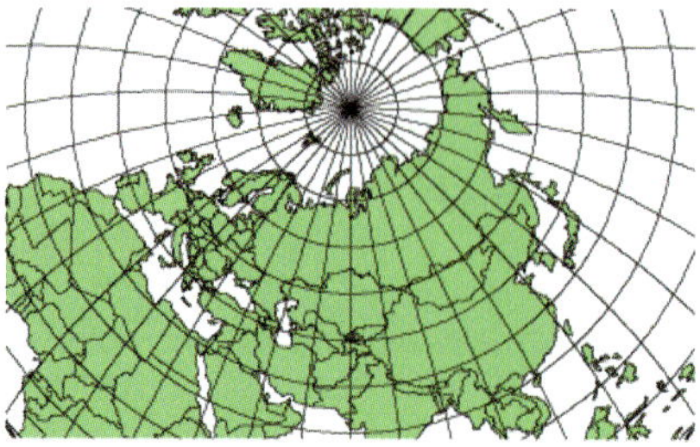

Längentreue Azimuthalprojektion

Senkrechte Umgebungsperspektive

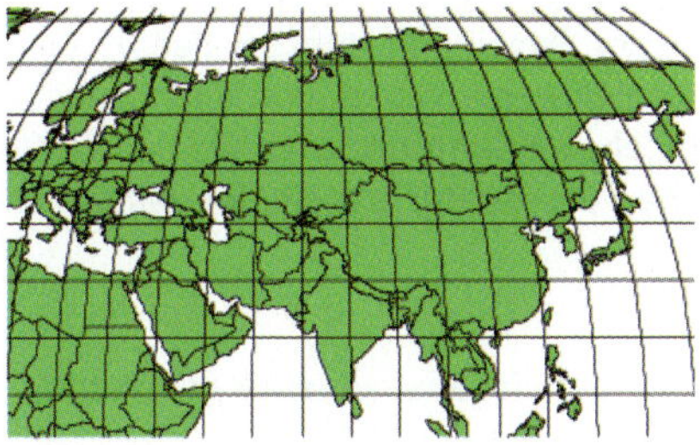

Robinson-Projektion

Abb. 8.16: Einige Darstellungen der Erdoberfläche

Aufgabe

1. Informieren Sie sich über die **Mercator**-Karte und zeigen Sie an der Tafel, warum Strecken in der Nähe der Pole stark verzerrt werden.
2. Informieren Sie sich über die Robinson-Projektion. Wer „gewinnt", Mathematik oder Gestaltung?

Landkarten benutzt man, um den Weg von A nach B zu erkunden. Falls man von Düsseldorf nach Köln fahren will, muss man nicht großartig navigieren, man folgt dem Straßenverlauf, ohne dass man sich über die Verzerrungen der Karte Gedanken machen muss, das gilt für alle relativ kurzen Entfernungen. Ganz anders verhält es sich, wenn man große Entfernungen auf dem Meer oder in der Luft bewältigen will. Es gibt keine Straßen und keine Wegweiser. Navigieren klappt dann und nur dann, wenn man weiß, **wo** man ist, **und wenn** man einer Karte entnehmen kann, in welche **Richtung** man weiterfahren/fliegen muss $\rightarrow$ eine winkeltreue Karte (plus Kompass) sind notwendig. Diese Karte ist allerdings nicht geeignet, um Entfernungen abzumessen.

Falls Sie das Bild einer Kugel anfertigen, zeichnen Sie immer einen Kreis und benutzen zusätzliche Gestaltungsmittel (Licht, Schatten, Texturen), um die Illusion von Räumlichkeit zu vermitteln. Auch Drahtgittermodelle sind manchmal geeignet.

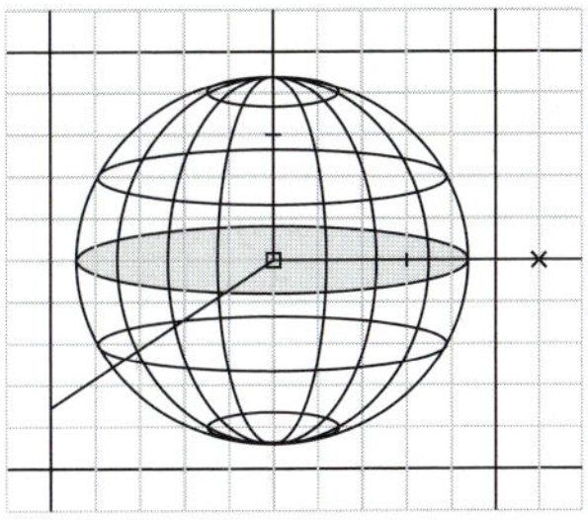

Abb. 8.17: Drahtgittermodell einer Kugel

Aufgabe

3. In Köln gibt es als Kunstinstallation ein großes Gittermodell der Erdkugel. Geben Sie den Namen des „Aktions-Künstlers" an, besorgen Sie sich auch ein Bild des Kunstwerkes!

Trotz dieser Schwierigkeiten bei der Darstellung einer Kugel wollen wir Geometrie betreiben und beispielsweise Winkel und Entfernungen berechnen. Das ist durchaus zu schaffen; denn mit Hilfe **ebener Schnitte** durch die Kugel erzeugen wir ebene Figuren, die mit Hilfe von Winkelfunktionen und später mittels der Vektorrechnung zu erschließen sind.

8.3.2 Großkreise und Kleinkreise

Die Kugeloberfläche ist **allseitig gekrümmt**, es gibt auf ihr **keine Geraden**!

Aufgaben

1. Besorgen Sie sich eine Dekokugel aus Styropor und eine Stricknadel. Versuchen Sie, die Stricknadel ohne sie zu verbiegen auf die Kugeloberfläche zu legen.
   Mit der geraden Stricknadel können Sie die Kugel nur **durchbohren**, um zwei Punkte *A* und *B* miteinander zu verbinden. In der Ebene ist die kürzeste Verbindung zweier Punkte eine Gerade, doch das stimmt auf der Kugel nicht mehr; denn man müsste dauernd Tunnel bohren, um von *A* nach *B* zu gelangen, dann bewegt man sich aber **nicht auf** der Kugel.
2. Versehen Sie die Dekokugel mit zwei Sattlernadeln (Stecknadeln mit großen bunten Köpfen) und verbinden Sie die Nadeln mit einem Paketgummi. Lassen Sie das Gummi einige Male nach leichtem Anheben auf die Kugel schnellen → das Gummi zeigt die kürzeste Verbindung zwischen *A* und *B*, den Einstichstellen der Nadeln.
3. Verlängern Sie in Gedanken das Gummi und beschreiben Sie die gedachte Linie, die auf der Kugeloberfläche zu sehen wäre.
4. Drehen Sie die Dekokugel so, dass das Gummi und die beiden Nadeln ganz am Rand liegen. Beschreiben Sie den gedachten Verlauf der Verlängerung des Gummis.

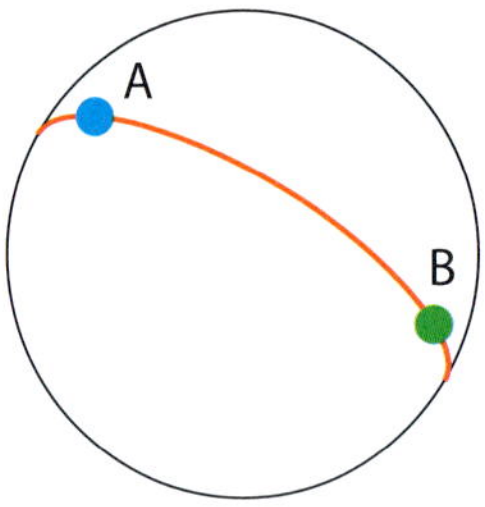

Abb. 8.18: Kürzeste Verbindung zwischen A (blau) und B (grün)

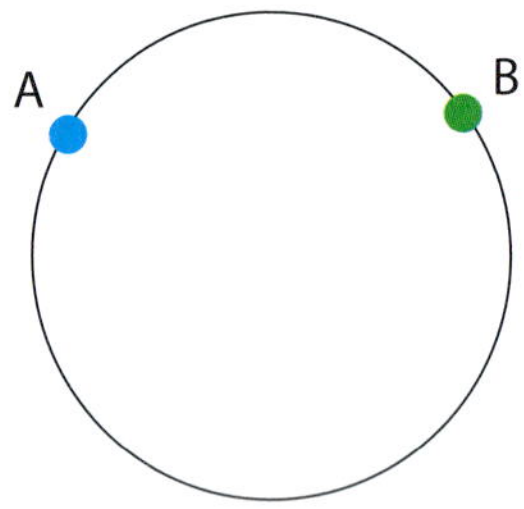

Abb. 8.19: Die Strecke AB (kürzeste Verbindung) ist ein Teil des Umfangs der Kugel

Diese Verbindung, die Sie jetzt gefunden haben, ist ein Teil der Umrisslinie der Kugel.

Satz Jede Ebene, die durch den Mittelpunkt einer Kugel geht, erzeugt als Schnittlinie einen **Großkreis.** Der Durchmesser dieses Großkreises ist genauso lang wie der Durchmesser der Kugel.
Die kürzeste Verbindung zweier Punkte *A*, *B* auf der Kugeloberfläche ist immer ein Teil des Großkreises durch *A* sowie *B*.

Anmerkung: Auf einer Mercator-Landkarte erscheint die kürzeste Verbindung normalerweise als eine gebogene Linie und ist nicht die Gerade, die *A* mit *B* verbindet.

Aufgabe Finden Sie heraus, unter welcher Bedingung die Anmerkung nicht zutrifft.

Bei der Geometrie auf der Kugel übernehmen also Großkreise die „Aufgaben“, die Geraden in der Ebene erledigen. Doch bestehen erhebliche Unterschiede bei den geometrischen Eigenschaften:

In der Ebene haben zwei Geraden entweder einen Schnittpunkt oder sie verlaufen parallel. Auf der Kugel gibt es keine parallelen Großkreise, Großkreise schneiden sich immer zweimal!

In der Ebene gibt es Dreiecke, Vierecke usw. Für ein Dreieck benötigt man drei Geraden. Auf der Kugel erzeugen nur **zwei** Großkreise bereits **vier „Zweiecke“**.

Außer Großkreisen gibt es auf der Kugel auch noch **Kleinkreise.** Kleinkreise entstehen immer dann, wenn eine Ebene eine Kugel schneidet **und** die Schnittebene **nicht** durch den Kugelmittelpunkt verläuft. Bestimmte Kleinkreise sind Bestandteile eines besonderen Koordinatensystems, das in der Geographie benutzt wird.

8.3.3 Ein Koordinatensystem aus Kreisen

Sie haben bestimmt schon einen Globus gesehen und bemerkt, dass dieser mit einem **Gitternetz senkrecht aufeinander stehender Kreise** versehen ist. Dieses Gitternetz besteht

- aus den **Meridianen,** das sind Großkreise durch die beiden Pole (Nord-, Südpol),
- aus den **Breitenkreisen,** das sind Kleinkreise, die senkrecht auf den Meridianen stehen.

Die Breitenkreise entstehen dann, wenn die Schnittebenen senkrecht zur Erdachse (→ Verbindungslinie der beiden Pole) verlaufen.

Der Breitenkreis, der zusätzlich auch Großkreis ist, heißt **Äquator.** Der Äquator teilt die Erdkugel in die **nördliche** sowie in die **südliche** Halbkugel. Man zählt die Breite ausgehend vom Äquator und ergänzt den Winkel durch den Zusatz „nördliche“ bzw. „südliche Breite“ (**N**orth, **S**outh). Der Breitenwinkel wird mit „φ“ bezeichnet. Es gilt $0° \leq \varphi \leq 90°$.

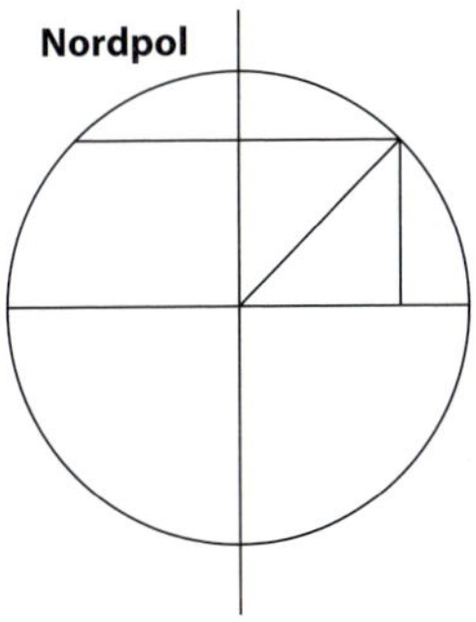

Abb. 8.20: Skizze der Erdkugel, geschnitten

Aufgabe

1. Übertragen Sie die Skizze 8.20 in Ihr Heft und geben Sie an, wie die Schnittebene verläuft. Kennzeichnen Sie die Pole, den Äquator, den Breitenkreis, tragen Sie φ ein. Messen Sie die Breite φ und berechnen Sie die Länge des zugehörigen Breitenkreises. Hilfe: Der Erdumfang beträgt 40 Millionen Meter.

Es gibt einen besonderen Meridian bzw. Längenkreis. Dieser teilt die Erde in die östliche und die westliche Halbkugel. Der Formelbuchstabe für die Länge ist λ (sprich Lambda, → griechisches l für Länge). Es gilt $0 \leq \lambda \leq 180°$. Man ergänzt den Zahlenwert von λ mit „östliche-“ bzw. „westliche Länge“ (**E**ast, **W**est).

Aus diesen Festlegungen ergeben sich beispielsweise für **Berlin** die Koordinaten $\lambda = 13{,}25°$ E und $\varphi = 52{,}53°$ N. Für London gilt: $\lambda = 0$, $\varphi = 51{,}3°$ N.

Die Lage des **Nullmeridians** wurde willkürlich bestimmt. Aus historischen Gründen wählte man **London**, genauer die Sternwarte in Greenwich. Dort installierte man ein Band, das einen

Teil des Nullmeridians symbolisiert. Das Band wurde aus dem Modell einer Erdkugel herausgeschnitten und als Nullmedian in die Ebene verlegt.

Abb. 8.21: Nullmedian in Greenwich

Aufgabe

2. Nehmen Sie Ihre Dekokugel, markieren Sie den Äquator und den Nullmedian mit Filzstift und kennzeichnen Sie die Lage von Berlin und London. Verschaffen Sie sich die Koordinaten von Brisbane und markieren Sie die Lage. (153° E/27,5° S)

Die folgende Abbildung zeigt die Längen- und Breitenkreise, Nullmeridian und Äquator sind blau gekennzeichnet.

Abb. 8.22:
Die Erdkugel mit Längen- und Breitenkreisen

Aufgabe

3. Sie starten am Äquator und fliegen in Gedanken immer mit dem gleichen Kurs (z. B. 10°) nach Norden. Beschreiben Sie Ihre Flugbahn.
4. Konstruieren Sie mittels Dekokugel und Paketgummi folgendes Dreieck: Zwei Punkte liegen auf dem Äquator, 90° auseinander. Der 3. Punkt ist der Nordpol. Ermitteln Sie die Winkelsumme in dem Dreieck (dieser Aspekt wird in diesem Kurs nicht weiter verfolgt).

8.4 Umwandlung von geografischen Koordinaten in ein orthogonales Achsensystem

Man kann auch im Koordinatensystem der Geographen (Länge/Breite) Entfernungen und Winkel berechnen, die Berechnungsformeln werden aber sehr „länglich" und unübersichtlich, die

Verfasser konnten und wollten sich diese nicht merken. Wir passen das System aus Meridianen und Breitenkreisen in das Ihnen vertraute orthogonale *x*-*y*-*z*-System ein. Dabei gelten folgende Vereinbarungen:

- die *x*-*y*-Ebene ist die Äquatorebene,
- die *x*-Achse verläuft durch den Nullmeridian,
- die *z*-Achse verbindet die Pole der Erde,
- Längenwinkel nach Osten (**E**ast) und Breitenwinkel nach Norden werden positiv gesetzt.

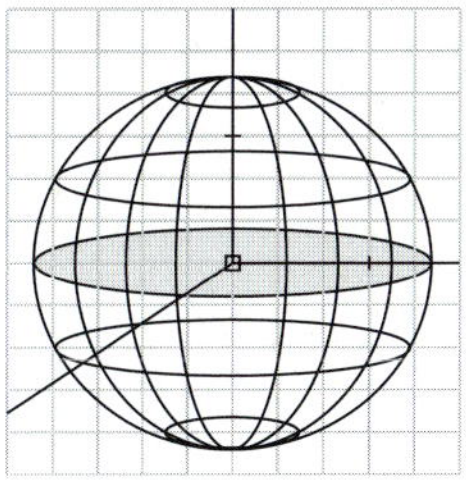

Abb. 8.23: Erdkugel mit Längen- und Breitenkreisen sowie den positiven x-, y-, z-Achsen

Aufgabe

Übertragen Sie die obige Skizze 8.23 in Ihr Heft, markieren Sie den Nullmeridian und beschriften Sie die Achsen. Kennzeichnen Sie den Punkt *P* mit folgenden Eigenschaften: $\lambda = 30°$ E, $\varphi = 60°$ N.

Die obige Skizze veranschaulicht zwar das Problem, wegen der perspektivischen Verzerrungen kann man die *x*-, *y*-, *z*-Koordinaten jedoch nicht ablesen. Deshalb fertigen wir zwei ebene Schnitte durch die Kugel an und **berechnen** die Koordinaten.

Der erste Schnitt erfolgt so, dass die *y*-*z*-Ebene in der Zeichenebene liegt Die positive *x*-Achse ragt dann aus der Zeichenebene heraus. Wir zeichnen φ sowie den Breitenkreis von *P* ein und berechnen z_P, den *z*-Wert von *P* sowie den Radius des Breitenkreises r_B.

Der zweite Schnitt zeigt die Äquatorebene. Die positive *x*-Achse zeigt nach unten, deshalb muss die positive *y*-Achse nach rechts zeigen, denn wir sind auf der nördlichen Halbkugel. Wir zeichnen λ und den zu *P* gehörigen Breitenkreis. Wir erhalten die Projektion von *P* in der *x*-*y*-Ebene und können die Koordinaten direkt bestimmen.

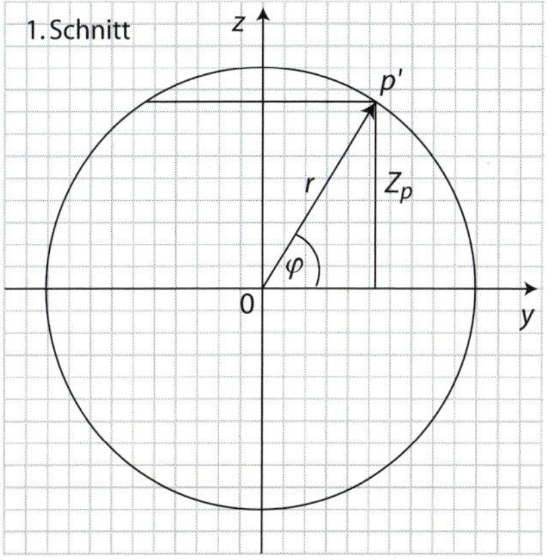

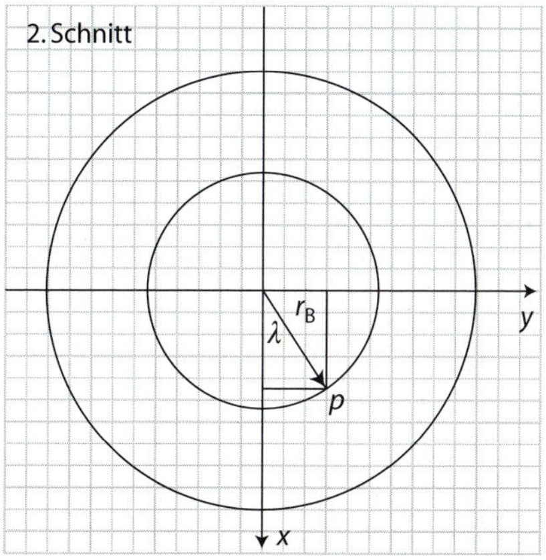

Abb. 8.24 und 8.25: Schnitte durch die Erdkugel

Der erste Schnitt führt zu

$\frac{z_P}{r} = \sin\varphi \quad \rightarrow z_P = r \cdot \sin\varphi$

$\frac{r_B}{r} = \cos\varphi \quad \rightarrow r_B = r \cdot \cos\varphi$

Dabei ist r der Erdradius und $\boldsymbol{r_B}$ der Radius des Breitenkreises von P. Es wird $\boldsymbol{z_P}$ in wahrer Größe abgebildet.

Der zweite Schnitt führt zu den restlichen Koordinaten $\boldsymbol{x_P}$ und $\boldsymbol{y_P}$, welche in dieser Ansicht unverzerrt dargestellt werden, $\boldsymbol{r_B}$ entnimmt man dem ersten Schnitt.

Wir lesen ab:

$\frac{x_P}{r_B} = \cos\lambda \quad \rightarrow x_P = r_B \cdot \cos\lambda = r \cdot \cos\varphi \cdot \cos\lambda$

$\frac{y_P}{r_B} = \sin\lambda \quad \rightarrow y_P = r_B \cdot \sin\lambda = r \cdot \cos\varphi \cdot \sin\lambda$

Wir setzen die Beispielszahlen ein. Mit $r = (40\,000 \text{ km}/2\pi) = 6\,366$ km,
$\sin 30° = 0{,}5 = \cos 60°$, $\cos 30° = 0{,}866 = \sin 60°$ ergibt sich:
$P(30°\,\text{E}; 60°\,\text{N}; r = 6\,366 \text{ km}) = P(2\,756|1\,592|5\,513)$ km.

Beachten Sie: Sowohl **südliche** Breiten als auch **westliche** Längen erfordern **negative Winkelangaben.**

Übungen

1. Berechnen Sie die Koordinaten der folgenden Städte mit den Längen und Breiten (in Grad).

a) München	11,55 E;	48 N
b) Paris	2,3 E;	49 N
c) New York	74 W;	40,75 N
d) Kapstadt	29 W;	50 S
e) Sydney	151 E;	34 S
f) Moskau	37,5 E;	56 N
g) Tokio	139,75 E;	36,75 N

→ Alle Angaben wurden einer Weltkarte entnommen und gerundet. Skizzieren Sie die Lage der Städte, benutzen Sie Schnitte wie in Abb. 8.25.

2. Berechnen Sie den Umfang der Breitenkreise von 1. a) bis 1. g).

3. Jemand reist von A auf dem 45. Breitenkreis in westliche Richtung und erreicht B. Berechnen Sie die zurückgelegte Strecke AB unter der Voraussetzung, dass eine Längendifferenz von $\Delta\lambda = 25°$ zurückgelegt wurde. (Hinweis: Das ist **nicht** die kürzeste Strecke von A nach B.)

8.5 Vektorrechnung

8.5.1 Einleitung, Begriffe

Es besteht weiterhin das Anliegen, unseren dreidimensionalen Erlebnisraum mit den Richtungen „rechts – links", „oben – unten" sowie „vorn – hinten" – bezogen auf einen Ursprung – zu modellieren. Wir benutzen deshalb das bekannte Koordinatensystem mit drei aufeinander senkrecht stehenden Achsen, die ein Rechtssystem bilden. Somit verfügen wir über

- einen Bezugspunkt, das ist der Koordinatenursprung **„O"**,
- drei zueinander rechtwinklige Richtungen ***x*, *y*, *z*** und auch
- ein Maß für die Länge in jeder der drei Richtungen, denn die Achsen sind skaliert im Sinne einer Ratioskala.

Die Lage eines beliebigen Punkts P im Raum ist durch die drei Zahlen x, y sowie z bestimmt. Die Zahlen x, y, z heißen **Koordinaten** des Punkts P. Die Koordinaten können negativ, null oder positiv sein.

Mengentheoretisch kann man diesen Sachverhalt so ausdrücken:
$\mathbb{R}$ sei die Menge der reellen Zahlen. $\mathbb{R}^3$ bezeichnet das Modell des dreidimensionalen Raums.

Satz

Dann gilt: $\mathbb{R}^3 = \{(x;\, y;\, z) \mid x,\, y,\, z \in \mathbb{R}\}$. Betrachtet man Probleme in der Ebene $\mathbb{R}^2$, so ist der z-Koordinatenwert immer null, z fällt also weg.

Merksatz

Jeder Punkt P im Raum ist durch seine **Koordinaten** $(x_P|y_P|z_P)$ eindeutig festgelegt.

Sind die Koordinaten eines Punktes $P(x_P|y_P|z_P)$ bekannt, ist in manchen Fällen sein Abstand vom Koordinatenursprung **O** $(0|0|0)$ von Interesse. Wendet man zweimal den Satz des Pythagoras an, so erhält man

$$|OP| = \sqrt{x_P^2 + y_P^2 + z_P^2}$$

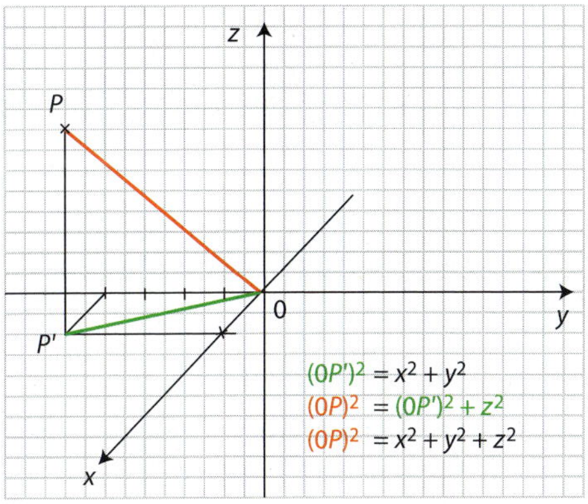

Abb. 8.26: Entfernung eines Punkts vom Ursprung

Beispiel

Ein Punkt hat die Koordinaten $A(2|-4|5)$. Der Abstand a vom Ursprung ist zu bestimmen.
$\rightarrow 2^2 = 4;\ (-4)^2 = 16;\ 5^2 = 25$
$a = \sqrt{4 + 16 + 25} = \sqrt{45} = 6{,}71$ Der Abstand **O** – P beträgt also 6,71 Längeneinheiten.

Michelle jobbt in einer Galerie, sie soll ein Einzelbild „gefällig" an der Stirnwand des Ausstellungsraums anbringen.

Abb. 8.27: Ein Bild wird verschoben

Die Chefin begutachtet das Werk und meint: „Das Bild muss verschoben werden, die rechte untere Ecke sollte **hier** sein“.

Aufgabe Skizzieren Sie Abb. 8.27 auf ein Arbeitsblatt. Zeichnen Sie einen Pfeil, der die Verschiebung der rechten unteren Ecke zur gewünschten Position darstellt.

Zeichnen Sie auch die Pfeile der Verschiebung

- der oberen linken Ecke,
- der unteren linken Ecke,
- der Aufhängungsöse des Bildes,
- eines anderen beliebigen Bildpunkts

Ihre Lösung sollte sinngemäß lauten: Die Verschiebung des Bildes kann durch Pfeile symbolisiert werden. Alle Pfeile sind gleich lang und haben die gleiche Richtung. **Ein** Pfeil reicht eigentlich aus, um die Verschiebung **aller** Bildpunkte zu kennzeichnen. Obwohl dieses Beispiel nur zwei Dimensionen berücksichtigt, können Sie es auf drei Dimensionen erweitern → Michelle soll eine Lampe aufhängen.

Definition Die Menge aller Pfeile des Raums, die die gleiche Länge, die gleiche Richtung und die gleiche Orientierung haben, heißt **Vektor**.

Das **Symbol** eines Vektors ist ein Kleinbuchstabe mit Pfeil oben, z.B. $\vec{a}$. Verschiebt man den Punkt ***P*** zum Punkt ***Q*** und ist der Verbindungspfeil $\overrightarrow{PQ}$ ein Element der Menge $\vec{a}$, dann nennt man den Pfeil $\overrightarrow{PQ}$ einen **Repräsentanten** der Menge $\vec{a}$.

Heißt der Anfangspunkt eines Pfeils A und seine Spitze B, so schreibt man $\overrightarrow{AB}$.

Vertauscht man Anfang und Spitze des Pfeils, so erhält man den **Gegenvektor** mit gleicher Länge, aber umgekehrter Orientierung $\overrightarrow{BA}$. Den Gegenvektor nennt man auch den **inversen** Vektor.

Schreibweise:

$\overrightarrow{AB} \in \vec{a} \rightarrow \overrightarrow{BA} \in -\vec{a}$

Der **Gegenvektor** wird also durch das **Minuszeichen** gekennzeichnet.

Eine besondere Art des Repräsentanten erhält man, wenn der Anfangspunkt des Pfeils im Ursprung ***O***$(0|0|0)$ liegt und die Pfeilspitze bei ***P*** endet. Dieser Vektor heißt **Ortsvektor**. Ortsvektoren zeigen auf einen Punkt im Raum, die Pfeilspitze hat die **Koordinaten** des Punkts. Der

Ortsvektor ist ein besonderer Repräsentant der Menge aller Pfeile mit gleicher Länge und gleicher Orientierung. Da wir die Koordinaten der Pfeilspitze kennen, wissen wir auch, welche x-, y- und z-Anteile der Ortsvektor hat, diese Anteile heißen **Komponenten** des Vektors.

Merksatz

Die Komponenten eines Ortsvektors haben die gleichen Zahlenwerte wie die Koordinaten seines Endpunktes (Pfeilspitze).

8.5.2 Rechenoperationen mit Vektoren

8.5.2.1 Berechnung der Komponenten und der Länge eines Vektors von *A* nach *B*

Um die Komponenten des Verbindungsvektors von A nach B berechnen zu können, benutzen wir die Verschiebung.

Wir müssen den Vektor $\overrightarrow{AB}$ so verschieben, dass sein Anfangspunkt $A(a_1|a_2|a_3)$ nach $\boldsymbol{O}(0|0|0)$ verschoben wird. Diese Verschiebung leistet der Vektor $\overrightarrow{AO}$. Das ist aber genau der Gegenvektor vom Ortsvektor $\overrightarrow{OA}$ und hat die Komponenten $(-a_1|-a_2|-a_3)$. Der Endpunkt B muss, wie Sie beim „Bilderaufhängen" erarbeitet haben, die gleiche Verschiebung erfahren. Somit haben wir aus dem Verbindungsvektor von A nach B den Ortsvektor von O nach B' gewonnen. Dessen Komponenten kennen wir jedoch: Es sind die Koordinaten seiner Spitze B'. Die folgende Grafik zeigt dies in der Ebene (a_3 fällt weg). $\boldsymbol{A(1|2)}$; $\boldsymbol{B(6|5)}$

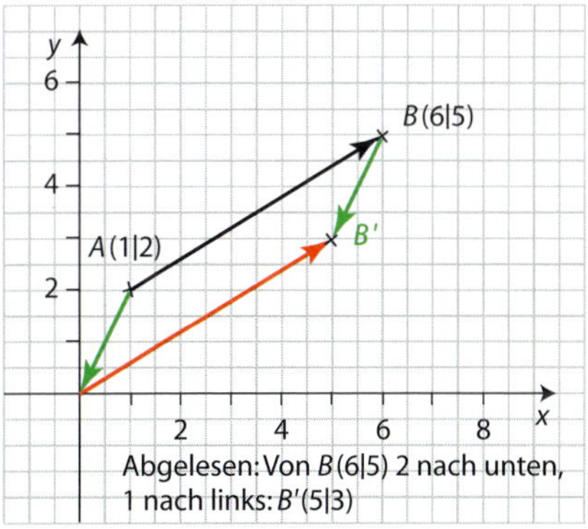

Abb. 8.28: Verbindungsvektor wird Ortsvektor

Hinweis

Erinnern Sie sich noch an „Steigung einer Geraden"? Dort war es ebenso von Bedeutung, um wie viele Einheiten es in waagerechter und in senkrechter Richtung weiterging.

Wir verabreden zusätzlich eine neue Schreibweise: Während die Koordinaten eines Punkts in einer waagerechten Klammer aufgeführt werden, sollen die Komponenten eines Vektors in senkrechte Klammern notiert werden, anstelle von x-, y-, z-Achse zählen wir durch: Erste, zweite, dritte Achse bzw. Komponente. Für die obige Grafik bedeutet das:

Der Punkt $A(1|2)$ hat den Ortsvektor

$\vec{a} = \begin{pmatrix} a_1 \\ a_2 \end{pmatrix} = \begin{pmatrix} 1 \\ 2 \end{pmatrix}$. Der Verschiebungsvektor $-\vec{a} = \begin{pmatrix} -1 \\ -2 \end{pmatrix}$ muss auch für B angewendet werden.

Der Punkt $B(6|5)$ hat den Ortsvektor

$\vec{b} = \begin{pmatrix} b_1 \\ b_2 \end{pmatrix} = \begin{pmatrix} 6 \\ 5 \end{pmatrix}$

Damit ergibt sich der Ortsvektor von B' (die Spitze nach der Verschiebung) mit

$\vec{b'} = \begin{pmatrix} 6 - 1 \\ 5 - 2 \end{pmatrix} = \begin{pmatrix} 5 \\ 3 \end{pmatrix}$. Die Grafik zeigt (natürlich) das gleiche Ergebnis.

Satz Allgemein gilt im dreidimensionalen Raum für beliebige Vektoren:

Bekannt: Anfangspunkt: $F(f_1|f_2|f_3)$ Spitze: $S(s_1|s_2|s_3)$. Gesucht: Komponenten des Vektors $\overrightarrow{FS} = \vec{v}$

$$\vec{v} = \begin{pmatrix} v_1 \\ v_2 \\ v_3 \end{pmatrix} = \begin{pmatrix} s_1 - f_1 \\ s_2 - f_2 \\ s_3 - f_3 \end{pmatrix}$$

Aufgabe

1. Bekannt sind die Punkte $T(-2|2|-1)$; $U(-4|3|2)$; $M(6|-3|0)$.
   Berechnen Sie die Komponenten von $\overrightarrow{UT}$, $\overrightarrow{MU}$, $\overrightarrow{TM}$

Merksatz Spricht man vom **Betrag** eines Vektors, meint man seine **Länge**.

Den Betrag kann man einfach berechnen: Falls Sie den Betrag des Vektors

$\vec{a} = \begin{pmatrix} a_1 \\ a_2 \\ a_3 \end{pmatrix}$ bestimmen wollen, verschieben Sie diesen in Gedanken so, dass er zum Ortsvektor wird. Die Länge eines Ortsvektors können Sie berechnen.

$$|\vec{a}| = a = \sqrt{a_1^2 + a_2^2 + a_3^2}$$

→ Anstelle der Koordinaten der Pfeilspitze müssen Sie nun die Komponenten des Vektors einsetzen!

Beispiel

Eine Strecke verbindet den Punkt $A(-2|3|1)$ mit dem Punkt $B(4|2|-5)$. Berechnen Sie die Länge der Strecke. → Wir **verschieben** A zum Ursprung und B im gleichen Maß.

Die Komponenten des Verbindungsvektors ergeben sich zu

$$\overrightarrow{AB} = \vec{v} = \begin{pmatrix} 4 - (-2) \\ 2 - 3 \\ -5 - 1 \end{pmatrix} = \begin{pmatrix} 6 \\ -1 \\ -6 \end{pmatrix} \qquad |\vec{v}| = \sqrt{6^2 + (-1)^2 + (-6)^2} = \sqrt{73} = 8{,}54$$

Hinweis Zeichnerisch können Sie z. Zt. das Ergebnis mit Mitteln dieses Kurses nicht überprüfen, denn perspektivische Abbildungen verzerren! Im Kapitel Abbildungsmatrizen lernen Sie, Strecken so zu drehen, dass die Projektion in wahrer Länge erscheint.

Aufgabe

2. Für Leute mit viel Durchblick

Interpretieren Sie die folgende Grafik. Überprüfen Sie **danach** zeichnerisch das obige Ergebnis.

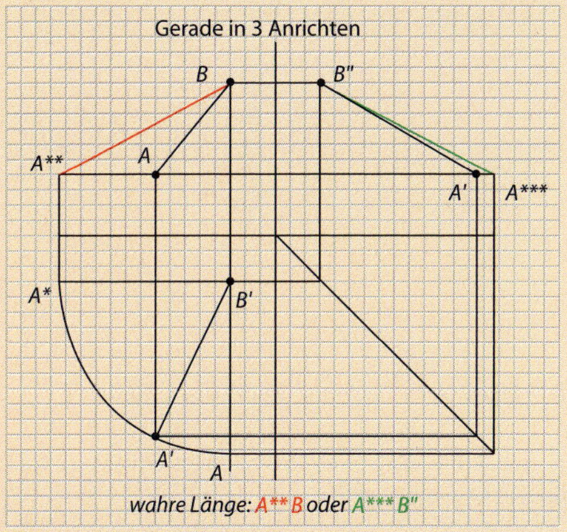

Abb. 8.29: Wahre Länge einer Strecke durch Drehung

Übungen

1. Bestimmen Sie die Verbindungsvektoren $\overrightarrow{AB}$ der Punkte A und B mit den Koordinaten

   a) $A(2|4)$ $B(3|8)$, b) $A(-2|-4)$ $B(2|0)$,
   c) $A(2|1)$ $B(3|4)$, d) $A(-4|-1)$ $B(-6|7)$.

   Geben Sie jeweils ein zusätzliches Punkte-Paar an, das den gleichen Verbindungsvektor hat.

2. $A(-2|2|-3)$; $B(-3|1|-4)$; $C(-4|5|0)$. Berechnen Sie die Komponenten **aller** 6 Verbindungsvektoren und deren Beträge.

3. Ein Beobachtungsturm hat die Höhe von 12 m. Das zu beobachtende Objekt befindet sich in 28 m Höhe, es liegt 48 m nördlich und 24 m westlich vom Turm. Die Augen des Beobachters befinden sich 1,70 m oberhalb des Turms. Berechnen Sie die Entfernung zwischen Beobachter und Objekt.
   → Hinweis: Wählen Sie ein geeignetes Koordinatensystem.

4. $A(-3|-4|-5)$; $B(3|4|5)$. Berechnen Sie die Komponenten und die Länge beider Verbindungsvektoren (von A nach B und umgekehrt).

5. Bekannt sind die vier Punkte $A(3|5)$, $B(9|6)$, $C(15|12)$, $D(9|11)$.

   a) Zeichnen Sie diese Punkte in ein Koordinatensystem.

   b) Weisen Sie nach, dass das Viereck $ABCD$ ein Parallelogramm ist.

   c) Bestimmen Sie die Verbindungsvektoren, die die Diagonalen des Vierecks bilden.

8.5.2.2 Addition und Subtraktion von Vektoren

Hinweis Die folgenden Rechenregeln veranschaulichen wir in der Ebene, sie gelten natürlich auch im Raum.

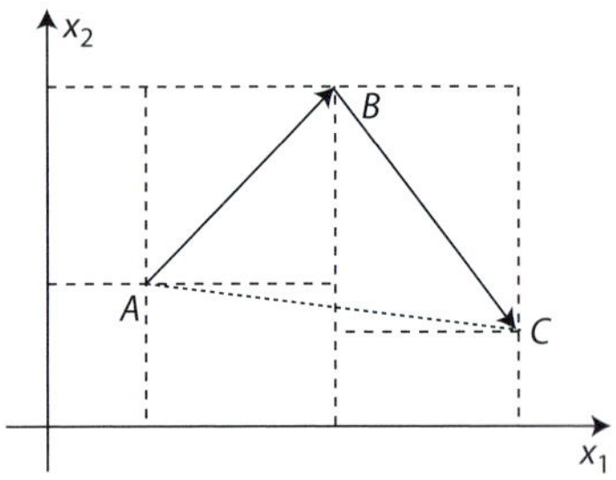

Abb. 8.30: Mehrfache Verschiebung von A über B nach C

Betrachten Sie die Abbildung 8.30 und stellen Sie sich vor, Sie sollen den Punkt A nach C verschieben, vergessen Sie für kurze Zeit die ganze Mathematik!

Erste Möglichkeit: Wir folgen den Pfeilen, zuerst gehen wir von A nach B, dann von B nach C.

Zweite Möglichkeit: Warum einen Umweg gehen? Wir gehen sofort nach C.

$\rightarrow \overrightarrow{AB} + \overrightarrow{BC} = \overrightarrow{AC}$

Es ergeben sich aus der Anschauung einige wichtige Gesetze der Mathematik, die wir erst in „normaler" Sprache, dann in der Sprache der Mathematik formulieren wollen.

1. Der direkte Weg von A nach C ist niemals länger als die Summe der Umwege (über B) (beschreiben Sie die Lage von B, falls die Wege gleich sind!).
2. Man muss nicht unbedingt den Pfeilen folgen, sondern man benutzt nur die Richtungen der beiden Achsen x_1 und x_2 . Wir starten in A, gehen waagerecht so weit, bis wir senkrecht unter B sind und gehen dann senkrecht nach oben bis B. Nun könnten wir weiter waagerecht nach rechts gehen, bis wir senkrecht über C stehen, dann geht es nach unten bis C.

In der Sprache der Mathematik formuliert man:

Es gelte:

$\overrightarrow{AB} = \vec{a}$; $\overrightarrow{BC} = \vec{b}$; $\overrightarrow{AC} = \vec{c}$

Dann findet man für „Umwege"

1. $|\vec{c}| = |\vec{a} + \vec{b}| \leq |\vec{a}| + |\vec{b}|$, das ist die sog. **Dreiecksungleichung**.
2. Für eine mehrfache Verschiebung $\rightarrow$ Addition von Vektoren gilt:

$$\vec{a} = \begin{pmatrix} a_1 \\ a_2 \\ a_3 \end{pmatrix} \qquad \vec{b} = \begin{pmatrix} b_1 \\ b_2 \\ b_3 \end{pmatrix} \qquad \vec{a} + \vec{b} = \vec{c} = \begin{pmatrix} c_1 \\ c_2 \\ c_3 \end{pmatrix} = \begin{pmatrix} a_1 + b_1 \\ a_2 + b_2 \\ a_3 + b_3 \end{pmatrix}$$

Man addiert also Vektoren, indem man ihre Komponenten addiert. Da die Komponenten „normale" Zahlen sind und diese bei der Addition beliebig vertauscht werden können, gilt auch:

$\vec{a} + \vec{b} = \vec{b} + \vec{a}$

Mathematiker sagen: „Bezüglich der Addition sind Vektoren **kommutativ**, es kommt nicht auf die Reihenfolge an." (Auch im täglichen Leben gibt es kommutative und **nicht** kommutative Abläufe:

Beim Frühstück ist es egal, ob Sie erst das Brötchen essen und dann die Tasse leeren, beim Füllen der Tasse sollten Sie jedoch erst die Tasse bereitstellen und dann den Kaffee hineinschütten.)

Bei der Vektorrechnung werden Sie später auch Verknüpfungen kennenlernen, die nicht kommutativ sind!

Einen besonderen Vektor erhält man, wenn man einen Vektor mit seinem Gegenvektor additiv verknüpft.

$$\vec{a} + (-\vec{a}) = \begin{pmatrix} a_1 - a_1 \\ a_2 - a_2 \\ a_3 - a_3 \end{pmatrix} = \begin{pmatrix} 0 \\ 0 \\ 0 \end{pmatrix} = \vec{0}$$

Das ist der sog. **Nullvektor**, dieser hat den Betrag null und keine bestimmte Richtung, man braucht ihn später aus Symmetriegründen. Symbol des Nullvektors: $\vec{0}$

Es gilt:

$$\vec{a} + \vec{0} = \vec{a}$$

Der Nullvektor hat bezüglich der Addition die gleichen Eigenschaften wie die Null beim „normalen" Rechnen.

Die Subtraktion von Vektoren ergibt sich eigentlich von selbst. Aus $\vec{a} - \vec{b}$ wird $\vec{a} + (-\vec{b})$, somit ändert sich die bekannte Formel für die Addition nicht. Zusammengefasst ergibt sich

$$\vec{a} \pm \vec{b} = \begin{pmatrix} a_1 \pm b_1 \\ a_2 \pm b_2 \\ a_3 \pm b_3 \end{pmatrix}$$

Abschließend wollen wir die Addition und die Subtraktion zweier Vektoren in der Ebene veranschaulichen.

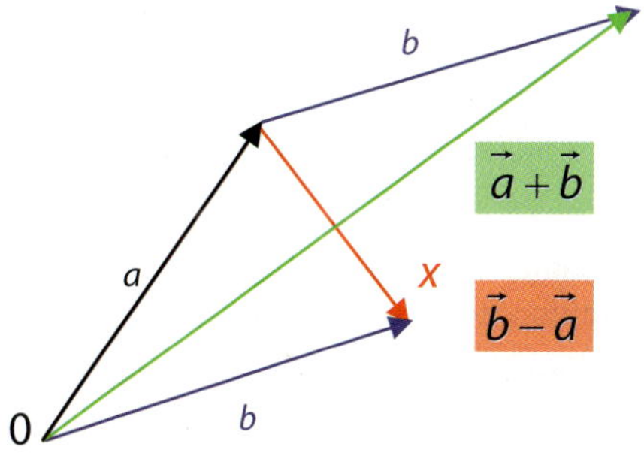

Abb. 8.31: Addition und Subtraktion von zwei Vektoren

Der grüne Pfeil veranschaulicht die Summe der beiden Vektoren $\vec{a} + \vec{b}$.

Nun kümmern wir uns um den roten Pfeil $\vec{x}$. Wir betrachten eine besondere Verschiebung → Der Start ist bei 0, diesen Punkt verschieben wir um $\vec{a}$, danach um $\vec{x}$, dann geht's zurück um $-\vec{b}$.

Wir sind am Ausgangspunkt gelandet, die Gesamtverschiebung ist der Nullvektor! Man spricht auch von der **„geschlossenen Vektorkette"**. Als Gleichung geschrieben:

$$\vec{a} + \vec{x} - \vec{b} = \vec{0} \rightarrow \vec{x} = \vec{b} - \vec{a}$$

Der rote Pfeil symbolisiert die **Differenz** $\vec{b} - \vec{a}$.

Merksatz

Will man zwei Vektoren addieren, so legt man den Anfang des 2. Pfeils an die Spitze des 1. Pfeils.

→ Die Summe geht vom Anfang des 1. Pfeils bis zur Spitze des 2. Pfeils.

Wenn die Differenz zweier Vektoren dargestellt werden soll, beginnen beide Pfeile im gleichen Startpunkt. Die Verbindung der beiden Pfeilspitzen symbolisiert die Differenz, dabei zeigt die **Pfeilspitze** zum **Minuenden** → **„Spitze minus Anfang“**. (Minuend minus Subtrahend = Differenz).

Natürlich kann man auch zuerst den **Gegenvektor** des Subtrahenden zeichnen und dann die **Addition** vollziehen, überzeugen Sie sich davon!

Übungen

1. Gegeben sind die Punkte $A(1|4)$ und $B(3|-2)$. Zeichnen Sie die zugehörigen Ortsvektoren und zeichnen Sie $\overrightarrow{OA} \pm \overrightarrow{OB}$;
2. $\vec{a} = \begin{pmatrix} 3 \\ 2 \\ 4 \end{pmatrix}; \vec{b} = \begin{pmatrix} 0 \\ 0 \\ -3 \end{pmatrix}; \vec{c} = \begin{pmatrix} 0 \\ 4 \\ 0 \end{pmatrix}$ Die drei Vektoren sind als Ortsvektoren in ein räumliches Koordinatensystem zu zeichnen. Berechnen Sie $\vec{a} + \vec{c} - \vec{b}$.
3. Lösen Sie $\vec{a} - \vec{x} = \vec{b} - \vec{a}$ formal nach $\vec{x}$ auf. Berechnen Sie mit $\vec{x}$ den Zahlen aus Ü 2.

Sie wissen, dass bei „normalen“ Zahlen für $a + a + a + a + \ldots + a$ (a n-mal als Summand) die Kurzschreibweise $n \cdot a$ üblich ist. Dieser Sachverhalt trifft auch für Vektoren zu, wie die Anschauung zeigt. Eine n-fache Verschiebung, immer um den gleichen Betrag und in der gleichen Richtung, führt zu

$$n \cdot \vec{a} = n \cdot \begin{pmatrix} a_1 \\ a_2 \\ a_3 \end{pmatrix} = \begin{pmatrix} na_1 \\ na_2 \\ na_3 \end{pmatrix};$$

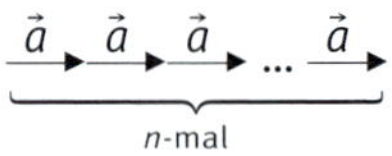

Diese Operation nennt man **S-Multiplikation**.

Beachten Sie: Es werden zwei unterschiedliche Objekte der Mathematik multiplikativ miteinander verknüpft, nämlich eine (normale) Zahl, genannt **Skalar**, mit einem **Vektor**. Das Ergebnis ist ein Vektor, veranschaulicht durch die mehrfache Addition des gleichen Vektors.

Bei der **Addition** von Skalar und Vektor gibt es so etwas nicht, der Term „$3 + \vec{a}$“ ist sinnlos!

Hinweis

Da wir nun Vektoren mit einem Skalar multiplizieren und diese addieren können, genügen in der Ebene zwei beliebige „Ausgangsvektoren“, die nicht parallel sein dürfen, um jeden anderen Vektor darzustellen.

Gehen wir von den **Basisvektoren** $\vec{a}, \vec{b}$ aus, so ist jeder weitere Vektor $\vec{c}$ darstellbar durch die **Linearkombination**

$$\vec{c} = \alpha \cdot \vec{a} + \beta \cdot \vec{b},$$

dabei sind α, β reelle Zahlen. Diese drei Vektoren nennt man **„linear abhängig“**.

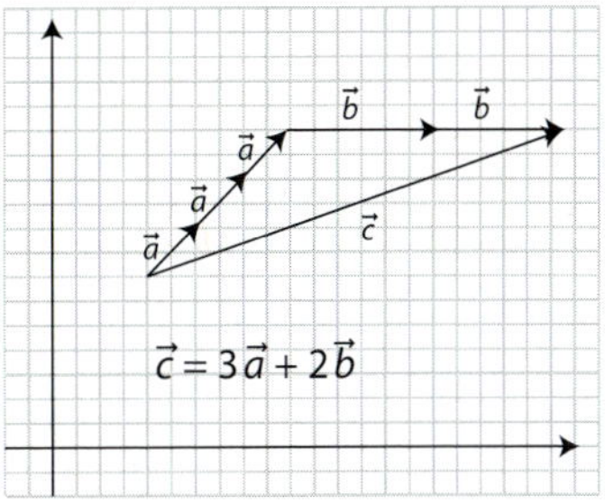

Abb. 8.32: Linear abhängige Vektoren

Im Raum genügen drei Basisvektoren, um durch eine Linearkombination jeden anderen Vektor darzustellen.

Hinweis

In diesem Kurs gehen wir nicht weiter darauf ein, für Mathematiker jedoch, die in „Vektorräumen" und anderen Strukturen denken, ist das Gebiet „lineare (Un-)Abhängigkeit" sehr wichtig.

Aufgabe

Zeigen Sie, dass der Vektor

$\vec{c} = \begin{pmatrix} 3 \\ 4 \end{pmatrix}$ eine Linearkombination der Vektoren $\vec{a} = \begin{pmatrix} -1 \\ 3 \end{pmatrix}$, $\vec{b} = \begin{pmatrix} 2 \\ -2 \end{pmatrix}$ ist.

Hinweis: Die Ausgangsgleichung lautet

$$\begin{pmatrix} 3 \\ 4 \end{pmatrix} = \alpha \begin{pmatrix} -1 \\ 3 \end{pmatrix} + \beta \begin{pmatrix} 2 \\ -2 \end{pmatrix}$$

Sie müssen ausmultiplizieren und erhalten zwei Gleichungen für die zwei Unbekannten α und β. Falls Sie das System knacken, erhalten Sie $\alpha = 3{,}5$ sowie $\beta = 3{,}25$. Da das Gleichungssystem zu Lösungen führt, haben Sie die lineare Abhängigkeit bewiesen.

Übungen

4. Berechnen Sie die folgenden Linearkombinationen

a) $\begin{pmatrix} 1 \\ 4 \end{pmatrix} + \begin{pmatrix} 2 \\ -6 \end{pmatrix}$, b) $\begin{pmatrix} 2 \\ 3 \end{pmatrix} + 4\begin{pmatrix} 3 \\ 6 \end{pmatrix}$, c) $-5\begin{pmatrix} 1 \\ 0 \end{pmatrix} + 3\begin{pmatrix} -2 \\ 1 \end{pmatrix}$

d) $\frac{1}{2}\begin{pmatrix} 8 \\ -4 \end{pmatrix} + 2\begin{pmatrix} -8 \\ 4 \end{pmatrix}$, e) $\frac{1}{12}\begin{pmatrix} 144 \\ -48 \end{pmatrix} + \frac{3}{4}\begin{pmatrix} 4 \\ 12 \end{pmatrix}$

5.

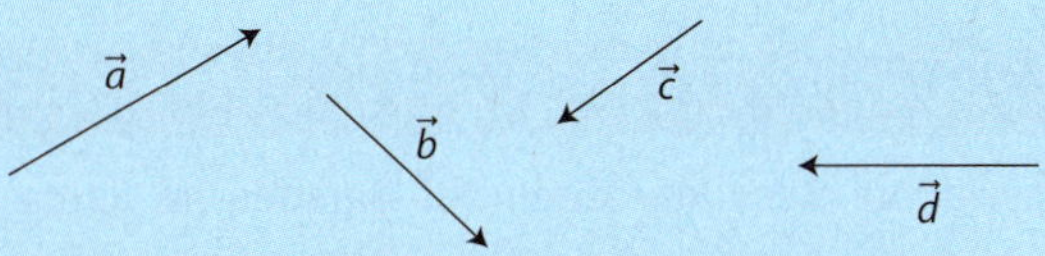

Zeichnen Sie die Vektoren ab und bilden Sie zeichnerisch die Linearkombinationen

a) $\vec{a} + \vec{b}$, b) $2\vec{c} + \vec{b}$, c) $2\vec{d} + \vec{b} - 0{,}5\vec{a}$, d) $2\vec{b} + \vec{d}$, e) $-\vec{d} + 2\vec{a} + \vec{b} - \vec{c}$.

8.5.3 Die Geradengleichung in Vektorschreibweise, Parameterform

Wir veranschaulichen in der Ebene und gehen ähnlich vor, wie Sie es aus der Klasse 11 kennen. Bekannt sind **zwei Punkte**, gesucht ist die Funktionsgleichung der Geraden, die durch die beiden Punkte verläuft.

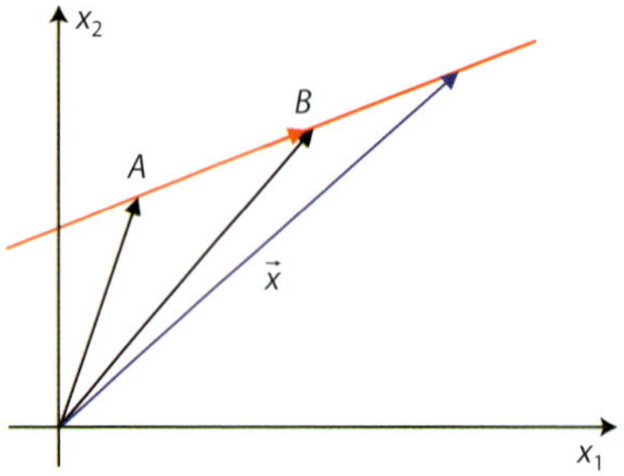

Abb. 8.33: Gerade durch A, B

A und *B* sind gegeben, die Funktionsgleichung der roten Geraden ist gesucht. Zu *A* und *B* führen die zugehörigen Ortsvektoren. Der rote Pfeil von *A* nach *B* ist der Verbindungspfeil von *A* nach *B* und hat genau die Richtung der gesuchten Geraden. Wenn man nun den Verbindungspfeil mit beliebigen Zahlen $\lambda \in \mathbb{R}$ multipliziert, so durchläuft der Ortsvektor $\vec{x}$ **alle** Punkte der roten Geraden. Die Funktionsgleichung heißt somit

$$\vec{x} = \vec{a} + \lambda \cdot (\vec{b} - \vec{a}).$$

Diese Art der Geradengleichung nennt man die **Parameterform** mit λ als Parameter.

Beispiel

Gesucht ist die Gerade, die durch die Punkte $T(-2|4)$ und $Z(5|3)$ verläuft, dargestellt in der Parameterform.

Wir wählen *T* als Spitze des Ortsvektors – hier auch **Stützvektor** genannt – und die Verbindung von *T* zu *Z* als Richtungsvektor.

$$\vec{x} = \begin{pmatrix} x_1 \\ x_2 \end{pmatrix} = \begin{pmatrix} -2 \\ 4 \end{pmatrix} + \lambda \cdot \begin{pmatrix} 5 - (-2) \\ 3 - 4 \end{pmatrix} = \begin{pmatrix} -2 \\ 4 \end{pmatrix} + \lambda \cdot \begin{pmatrix} 7 \\ -1 \end{pmatrix}$$

Probe: Wir setzen $\lambda = 0$, dann ergibt sich $x_1 = -2$; $x_2 = 4 \rightarrow$ das ist der Punkt *A*, also korrekt. Für $\lambda = 1$ erhalten wir $x_1 = -2 + 1 \cdot 7 = 5$; $x_2 = 4 - 1 \cdot 1 = 3 \rightarrow$ das ist der Punkt *B*, und da beide Punkte auf der Geraden liegen, ist die Funktionsgleichung korrekt.

Wir hätten aber auch *Z* als Spitze des Ortsvektors und *Z-T* als Richtungsvektor wählen können:

$$\vec{x} = \begin{pmatrix} 5 \\ 3 \end{pmatrix} + \lambda \cdot \begin{pmatrix} -2 - 5 \\ 4 - 3 \end{pmatrix} = \begin{pmatrix} 5 \\ 3 \end{pmatrix} + \lambda \cdot \begin{pmatrix} -7 \\ 1 \end{pmatrix}$$

Auch diese Vektorgleichung beschreibt die Gerade durch *T* und *Z*, machen Sie die Probe!

Merksatz In der Parameterform gibt es **unterschiedliche** Gleichungen für **eine** Gerade.

Das Rechenverfahren können Sie ohne weitere Besonderheiten auf Geraden im Raum erweitern.

Beispiel

1. Zu bestimmen ist die Geradengleichung mit $R(1|2|3)$ und $S(3|2|1)$ als Punkte auf der Geraden.

$$\vec{x} = \begin{pmatrix} 1 \\ 2 \\ 3 \end{pmatrix} + k \cdot \begin{pmatrix} 2 \\ 0 \\ -2 \end{pmatrix}$$

Aufgabe Ebenso hätte man $S(3|2|1)$ als Stützvektor nehmen können.
Geben Sie die Geradengleichung an.

2. Überprüfen Sie, ob der Punkt $P(3|6)$ auf der Geraden $\vec{x} = \begin{pmatrix}1\\1\end{pmatrix} + k \cdot \begin{pmatrix}1\\2\end{pmatrix}$ liegt.

Lösungsansatz: Es muss gelten: $\begin{pmatrix}3\\6\end{pmatrix} = \begin{pmatrix}1\\1\end{pmatrix} + k \cdot \begin{pmatrix}1\\2\end{pmatrix}$

Es ergeben sich 2 Gleichungen für k.

1. Gleichung: $3 = 1 + 1k \rightarrow k = 2$
2. Gleichung: $6 = 1 + 2k \rightarrow k = 2{,}5$

Der Punkt $P(3|6)$ liegt **nicht** auf der Geraden, da beide Gleichungen zu **unterschiedlichen *k*-Werten** führen. → **Es gibt kein (eindeutiges) *k*, das den Lösungsansatz erfüllt.**

Übungen

1. Eine Gerade verläuft durch $A(1|1|1)$ und $B(-3|3|5)$. Zeichnen Sie die Gerade. Berechnen Sie die Länge des Verbindungsvektors sowie die Funktionsgleichung der Geraden durch A, B.

2. Überprüfen Sie, ob der Punkt $F(-3{,}4|3{,}2|5{,}5)$ auf der Geraden von Ü1 liegt.

3. Überprüfen Sie, ob die Punkte $R(1|1|1)$; $Z(7|3|1)$; $L(-2|0|1)$ auf einer Geraden liegen.

4. Nehmen Sie die Punkte $P_1(1|0|0)$; $P_2(0|1|0)$; $P_3(0|0|1)$ als Endpunkte von Ortsvektoren an, berechnen Sie den Betrag und beschreiben Sie die Eigenschaften dieser Vektoren. Geben Sie die Funktionsgleichungen der Verbindungsgeraden an.

5. $\vec{x} = \begin{pmatrix}3\\1\end{pmatrix} + \lambda \cdot \begin{pmatrix}2\\4\end{pmatrix}$

   Bestimmen Sie die Gleichungen dieser Geraden in explizierter und in implizierter Form (siehe Kap. 8.2.1).

6. Zeichnen Sie die folgenden Geraden in ein Koordinatensystem.

   a) $\vec{x} = \begin{pmatrix}2\\3\end{pmatrix} + \alpha\begin{pmatrix}-1\\2\end{pmatrix}$ b) $\vec{x} = \begin{pmatrix}-1\\2\end{pmatrix} + \beta\begin{pmatrix}2\\1\end{pmatrix}$ c) $\vec{x} = \begin{pmatrix}0\\1\end{pmatrix} + k\begin{pmatrix}2\\4\end{pmatrix}$ d) $\vec{x} = \begin{pmatrix}2\\1\\1\end{pmatrix} + f\begin{pmatrix}1\\3\\2\end{pmatrix}$

7. Überprüfen Sie, ob der Punkt P auf der Geraden liegt.

   a) $P(2|1)$ $\vec{x} = \begin{pmatrix}5\\2\end{pmatrix} + k\begin{pmatrix}3\\1\end{pmatrix}$ b) $P(4|-2)$ $\vec{x} = \begin{pmatrix}1\\13\end{pmatrix} + s\begin{pmatrix}1\\3\end{pmatrix}$ c) $P(-2|1)$ $\vec{x} = \begin{pmatrix}2\\4\end{pmatrix} + \lambda\begin{pmatrix}2\\-1\end{pmatrix}$

8.5.4 Das Skalarprodukt von Vektoren

Sie kennen bereits das Produkt von Skalar und Vektor, das Ergebnis ist wieder ein Vektor, der die gleiche Richtung des Ausgangsvektors hat (andere Länge, vielleicht andere Orientierung).

Nun sollen zwei Vektoren so miteinander multiplikativ verknüpft werden, dass als Ergebnis eine „normale Zahl“, also ein Skalar entsteht. Wir leisten die Herleitung anschaulich.

Wir gehen von zwei Vektoren $\vec{a}$, $\vec{b}$ aus, die als Ortsvektoren gezeichnet sind und den Winkel φ einschließen. Wir projizieren den Punkt A senkrecht auf $\vec{b}$ und erhalten A'. Die grüne Strecke von 0 nach A' misst $|a| \cdot \cos\varphi$. Wir bilden ein Rechteck aus den Längen $0B$ sowie $0A'$ und erhalten $A_R = |\vec{b}| \cdot \cos\varphi \cdot |\vec{a}| = |\vec{a}| \cdot |\vec{b}| \cdot \cos\varphi$.

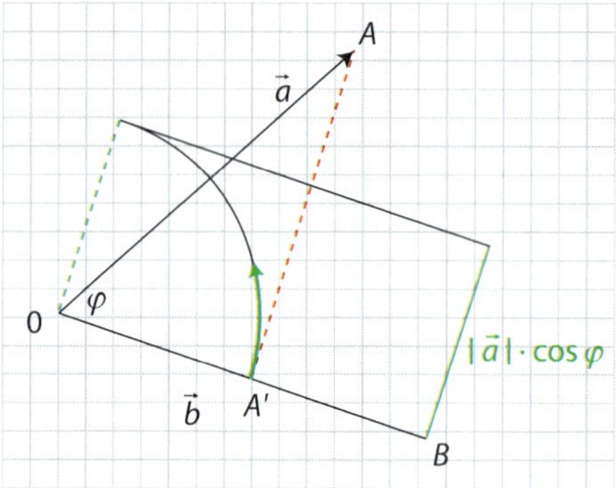

Abb. 8.34: Zwei Vektoren mit eingeschlossenem Winkel

Aufgabe 1. Zeichnen Sie Abb. 8.34 ab und projizieren Sie nun aber den Punkt B auf die Strecke $0A$. Bestimmen Sie die Länge $0B'$ sowie die Fläche des Rechtecks aus $0A$ und $0B'$.

Sie sollten wieder $A_R = |\vec{a}| \cdot |\vec{b}| \cdot \cos\varphi$ als Lösung erhalten haben.

Definition Der Ausdruck

$\vec{a} \cdot \vec{b} = |\vec{a}| \cdot |\vec{b}| \cdot \cos\varphi$

heißt **Skalarprodukt** der Vektoren $\vec{a}$ und $\vec{b}$.

Das Skalarprodukt verknüpft die mathematischen Begriffe Vektor, Betrag eines Vektors und eingeschlossener Winkel und symbolisiert eine Rechteckfläche. In der Praxis wird meist nach dem eingeschlossenen Winkel gefragt, die umgestellte Formel lautet:

$$\cos\varphi = \frac{\vec{a} \cdot \vec{b}}{|\vec{a}| \cdot |\vec{b}|}$$

Zusätzlich gilt im Raum die **Berechnungsformel für das Skalarprodukt** (in der Ebene: 3. Komponente streichen!)

$$\vec{a} \cdot \vec{b} = a_1 b_1 + a_2 b_2 + a_3 b_3$$

Aufgabe 2. Schreiben Sie diese Formel mithilfe des Summensymbols auf.

Beispiele

zur Anwendung der Berechnungsformel

a) $\begin{pmatrix} 2 \\ 1 \\ 3 \end{pmatrix} \begin{pmatrix} 3 \\ -2 \\ 4 \end{pmatrix} = 2 \cdot 3 + 1 \cdot (-2) + 3 \cdot 4 = 16$ b) $\begin{pmatrix} 4 \\ 12 \end{pmatrix} \begin{pmatrix} -12 \\ 4 \end{pmatrix} = 4 \cdot (-12) + 12 \cdot 4 = 48 - 48 = 0$

Auf die Herleitung dieser Formel verzichten wir in diesem Kurs, anhand zweier Beispiele verdeutlichen wir, dass die Formel zu „richtigen" Ergebnissen führt.

1. Beispiel

   Wir nehmen an, dass die beiden Vektoren des Skalarprodukts **gleich** sind, wir bilden also $\vec{a} \cdot \vec{a}$. Wenn wir diese Vektoren jeweils aufeinander projizieren, haben beide Projektionen die Länge $|\vec{a}|$. Die resultierende Fläche hat die Form eines Quadrats und nach der Definition gilt

   $\vec{a} \cdot \vec{a} = \left(\sqrt{a_1^2 + a_2^2 + a_3^2}\right)^2 \to \vec{a} \cdot \vec{a} = a_1^2 + a_2^2 + a_3^2$

   Dieses Ergebnis liefert auch die Formel $\vec{a} \cdot \vec{a} = |\vec{a}| \cdot |\vec{a}| \cdot \cos(\varphi) = |\vec{a}|^2$; denn $\cos(0°) = 1$.

2. Beispiel

Wir gehen davon aus, dass der zweite Vektor **senkrecht** auf dem ersten steht. Die jeweilige Projektion hat die Länge null, sodass die resultierenden Rechteckflächen ebenfalls das Flächenmaß null haben. → Das liefert auch die Formel, denn $\cos(90°) = 0$.

Zahlenbeispiel

$\vec{a} = \begin{pmatrix} 0 \\ 1 \end{pmatrix}; \vec{b} = \begin{pmatrix} 1 \\ 0 \end{pmatrix} \rightarrow \vec{a} \cdot \vec{b} = 0 \cdot 1 + 1 \cdot 0 = 0$, das Ergebnis stimmt. (Das ist natürlich **kein Beweis**, dass die komponentenweise Multiplikation zum Skalarprodukt führt.)

Übungen

1. Bilden Sie **alle** Skalarprodukte der Vektoren

$$\vec{r} = \begin{pmatrix} -1 \\ 5 \\ 1 \end{pmatrix}, \quad \vec{s} = \begin{pmatrix} 2 \\ -1 \\ 2 \end{pmatrix}, \quad \vec{t} = \begin{pmatrix} 2 \\ 0 \\ 3 \end{pmatrix}, \quad \vec{a} = \begin{pmatrix} 0 \\ 4 \\ -5 \end{pmatrix}, \quad \vec{k} = \begin{pmatrix} -1 \\ -2 \\ -2 \end{pmatrix}.$$

2. Definieren Sie in der Ebene zwei Vektoren, die aufeinander senkrecht stehen und der erste doppelt so lang wie der zweite ist. Berechnen Sie das Skalarprodukt.

3. Begründen Sie folgendes „Kochrezept“ für Vektoren in der Ebene: Vertausche die Komponenten und wechsele ein Vorzeichen → Du erhältst einen Vektor, der auf dem ersten senkrecht steht. Im Raum gilt: Setze z. B. die 3. Komponente = 0 und verfahre im Übrigen wie in der Ebene. Du erhältst einen (von vielen) zum 1. Vektor senkrecht stehenden.

4. Begründen Sie, warum allgemein $\vec{a} \cdot (\vec{b} \cdot \vec{c}) \neq (\vec{a} \cdot \vec{b}) \cdot \vec{c}$ gilt. Rechnen Sie nach für $\vec{a} = \begin{pmatrix} 2 \\ 1 \end{pmatrix}, \vec{b} = \begin{pmatrix} -3 \\ 5 \end{pmatrix}, \vec{c} = \begin{pmatrix} -4 \\ 3 \end{pmatrix}$. Zeigen Sie, dass $\vec{a}$ eine Linearkombination der beiden anderen Vektoren darstellt.

Beispiel (Skalarprodukt und eingeschlossener Winkel)

Gegeben sind die Punkte $A(1|2|3)$ und $B(2{,}5|3)$. A und B seien die Endpunkte von Ortsvektoren. Berechnen Sie das Skalarprodukt dieser Vektoren und bestimmen Sie den eingeschlossenen Winkel.

$$\vec{a} = \begin{pmatrix} 1 \\ 2 \\ 3 \end{pmatrix} \quad \vec{b} = \begin{pmatrix} 2 \\ 5 \\ 3 \end{pmatrix} \quad |\vec{a}| = \sqrt{1 + 4 + 9} = \sqrt{14} \quad |\vec{b}| = \sqrt{4 + 25 + 9} = \sqrt{38}$$

$$\vec{a} \cdot \vec{b} = 2 + 10 + 9 = 21$$

$$\cos\varphi = \frac{21}{\sqrt{14} \cdot \sqrt{38}} = 0{,}91 \rightarrow \varphi = \arccos 0{,}91 = 24{,}43°$$

Sie können nun das Produkt von Vektoren sowie den eingeschlossenen Winkel berechnen. Wichtig ist auch die Umkehrung des Rechengangs:

Satz

Ist das Skalarprodukt zweier Vektoren, von denen keiner der Nullvektor ist, gleich null, so stehen diese Vektoren senkrecht aufeinander.

Übungen

5. $A(1|2|3)$; $B(0|-3|2)$. Berechnen Sie
   a) die Entfernung zwischen A und B,
   b) die Parameterform der Gleichung der Geraden durch A und B,
   c) das Skalarprodukt der zugehörigen Ortsvektoren und entscheiden Sie, ob diese senkrecht aufeinander stehen.
   d) Berechnen Sie die Koordinaten des Mittelpunkts der Strecke von A nach B.

8.5.5 Die Normalengleichung der Gerade in der Ebene $\mathbb{R}^2$

$\vec{n} \neq \vec{0}$ soll ein beliebiger Vektor sein, der senkrecht auf der Geraden $\vec{x} = \vec{a} + \lambda \cdot \vec{b}$ steht. Solch einen Vektor nennt man Lotvektor oder auch **Normalenvektor.** Wir multiplizieren diesen Normalenvektor mit der Geradengleichung und interpretieren das Ergebnis.

$$\vec{n} \cdot \vec{x} = \vec{n} \cdot \vec{a} + \lambda \cdot \vec{n} \cdot \vec{b}$$

Betrachten Sie den letzten Summanden. Sie sollten erkennen, dass das Skalarprodukt null ergibt, denn der Normalenvektor steht senkrecht auf dem Richtungsvektor der Geraden. Formt man den Rest der Gleichung um (alles auf eine Seite bringen, ausklammern), erhält man

$$\vec{n} \cdot (\vec{x} - \vec{a}) = 0.$$

Das ist die **Normalenform** der Geradengleichung.

Diese **Vektor-Geradengleichung,** auch **Normalengleichung** genannt, ist **parameterfrei** und erleichtert das Rechnen bei einigen Anwendungen.

Beispiel

Gegeben ist die Gerade g mit der Gleichung

$$g\colon \vec{x} = \begin{pmatrix} 4 \\ 2 \end{pmatrix} + \lambda \cdot \begin{pmatrix} 3 \\ 1 \end{pmatrix},$$

gesucht ist die Normalenform. $\rightarrow A(4|2)$ liegt auf der Geraden ($\lambda = 0$);

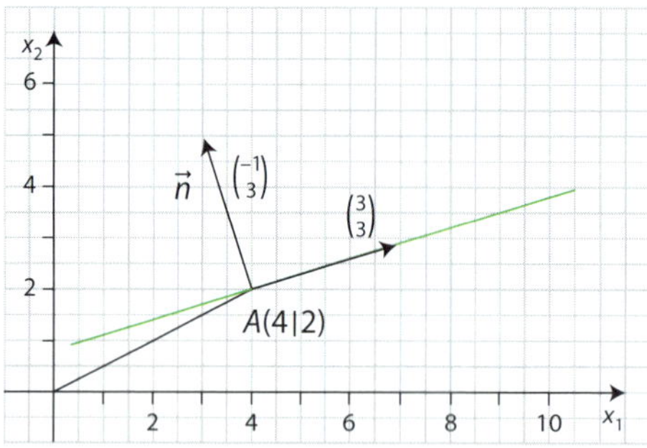

Abb.8.35: Gerade mit Lotvektor

$\vec{n} = \begin{pmatrix} -1 \\ 3 \end{pmatrix}$ steht senkrecht auf dem Richtungsvektor der Geraden. Deshalb gilt:

$\begin{pmatrix} -1 \\ 3 \end{pmatrix} \cdot \left(\vec{x} - \begin{pmatrix} 4 \\ 2 \end{pmatrix}\right) = 0$ ist die gesuchte Geradengleichung, denn $\begin{pmatrix} 3 \\ 2 \end{pmatrix} \cdot \begin{pmatrix} -1 \\ 3 \end{pmatrix} = 0.$

Rechnet man nun dieses Skalarprodukt aus, erhält man sofort die Geradengleichung in impliziter Form:

$\begin{pmatrix} -1 \\ 3 \end{pmatrix} \cdot \begin{pmatrix} x_1 - 4 \\ x_2 - 2 \end{pmatrix} = -x_1 + 4 + 3x_2 - 6 = 0$, zusammengefasst: $-1x_1 + 3x_2 - 2 = 0$ (implizite Form).

$\rightarrow$ ändert man x_1 in x und x_2 in y, so erhält man nach Umstellung explizit: $y = \frac{1}{3}x + \frac{2}{3}$.

Es gilt auch der umgekehrte Weg: $\boldsymbol{ax_1 + bx_2 + c = 0}$ sei bekannt, gesucht ist die Normalenform $\vec{n}(\vec{x} - \vec{a}) = 0$. Wir multiplizieren die Klammer aus und erhalten $\vec{n} \cdot \vec{x} - \vec{n} \cdot \vec{a} = 0$. Nun wissen wir aber, dass $\vec{n} \cdot \vec{a}$ ein Skalar, also eine „ganz normale Zahl" ist, nennen wir sie s. Nun bilden wir das Skalarprodukt $\vec{n} \cdot \vec{x} = \begin{pmatrix} n_1 \\ n_2 \end{pmatrix}\begin{pmatrix} x_1 \\ x_2 \end{pmatrix}$ und erhalten $\boldsymbol{n_1x_1 + n_2x_2 - s = 0}$.

Wir setzen $\boldsymbol{-s = c}$ und finden durch Vergleich der Koeffizienten: $a = n_1$ sowie $b = n_2$. Den notwendigen Punkt auf der Geraden erhält man, indem man z. B. $x_1 = 1$ wählt und das zugehörige x_2 ausrechnet.

Die **Hesse-Form** der **Normalengleichung** erhält man dann, wenn man den Normalenvektor auf die Länge „1“ normiert. Man rechnet also:

$$\vec{n}_0 = \frac{\vec{n}}{|\vec{n}|} = \frac{\vec{n}}{\sqrt{n_1 \cdot n_1 + n_2 \cdot n_2}}$$

Die Hesse-Form lautet:

$$\vec{n}_0(\vec{x} - \vec{a}) = 0$$

Mithilfe der Hesse-Form lässt sich der Abstand eines Punkts $P(p_1|p_2)$ von der Geraden einfach berechnen: Anstelle von $\vec{x}$ setzt man $\vec{p} = \begin{pmatrix} p_1 \\ p_2 \end{pmatrix}$ in die Formel ein und erhält:

$$|\vec{n}_0(\vec{p} - \vec{a})| = d,$$

dabei ist d der gesuchte Abstand.

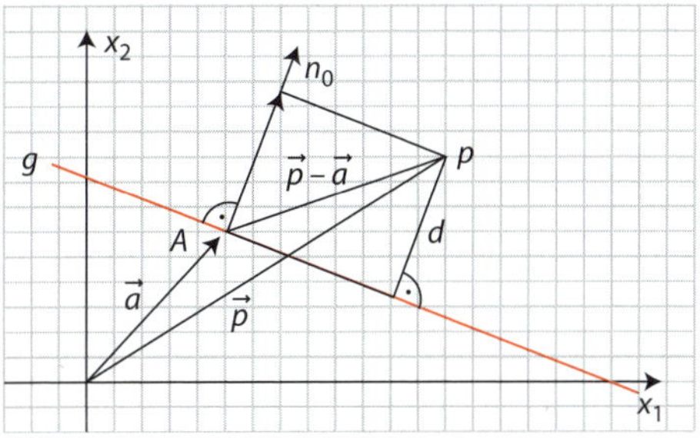

$$(\vec{p}-\vec{a})\cdot n_0 = \underbrace{(\vec{p}-\vec{a})_{\vec{n}_0}}_{\text{Projektion auf } \vec{n}} \cdot \vec{n}_0$$

$$= \underbrace{(\vec{p}-\vec{a})_{\vec{n}_0}}_{d} \cdot \underbrace{|\vec{n}_0|}_{1} \cdot \underbrace{\cos n^0}_{1}$$

Abb. 8.36: Abstand d des Punkts P von der Geraden g

Beispiel

Berechnen Sie den Abstand des Punkts $P(8|10)$ von der Geraden

Normalengleichung: $\begin{pmatrix} 3 \\ 4 \end{pmatrix}\left(\vec{x} - \begin{pmatrix} 0 \\ 5 \end{pmatrix}\right) = 0$ Betrag der Normalen: $\mathbf{5}\ \vec{x} = \begin{pmatrix} 0 \\ 5 \end{pmatrix} + \lambda \begin{pmatrix} -4 \\ 3 \end{pmatrix}$

Hesse-Form: $\begin{pmatrix} \frac{3}{5} \\ \frac{4}{5} \end{pmatrix}\left(\vec{x} - \begin{pmatrix} 0 \\ 5 \end{pmatrix}\right) = 0$ Abstand: $\begin{pmatrix} \frac{3}{5} \\ \frac{4}{5} \end{pmatrix}\begin{pmatrix} 8 - 0 \\ 10 - 5 \end{pmatrix} = d$

$d = \frac{24}{5} + \frac{40}{5} - \frac{20}{5} = \mathbf{8{,}8\ LE}$

Hinweis

Im **dreidimensionalen** Bereich $\mathbb{R}^3$ funktioniert diese rechnerisch sehr bequeme Methode zur Abstandsberechnung leider **nicht**, denn es gibt unendlich viele Normalen zu einer Geraden (sowohl die *x*- als auch die *y*-Achse sind beispielsweise Normalen zur *z*-Achse).

Falls in $\mathbb{R}^3$ der Abstand eines Punkts von einer Geraden berechnet werden soll, muss man Gleichungssysteme lösen, das war Stoff der Jahrgangsstufe 11 und soll in diesem Kurs nicht vertieft werden.

Übungen

1. Gerade g: $2x_1 + 8x_2 - 4 = 0$. Gesucht ist der Abstand des Punkts $E(-12|0)$ von der Geraden.

2. Berechnen Sie den Abstand der Geraden durch $A(2|4)$ und $V(12|0)$ vom Nullpunkt $O(0|0)$.

3. $A(1|2)$; $B(5|-4)$. Bestimmen Sie Gleichung der Geraden durch A, B in der Parameterform, in der Normalen-Form, in der Hesse-Form, in der impliziten Form, in der expliziten Form. Berechnen Sie den Abstand des Punkts $T(1|-1)$ von der Geraden.

Ausblick

Zum Schluss dieses Kapitels wollen wir kurz andeuten, wie eng „normale Mathematik und Geometrie" miteinander verknüpft sind, falls man die Vektorenrechnung anwendet.

In der Klasse 11 haben Sie sich mit Gleichungssystemen beschäftigt, beispielsweise sollten Sie die Variablen ***a*** sowie ***b*** des folgenden Gleichungssystems lösen:

I: $3a + 2b = 16$
II: $2a - 5b = -21$

Um das System zu knacken, mussten Sie eine Variable eliminieren und zur anderen auflösen.

Nun schreiben wir das obige Gleichungssystem als Vektorgleichung:

$$\begin{pmatrix}3\\2\end{pmatrix}a + \begin{pmatrix}2\\-5\end{pmatrix}b = \begin{pmatrix}16\\-21\end{pmatrix}.$$

Damit b verschwindet, multiplizieren wir die ganze Gleichung mit dem Vektor

$\begin{pmatrix}5\\2\end{pmatrix}$, (begründen Sie!). Wir erhalten

$$\begin{pmatrix}5\\2\end{pmatrix}\cdot\begin{pmatrix}3\\2\end{pmatrix}a + 0 = \begin{pmatrix}16\\-21\end{pmatrix}\cdot\begin{pmatrix}5\\2\end{pmatrix}. \quad \rightarrow 19a = 38 \rightarrow \boldsymbol{a = 2}.\text{ Einsetzen} \rightarrow b = 5$$

Übungen

4. Lösen Sie das obige System, indem Sie zuerst ***a*** eliminieren.

5. Geben Sie Richtung und Betrag der drei Vektoren an. Berechnen Sie **alle** Skalarprodukte.
$$\vec{a} = \begin{pmatrix}1\\0\\0\end{pmatrix} \quad \vec{b} = \begin{pmatrix}0\\1\\0\end{pmatrix} \quad \vec{c} = \begin{pmatrix}0\\0\\1\end{pmatrix}$$
Man nennt diese Vektoren $\vec{e}_1$, $\vec{e}_2$, $\vec{e}_3$ **Einheitsvektoren**. Geben Sie eine sinnvolle Erklärung.

8.5.6 Entfernungsberechnung auf der Erdkugel mittels Skalarprodukt

Bei der Besprechung der Kugelkoordinaten haben Sie gelernt, wie man aus den Angaben von Länge und Breite eines Ortes zu den Koordinaten in x, y und z gelangt. Sie wissen auch, dass die **kürzeste Verbindung** zweier Punkte auf der Kugel durch einen Teil eines **Großkreises** gebildet wird. Die beiden Punkte, deren Entfernung interessiert, werden durch Ortsvektoren ausgehend vom Erdmittelpunkt modelliert. Der Betrag dieser Ortsvektoren ist bekannt, es ist der Erdradius $r = 6\,366$ km (Umfang $= 40\,000$ km).

Wir zeigen den Rechengang anhand eines Beispiels.

Beispiel

Gesucht ist die kürzeste Entfernung zwischen Berlin (52,52° N; 13,4° W) und Tokio (36,75° N; 139,75° E).

Zuerst bestimmen wir aus den geografischen Daten von Start und Ziel die zugehörigen Ortsvektoren (siehe Kap. 8.4).

$x_B = r \cdot \cos 52{,}52° \cdot \cos 13{,}4° = r \cdot 0{,}592$

$x_T = r \cdot \cos 36{,}75° \cdot \cos 139{,}75° = r \cdot (-0{,}6115)$

$y_B = r \cdot \cos 52{,}52° \cdot \sin 13{,}4° = r \cdot 0{,}141$ $\quad y_T = r \cdot \cos 36{,}5° \cdot \sin 139{,}75° = r \cdot 0{,}5194$

$z_B = r \cdot \sin 52{,}52° = r \cdot 0{,}7934$ $\quad z_T = r \cdot \sin 36{,}75° = r \cdot 0{,}598$

$$\vec{a} = \begin{pmatrix} 0{,}592 \\ 0{,}141 \\ 0{,}793 \end{pmatrix} \cdot r \qquad \vec{b} = \begin{pmatrix} -0{,}6115 \\ 0{,}5194 \\ 0{,}598 \end{pmatrix} \cdot r$$

Anschließend benutzen wir die Formel für das Skalarprodukt, umgestellt nach **cos(φ)**.

$$\cos\varphi = \frac{\vec{a}}{|\vec{a}|} \cdot \frac{\vec{b}}{|\vec{b}|}$$

Die Beträge der beiden Ortsvektoren sind bekannt, es ist jeweils der Erdradius ***r***. Somit steht sowohl im Zähler als auch im Nenner der Faktor $\boldsymbol{r^2}$, $\boldsymbol{r^2}$ **kürzt sich heraus**. Wir berechnen das Skalarprodukt $\left(\text{ohne } \frac{r^2}{r^2}\right)$ und erhalten $\cos\varphi = 0{,}592 \cdot (-0{,}6115) + 0{,}141 \cdot 0{,}5194 + 0{,}7934 \cdot 0{,}598 = 0{,}1857 \rightarrow \varphi = \arccos(0{,}1857) \approx 80°$

Dreisatz: 360° – 40 000 km (Erdumfang)
80° – x

$x = 40\,000 \text{ km} \cdot 80°/360° = 8\,889 \text{ km}$.

In der Praxis sollten Sie auf $x = 8\,900$ km runden, denn die Erde ist keine Kugel, sondern ein Ellipsoid (der Bauch ist am Äquator).

Übungen

1. Berechnen Sie die jeweils kürzeste Entfernung zwischen Paris (49° N; 2,3° E); Sydney (34° S; 151° E); New York (40,75° N; 74° W). Stellen Sie das Ergebnis in einer „Entfernungstabelle" dar.
2. Auf dem 45. Breitenkreis haben die Orte A und B eine Längendifferenz von 120°. Berechnen Sie die kürzeste Entfernung sowie die Entfernung, falls man auf dem Breitenkreis reist.

8.5.7 Lagebeziehungen von zwei Geraden im Raum

Wir modellieren das Problem und hantieren mit zwei Stäben, die wir in den Händen halten und beschreiben die vier möglichen Situationen.

1. Die Stäbe liegen aufeinander und sind „praktisch eins" geworden. Es gibt unendlich viele Berührungspunkte, für beide Geraden gilt dieselbe Gleichung (auch wenn man das „von außen" nicht gleich erkennt). In der Praxis gilt dieser Sachverhalt beispielsweise für die Fahrspuren auf einer Straße, die von öffentlichen Bussen und Privatautos gemeinsam benutzt wird.
2. Die beiden Stäbe haben die gleiche Richtung, sie haben aber keinen gemeinsamen Punkt, man sagt, sie verlaufen parallel zueinander. Bezogen auf den Straßenverkehr finden Sie diese Situation vor, falls eine getrennte Busspur oder ein abgetrennter Radweg existiert.
3. Sie können die Stäbe auch so halten, dass sie nicht parallel sind und trotzdem aneinander vorbeilaufen, man sagt, sie seien **„windschief"** zueinander.
   In Städten mit reinem U-Bahn-Verkehr finden Sie diese Situation vor; denn obwohl Straßenverkehr und Gleisnetz unterschiedliche Richtungen haben können, gibt es kein „Zusammentreffen".
4. Die Stäbe haben **einen** gemeinsamen Punkt, sie kreuzen sich (bei Geraden: sie **schneiden** sich). Dies ist beispielsweise das Modell für eine „normale" Straßenkreuzung.

Sie wissen aus Klasse 11, dass man die Geradengleichungen „gleichsetzen" muss, wenn man den Schnittpunkt ausrechnen will. Genau das tun wir nun auch, allerdings formulieren wir die Gleichungen in Parameterform, und das dreidimensional.

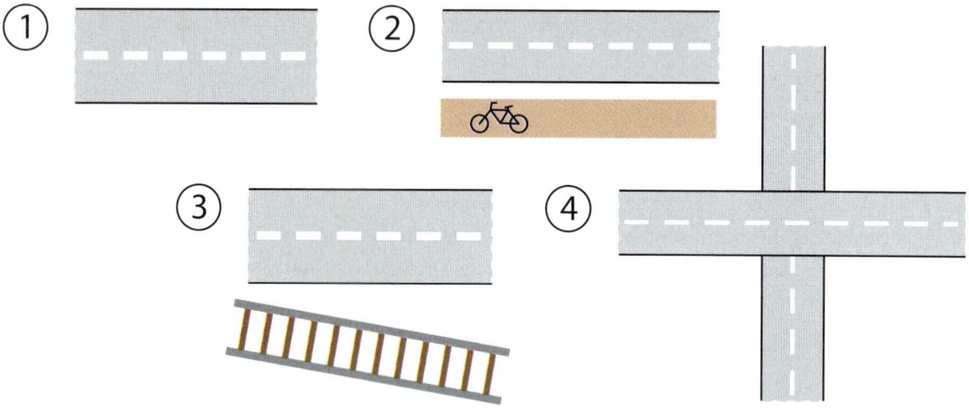

Abb. 8.37

Wir rechnen nicht allgemein, sondern benutzen der Einfachheit halber Zahlenbeispiele. Diese sind so gewählt, dass nacheinander die Situationen 1 bis 4 auftreten.

Für Situation 1 und 2 gilt: Die Geraden haben die **gleiche Richtung**, die Richtungsvektoren unterscheiden sich nur durch einen Faktor. $\rightarrow$ **Dieser Sachverhalt sollte immer als erstes überprüft werden, so sparen Sie Zeit und Arbeit**!

Situation 1

Gegeben sind die beiden Geraden g und h mit ihren Gleichungen in Parameterform.

Gerade g: $\vec{x} = \begin{pmatrix} 3 \\ -2 \\ 5 \end{pmatrix} + \alpha \begin{pmatrix} -1 \\ 2 \\ -2 \end{pmatrix}$ Gerade h: $\vec{h} = \begin{pmatrix} 5 \\ -6 \\ 9 \end{pmatrix} + \beta \begin{pmatrix} 3 \\ -6 \\ 6 \end{pmatrix}$

Zu untersuchen ist, ob $k \cdot \begin{pmatrix} -1 \\ 2 \\ -2 \end{pmatrix} = \begin{pmatrix} 3 \\ -6 \\ 6 \end{pmatrix}$ gilt; denn dann haben die Vektoren die gleiche Richtung.

Zeile 1: $-k = 3 \rightarrow k = -3$ Zeile 2: $2k = -6 \rightarrow k = -3$ Zeile 3: $-2k = 6 \rightarrow k = -3$. Alle Zeilen ergeben das gleiche k, nämlich $k = -3$, also haben beide Geraden die gleiche Richtung. Jetzt überprüfen wir, **ob ein Punkt von *g* auch die Gleichung von *h* erfüllt.** $P(3|-2|5)$ liegt auf g (warum?). Gilt $\begin{pmatrix} 3 \\ -2 \\ 5 \end{pmatrix} = \begin{pmatrix} 5 \\ -6 \\ 9 \end{pmatrix} + \beta \begin{pmatrix} 3 \\ -6 \\ 6 \end{pmatrix}$?

Wenn Sie die drei Zeilen auswerten, erhalten Sie in jeder Zeile $\beta = -\frac{2}{3}$.

$P_g(3|-2|5)$ liegt auch auf h, und weil die Geraden auch die gleiche Richtung haben, fallen sie zusammen $\rightarrow$ $\boldsymbol{g = h}$.

Situation 2

Gerade g: $\vec{x} = \begin{pmatrix} 3 \\ -2 \\ 5 \end{pmatrix} + \alpha \begin{pmatrix} -1 \\ 2 \\ -2 \end{pmatrix}$, das ist die gleiche wie in 1). Gerade h: $\vec{x} = \begin{pmatrix} 5 \\ -1 \\ 2 \end{pmatrix} + \mu \begin{pmatrix} 3 \\ -6 \\ 6 \end{pmatrix}$.

Die Richtungsvektoren von g und h sind die gleichen wie in 1), sie haben die gleiche Richtung.

Wir überprüfen, **ob $P_g(3|-2|5)$ auf h** liegt.

$$\begin{pmatrix} 3 \\ -2 \\ 5 \end{pmatrix} = \begin{pmatrix} 5 \\ -1 \\ 2 \end{pmatrix} + \mu \begin{pmatrix} 3 \\ -6 \\ 6 \end{pmatrix}$$

Die erste Zeile liefert $\mu = -\frac{2}{3}$.
Die zweite Zeile führt zu $\mu = \frac{1}{6}$, somit gibt es **kein** μ, welches die Vektorgleichung erfüllt. P_g liegt **nicht** auf h.

Die beiden Geraden sind parallel.

Situation 3

Gerade g: $\vec{x} = \begin{pmatrix} 3 \\ 2 \\ 2 \end{pmatrix} + \alpha \begin{pmatrix} 2 \\ -1 \\ 4 \end{pmatrix}$ Gerade h: $\vec{x} = \begin{pmatrix} 4 \\ 2 \\ 4 \end{pmatrix} + \beta \begin{pmatrix} 3 \\ 0 \\ -1 \end{pmatrix}$

Vergleich der Richtungsvektoren:

Mittlere Zeile: aus (-1) wird dann und nur dann null, **falls man mit null multipliziert**. Dann stimmen aber die Zahlen der ersten und der dritten Zeile nicht $\rightarrow$ die Richtungsvektoren sind nicht parallel.

Gibt es eine Lösung für $\boldsymbol{g = h}$?

Wir bekommen drei Gleichungen,
1) $3 + 2\alpha = 4 + 3\beta$, 2) $2 - \alpha = 2$, 3) $2 - 4a = 4 - \beta$.

Die 2. Gleichung führt direkt zu $\alpha = 0$, eingesetzt in 3) ergibt $\beta = 2$
Nun überprüfen wir, ob $\alpha = 0$ **und** $\beta = 2$ die 1. Gleichung erfüllen. Wir setzen ein und erhalten:

$3 + 2 \cdot 0 = 4 + 3 \cdot 2 \rightarrow 3 = 10$, das ist eine **falsche** Aussage, die Geraden schneiden sich nicht, sie verlaufen windschief zueinander.

Situation 4

Gerade g: $\vec{x} = \begin{pmatrix} 3 \\ -2 \\ 5 \end{pmatrix} + \alpha \begin{pmatrix} -1 \\ 2 \\ -2 \end{pmatrix}$ Gerade h: $\vec{x} = \begin{pmatrix} 5 \\ -1 \\ 2 \end{pmatrix} + \beta \begin{pmatrix} 4 \\ -3 \\ 1 \end{pmatrix}$

Vergleich der Richtungsvektoren:

1. Zeile: Multiplikation mit (-4) führt zum Ergebnis.
2. Zeile: Multiplikation mit (-4) führt nicht zur 2. Komponente,
   die Richtungsvektoren sind nicht parallel.

Wir werten $g = h$ aus.

I: $3 - \alpha = 5 + 4\beta$ III) $5 - 2\alpha = 2 + \beta$
II: $-2 + 2\alpha = -1 - 3\beta$

Ia: $6 - 2\alpha = 10 + 8\beta$
Ia + II: $\beta = -1 \rightarrow \alpha = 2$ in 3) einsetzen: $5 - 2 \cdot 2 = 2 + (-1) \rightarrow 1 = 1$ ist eine wahre Aussage, es existiert ein Schnittpunkt. Wir setzen $\alpha = 2$ in g ein und erhalten $S(1|2|1)$.

Übungen

Untersuchen Sie die Lagebeziehungen der folgenden Geraden g und h: Berechnen Sie den Schnittpunkt, falls er existiert.

a) g: $P_g(0|2|1)$; Komponenten des Richtungsvektors: $r_{g_1} = 4$; $r_{g_2} = -8$; $r_{g_3} = 8$
   h: $P_h(17|-10|5)$; Komponenten des Richtungsvektors: $r_{h_1} = 8$; $r_{h_2} = -6$; $r_{h_3} = 2$

b) g: $P_g(-1|4|-6)$ Komponenten des Richtungsvektors: $r_{g_1} = 10$; $r_{g_2} = -5$; $r_{g_3} = 20$
   h: $P_h(13|2|1)$ Komponenten des Richtungsvektors: $r_{h_1} = 12$; $r_{h_2} = 0$; $r_{h_3} = -4$

c) g: $P_g(2|0|3)$ Komponenten des Richtungsvektors: $r_{g_1} = 10$; $r_{g_2} = -20$; $r_{g_3} = 20$
h: $P_h(8|-12|15)$ Komponenten des Richtungsvektors: $r_{h_1} = -1$; $r_{h_2} = 2$; $r_{h_3} = -2$

d) g: $P_g(2|0|3)$ Komponenten des Richtungsvektors: $r_{g_1} = -5$; $r_{g_2} = 10$; $r_{g_3} = -10$
h: $P_h(8|-7|8)$ Komponenten des Richtungsvektors: $r_{h_1} = 1$; $r_{h_2} = -2$; $r_{h_3} = 2$

e) g: $P_g(-1|4|6)$ Komponenten des Richtungsvektors: $r_{g_1} = 10$; $r_{g_2} = -5$; $r_{g_3} = 20$
h: $P_h(9|-1|14)$ Komponenten des Richtungsvektors: $r_{h_1} = 12$; $r_{h_2} = 0$; $r_{h_3} = -4$

8.6 Ebenen im dreidimensionalem Raum

Dieses Kapitel fassen wir sehr kurz, denn fast alle Probleme, die bei Ebenen in $\mathbb{R}^3$ auftreten, führen zu Gleichungssystemen. Deren Lösung ist hier zu zeitaufwendig, falls keine geeigneten Taschenrechner (mit Matrizenrechnung) eingeführt sind (wir gehen davon aus, dass in Gestalterklassen andere Hilfsmittel wichtiger sind!).

8.6.1 Die Ebene in impliziter Form

In impliziter Form lautet die Funktionsgleichung einer Ebene

$$\boldsymbol{ax + by + cz + d = 0}$$

Da wir uns in $\mathbb{R}^3$ bewegen, finden wir auch **drei Variablen** vor. Solche Funktionsgleichungen sind neu für Sie, und bei gegebenen Koeffizienten a bis d ungleich null haben Sie keine Möglichkeit, die Lage der Ebene abzuschätzen. Ohne zusätzliche Hilfsmittel (Computerprogramm) müssen Sie Punkt für Punkt jeweils zwei Variablen vorgeben und die dritte berechnen → Sie erhalten die Koordinaten des jeweiligen Punkts. Falls Sie genügend Punkte ausrechnen und in ein Koordinatensystem einzeichnen, erhalten Sie eine Vorstellung von der Lage der Ebene, deren Funktionsgleichung in impliziter Form gegeben ist. Einfacher wird die Rechnung, wenn Sie jeweils zwei Variablen gleich null setzen und die dritte ausrechnen; denn dann erhalten Sie die drei Punkte, die sich als **Durchstoßpunkte** der Achsen mit der Ebene ergeben. Berechnen Sie diese Punkte, zeichnen Sie diese ein, schraffieren Sie das entstandene Dreieck → nun haben Sie einen guten Überblick bezüglich der Lage der Ebene.

Beispiel

Gegeben ist die Ebene mit der Funktionsgleichung $\boldsymbol{2x - y + z - 6 = 0}$

Wir setzen 1) $x = y = 0$, 2) $x = z = 0$, 3) $y = z = 0$ und rechnen die fehlende Koordinate aus (roter Wert):

x	y	z
0	0	**6**
0	**−6**	0
3	0	0

Aufgabe

1. Zeichnen Sie die drei Punkte in ein Koordinatensystem ein, färben Sie das Dreieck ein und berechnen Sie weitere Punkte und zeichnen Sie diese ebenfalls ein.

2. Berechnen Sie die Funktionsgleichung der Schnitt-Geraden, die die Ebene mit der x-y-Ebene bildet.

3. Jeweils eine Variable wird null gesetzt (fällt weg). Beschreiben Sie die Folgen.

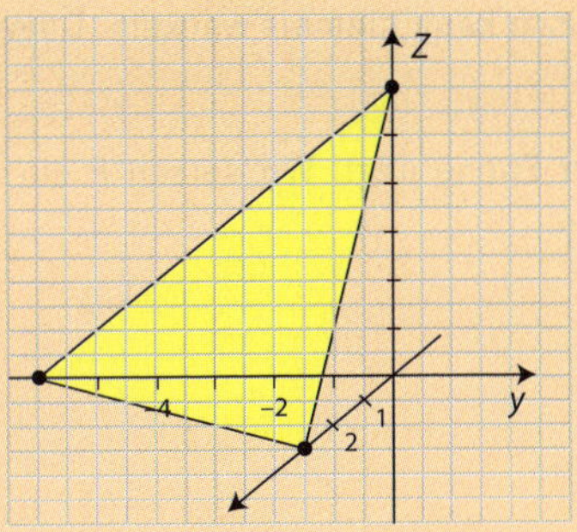

Abb. 8.38: Ebene im Koordinatensystem

Ihre Zeichnung betr. Aufgabe 1 sollte ähnlich aussehen. Beschreiben Sie die Besonderheiten der drei gezeichneten Dreieckseiten.

8.6.2 Die vektorielle Ebenengleichung in Parameterform

Wir gehen von drei Punkten A, B, C im Raum $\mathbb{R}^3$ aus, die **nicht** auf einer Geraden liegen dürfen.

Zum ersten Punkt A zeigt der Ortsvektor $\vec{a}$, die Verbindungsvektoren $\overrightarrow{AB}$ bzw. $\overrightarrow{AC}$ sind die Richtungsvektoren zweier Geraden, die in der gesuchten Ebene liegen. Dann ergibt sich die Ebenengleichung

$\vec{x} = \vec{a} + \alpha \cdot (\vec{b} - \vec{a}) + \beta \cdot (\vec{c} - \vec{a})$

Wie zu erwarten haben wir jetzt zwei Parameter, denn zwei unterschiedliche Geraden, die sich in A schneiden, spannen die Ebene auf. Wenn α und β alle Zahlen durchlaufen, erhält man auch **alle Punkte *P* der Ebene**.

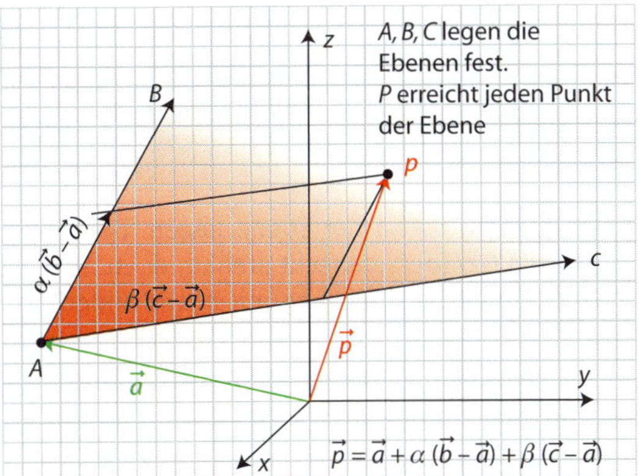

Abb. 8.39: Ebene in vektorieller Form

Beispiel

Wir nehmen die drei Punkte aus Kapitel 8.5.2 und erhalten mit $A(0|0|6)$; $B(0|-6|0)$; $C(3|0|0)$

$$\vec{x} = \begin{pmatrix}0\\0\\6\end{pmatrix} + \alpha \cdot \begin{pmatrix}0-0\\6\\0-0\end{pmatrix} + \beta \cdot \begin{pmatrix}3-0\\0-0\\0-6\end{pmatrix} = \begin{pmatrix}0\\0\\6\end{pmatrix} + 3\alpha \cdot \begin{pmatrix}0\\2\\0\end{pmatrix} + 3\beta \cdot \begin{pmatrix}1\\0\\-2\end{pmatrix} = \begin{pmatrix}0\\0\\6\end{pmatrix} + k\begin{pmatrix}0\\2\\0\end{pmatrix} + s\begin{pmatrix}1\\0\\-2\end{pmatrix}$$

Hinweis: Man kann einen konstanten Faktor „ausklammern“ (hier die „3“) und den Parameter umbenennen, um bequemere Komponenten zu erhalten, notwendig ist das nicht.

Merksatz Mit drei Punkten, die nicht auf einer Geraden liegen, ist eine Ebene eindeutig festgelegt. Sie kennen das aus der Praxis: Ein dreibeiniger Hocker oder Tisch kann niemals wackeln. Dagegen ist bei vierbeinigen Möbeln Wackeln oft zu beobachten.

Wir wollen überprüfen, ob der Punkt $P(1|3|5)$ auf dieser Ebene liegt. Wir setzen P ein und dann muss gelten:

$$\begin{pmatrix}1\\3\\5\end{pmatrix} = \begin{pmatrix}0\\0\\6\end{pmatrix} + \varphi\begin{pmatrix}0\\3\\0\end{pmatrix} + \delta\begin{pmatrix}1\\0\\-2\end{pmatrix}$$

Die erste Komponente führt zu: $1 - 0 = 0 + \delta \rightarrow \delta = 1$.
Die zweite Komponente ergibt: $3 - 0 = 3\varphi \rightarrow \varphi = 1$.

Wir setzen die berechneten Parameter für die 3. Komponente ein und erhalten die Zeile $5 - 6 = 6 + 1 \cdot 0 - 1 \cdot (-2)$. Diese **Aussage ist falsch, also liegt P nicht auf der Ebene**.

Diese Form der Ebenengleichung ist für diesen Kurs besonders geeignet, wenn Sie beliebig viele Punkte der Ebene berechnen wollen, besonders dann, wenn Sie einen Computer benutzen. Dann müssen Sie nur die beiden Parameter in einer oder zwei Schleifen systematisch verändern. Ebenso können Sie leicht überprüfen, ob bestimmte Punkte Elemente der Ebene sind oder nicht. Andere Probleme führen zu Gleichungssystemen mit zwei oder drei Unbekannten, die auch über- oder unterbestimmt sein können, wir gehen nicht weiter darauf ein.

Übungen $A(1|2|3)$; $B(0|-2|4)$; $C(2|5|-2)$

a) Beweisen Sie, dass die drei Punkte nicht auf einer Geraden liegen.

b) Stellen Sie eine Gleichung für die Ebene in Parameterform auf.

c) Berechnen Sie zwei weitere Punkte der Ebene.

d) Überprüfen Sie, ob $T(1|1|2)$ Punkt der Ebene ist.

8.6.3 Die Normalenform der Ebene

Wir gehen von der Parameterform aus.

$\vec{x} = \vec{a} + \alpha \cdot \vec{u} + \beta \cdot \vec{v}$

Dabei sind $\vec{u}$ und $\vec{v}$ die Richtungsvektoren der Geraden, die in der Ebene liegen. Der Vektor $\vec{n}$ soll sowohl auf der ersten als auch auf der zweiten Gerade senkrecht stehen, er ist also die **Normale** der Ebene. Nun multiplizieren wir beide Seiten der Gleichung mit $\vec{n}$, wir bilden also Skalarprodukte.

$\vec{n} \cdot \vec{x} = \vec{n} \cdot \vec{a} + \alpha \cdot \vec{n} \cdot \vec{u} + \beta \cdot \vec{n} \cdot \vec{v}$. Begründen Sie, **warum** die beiden letzten Skalarprodukte **null** ergeben! Wir bringen alles auf eine Seite und klammern $\vec{n}$ aus:

$\vec{n} \cdot (\vec{x} - \vec{a}) = 0$

Merksatz Die Normalenform der Ebene in $\mathbb{R}^3$ hat das gleiche „Aussehen“ wie die Normalenform einer Geraden in $\mathbb{R}^2$.

Wir formen die Normalenform der Ebene etwas um und vergleichen mit der impliziten Koordinatenform.

$\vec{n} \cdot \vec{x} - \vec{n} \cdot \vec{a} = 0 \rightarrow$ wir wissen, dass das Produkt $\vec{n} \cdot \vec{a}$ eine „normale“ Zahl, nämlich einen Skalar s darstellt. $\vec{n} \cdot \vec{x}$ schreiben wir ausführlich in Komponentenschreibweise hin.

Wir erhalten:

$\begin{pmatrix} n_1 \\ n_2 \\ n_3 \end{pmatrix} \cdot \begin{pmatrix} x_1 \\ x_2 \\ x_3 \end{pmatrix} - s = 0$. Wir multiplizieren aus (Skalarprodukt bilden) und erhalten mit $-s = k$.

$n_1x_1 + n_2x_2 + n_3x_3 + k = 0 \rightarrow$ „alte“ Koordinatenbezeichnung einführen: $x_1 = x$; $x_2 = y$; $x_3 = z \rightarrow$ führt zu

$n_1x + n_2y + n_3z + k = 0 \leftrightarrow ax + by + cz + d = 0$.

(linke Seite: Ebene, Normalenform; rechte Seite: Ebene, implizit)

Beide Funktionsgleichungen haben die gleiche Form, sodass zu vermuten ist, dass die Koeffizienten a, b, c die Komponenten der Normalen sind. Wir verzichten in diesem Kurs auf den Beweis.

Die Koeffizienten a, b, c der impliziten Ebenengleichung $ax + by + cz + d = 0$ sind die Komponenten des Normalenvektors. **Merksatz**

Beispiel

Im Kapitel **8.5.1** haben Sie die Ebene mit der impliziten Koordinatengleichung $2x - y + z - 6 = 0$ bearbeitet. Es war leicht zu finden, dass $A(0|0|6)$ ein Punkt der Ebene ist. Somit erhalten wir die Normalenform

$\begin{pmatrix} 2 \\ -1 \\ 1 \end{pmatrix} \cdot \vec{x} - \begin{pmatrix} 2 \\ -1 \\ 1 \end{pmatrix} \cdot \begin{pmatrix} 0 \\ 0 \\ 6 \end{pmatrix} = 0$. Wenn Sie das rechte Skalarprodukt ausrechnen, erhalten Sie -6.

Deshalb gilt: $\begin{pmatrix} 2 \\ -1 \\ 1 \end{pmatrix} \cdot \vec{x} - 6 = 0 \Leftrightarrow 2x - y + z - 6 = 0$

Die Normalenform der Ebenengleichung ist dann besonders „handlich“, wenn Sie die Lage zweier Ebenen zueinander beurteilen wollen oder wenn der kürzeste Abstand eines Punkts von der Ebene gesucht ist.

Die Lagebeziehungen besprechen wir nicht, das Abstandsproblem werden wir nun beispielhaft vorführen, die Herleitung der Formel ist in der Abb. 8.40 angedeutet.

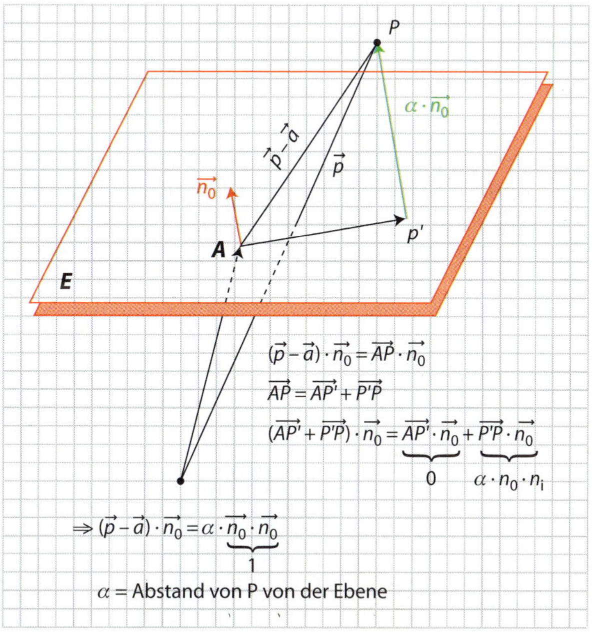

Abb. 8.40: Abstand des Punkts P von der Ebene E

A sei ein Punkt der Ebene E, gesucht ist die senkrechte (kürzeste) Entfernung l_P des Punkts P von der Ebene. $\vec{n}$ ist eine Normale, steht also senkrecht auf E. Dann gilt:

$$l_P = \left| \frac{\vec{n}}{|\vec{n}|} \cdot (\vec{p} - \vec{a}) \right| = |\vec{n}_0 (\vec{p} - \vec{a})|$$

Beispiel

Zu berechnen ist die Entfernung des Punkts $P(1|2|3)$ von der (schon bekannten) Ebene $2x - y + z - 6 = 0$.

Wir wissen: $n_1 = 2$, $n_2 = -1$, $n_3 = 1$ A(0|0|6)

$$|\vec{n}| = \sqrt{\begin{pmatrix} 2 \\ -1 \\ 1 \end{pmatrix}\begin{pmatrix} 2 \\ -1 \\ 1 \end{pmatrix}} = \sqrt{4+1+1} = \sqrt{6} \qquad \vec{p} - \vec{a} = \begin{pmatrix} 1 \\ 2 \\ 3 \end{pmatrix} - \begin{pmatrix} 0 \\ 0 \\ 6 \end{pmatrix} = \begin{pmatrix} 1 \\ 2 \\ -3 \end{pmatrix}$$

$$l = \left| \frac{\begin{pmatrix} 2 \\ -1 \\ 1 \end{pmatrix}\begin{pmatrix} 1 \\ 2 \\ -3 \end{pmatrix}}{\sqrt{6}} \right| = \left| \frac{2-2-3}{\sqrt{6}} \right| = 1{,}225$$

Der Punkt P ist also 1,225 Längeneinheiten von E entfernt.

Übungen

1. Bekannt ist die Ebene E: $-x + 2y + 5z - 10 = 0$. Berechnen Sie den Abstand dieser Ebene von den Punkten
   a) $A(4|4|4)$ b) $B(1|-5|2)$ c) $C(0|0|0)$ d) $D(-1|0|5)$
2. Die Punkte A, B, C aus Ü1 bilden eine Ebene. Stellen Sie die Parameterform auf. → Nur für Matheasse, weil nicht besprochen: Wie heißt diese Gleichung in der Normalenform (drei Gleichungen für zwei Parameter, wenn man die Punkte einsetzt), welchen Abstand hat Punkt D aus Ü1 von der Ebene?

8.6.4 Vektorrechnung außerhalb der Geometrie, Ausblick

Sie als Gestalter wissen, dass bei **Monitoren** durch additive Farbmischung jede Farbe dargestellt werden kann, das RGB-Modell ist Ihnen bekannt. Falls Sie in der Datenverarbeitung mit „Visual Basic" arbeiten, können Sie jede Farbe durch den Vektor

$\vec{f} = \begin{pmatrix} R \\ G \\ B \end{pmatrix}$ erzeugen. Dabei gilt $0 \leq R \leq 255$, $0 \leq G \leq 255$, $0 \leq B \leq 255$ (8-bit-Darstellung).

Es können $256 \cdot 256 \cdot 256 = 16\,777\,216$ unterschiedliche Farben dargestellt werden, bei PCs spricht man von True Color.

$\begin{pmatrix} 0 \\ 0 \\ 0 \end{pmatrix}$ = schwarz, $\begin{pmatrix} 255 \\ 255 \\ 255 \end{pmatrix}$ = weiß, $\begin{pmatrix} 0 \\ 0 \\ 255 \end{pmatrix}$ = blau, volle Sättigung.

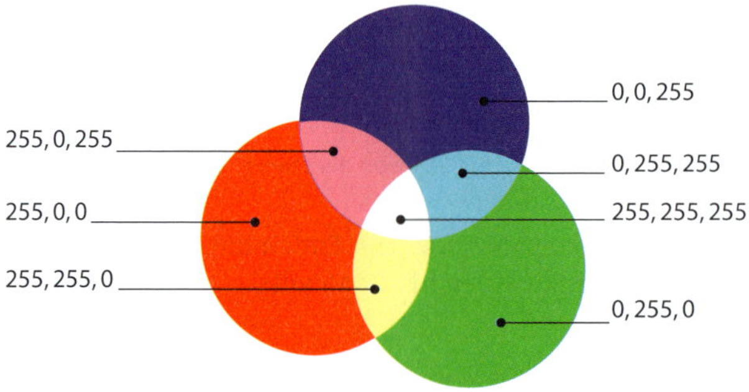

Abb. 8.41: Additive Farbmischung, RGB-codiert

Andere Programme gehen nicht von 0 bis 255 aus, sondern codieren von 0 bis 1 bzw. von 0 % bis 100 %.

Falls in Graustufen umzurechnen ist, gilt bei Tageslicht.

$$g = \begin{pmatrix} R \\ G \\ B \end{pmatrix} \cdot \begin{pmatrix} 0{,}299 \\ 0{,}587 \\ 0{,}114 \end{pmatrix}$$

Aufgabe

Schreiben Sie ein kleines Programm in **Visual Basic** (falls im Informatik – Unterricht behandelt) mit folgenden Eigenschaften: Es gibt drei Schieberegler (scrollbars) mit den Namen Rot, Grün, Blau. Jeder „Grundfarbenregler" kann die Werte 0 bis 255 durchlaufen, jede Grundfarbe wird in einem Kreis neben dem Regler angezeigt. In einem vierten großen Kreis sieht man die Mischfarbe. Falls Ihre Programmierkenntnisse nicht ausreichen, suchen Sie im Internet ein Programm, das ähnliches leistet. Geben Sie die Fundstelle (Link) an!

Übung

Eine Farbe im RGB – Farbraum hat die Komponenten $R = 2^5$, $G = 2^7$, $B = 2^8$. Berechnen Sie den Grauwert.

Hinweis

1) In modernen Bildbearbeitungsprogrammen und in der Röntgendiagnostik ist eine höhere Auflösung üblich, es wird eine 16-Bit-Codierung benutzt.

2) Man darf nicht davon ausgehen, dass die dargestellte Farbe bei unterschiedlichen Geräten (Röhren-, LCD-, Plasma – Geräten) bei gleichem RGB – Vektor genau den gleichen Farbeindruck erbringen. Wenn diese Probleme auftreten, müssen die Farb-Anteile korrigiert werden. Dafür benötigt man spezielle **Übergangsmatrizen,** die Sie im nächsten Abschnitt kennenlernen.

8.7 Matrizenrechnung

8.7.1 Begriffe und Schreibweisen

Vorbemerkung

Bevor wir geometrische Probleme mithilfe der Matrizenrechnung behandeln wollen und können, zeigen wir Ihnen, wie Aufgaben sowohl auf Grundschulniveau (Einkaufen → wir wissen, was ein Bonbon kostet, wie viel muss man für 5 Bonbons zahlen?) wie auch bei umfangreicheren Aufgaben mittels Matrizen (viele Leute kaufen viele unterschiedliche Dinge bei unterschiedlichen Anbietern) systematisch zu lösen sind.

In Klasse 11 haben Sie Gleichungssysteme GLS kennen gelernt und vielleicht folgende Kurzschreibweise benutzt:

X	*Y*	*Z*	Ergebnis
1	2	3	6
−2	3	1	2
4	−1	7	10

Tab. 8.3: GLS in Kurzschreibweise

Jede rechteckige Tabelle mit Zahlen als Inhalt nennen Mathematiker „Matrix“[1], ganz gleich, welche Sachverhalte tabellarisch dargestellt werden. In der Matrix-Schreibweise notiert man das obige Gleichungssystem so:

$$\boldsymbol{H} = \begin{pmatrix} 1 & 2 & 3 & 6 \\ -2 & 3 & 1 & 2 \\ 4 & -1 & 7 & 10 \end{pmatrix}$$ Ein Großbuchstabe, *kursiv* und **fett** formatiert, zeigt an, dass es sich um die Matrix $\boldsymbol{H}$ handelt, die Elemente der Matrix sind in eine große runde Klammer gesetzt.

Die Matrix hat Zeilen und Spalten. $\boldsymbol{H_{mn}}$ (sprich H m n) bedeutet, dass die Matrix $\boldsymbol{H}$ m Zeilen und n Spalten hat. Im obigen Beispiel gilt $\boldsymbol{H_{34}}$.

Hinweis **Tipp zur Reihenfolge der Indices: Z**uerst die **Z**eilen, **S**palten **s**päter!

Allgemein hat jede Matrix die Form

$$\boldsymbol{A_{mn}} = \begin{pmatrix} a_{11} & a_{12} & \dots & \dots & a_{1n} \\ a_{21} & a_{22} & \dots & \dots & a_{2n} \\ \dots & \dots & \dots & \dots & \dots \\ a_{m1} & \dots & \dots & \dots & a_{mn} \end{pmatrix}.$$ a_{ik} ist das Element der Matrix $\boldsymbol{A}$, das in Zeile i und in Spalte k steht. Es gilt $1 \leq i \leq m$ und $1 \leq k \leq n$.

Hat eine Matrix nur eine Spalte, so spricht man auch von einem Spalten**vektor**. Falls die Matrix nur eine Zeile hat, so ist das der Zeilen**vektor**. → Hinweis: Diese Bezeichnung deutet schon darauf hin, dass Vektor-Rechengesetze auf Matrizen übertragen werden sollen.

Matrizen sind dann und nur dann gleich, wenn sie in **allen** Elementen gleich sind.

Gilt $m = n$, so spricht man von einer **quadratischen** Matrix. Gestalter haben beruflich meist mit quadratischen Matrizen und/oder Spaltenvektoren zu tun.

Merksatz Matrizen haben bestimmte Eigenschaften. Man kann mit ihnen rechnen, sie selbst stellen aber keine Gleichung dar und auch keine bestimmte Zahl.

Aufgaben

1. Geben Sie die Elemente h_{21}, h_{32}, h_{34} der obigen Matrix $\boldsymbol{H}$ an.
2. Tom, Sonja und Sven kaufen für die Party ein. Tom hat 5 Flaschen Cola, 6 Pakete Würstchen, 2 Flaschen Sekt und 3 Dosen Erdnüsse gekauft. Sonja kauft 4 Dosen Erdnüsse, 1 Flasche Sekt, 2 Flaschen Cola und 3 Pakete Würstchen. Sven kauft von jeder Sorte 2. Schreiben Sie die „Einkaufsmatrix“ $\boldsymbol{K}$ der Aufgabe Nr. 2 auf.
3. Für die nächste Party kauft jeder aus A2 die doppelte Menge. Geben Sie $\boldsymbol{K}$ der Aufgabe 3 an.
4. Geben Sie eine Matrix $\boldsymbol{K}$ von Aufgabe 4 an, die die Summe der Einkäufe (A2 + A3) darstellt. Formulieren Sie ein Gesetz für die Addition von Matrizen und für die Multiplikation einer Matrix $\boldsymbol{A}$ mit einer Zahl a. → wie haben Sie A3 gelöst (Multiplikation)?
5. Es soll gelten $\boldsymbol{A} = \boldsymbol{B}$.

   $\boldsymbol{A} = \begin{pmatrix} 2 & x & 3 \\ y & 3 & 1 \end{pmatrix}$ $\boldsymbol{B} = \begin{pmatrix} a & 1 & b \\ 4 & r & s \end{pmatrix}$ Bestimmen Sie a, b, r, s, x, y.

[1] *Plural: Matrizen*

8.7.2 Rechengesetze für Matrizen

8.7.2.1 Addition und Subtraktion

Die Addition und die Subtraktion von zwei Matrizen ist nur dann definiert, wenn beide Matrizen vom gleichen Typ sind, das heißt, dass die jeweilige Anzahl der Zeilen und der Spalten übereinstimmen müssen. Das haben Sie bestimmt schon bei der Einkaufsliste bemerkt.

$$\boldsymbol{A} = \begin{pmatrix} a_{11} & \dots & a_{1n} \\ \dots & & \\ a_{m1} & & a_{mn} \end{pmatrix} \quad \boldsymbol{B} = \begin{pmatrix} b_{11} & \dots & b_{1n} \\ \dots & \dots & \dots \\ b_{m1} & \dots & b_{mn} \end{pmatrix} \quad \boldsymbol{A} + \boldsymbol{B} = \begin{pmatrix} a_{11} + b_{11} & \dots & \dots \\ \dots & \dots & \dots \\ \dots & \dots & a_{mn} + b_{mn} \end{pmatrix}$$

Bei der Subtraktion ist anstelle von + ein − zu setzen.

Bei der Addition/Subtraktion müssen die Matrizen vom gleichen Typ sein. Mann addiert/subtrahiert die Elemente, die an gleicher Stelle ($c_{rs} = a_{rs} \pm b_{rs}$) stehen. **Merksatz**

Für die Aufgabe A4 des vorigen Kapitels bedeutet das:

$$\boldsymbol{A_4} = \begin{pmatrix} 5 & 6 & 2 & 3 \\ 2 & 3 & 1 & 4 \\ 2 & 2 & 2 & 2 \end{pmatrix} + \begin{pmatrix} 10 & 12 & 4 & 6 \\ 4 & 6 & 2 & 8 \\ 4 & 4 & 4 & 4 \end{pmatrix} = \begin{pmatrix} 15 & 18 & 6 & 9 \\ 6 & 9 & 3 & 12 \\ 6 & 6 & 6 & 6 \end{pmatrix}$$

Aufgabe

$$\begin{pmatrix} c \\ m \\ y \end{pmatrix} = \begin{pmatrix} 1 \\ 1 \\ 1 \end{pmatrix} - \begin{pmatrix} r \\ g \\ b \end{pmatrix}$$

→ Umrechnung vom RGB- zum CMY-Modell. RGB ist jedoch in der 8-bit-Schreibweise gegeben: $R = 134$, $G = 200$, $B = 64$. Berechnen Sie die Farbe in (c, m, y).

8.7.2.2 Multiplikation

Bei der Einkaufsmatrix haben Sie sicherlich erkannt, wie man eine Matrix mit einer Zahl z multipliziert.

Es kommt nicht auf den Typ der Matrix an, man muss nur **jedes** Element der Matrix mit $\boldsymbol{z}$ multiplizieren.

So galt für die erste Party

$$\boldsymbol{K_{A2}} = \begin{pmatrix} 5 & 6 & 2 & 3 \\ 2 & 3 & 1 & 4 \\ 2 & 2 & 2 & 2 \end{pmatrix} \quad \boldsymbol{K_{A3}} = \boldsymbol{2\,K_{A2}} = \begin{pmatrix} 2 \cdot 5 & 2 \cdot 6 & \dots & \dots \\ \dots & \dots & \dots & \dots \\ 2 \cdot 2 & \dots & \dots & 2 \cdot 2 \end{pmatrix} = \begin{pmatrix} 10 & 12 & 4 & 6 \\ 4 & 6 & 2 & 8 \\ 4 & 4 & 4 & 4 \end{pmatrix}$$

Etwas komplizierter wird es, wenn zwei Martrizen miteinander multipliziert werden sollen. Das ist dann und nur dann definiert, wenn die **Anzahl der Spalten der ersten Matrix gleich Anzahl der Zeilen der zweiten Matrix ist.**

$$\boldsymbol{A_{mn}} \cdot \boldsymbol{B_{nk}} = \boldsymbol{C_{mk}}$$

Aufgabe

1. Entscheiden Sie, welche Matrizenmultiplikationen definiert sind.

a) $\begin{pmatrix} 1 \\ 2 \\ 3 \end{pmatrix} \cdot \begin{pmatrix} 2 & 2 & 2 \\ 1 & 0 & 3 \\ 3 & 3 & 4 \end{pmatrix}$ b) $\begin{pmatrix} 2 & 1 \\ 2 & 5 \end{pmatrix} \cdot \begin{pmatrix} 1 & 2 & 3 \\ 3 & 4 & 0 \\ 1 & 1 & 0 \end{pmatrix}$ c) $(1\ 2\ 4) \cdot \begin{pmatrix} 2 \\ 1 \\ 8 \end{pmatrix}$ d) $\begin{pmatrix} 1 & 2 & 3 \\ 1 & 2 & 1 \\ 1 & 2 & 0 \end{pmatrix} \cdot \begin{pmatrix} 1 & 2 \\ 1 & 4 \\ 4 & 4 \end{pmatrix}$ e) $\begin{pmatrix} 1 & 1 \\ 2 & 3 \end{pmatrix} \cdot \begin{pmatrix} 1 & 1 \\ 2 & 0 \\ 3 & 0 \\ 3 & 2 \\ 4 & 4 \end{pmatrix}$

Wir erweitern das Einkaufsbeispiel. Wir wissen bereits, wer wann wie viel gekauft hat, und wir haben das übersichtlich in einer Matrix dargestellt, die Ware ist aber noch nicht bezahlt!

Sie wissen: Preis = Anzahl der Einheiten multipliziert mit dem Einzelpreis (Preis pro Einheit).

Falls alle im gleichen Geschäft (etwa zur gleichen Zeit) gekauft haben, hat jeder Käufer auch den gleichen Einzelpreis gehabt. Es galt folgende Preisliste: Cola: 1,40 EUR/Flasche; Würstchen: 3,25 EUR/Paket; Sekt: 3,55 EUR/Flasche; Nüsse: 0,55 EUR/Dose. Es gibt zwei Möglichkeiten, die Einzelpreise als Matrix darzustellen, nämlich als Zeilenvektor (1 Zeile, 4 Spalten $\boldsymbol{V_{14}}$) oder als Spaltenvektor (4 Zeilen, 1 Spalte $\boldsymbol{V_{41}}$).

Gerechnet werden soll Menge mal Einzelpreis, und das mittels Matrizenmultiplikation.

Die Einkaufsmatrix ist vom Typ $\boldsymbol{M_{34}}$. Deshalb muss die Einzelpreismatrix 4 Zeilen haben → das gilt für den Spaltenvektor. Dieser lautet:

$$\boldsymbol{EP} = \begin{pmatrix} 1{,}4 \\ 3{,}25 \\ 3{,}55 \\ 0{,}55 \end{pmatrix}$$

Formal müssen wir rechnen $\boldsymbol{M_{34}} \cdot \boldsymbol{EP_{41}} = \boldsymbol{P_{31}}$. Man erhält einen Spaltenvektor $\boldsymbol{P_{31}}$, dieser modelliert die Rechnungssumme je Einkäufer (eine andere sinnvolle Deutung ist nicht möglich). Wir schreiben beide Matrizen hin und überlegen dann, wie man das Ergebnis **ohne** Matrizenrechnung ermittelt.
Zu berechnen ist

$$\begin{pmatrix} 5 & 6 & 2 & 3 \\ 2 & 3 & 1 & 4 \\ 2 & 2 & 2 & 2 \end{pmatrix} \cdot \begin{pmatrix} 1{,}4 \\ 3{,}25 \\ 3{,}55 \\ 0{,}55 \end{pmatrix} = \begin{pmatrix} P_1 \\ P_2 \\ P_3 \end{pmatrix}$$

P_1 ist die Rechnungssumme des ersten Käufers Tom. Toms Einkaufsliste sehen Sie als 1. Zeilenvektor der Einkaufsmatrix. Auf dem Kassenbon findet man 5 Fl · 1,40 EUR/Fl + 6 P · 3,25 EUR/P + 2 Fl · 3,55 EUR/Fl + 3 D · 0,55 EUR/D = 35,25 EUR = P_1.

Wenn man P_2 berechnen will, so muss man den 2. Zeilenvektor mit den Einzelpreisen kombinieren usw.

Nun die Verbindung zur Vektorrechnung:

Schreiben Sie die erste Zeile der Einkaufsmatrix als Spaltenvektor und bilden Sie das Skalarprodukt mit dem Einzelpreisvektor!

$$P_1 = \begin{pmatrix} 5 \\ 6 \\ 2 \\ 3 \end{pmatrix} \cdot \begin{pmatrix} 1{,}4 \\ 3{,}25 \\ 3{,}55 \\ 0{,}55 \end{pmatrix} = 5 \cdot 1{,}40 + 6 \cdot 3{,}25 + 2 \cdot 3{,}55 + 3 \cdot 0{,}55 = 32{,}25 = P_1$$

Mathematiker formulieren das eleganter: Sie bilden die **transponierte Matrix** $\boldsymbol{M^T}$, indem sie Zeilen und Spalten vertauschen. Für $\boldsymbol{M^T}$ gilt:

$$\boldsymbol{M^T} = \begin{pmatrix} 5 & 2 & 2 \\ 6 & 3 & 2 \\ 3 & 1 & 2 \\ 2 & 4 & 2 \end{pmatrix}$$

Nun lautet die Rechenvorschrift: Bilde nacheinander die Skalarprodukte der 1., 2., 3, Spalte von $\boldsymbol{M^T}$ mit $\boldsymbol{EP}$. Man erhält nacheinander die Elemente von $\boldsymbol{P_{31}}$.

Aufgaben

2. Berechnen Sie die übrigen zwei Komponenten P_2 und P_3 der Rechnungsmatrix.

3. $\boldsymbol{R} = \begin{pmatrix} 2 & 1 & 0 & 1 & 4 \\ 5 & 1 & 7 & 1 & 0 \end{pmatrix}$ Bilden Sie $4 \cdot \boldsymbol{R^T}$.

Verallgemeinert man das bis jetzt Gelernte, ergibt sich der folgende Merksatz.

Merksatz

Das Produkt einer Matrix $\boldsymbol{M}_{mn}$ mit einer Matrix $\boldsymbol{V}_{n1}$ (das ist ein Spaltenvektor $\vec{v}$) ist ein Vektor mit m Komponenten (oder eine Matrix mit einer Spalte und m Zeilen). Man berechnet die Komponenten durch Bildung der Skalarprodukte „Zeile mal Spalte". Schreibt man jedoch die transponierte Matrix auf, so rechnet man „Spaltenvektor mal Spaltenvektor", so wie man es vom Skalarprodukt gewohnt ist.

Das oben besprochene Problem „Matrix mal Spaltenvektor" ist ein Sonderfall des Problems Matrix mal Matrix.

Die meisten Probleme für gestalterische Berufe führen auf diesen Sonderfall und können ohne besondere Taschenrechner oder Computer bewältigt werden.

Der Vollständigkeit halber besprechen wir nun die allgemeine Matrizenmultiplikation $\boldsymbol{A}_{mk} \cdot \boldsymbol{B}_{ks} = \boldsymbol{C}_{ms}$.

Damit Sie nicht den Faden verlieren und entnervt aufgeben, gehen wir wieder einkaufen, die Rechnungssumme(n) könnten Sie notfalls auch „zu Fuß" ermitteln und so können Sie nachvollziehen, wie eine allgemeine Matrizenmultiplikation das Einkaufen und Bezahlen modelliert.

Wir benutzen weiterhin das Beispiel „Einkaufen für die Party", jedoch haben wir jetzt nicht einen, sondern zwei Anbieter mit zum Teil unterschiedlichen Einzelpreisen.

$$\boldsymbol{M}_{34} = \begin{pmatrix} 5 & 6 & 2 & 3 \\ 2 & 3 & 1 & 4 \\ 2 & 2 & 2 & 2 \end{pmatrix} \quad \boldsymbol{EP}_{42} = \begin{pmatrix} 1{,}40 & 1{,}35 \\ 3{,}25 & 3{,}55 \\ 3{,}55 & 4{,}00 \\ 0{,}55 & 0{,}60 \end{pmatrix} \quad \boldsymbol{M}_{34} \cdot \boldsymbol{EP}_{42} = \boldsymbol{P}_{32}$$

Für $\boldsymbol{M}$ gilt weiterhin: In den Spalten stehen die Mengen je Warenart, in den Zeilen die Mengen pro Käufer.

Für $\boldsymbol{EP}$ gilt: In den Spalten stehen die Einzelpreise je Händler, in den Zeilen stehen die Einzelpreise pro Warenart.

Folgende Überlegung hilft weiter: Gäbe es nur den 1. Händler, so hätten wir das Problem schon gelöst → Matrix mal Spaltenvektor. Gäbe es nur den 2. Händler, ergäbe sich die gleiche Rechnung, nur mit anderen Komponenten des Spaltenvektors. Wenn beide Händler berücksichtigt werden sollen, so müssen wir **beide Rechenvorgänge kombinieren.** Daraus ergibt sich die Rechenregel

Satz

Zur Berechnung des Elements $(i\ k)$ des Matrixprodukts bildet man das Skalarprodukt vom i-ten Zeilenvektor der ersten Matrix mit dem k-ten Spaltenvektor der zweiten Matrix.

Wir rechnen (und benutzen ein übersichtliches Schema nach Falk):

$$\begin{array}{cc} & \begin{pmatrix} 1{,}40 & 1{,}35 \\ 3{,}25 & 3{,}55 \\ 3{,}55 & 4{,}00 \\ 0{,}55 & 0{,}60 \end{pmatrix} \\ \begin{pmatrix} 5 & 6 & 2 & 3 \\ 2 & 3 & 1 & 4 \\ 2 & 2 & 2 & 2 \end{pmatrix} & \begin{pmatrix} p_{11} & p_{12} \\ p_{21} & p_{22} \\ p_{31} & p_{32} \end{pmatrix} \end{array}$$

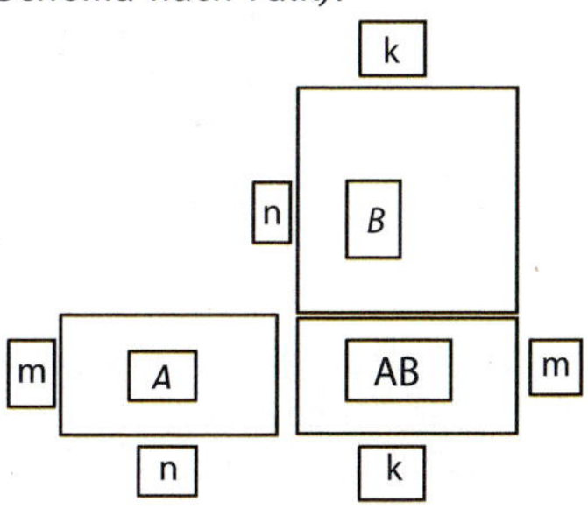

Abb. 8.42: Matrizenmultiplikation (Falk-Schema)

Hinweis Das Falk-Schema erleichtert die Matrizenmultiplikation $\boldsymbol{A} \cdot \boldsymbol{B}$ „zu Fuß“. Sie sehen, ob die Typen „zusammenpassen“ und erkennen den Typ des Ergebnisses, außerdem erleichtert das Schema das Anwenden der Vorschrift „Zeile mal Spalte“.

1. Zeile/Spalte $p_{11} = 5 \cdot 1{,}40 + 6 \cdot 3{,}25 + 2 \cdot 3{,}55 + 3 \cdot 0{,}55 = 35{,}25 \parallel p_{12} = 5 \cdot 1{,}35 + 6 \cdot 3{,}55 + 2 \cdot 4{,}00 + 3 \cdot 0{,}60 = 37{,}85$
2. Zeile/Spalte $p_{21} = 2 \cdot 1{,}40 + 3 \cdot 3{,}25 + 1 \cdot 3{,}55 + 4 \cdot 0{,}55 = 18{,}30 \parallel p_{22} = 2 \cdot 1{,}35 + 3 \cdot 3{,}35 + ... + ...$

Aufgabe

4. Analysieren Sie das Schema von Falk und erklären Sie das „Kochrezept“ Zeile mal Spalte.
5. Berechnen Sie die fehlenden Elemente der Matrix.
6. Erklären Sie die Formel $C_{ij} = \sum_{k=1}^{n} a_{ik} \cdot b_{kl}$.

Hinweis

1. Bei praktischen Problemen in Firmen, Kommunen und anderen Organisationen treten natürlich viel größere Matrizen auf (viele Zeilen und viele Spalten → 3 Discounter mit je 250 Filialen, 2000 Dauer-Artikeln, 35 Aktionsartikel, unterschiedliche Einzelpreise ...). Hier kommen die Vorteile der EDV zur Geltung.
2. Falls Sie im Informatik-Unterricht **Excel** benutzen, haben Sie es einfach. Wir zeigen Ihnen, wie unser Party-Einkauf mittels Excel aussieht.

Sehr bequem haben Sie es, wenn Sie die beiden Matrizen nach obigem Schema eingeben.

- Markieren Sie den Bereich, in dem das Ergebnis ausgegeben werden soll.
- Wählen Sie unter fx die Funktion MMULT aus.
- Geben Sie dann im Array 1 die Felder der ersten Matrix und im Array 2 die der zweiten Matrix ein. In unserem Beispiel also für Array 1 A6 bis D8 und für Array 2 F1 bis G4.

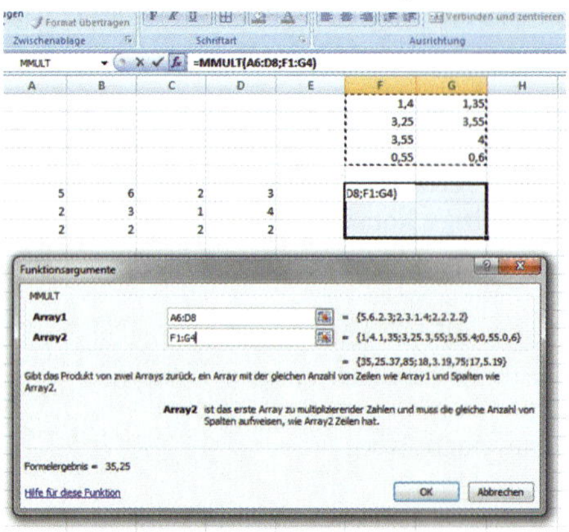

Abb. 8.43: Matrizenmultiplikation mit Excel

Aufgabe

7. In der Ergebnismatrix wird für p_{22} der Wert 19,75 angegeben. Vergleichen Sie mit Ihrem Ergebnis und beschreiben Sie, was diese Zahl bedeutet.

Hinweis: Fallen bei Sachaufgaben quadratisch Matrizen an, müssen **Sie** entscheiden, ob $\boldsymbol{A}$ oder $\boldsymbol{A}^T$ bzw. $\boldsymbol{B}$ oder $\boldsymbol{B}^T$ für das Matrizenprodukt eingesetzt werden. Sie müssen entscheiden, ob sich für die Elemente der Ergebnismatrix sinnvolle Deutungen ergeben.

Übungen

1. Gegeben sind die Matrizen A_{23}, B_{31}, C_{23}, D_{13}, E_{13}. Geben Sie an, welche Matrizen man addieren oder subtrahieren kann. Welche Multiplikationen sind definiert?

2. $\boldsymbol{A} = \begin{pmatrix} 1 & 3 & 2 \\ 2 & 1 & 0 \\ 3 & 0 & 4 \end{pmatrix} \qquad \boldsymbol{B} = \begin{pmatrix} 4 & 5 & 1 \\ 3 & 0 & 4 \\ 1 & 3 & 1 \end{pmatrix}$

   Überprüfen Sie, ob $\boldsymbol{A} \cdot \boldsymbol{B} = \boldsymbol{B} \cdot \boldsymbol{A}$ gilt. Formulieren Sie einen entsprechenden Merksatz: Bei der Multiplikation quadratischer Matrizen ...

3. Ein Kleinbetrieb beschäftigt Anton, Berta und Christine. Die folgende Tabelle zeigt die Arbeitsstunden und das Entgelt pro Stunde. Geben Sie an, welche sinnvolle Fragestellung mittels Matrizenrechnung beantwortet werden kann, wenn **alle** gegebenen Zahlenwerte eingesetzt werden sollen.

	Mo	Di	Mi	Do	Fr	EUR/Std
Anton	9	8	7	11	9	19,50
Berta	11	9	12	7	8	20,75
Christine	10	10	9	8	9	22,00

Tab. 8.4

8.8 Übergangsmatrizen

Schon im Altertum sagte Heraklit „panta rei", alles fließt, verändert sich. Inseln im Watt verlieren durch die Strömung Sand, dieser wird an anderer Stelle abgelagert, Wild wechselt das Revier, Kunden wechseln die Einkaufsquelle, Wähler wechseln die Partei, der Farbstich von Fotos kann verstärkt oder abgeschwächt werden. Oft hat man Gesetzmäßigkeiten der Wanderungen festgestellt, sodass man Voraussagen für den nächsten Zeitabschnitt machen kann. Für Gestalter ist besonders von Interesse, dass auch geometrische Probleme (Verschieben, Spiegeln, Drehen oder „alles zusammen") gelöst werden.

Das grundsätzliche Problem lautet:

$\overrightarrow{v_{NEU}} = \boldsymbol{Ü} \cdot \overrightarrow{v_{ALT}}$, dabei ist $\boldsymbol{Ü}$ die Übergangsmatrix, die den „alten Vektor" in den „neuen Vektor" abbildet.

Wir zeigen das an einem Beispiel.

Beispiel

In A-Stadt gibt es zwei Szene-Kneipen R und S, die von 70 Leuten regelmäßig aufgesucht werden. Man kennt aus Marktbeobachtungen die monatlichen Wanderbewegungen. → 90 % der R-Besucher bleiben bei R, 10 % wechseln nach S. S-Besucher sind weniger „treu", nur 80 % bleiben, 20 % wechseln nach R. Zurzeit besuchen 50 Gäste S. Die folgende Grafik verdeutlicht den Sachverhalt.

Abb. 8.44

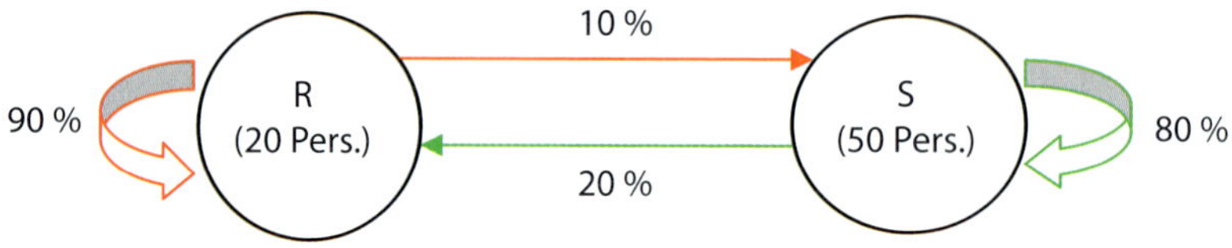

Abb. 8.45: Übergangsverhalten

Bevor wir die Übergangsmatrix aufstellen, zeigen wir den Sachverhalt tabellarisch.

	nach R	Nach S
von R	90 %	10 %
von S	20 %	80 %

Tab. 8.5

Die jetzige Verteilung zeigt der Vektor $\overrightarrow{v_{ALT}} = \begin{pmatrix} 20 \\ 50 \end{pmatrix}$

Formal soll $\boldsymbol{\ddot{U}_{22}} \cdot \boldsymbol{V_{ALT}} = \boldsymbol{V_{NEU21}}$ gerechnet werden. $\boldsymbol{\ddot{U}_{22}}$ ist aber eine quadratische Matrix, man könnte somit auch die transponierte Matrix $\boldsymbol{\ddot{U}_{22}^T}$ zur Produktbildung benutzen, rein mathematisch ist das möglich. **Sachliche** – der Aufgabenstellung angepasste – Überlegungen sind anzustellen.

1. Argument: Zum Schluss müssen wieder 70 Personen vorhanden sein → also ausprobieren?
2. Addiert man die Elemente des Spaltenvektors auf, so kommt man auf 70 Personen, also 100 %. Deshalb müssen in der Übergangsmatrix die Spaltensummen auch 100 % ergeben → wir müssen Zeilen und Spalten der Tabelle vertauschen.

$$\overrightarrow{v_{NEU}} \Bigg| = \begin{pmatrix} 0{,}9 & 0{,}2 \\ 0{,}1 & 0{,}8 \end{pmatrix} \cdot \begin{pmatrix} 20 \\ 50 \end{pmatrix} = \begin{pmatrix} 18 + 10 \\ 2 + 40 \end{pmatrix} = \begin{pmatrix} 28 \\ 42 \end{pmatrix}$$

Diese Rechnung stimmt offensichtlich, es sind wieder 70 Personen. Zeigen Sie, dass die „falsche“ Matrix zu falschen Zahlen führt!

Übungen

1. Führen Sie die Rechnung aus dem Beispiel für zwei weitere Monate durch.
2. Ein kleiner Ort hat 5 000 Wahlberechtigte, davon wählen alle. Es werden keine ungültigen Stimmen abgegeben. Es gibt drei Parteien A, B, C. Bei der letzten Wahl kam A auf 40 % und B auf 35 %. A hat 80 % Stammwähler, B kommt auf 85 % Stammwähler, C hat 90 % Stammwähler.
   A gibt ab 10 % an B und 10 % an C, B verliert 10 % an A und 5 % an C. C verliert 7 % an A und 3 % an B.
   Fertigen Sie eine Grafik an, die die Wählerbewegungen mittels Übergangspfeilen veranschaulicht. Übertragen Sie die Zahlen in eine Tabelle. Stellen Sie die Übergangsmatrix auf. Berechnen Sie das zu erwartende nächste Wahlergebnis.
3. Eine Umrechnung vom RGB-Farbraum in den Farbraum YUV kann man folgende Formeln benutzen:
   $y = 0{,}299 \cdot r + 0{,}587 \cdot g + 0{,}114 \cdot b,$
   $u = (b - y) \cdot 0{,}493,$
   $v = (r - y) \cdot 0{,}877.$
   Viel „eleganter“ ist die Formel
   $$\begin{pmatrix} y \\ u \\ v \end{pmatrix} = \begin{pmatrix} 0{,}299 & 0{,}587 & 0{,}114 \\ -0{,}147 & -0{,}289 & 0{,}437 \\ 0{,}615 & -0{,}515 & 0{,}100 \end{pmatrix} \cdot \begin{pmatrix} r \\ g \\ b \end{pmatrix}$$
   Wählen Sie $r = 0{,}7$; $g = 0{,}5$; $b = 0{,}4$ und überprüfen Sie, ob beide Formeln zum gleichen Ergebnis führen.

4. In einer Kleinstadt haben 3000 Leser eine von 3 Zeitschriften A, B, C abboniert. A wird zur Zeit von 1200 Personen bezogen, B von 800 Lesern. Von Jahr zu Jahr gibt es Wanderungsbewegungen. A behält 80 %, gibt 20 % an C ab. B hat 70 % Stammleser, 10 % wandern nach A, 20 % nach C. Bei C bleiben 80 %, 10 % gehen nach A und 10 % wandern nach B. Visualisieren Sie die Wanderungen und stellen Sie die Übergangsmatrix auf. Berechnen Sie die Verteilung der Leser für die folgenden zwei Jahre.

8.9 Fixvektoren

Die Übergangsmatrix für die Szenen-Kneipen aus dem Beispiel lautet:

$$\boldsymbol{\ddot{U}} = \begin{pmatrix} 0{,}9 & 0{,}2 \\ 0{,}1 & 0{,}8 \end{pmatrix}$$

Es stellt sich nun die Frage, welches Verhalten für den Vektor $\overrightarrow{v_{NEU}}$ zu beobachten ist, wenn man ihn für sehr viele Perioden berechnet. Stellt sich vielleicht ein stabiler Zustand ein? Dann müsste gelten $\overrightarrow{v_{NEU}} = \overrightarrow{v_{ALT}}$. Dieser Vektor heißt **Fixvektor**.

Daraus ergibt sich die Gleichung

$$\begin{pmatrix} 0{,}9 & 0{,}2 \\ 0{,}1 & 0{,}8 \end{pmatrix} \cdot \begin{pmatrix} x \\ 70 - x \end{pmatrix} = \begin{pmatrix} x \\ 70 - x \end{pmatrix}$$

Eine Auswertung der ersten Zeile ergibt $0{,}9x + 0{,}2\,(70 - x) = x \rightarrow x \approx 47$

Auch die zweite Zeile führt zu $0{,}1x + 0{,}8\,(70 - x) = 70 - x \rightarrow x \approx 47$.

Für dieses Beispiel ergibt sich: Auf Dauer gesehen besuchen 47 Personen R, 23 entfallen auf S.

Aufgabe

Machen Sie die Probe, überprüfen Sie, ob $v_1 = 47$, $v_2 = 23$ wirklich die Komponenten des Fixvektors sind.

Übung

Im Dorf Armdran gibt es nur zwei Biersorten, nämlich die Sorte „Edel“ und die Sorte „Zisch“. Im Dorf trinken 400 Personen Bier. Man weiß, dass 70 % der Sorte Edel ihrer Marke treu sind, Zisch hat 75 % Stammkunden. Es geht kein Biertrinker „verloren“. Zurzeit trinken 150 die Sorte Edel.

a) Berechnen Sie die Verteilung für die beiden nächsten Perioden.

b) Berechnen Sie den Fixvektor.

8.10 Übergangsmatrizen in der analytischen Geometrie → Abbildungsmatrizen

8.10.1 Abbildungsmatrizen in der Ebene

Wir wollen nun systematisch untersuchen, wie ein Vektor $\vec{v} = \begin{pmatrix} v_1 \\ v_2 \end{pmatrix}$ durch die Abbildungsmatrix $\boldsymbol{A} = \begin{pmatrix} a_{11} & a_{12} \\ a_{21} & a_{22} \end{pmatrix}$ seine Komponenten ändert, d. h. **abgebildet** wird, falls wir rechnen $\overrightarrow{v_{NEU}} = \boldsymbol{A} \cdot \overrightarrow{v_{ALT}}$. Ähnliches haben Sie schon viel früher gemacht: Bei den Funktionen haben Sie die Variable x mithilfe einer Funktionsgleichung abgebildet. Für $y = x^2$ sagt man auch

„x wird auf x^2 abgebildet". Nun bilden wir geometrische Gebilde mithilfe der Matrizenrechnung ab.

Eine besondere Abbildungsmatrix hat die Form $\boldsymbol{E} = \begin{pmatrix} 1 & 0 \\ 0 & 1 \end{pmatrix}$.

Aufgabe

1. Berechnen Sie

   $\overrightarrow{v_{NEU}} = \begin{pmatrix} 1 & 0 \\ 0 & 1 \end{pmatrix} \cdot \begin{pmatrix} x_1 \\ x_2 \end{pmatrix}$

   Beschreiben Sie die Auswirkungen dieser Abbildung.

Richtig, diese Abbildungsmatrix „tut nix", sie ist das „neutrale Element" bezüglich der Matrizenmultiplikation. Deshalb heißt sie auch **Einheitsmatrix** E.

$\boldsymbol{E} \cdot \boldsymbol{A} = \boldsymbol{A} \cdot \boldsymbol{E} = \boldsymbol{A}$

Merksatz Multipliziert man eine Matrix $\boldsymbol{A}$ mit der Einheitsmatrix (alle Elemente $a_{dd} = 1$, sonstige $= 0$), so ändert sich $\boldsymbol{A}$ nicht.

Als nächstes betrachten wir die Abbildungsmatrix $\boldsymbol{A} = \begin{pmatrix} a & 0 \\ 0 & b \end{pmatrix}$, a, $b > 0$.

Wir multiplizieren aus und erhalten

$\begin{pmatrix} a & 0 \\ 0 & b \end{pmatrix} \cdot \begin{pmatrix} x_1 \\ x_2 \end{pmatrix} = \begin{pmatrix} ax_1 \\ bx_2 \end{pmatrix}$

Die erste Achse (alte Bezeichnung: x-Achse) wird mit a, die zweite (y-Achse) mit b multipliziert. Dem entspricht eine **Maßstabsänderung für jede der beiden Achsen**.

$\boldsymbol{A} = \begin{pmatrix} 3 & 0 \\ 0 & 2 \end{pmatrix}$ → alle Längen auf der ersten Achse werden verdreifacht, auf der zweiten Achse verdoppelt. Aus einem Quadrat z. B. 1×1 wird ein Rechteck 3×2. Man spricht von einer **zentrischen Streckung**.

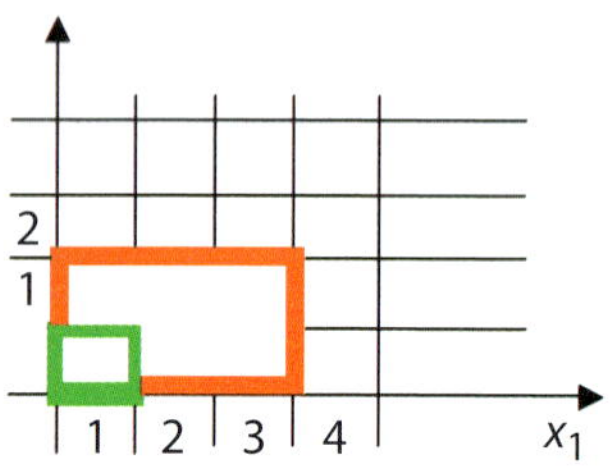

Abb. 8.46: Zentrische Streckung

Als nächste Abbildung soll nun $\boldsymbol{A} = \begin{pmatrix} 1 & 0 \\ 0 & -1 \end{pmatrix}$ analysiert werden. Wir untersuchen wieder die Auswirkungen auf den Vektor $\vec{v} = \begin{pmatrix} x_1 \\ x_2 \end{pmatrix}$

$\begin{pmatrix} 1 & 0 \\ 0 & -1 \end{pmatrix} \cdot \begin{pmatrix} x_1 \\ x_2 \end{pmatrix} = \begin{pmatrix} x_1 \\ -x_2 \end{pmatrix}$

Schauen Sie genau hin, das ist eine **Spiegelung an der ersten Achse (x-Achse). Alle Vorzeichen der y-Achse ändern sich.** → im 16. Jahrhundert kannte man zwar keine Abbildungsmatrizen, Künstler beherrschten aber die Spiegelung an der x-Achse.

Aufgaben

2. Das Bild 8.47 heißt „Narziss". Verschaffen Sie sich Informationen über den Künstler.

3. Ein Dreieck mit $A(1|1)$; $B(-2|3)$; $C(4|5)$ ist zu zeichnen und an der ersten Achse zu spiegeln. Geben Sie die Bildpunkte A', B', C' an.

4. Eine Abbildungsmatrix hat die Form $\boldsymbol{A} = \begin{pmatrix} 1 & 0 \\ 0 & -2 \end{pmatrix}$.

   Beschreiben Sie, wie ein Quadrat mit den Eckpunkten $O(0|0)$, $G(0|1)$, $H(1|0)$ und $P(1|1)$ abgebildet wird. Zeichnen Sie Original und Bild.

5. Geben Sie eine Abbildungsmatrix an, die eine Spiegelung an der zweiten Achse (y-Achse) bewirkt. → Welche Koordinate bleibt erhalten, welche ändert ihr Vorzeichen?

   Hinweis: Gesucht ist $\boldsymbol{A}$ für $\begin{pmatrix} -x_1 \\ x_2 \end{pmatrix} = \boldsymbol{A} \cdot \begin{pmatrix} x_1 \\ x_2 \end{pmatrix}$.

Abb. 8.47: Narziss

Als weitere lineare Abbildung haben Sie früher vielleicht die **Scherung** kennengelernt, eine Scherung erreicht man mit der Abbildungsmatrix $\boldsymbol{A} = \begin{pmatrix} 1 & 1 \\ 0 & 1 \end{pmatrix}$.

Wir demonstrieren die Scherung, indem wir die Auswirkungen allgemein auf den Vektor $\vec{v} = \begin{pmatrix} x_1 \\ x_2 \end{pmatrix}$ untersuchen.

$$\begin{pmatrix} 1 & 1 \\ 0 & 1 \end{pmatrix} \cdot \begin{pmatrix} x_1 \\ x_2 \end{pmatrix} = \begin{pmatrix} x_1 + x_2 \\ x_2 \end{pmatrix}$$

Wir berechnen die Koordinaten einiger Bildpunkte und visualisieren das Ergebnis (gestrichelter Pfeil: Ausgangs-Ortsvektor; durchgezogener Pfeil: Abbildung in der entsprechenden Farbe.
$P(0|0) \to P'(0|0)$; $D(1|1) \to D'(2|1)$; $F'(2|3) \to F'(4|3)$; $H(1|4) \to H'(5|4)$.

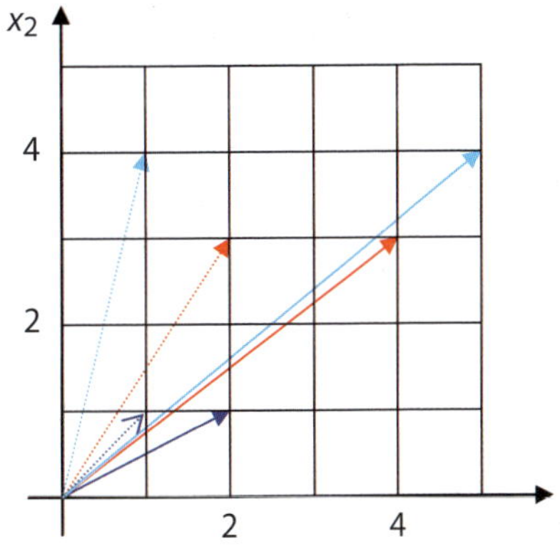

Abb. 8.48: Scherung

Als nächste Abbildung in der Ebene stellen wir Ihnen die **Drehung** vor: Alle Ortsvektoren (zu jedem Punkt der Ebene) sollen um den Winkel φ gedreht werden. Die Abbildungsmatrix für die Drehung lautet

$$\boldsymbol{A} = \begin{pmatrix} \cos(\varphi) & -\sin(\varphi) \\ \sin(\varphi) & \cos(\varphi) \end{pmatrix}$$

Beispiel

Der Punkt $P(2|3)$ soll um 30° gedreht werden. Zu bestimmen sind die Koordinaten des Bildpunkts P'.
$\rightarrow \sin(30°) = 0{,}5 \quad \cos(30°) = 0{,}866$.

$\begin{pmatrix} 0{,}866 & -0{,}5 \\ 0{,}5 & 0{,}866 \end{pmatrix} \cdot \begin{pmatrix} 2 \\ 3 \end{pmatrix} = \begin{pmatrix} 0{,}232 \\ 3{,}6 \end{pmatrix}$ Der Bildpunkt hat also die Koordinaten $P'(0{,}232|3{,}6)$.

Wir kontrollieren das Ergebnis mittels Kreiskoordinaten: $r^2 = 2^2 + 3^2 \rightarrow r = 3{,}6056$; $\tan(\alpha) = \frac{3}{2} = 1{,}5 \rightarrow \alpha = 56{,}31°$. Neuer Winkel: $\alpha + 30° = 86{,}31° \rightarrow x_{NEU} = r \cdot \cos(86{,}31°) = 0{,}232$ (stimmt).

Aufgabe

6. Kontrollieren Sie die 2. Komponente des Bildpunkts mittels Kreiskoordinaten wie im Beispiel oben.
7. Visualisieren Sie die Drehung von $P(2|3)$ um 30°.
8. Geben Sie die Abbildungsmatrix für die Drehung um 180° an. Beschreiben Sie die Auswirkung, denken Sie an Symmetrie bei der Kurvendiskussion!

Übungen

Zeichnen Sie das Bild der Figur in Abb. 8.40 und benutzen Sie nacheinander die Abbildungsmatrizen ***A***

1) $\begin{pmatrix} 1 & 0 \\ 0 & 2 \end{pmatrix}$; 2) $\begin{pmatrix} -1 & 0 \\ 0 & 1 \end{pmatrix}$; 3) $\begin{pmatrix} 0 & 1 \\ -1 & 0 \end{pmatrix}$; 4) Drehung um 60°; 5) $\begin{pmatrix} 1 & 1 \\ 1 & 0 \end{pmatrix}$

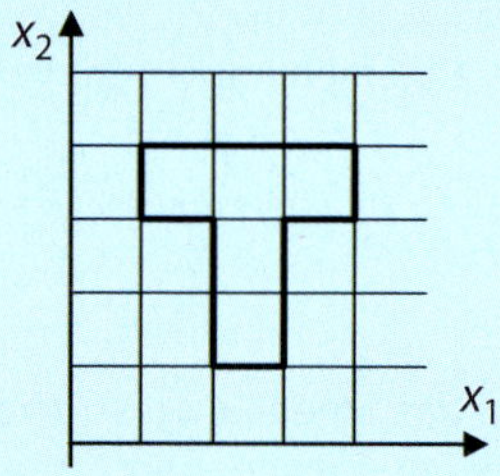

Abb. 8.49: Abzubildende Figur für Ü1 bis Ü5
→ Maßstab: 1 Kästchen = „1“

6. Beschreiben Sie die Auswirkungen der folgenden Abbildungsmatrizen:

a) $\begin{pmatrix} 0 & 1 \\ -1 & 0 \end{pmatrix}$ b) $\begin{pmatrix} -1 & 0 \\ 0 & 1 \end{pmatrix}$ c) $\begin{pmatrix} -1 & 0 \\ 0 & -1 \end{pmatrix}$ d) $\begin{pmatrix} r & 0 \\ 0 & r \end{pmatrix}$ e) $\begin{pmatrix} \cos(\beta) & -\sin(\beta) \\ \sin(\beta) & \cos(\beta) \end{pmatrix}$

f) $\begin{pmatrix} 1 & a \\ b & 1 \end{pmatrix}$ g) $\begin{pmatrix} 1 & -1 \\ 1 & 1 \end{pmatrix}$ h) $\begin{pmatrix} 2 & 0 \\ 0 & 1 \end{pmatrix}$

Hinweis

Bis jetzt haben wir Punkte (Ortsvektoren) und Verbindungsvektoren mithilfe von gegebenen Abbildungsvektoren „bewegt“. Solange wir uns auf gerade Linien beschränken, genügt es, jeweils zwei Punkte abzubilden und dann zu verbinden. In diesem Kurs verzichten wir darauf, lineare Abbildungen auf gekrümmte Graphen anzuwenden.

8.10.2 Abbildungsmatrizen im Raum $\mathbb{R}^3$

Es kommt nichts grundsätzlich Neues hinzu, wir erweitern das Koordinatensystem um eine Achse x_3, die Abbildungsmatrix ist nun vom Typ 3×3. Ohne weitere Hilfsmittel (3D-Cad, TR mit Matrizenoperationen) ist das Rechnen und Zeichnen aufwändiger, wir beschränken uns auf einige wenige Abbildungen, die noch überschaubar sind.

Wir beginnen mit der **zentrischen Streckung.**

$\boldsymbol{A} = \begin{pmatrix} 2 & 0 & 0 \\ 0 & 2 & 0 \\ 0 & 0 & 2 \end{pmatrix}.$ Falls Sie im vorigen Kapitel genau hingesehen haben, wissen Sie: **Die Spaltenvektoren von A zeigen den Maßstab des Bildes an!**

Für diese Abbildungsmatrix gilt: Alle Dimensionen (Länge, Breite, Höhe) werden verdoppelt. Ein Quader ($2 \times 3 \times 5$) Einheiten wird abgebildet in ($4 \times 6 \times 10$) Einheiten.

Übungen

1. Eine Pyramide hat eine quadratische Grundfläche, die Grundfläche befindet sich zwei Einheiten unter der x_1-x_2-Ebene. Ein Eckpunkt hat die Koordinaten $P(0|0|-2)$, die Kanten der Grundfläche sind parallel zu den Achsen und sind vier Einheiten lang. Die Spitze der Pyramide befindet sich vier Einheiten oberhalb der x_1-x_2-Ebene. Die Abbildungsmatrix hat den Wert **„1,5“** in der Diagonalen und modelliert eine zentrische Streckung. Geben Sie die Koordinaten der Pyramide und ihres Bildes an. Zeichnen Sie Original und Bild.

Interessant sind auch Drehungen um die Achsen (wie sieht ein Körper von links, rechts, hinten, oben, unten aus, Sie kennen das Problem aus 3-D-Cad-Programmen).

Übersichtlich ist **die Drehung um die x_3-Achse** (z-Achse), man sieht sofort, dass alle z-Werte erhalten bleiben. Auch der Spaltenvektor von $\boldsymbol{A}$ weist darauf hin. →

$$\boldsymbol{A}_{x3} = \begin{pmatrix} \cos(\varphi) & -\sin(\varphi) & 0 \\ \sin(\varphi) & \cos(\varphi) & 0 \\ 0 & 0 & 1 \end{pmatrix}$$

lautet die Abbildungsmatrix für die Drehung um die x_3-Achse.

Falls man um die **x_1-Achse drehen** will, darf sich kein Wert dieser Achse ändern, deshalb hat die Drehmatrix die Form

$$\boldsymbol{A}_{x1} = \begin{pmatrix} 1 & 0 & 0 \\ 0 & \cos(\varphi) & -\sin(\varphi) \\ 0 & \sin(\varphi) & \cos(\varphi) \end{pmatrix}.$$

Eine **Drehung um die x_2-Achse** hat konsequenterweise die Abbildungsmatrix

$$\boldsymbol{A}_{x2} = \begin{pmatrix} \cos(\varphi) & 0 & -\sin(\varphi) \\ 0 & 1 & 0 \\ -\sin(\varphi) & 0 & \cos(\varphi) \end{pmatrix}$$

Übungen

Zeichnen Sie einen Würfel mit der Kantenlänge **„3“**. Eine Ecke des Würfels liegt im Ursprung, alle übrigen Koordinatenwerte sind positiv. Zeichnen Sie den Körper und geben Sie die Koordinaten der Ecken an. Drehen Sie den Würfel → Ecken des Bildes benennen (A, B, C, ...) und berechnen, Bild zeichnen.

2. $\alpha = 60°$, um die x_1-Achse.
3. $\alpha = 90°$, um die x_2-Achse.
4. $\alpha = -45°$, um die x_3-Achse.

8.11 Ausblick

Natürlich konnten wir nur einen kleinen Teilbereich des Stoffes bieten, „richtig los“ geht es erst auf der Hochschule. Sie sollten nun aber eine Vorstellung davon haben, was Programme leisten müssen, mit denen Sie die Landschaft und bewegliche Figuren eines Spieles entwerfen, eingeschlossen eine Kamera – Fahrt, Schwenk und auch Zoom. Alle Punkte des Bildschirms (einschließlich Farbe) sind in einer Matrix beschrieben, alle Veränderungen werden durch Matrizenoperationen, die Sie zum Teil kennen, beschrieben. Notwendig sind einige Millionen Berechnungen pro Sekunde, erst jetzt sind unsere Rechner fähig für diese immense Leistung.

8.12 Referatsthemen, Facharbeiten, fächerverbindende Projekte, vermischte Übungen

1. Das Kreuzprodukt von Vektoren.
2. Anwendungen der Vektoraddition in der Physik (Kräfteparallelogramm, Flug-/Fahrroute und Geschwindigkeit bei Seitenwind/Strömung).
3. Die inverse Matrix (Typ 2×2) und ihre Anwendung in Matrizengleichungen, Ermittlung „zu Fuß“ und mit Excel.
4. Bestimmung der Abbildungsmatrix bei allgemeiner Spiegelung an einer Geraden in $\mathbb{R}^2$.
5. Die Determinante einer Matrix, Anwendung in Gleichungssystemen.
6. Beschreiben Sie, was ein Rechner bzw. ein Programm tun muss, um „rot geblitzte Augen“ zu korrigieren.

8.13 Zusammenstellung der neuen Vokabeln

Zusammenstellung

Abbildungsmatrix
Abstand
analytische Geometrie
Basisvektoren
Betrag eines Vektors
Breitenkreis
Drehung
Drei-Tafel-Projektion
Dreiecksungleichung
Ebene
Einheitsvektor
explizit
Fixvektor
Gegenvektor
Großkreise
Hesse-Form
implizit
inverser Vektor
kartesisch
Kegelschnitte
Kleinkreise
kommutativ
Komponenten
Kugelkoordinaten
Längenkreis
linear abhängig
Linearkombination
Matrix
Mercatorprojektion
Meridian
Normalenvektor
Nullmeridian
Nullvektor
orthogonal
Ortsvektor
Parameterform
perspektivische Zeichnungen
Polarkoordinaten
quadratische Matrix
Rechtssystem
Richtungsvektor
Signumfunktion
Skalar
Skalarprodukt
Spaltenvektor
Spiegelung
synthetische Geometrie
transponierte Matrix M^T
Übergangsmatrizen
Vektor
Vektorrechnung
Verbindungsvektor
Verschiebung
windschief
Zeilenvektor
Zweieck
Zylinderkoordinaten

9 Die Fachabiturprüfung

9.1 Die schriftliche Prüfung

Die schriftliche Prüfung dauert im Fach Mathematik 180 Minuten. Sie erhalten dabei bis zu drei Aufgaben aus mindestens zwei Themenkreisen der Jahrgangsstufe 12. Die Aufgaben bestehen aus komplexen, halbjahresübergreifenden Problemstellungen, die sich an Situationen aus dem Bereich der Gestaltung orientieren. Ihre Mathematiklehrerin bzw. Ihr Mathematiklehrer erstellt dazu einen *Prüfungsvorschlag*, der zur Genehmigung an die Schulaufsichtsbehörde geschickt wird. Dort wird geprüft, ob die Aufgaben den Unterrichtsrichtlinien entsprechen. Insbesondere soll dadurch sichergestellt werden, dass die vorgeschriebenen Lerninhalte behandelt wurden und der Schwierigkeitsgrad vergleichbar und für ein Fachabitur angemessen ist.

Um eine so lange Prüfungszeit, es sind immerhin drei Stunden, im Vorhinein für Sie erfahrbar zu machen, wird die letzte Klausur in der Klasse 12 unter Prüfungsbedingungen geschrieben.

Als Hilfsmittel sind bei der Prüfung eine Formelsammlung und ein nicht programmierbarer Taschenrechner zugelassen. Das Klausurpapier bekommen Sie von Ihrer Schule gestellt.

In diesem Kapitel finden Sie zwei Musterklausuren für die Prüfung in einer Fachoberschule für Gestaltung. Unabhängig von Ihrer Schulform können Sie beide Klausuren zur Prüfungsvorbereitung verwenden.

Analysis, das ist der Themenkreis, mit dem Sie sich am Beginn des vorliegenden Buchs beschäftigt haben, kommt in der schriftlichen Prüfung auf jeden Fall dran. Er ist verbindlich vorgeschrieben. Darüber hinaus muss Ihre Mathematiklehrerin oder Ihr Mathematiklehrer einen weiteren Themenkreis auswählen. In der ersten Musterklausur ist das Statistik, in der zweiten analytische Geometrie. Alternativ dazu kommen Wahrscheinlichkeitsrechnung, lineare Algebra oder ein anderer von der Bildungsgangkonferenz festgelegter Themenkreis in Frage.

9.1.1 Musterklausur 1

Bei dieser schriftlichen Prüfung erhielten die Schülerinnen und Schüler aufgrund eines fächerverbindenden Unterrichts in allen vier Prüfungsfächern die gleiche Situationsbeschreibung. Die Fächer Deutsch, Englisch, Mathematik und Gestaltungstechnik leiteten daraus ihre jeweiligen Aufgaben ab.

Situation:

Der Reiseveranstalter „Quo Vadis“ plant eine Eventreise der Kategorie ‚Kultur und Literatur‘ in Venedig. Er beauftragt die Werbeagentur, bei der Sie nach Ihrem Fachabitur eine Anstellung gefunden haben, eine Reise zu vermarkten, die kulturell interessierte junge Menschen mit gutem Einkommen anspricht.

Der Reiseveranstalter will ein neues Marktsegment erobern und verspricht sich davon einen Durchbruch auf dem internationalen Reisemarkt.

Sie sind Teil eines Teams, das an diesem Auftrag arbeitet.

Arbeitszeit 180 Minuten

Zugelassene Hilfsmittel: Taschrenrechner, Formelsammlung

Aufgabenstellung für das Fach Mathematik:

Ihr Team entwickelt mehrere Ideen für Werbeträger:

- Plakathalter als Kundenstopper für Reisebüros und „schwarze Bretter“ zum Aushang von Veranstaltungsinformationen am Zielort. Als Gestaltungselement wird das geschwungene Bugteil einer typischen venezianischen Gondel aufgegriffen, das sich auch in den Publikationen des Reiseveranstalters wiederfindet.
- Verpackung für ein Präsent, das den Reisenden am Ende des Urlaubs überreicht wird.
- Erarbeitung eines Prognosemodells für die Buchungszahlen bei „Quo Vadis“.
- Überarbeitung bzw. Neukonzeption des Standardfragebogens von „Quo Vadis“ zur Datenerhebung über die Zufriedenheit von Reiseteilnehmern und seiner Auswertung.

Aufgabe 1

a) Ihr Team hat die typische Form des vorderen Gondelteils für die Publikationen skizziert. Für den Kundenstopper soll nur die Spitze des Bugteils aufgegriffen werden. Die maschinelle Fertigung an computergesteuerten Maschinen erfordert eine Mathematisierung der Grundform. Sie übernehmen die mathematische Modellierung der oberen Kurve und entscheiden sich zu einer Beschreibung durch eine ganzrationale Funktion 4. Grades. Aus der Skizze entnehmen Sie folgende Daten:

- Der Graph verläuft durch den Koordinatenursprung $P(0|0)$,
- die Steigung an der Stelle $x = 0{,}5$ beträgt 3,
- im Punkt $(1|2)$ liegt ein Sattelpunkt.

Bestimmen Sie daraus die Funktionsgleichung.

b) Die Verpackung für das Präsent soll aus Kartonbögen im DIN A4 Format (29,7 cm × 21 cm) gefertigt werden. Ihr Team hat bereits einen Entwurf, die Kartonabwicklung und ein Cutter-Diagramm entwickelt. Boden und Deckel erhalten Einstecklaschen von je 0,5 cm und die Mantelfläche eine Klebefalz von 1,7 cm. Über die Abmessungen der Faltschachtel konnte jedoch noch keine Übereinkunft erzielt werden. Man beauftragt Sie, die Maße x und y so zu bestimmen, dass die Verpackung ein maximales Volumen hat.

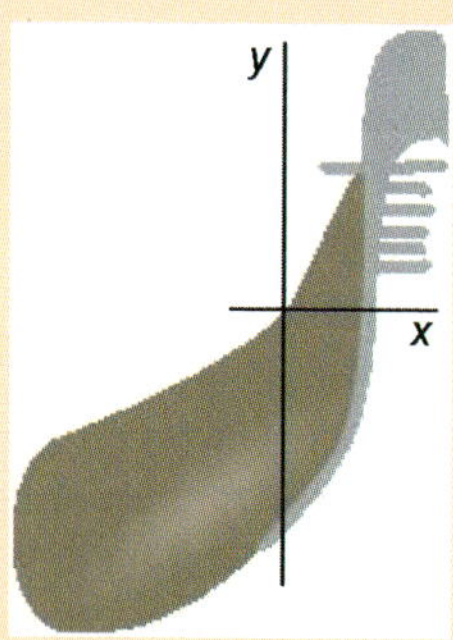

(1) Bestimmen Sie die Maße x und y so, dass ein maximales Volumen erreicht wird. (Sollte es Ihnen nicht gelingen, die Zielfunktion zu ermitteln, dann rechnen Sie bitte mit folgender Funktion weiter: $V(x) = 2x^3 - 54x^2 + 322x$).

(2) Berechnen Sie das erreichte Volumen.

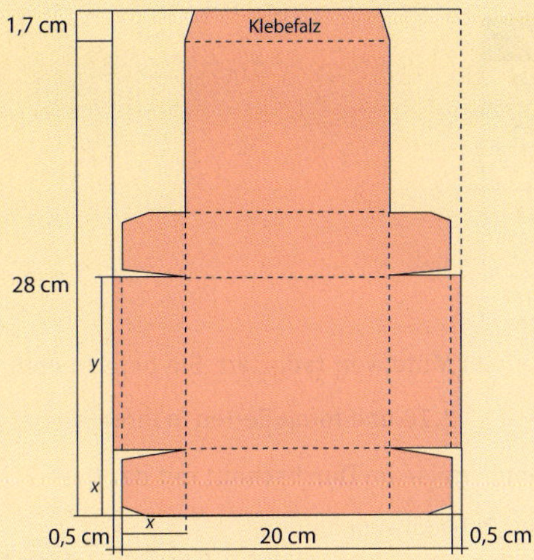

c) Aus den Geschäftsbüchern von „Quo Vadis“ erfahren Sie, dass in diesem Reisesegment im Jahr 2009 eine Anzahl von 5090 Buchungen verzeichnet ist und nach Abschluss der 2010er Saison 8400 Reisende mit „Quo Vadis“ unterwegs waren.
   (1) Entwickeln Sie zwei verschiedene Funktionsgleichungen, um die Entwicklung der Buchungszahlen zu modellieren.
   (2) Wie viele Buchungen sind in jedem der beiden Prognosemodelle im Jahr 2011 zu erwarten?
   (3) Wie groß ist die Zuwachsrate bei den beiden Modellen nach vier Jahren?
   (4) Nehmen Sie kritisch Stellung zur Absicht der Geschäftsleitung, eines der Modelle zu einer Prognose über einen großen Zeitraum zu benutzen.

Aufgabe 2

In der Anlage finden Sie den Standardfragebogen von „Quo Vadis“ zur Evaluation der Venedigreise.

a) Nehmen Sie kritisch Stellung zur Konstruktion der Fragen 2, 3 und 5.

   Das Reiseunternehmen hat Ihnen außerdem ausgefüllte Fragebögen aus den letztjährigen Reisen übergeben.

b) Von den 155 weiblichen Reiseteilnehmern sprachen sich 125 gegen den Austausch eines Museumsbesuchs zugunsten einer Weinprobe auf einem Weingut aus (Frage 6). Von den 131 Männern konnten sich 82 für das Weingut begeistern.

   Das Reiseunternehmen möchte wissen, ob sich aus diesen Daten ein statistischer Zusammenhang zwischen Geschlecht und dem Wunsch, das Reiseprogramm zu verändern, ableiten lässt.
   Bestimmen Sie mit den vorliegenden Daten einen geeigneten Korrelationskoeffizienten.

c) In Teilaufgabe b) haben Sie sich für einen bestimmten Korrelationskoeffizienten entschieden. Begründen Sie Ihre Wahl.

d) Die Antworten der Frauen zu Frage 4 wurden in folgender Häufigkeitsverteilung zusammengefasst:

Beurteilung des Reiseprogramms		f
Sehr gut	1	49
Gut	2	25
Befriedigend	3	70
Schlecht	4	11
Sehr schlecht	5	0
$n =$		155

Das Reiseunternehmen hat diese Daten auf einen Mittelwert reduziert. Sie berechneten ihn zu: $\bar{x} = \frac{1 \cdot 49 + 2 \cdot 25 + 3 \cdot 70 + 4 \cdot 11 + 5 \cdot 0}{155} = 2{,}28$ und formulierten in ihrer Evaluation: „Die Teilnehmerinnen beurteilten unsere Venedigreise im Durchschnitt mit der Note 2,28."

Beurteilen Sie die Mittelwertbestimmung des Reiseunternehmens.
Korrigieren Sie die Auswertung, indem Sie einen für die vorliegenden Daten korrekten Mittelwert bestimmen.

e) Sie wissen, dass es auf dem Markt für Kultur- und Studienreisen einen weiteren großen Anbieter gibt. Aufgrund des bekanntermaßen hohen Altersdurchschnitts seiner Reiseteilnehmer besteht ein Akzeptanzproblem bei jüngeren Reisenden. Sie raten dem Reiseveranstalter „Quo Vadis" diesen Aspekt in sein Marketingkonzept zu integrieren, um sich mit seinem Angebot deutlich von dem Mitbewerber abzugrenzen.

Sie untersuchen deshalb die Altersstruktur der Reiseteilnehmer von „Quo Vadis". Sie beauftragen dazu die Praktikantin Ihrer Werbeagentur, die Altersangaben aus den vorliegenden Fragebögen zu einer klassierten Häufigkeitsverteilung zusammenzufassen.

Alter	f
16–20	52
21–25	115
26–30	75
31–35	23
36–40	15
$n =$	280

Berechnen Sie das arithmetische Mittel und die Standardabweichung der Verteilung.

f) Die Antworten zu Frage 5 wurden durch die Mitarbeiter von Quo Vadis mit folgender Grafik visualisiert:

Eher schlecht fanden ...

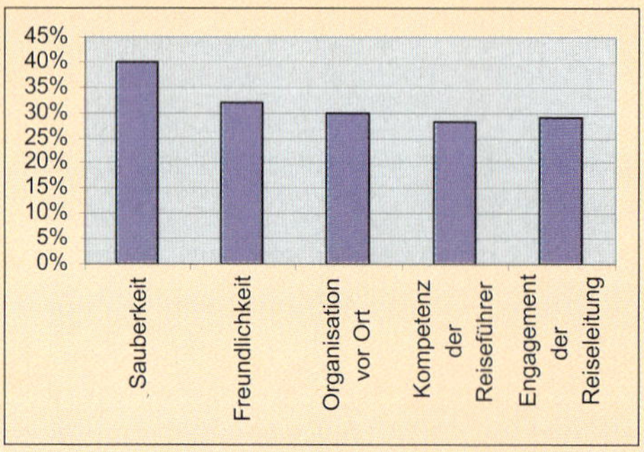

Eher gut fanden ...

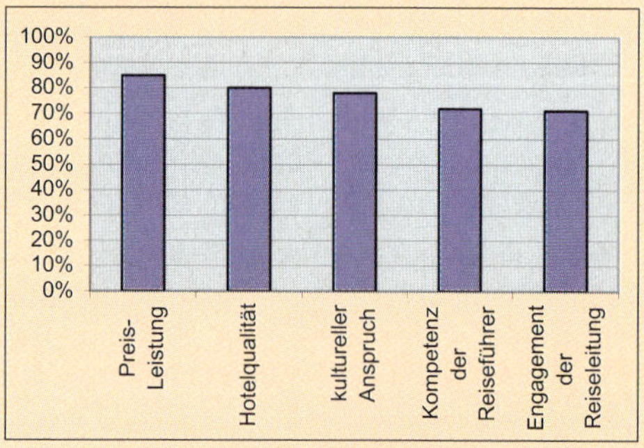

Sie raten dem Unternehmen dringend, vor Veröffentlichung in einer Werbebroschüre die Grafik zu überarbeiten. Begründen Sie Ihre Kritik.

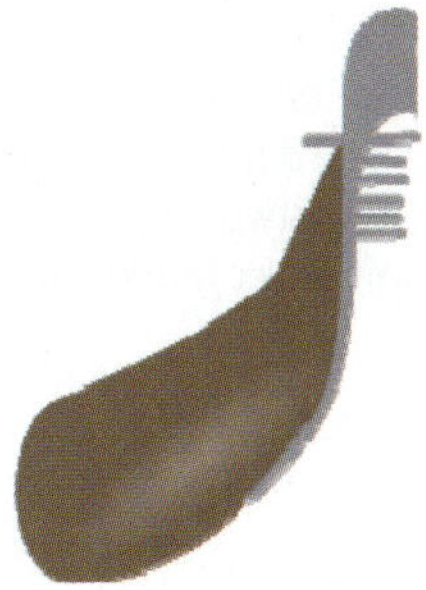

Quo Vadis

Venedigreise

Liebe Teilnehmerin, lieber Teilnehmer der Venedig-Reise,

am Ende unserer Reise möchten wir Sie um einige Minuten Ihrer Zeit bitten, um diesen Fragebogen zu beantworten. Sie helfen uns damit, unser Reiseangebot laufend zu verbessern und noch genauer auf Ihre Wünsche abzustimmen.

1. Geschlecht: ☐ weiblich ☐ männlich

2. Welches Verkehrsmittel würden Sie für diese Reise bevorzugen?

   ☐ Flugzeug
   ☐ Bahn

3. Wie alt sind Sie? ____________________

4. Wie gefällt Ihnen das Reiseprogramm?

   ☐ sehr gut (1)
   ☐ gut (2)
   ☐ befriedigend (3)
   ☐ schlecht (4)
   ☐ sehr schlecht (5)

5. Was fanden Sie an dieser Reise gut?

   ☐ Buchungsabwicklung
   ☐ Preis-Leistungsverhältnis
   ☐ Kompetenz der Reiseführer
   ☐ Engagement der Reiseleitung
   ☐ Freundlichkeit
   ☐ Hotelqualität
   ☐ kultureller Anspruch
   ☐ Sauberkeit
   ☐ Organisation vor Ort

6. Sollte in das Reiseprogramm der Besuch eines Weinguts aufgenommen und dafür die Anzahl der Museumsbesichtigungen bzw. der Biennale entsprechend reduziert werden?

   ☐ ja ☐ nein

9.1.2 Musterklausur 2

Situation:
Sie arbeiten als Praktikantin beim Design-Atelier „Zeit-Sprung“, das die 60er bis 80er Jahre des letzten Jahrhunderts als Folie für die Vermarktung der ihnen anvertrauten Produkte nutzen möchte.

Arbeitszeit 180 Minuten

Zugelassene Hilfsmittel: Taschenrechner, Formelsammlung

Erweiterte Situationsbeschreibung für das Fach Mathematik:

Ihr Team arbeitet an den Entwürfen zum lizenzierten Nachbau zweier Produkte im Retro-Design, dem Schaukelstuhl *Relaxer 2* von VERNER PANTON aus dem Jahr 1974 und dem Konservendosenentwurf von ANDY WARHOL für die Firma Campbell. Darüber hinaus beschäftigt sich ihr Team mit einer Marktanalyse zum Retro-Design.

Aufgabe 1

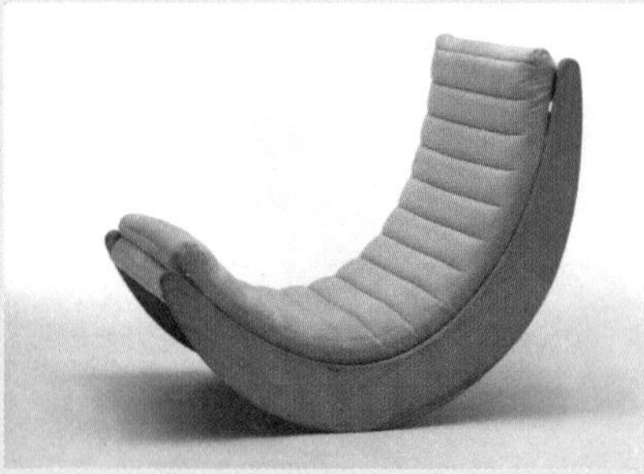

Ihr Team ist beauftragt, die Form der Holzkufen des Panton-Stuhls *Relaxer 2* für die erneute Serienfertigung mit computergesteuerten Holzbearbeitungsmaschinen zu mathematisieren.

a) Ein Kollege hat bereits die untere Kante modelliert. Er teilt Ihnen seine Modellfunktion mit und übergibt Ihnen auch ihren ausgedruckten Graphen. Er bittet Sie um eine Kontrolle.

Die Funktionsgleichung lautet:

$y = -0{,}3x + 0{,}3e^x - 0{,}3$

wobei x und y in dm gemessen werden.

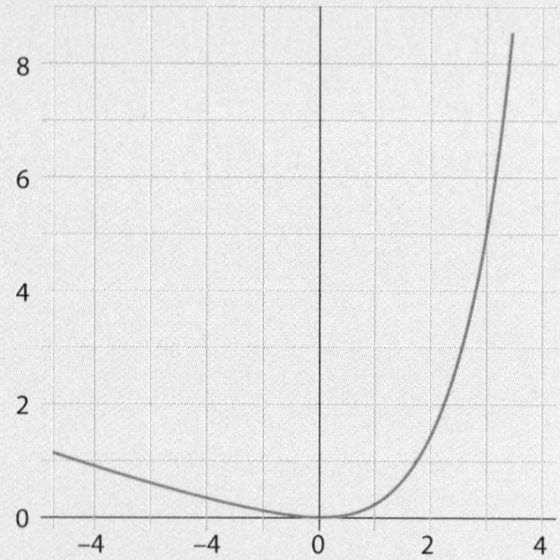

Sie entschließen sich, die Modellierung an einigen Maßen zu kontrollieren und rechnen folgende Daten nach:

- Liegt der Tiefpunkt der Modellfunktion tatsächlich bei $(0|0)$?
- Am oberen Ende des Kopfteils, also 3,5 dm rechts des tiefsten Punkts der Kufe, muss eine Höhe von 8,58 dm erreicht sein.
- Die Steigung muss an dieser Stelle 9,6 betragen.

b) Gemeinsam mit einer Kollegin haben Sie sich entschieden, die obere Kante der Kufe zur mathematischen Modellierung in zwei Bereiche zu zerlegen. Den Bereich links des Tiefpunkts ($x < 0$) hat Ihre Kollegin bereits modelliert. Als Modellfunktion hat sie $y = 0{,}03x^2 + 1$ gefunden.

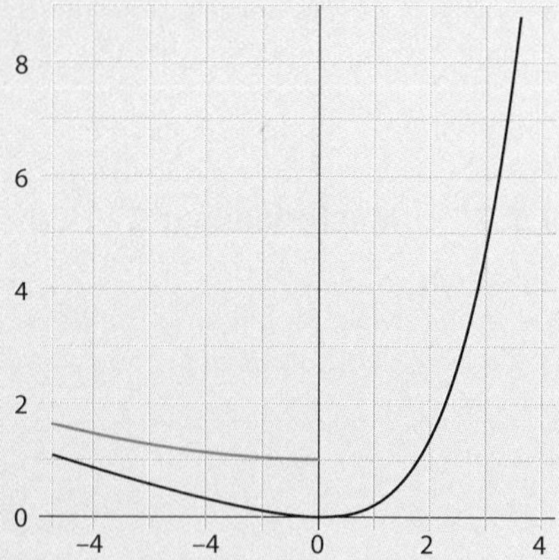

Die Form der Kufenoberkante rechts vom Tiefpunkt ($x \geq 0$) beabsichtigen Sie durch eine ganzrationale Funktion dritten Grades zu modellieren. Aus den alten Katalogangaben entnehmen Sie folgende Daten:

- Bei $x = 0$ dm wird eine Höhe von 1 dm und
- bei $x = 3$ dm eine Höhe von 8 dm erreicht,
- an dieser Stelle hat die Kufenform eine Steigung von 6.
- Bei $x = 1\frac{1}{2}$ dm beträgt die Steigung 2.

Ermitteln Sie aus diesen Daten die Gleichung der Modellfunktion.

c) Die Form der oberen Kufenkante haben Sie in Teilaufgabe b) in zwei Bereiche geteilt und jeweils durch eine Funktion beschrieben. Begründen Sie, warum man bei den gewählten Funktionen sicher sein kann, dass im Übergang bei $x = 0$ in der Kufenform kein Versatz und kein Knick entsteht, sondern dass von einem gleichmäßigen Übergang ausgegangen werden kann.

Aufgabe 2

Eine flächenfüllende Dosenetikette soll entworfen werden. Die Dosen haben ein Volumen von 400 cm^3.

a) Berechnen Sie den Durchmesser und die Höhe der Dose, damit für die Produktion möglichst wenig Material verbraucht wird.

b) Aus der Arbeitsgruppe für Verpackungsdesign liegt ein Entwurf mit folgenden Abmessungen vor: Durchmesser = 7 cm und Höhe = 10,4 cm. Sie werden gebeten zu berechnen, wie viel Material bei Realisierung dieses Entwurfs im Vergleich zum optimalen aus Teilaufgabe a) verschwendet wird.
(Falls Sie in Teilaufgabe a) kein Ergebnis erzielen konnten, nehmen Sie an, dass dort 300 cm^2 herausgekommen wären.)

Aufgabe 3

Ihr Team arbeitet eng mit einer Messebau-Firma zusammen und setzt Ihre mathematischen Kenntnisse ein, um ein geplantes Event vorzubereiten und umzusetzen.

a) Ihre Firma möchte auf zwei nebeneinander liegende Ausstellungsräume aufmerksam machen und lässt deshalb zwei Logos im Wechsel aufleuchten. Logo Nr. 1 liegt innerhalb eines Dreiecks mit den Koordinaten $A(1|1)$; $B(5|1)$; $C(3|4)$ (1 m-Raster). Alle 2 Sekunden wechselt das Bild, der Designer hat die Übergangsmatrix

$$\boldsymbol{A} = \begin{pmatrix} -1 & 0 \\ 1 & 1 \end{pmatrix}$$

festgelegt. Berechnen Sie die Eckpunkte der angezeigten Logos für die nächsten 6 Sekunden. Zeichnen Sie diese.

b) Eine ähnliche Installation wurde schon einmal benutzt, deshalb wissen Sie, dass die Besucher zwischen Raum A und Raum B nach folgendem Schema wechseln: Zu Anfang der Ausstellung gehen alle der Interessenten in den Raum A. 10 Minuten später wechseln 40 % der A-Besucher nach B, während 30 % der B-Besucher nach A wechseln, die übrigen bleiben. Insgesamt sind 90 Besucher pro Zeitabschnitt zu erwarten. Entwerfen Sie eine Grafik, die das Verhalten der Besucher visualisiert. Berechnen Sie die Verteilung nach dem 1. Wechsel. Berechnen Sie den Fixvektor und erläutern Sie diesen Begriff für diese Situation. Für wie viele Besucher sollte Raum B geplant werden, falls 10 % Sicherheit angestrebt sind?

c) Sie planen ein Gewinnspiel, um die Aufmerksamkeit der Passanten auf das Logo zu lenken: Die Besucher sollen schätzen, welchen Abstand der Punkt B von der Seite AC im rechten Bild hat. Berechnen Sie die richtige Antwort, kontrollieren Sie Ihre Rechnung durch die Zeichnung aus a).

9.2 Die mündliche Prüfung

Die mündliche Prüfung dauert 20 Minuten. Sie erhalten 30 Minuten Vorbereitungszeit, in der Sie eine komplexe Aufgabe bearbeiten. Auch hier sind als Hilfsmittel Formelsammlung und Taschenrechner zugelassen. Sie sollten mit Ihrer Fachlehrerin bzw. Ihrem Fachlehrer ein Prüfungsgebiet absprechen, aus der die Aufgabe gewählt werden soll.

Im ersten Teil der Prüfung werden Sie gebeten, Ihre Lösung in einem zusammenhängenden Vortrag zu präsentieren. Anschließend wird Ihre Lehrerin bzw. Ihr Lehrer ein Prüfungsgespräch mit Ihnen beginnen, das sie/er an geeigneten Stellen auf weitere Themenkreise überleiten wird.

Mathematische Zeichen und Abkürzungen

Vokabel (mathematisches Symbol)	Aussprache	Erläuterung; Anwendung
	Logik	
$=$	gleich	$x = 4$
$\neq$	ungleich	$7 \neq 5$
$<$	kleiner (als)	$y < 7$
$\leq$	kleiner oder gleich	$x \leq 10$
$>$	größer (als)	$6 > 4$
$\geq$	größer oder gleich	$y \geq 0$
$\rightarrow$	Subjunktion	wenn ..., dann ... Aussage
$\leftrightarrow$	Bisubjunktion	
$\Rightarrow$	daraus folgt; Implikation	x ist durch 10 teilbar $\Rightarrow$ x ist durch 5 teilbar
$\Leftrightarrow$	äquivalent; genau dann ..., wenn ...	a ist eine gerade Zahl $\Leftrightarrow$ a ist durch 2 teilbar
$W(A) = f$	Der Wahrheitswert von A ist: falsch; W von A ist: falsch	A: „4 ist eine Primzahl." $W(A) = f$
$\neg$	nicht	$W(\neg A) = w$
$\wedge$	und	$x > 4 \wedge x$ ist eine gerade Zahl
$\vee$	oder	$x^2 = 4$ $x = 2 \vee x = -2$
	Mengen	
$x \in A$	x ist Element der Menge A; x Element A; x aus A	$2 \in \{1; 2; 4; 9\}$
$x \notin A$	x ist nicht Element der Menge A; x nicht Element A; x nicht aus A	$5 \notin \{2; 4; 6; 8; 10\}$
$\emptyset$; $\{\,\}$	leere Menge	$\{x \mid x^2 = -4\} = \emptyset$

Vokabel (mathematisches Symbol)	Aussprache	Erläuterung; Anwendung
$A \cap B$	Die Schnittmenge von A und B; A geschnitten B	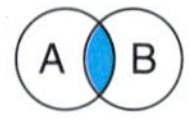
$A \cup B$	Die Vereinigungsmenge von A und B; A vereinigt B	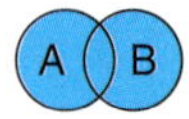
$A \subset B$	A ist echte Teilmenge von B	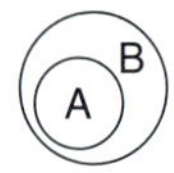
$A \subseteq B$	A ist Teilmenge von B	
$A \not\subset B$	A ist keine Teilmenge von B	$\{2; 3; 4\} \not\subset \{7; 8; 9; 10; 11\}$
$A \setminus B$	A ohne B	Restmenge 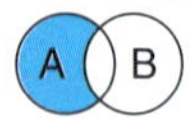
$A = \{x \mid x > 5\}$	A ist die Menge aller x, für die gilt: x ist größer als 5.	
$A \times B$	A kreuz B	Paarmenge; Produktmenge; kartesisches Produkt
$\exists\, x \in M\,(...)$	es gibt ein x aus M, sodass gilt: ...	Existenzüuantor $\exists\, x \in \mathbb{Z}\ (x < -5)$
$[2; 8]$	Das (geschlossene) Intervall von 2 bis 8.	Die Intervallgrenzen 2 und 8 gehören dazu.
$]5; 10[$	Das offene Intervall von 5 bis 10.	Die Intervallgrenzen 5 und 10 gehören nicht dazu.
$\mathbb{N}$	Die Menge der natürlichen Zahlen.	$\mathbb{N} = \{1; 2; 3; 4; ...\}$
$\mathbb{N}_0$	Die Menge der natürlichen Zahlen mit der Null.	$\mathbb{N}_0 = \{0; 1; 2; 3; 4; ...\}$
$\mathbb{Z}$	Die Menge der ganzen Zahlen.	$\mathbb{Z} = \{...; -2; -1; 0; 1; 2; 3; ...\}$
$\mathbb{Q}$	Die Menge der rationalen Zahlen.	
$\mathbb{I}$	Die Menge der irrationalen Zahlen.	
$\mathbb{R}$	Die Menge der reellen Zahlen.	
	Funktionen	
$x \mapsto y$	x wird abgebildet auf y	Abbildungsvorschrift $x \mapsto 3x - 5$
$f(x) = 2x + 5$	f von x gleich $2x$ plus 5	Funktionsgleichung einer linearen Funktion

Vokabel (mathematisches Symbol)	Aussprache	Erläuterung; Anwendung
$f(2) = 9$	f von 2 gleich 9	Der Funktionswert an der Stelle 2 ist 9.
$D(f)$ oder $\mathbb{D}$	Definitionsmenge von f	$D(f) = \mathbb{N}$
$W(f)$ oder W	Wertemenge von f	$W(f) = \mathbb{R}$
$\|a\|$	Betrag von a	$\|-3\| = 3$
	Differenzialrechnung	
Δx	Delta x	Differenz zweier Werte: $\Delta x = x_2 - x_1$
$f'(x)$	f Strich von x	Steigungsfunktion 1. Ableitung
$f''(x)$	f zwei-Strich von x	2. Ableitung
$f'(2) = 6$	f Strich von 2 gleich 6	Die Steigung an der Stelle 2 beträgt 6
	Statistik	
X	Merkmal X	X = Gewicht
x_i	Merkmalsausprägung x_i	$x_3 = 56{,}5$ kg
Z	Zentralwert Z (Median)	$(3; 6; 7; 9; 12) \rightarrow Z = 7$
μ	arithmetisches Mittel „mü" der Population	$\mu = 68{,}5$ kg
$\bar{x}$	arithmetisches Mittel „x quer" der Stichprobe	$\bar{x} = 68{,}4$ kg
σ	Standardabweichung „Sigma" der Population	$\sigma = 5{,}5$ kg
s	Standardrdabweichung s der Stichprobe	$s = 5{,}4$ kg
M	Modalwert	$(1; 2; 2; 2; 3; 5)$ $M = 2$
S_O	kumulierte Häufigkeit, von „oben" addiert → wie viele haben höchstens **x_W oder weniger**	$S_O = 123$
S_U	kum. Häufigkeit von „unten" addiert → wie viele haben **x_M oder mehr**	$S_U = 123$
f_{rel}	relative Häufigkeit	
f_{abs}	absolute Häufigkeit	
r_{xy}	Korrelationskoeffizient	Maßkorrelation
r_s	Rangkorrelation	

Vokabel (mathematisches Symbol)	Aussprache	Erläuterung; Anwendung
Wahrscheinlichkeitsrechnung		
Ω	Ergebnisraum, vollständiges System	$\Omega = \{1, 2, 3, 4, 5, 6\}$ beim Wurf eines Würfels
E und $\neg E$	komplementäre Ereignisse	Bild/Zahl bei einer Münze
E_S	das sichere Ereignis	$E \cup \neg E = E_S$
Φ	unmögliches Ereignis	$E \cap \neg E = \Phi$
$n!$	n Fakultät	$3! = 1 \cdot 2 \cdot 3 = 6$
$\binom{n}{k}$	n über k	$\binom{4}{3} = \frac{4!}{3! \cdot 1!} = 4$
g	Anzahl der **g**ünstigen Fälle	$g = 3$ ($\rightarrow$ ungerade Zahlen beim Würfeln)
n	Anzahl aller Fälle	$n = 6$ alle Zahlen beim Würfeln
$P(A)$	Wahrscheinlichkeit von A $P(A) = \frac{g}{n}$	$P(A) = \frac{1}{6}$ für das Werfen einer „5“
$P(A \mid B)$	bedingte Wahrscheinlichkeit von A unter der Bedingung B	Wahrscheinlichkeit von A unter der Bedingung, dass B schon eingetreten ist
$P_{[n]}$	Anzahl der Permutationen bei ***n*** Plätzen	$P_{[3]} = 3! = 6$
$P_{[a,b]}$	Anzahl der Permutationen bei a Plätzen, b nicht besetzt	$P_{[5\mid 2]} = \frac{5!}{2!} = 60$
$V_{[n\mid k]}$	Anzahl der Variationen bei n unterscheidbaren Elementen zur Klasse k	$V_{[4\mid 1]} = \frac{4!}{3!} = 4$
$V_{W[n\mid k]}$	Variationen zur Klasse k **mit** Wiederholungen	$V_{W[3\mid 3]} = 3^3 = 27$
$K_{[n\mid k]}$	Anzahl der Kombinationen	$K_{[5\mid 2]} = \binom{5}{2} = 10$
$P_{[z\mid n,p]}$	Bernoulli-Wahrscheinlichkeit	$P_{[2\mid 5,0,4]} = 10 \cdot 0{,}4^2 \cdot 0{,}6^3$
$\varphi(z)$	Phi von z	Dichtefunktion der Standardnormalverteilung
$\Phi(x)$	groß Phi von x	Verteilungsfunktion der Standardnormalverteilung
$B_{n;p}(k)$	B_{np} von k	Dichtefunktion der Binomialverteilung

Vokabel (mathematisches Symbol)	Aussprache	Erläuterung; Anwendung
$F_{n;p}(k)$	F_{np} von k	Verteilungsfunktion der Binomialverteilung $F_{n,p}(k) = \sum_{i=0}^{k} B_{n;p}(i)$
	Integralrechnung	
$\int f(x)\,dx$	Integral f von x dx	unbestimmtes Integral
$\int_a^b f(x)\,dx$	Integral von a bis b f von x dx	bestimmtes Integral
$F(x)$	groß f von x	Stammfunktion von f

	Analytische Geometrie	
a_{ik}	Element der Matrix $\boldsymbol{A}$ in Zeile i und Spalte k	$a_{23} = 5$
$\boldsymbol{A}_{mn}$	Matrix $\boldsymbol{A}$ mit m Zeilen und n Spalten	$\boldsymbol{A}_{23} = \begin{pmatrix} 1 & 3 & 6 \\ 0 & -2 & 3 \end{pmatrix}$
$\boldsymbol{A}^T$	transponierte Matrix, Zeilen und Spalten von $\boldsymbol{A}$ vertauscht	$\boldsymbol{A} = \begin{pmatrix} 1 & 6 \\ 2 & 4 \end{pmatrix}$ $\boldsymbol{A}^T = \begin{pmatrix} 1 & 2 \\ 6 & 4 \end{pmatrix}$
E	Einheitsmatrix	$E = \begin{pmatrix} 1 & 0 & 0 \\ 0 & 1 & 0 \\ 0 & 0 & 1 \end{pmatrix}$
$\boldsymbol{A}$ Ü	Abbildungsmatrix, Übergangsmatrix	$\boldsymbol{A} = \begin{pmatrix} -1 & 0 \\ 0 & 1 \end{pmatrix}$ $Ü = \begin{pmatrix} 0{,}3 & 0{,}8 \\ 0{,}7 & 0{,}2 \end{pmatrix}$
$\overrightarrow{AB}$	Verbindungsvektor von A nach B	$\begin{pmatrix} b_1 - a_1 \\ b_2 - a_2 \end{pmatrix}$
$\overrightarrow{0F}$	Ortsvektor vom Ursprung $O(0 \mid 0)$ nach $F(x_1 \mid x_2)$	$\vec{f} = \begin{pmatrix} x_1 \\ x_2 \end{pmatrix}$
$\vec{v}$	Vektor mit den Komponenten x_1 und x_2	$\vec{v} = \begin{pmatrix} x_1 \\ x_2 \end{pmatrix}$
$\lvert\vec{a}\rvert = \sqrt{a_1^2 + a_2^2 + a_3^2}$	Betrag des Vektors	$\left\lvert\begin{pmatrix} 3 \\ 4 \end{pmatrix}\right\rvert = \sqrt{9 + 16} = 5$
$\vec{f}$	Fixvektor $Ü \cdot \vec{f} = \vec{f}$	$\begin{pmatrix} 0{,}3 & 0{,}7 \\ 0{,}7 & 0{,}3 \end{pmatrix}\begin{pmatrix} 12 \\ 12 \end{pmatrix} = \begin{pmatrix} 12 \\ 12 \end{pmatrix}$
$P(x_1 \mid x_2 \mid x_3)$	Kartesische Koordinaten des Punktes P	$P(1 \mid 3 \mid 2)$
$P(r \mid \varphi)$	Polarkoordinaten des Punktes P	$P(4 \mid 30°)$
$\odot$	Koordinatenachse, kommt aus der Zeichenebene heraus	
$\otimes$	Koordinatenachse, geht in die Zeichenebene hinein	

Analytische Geometrie		
RGB	Farbanteile bei der additiven Mischung	„rot“ $= \begin{pmatrix} 255 \\ 0 \\ 0 \end{pmatrix}$
λ	Lambda gibt die Länge eines Ortes auf der Erde an, Ost oder West	London: $\lambda = 0°$
φ	Phi, gibt die Breite eines Ortes auf der Erde an, Nord oder Süd	London: $\varphi = 51{,}3°$ N
$\vec{a} \cdot \vec{b} = \lvert\vec{a}\rvert \cdot \lvert\vec{b}\rvert \cdot \cos(\varphi)$	Skalarprodukt der Vektoren $\vec{a}$ und $\vec{b}$	$\begin{pmatrix} a_1 \\ a_2 \\ a_3 \end{pmatrix} \cdot \begin{pmatrix} b_1 \\ b_2 \\ b_3 \end{pmatrix} = a_1b_1 + a_2b_2 + a_3b_3$
$x_1 = \begin{pmatrix} a_1 \\ a_2 \\ a_3 \end{pmatrix} + \lambda \begin{pmatrix} b_1 \\ b_2 \\ b_3 \end{pmatrix}$	Parameterform der Geradengleichung	$\vec{x} = \begin{pmatrix} 1 \\ 1 \end{pmatrix} + \lambda \begin{pmatrix} -1 \\ 1 \end{pmatrix}$ Gerade durch die Punkte $A(1 \mid 1)$ und $B(0 \mid 2)$
$\overrightarrow{n_0}$	Normalenvektor mit der Länge „1“	$\overrightarrow{n_0} = \begin{pmatrix} 0 \\ 1 \\ 0 \end{pmatrix}$
x_1, x_2, x_3	Neue Bezeichnung bei der Vektorrechnung für die Koordinaten x, y, z	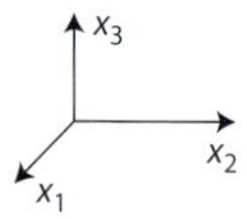
$\mathbb{R}^2$ $\mathbb{R}^3$	Zwei-, dreidimensionaler Raum	$\vec{z} = \begin{pmatrix} z_1 \\ z_2 \end{pmatrix}$; $d = \begin{pmatrix} d_1 \\ d_2 \\ d_3 \end{pmatrix}$
MMULT (;)	Matrizenmultiplikation mit Excel	MMULT(A6:D8;F1:G4)

Stichwortverzeichnis

E

F

G

H

I

K

O

P

Q

R

S

T

U

V

W

Bildquellenverzeichnis

AKG Images: S. 84.1, 84.2 (Sotheby's /akg-images); 84.4 (Erich Lessing/VG Bild); 84.6; 340; 441
Aldo Ballo (Foto)/Segretiria Studio arch. Mario Botta, CH Lugano: S.84.1
Astroforen.de: S. 393
Cassina/designfunktion.de: S. 84.6
Dr. Christel, Darmstadt: 140.1
Fotolia: S. 54.1; 59; 88.1 (Rodriguez Cienfuego) ; 130.1; 130.3 (ollirg); 132.2 (moonrun); 204.1 (LiviaCH); 261.1 (southmind); 323.1 (Cornelia Mitra);
341.1, 2 (askaja); 370.3 (Gina Sanders); 396.1 (Petra K!); 404.2 (michanolimit); 446.1 (Joe Mansfield); 447 (frogfisch)
Frog Design inc.: S. 242.1
Hugo Kükelhaus Gesellschaft e.V., Soest ; www.hugo-kuekelhaus.de: S. 61
Liebherr.de: 111.1
Mauritius Images, Rafael Macia: S. 257.1
Mathematische Fakultät; TU, München: S. 130.2; 134.1
PA Infografik: S. 305.1; 306.3;
Panton Design; Rina Troxler Verner CH Basel: S. 246.1; 450
Pictures Alliance, Frankfurt: S. 404.1
WDR, Köln: S. 395.1
Wikipedia, gemeinfrei: S. 84.3; 84.8 (Nikls Morberg); 137.1 (Archtekturbüro Böhme)
WMF AG Geislingen : S. 84.5

Zeichnungen:
Neuss, Evelyn, Hannover/BV1: S. 21.1; 39.1, 2; 40; 42; 54.2; 77; 115; 198.1; 205; 208; 219.1; 264.2,3, 5; 271; 274.1; 299.2,3; 335; 349; 357; 366; 371; 408; 437

Autorenfotos: S. 342; 345; 388; 397